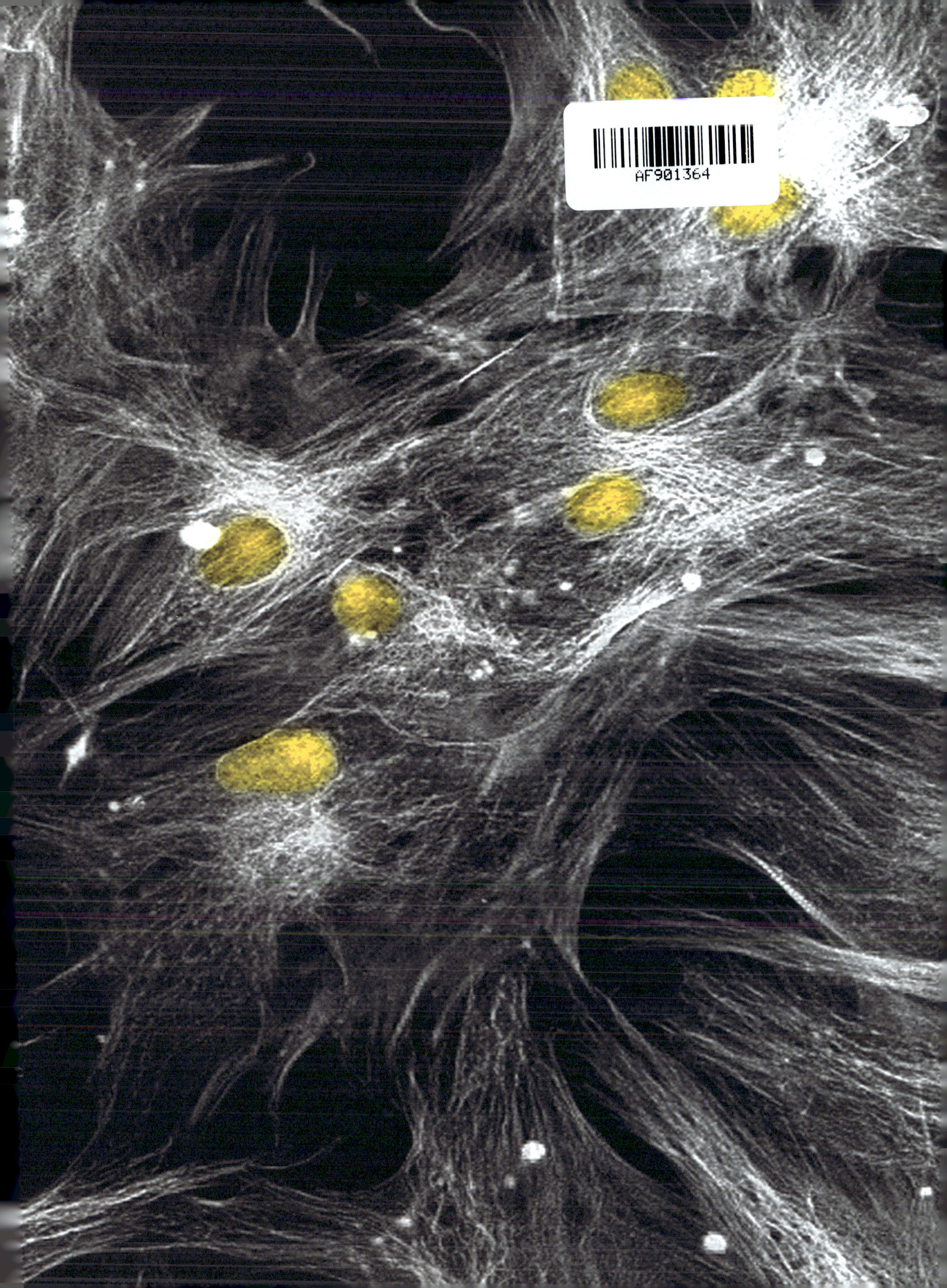

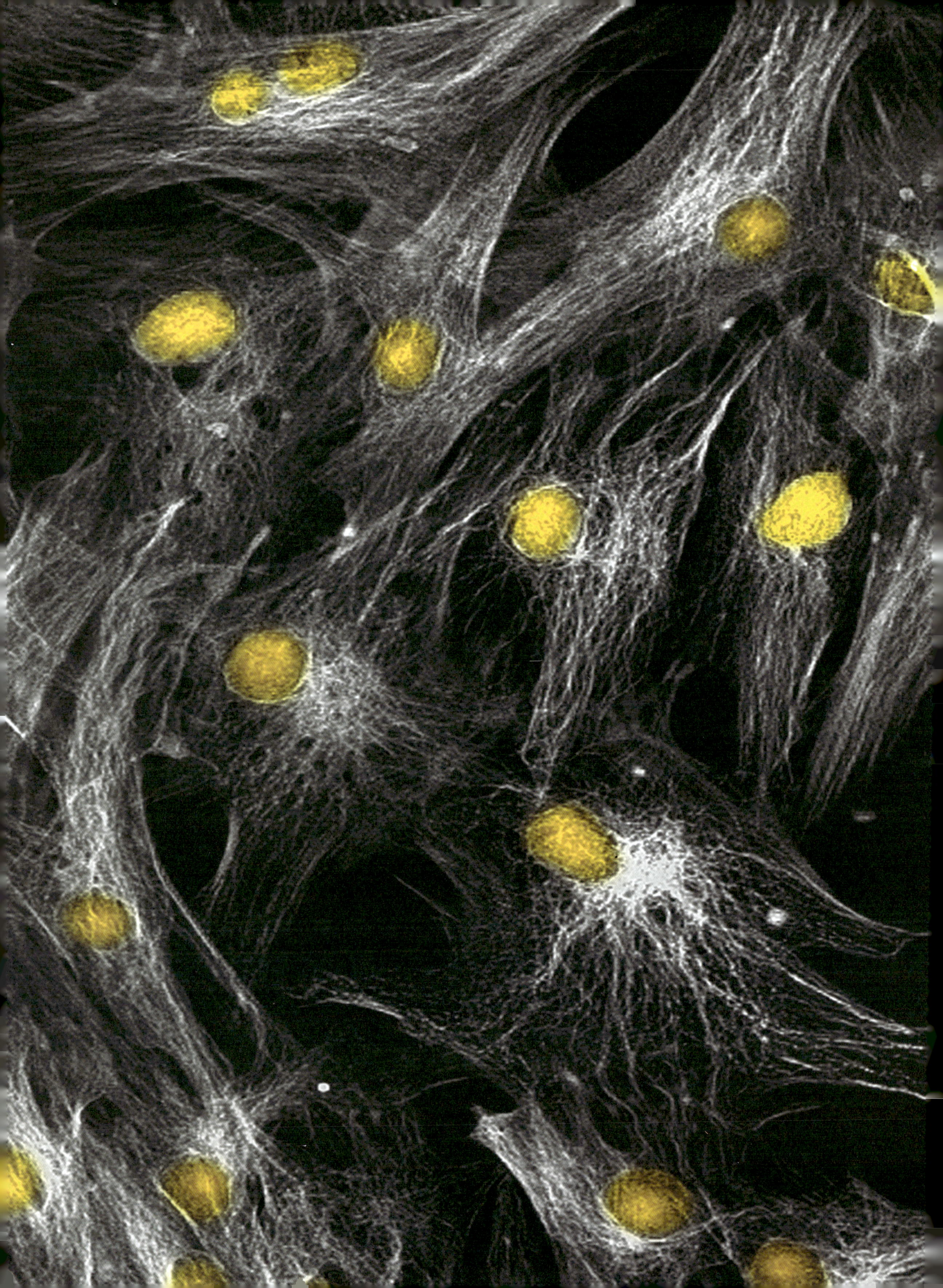

PIPER

SARTORIUS

1870 - 2020

Hartmut Berghoff
Christian Kleinschmidt
Stephan H. Lindner
Luitgard Marschall

Vorwort

Dr. Joachim Kreuzburg,
Vorstandsvorsitzender der Sartorius AG

Aus Anlass unseres 150-jährigen Firmenjubiläums haben wir uns in den letzten Jahren eingehend und systematisch mit unserer Unternehmensgeschichte befasst: Im Herbst 2016 begannen wir mit dem Aufbau eines Unternehmensarchivs und seit 2018 hat ein Autorenteam die Entwicklung von Sartorius aus unterschiedlichen Perspektiven erforscht und nachgezeichnet. Parallel dazu beauftragten wir den Historiker Manfred Grieger mit der Aufarbeitung unserer Geschichte während der Zeit des Nationalsozialismus, die bereits 2019 in einer eigenständigen Publikation veröffentlicht wurde.
Für den Sommer 2020 hatten wir eine Reihe von Veranstaltungen geplant, um Erreichtes zu feiern und auf zukünftige Möglichkeiten und Ziele vorauszublicken. Gleichzeitig dazu sollte das nun vorliegende Buch erscheinen. Die Corona-Pandemie hat diese Pläne gründlich durcheinandergebracht und so haben wir im vergangenen Jahr – quasi zur Überbrückung und als visuelle Wegmarke – in Zusammenarbeit mit Gerhard Steidl den dreiteiligen Bildband *Process. People. Product*, eine Perspektive von drei Fotografen auf Sartorius, veröffentlicht.
Das nun vorgelegte Buch *Sartorius 1870–2020* gibt kenntnisreich und spannend Einblicke in die Historie unseres Unternehmens. Statt für eine klassische Chronik haben wir uns bewusst für eine themenbezogene Darstellung entschieden. Zunächst wird die Geschichte vom über mehrere Generationen eigentümergeführten Familienbetrieb zum seit nun drei Jahrzehnten managementgeführten Unternehmen nachgezeichnet. Anschließend richtet sich der Blick auf die Entwicklung eines exportorientierten Mittelständlers zu einem global aktiven Konzern. Im dritten Teil wird zwei besonders langjährigen technologischen Strängen nachgegangen – der Wäge- und der Separationstechnik –, die auf unterschiedliche Art und Weise Basis für Reputation und Erfolg von Sartorius bildeten und bilden.
Ich danke Hartmut Berghoff, Christian Kleinschmidt, Stephan H. Lindner und Luitgard Marschall sowie der Gesellschaft für Unternehmensgeschichte für die gründliche Arbeit an diesem Buch, das ich mit Gewinn gelesen habe und das mir nochmals eine Reihe neuer Erkenntnisse vermittelt hat. Den Autoren haben wir – wie auch bei der Studie *Sartorius im Nationalsozialismus* – bewusst wissenschaftlich freie Hand gegeben. Auf manche Aspekte der vielschichtigen Historie gibt es sicherlich unterschiedliche Perspektiven; der vorliegende Text gibt daher nicht unbedingt eine Unternehmenssichtweise wieder.

Eine kurzweilige Lektüre wünscht Ihnen Ihr

Joachim Kreuzburg

Einleitung. 150 Jahre Sartorius

Hartmut Berghoff, Christian Kleinschmidt, Stephan H. Lindner, Luitgard Marschall

Die Sartorius AG ist als international führender Life-Science-Konzern und Partner der biopharmazeutischen Forschung und Industrie in die Entwicklung und Herstellung neuartiger Medikamente involviert. Mit seinen innovativen Lösungen trägt das Unternehmen dazu bei, Forschungsarbeit zu beschleunigen, Arbeitsprozesse zu vereinfachen und die Ergebnisqualität zu verbessern – Ziele und Antrieb seit inzwischen mehr als 150 Jahren. Hochpräzise Waagen, deren Herstellung den Unternehmenserfolg begründete, gehören bis heute zum Geschäft, bilden aber nicht mehr den Produktschwerpunkt. Sie sind Teil eines breiten Produktportfolios, das sich insbesondere in den vergangenen 20 Jahren stark erweitert und verändert hat. In allem Wandel und bei aller Expansion im Laufe der Geschichte behielt Sartorius als wissenschaftsnahe Industrie den engen Bezug zur Forschung.

Weltweit ist Sartorius heute in mehr als 110 Ländern aktiv. An etwa 60 Produktions- und Vertriebsstandorten in über 30 Ländern sind rund 11.000 Mitarbeiter beschäftigt. Das Unternehmen gliedert sich in die beiden Sparten *Bioprocess Solutions* (Filtration, Fermentation und sterile Bags) und *Lab Products & Services* (Laborprodukte, Bioanalytik und Wägetechnik) und hat sich in den vergangenen beiden Jahrzehnten mit überproportional hohen Wachstumsraten als eines der erfolgreichsten seiner Branche erwiesen.

Im Jahr 2020 konnte Sartorius auf ein einhundertfünfzigjähriges Bestehen zurückblicken, was nur wenigen Unternehmen gelingt. Die meisten Unternehmen schaffen es nicht, über so viele Jahrzehnte hinweg erfolgreich und unabhängig zu wirtschaften und dabei zudem – wie Sartorius – so lange im Eigentum der Gründerfamilie zu bleiben. Auch Sartorius geriet im Laufe seiner Geschichte mehrfach an den Rand der Existenzbedrohung, vermochte sich aber am Ende doch immer zu behaupten. Das Näherrücken dieses bemerkenswerten Jubiläums bot Sartorius den Anlass für den Aufbau eines professionellen Unternehmensarchivs und für die parallel dazu erstellte Unternehmensgeschichte, die

nicht in Form einer intern verfassten Festschrift konzipiert ist – ein Format, welches sich im 21. Jahrhundert weitgehend überlebt hat –, sondern als quellenfundierte, unabhängige Analyse externer Wissenschaftler. Die Autoren konnten völlig frei von inhaltlichen Vorgaben und gemäß akademischen Standards arbeiten.

Dieses Buch hat drei thematische Schwerpunkte. Das erste, von Hartmut Berghoff verfasste Kapitel *Vom Einzelkaufmann Florenz Sartorius zum managergeführten Konzern* enthält einen chronologischen Durchgang durch die zentralen Stationen der Sartorius-Geschichte zwischen 1870 und 2020 und konzentriert sich insbesondere auf das Wechselverhältnis von Familien- und Unternehmensgeschichte. Sartorius blieb über 150 Jahre hinweg im Eigentum der Gründerfamilie, veränderte sich jedoch beständig und erfand sich mehrfach neu. Politische und familiäre Umbrüche, gelungene und gescheiterte Nachfolgeprozesse beeinflussten den Kurs des Unternehmens. Die Abfolge verschiedener Generationen, Unternehmer und Manager brachte nicht nur frischen Wind, sondern auch manchen Konflikt. Produktpolitik und Organisation sowie Corporate Governance unterlagen ohnehin einem steten Wechsel. Tradition und Innovation gehörten bei Sartorius immer zusammen. Die Transformation von einem eignergeführten Familienunternehmen mit handwerklichen Wurzeln zu einem managergeführten, weltweit agierenden Hochtechnologiekonzern bildet den zentralen Erzählstrang dieses Textes.

Das zweite Kapitel wurde von Christian Kleinschmidt geschrieben und befasst sich mit dem Thema *Internationalisierung*. Es setzt mit den Internationalisierungsbemühungen eines mittelständischen Familienunternehmens im Kaiserreich ein, welche sich vor allem durch eine starke Exportorientierung, die Präsenz auf internationalen Messen sowie die Herstellung weltweiter Kontakte auszeichneten. Retardierende Entwicklungen in der Weltwirtschaftskrise, den 1930er Jahren sowie in

Der Sartorius Campus in Göttingen ist Sitz des Konzerns

Heute ist Sartorius ein führender Life-Science-Konzern und Partner für die biopharmazeutische Forschung und Industrie

der Zeit des Zweiten Weltkriegs mündeten nach 1945 in intensive Bemühungen zur Rückkehr von Sartorius auf den Weltmarkt und zur Wiederanknüpfung an die weltweiten Vorkriegskontakte und Geschäftsbeziehungen. Dabei interessiert vor allem die Frage, wie es einem mittelständischen Unternehmen wie Sartorius gelang, sich erfolgreich auf den Märkten der westlichen Industrienationen und dabei insbesondere auf dem amerikanischen Markt zu behaupten, wobei gleichzeitig bemerkenswert erscheint, dass bereits früh auch Kontakte zu osteuropäischen Staaten und zu China geknüpft wurden, wenngleich zunächst in geringem Umfang. Mit Blick auf die weitere Entwicklung der Internationalisierung von Sartorius interessiert schließlich auch der Sprung ins Zeitalter der Globalisierung seit den 1990er Jahren, mit welchen Strategien dies dem Unternehmen gelang und welche Herausforderungen es zu bewältigen gab.

Das dritte, von Luitgard Marschall und Stephan H. Lindner verfasste Kapitel *Höchste Präzision. Waagen und Filter für Forschung und Industrie* analysiert die Technik- und Innovationsgeschichte. Der Name Sartorius steht bis in die Gegenwart für Analysen- und Präzisionswaagen in Forschung und Industrie. Grundlage des weltweiten Erfolgs des Unternehmens war zu Beginn der 1870er Jahre die Einführung einer verbesserten kurzarmigen Analysenwaage durch Florenz Sartorius. Es folgten bis heute zahllose neue Waagenmodelle – zuerst mechanische, seit Mitte der 1970er Jahre dann zunehmend elektronische. Weniger Beachtung fand lange Zeit der zweite Hauptgeschäftsbereich des Unternehmens, die Filter- oder Separationstechnik. Ihr Ursprung liegt in der 1927 gegründeten Membranfiltergesellschaft in Göttingen, in der an der Herstellung und weiteren Erforschung neuartiger synthetischer Membranfilter gearbeitet wurde. Der Haupteinsatzbereich von Membranfiltern war lange die mikrobiologische Wasseranalytik, bis es ab Mitte der 1950er Jahre gelang, mit den Filtern das Gebiet der industriellen Produktionstechnik zu erschließen. Wirtschaftlich bedeutsam und lukrativ wurde die Separationstechnik für Sartorius allerdings erst gegen Ende der 1960er Jahre.

Wie zwei getrennte Betriebe entwickelten sich die Wäge- und die Separationstechnik bis in die 1990er Jahre fast völlig unabhängig voneinander unter einem Dach, wobei die Wägetechnik das Unternehmen bis um die Jahrtausendwende dominierte. Im Fokus der Darstellung stehen die zentralen technologischen Entwicklungslinien in diesen beiden Hauptgeschäftsbereichen. Abschließend wird kurz noch auf den organisatorischen und strukturellen Wandel seit den späten 1990er Jahren eingegangen. Sartorius änderte seine strategische Ausrichtung, entwickelte sich zu einem Technologieanbieter für die Biopharmazie – und sieht seine Mission darin, Forschern und Ingenieuren zu helfen, einfacher und schneller Fortschritte in den Life Sciences und der Bioprozesstechnik zu erzielen.

Unabhängig von diesem Projekt wurde eine Untersuchung der Sartorius-Geschichte im Nationalsozialismus durchgeführt, die inzwischen als Buchpublikation von Manfred Grieger vorliegt: *Sartorius im Nationalsozialismus. Generationswechsel im Familienunternehmen zwischen Weltwirtschaftskrise und Entnazifizierung*, Göttingen 2019. Der Autor nimmt dabei nicht nur die Jahre zwischen 1933 und 1945 in den Blick, sondern setzt sich auch mit der Zeit unmittelbar vor (Weltwirtschaftskrise) und nach der NS-Zeit (Besatzungszeit/Entnazifizierung) auseinander. Das vorliegende Werk spart diese Themenkomplexe keineswegs aus. Sie werden jedoch von Grieger in größerer Detailliertheit beschrieben.

Eine Schwierigkeit unserer Arbeit bestand darin, dass sich das Unternehmensarchiv der Sartorius AG noch im Aufbau befindet und die Abfassung der Unternehmensgeschichte parallel zur Quellenerschließung verlaufen musste. Dabei wurde auch deutlich, dass die Zeiträume zwischen Kaiserreich und Gegenwart unterschiedlich dicht überliefert worden sind und unsere Darstellung nicht alle Zeiträume mit derselben Tiefenschärfe ausleuchten konnte. Daher haben wir einen systematisch thematischen Zugriff mit einer chronologischen Struktur kombiniert.

Das vorliegende Buch ist nicht nur das Ergebnis der Forschungen der vier Autoren. Zum Gelingen der Arbeit hat auch Michael Bermejo-Wenzel durch Recherchen in zahlreichen externen Archiven beigetragen. Marcel Stierand als Archivar und wissenschaftlicher Mitarbeiter der Gesellschaft für Unternehmensgeschichte hat zusammen mit Melina Eckhardt, Caetano Franz und Piet Mondrian Burmester – Studierende des Masterstudiengangs *History of Global Markets* an der Universität Göttingen – die Herkulesaufgabe auf sich genommen, aus Holz- und Umzugskisten und herrenlosen Papierbündeln in Kellern und Dachböden des alten Werksgeländes ein modernes Unternehmensarchiv zu erschaffen und uns Autoren durch große Dateien mit Tausenden gescannter Kopien die Arbeit wesentlich zu erleichtern. Durch seine umfang- und kenntnisreichen Archivrecherchen sowie vielfältigen Hinweise bei der Endredaktion des Manuskripts hat Marcel Stierand auf mehr als eine Weise zum Gelingen des Projekts beigetragen. Unverzichtbar waren die Interviews mit zahlreichen Familien- und Firmenangehörigen, die zum Teil zu tagelangen Gesprächen und sehr persönlichen Auskünften bereit waren. Sie stellten zusätzliche Dokumente aus ihrem Besitz zur Verfügung und ließen Informationen von unschätzbarem Wert in das Projekt einfließen. Ihnen gilt unser ganz besonderer Dank.

Erste Entwürfe des Buches wurden in anregenden und hilfreichen Gesprächsrunden diskutiert, an denen alle Autoren sowie Joachim Kreuzburg (Vorstandsvorsitzender der Sartorius AG), Petra Kirchhoff (Leiterin der Sartorius Unternehmenskommunikation) und von der Gesellschaft für Unternehmensgeschichte Andrea H. Schneider-Braunberger und Marcel Stierand teilnahmen. Manfred Grieger las Teile des Manuskripts und gab uns manchen wertvollen Hinweis. Dasselbe gilt für Andrea H. Schneider-Braunberger, die das gesamte Manuskript mit Argusaugen gelesen und konstruktiv kommentiert hat. Eventuell verbleibende Fehler liegen jedoch allein in der Verantwortung der Autoren.

Andrea H. Schneider-Braunberger hat das Projekt zudem professionell gemanagt, die Koordination zwischen Unternehmen, Autoren und Verlag organisiert und ihre langjährige Erfahrung einfließen lassen.

Schließlich ist der Sartorius AG und vor allem Joachim Kreuzburg und Petra Kirchhoff für die tatkräftige Unterstützung des Projekts, den unbeschränkten Zugang zu den Quellen und der uns gewährten wissenschaftlichen Unabhängigkeit zu danken.

Inhaltsverzeichnis

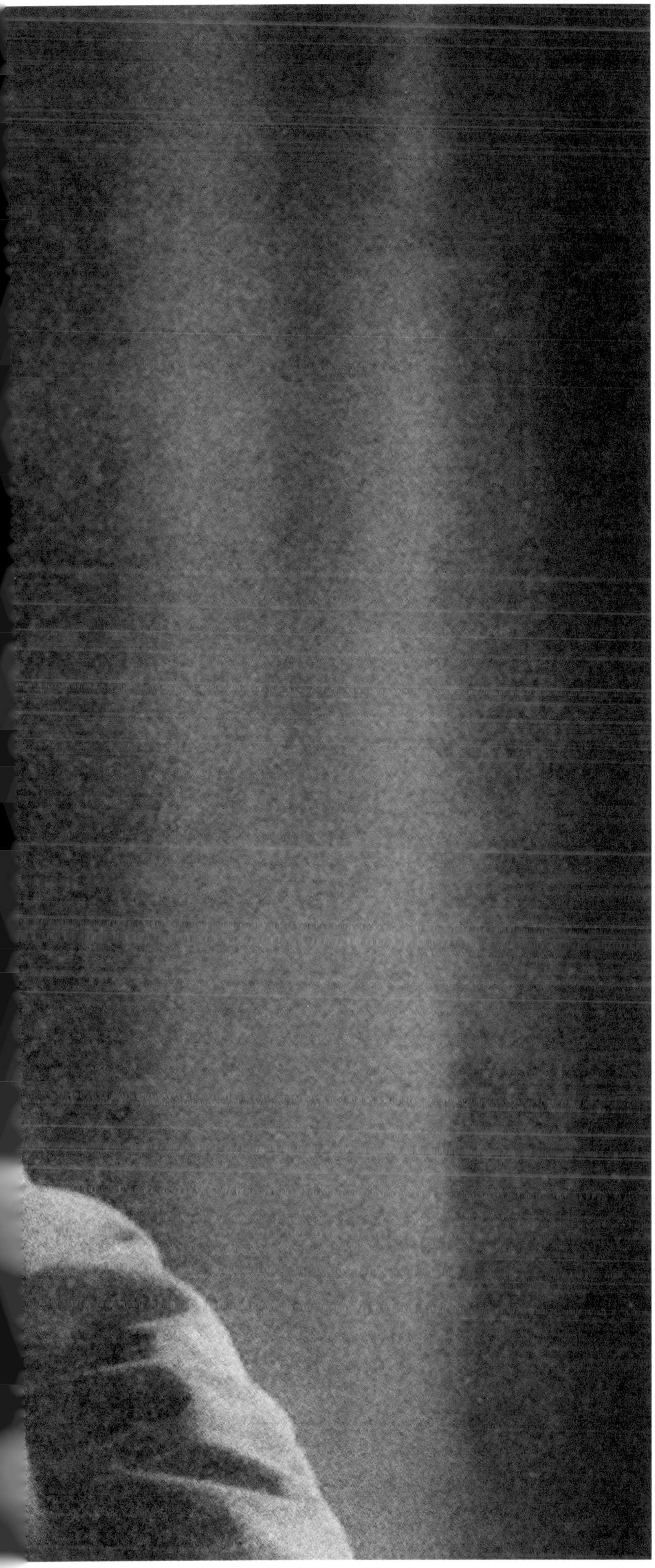

Vom Einzelkaufmann Florenz Sartorius zum managergeführten Konzern.

Metamorphosen eines Familienunternehmens

von Hartmut Berghoff

Firmengründer Florenz Sartorius (1846–1925)

Inhaltsverzeichnis zum Kapitel

Von der Werkstatt zum Industrieunternehmen (1870 bis 1945)

„Die Firma ist in ihrer wechselvollen Geschichte immer im Familienbesitz geblieben",[1] hieß es 1957 anlässlich des 50-jährigen Jubiläums der Lehrlingswerkstatt von Sartorius. Dieser Satz war 2020 immer noch zutreffend, zugleich jedoch irreführend. Zutreffend war er, da das Eigentum an dem Unternehmen über 150 Jahre hinweg stets mehrheitlich in den Händen der Gründerfamilie lag. Irreführend war er, da er Kontinuität suggeriert, wo beständiger Wandel vorherrschte. Sartorius ist ein Paradebeispiel für die Vielgestaltigkeit und Wandelbarkeit von Familienunternehmen. Gegründet wurde das Unternehmen von einem jungen Handwerker und Einzelkaufmann. Es blieb bis in die dritte Generation eignergeführt, wobei aber familienfremde Manager schon früh eine wichtige Rolle spielten. Seit 1989 ist Sartorius ein rein managergeführtes Unternehmen, seit 1990 börsennotiert und seit 2007 eine kapitalmarktorientierte, internationale Holding. Das Unternehmen wechselte viermal seine Rechtsform. Die Produktpalette veränderte sich. Der Schwerpunkt verlagerte sich von mechanischen zu elektronischen Waagen, von der Wägetechnik zur Biotechnologie, während Sartorius anderes, wie Mikrotome und Staubmess-, Angel- und Brutgeräte, astronomische und geodätische Instrumente sowie Gleitlager, aufgab.

Allgemein sind die Größe und Binnenstruktur der Familie, ihre emotionale Verfasstheit sowie ihre Nähe oder Distanz zu ihrem Unternehmen wichtige Variablen für die Entwicklung von Familienunternehmen. Sie sind zudem hochgradig abhängig von biologischen Gegebenheiten, wie sie Gesundheit, Krankheit oder Tod der Eigentümer, das Vorhandensein oder das Fehlen von Kindern darstellen. Nachfolgeprozesse, aber auch Ehen und Verwandtschaftsverhältnisse sind nicht exakt planbar.

Viele der allgemeinen Charakteristika von Familienunternehmen spiegeln sich in der 150-jährigen Geschichte von Sartorius wider. Die folgenden Kapitel fragen nach dem Wandel der Corporate Governance und der Family Governance im Zeitraum von 150 Jahren. Sie skizzieren die wichtigsten Stationen auf dem Weg vom Göttinger Handwerksbetrieb zu einem Konzern mit rund 11.000 Beschäftigten in mehr als 110 Ländern und fragen nach dem sich mehrfach neu konfigurierenden Verhältnis von Unternehmen und Familie. Obwohl das Eigentum stets mehrheitlich in der Familie blieb, geht es im Wesentlichen um die Metamorphosen eines Familienunternehmens.

Von der Werkstatt zum mittelständischen Familienunternehmen, 1870 bis 1914

Die Gründung der Göttinger Feinmechanischen Werkstatt Florenz Sartorius fiel in eine Zeit des allgemeinen Aufbruchs. Zwischen dem Ende der europäischen Revolutionen von 1848/49 und der Weltwirtschaftskrise von 1873 befand sich die westliche Welt in einem historisch beispiellosen Aufschwung.

Die abgeschiedene, beschauliche Universitätsstadt Göttingen, die 1835 knapp 10.000 Einwohner – davon 761 Studierende – hatte, wurde bereits 1854 an eine der wichtigsten Nord-Süd-Verbindungen des erst kurz zuvor entstandenen Eisenbahnnetzes angeschlossen. Die Seehäfen konnten jetzt innerhalb eines Tages erreicht werden, und die

Abb. 1 Die Eröffnung des Bahnhofs am 31. Juli 1854 band Göttingen an das Schienennetz an

Transportpreise sanken rasch. Die in Göttingen mitentwickelte elektrische Telegrafie begann zu einem globalen Kommunikationsmittel zu werden. 1854 erhielt Göttingen einen Telegrafenanschluss. Nachrichten ließen sich immer schneller und preiswerter auch über die 1866 den Betrieb aufnehmende erste permanente transatlantische Verbindung austauschen. Die Eröffnung des Suezkanals im Jahr 1869 markierte einen weiteren wichtigen Globalisierungsschritt.

Die Erfahrung eines anscheinend permanenten, nur von kurzen Einbrüchen unterbrochenen Booms führte in Deutschland zu einer Welle der Liberalisierung und Modernisierung. Das Land wuchs politisch und wirtschaftlich unter preußischer Hegemonie zusammen. Nachdem das Königreich Hannover an der Seite Österreichs 1866 militärisch geschlagen und danach annektiert worden war, wurde Göttingen Teil des Königreichs Preußen und des Norddeutschen Bundes und schließlich 1871 des Deutschen Reichs. Für die Stadt und die Universität begann eine Phase beschleunigter Entwicklung. Göttingens Einwohnerschaft stieg bis 1900 rapide auf 27.000 Personen an, vor allem durch Zuzug von außen. Damit hatte sie sich in knapp 50 Jahren fast verdreifacht.[2]

In der zweiten Hälfte der 1860er Jahre verschwanden in Preußen viele althergebrachte, feudale Zwangsrechte und obrigkeitliche Wachstumshemmnisse. Die Freiräume und Rechte der Bürger erfuhren eine erhebliche Stärkung. Das Wirtschaftsrecht wurde vereinheitlicht und liberalisiert. Die für die Wirtschaft allgemein und für Hersteller von Waagen besonders relevante Maß- und Gewichtsordnung erfuhr eine Homogenisierung. Das Wirrwarr regionaler Einheiten wurde somit überwunden. 1869 trat das Allgemeine Deutsche Handelsgesetzbuch in Kraft. „Alle überkommenen Hemmnisse des Aufenthalts- und Niederlassungsrechts, des Erwerbs von Grundeigentum und der Eröffnung eines Gewerbebetriebs [...] wurden beseitigt."[3] Der überschäumende Optimismus der späten 1860er und frühen 70er Jahre speiste sich aus vielen Quellen, von drei gewonnenen Einigungskriegen bis zum wirtschaftlichen Boom, dessen Dauer und Dynamik die Zeitgenossen faszinierte. Die Aktienkurse schossen in die Höhe. Überall entstanden neue Fabriken und Geschäfte. In diesem besonderen Klima der Gründerzeit und angesichts der um ein Vielfaches verbesserten Rahmenbedingungen lag es für talentierte und ehrgeizige Handwerker nahe, die erst 1868 eingeführte Gewerbefreiheit zu nutzen und den Schritt in die Selbstständigkeit zu wagen.

Florenz Sartorius (1846–1925) war der Sohn des angesehenen, aber durch die schweren Krisen der 1840er Jahre verarmten Göttinger Uhrmachers Johann Georg Sartorius (gestorben circa 1855).[4] Seine älteren Geschwister entschlossen sich während der „hungrigen Vierziger" – wie so viele Deutsche – zur Auswanderung in die USA. Florenz, ab circa 1855 Halbwaise, blieb zusammen mit zwei Geschwistern und der Mutter, der es nur unter Mühen gelang, die Familie durchzubringen, in Göttingen. Da er eine gute Handschrift hatte, arbeitete er ab dem zwölften Lebensjahr als Schreiberling für einen Notar und läutete des Sonntags die Kirchenglocken.

Nach der Schule absolvierte Florenz eine feinmechanische Lehre und die Gesellenzeit bei dem Göttinger Universitätsmechanikus Wilhelm Apel, der diese Position von seinem Vater gleichen Namens übernommen hatte. Seit dem Ende des 18. Jahrhunderts gab es in Göttingen feinmechanische Werkstätten, die für den Bedarf und auf Anregung der Professoren der Universität Präzisionsinstrumente herstellten, aber auch auswärtige Kunden belieferten.[5] Nach der Gesellenzeit folgten für Florenz, ganz wie es die Tradition des Handwerks vorsah, Wanderjahre. So ging er nach Gießen zu Staudinger, damals der bedeutendste Hersteller von Waagen für chemische Laboratorien. Es folgte die Rückkehr zu Apel, eine praktische Phase als Monteur bei Siemens & Halske in Berlin, ein Aufenthalt in Hamburg sowie die befristete Rückkehr zu Staudinger.

Vor diesem Hintergrund erfolgte 1870, im Jahr der Reichsgründung und mitten im wirtschaftlichen Boom, der Schritt in die Selbstständigkeit und die Grundsteinlegung des heutigen Unternehmens.

Abb. 2 Mit innovativen kurzarmigen Analysenwaagen begann der Unternehmenserfolg

Im Alter von 24 Jahren läutete Florenz Sartorius seine persönliche Gründerzeit ein. In der kleinen Welt Göttingens und der Nische feinmechanischer Produkte für die Labore der aufstrebenden naturwissenschaftlichen Fakultäten war Platz für junge Gründer. Die Anfänge des Start-ups waren jedoch denkbar bescheiden. Vielfach arbeitete die kleine Werkstatt von Florenz Sartorius in der Groner Straße als Subunternehmen für seine früheren Chefs Apel und Staudinger. Im Jahr nach dem Schritt in die Selbstständigkeit folgte die Gründung einer Familie: Florenz heiratete Luise Rudolph, die Tochter eines Gießener Klavierhändlers, die er während seiner Gießener Jahre kennengelernt hatte. Wiederum ein Jahr später wurde der erste Sohn Wilhelm geboren, dem in den folgenden neun Jahren drei Brüder folgen sollten.

Die Ehe besaß – wie in kleinen Familienunternehmen allgemein üblich – von Anfang an auch eine hohe geschäftliche Bedeutung. Luise führte nämlich parallel zur Werkstatt ein Ladengeschäft, das Brillen, Bestecke und Medaillen verkaufte. Die hier erzielten Einnahmen schufen einen Grundstock für Investitionen in die feinmechanische Werkstatt, zu dem einbehaltene Gewinne der Werkstatt und Ersparnisse der Familie hinzukamen. Es handelte sich also um ein typisches Familienunternehmen. Unternehmens- und Familiengründung fanden nahezu gleichzeitig statt. Unternehmens- und Privatsphäre überlagerten sich.

Die Ehefrau des Firmengründers stammte ebenfalls aus dem selbstständigen Kleinbürgertum. Die zumindest anfangs erfolgte direkte Einbeziehung der Ehefrau in die Erwerbsarbeit stand im scharfen Gegensatz zum großbürgerlichen Ideal der auf Heim und Familie zurückgezogenen Dame. Luise scheint die Erwerbsarbeit auch recht bald aufgegeben und sich in den 1870er Jahren aus dem Geschäft zurückgezogen zu haben. Der Laden wurde einem Verwandten übergeben, und Luises neue Aufgabe bestand in einer Art innerbetrieblicher Sozialarbeit. So kochte sie beispielsweise den Lehrjungen das Mittagessen. Hinzu kam wohl die ebenfalls ganz typische Unterstützung ihres Mannes durch Rat und Tat, die aber eher im Verborgenen stattfand.

Das in kleinen Verhältnissen begonnene Unternehmen basierte im Wesentlichen auf familiären Ressourcen, vor allem auf der Arbeitskraft und Sparsamkeit der Eheleute und ihrer Beziehungen im Milieu der universitätsnahen feinmechanischen Werkstätten, die in der hoch spezialisierten Nische des Baus von Analysenwaagen technische Spitzenleistungen erbrachten. Florenz Sartorius hatte einerseits einen sehr spezifischen Bedarf erkannt und zum anderen dafür eine überzeugende Innovation aufgegriffen und weiterentwickelt. Die Nachfrage nach präzisen Waagen stieg im Kaiserreich rasant. Die Hochschulen in Deutschland nahmen einen weltweit bewunderten Aufschwung. Wer ihnen hochwertige Instrumente liefern konnte, war auch international gefragt. Die chemische Industrie des Kaiserreichs profitierte von der Forschung der Universitäten und dem Fachwissen ihrer Absolventen und brachte zahlreiche Weltmarktführer vor allem in der Teerfarbenchemie hervor. Aus kleinen Anfängen entstanden industrielle Giganten, die faktisch ein globales Monopol besaßen.[6]

Die aufstrebende chemische Industrie benötigte hochgenau messende Waagen. Allerdings machten ihr die komplizierte Bedienung und die langen Einschwingzeiten der Balkenwaagen zu schaffen. Der Einsatz einer kurzarmigen Waage, für die Sartorius bereits 1874 eine Auszeichnung auf einer Bremer Industrieausstellung erhielt, bot Abhilfe und wurde ein wichtiger Meilenstein der frühen Firmengeschichte. 1876 erhielt Sartorius auf der Weltausstellung in Philadelphia ebenfalls eine Auszeichnung, der in den folgenden Jahrzehnten zahlreiche weitere folgten.

Die neuartige Waage fand reißenden Absatz, gerade auch im Ausland. 1895 konnte Sartorius bereits die dreitausendste Waage ausliefern und über 60 Mitarbeiter beschäftigen. Nachdem der Betrieb zur Nutzung der Wasserkraft 1892 nach Rauschenwasser bei Bovenden unweit von Göttingen verlegt worden war, erfolgte 1898/99 nach der Elektrifizierung Göttingens eine erneute Standortverlagerung der Zentrale an den nördlichen Stadtrand Göttingens: An der Weender Landstraße konnte man die Produktion nun auf die neue, einfacher einsetzbare Antriebskraft umstellen. Die Elektrizität erlaubte den Einsatz dezentraler Kleinmotoren und verschaffte der Produktion damit eine flexiblere Struktur. Der Betrieb in Rauschenwasser blieb jedoch als Filiale erhalten, die Brutschränke für die Geflügelzucht herstellte, und war Familiensitz. An beiden Standorten beschäftigte das Unternehmen um 1900 etwa 100 Arbeitskräfte.[7]

Abb. 3 Wohnsitz der Familie im wenige Kilometer von Göttingen entfernten Rauschenwasser, 1893

1905/06 wurden mit Becker und Tesdorpf zwei Unternehmen erworben. Becker aus Göttingen stellte Mikrotome, also Schneidegeräte für die Erstellung von sehr dünnen Schnittpräparaten wie etwa Gewebeproben her. Tesdorpf aus Stuttgart hatte sich auf astronomische und geodätische Instrumente sowie Fernrohre spezialisiert. Fusioniert wurden sie unter dem langatmigen Firmennamen „F. Sartorius, Vereinigte Werkstätten für Wissenschaftliche Instrumente, vormals F. Sartorius, August Becker und Ludwig Tesdorpf". Zusammen mit dem Kerngeschäft Wägetechnik und den Brutapparaten ergaben sich insgesamt vier relativ unabhängige Tätigkeitsfelder.

Offensichtlich hatte Florenz vor, jedem seiner vier Söhne eine eigene Aufgabe zu übergeben, weshalb er die einzelnen Unternehmensbereiche auch vier Abteilungen zuordnete. 1906 nahm Florenz Sartorius parallel zur Integration von Becker und Tesdorpf seine drei Söhne Wilhelm (1872–1937), Erich (1876–1947) und Julius (1878–1918) als Teilhaber in das Unternehmen auf, das nun als Offene Handelsgesellschaft (OHG) firmierte. Florenz hatte es bislang als Einzelkaufmann geführt, was durch den Einbezug der Söhne nicht mehr möglich war. Während die OHG eine große Flexibilität bot, blieb die unbeschränkte persönliche Haftung bestehen. Angesichts der zunehmenden Größe der Personalgesellschaft entstand hier ein erhebliches Risikopotenzial. Der jüngste Sohn, Florenz junior (1881, verstorben vermutlich nach 1923), blieb zunächst aus unbekannten Gründen außen vor. Er erhielt aber die Option, zu einem späteren Zeitpunkt in das Unternehmen einzutreten, was spätestens 1914 mit der Berufung in den Vorstand auch tatsächlich geschah. Im Januar 1918 schied er aber schon wieder aus.

Florenz plante ursprünglich, alle vier Söhne in die Geschäftsleitung aufzunehmen, also das zu begründen, was die Theorie eine „Stammesorganisation" nennt. In ihr übernehmen Geschwister gemeinsam Verantwortung und geben diese an ihre jeweiligen Nachfahren weiter. Das Gegenmodell wäre das des „Kronprinzen" gewesen, bei dem ein Erbe das überwiegende Eigentum und die Leitung nach dem Prinzip der Tüchtigstenauslese oder des Erstgeburtsrechtes erhält.[8]

Das Familienporträt von circa 1910 (Abb. 5, Seite 22) spiegelt die Ankunft im gehobenen Bürgertum wider. Aus dem Habitus und der Kleidung spricht Stolz über das Erreichte. Aus dem Handwerker war ein Fabrikant geworden. Seine Frau Luise hatte die Mühen der eigenhändigen Arbeit im Geschäft hinter sich gelassen und nahm die Rolle einer Dame ein. Die Kinder standen bereit, in die Fußstapfen des Vaters zu treten. Über deren Ausbildungswege sind wir nur lückenhaft informiert. Die vorliegenden Daten deuten aber auf eine systematische Vorbereitung der Nachfolge hin. Erich absolvierte 1893 eine Prüfung als Ingenieur am Technikum in Einbeck, arbeitete bei der Maschinenbaufirma von Pittler in Leipzig und ging vorübergehend in die USA.[9] Florenz Sartorius jun. studierte offensichtlich am Rheinischen Technikum für Maschinenbau und Elektrotechnik in Bingen, zumindest in den Jahren 1902 bis 1905.

1905 feierte das Unternehmen den Bau der 10.000sten Analysenwaage. Es zeichnete sich durch eine hohe Fertigungstiefe aus, was wichtig war, um Know-how abzuschirmen, gute Qualität zu garantieren und die Kontrolle über den Produktionsprozess zu bewahren. Gleichwohl schloss sich Sartorius einem lokalen Netzwerk feinmechanischer Firmen unter dem Namen „Vereinigte Mechaniker Göttingens" an, um Marketing- und Serviceaktivitäten gemeinsam durchzuführen. Angesichts der geringen Größe der Unternehmen wären die Kosten für jeden Einzelnen zu hoch gewesen. Die Vereinigung organisierte zum Beispiel die Teilnahme ihrer Mitglieder an Weltausstellungen.

Intern überlappten sich weiterhin die betrieblichen und privaten Sphären. Im Grunde genommen stand der kleine bis mittelgroße Industriebetrieb noch stark in der handwerklichen Tradition. Der familiäre Nexus kam darin zum Ausdruck, dass die Frau des Chefs nach wie vor die Lehrlinge bekochte und eine strenge patriarchalische Ordnung herrschte. Lehrlinge des Ausbildungsjahrganges 1896 bis 1900 erinnerten sich, dass für auswärtige Lehrlinge der Tag mit

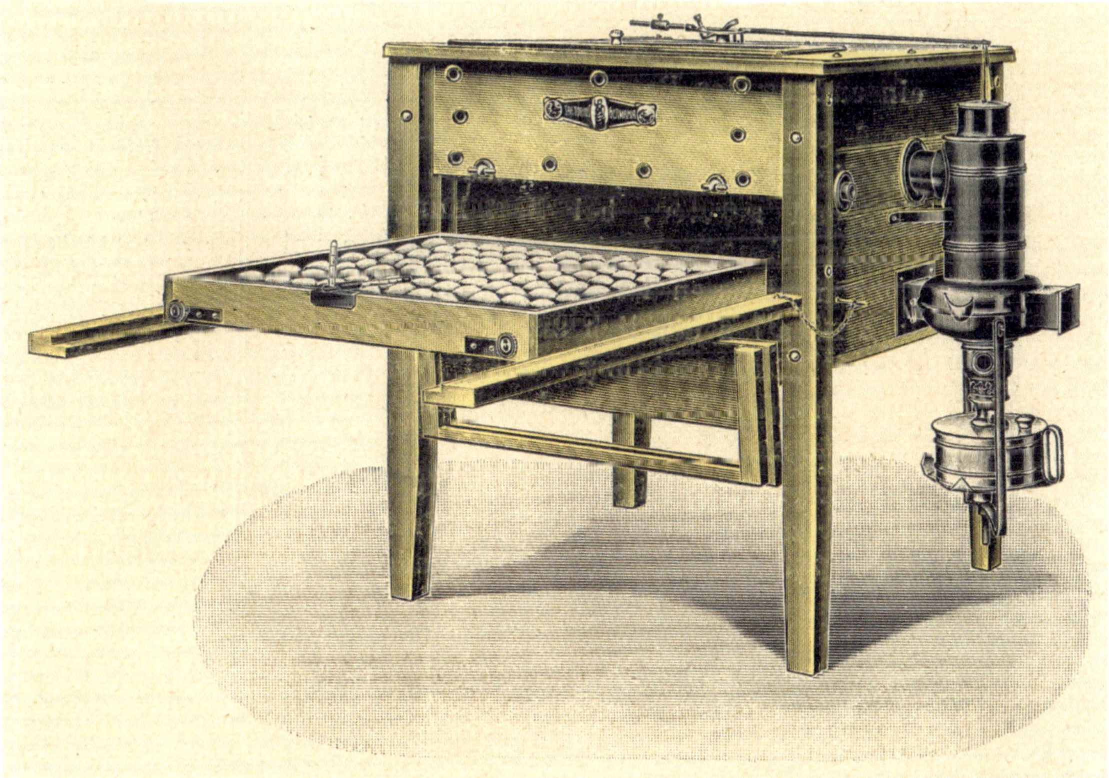

Abb. 4 Brutschränke für die Geflügelzucht erweiterten ab den 1890er Jahren die Produktpalette, im Bild: Brutapparat aus dem Prospekt 1921

langen, bis zu zweistündigen, Fußmärschen begann: „Am Eingang des Werkes hing ein Kontrollkasten, der um 7 Uhr geschlossen wurde. Verspätete sich jemand, so konnte er seine Marke nicht mehr herausnehmen und mußte dafür als Strafe 25 Pfennig […] zahlen. […] Mittags wurde ich als auswärtiger Lehrling von Frau Sartorius verpflegt. Um 19 Uhr war für uns Arbeitsschluß; denn wir mußten noch fegen, die Maschinen putzen und ölen."[10] Mit anderen Worten, die Arbeitszeit betrug deutlich über zwölf Stunden und war nicht exakt definiert. Die körperliche Züchtigung gehörte zum Alltag, denn „bei kleinsten Anlässen gab es Ohrfeigen".[11] Patriarchalische Fürsorge ging Hand in Hand mit Strenge, Willkür und hohen Anforderungen: „Im zweiten Lehrjahr wurde ich dann einem Gesellen zugeteilt, unter dessen Anleitung ich von jetzt an zu arbeiten hatte. Als sein Untergebener mußte ich u. a. auch seine Maschinen putzen, für ihn einkaufen und die verschiedensten Botengänge verrichten. […] Für die ganze Lehrzeit hatten meine Eltern 200 Mark zuzuzahlen."[12]

1907 wurde eine Lehrlingswerkstatt gegründet, um die Ausbildung zu systematisieren. Es war deutlich geworden, dass ein qualifizierter und in die patriarchalische Unternehmenskultur hineinsozialisierter Facharbeiterstamm die Grundlage des Erfolgs darstellte. 1909 beschritt Sartorius mit der Gründung einer Betriebskrankenkasse den Weg zu formal abgesicherten Sozialleistungen, die Fürsorge und Betriebsbindung kombinierten.

Abb. 5 Florenz Sartorius mit Ehefrau Luise und den vier Söhnen Erich, Wilhelm, Julius und Florenz junior (v. l.), um 1910

Die Produktion an der Weender Landstraße wurde persönlich von Erich Sartorius als technischem Leiter überwacht: „Jeder, der nicht bald einen ordentlichen Haufen Feil- oder Hobelspäne an seinem Arbeitsplatz liegen hatte, konnte mit einem Donnerwetter rechnen. Ganz Schlaue behielten natürlich vom Sonnabend eine Tüte voll Späne zurück und wußten die dann montags gut anzubringen." Die Mechaniker arbeiteten im Stückakkord und bauten Waagen weitgehend komplett zusammen. Sie erhielten „alles notwendige Material für den Bau von 10 oder 15 Waagen und mußten alle Teile zusammensetzen. [...] Die fertigen Waagen lieferte[n sie] im Justiersaal ab, wo sie den letzten Schliff erhielten."[13] Diese rein handwerkliche Einzelstückfertigung hatte im 20. Jahrhundert noch lange Bestand. Die Mechaniker verdienten recht gut. Übertroffen wurden sie nur noch von den Justierern, denen die Endkontrolle und Feinabstimmung oblag. Für den Gründer stand fest, dass sich fleißige Facharbeiter nach 20 Jahren Betriebszugehörigkeit ein Haus bauen könnten. Es lohnte sich also, bei Sartorius zu arbeiten.[14]

Die zweite Generation zwischen Erstem Weltkrieg und Weltwirtschaftskrise, 1914 bis 1931

1914 erfolgte ein erneuter Wechsel der Rechtsform, nämlich von der OHG zur Aktiengesellschaft, der Sartorius-Werke AG mit einem Grundkapital von 610.000 Mark. Dieser Schritt wurde vollzogen, um die persönliche Haftung zu begrenzen und die Kapitalbasis zu erweitern. Eine Börsennotierung unterblieb jedoch, was typisch für deutsche Aktiengesellschaften dieser Zeit und insbesondere für solche in Familieneigentum war.

Abb. 6 Lehrlinge der Sartorius-Werke 1909. Die Lehrwerkstatt wurde 1907 gegründet

Zugleich wurde mit dem Wechsel der Rechtsform der schon laufende Nachfolgeprozess fortgesetzt. Obwohl wir nicht wissen, ob es ein formales Vermächtnis oder eine Verfügung des Gründers gab, ist es offensichtlich, dass er anfangs allen vier Söhnen eine aktive Rolle im Unternehmen zugedacht hatte, aber der jüngste Sohn, Florenz jun., zunächst zurückstand. Die drei ältesten Söhne hatten Anteile an der OHG erhalten und übernahmen Leitungsaufgaben, während Florenz jun. die Option erhielt, später nachzuziehen, wozu es nur vorübergehend während des Ersten Weltkriegs als Vertreter des zum Militärdienst eingezogenen Julius kam.

Die drei ältesten Brüder waren bei der Gründung der AG nahezu gleichberechtigte Anteilseigner. Wilhelm besaß Aktien im Nennwert von 136.000 Mark oder 22,3 Prozent, Erich 142.000 (23,3 Prozent) und Julius 132.000 (21,6 Prozent). Florenz stand mit 98.000 (16,1 Prozent) ein wenig zurück. Die restlichen Aktien teilten Florenz Sartorius sen. (20.000 Mark bzw. 3,3 Prozent) und der Göttinger Bankier Hermann Reibstein (82.000 Mark bzw. 13,4 Prozent) untereinander auf.[15] Mit anderen Worten, die Familie dominierte eindeutig, benötigte aber den Konsens dreier Brüder, um Mehrheitsbeschlüsse herbeizuführen. Der Gründer hatte sich schon auf eine Minderheitsposition zurückgezogen. Ein externer, befreundeter Finanzfachmann trat als Anteilseigner hinzu. Der Aufsichtsrat bestand aus drei Personen: Florenz Sartorius, dem Industriellen Albert Würth und dem langjährigen Weggefährten und Bankier Reibstein als Vorsitzender. Hier tritt uns ein weiteres Charakteristikum von Sartorius entgegen. Anstatt den Aufsichtsrat komplett mit Familienangehörigen zu besetzen, legte man nach der AG-Gründung Wert auf externe Ex-

Abb. 7 Fabrikinnenhof in der Weender Landstraße, an der sich von 1898 bis 2017 der Firmensitz befand

pertise. Sogar den Vorsitz gab der Gründer aus der Hand. Das Loslassen – eine große Herausforderung für ältere Familienunternehmer – gelang ihm offenbar. Kurz vor dem Tod des Firmengründers übernahm 1923 der Göttinger Astronom Prof. Leopold Ambronn dessen Aufsichtsratsmandat. So wurde die Verbindung zur Wissenschaft und damit zur wichtigsten Kundengruppe gestärkt. Zuvor war mit Friedrich Hahn aus Friedenau ein weiteres externes Aufsichtsratsmitglied berufen worden.

Alles schien auf eine modifizierte Realteilung hinauszulaufen. Über die Zukunft sollten, so die Absicht des Gründers, die vier Zweige der Familie nach dem Stammesprinzip nicht völlig, aber doch nahezu gleichberechtigt bestimmen. Dazu kam es jedoch nicht, denn Florenz jun. schied 1918 aus dem Vorstand aus und zog 1921 nach Köln, wo sich seine Spuren verlieren. Julius fiel 1918 in den letzten Kriegstagen. Daher ging die Geschäftsleitung 1918 zwangsläufig in die Hände der beiden ältesten Söhne Wilhelm und Erich über, während ihr Vater im Januar 1919 aus dem Vorstand ausschied, sich zunehmend aus dem Unternehmen zurückzog und auch den Gesellschafterversammlungen fernblieb.[16]

Das Eigentum musste nach dem Tod von Julius und dem Ausscheiden von Florenz jun. neu aufgeteilt werden. In Abweichung vom Realteilungs- bzw. Stammesprinzip gingen die Aktien von Julius weder auf seine Frau oder seine beiden Kinder noch gleichmäßig auf die drei überlebenden Brüder über. Die Anteile von Florenz jun., der 1921/22 aus dem Kreis der Aktionäre ausschied, gelangten zunächst in die Hand von Hermann Reibstein bzw. der Bank Klettwig & Reibstein, über die Wilhelm einen Teil der Aktien kaufte.[17] Wie wichtig die Bank für das Unternehmen war, zeigte sich auch bei der Kapitalerhöhung von 1920, als das Grundkapital um 490.000 auf 1,1 Mio. Mark anstieg. Die Familie zeichnete zusammen nur 182.000 Mark (Wilhelm und Erich je 75.000, Florenz jun. 32.000). 50.000 Mark übernahm Hermann Reibstein als Privatperson und 258.000 Mark seine Bank.[18] In den Folgejahren gingen einige dieser Anteile an die Familie. Offenbar war das schnell wachsende Unternehmen auf die Zufuhr externen Eigenkapitals angewiesen, da die Familie an die Grenzen ihres Vermögens stieß. Die Majorität der beiden Brüder, und damit die Kontrolle über ihr Unternehmen, war jedoch nie gefährdet.

Ohne die Vielzahl der Übertragungen im Einzelnen nachvollziehen zu können, steht unzweifelhaft fest, dass Wilhelm 1919/20 zum Hauptaktionär wurde, der in den Folgejahren stets über mehr Stimmen und Aktien als Erich verfügte. 1926 hielt Wilhelm 41,3 Prozent des Stammkapitals, Erich 27,5 und Reibstein 18,8.[19] Weshalb es zur Abkehr von der Gleichberechtigung des Stammesprinzips und zur Vorrangstellung des ältesten Bruders kam, liegt im Dunkeln. Denkbar ist, dass sich Wilhelm in besonderer Weise bewährt hatte oder schlicht und einfach das meiste Geld für Käufe besaß.

Wilhelm übernahm die kaufmännische, Erich die technische Leitung. Beide fungierten als gleichberechtigte Vorstände, während Florenz jun. passiver Minderheitengesellschafter war. Das Verhältnis

Tabelle 1

Gewinne und Ausschüttungen 1914 bis 1919

in Mark

Geschäftsjahr	Reingewinn	Dividende
1913/14	51.701	42.700
1915/16	228.599	73.200
1917/18	167.892	73.200
1918/19	53.538	48.800

Quelle: Sartorius-Archiv, Fin 1/1 A 1, Protokoll der Generalversammlung der Sartorius-Werke AG vom 23.2.1915, ebd. A 2, Protokoll der Generalversammlung der Sartorius-Werke AG vom 9.2.1917, ebd. A 3, Protokoll der Generalversammlung der Sartorius-Werke AG vom 14.1.1919 und ebd. A 5, Protokoll der Generalversammlung der Sartorius-Werke AG vom 21.4.1920.

Abb. 8 Münzen aus der Zeit des Deutschen Kaiserreichs

zwischen Wilhelm und Erich war von Misstrauen geprägt.[20] Das mag das Resultat einer insgesamt recht ungünstigen Konstellation gewesen sein. Keiner konnte ohne den anderen strategische Entscheidungen fällen, denn es bedurfte der Stimme des jeweils anderen Bruders. Gegenseitige Blockaden waren möglich. Da Erich im Vergleich zu Wilhelm nur etwa halb so viel Kapital hielt, hatte er allen Anlass, sich benachteiligt zu fühlen.

Der Erste Weltkrieg brachte für das Unternehmen ernste Herausforderungen. Arbeitskräfte und Material wurden knapp. Nach den ersten Monaten des sogenannten „Kriegsstoßes“, in denen eine völlig unvorbereitete Friedenswirtschaft urplötzlich aus den gewohnten Bahnen geworfen wurde,[21] gelang es Sartorius jedoch ausgesprochen rasch, Aufträge für „Kriegslieferungen“ zu erhalten und sich in die neue Welt der staatlich dirigierten Kriegswirtschaft zu integrieren, was den Kauf neuer Maschinen und den „Ankauf größerer Mengen Materials“ erlaubte.[22] So wurden die „feineren Teile der Artillerie-Geschosse“ sowie Munitions- und Proviantwagen für das Heer produziert.[23] Um die Aufträge bewältigen zu können, arbeitete man in Tag- und Nachtschicht. Vermehrt wurden Frauen und Aushilfen eingestellt. Gegen Ende des Krieges wuchsen aber die Rückstände infolge der zunehmenden Einziehung von Arbeitskräften.

Finanziell brachte der Krieg Sartorius eine gemischte Bilanz. Zunächst vervierfachte sich der Gewinn gegenüber dem letzten Friedensjahr, während sich die Dividende verdoppelte. Nach 1916 kehrte sich der Trend aber um. Weitere Steigerungen blieben aus. Der Gewinn ging sogar leicht zurück. Im ersten Friedensjahr 1918/19 war man fast wieder beim Vorkriegsstand angelangt, wobei die Beträge nun bereits durch die anlaufende Inflation entwertet wurden.

Nach Kriegsende stand die Rekonversion auf die Friedenswirtschaft an. Am einfachsten war es noch, die im Krieg eingestellten Frauen und Aushilfen schlagartig zu entlassen, um den heimkehrenden Soldaten einen Arbeitsplatz zu geben. Ansonsten stand Sartorius vor einem Berg von Problemen, die sich mit den Begriffen politischer Systemwechsel und Inflation skizzieren lassen. Der Geschäftsbericht 1918/19 hielt fest: „Die großen Umwälzungen durch die Revolution mit den bekannten Begleiter-

Abb. 9 Mit der Fertigung von Munitions- und Proviantwagen beteiligte sich Sartorius an der Rüstung im Ersten Weltkrieg

scheinungen und dem Rückgang der Produktion um fast die Hälfte bei gleichzeitiger Steigerung der Löhne, Materialienpreise und Unkosten haben uns schwer getroffen. [...] Aufträge auf Friedensartikel waren vorhanden, konnten aber erst nach Instandsetzung der durch die Kriegsarbeit stark beschädigten Maschinen ausgeführt werden."[24] Die Preissteigerungen konnten nicht voll an die Kunden weitergegeben werden, sodass Sartorius auf Rücklagen aus den profitablen Kriegsjahren zurückgreifen musste. Bereits Anfang 1919, also mitten in den Wirren der Revolution, verbesserte sich die Lage, denn es setzte eine lebhafte Nachfrage nach Geflügelzuchtanlagen und wissenschaftlichen Instrumenten ein. Es bestand also ein kriegsbedingter Rückstau, der jetzt befriedigt werden konnte. Inflationsbedingt erwies sich die starke Exportorientierung als ein wichtiger Vorteil, denn die immer schwächer werdende Mark erlaubte in Hartwährungsländern günstigere Preise und steigende Margen. So hieß es bereits über das folgende Geschäftsjahr 1919/20, dass es „sich besser entwickelt" habe, „als vorauszusehen war". Zwar kam es zu vorübergehenden Stockungen, in denen man auf Lager arbeitete, und zu kaum profitablen Inlandspreisen, was aber durch die Versendung „unserer Produktion nach dem Auslande" ausgeglichen wurde.[25] 1921 war ebenfalls wechselvoll, aber „befriedigend". Ein vierwöchiger Streik war für Sartorius „erträglich, da wir bei Ausbruch des Streiks bereits Kurzarbeit wegen geringer Beschäftigung eingeführt hatten".[26] Das Folgejahr gestaltete sich trotz des immer schnelleren Verfalls der Mark allein dank lukrativer, seit 1920 ausschließlich in Valuta abgerechneter Auslandsaufträge erneut „befriedigend". Die Stabilisierung der Inlandspreise misslang der „Convention", d. h. einem Kartell diverser feinmechanischer Firmen, da sie der sprunghaften Inflation stets hinterherhinkte. Schließlich machte die Abwanderung von Fachkräften zu den erweiterten Göttinger Eisenbahnwerkstätten Sorgen, da „wegen des Wohnungsmangels" kaum Kräfte von außen zuziehen konnten.[27] Aufgrund fehlenden Materials verzögerte sich der Bau von Werkswohnungen. Die Hyperinflation des Jahres 1923 überstand Sartorius einigermaßen unbeschadet. Die Preisstellung im Inland wurde zum Vabanquespiel. Zahlen verloren jede Bedeutung. Der Gewinn betrug 1,5 Bio. Mark. Die Dividende entsprach vier Mio. Prozent des Nennwerts von 1.000 Mark oder 40 Mio. Mark je Aktie. Wie viele andere Unternehmen ging Sartorius im Sommer 1923 zur Goldmarkberechnung über. Die Dividende entsprach danach genau einer Goldmark. Ein Streik sowie der unregelmäßige Auftragseingang, der zur Abfolge von Kurzarbeit und Arbeitskräftemangel führte, belasteten das weiterhin profitable Unternehmen.[28]

1924 stellte Sartorius die Bilanz auf Goldmark um und ging zum Kalenderjahr als Geschäftsjahr über. Mit der Reichsmark als neuer, wertbeständiger Währung entfiel der inflationsbedingte Vorteil im Exportgeschäft, was zu einer Stagnation und einem leichten Abbau der Belegschaft führte. Besondere Sorge bereiteten der Unternehmensführung die noch nicht abgeschlossenen Zollabkommen sowie mögliche Zollerhöhungen.[29] 1925 setzte sich diese Unsicherheit fort. Allerdings konnte die Belegschaft konstant gehalten und ein bescheidener, etwas über dem Vorjahresniveau liegender Gewinn ausgewiesen werden.[30]

Auch 1926 blieb das Auslandsgeschäft durch die Währungssituation und Zollerhöhungen schwierig. Im Inland bremste der weitverbreitete Kapitalmangel den Verkauf. Oftmals mussten Kunden langfristige Kredite gewährt werden, um Abschlüsse zu tätigen. Die Belastung durch Steuern und Sozialabgaben stieg, und es war zusätzlich ein Hypotheken-Aufwertungs-Ausgleich zu entrichten, denn als Immobilienbesitzer gehörte man zu den Inflationsgewinnern. Für diese Abgabe stellte Sartorius 1926 ein Viertel des aber bescheidenen Gewinns zurück. Er erreichte 1925 und 1926 um die vier Prozent des Stammkapitals. Die Dividende entsprach drei Prozent des Stammkapitals. Als besonderen Erfolg hob der Geschäftsbericht hervor, dass es weder zu Kurzarbeit noch zu Entlassungen kam. Sartorius erreichte Stabilität auf kargem Niveau.[31] Das änderte sich 1928 vorübergehend, als ein allgemeiner Wirtschaftsaufschwung, der gegen Jahresende schon wieder abbrach, eine Verdoppelung des Gewinns und der Dividende gegenüber 1926 ermöglichte. Allerdings blieb die Zukunft extrem unsicher, und selbst mittelfristige Planungen waren unmöglich: „Die Aussichten für das kommende Jahr sind garnicht zu übersehen."[32]

In die vergleichsweise guten Jahre der Weimarer Wirtschaft fiel auch ein für die spätere Unternehmensgeschichte wegweisender Schritt, der aber zunächst nur eine kleinere Nebenlinie begründete. 1927 begann die Fertigung von Membranfiltern, die

Abb. 10 Blick in die Fertigung: Der Automaten- und Fräsraum, ca. 1925–1935

auf den Arbeiten der Göttinger Chemieprofessoren Richard Zsigmondy, der 1925 den Nobelpreis für Chemie erhalten hatte, und Wilhelm Bachmann basierten. Hier stand zunächst die Forschung im Vordergrund, nicht die Produktion oder die Gewinnerzielung. Das neue Tätigkeitsgebiet wurde in ein eigenständiges Unternehmen, in die Membranfiltergesellschaft mbH, eingebracht, an der Zsigmondy, Wilhelm Sartorius, die Sartorius-Werke AG und diverse andere Investoren beteiligt waren. Forschungsgelder stammten vom Kultusministerium und der Notgemeinschaft der Deutschen Wissenschaft, dem Vorgänger der Deutschen Forschungsgemeinschaft. Die Fertigung astronomischer und geodätischer Instrumente gab Sartorius dagegen in den 1920er Jahren auf.

In dieser Phase blieb Sartorius familiär geprägt, was aber nicht bedeutete, dass die Arbeitsbeziehungen stets harmonisch waren. In einigen Jahren kam es zu Streiks, die Kontrapunkte zu der vorherrschenden patriarchalischen Unternehmenskultur setzten. 1930 beschäftigte man etwa 250 Mitarbeiter, sodass die Unternehmensleitung alle Beschäftigten mit Namen gekannt haben dürfte. Mittlerweile gab es die zweite Generation von „Sartorianern", also Kinder von Mitarbeitern der frühen Jahre. Auch hier manifestierte sich ein weiteres familiäres Band. Arbeiter und Fabrikanten hatten eine gemeinsame Geschichte. Der Gründer bildete den gemeinsamen Referenzpunkt.

Der Weimarer Sozialstaat brachte eine Verbesserung der bislang sehr harten Arbeitsbedingungen. Die Arbeitszeit wurde verkürzt und regelmäßiger bezahlter Urlaub eingeführt. Die Lehrlingsausbildung nahm allein schon aufgrund von Vorgaben der Industrie- und Handelskammer (IHK) und des Besuches der Gewerbeschule regelhafte Züge an, blieb aber im Betrieb weiter von einzelnen Persönlichkeiten geprägt. So war der Feinmechaniker Gustav Peter von 1919 bis 1953 zuständiger Aus-

Abb. 11 Die Ausbilder der Lehrlinge im Jahr 1928, ganz rechts: Gustav Peter

bilder, der mehrere Generationen junger Facharbeiter betreute. Erich Sartorius kümmerte sich zudem persönlich um die Ausbildung. Ein Ehemaliger erinnerte sich: „Er nahm es sehr genau und ließ nichts durchgehen." Bei Verfehlungen kam es in der Werkstatt zu „Blitz und Donner".[33] Das Unternehmen hatte den Wert der frühen beruflichen und disziplinarischen Sozialisation erkannt und verwandte entsprechende Mühen darauf. Das Modell war weiterhin das des strengen Hausvaters.

Am Ende der Lehrzeit stand eine externe Prüfung bei der IHK. „An einem Vormittag fand die schriftliche Prüfung statt, die danach von einem Gewerbeschullehrer ausgewertet und zensiert wurde. An einem anderen Tag zogen die Prüflinge mit ihrem Gesellenstück, das sie in mehrwöchiger Arbeit im eigenen Betrieb angefertigt hatten, zur Gewerbeschule. [...] In einem Klassenraum hatte der Prüfling sein Gesellenstück vorzuzeigen und zu erklären."[34] Diese Form wurde angesichts staatlicher Bemühungen um einen stärkeren Zugriff auf die Lehrlingsausbildung von den Industrie- und Handelskammern gewählt. Mit der Gewerbeschule gab es ein gewisses Gegengewicht zu den Unternehmen, im Grunde genommen ein duales Ausbildungssystem. Für die Sartorius-Lehrlinge blieb ihr Chef aber weiter die bestimmende Figur, denn der Vorsitzende des Prüfungsausschusses war niemand anderer als Erich Sartorius. Auf diese Weise war sichergestellt, dass die Anforderungen der Prüfung weitgehend den betrieblichen Anforderungen entsprachen. Die Belegschaft, die überwiegend im Akkord entlohnt wurde, zeichnete sich durch eine klare hierarchische Unterteilung aus. Das Sagen in der Werkstatt hatten die Meister und die Justierer, die Waagen mit geeichten Gewichten und großem Fingerspitzengefühl exakt einstellten, also die entscheidende Qualitätskontrolle vornahmen.

Was die Aufteilung der Aktien anging, war die Mehrheit der Familie nie gefährdet. Jedoch gab es

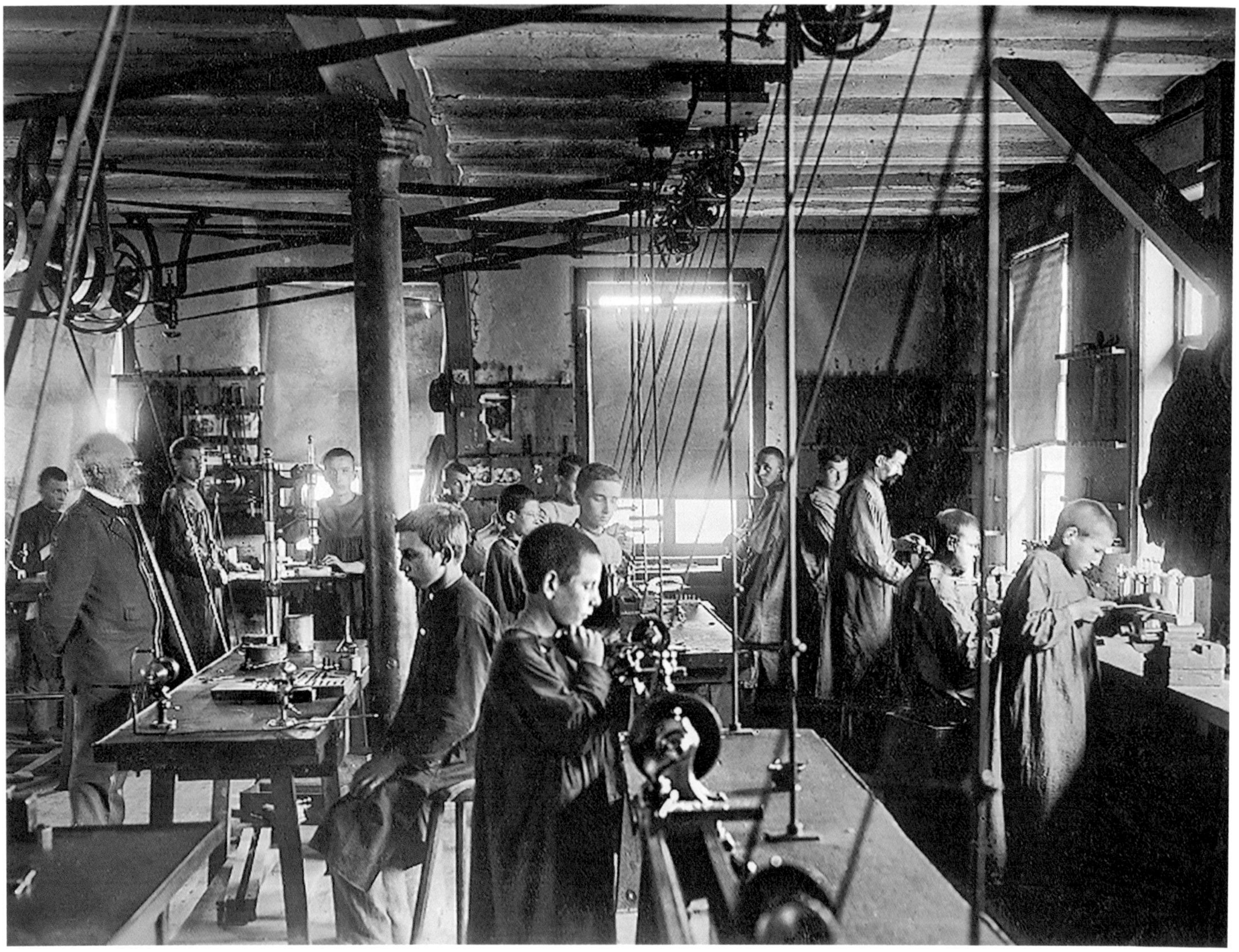

immer mindestens einen familienfremden Großaktionär: Anfang der 1920er Jahre Curt Toebelmann aus Göttingen sowie der Bankier Hans Müller und später wieder der Bankier Hermann Reibstein. Der familienfremde Anteil schwankte meist um die 20 Prozent. Die Familie besaß offenbar nicht genug Privatvermögen, um das Kapital vollständig zu halten. Fast jedes Jahr gab es in kleineren Tranchen interne Verkäufe und Käufe. Die sich im Rahmen bürgerlicher Aufwandsnormen bewegende, aber eher bescheidene Lebensführung der Familie deutet darauf hin, dass liquides Kapital knapp gewesen sein muss, zumal die Dividenden spärlich flossen. Bis 1930 war es Erich gelungen, den 1919 noch sehr deutlichen Rückstand gegenüber seinem Bruder Wilhelm zu verringern. Ersterer hielt nun 34,8 Prozent des Stammkapitals, letzterer 40 Prozent. Ganz offensichtlich hatte Erich hartnäckig darauf hingearbeitet, Parität zu erreichen und endlich mit seinem älteren Bruder auf Augenhöhe agieren zu können. Diese Konfliktlinie sollte aber langfristig bestehen bleiben und auch das Verhältnis der nächsten Generation zueinander belasten.

In der Weltwirtschaftskrise geriet das Unternehmen ab 1930 in ernsthafte Schwierigkeiten. Hochschulen und Krankenhäuser konnten kaum noch Waagen kaufen. Falls sie es doch taten, forderten sie „erhebliche Nachlässe. […] Das Ausland hat sich weiter durch Zölle und Kontingente abgesperrt; wenn unser Umsatz im Auslande nicht ganz erheblich gesunken ist, liegt das daran, dass unsere wissenschaftlichen Instrumente immer noch einen besonders guten Ruf haben."[35] Der Abwertungswettlauf ausländischer Staaten, an dem das Deutsche Reich aus reparationspolitischen Gründen nicht teilnehmen konnte, traf Sartorius hart.

Abb. 12 In Rauschenwasser befand sich seit 1892 neben dem Wohnsitz der Familie auch zeitweise ein Zweigbetrieb und die Lehrwerkstatt, hier zu sehen in den 1920er Jahren

Abb. 13 Der Waagenbau erfordert Präzision, Fingerfertigkeit und Erfahrung. Besonders galt dies bei der Justierung von Waagen, die nur von erfahrenen Mitarbeitern durchgeführt werden konnte, um 1950

Im Geschäftsjahr 1930, in dem die Umsätze ab dem Frühjahr drastisch einbrachen und die Auslandsbestellungen im letzten Quartal um 50 Prozent sanken, wies das Unternehmen noch einen minimalen Reingewinn von 13.116 Reichsmark aus. Im Jahr davor waren es noch 60.050 Reichsmark gewesen. Entlassungen und Kurzarbeit waren unvermeidbar, wurden aber von Sartorius hinausgezögert: „Wir haben unsere Belegschaft so lange wie möglich zu beschäftigen versucht, dadurch sind unsere Lagerbestände […] angewachsen."[36]

1931 musste Sartorius einen herben Verlust von 151.175 Reichsmark verbuchen und sah sich gezwungen, zur Schaffung einer bilanziellen Reserve das Aktienkapital von 900.000 auf 600.000 Reichsmark herabzusetzen. Auch diese Tatsache belegt erneut, dass die Familie außerstande war, dem in seiner Existenz bedrohten Unternehmen zusätzliches Kapital zuzuführen. Im Folgejahr belief sich der Verlust auf 100.218 Reichsmark, 1933 auf 74.706.[37] Die Lage besserte sich also kaum, und die Schuldenlast nahm zu. Die Dividende fiel von 1930 bis 1934/35 aus. Horst Sartorius, Adoptivsohn Erichs und künftiger Juniorchef, schrieb 1937 im Rückblick an seine Eltern über das Jahr 1932: „Damals wusstet Ihr noch nicht genau, ob wir die Zeit wohl durchhalten könnte[n]."[38] Lange konnte das nicht mehr so weiter gehen. 1933 erzielte Sartorius eine negative Umsatzrendite von 31 Prozent. Die Schulden überstiegen in diesem Jahr die Hälfte des Grundkapitals.[39] Es stand auf Messers Schneide.

Weltwirtschaftskrise, Stabilisierung und die Ankunft der dritten Generation, 1931 bis 1937

Der Übergang der Firmenleitung auf die dritte Generation war Ende der 1920er Jahre noch nicht akut, aber Planungen liefen bereits. Die Fortschreibung des Stammesprinzips schien nicht möglich zu sein, denn die Ehe von Erich blieb kinderlos. Alles lief demnach darauf hinaus, den ältesten Sohn Wilhelms, Fritz (1899–1955), als künftigen Chef aufzubauen. Bereits 1929 übertrug Wilhelm ihm einen erheblichen Teil seiner Aktien, sodass Fritz 28 Prozent des Unternehmens gehörten.[40] Er hatte als erster Akademiker seiner Familie in physikalischer Chemie promoviert. Sein jüngerer Bruder Wilhelm jun. (1902–1953) wanderte in die USA aus und stand daher dem Unternehmen nicht zur Verfügung. Der jüngste der drei Brüder, Hans (1904–1979), sollte ebenfalls eine Führungsrolle übernehmen. Dementsprechend wurden Fritz und Hans 1933 Prokuristen. Fritz sollte die technische, Hans die kaufmännische Leitung übernehmen. Es deutete also Anfang der 1930er Jahre alles darauf hin, dass Erichs Stamm aussterben und das Unternehmen vom Stamm Wilhelms allein geführt werden würde. Es sollte jedoch völlig anders kommen.

Erich und seine Frau Frida hatten 1916 ein Kind, Horst Richter, in ihren Haushalt aufgenommen. Er war der Sohn der unter sehr bescheidenen Umständen in Dresden lebenden Schwester Fridas. 1931 nahmen Erich und Frida Sartorius den 21-jährigen Horst an Kindes statt an. Der späte Zeitpunkt der Adoption erklärt sich offenbar daraus, dass die Pflegeeltern, vor allem die strenge Pflegemutter, sicherstellen wollten, dass Horst sie nicht enttäu-

Abb. 14 Fritz Sartorius, ein Enkel des Firmengründers, an seinem Schreibtisch in den Sartorius-Werken, kurze Zeit bevor er aus dem Unternehmen ausschied, um 1938

schen und er sich durch schulische und andere Leistungen des Namens Sartorius als würdig erweisen würde. Mit dieser Adoption erweiterten sie die Varianten der Nachfolgeplanung und brachten ihren Stamm wieder ins Spiel. Dieser Vorgang reihte sich nahtlos in die schon beschriebenen Bemühungen Erichs ein, endlich mit Wilhelm gleichzuziehen. Familien sind keine statischen Einheiten, sondern zeichnen sich durch eine gewisse Plastizität aus. Die Familienerweiterung qua Adoption ist im deutschen Wirtschaftsbürgertum als Instrument der Nachfolgesicherung keineswegs unbekannt, aber eher selten. In anderen Kulturen, vor allem in Asien, bedienen sich Unternehmerfamilien bis heute häufig dieses Instruments, wenn sie etwa tüchtige Manager adoptieren. Im Fall von Erich Sartorius mögen zwei Motive den Ausschlag gegeben haben. Zum einen Stammesdenken, also das Bestreben, den drohenden Bedeutungsverlust der eigenen Linie und damit auch der eigenen Person abzuwenden, zumal sich Erich schon lange gegenüber Wilhelm zurückgesetzt sah. Zum anderen mag die Protektion von Horst einer schweren Erkrankung von Fritz geschuldet gewesen sein, denn diese hatte – das trat immer klarer hervor – das Potenzial, sich zu einer Nachfolgekrise auszuwachsen. Auch eine Kombination beider Motivstränge ist denkbar.

Fritz war, wie es in seinen Krankenakten wiederholt hieß, 1918 „nervös" aus dem Einsatz als Artillerist an der Westfront zurückgekehrt. Die unbeschreiblichen Schrecken des Ersten Weltkriegs hatten bei Hunderttausenden Veteranen schwerste Traumata hinterlassen. Fritz litt nicht an einer dauernden Behinderung, sondern an episodischen Schüben, die dem Krankheitsbild der Schizophrenie ähnelten. So gelang es Fritz nach einem abgebrochenen Studium des Maschinenbaus von 1922 bis 1925 für ein Unternehmen in Hannover zu arbeiten, 1928 in Göttingen zu promovieren und seitdem im Familienunternehmen tätig zu sein.[41]

Ein schwerer Krankheitsschub ist für 1930 aktenkundig, offenbar ausgelöst durch eine gescheiterte Verlobung. Am 10. Juli kam es zur Zwangseinweisung in die Göttinger Provinzial-Heil- und Pflegeanstalt, aus der er am 31. Juli als ambulant weiter zu behandelnder Patient entlassen wurde.[42] Weder im Unternehmen noch in der Göttinger Öffentlichkeit ließen sich die psychischen Probleme von Fritz verbergen, sodass seine Reputation litt und die Eignung als künftiger Unternehmensleiter in Zweifel gezogen wurde. Bereits im Frühjahr 1930, also noch vor der Krise des Sommers, waren fast alle Fritz übertragenen Aktien wieder in der Hand des Vaters.[43] Fritz kehrte zwar acht Wochen nach seiner Entlassung in das Unternehmen zurück, kam jedoch für die Nachfolge seines Vaters wohl nicht mehr infrage. Das galt umso mehr, als 1933 ein weiterer schwerer Schub zur erneuten Einweisung in die Psychiatrie führte.

Mittlerweile hatte das NS-Regime die radikale Umsetzung der auch in westlichen Ländern verbreiteten eugenischen Ideen vorbereitet.[44] Ziel war es, die Fortpflanzung von Kranken, die als minderwertig galten, zu verhindern und so eine höherwertige Bevölkerung zu „züchten", die nicht durch Kranke belastet werde. Im Januar 1934 trat das Gesetz zur Verhütung erbkranken Nachwuchses in Kraft, das den Weg zur Zwangssterilisation und der Ermordung Kranker ebnete. Fritz Sartorius geriet – kaum war das Gesetz in Kraft getreten – in die erbarmungslosen Mühlen der NS-Rassenhygiene.[45] Als er eine freiwillige Sterilisation ablehnte, wurde er entmündigt. Sein Vater wehrte sich mit allen Mitteln gegen die drohende Zwangssterilisation. Aus den Akten ist nicht zu ersehen, ob andere Teile der Familie versuchten, dem verzweifelten Fritz zu helfen. Eingaben, etwa des NSDAP-Mitglieds Erich Sartorius, sind nicht überliefert. Die begutachtenden Ärzte erwiesen sich als willfährige Erfüllungsgehilfen des verbrecherischen Staates, denen ihre Patienten gleichgültig waren und die keinerlei Rücksicht auf eine der angesehensten Familien Göttingens nahmen. Am 15. Mai 1934 stellte das mehrheitlich mit Medizinern besetzte Erbgesundheitsgericht Göttingen fest, Fritz Sartorius stelle eine „Gefährdung der Nachkommenschaft und damit der ganzen Volksgesundheit" dar. Er bringe kein Verständnis dafür auf, „daß die Lebensnotwendigkeit von Volk und Familie rein und gesund erhalten werden müsse […]". Die Tatsache, dass er das verkenne und sich gegen seine Sterilisation wehre, zeige, „daß seine geistigen Fähigkeiten bereits unter dem langsamen zermürbenden Einfluß der Schizophrenie gelitten haben. […] Der Eingriff ist lediglich chirurgischer Art und geboten zur Erfüllung höherer Zwecke."[46] Am 20. Juni 1934 erfolgte die Zwangssterilisation. Noch am selben Tag wurde Fritz aus der Psychiatrie entlassen. Die persönliche Tragödie traf Fritz schwer. Für ihn und seinen Vater bedeutete dieser Schritt auch, dass sich die Chancen auf die Behauptung ihres Stammes an der Unternehmensspitze massiv verschlechtert hatten. Nach dem Tod des Vaters im Jahr 1937 besaß Fritz im Unternehmen keinen Fürsprecher mehr und musste mit ansehen, wie Erich und sein Adoptivsohn das Ruder an sich zogen. Ein Einrücken in die Position des Vaters wurde ihm verwehrt. Fritz trachtete nach dieser erneuten Niederlage danach, Göttingen so schnell wie möglich zu verlassen.

Sein Rivale – Horst Richter, ab 1931 Horst Sartorius – war nach der Adoption als Volontär in die Firma eingetreten. Ab 1932 absolvierte der ehrgeizige Adoptivsohn in Vorbereitung auf seine künftige Rolle Wanderjahre bei angesehenen Firmen. Er durchlief eine kaufmännische Lehre beim Stuttgarter Maschinenbauunternehmen Hahn & Kolb (1932–36), arbeitete dann bei Deckel in München (1936) als Auslandskorrespondent und bei Robert Bosch (1937) in Stuttgart und Berlin im Verkauf. Von dort wechselte er im Dezember 1937 zu Sartorius, wo er unmittelbar in die Geschäftsleitung eintrat. Die Rückkehr nach Göttingen und die neue Aufgabe markierten einen lebensgeschichtlichen Einschnitt. Noch aus Berlin schrieb er seinen Adoptiveltern einen sehr emotionalen Brief zum Ende der fünfjährigen „Wanderschaft". Er dankte den „lieben Eltern" für ihre „unermüdliche Sorge um meine Ausbildung und um meine Gesundheit". Durch die Lehrjahre in Stuttgart, München und Berlin habe ihm das Leben viel „abgeschliffen", wodurch er „hart" geworden sei, „um nun den Kampf zu bestehen" und seine „ganze Kraft der neuen Aufgabe zuzuwenden". Seine „sehr gute Freundin […], die ich evt. später einmal geheiratet hätte", habe er verlassen, seine privaten Interessen „zurückgestellt, um meine ganze Kraft der neuen Aufgabe zuzuwenden". Er kündigte zugleich erhebliche Umstellungen im Unternehmen an. Er brachte einen neuen Ingenieur mit, da es leider in der eigenen Familie niemanden gebe, „der die Fa. in technischer Richtung hin leiten könnte". Das war eine klare Spitze gegen seine Vettern Fritz und Hans. Ein Mitarbeiter in Berlin mutmaßte sogar, dass diese schon vor Horsts Ankunft „Angst" vor ihm haben könnten. Voller Selbstbewusstsein kündigte der 27-jährige Horst an, dass er Veränderungen im Unternehmen vornehmen werde und sich sein Vater Erich künftig mehr „schonen" müsse. Sartorius sei ein technisch starkes, aber kaufmännisch schlecht geführtes Unternehmen. Diese Bemerkung stellte auch eine Spitze gegen Wilhelm Sartorius dar. „Der Besuch der Kundschaft hat mir am deutlichsten gezeigt, dass unsere Firma nur ganz allein aufgrund ihrer best bewährten Konstruktionen in der Lage war, sich überall durchzusetzen. Von kaufmännischer Seite aus betrachtet würde sie schon lange nicht mehr sein. [...] Meine Koffer sind gepackt. [...] Und nun fahre ich [...] zurück in die Heimat, beseelt von dem Glauben, dass ich das dort finde, was ich schon so lange angestrebt habe."[47]

Der Tod Wilhelms markierte 1937 eine Zäsur. Erich übernahm nun die alleinige Geschäftsführung. Die Rückkehr seines Adoptivsohns stand zweifelsohne in diesem Kontext. Horst erhielt bereits 1938 mit 28 Jahren und nach nur einigen Monaten Firmenzugehörigkeit Prokura und wurde zugleich schon als „stellvertretender Betriebsführer" mit dem Personalressort betraut.[48] Er kam also als junger, unerfahrener Mann in eine Schlüsselposition.

Erich Sartorius war wie Wilhelm während der Weimarer Republik Mitglied der nationalliberalen Deutschen Volkspartei gewesen, die in der Weltwirtschaftskrise zur Bedeutungslosigkeit herabsank und sich im Juli 1933 selbst auflöste. Erich verließ beizeiten das sinkende Schiff und trat bald nach der Machtübergabe an Hitler der NSDAP bei, nämlich am 1. Mai 1933. Das war der letzte Tag, an dem das noch möglich war, denn am 19. April 1933 hatte die NSDAP mit Wirkung zum 1. Mai eine Aufnahmesperre verhängt, mit der sich die Partei gegen die Sturzflut beitrittswilliger Opportunisten – spöttisch „Märzgefallene" genannt – zu schützen versuchte. Horst folgte seinem Adoptivvater erst wesentlich später nach, nämlich als die Aufnahmesperre 1937 gelockert wurde. Horst Sartorius wurde am 1. Dezember 1937 in die NSDAP aufgenommen, also fast zeitgleich mit seinem Eintritt in die Geschäftsleitung. Es steht in beiden Fällen zu vermuten, dass es Beziehungen waren, die den Eintritt kurz vor Verhängung bzw. vor der Aufhebung der Sperre ermöglichten. Für Horst war es wohl ein Teil der Vorbereitung auf seine Karriere, um das Unternehmen im neuen Staat nach außen repräsentieren zu können.[49]

Den Beitritten lag, soweit erkennbar, kein ideologischer Eifer zugrunde. Bis 1933 standen Vater und Sohn der NSDAP distanziert gegenüber. Danach verhielten sie sich rein opportunistisch. Sie wollten Nachteile von ihrem Unternehmen und ihren Familien abwenden, sich eventuell auch Vorteile qua politischer Protektion sichern. Der Degussa-Vorstandsvorsitzende Ernst Busemann schrieb 1937 stellvertretend für viele deutsche Unternehmer: „Es hat keinen Zweck, gegen den Strom zu schwimmen."[50] Damit meinte er, der nie in die Partei eintrat, dass man sich anpassen müsse, um die unternehmerische Handlungsfähigkeit zu bewahren. Das Regime war nicht auf ideologische Hardliner angewiesen, solange es mehrheitlich akzeptiert wurde. Insofern kann Opportunismus, der bei Erich und Horst dominierte, keine Entlastungskategorie sein. Sie strebten keine einflussreichen Parteiämter an und blieben in ihrer Göttinger Ortsgruppe kleine Lichter. Wilhelm und Fritz dagegen hielten Distanz zur NSDAP. Wilhelm musste 1933 sein Amt als Präsident der IHK Göttingen/Hannover/Braunschweig aufgeben.

Immer wieder flackerten kleinere Konflikte zwischen Unternehmen und Partei auf. Zumeist ging es darum, Eingriffe in den Betriebsalltag abzuwehren. So schützte Wilhelm Sartorius jüdische und politisch unliebsame Mitarbeiter, so gut es ging, und das Unternehmen ließ bewährte Lieferanten nicht sofort fallen. Den langjährigen leitenden Mitarbeiter Dr. Erich Löwenstein, den Geschäftsführer der Sartorius-Beteiligungen Vereinigung Göttinger Werke GmbH und der Membranfiltergesellschaft, unterstützte Wilhelm Sartorius 1935 bei dessen Ausreise in die USA und verhalf ihm dort zu einer Anstellung. Auch Löwensteins Sohn, der erkrankt zurückblieb und erst 1938 auswanderte, erhielt von der Familie Sartorius finanziellen Beistand. In einem sehr persönlichen Brief bedankte sich Frau Löwenstein 1947 für die überlebensnotwendigen Hilfen und bot an, ein Paket für Horsts gerade geborene Kinder aus New York zu schicken.[51] Sartorius hielt an jüdischen Vertretern im Ausland fest und beschäftigte in Göttingen in den 1930er Jahren einzelne, dem Regime politisch oder rassisch unliebsame Mitarbeiter. Damit machte man sich bei den neuen Herren nicht gerade beliebt. Als 1938 die Verleihung des 1936 eingeführten Ehrentitels „Nationalsozialistischer Musterbetrieb" beantragt wurde, widersprach der Göttinger Ortsgruppenleiter. Sartorius sei „bei weitem noch nicht reif für die Verleihung des Ehrentitels". Es fehlten der „Geist und die innere Einstellung sowohl beim Betriebsführer wie auch bei der Gefolgschaft". Erich Sartorius sei „zwar Parteige-

Abb. 15 Morgengymnastik der Lehrlinge, 1930er Jahre

nosse", habe „aber von der Idee und dem Wollen der Partei bis dato wenig mitgekriegt". Bedauernd ergänzte der NSDAP-Ortsgruppenleiter: „Er ist übrigens der einzige Parteigenosse von den 4 Betriebsführern."[52] Über Wilhelm hieß es, dass er eine „asoziale Einstellung" habe, sich von den Betriebsobleuten der Deutschen Arbeitsfront nichts sagen lasse, gestandene Arbeiter rücksichtslos „wegen Überalterung" entlasse sowie Spenden für NS-Organisationen und den „deutschen Gruß" verweigere. „Zusammenfassend: S. stellt sich bewusst ausserhalb der Volksgemeinschaft und wird immer ein Gegner des Nat.Soz. bleiben."[53]

Der Betriebsalltag änderte sich unter den neuen politischen Rahmenbedingungen nicht durchgreifend. Die Vorstände verteidigten die Autonomie ihrer betrieblichen Sphäre gegen parteipolitische Eingriffe. Bewährte Mitarbeiter wurden protegiert. Die Lehrlinge hatten neuerdings allmorgendlich sportliche Übungen zu absolvieren, bei gutem Wetter im Freien. Konzessionen wie das vereinzelte Aufhängen kleiner Hitler-Porträts oder politischer Losungen im Unternehmen markierten eher Ausnahmen. Abgaben an die Deutsche Arbeitsfront sowie „freiwillige" Spenden an das Winterhilfswerk ließen sich nicht umgehen.

Die Belegschaft blieb mit 200 bis 250 Mitarbeitern weiterhin überschaubar. Die patriarchalische Kultur konnte daher trotz des politischen Umbruchs im Kern erhalten bleiben. 1936 feierte Erich Sartorius seinen 60. Geburtstag gemeinsam mit seinen Mitarbeitern. Auf diese Weise wurde die Verschränkung von privater und betrieblicher Sphäre unterstrichen. Das bei diesem Anlass entstandene Gruppenfoto belegt, dass diese interne Veranstaltung ohne politische Abzeichen auskam. Die NSDAP übte wiederholt Kritik an dieser Zurückhaltung.

Wirtschaftlich befand sich Sartorius 1933 in einer tiefen Krise. Es war das dritte Jahr mit hohen Verlusten. 1933 forderte Sartorius mit der IHK Südniedersachsen und der feinmechanischen Industrie, der Wissenschaft Sondermittel zur Verfügung zu stel-

len, damit diese die deutsche Feinmechanik durch Bestellungen am Leben halten könne. Die Denkschrift rief in „der Wissenschaft lebhaften Widerhall" hervor, erbrachte „aber nicht die Auswirkung [...], die man sich [...] versprochen hat[te]".[54] Die Lage blieb vorerst verzweifelt. Erst Ende 1933 setzte eine leichte Belebung des Geschäfts ein, die sich 1934 fortsetzte. Endlich stand wissenschaftlichen Institutionen und Schulen wieder etwas Geld für Anschaffungen zur Verfügung. Die Auslandsnachfrage zog „dank der Qualität unserer Instrumente und der verschiedenen Neukonstruktionen" stark an. So konnte im auf neun Monate verkürzten Geschäftsjahr 1934 ein kleiner Gewinn erzielt werden. Auch einige Neueinstellungen waren möglich.[55]

Die folgenden Jahre standen im Zeichen der schrittweisen Erholung und der dauerhaften Rückkehr in die Gewinnzone. Für 1934/35 wurde erstmals wieder eine Dividende von drei Prozent gezahlt. Durch vermehrte Werbung, neue fremdsprachige Prospekte, Produktinnovationen und vermehrte Reisen wurde der Export, auf den ungefähr 50 Prozent der Umsätze entfielen, gesteigert. Es gelang somit, dem protektionistischen Trend der Zeit und der Devisenzwangswirtschaft zu trotzen. Jedoch blieb die Abwertung ausländischer Währungen ein großes Problem. Neueinstellungen waren jetzt nicht mehr möglich, lag doch die Kapazitätsauslastung des Werkes 1935 immer noch bei erschreckenden 60 Prozent.[56]

1935/36 setzte sich der positive Trend fort. Endlich zog auch die Nachfrage nach Brutapparaten und Aufzuchtgeräten für die Geflügelwirtschaft an, die bis dahin durch die prekäre Lage der Landwirt-

Abb. 16 Aufnahme der Belegschaft der Sartorius-Werke AG anlässlich des 60. Geburtstags von Erich Sartorius am 29. 8. 1936 schaft gehemmt worden war. Es konnten einige Neueinstellungen vorgenommen werden, aber es machte sich ein Mangel an „Qualitäts-Facharbeitern" als Folge der höheren Löhne in der Rüstungsindustrie bemerkbar. Sartorius reagierte darauf mit der Erhöhung der Ausbildungsplätze, „um auf diese Weise zu der Durchführung des neuen Vierjahres-Planes beizutragen".[57] Abgesehen von dieser formelhaften Bezugnahme auf die NS-Wirtschaftspolitik blieben die Geschäftsberichte nüchtern. Der Gewinn entwickelte sich leicht rückläufig. 1936/37 stieg das Auftragsvolumen stark an, was angesichts des Facharbeitermangels aber zu langen Lieferfristen führte. Der Verfall des Gewinns beschleunigte sich. Die Umsatzrendite erreichte einen Tiefstand. In beiden Jahren wurde gleichwohl eine Dividende von vier Prozent ausgeschüttet.[58]

Tabelle 2 enthält Bilanzdaten für die Zeit von 1933 bis 1937. Unschwer ist zu erkennen, dass eine Stabilisierung des Unternehmens gelang und die Gefahr eines Konkurses abgewendet werden konnte. Es handelte sich aber um eine eher schleppende Erholung, die weit hinter der Dynamik rüstungsnaher Branchen zurückblieb. Die Gewinne und Dividenden lagen deutlich unter den Werten der besten Weimarer Jahre. 1929 hatte der Gewinn noch 60.050 und die Dividendensumme 45.000 Reichsmark betragen.[59] Davon war man nun weit entfernt. Die Kapitalherabsetzung von 1931 konnte nicht rückgängig gemacht werden. In den meisten Jahren lag die Gehaltssumme des Vorstands über den ausgeschütteten Dividenden, ab 1935 sehr deutlich. Erich und Wilhelm erhielten also mehr als alle Aktionäre zusammen.

Die Umsatzrentabilität war unbefriedigend und zudem bei steigenden Umsätzen rückläufig. Trotz vereinzelter Rationalisierungsschritte erwirtschaftete Sartorius in dieser Wachstumsphase keine Skaleneffekte. Die Umsatzsteigerung war mit den vorhandenen Arbeitskräften nicht zu stemmen. Der Schuldenabbau kam nicht voran. Ein Teil der Kredite, zeitweilig bis zu 100.000 Reichsmark, stammte von der Familie.[60] Die Verbindlichkeiten lagen meist knapp unter 50 Prozent des Stammkapitals. Die Buchhaltung blieb zum Leidwesen des Wirtschaftsprüfers mangelhaft, der Jahr für Jahr Verbesserungen anmahnte. Zwischen der Betriebs- und der Hauptbuchhaltung bestanden erhebliche Diskrepanzen. So wurden Abschreibungen willkürlich und uneinheitlich vorgenommen. Völlig frustriert hielt der Wirtschaftsprüfer 1938 fest, dass „das Betriebsergebnis der Fabrik [...] keinen besonderen Wert hat".[61] Sartorius gehörte also bislang keineswegs zu den Konjunkturrittern des NS-Wirtschaftsbooms. Vielmehr standen der neue, allein aus Erich Sartorius bestehende Vorstand sowie sein Sohn Horst vor großen Problemen. Ihre Überwindung zeichnete sich aber schon am Horizont ab.

Das Rüstungsunternehmen in der nationalsozialistischen Kriegswirtschaft, 1938 bis 1945

Im Mai 1938 wurde die fünfzigtausendste Waage ausgeliefert, was den Anlass für ein Betriebsfest bot. Die Mitarbeiter erhielten Sonderprämien und

Tabelle 2

Ausgewählte Bilanzpositionen, 1933 bis 1937

in Reichsmark bzw. Prozent

Jahr	Umsatz	Gewinn	Umsatzrendite	Verbindlichkeiten	Dividende	Dividende	Vorstandsgehalt
1933	370.000	-74.705	-20,2 %	-	0 %	0	28.200
1934	370.000	10.668	2,9 %	276.862	0 %	0	18.000
1934/35	640.000	30.913	4,8 %	263.402	3 %	18.000	18.000
1935/36	?	27.836	?	300.542	4 %	24.000	37.514
1936/37	871.000	20.433	2,3 %	292.942	4 %	24.000	38.786

Quelle: Diverse Protokolle der Generalversammlung der SWAG, Geschäfts- und Wirtschaftsprüfungsberichte.

eine vom Unternehmen finanzierte „Gefolgschaftsversicherung". Im Grunde genommen feierte Sartorius die endgültige Überwindung der Weltwirtschaftskrise, zumal das Geschäftsjahr 1937/38 vielversprechend begonnen hatte. Die Steigerung des Auslandsumsatzes und des Brutgeschäfts ermöglichten einen Umsatzsprung auf 1,2 Mio. Reichsmark bei einem auf 27.932 Reichsmark gestiegenen Gewinn. Auch wenn die Umsatzrendite mit 2,4 Prozent immer noch dürftig ausfiel und die Schulden hoch blieben, machte sich Optimismus breit.[62] Er speiste sich vor allem daraus, dass Sartorius mit dem sich abzeichnenden Einstieg in die Rüstungsfertigung bald über einen neuen Wachstumsmotor verfügen würde. Großaufträge waren bereits avisiert.

Schon 1936 hatte Sartorius dem Reichsluftfahrtministerium (RLM) Hermann Görings Fotokassetten geliefert. Im Frühjahr 1937 kam es zur Anbahnung von Großaufträgen. Zum einen überprüfte das Technische Amt des RLMs die Eignung des Maschinenparks für die Luftrüstung.[63] Zum anderen wurde die politische Zuverlässigkeit von Erich Sartorius abgefragt. Während ihm in anderen Kontexten die NSDAP innere Distanz zur Partei bescheinigte, besaß er plötzlich das „vollste Vertrauen" des Kreisleiters.[64] Dieser hatte vom Kreiswirtschaftsberater der NSDAP erfahren, dass „Parteigenosse Sartorius [...] ein durch und durch einwandfreier und anständiger Charakter" sei. Im Geschäftsleben vertrete er „nationalsozialistisches Gedankengut mit Überzeugung", obwohl das bei anderen Geschäftsleuten auf Ablehnung stoße. Erich Sartorius verdiene „seitens der Partei jedes Vertrauen und jede Unterstützung".[65] Die widersprüchlichen Aussagen über Erich Sartorius belegen die Beliebigkeit solcher Zeugnisse. Hier dürften das regionale Interesse, zusätzliche Arbeitsplätze nach Göttingen zu holen, sowie ein guter Draht zum Kreiswirtschaftsberater eine Rolle gespielt haben.

Nach Feststellung der technischen und politischen Eignung erging bereits am 27. August 1937 ein Vorbescheid des RLMs, der die Herstellung von 600 Reihenabwurfautomaten RAB 14c vorsah.[66] Mit ihnen wurde die zeitversetzte Auslösung von Bomben aus dem Cockpit von Flugzeugen gesteuert. Mit diesem technisch aufwendigen, elektromechanischen Gerät, das von Siemens entwickelt worden war, ließ sich die todbringende Last auf größere Flächen ausbringen. Die Herstellung erforderte

Abb. 17 Blick auf die Gebäude der Mechanischen Fertigung: War die Umgebung zunächst noch wenig bebaut, lag das Werksgelände einige Jahrzehnte später in einer Gegend, die vornehmlich zum Wohnen genutzt wurde

Tabelle 3

Aufteilung des Umsatzes, 1938/39

in Reichsmark

Produkt	Inland	Ausland	Summe
Waagen	647.529	264.079	911.608
Rüstung	644.624	0	644.624
Mikrotome	35.709	18.944	54.653
Geodätik	22.215	2.100	24.315
Brutapparate	46.257	798	47.055
Exportzuschüsse	0	26.752	26.752
Handelsware	0	470	470
Summe	**1.396.336**	**313.146**	**1.709.482**

Quelle: Sartorius-Archiv, Fin 1/1 A 31, Wirtschaftsprüfungsbericht Sartorius-Werke AG über das Geschäftsjahr 1938/39, 11.

feinmechanische Präzisionsarbeit und passte daher gut zu Sartorius. Am 11. Juli 1938 erteilte das Technische Amt des RLMs den formellen Vorbescheid einer Bestellung von 600 Geräten im Gesamtwert von 600.000 Reichsmark zur Auslieferung zwischen Februar und Juli 1939.[67] Am 2. Dezember 1938 folgte der nächste Vorbescheid über insgesamt 2.175 Reihenabwurfautomaten, die zwischen August 1939 und Dezember 1941 abzuliefern waren. Der Auftragswert betrug fast 2 Mio. Reichsmark.[68]

Von wem genau die Initiative zum Einstieg in die Rüstungsfertigung ausging, ist nicht sicher. Das RLM stand unter großem Druck, die extrem hohen, letztlich unrealistischen Produktionsziele, nämlich eine Verfünffachung der Luftwaffe zwischen 1938 und 1942, zu erreichen. Das war nicht ohne die Einbeziehung der feinmechanischen Industrie möglich.[69] So gerieten Firmen wie Sartorius auf den Radar des RLMs. Allerdings gibt es keine Anzeichen dafür, dass sich Sartorius dagegen wehrte. Vielmehr waren die lukrativen Aufträge höchst willkommen, und besonders Horst Sartorius bemühte sich ab 1938/39 mit großer Beflissenheit, den Anforderungen des RLMs zu entsprechen.

1938/39 schlug sich die Rüstungsfertigung erstmals bilanziell nieder. Sie ermöglichte einen Umsatzsprung um fast 50 Prozent von 1,2 auf 1,7 Mio. Reichsmark. Die Belegschaft wuchs um 46 Prozent von 273 auf 398 Personen. Der Anstieg des ausgewiesenen Gewinnes nach Steuern blieb jedoch mit knapp 20 Prozent deutlich zurück, was an Investitionen für neue Maschinen und Gebäude, an der steigenden steuerlichen Belastung, an Rückstellungen für künftige Betriebserweiterungen und mögliche Rückzahlungen an das RLM lag. 1943 musste Sartorius 347.181 Reichsmark Übergewinne

Abb. 18 Reihenabwurfautomat RAD 14c zur zeitversetzten Auslösung von Flugzeugbomben, 1940

Umsätze nach Produktgruppen im Geschäftsjahr 1943 bis 1944

in Reichsmark

Tabelle 4

Produkt	**Inland**	**Ausland**	**Summe**
Waagen	745.477	313.717	1.059.194
Rüstung RAB	2.272.127	0	2.272.127
Rüstung ZSK u. a.	1.383.985	0	1.383.985
Mikrotome	33.629	15.312	48.941
Geodäsie	761	0	761
Brutapparate	25.630	798	26.428
Handelsware u. a.	179.960	0	179.960
Summe	**4.641.569**	**329.827**	**5.012.793**

Quelle: Sartorius-Archiv, Fin 1/1 A 34, Wirtschaftsprüfungsbericht über das Geschäftsjahr 1943/44, 9.

zurückzahlen. Das zur Körperschaftssteuerveranlagung herangezogene Einkommen vor Steuern (Tabelle 6, Seite 42) wuchs aber überproportional, nämlich zwischen 1936 und 1943 von 44.800 auf 941.000 Reichsmark, mithin um das Einundzwanzigfache.[70]

Tabelle 4 belegt, dass der Export im Krieg stark an Bedeutung verloren hatte, sich aber noch behauptete. Besonders in neutrale Staaten lief er weiter und erlaubte unter Knappheitsbedingungen hohe Margen. Die zivile Fertigung besaß 1939 (Tabelle 3, Seite 39) immer noch ein klares Übergewicht gegenüber der Rüstung. Dieses Verhältnis sollte sich aber schon bald umkehren , wie Tabelle 4 belegt.

Die Aufstellung zeigt auch, wie unbedeutend die Umsätze in den Nebenlinien waren. Die hier nicht erfasste Beteiligung an der wirtschaftlich angeschlagenen Membranfiltergesellschaft mbH rückte in den 1930er Jahren näher an Sartorius heran, zunächst 1935 räumlich durch die Übersiedlung in das Hauptwerk und 1937 durch die Umgründung in eine Kommanditgesellschaft, deren Leitung Erich Sartorius übernahm. Dieses sehr spezielle Geschäft setzte in den 30er und 40er Jahren stets weniger als 40.000 Reichsmark um.[71] 1938/39 war die Sartorius-Werke AG nominell mit 11.000 Reichsmark an der Membranfilter KG beteiligt und erzielte daraus einen Miniertrag von 530,80 Reichsmark.[72]

Tabelle 5 (Seite 41) erlaubt den Vergleich von 1938/39, also dem Jahr des Einstiegs in die Luftrüstung, mit 1943/44, dem letzten Jahr vor dem Zusammenbruch des Dritten Reiches. Sartorius hatte seinen Umsatz in dieser Zeitspanne fast verdreifacht und war zu einem Rüstungsproduzenten mit der noch immer substanziellen Nebenlinie Wägetechnik und einigen unbedeutenden weiteren Aktivitäten geworden. Zu den Reihenabwurfautomaten (RAB), ab 1941 wurde das Nachfolgemodell RAB 14d gefertigt, waren 1940 das von Rheinmetall-Borsig entwickelte Zeitzünder-Zusatzgerät ZZG 1/24 und ab 1941/42 der Zünderschaltkasten ZSK 244 A hinzugetreten. Mit ihrer Hilfe konnte der Pilot bzw. Bombenschütze die Abwurfwaffen „scharf schalten" und gleichzeitig einstellen, ob der Bombenzünder mit oder ohne Verzögerung auslösen sollte. Außerdem ließ sich beim Abwurf zwischen Sturzflug oder Waagerechtflug des eigenen Flugzeugs wählen. Diese Produkte ermöglichten eindrucksvolle Skalenerträge. So lobte das Rüstungskommando Hannover, dass 1942 die monatliche Fertigung der RAB 14d und ZSK 244 A durch Rationalisierungsmaßnahmen von 350 auf 850 Geräte gestiegen war, während die Belegschaft nur um elf Prozent von 420 auf 470 Mitarbeiter wuchs.[73]

Das Rüstungsgeschäft erlaubte Sartorius ein bis dahin unvorstellbares Wachstum. Zwischen Oktober 1938 und November 1944 nahm die Belegschaft auf mehr als das Dreifache, von 273 auf 927 Beschäftigte, zu. Der Umsatz verfünffachte sich nahezu. Neue Gebäude und Maschinen kamen hinzu. Die Gehälter der Geschäftsführer stiegen steil an. Angesichts stagnierender offiziell ausgewiesener

Gewinne ist von einer erheblichen Erhöhung der stillen Reserven auszugehen. Zudem verschaffte die Rüstungsrelevanz manche Privilegien. Ab Februar 1939 war Sartorius Wehrmachts-Betrieb (W-Betrieb), was die Beschaffung von Material und Arbeitskräften erleichterte. Auch wenn es zur zwangsweisen Typenreduktion kam, konnten weiterhin Waagen gebaut und verkauft werden. Know-how und Kundenkontakte blieben bestehen. Die parallele Annahme von Rüstungs- und Zivilaufträgen war für viele Firmen eine Art Rückversicherung im Hinblick auf die Nachkriegszeit. Ohne Rüstungsaufträge bestand die Gefahr der Schließung oder des Stillstands mangels Ressourcen.

Die Dividende betrug von 1939/40 bis 1942/43 mit sechs Prozent das Maximum dessen, was ohne die prohibitive, nicht abzugsfähige Dividendenabgabe in Höhe von 50 bis 400 Prozent der Mehrausschüttungen zulässig war. Nicht ausgeschüttete Gewinne mussten in Schatzanweisungen des Reiches angelegt werden. Diese Anreizstrukturen führten zu politisch deformierten Bilanzen, vor allem zur Stärkung stiller Reserven, um die tatsächliche Gewinnsituation zu verschleiern. Die 1943 bei Sartorius erfolgte Einrichtung eines Ruhegehaltsfonds in Höhe von 100.000 Reichsmark bei geplanten Aufstockungen in den Folgejahren diente der Gewinnbegrenzung. Auch wurden großzügige Rückstellungen vorgenommen. Ein beliebtes, auch bei Sartorius angewendetes Mittel, um verdeckte Ausschüttungen vorzunehmen, war die Anhebung der Gehälter der in der Unternehmensleitung tätigen Familienangehörigen. Zwischen 1933 und 1944 stieg das Gesamtjahreseinkommen Erichs von 14.100 auf 77.039 Reichsmark vor Steuern.[74] Es besteht kein Zweifel daran, dass Unternehmen und Familie einen erheblichen Nutzen aus der NS-Rüstungskonjunktur zogen. Im Aufsichtsrat herrschte eitel Freude.[75]

Aufgrund der gravierenden Deckungslücken im Reichshaushalt zog der NS-Staat allerdings immer wieder die Steuerschraube an und dekretierte erhebliche Mehrbelastungen für Bürger (50 Prozent Zuschlag zur Einkommen- und zur Vermögensteuer ab 1939) und Unternehmen. Betriebsprüfungen wurden strenger, Ausnahmeregelungen und die Veranlagungen zunehmend restriktiver. Die 1933 massiv erhöhten Abschreibungsmöglichkeiten verringerten sich ab 1938. Die steuerlichen Daten für Sartorius belegen zweierlei: Zum einen gelang dem Unternehmen eine massive Einkommenssteigerung, die sich in den Handelsbilanzen nicht niederschlug. Die Steuerbilanzen ließen die Bildung stiller Reserven nämlich nicht in derselben Weise zu.[76]

Tabelle 5

Ausgewählte Bilanzpositionen, 1937 bis 1945

in Reichsmark bzw. Prozent

Jahr	Umsatz	Reingewinn	Umsatzrendite	Verbindlichkeiten	Dividende	Dividende
1937/38	1.152.000	27.932	2,4 %	280.957	4 %	24.000
1938/39	1.709.482	33.423	2,0 %	301.891	5 %	30.000
1939/40	2.036.515	35.874	1,8 %	891.556	6 %	36.000
1940/41*	2.350.000	55.378	2,4 %	1.008.647	6 %	36.000
1941/42	2.647.000	34.820	1,3 %	428.757	6 %	36.000
1942/43	3.910.000	49.525	1,3 %	846.090	6 %	36.000
1943/44	5.012.000	29.596	0,6 %	787.044	4 %	24.000
1944/45*	2.465.084	-120.154	-4,9 %	1.038.795	0 %	0

* Die Zahlen für 1940/41 und 1944/45 sind Näherungswerte.

Quelle: Sartorius-Archiv, Fin 1/1, diverse Protokolle der Generalversammlung der SWAG, Geschäftsberichte, Wirtschaftsprüfungsberichte und Entwürfe von Prüfberichten sowie Handbuch der Deutschen Aktiengesellschaften; Geschichte der Sartorius-Aktiengesellschaft 1870–1953, 84.

Zur Körperschaftsteuer veranlagtes Einkommen der Sartorius-Werke A.G., 1935 bis 1945

Tabelle 6

in Reichsmark bzw. Prozent

Jahr	Einkommen vor Steuern	Körperschaft-steuersatz
1935	48.000	20%
1936	44.800	25%
1937	78.000	30%
1938	136.100	35%
1939	200.300	40%
1940	269.400	40%
1941	607.100	40%
1942	448.200	50%
1943	941.000	50%
1944	792.600	50%
1945	-992.800	50%

Quelle: Niedersächsisches Landesarchiv Hannover, Nds. 171 Hildesheim 8067, Entnazifizierungsakte Erich Sartorius, Schreiben des Finanzamtes Göttingen vom 6.12.1948, Bl. 120; Banken, Steuerstaat, S. 301, 307; www.reichsfinanzministerium-geschichte.de/teilprojekte/steuerpolitik [Zugriff 16.08. 2019].

Zum anderen griff der Staat immer stärker auf die Erlöse zu. Der Körperschaftsteuersatz sprang von 1935 bis 1942 von 20 auf 55 Prozent bzw. ermäßigt 50 Prozent. Ab 1942 zog der Fiskus eine Gewinnabführungsabgabe von 30 Prozent ein, wenn die Gewinne gegenüber 1938 stark gestiegen waren. Unternehmen wurden ferner zur Vermögensteuer herangezogen. Bei Sartorius verdoppelte sich die Bemessungsgrundlage zwischen 1939 und 1942 nahezu. Der NS-Staat holte sich einen immer größeren Anteil der von ihm als Auftraggeber von Rüstungsgütern ermöglichten Profite über die Finanzämter zurück. Trotzdem stiegen die Erträge vieler Unternehmen.[77] Der eskalierende fiskalische Zugriff vermochte es nicht, den Anstieg der Sartorius-Gewinne in absoluten Zahlen zu verhindern.

Das Rüstungsgeschäft ging aber auch mit erheblichen Nachteilen einher. W-Betriebe unterstanden der direkten Aufsicht des Staates, in diesem Fall der Rüstungsinspektion XI Hannover und der Bauaufsicht des RLMs. So kam es zwangsläufig zu Eingriffen in die unternehmerische Autonomie, und zwar nicht nur was technische Umsetzung und Lieferziele anging. Preise wurden überprüft und zumeist nach unten angepasst. Sie waren an die Selbstkosten gekoppelt, sodass Rationalisierungsmaßnahmen zu Preisabzügen führten. Zugebilligt wurden Margen von 25 Prozent. Als Sartorius im Jahr 1943 41 Prozent erzielte, war eine Rückzahlung der „Überprofite" fällig.[78]

Sartorius musste hohe Investitionen tätigen, deren Nachhaltigkeit ungewiss war. Der Krieg würde irgendwann enden und mit ihm die Nachfrage nach Rüstungsgütern. Die Umstellung auf die Rüstungsproduktion bereitete viel Unbill. Es gab Qualitätsprobleme, Reklamationen und Schwierigkeiten, die schnell wachsende, angelernte Belegschaft an die Qualitätsstandards heranzuführen. Ob die 1940/41 erstellten Erweiterungsbauten auch im Frieden sinnvoll zu nutzen sein würden, war vorerst unklar. Die Rüstungsinvestitionen banden sehr viel Kapital. Die Schuldenlast erhöhte sich entsprechend zwischen 1937/38 und 1943/44 um das Zweieinhalbfache. Das Rüstungsgeschäft ging schließlich mit einem hohen bürokratischen Aufwand einher. Um Aufträge zu ergattern und die Flut der Genehmigungen rechtzeitig zu erhalten, richtete Sartorius ein Büro in Berlin ein.

Das bevorstehende Ende des NS-Staats blieb nüchternen Zeitgenossen nicht verborgen. Das große Geschäft konnte nicht lange laufen und würde irgendwann abbrechen. Ab 1944 gab es nicht mehr ausreichend Material. Angesichts der erdrückenden alliierten Lufthoheit war die Luftwaffe nur noch ein Schatten ihrer selbst. Die Zeit nach Oktober 1944 stand „im Zeichen des allgemeinen Zusammenbruches", da wegen der Luftangriffe ein „geregeltes Arbeiten nicht mehr möglich" war.[79] Auch das Sartorius-Werksgelände wurde während eines Angriffs getroffen, bei dem das Verwaltungsgebäude beschädigt wurde.

Am Schluss erwies sich der NS-Staat auch noch als säumiger Kunde. Viele Rüstungsproduzenten saßen auf Bergen unbezahlter Rechnungen, da die regulären Behördenstrukturen zerfielen. Der Post- und Bankverkehr funktionierte nicht mehr. So entsandten die Unternehmen im Frühjahr 1945 Kuriere, die auf der Suche nach zahlungsfähigen Kassen der öffentlichen Auftraggeber, oder was von denen übrig geblieben war, die unbesetzten Teile des Reiches durchstreiften. Während Millionen Menschen durch Flucht und Bombenhagel ihr Hab und Gut verloren, versuchten diese Emissäre der Wirtschaft mit Aktentaschen voller unbezahlter Rechnungen – zumeist vergeblich – Geldbeträge vor dem endgültigen Zusammenbruch einzutreiben.[80] Dieses Schicksal teilte auch Sartorius. „Die Verbindung mit unseren Hauptschuldnern wurde ständig unterbrochen. Trotz intensivster Bemühungen, durch Kuriere […] die Forderungen hereinzubekommen, ist dies mißlungen, zumal die Zahlstellen ständig den Ort wechselten."[81] So blieb Sartorius auf unbezahlten Rechnungen in Höhe von 2,2 Mio. Reichsmark sitzen. Der größte Schuldner mit 1,6 Mio. war die Luftwaffe. Zog man die bei Sartorius lagernden Materialien der Luftwaffe ab, blieben uneinbringbare Forderungen von 1,4 Mio. Reichsmark übrig, die „als verloren betrachtet werden" mussten.[82] Noch gravierender war, dass die Zukunft des Unternehmens 1945 völlig ungesichert war.

Die Arbeitsbeziehungen hatten sich im Krieg grundlegend verändert. Zum einen führte der verzweifelte Versuch des Regimes, die drückende Überlegenheit der Alliierten durch Produktionsrekorde zu brechen, zu einer ständigen Vergrößerung der Belegschaft. Sartorius war in der Folge von einem mittelgroßen Unternehmen mit weniger als 300 Beschäftigten zu einem kleinen Großunternehmen mit fast 1.000 Mitarbeitern geworden. Einberufungen führten zum Abzug männlicher Facharbeiter. Frauen und Angelernte traten an ihre Stelle. Seit 1939 kamen erstmals ausländische Arbeiter und nach 1940 überwiegend Zwangsarbeiter hinzu, d. h. Kriegsgefangene oder Menschen, die aus ihrer Heimat gewaltsam verschleppt wurden. Ende 1944 hatte Sartorius 920 Mitarbeiter, von denen 107 „Ostarbeiter", 92 sonstige Zivilausländer (vor allem Franzosen) und 19 Kriegsgefangene waren. Zusammen stellten die 218 Ausländer beinahe ein Viertel der Belegschaft. Diese Zahl entsprach fast der gesamten Belegschaft vor dem Krieg.[83] Die Initiative auf Zuweisung von Fremdarbeitern ging von den Unternehmen aus, zumal ohne zusätzliche Arbeitskräfte auch Sartorius die lukrativen Rüstungsaufträge nicht hätte ausführen können. Die bei Sartorius eingesetzten Franzosen waren überwiegend Männer mit Erfahrungen in feinmechanischen Berufen. Bei den ab August 1942 beschäftigten „Ostarbeitern" dagegen handelte es sich um junge Frauen ohne Ausbildung.

Das Arbeitsklima verschlechterte sich, bestand doch ein extremer Druck, immer mehr Rüstungsgüter immer schneller abliefern zu müssen. Zumindest anfangs häuften sich Reklamationen und Nacharbeiten, da die Produkte neu waren und den meisten neuen Arbeitskräften Ausbildung und Erfahrung fehlten. Das Arbeitstempo muss sehr hoch gewesen sein, da die Stückzahlen schneller wuchsen als die Mitarbeiterzahl. Es wurde Tag und Nacht gearbeitet und zwar in zwei Wechselschichten von jeweils zwölf Stunden. Kleinstes Fehlverhalten konnte zu drakonischen Strafen führen, wie Arrest oder die befristete Einweisung in Arbeitserziehungslager, die in vielem Konzentrationslagern ähnelten. Viele Insassen überlebten den Aufenthalt nicht oder trugen körperliche und psychische Schaden davon. Die Drohung mit dem Arbeitserziehungslager wurde ein bei Sartorius häufig verwendetes Zwangsmittel, das sich auch gegen deutsche Mitarbeiter richtete. So bedrängte der Personalchef Neumann, ein ideologischer Hardliner, einen Kriegsversehrten und eine hochschwangere Arbeiterin, die ihre Vorgaben nicht schafften. Auch sie hätten ihre „Pflicht unserem Führer gegenüber [zu] tun" oder die Konsequenzen im „Konzentrationslager" zu tragen. Krankschreibungen akzeptierte er nicht. So ließ er erkrankte Arbeiterinnen in ein „Arbeitslager" bringen.[84]

Durch die anwesenden Vertreter der Rüstungsinspektion und der Deutschen Arbeitsfront sowie durch den wachsenden Spielraum von Vorgesetzten, die ihre Untergebenen drangsalierten und zum Teil körperlich misshandelten, geriet die Balance zwischen patriarchalischer Strenge und Fürsorge aus dem Gleichgewicht. Übergriffe wurden scheinbar von der Unternehmensführung geduldet, fürchtete man doch um den „guten Ruf" bei Partei und Behörden.

Die Lebens- und Arbeitsbedingungen der ausländischen Arbeitskräfte unterschieden sich entsprechend der NS-Rassenhierarchie sehr von denen der deutschen Belegschaft.[85] Zwangsarbeiterinnen aus der Sowjetunion wurden am schlechtesten behandelt. Ihre Entlohnung, Ernährung und medizinische Versorgung waren erheblich schlechter als die der französischen Zivilarbeiter und erst recht die der deutschen Arbeitskräfte.[86] Jelena W. Kijan, die als 16-Jährige aus der Ukraine nach Göttingen verschleppt wurde und bis 1945 bei Sartorius arbeitete, schrieb die Erinnerungen an ihre „unglückliche Jugend" auf. Der Abteilungsleiter schrie sie oft an und nannte sie und ihre Kolleginnen stets „russische Schweine". Zuweilen wurde sie von ihm verprügelt. „Immer hatten wir Hunger." Das Verbot für Zwangsarbeiter, gemeinsam mit Deutschen Luftschutzeinrichtungen aufzusuchen, wurde bei Sartorius wie bei vielen deutschen Unternehmen offenbar nicht beachtet. „Im Werk verstecken wir uns im Keller zusammen mit den Leuten anderer Nationalität und den Deutschen. Zur Arbeit gingen wir ohne Bewachung. ‚Sartorius' hat uns in Ruhe gelassen." Sie konnte sich in der Stadt relativ frei bewe-

Abb. 19 Das Referat Feinmechanik, Optik und Elektroindustrie bei einer Atelierbesichtigung des Paris-Studio-Cinéma, Boulogne-Billancourt. In der Mitte Dr. Elmar Michel, rechts dahinter der kurz zuvor zum Kriegsverwaltungsrat ernannte Horst Sartorius, November 1942

gen und am Sonntag zur Aufbesserung ihrer Ernährung bei Göttinger Familien Kinder betreuen und Hausarbeit verrichten. Auch Ausflüge auf die Dörfer waren möglich, wo sie versuchte, von Bauern Kartoffeln zu erhalten. „Einige gaben, einige verkauften und andere vertrieben uns mit Hunden.“[87]
Sartorius war unmittelbar in die Ausbeutung ausländischer Arbeitskräfte verstrickt. Dieses etwas unscharfe Verb soll zum Ausdruck bringen, dass die Verantwortung nicht allein und auch nicht primär beim Unternehmen lag, es sich aber aktiv um die Zuweisung von ausländischen Arbeitern bemühte und wenig zur Verbesserung ihrer meist miserablen Lebensumstände tat. Unzweifelhaft ist, dass Sartorius von der billigen Arbeitskraft profitierte und durch die von diesen Menschen getragene Rüstungsfertigung ein noch nie dagewesenes Wachstum realisierte, das den Eigentümern und Führungskräften des Unternehmens zugutekam.
Trotz der günstigen wirtschaftlichen Entwicklung blieben die Familienverhältnisse umkämpft und instabil. Externe Faktoren wie Einberufungen und Erkrankungen vereitelten langfristige Planungen. Die internen Konflikte zwischen den beiden Familienzweigen liefen weiter. Nach dem Tod seines Vaters Wilhelm im Jahr 1937 und dem Verlust jedweder Protektion sah Fritz Sartorius im Unternehmen für sich keine Zukunft mehr, kündigte und beschloss, 1938 nach England auszuwandern. Dabei verkaufte er etwas mehr als die Hälfte seines geringen Aktienbesitzes von 6,3 Prozent und zwar offensichtlich größtenteils an seinen Bruder Hans.[88] In England wollte Fritz einen Vertrieb mit Laborprodukten, unter anderem mit Sartorius-Waagen, aufbauen. Das misslang aber, da er von den britischen Behörden keine Aufenthaltserlaubnis erhielt. Als Fritz nach dem Scheitern seiner Pläne zum Jahreswechsel 1938/39 darum bat, vorübergehend wieder für Sartorius in Göttingen arbeiten zu dürfen, erhielt er von seinem Onkel und dem Aufsichtsrat eine Absage.[89] Wenig später fasste Fritz einen neuen Plan, der allerdings nur unter den Sonderbedingungen der nationalsozialistischen Besatzungs- und Rassenpolitik funktionieren konnte. Im Laufe des Jahres 1939 zog er mit einer ähnlichen Geschäftsidee in das im März von der Wehrmacht besetzte Prag.
Anfang 1939 besaß Erich 39,5 Prozent des Aktienkapitals und Hans, Wilhelms dritter Sohn, 27,7 Prozent. Das entsprach einem modifizierten Stammesprinzip, das jedoch keine Gleichberechtigung vorsah, sondern die Dominanz eines Stammes, der aber stets die Stimmen des anderen Stammes benötigte. Diese Abstufung kam am klarsten dadurch zum Ausdruck, dass der ohnehin wenig ambitionierte Hans nicht in den Vorstand einrückte. Diese Konstellation hatte lange Bestand. So gelang es Erich, bis 1946 seinen Anteil auf 48,7 Prozent zu erhöhen, während derjenige von Hans nur auf 28,3 Prozent stieg.[90] Die Machtverteilung hatte sich im Krieg eindeutig zu Erichs Gunsten verschoben. Ein Faktor war die 1939 erfolgte frühzeitige Einberufung von Hans, der bis 1940 in Göttingen praktisch nicht mehr präsent war. Zudem gehörte er, wie sein Vater, nicht der NSDAP an. Er arbeitete nach seiner Rückkehr von 1940 bis 1943 zwar als Prokurist, nutzte aber die gesundheitlichen Probleme Erichs und den Dienst seines Cousins Horst bei der Wehrmacht nicht, um seine Position auszubauen. 1943 wurde Hans dann erneut einberufen und befand sich bis Ende 1945 in sowjetischer Gefangenschaft. Als Alleinvorstand liefen ohnehin bei Erich alle Fäden zusammen. Horst gewann aufgrund seiner Zuständigkeit für das zentrale Rüstungsgeschäft an Macht, die zudem noch durch wiederkehrende Erkrankungen Erichs zunahm. Horst gelang es auch, während seiner Zeit bei der Wehrmacht (1940–1945) regelmäßig Sonderurlaub zu erhalten, um sich um Firmenangelegenheiten zu kümmern. Ein solches Privileg war Hans nicht vergönnt.
Horst Sartorius war bald nach seiner Einberufung im Juni 1940 aufgrund seiner Sprach- und Branchenkenntnisse zunächst als Dolmetscher, dann 1941 als Referent für die feinmechanische-elektrotechnische Industrie in der Wirtschaftsabteilung beim Militärbefehlshaber in Frankreich tätig. Zu den Aufgaben der im pompösen Pariser Hotel Majestic unter Leitung von Elmar Michel residierenden Wirtschaftsabteilung gehörte unter anderem die „Entjudung der französischen Wirtschaft“. Horst war jedoch primär mit Verlagerungsaufträgen befasst. So erhielten französische Unternehmen Aufträge deutscher Firmen und wurden so direkt in die deutsche Rüstungswirtschaft eingebunden. Im August 1941 konnte der ebenso ehrgeizige wie kompetente Referatsleiter Horst Sartorius bereits die Abwicklung von Verlagerungsaufträgen im Wert von 90 Mio. Reichsmark melden.[91] Im Juli 1942 wurde er zum neu eingerichteten Deutschen

Beschaffungsamt, ebenfalls in Paris, versetzt. Dort war er für den Unterausschuss Feinmechanik, Optik und Elektroindustrie zuständig und entschied über die Verteilung von Materialien und Aufträgen sowie über Produktionsverbote. Sein Augenmerk schien darauf gerichtet gewesen zu sein, die Ausbeutung Frankreichs möglichst effektiv zu gestalten und den chaotischen Zugriff der im April 1942 unter Fritz Sauckel eingerichteten NS-Sonderinstanz des Generalbevollmächtigten für den Arbeitseinsatz (GBA), der rücksichtslos Arbeitskräfte nach Deutschland verschleppen ließ, abzuwehren. Sartorius lag an einer konstruktiven Zusammenarbeit mit französischen Unternehmen, solange sich diese den Vorgaben aus Berlin unterordneten. Nach der im November 1942 vollzogenen Beförderung zum Kriegsverwaltungsrat kontrollierte Horst Sartorius eine Branche mit 150.000 Beschäftigten. Es gelang ihm, deren Ausbringung zu rund 40 Prozent auf deutsche Zwecke hin auszurichten.[92]

Horst Sartorius gehörte zweifelsohne zu den führenden Funktionären der wirtschaftlichen Besatzungsverwaltung. Er agierte aber eher pragmatisch als ideologisch. Ihm ging es nicht um die kurzfristige Ausbeutung der französischen Wirtschaft, sondern um ihre nachhaltige Einbindung in die deutsche Kriegswirtschaft und die langfristige Optimierung der Erträge. Ideologische Hardliner warfen ihm die Schonung des Feindes vor. Tatsächlich ergaben sich aus seinem Verhalten in Frankreich keine Ansatzpunkte für eine Belastung im späteren Entnazifizierungsverfahren. Vielmehr sagten Franzosen aus, dass sich Horst Sartorius durch „größte Höflichkeit" und Anstand ausgezeichnet habe.[93] Zwar sei er ein Angehöriger der verhassten Besatzungsmacht gewesen, aber man habe „niemals Tadelndes wegen unkorrekter Handlungen oder boshafter Einmischungen" gehört.[94] Ein Unternehmer aus der französischen Optikindustrie schrieb, dass „seine Haltung gegenüber unserer Wirtschaftsgruppe korrekt gewesen" sei und er „nur einen wirtschaftlichen Auftrag erfüllt" habe.[95] Offensichtlich stellte er sich – natürlich im Eigeninteresse seiner Dienststelle – schützend vor Unternehmen, denen Maschinen, Material und Arbeitskräfte entzogen werden sollten. Auch scheint er bei Verstößen gegen Vorschriften ein Auge zugedrückt zu haben.[96]

Nutzte Horst Sartorius seine Position aus, um seinem Unternehmen Vorteile zu verschaffen? Diese Frage ist nicht mit letzter Sicherheit zu beantworten. Klar ist, dass Sartorius als „Leitfirma" für diverse Waagenproduzenten in besetzten Ländern fungierte, von denen 1944 zwei in Belgien, drei in Frankreich und einer in Italien ansässig waren.[97] Die Betreuung oder auch „Patenschaft" war ein weiteres Instrument der Einbeziehung ausländischer Firmen in die deutsche Wirtschaft. Anstatt das Eigentum an diesen Firmen auf deutsche Interessenten zu übertragen, was wohl zu einem chaotischen Run auf die Beute geführt hätte, tastete der NS-Staat die Eigentumsrechte zumeist nicht an. Die Kontrolle ging aber auf die Besatzungsbehörden und die deutschen Leitfirmen über. Letztere verstanden ihre Rolle oftmals derart, dass sie eine Anwartschaft auf einen späteren Kauf erwarben. Das NS-Regime wollte den Eigentumsübergang noch nicht vollziehen, sondern die Dinge in der Schwebe halten, um die Chance zu haben, nach dem „Endsieg" eventuell verdiente Parteigenossen zu bevorzugen oder andere politisch genehme Verwendungen zur Verfügung zu haben. Welche Motive und Pläne Sartorius gehabt haben mag und inwieweit sich das Unternehmen selbst um die Betreuungen bemüht hatte, ist aufgrund der Quellenlage nicht zu entscheiden.

Horst Sartorius gelang es regelmäßig, seine Dienstreisen für die Wehrmachtsverwaltung so zu gestalten, dass er die zu betreuenden Firmen aufsuchen konnte. Als die Sartorius-Werke AG Ende 1943 die Kontrolle über die Prolabo, einen Produzenten von Laborapparaten und vor dem Krieg wichtiger Konkurrent von Sartorius, erhielt, trat Horst Sartorius dort wie selbstverständlich zugleich als Vertreter der Besatzungsmacht und als Angehöriger der Göttinger Geschäftsleitung auf. Diese Doppelrolle kam auch in den persönlichen Bezügen zum Ausdruck. So erhielt Horst Sartorius neben seinem Gehalt von dem Unternehmen, dessen Prokurist er während des Kriegsdienstes blieb, ansehnliche Einkünfte vom Staat. Die Gesamtbezüge stiegen zwischen 1940 und 1944 von 7.568 auf 21.553 Reichsmark.[98]

Der Prolabo-Generaldirektor J. Marteret ließ sich von Sartorius wenig beeindrucken und betrieb eine Art passiven Widerstand. 1942 ignorierte er die Schließungsanordnung der „Dienststelle Sartorius" schlichtweg. Die 1943 ergangene Order, mindestens die Hälfte der gefertigten Präzisionswaagen für Sartorius zu reservieren und ab 1944 die gesamte Jahresausbringung nach Deutschland zu liefern, ließ er ebenso unbeachtet wie die Forderung nach einer Abstellung von Facharbeitern. Prolabo lieferte weder eine einzige Waage aus, noch stellten sie einen einzigen Arbeiter ab. Diese Sabotage ließ Sartorius ungeahndet. Es wäre ein Leichtes gewesen, Marteret verhaften zu lassen und das Unternehmen an die kurze Leine zu nehmen. Nach Kriegsende bescheinigte Marteret Sartorius trotz aller Distanz, dass sich dieser schützend vor ihn und sein Unternehmen gestellt habe.[99] Prolabo arbeitete bis in die 1990er Jahre als Vertriebspartner mit Sartorius zusammen.

Viele deutsche Unternehmen verschafften sich während des Dritten Reichs massive Vorteile, indem sie jüdisches Eigentum weit unter Wert erwarben. Diese Chancen nutzten Mittelständler und Großunternehmen. Die Sartorius-Werke AG hat sich an diesem im Kern verbrecherischen Bereicherungswettlauf nicht beteiligt. Es kam zu keiner einzigen „Arisierung". Obwohl sich Horst Sartorius im Zentrum der Besatzungsherrschaft in Frankreich befand und im Hotel Majestic auf dem kurzen Dienstweg über seinen Vorgesetzten Elmar Michel oder den Leiter des Referats „Entjudung" Kurt Blanke persönlichen Einfluss hätte nehmen können, war die Einfädelung einer „Arisierung" unmöglich. Die deutsche Besatzung initiierte und kontrollierte zwar etwa 50.000 Arisierungsfälle in Frankreich, überließ die Durchführung aber – getreu dem Prinzip der Auftragsverwaltung – französischen Dienststellen, die weitgehend freie Hand hatten und die Verkäufe fast ausschließlich zugunsten „arischer" Franzosen abwickelten.[100]

Auch im Altreich sowie in den direkt ins Reich integrierten Territorien – wie Österreich, Sudetenland, Wartheland und Westpreußen –, aber auch dort, wo „Arisierung" oft gleichbedeutend mit privatwirtschaftlicher Germanisierung war – wie in Elsass-Lothringen, Holland und dem Reichsprotektorat Böhmen und Mähren –,[101] finden sich keine Spuren einer versuchten oder vollzogenen „Arisierung" durch das Unternehmen Sartorius. Das Thema „Arisierung" war gleichwohl Teil der Familiengeschichte, nicht jedoch der Unternehmensgeschichte. Fritz Sartorius beteiligte sich als Privatperson 1939 an der „Arisierung" des Prager Unternehmens C. Reichert, das Laborbedarf, unter anderem auch Sartorius-Waagen, vertrieb. Schon bald nach dem Einmarsch deutscher Truppen und der Gründung des Reichsprotektorats hatte er sich auf den Weg gemacht, um einen Ausweg aus der persönlichen Misere zu finden. Es kam ihm zupass, dass die neuen Herren in Prag den Übergang jüdischer Unternehmen in deutsche Hände förderten. Der rechtmäßige Eigentümer, Richard Lederer, musste sich angesichts der zunehmenden Bedrängnis durch die deutschen Besatzungsbehörden mehrfach von Sartorius im Preis drücken lassen. 1941 wurde Lederer ins Ghetto Theresienstadt deportiert, 1944 nach Auschwitz verbracht und dort mit hoher Wahrscheinlichkeit ermordet. Während dieser Leidenszeit Lederers erfreute sich Fritz Sartorius am Aufblühen des Unternehmens, bevor das Geschäft ab 1944 zurückging und Fritz im Frühjahr 1945 nach Göttingen floh.[102]

Das Kriegsende erlebten die Familienangehörigen auf unterschiedliche Weise. Im September 1944, kurz nach der Befreiung von Paris, war Horst zum Infanterieersatzbataillon in Marburg abkommandiert worden, kam aber um den Fronteinsatz herum, da er infolge eines Unfalls im Lazarett weilte. Hans befand sich an der Ostfront und geriet in sowjetische Gefangenschaft, während Fritz seine zwischenzeitliche Selbstständigkeit verlor und in die Nähe der ungeliebten Verwandtschaft zurückkehrte. Als Alleinvorstand war Erich durchgängig in Göttingen geblieben, wo er am 8. April 1945 die weitgehend friedliche Übergabe der Stadt an die herannahende US-Armee erlebte.

Wirtschaftswunder und einsetzende Globalisierung (1945 bis 1989)

Vom Kriegsende bis zur Gründung der Bundesrepublik, 1945 bis 1949

Nach der Befreiung Göttingens am 8. April und der bedingungslosen Kapitulation des Deutschen Reiches am 8. Mai 1945 war die Zukunft des Familienunternehmens in zweifacher Hinsicht bedroht. Zum einen lag das an der verheerenden wirtschaftlichen Lage. Das Werk stand still. Das Hauptgeschäft, die Rüstungsfertigung, brach komplett weg, und die traditionelle Zivilproduktion wurde durch Materialengpässe, versperrte Exportmärkte, Stromabschaltungen und die verminderte Leistungsfähigkeit der hungernden Belegschaft behindert. Viele Maschinen waren verschlissen, hatten sie doch für die Rüstungsproduktion Tag und Nacht laufen müssen. Die Fabrikgebäude waren jedoch abgesehen von Schäden am Verwaltungsgebäude unzerstört geblieben. Am 31. Mai 1945 erlaubte die amerikanische Stadtkommandantur die Wiederaufnahme des Betriebs, allerdings vorerst nur mit 50 Mitarbeitern. Um diese neben Reparaturarbeiten auszulasten, entstand eine „Werkkunstabteilung für nützliche Hausgegenstände", die „Abfallhölzer" verwertete und Möbel sowie Schultafeln fertigte.[103] Zugleich lief die Waagenfertigung im kleinsten Maßstab wieder an. Demontagen durch die Alliierten oder sogar eine zwangsweise Werksschließung waren denkbare Szenarien. Noch bis 1947 stand Sartorius als ehemaliger Rüstungsbetrieb auf einer Demontageliste der Briten.[104]
Zum anderen war es unabsehbar, ob Eigentum und Leitung des Unternehmens weiterhin in der Hand der Familie bleiben durften. Das Vermögen des Unternehmens wurde unter Rückgriff auf das Kontrollratsgesetz 52 vom September 1945 gesperrt. Treuhänder wurde der Göttinger Rechtsanwalt Fritz H. Passow. Erich und Horst Sartorius blieben nur bis zum Frühjahr 1946 in ihren Ämtern. Am 27. März 1946 wurde Horst Sartorius auf Anordnung der Militärregierung als Prokurist entlassen, am 25. April 1946 Erich Sartorius als Vorstand. Ihre Zukunft hing vom Ausgang ihres Entnazifizierungsverfahrens ab, dessen Ergebnis alles andere als sicher war. In dieser Phase hatte die Familie also sowohl die Firmenleitung als auch die Verfügungsrechte über ihr Eigentum verloren. Beides wurde dadurch abgemildert, dass Treuhänder Fritz H. Passow ein Vertrauter der Familie war, der so weit wie möglich in ihrem Sinne und wohl auch in Abstimmung mit ihr agierte. Gleichwohl handelte es sich für die Betroffenen um eine Phase extremer Verunsicherung.
Die Entnazifizierung von Hans Sartorius, der nicht in der Partei gewesen war, verlief rasch und unkompliziert. Er wurde im Oktober/November 1946 in die Gruppe I „keine Einwände" eingestuft, also vollständig „entlastet".[105] Bereits am 1. April 1946 hatte er nach der Rückkehr aus der sowjetischen Gefangenschaft wieder die Position als Prokurist in der kaufmännischen Leitung übernehmen dürfen. Er kam also fast genau zu dem Zeitpunkt zurück, als der Onkel und der Cousin ausscheiden mussten. Es hätte nahegelegen, dieses gänzlich unbelastete Familienmitglied in den Vorstand zu berufen, was aber unterblieb. Es scheint, dass Hans das entstehende Machtvakuum nicht zu nutzen verstand oder dieses auch nur angestrebt hätte. Ein solches Ansinnen widersprach auch den Plänen der trotz Vermögenssperre dominanten Verwandtschaft, denn das Ziel von Erich Sartorius war nicht die Stärkung des anderen Familienzweigs im Augenblick

der eigenen Schwäche, sondern die Wiedererlangung der Vorherrschaft seines Stammes.
Erschwert wurde dieses Vorhaben durch das Wiederaufflammen des innerfamiliären Streits. Der aus Prag heimgekehrte Fritz Sartorius sah unter diesen Umständen die Chance, verlorenen Boden wiedergutzumachen, sich an Erich und Horst zu rächen und das Unternehmen in die Hand zu bekommen. Es begann eine bemerkenswerte Schlammschlacht, in der Fritz gemeinsam mit drei ehemaligen Betriebsangehörigen den Kampf eröffnete. Sie erhoben schwere Anschuldigungen gegen Erich und Horst. Fritz teilte dem Regierungspräsidenten in Hildesheim am 16. Dezember 1945 mit, dass Erich und Horst politisch untragbar seien. Am 18. Juni 1946 folgte ein Brief an den Göttinger Entnazifizierungsausschuss, der den Vorwurf, Erich und Horst hätten die Entlassung „unbequeme[r] Nichtparteigenossen" forciert, sowie eine Reihe für das Verfahren unerheblicher Sachverhalte vorbrachte. Ausgerechnet Fritz, der Ariseur, stilisierte sich zum politischen NS-Opfer, denn seine Verdrängung aus dem Unternehmen stellte er jetzt als politisch motiviert dar. Als Regimegegner verlangte er, in die Unternehmensleitung eingesetzt zu werden.[106]
In diesem Konflikt standen der Aufsichtsrat und die Mehrzahl der Belegschaft aufseiten von Erich und Horst. Beide zögerten nicht lange und schritten zu einer scharfen Gegenwehr. Horst Sartorius verklagte Fritz schließlich wegen Beleidigung, woraufhin dieser mit einer Privatwiderklage antwortete. Die Kleinlichkeit und Verbissenheit der Auseinandersetzung ist nur vor dem Hintergrund der persönlichen Verletzungen seit den 1930er Jahren zu verstehen.[107] Die Situation der beiden Cousins hätte unterschiedlicher nicht sein können. Während Fritz im Grunde genommen den Großteil seines Erbes verloren hatte, war Horst als künftiger Haupteigentümer und Unternehmensleiter auserkoren, was nun aber durch die Entnazifizierungsverfahren und die Anschuldigungen von Fritz hochgradig gefährdet war. Die Front verlief zwischen dem Enkel des Unternehmensgründers und dem Adoptivsohn Erichs. Fritz sah sich als legitimen, per leiblicher

Abb. 20 Das Werksgelände in Göttingen um 1950

Abstammung ausgewiesenen Erben, dem zudem von der verbrecherischen NS-Medizin die Möglichkeit einer Familiengründung genommen worden war. Seine Verbitterung war groß.

Offenbar setzte Horst seine überlegenen finanziellen Möglichkeiten ein, um den Streit zu seinen Gunsten und mit einer öffentlichen Demütigung seines Cousins zu beenden. Nach mehr als zwei Jahren kam es 1948 zu einem Vergleich, in dem Fritz alle Anschuldigungen „mit der Bitte um Verzeihung" zurücknahm, sämtliche Kosten übernahm und in eine hohe Konventionalstrafe für den Fall erneuter Anschuldigungen einwilligte. Zudem wurde der Vergleich der Belegschaft per Aushang bekannt gemacht.[108]

Die Entnazifizierungsverfahren nahmen zunächst einen ungünstigen Verlauf.[109] Trotz vieler Entlastungszeugen klassifizierte der Kreis-Entnazifizierungsausschuss Erich Sartorius am 16. August 1946 als „eifrigen Nazianhänger" der Gruppe IIIa, der „sofort zu entlassen war". Die britische Militärregierung schloss sich dem Urteil am 5. März 1947 an und verfügte die Fortdauer seiner Entlassung und der Sperrung seines Vermögens.[110] Es folgte im April 1947 ein Berufungsantrag, der bis zum Tod von Erich Sartorius am 21. Oktober 1947 unerledigt blieb. Somit bestand die Vermögenssperre vorerst weiter, was den Erbgang und die Nachfolge verzögerte. Der Vorgang kam erst am 5. Januar 1949 mit einer Verfahrenseinstellung und der Aufhebung der Sperrung des Nachlasses zum Abschluss. Die Begründung war wortwörtlich den Schriftsätzen von Erichs Anwalt und Aussagen von Entlastungszeugen entnommen: Erich sei kein Nutznießer des Regimes gewesen. Die fantastische Steigerung der Gewinne und des Einkommens hätten nichts mit der NS-Rüstung zu tun gehabt, sondern es habe sich „lediglich um die Auswirkungen der allgemeinen wirtschaftlichen Konjunktur gehandelt".[111]

Die Göttinger Verfahren spiegeln allgemeine Tendenzen der Nachkriegsgeschichte wider. Die Zielsetzung der Entnazifizierung verschob sich schon bald von der politischen Säuberung zur massenhaften Entlastung.[112] Heerscharen von Entlastungszeugen und eine Flut von „Persilscheinen", die meist persönlichen Loyalitäten oder Abhängigkeiten geschuldet waren, erschwerten die Beurteilung. Erich und Horst Sartorius fiel es nicht schwer, Freunde und Mitarbeiter zur Unterschrift von Entlastungsaussagen zu bewegen, die offensichtlich zum Teil mit ein und derselben Schreibmaschine im Firmensekretariat getippt worden waren. Liest man eine Vielzahl von Entnazifizierungsakten, entsteht der Eindruck, dass die NSDAP offenbar im Wesentlichen aus ideologisch distanzierten, moralisch einwandfreien und oft sogar widerständigen Personen bestand. Am meisten begünstigte die politische Großwetterlage eine milde Gangart, selbst für hochgradig belastete NS-Funktionäre.[113] Der heraufziehende Kalte Krieg verwandelte Westdeutschland vom ehemaligen Feind zum künftigen Verbündeten der Westmächte. Diese fürchteten zunehmend, eine konsequente Entnazifizierung könnte die Deutschen anfällig für den Kommunismus machen und den Wiederaufbau des Landes blockieren.

Auch das Verfahren von Horst Sartorius folgte diesem Muster, demzufolge Milde anfängliche Strenge ablöste. Sieben Wochen nach seiner zwangsweisen Entlassung erhielt Horst Sartorius am 15. Mai 1946 nach seinem Einspruch die Erlaubnis, bis zum Abschluss des Verfahrens als Prokurist zu arbeiten, während Erich fortan als „beurlaubt" galt. Obwohl der Unterausschuss für die Feinmechanische Industrie Horst und Erich zunächst in Gruppe II („nomineller Nationalsozialist" – „im Amt zu belassen") einreihte, sah es der ihm beruflich weniger nahestehende Hauptausschuss als erwiesen an, dass Horst fanatischen Nazis im Werk freie Hand gelassen hätte. Daher reihte er Horst am 16. August 1946 in die Gruppe IIIa als „eifriger Naziunterstützer" ein.[114] Damit war ihm mit sofortiger Wirkung erneut eine Tätigkeit für Sartorius untersagt. Es folgte ein Antrag an den Berufungsausschuss, der erst im Folgejahr zahlreiche Entlastungszeugen vernahm. Deren Argumente überzeugten den Ausschuss, der Horst Sartorius am 25. November 1947 der Kategorie IV „Mitläufer" zuordnete, was die britische Militärregierung am 8. Januar 1948 bestätigte.[115] Am 23. März 1948 stellte sie einen Einreihungsbescheid aus, der weder eine Vermögenssperre noch ein Berufsverbot enthielt.[116] Somit konnte Horst Sartorius wieder in offizieller Funktion für Sartorius arbeiten und die Nachfolge seines im Oktober 1947 verstorbenen Adoptivvaters antreten. Bereits acht Tage nach dem Bescheid setzte der Aufsichtsrat zum 1. April 1948 einen neuen Vorstand ein, der aus dem frisch entnazifizierten Horst Sartorius und dem Ingenieur Friedrich Groß be-

Abb. 21 Horst Sartorius an seinem Schreibtisch, 1950

stand.[117] Die beunruhigende Zwischenphase, in der die Zukunft des Familienunternehmens lange völlig ungewiss gewesen war, fand drei Jahre nach Kriegsende ein positives Ende.[118]

Der Übergang der Aktienmehrheit aus dem Erbe seines Vaters Erich war zu diesem Zeitpunkt ebenfalls vollzogen. Seine Mutter hatte auf ihr Vorerbe verzichtet, sodass Horst Alleinerbe wurde, dieses aber noch nicht antreten konnte. Aufgrund des erst am 6. Januar 1949 posthum abgeschlossenen Entnazifizierungsverfahrens von Erich Sartorius blieb die Treuhänderschaft über sein Privatvermögen vorerst bestehen. Am 12. Januar 1949 endete sie, und die Weichen waren auch in Hinsicht auf die Eigentumsverhältnisse gestellt.[119]

Mit Erich Sartorius' unerwartetem Tod ging die Unternehmensführung 1947 auch formal auf die dritte Generation über. Erichs Leichnam wurde in der Werkstatt aufgebahrt und somit den Mitarbeitern die Möglichkeit gegeben, von ihm Abschied zu nehmen – ein weiterer Beleg der engen Verbundenheit von Belegschaft und Familie. Erich Sartorius hatte großes Ansehen genossen.[120]

Obwohl die ersten Nachkriegsjahre in vieler Hinsicht von persönlicher und politischer Unsicherheit geprägt waren und ökonomische Probleme wie Transport- und Materialengpässe, Wohnungsnot, eine zerrüttete Währung, Hunger und Zwangswirtschaft die Verbesserung der Lebensbedingungen ungemein erschwerten, setzte in den Westzonen doch ein nicht unerhebliches Wachstum ein. Vielerorts hatten Maschinen und Fabrikgebäude den Krieg intakt oder nur leicht beschädigt überstanden. An Arbeitskräften mangelte es angesichts des millionenfachen Zustromes von Flüchtlingen und Vertriebenen nicht. Bei vielen Produkten bestand nach dem Krieg eine hohe Nachfrage, waren doch Kriegsverluste zu ersetzen und zivile Waren gefragt, die im Rüstungsboom nicht mehr zu erhalten gewesen waren.[121]

Sartorius ist geradezu ein Paradebeispiel für die nach 1945 wirkenden Rekonstruktionskräfte. Nach kurzer Betriebsschließung nahmen Anfang Juni 1945 50 Mitarbeiter die Arbeit wieder auf. Am 30. September 1946 waren es bereits 320,[122] also mehr als 1938 und mehr als während der Weimarer Republik. Im Geschäftsjahr 1945/46 wurden bereits ein Umsatz von 1,1 Mio. Reichsmark und ein operativer Gewinn von 80.435 Reichsmark erzielt, der sich aber durch Steuernachzahlungen in einen kleinen Bilanzverlust verwandelte. Der Absatz von Waagen brachte 600.037 Reichsmark Umsatz. Der zweitgrößte Posten war mit 174.133 Reichsmark der Verkauf von Material. Durch die Rüstungsaufträge waren die Lager gut gefüllt, was sich unter Knappheitsbedingungen als großer Vorteil erwies. Weitaus bessere Zahlen waren möglich gewesen, aber „häufige Stromunterbrechung, […] Diebstähle, teurer Einkauf […], Rückgang der Arbeitsleistung auf 65–70 Prozent“ und von den Behörden „zu spät zugelassene Preisaufschläge“ standen dem entgegen. Die Arbeitskräfte waren hungerbedingt entkräftet oder zeitweilig auf Hamsterfahrten anstatt im Werk. Nüchtern stellte der Wirtschaftsprüfer fest, dass das Wirtschaftsjahr 1945/46 „nicht als normal bezeichnet werden kann“.[123]

1946/47 konnte der bemerkenswerte Umsatz von 1,1 Mio. Reichsmark gehalten werden, der im Rumpfgeschäftsjahr vom 1. Oktober 1947 bis zur Währungsreform am 20. Juni 1948 nur auf 1,0 Mio. sank, auf den Monat gerechnet also um knapp 20 Prozent gestiegen war. Die Mitarbeiterschaft wuchs leicht auf 350 Beschäftigte. Der Gewinn stieg von 1946/1947 bis 1947/48 von 43.000 auf knapp 48.000 Reichsmark.[124] Wie sind diese erstaunlichen

Erfolge zu erklären? Zunächst zahlte es sich aus, dass Sartorius im Rüstungsboom stets am Kernprodukt Waagen festgehalten hatte, also weder technische Kompetenz noch Kundenkontakte verloren gegangen waren. In einer Mangelwirtschaft war es zudem von Vorteil, dass man viele Vorprodukte im eigenen Haus herstellte. 1947 gelang es, den Export wieder aufzunehmen. Zwischen dem 1. Oktober 1947 und dem 30. September 1948 wurden 925 Waagen in 24 Länder ausgeführt.[125] Im Ausland bestand nach der kriegsbedingten Unterbrechung ein Nachholbedarf an hochwertigen Waagen. Die Reputation des Unternehmens hatte im Krieg keinen Schaden genommen. Deviseneinnahmen waren auch für die Behörden hochwillkommen. Wichtige Faktoren der Kontinuitätswahrung waren die Facharbeiter sowie die zweite und dritte Führungsebene, die während der Abwesenheit der Unternehmenschefs zusätzliche Verantwortung übernahmen. Rückblickend trug die Chefsekretärin in die von ihr geführte Chronik ein: „Von den Jahren ab 1946 soll nur berichtet werden, dass durch Zähigkeit, Energie, Härte, Idealismus und nicht zuletzt persönliche Opfer der Kampf gegen die Schwierigkeiten mit allen uns zu Gebote stehenden Mitteln mit Erfolg bestanden werden konnte. Anteil hieran haben an erster Stelle die leitenden jungen Prokuristen und Abteilungsleiter."[126] Aber auch Horst und Hans Sartorius setzten sich Tag und Nacht für das Unternehmen ein. Von Hans Sartorius ist überliefert, dass er persönlich mit einem Lkw voller Waagen alte Kunden abklapperte und so Verkäufe direkt von der Ladefläche tätigte. Das Geld war allenthalben knapp. An Kredite kam man nur sehr begrenzt und kurzfristig. Im Rückblick von 1953 heißt es: „Dieser Start war nicht leicht [...]. Im Frühjahr 1950 war das Schlimmste überwunden."[127]

Wachstum und Diversifikation im Wirtschaftswunder, 1949 bis 1967

Die Eigentumsverhältnisse waren bei der Gründung der Bundesrepublik klar geregelt. 1950 besaß Horst Sartorius 50,3 Prozent des im Verhältnis von 1:1 von Reichsmark auf D-Mark umgestellten Stammkapitals. Er konnte also allein entscheiden. Er wollte unbedingt eine Wiederholung der schwierigen Konstellation verhindern, die das Verhältnis zwischen seinem Vater und seinem Onkel getrübt hatte. Erich war stets auf die Zustimmung seines Bruders Wilhelm angewiesen gewesen. Daraus hatte Horst die Lehre gezogen, dass die Macht im Unternehmen konzentriert sein müsse – und zwar in seinen Händen. Das erklärt auch, warum Hans – mit 17,5 Prozent des Aktienkapitals zweitgrößter Anteilseigner – nicht in den Vorstand berufen wurde und in der zweiten Führungsebene blieb. Die persönliche Distanz und die Spannungen zwischen den Familienstämmen taten ein Übriges. Horst hatte einen ausgeprägten Machtinstinkt, während Hans eher „sanftmütig" war und sich dem offenen Kampf mit Horst, der ihn zuweilen schikanierte, nicht stellen wollte. Er nahm sich als „chancenlos" wahr.[128]

Dem Vorstand gehörte kein weiteres Familienmitglied an. Stattdessen war mit Friedrich Groß ein Ingenieur ohne Kapitalanteile berufen worden. Technische Kompetenz von außen wurde der Verwandtschaft vorgezogen. Groß trat aber bereits 1951 aus dem Vorstand aus und wurde „freier Berater".[129] Danach bestand der Vorstand lange aus einer Person, nämlich Horst Sartorius. 1964 kam Karl Banse als Finanzfachmann hinzu. Lediglich in der Membranfiltergesellschaft sollte mit Dr. Walter Franken, dem Ehemann von Horsts Tochter Christine, 1971 ein Verwandter in die Geschäftsführung eintreten. 1977 schied er aber bereits wieder aus.[130]

Horst gelang es in den 1950er Jahren, seine Kapitalanteile erheblich aufzustocken. 1961 gehörten ihm 62,7 Prozent, während der Anteil seines Cousins Hans leicht auf 16 Prozent gesunken war. In der Folge übereignete Horst seinen Kindern zusammen 6,3 Prozent zu fast gleichen Teilen und hielt 1967 nur noch 51,5 Prozent.[131]

Wie bisher fand sich auch im Aufsichtsrat kein einziger Verwandter. Das war zum Teil dem Mangel an geeigneten Kandidaten geschuldet, aber auch dem Wunsch, externen Sachverstand und langjährige Vertraute zu gewinnen. Dr. Albert Würth, der dem Aufsichtsrat von 1948 bis zu seinem Tode 1952 vorstand, hatte dem Gremium seit 1914 angehört und war eng mit der Familie befreundet. Sein Nachfolger Dr. Wilhelm Busse verstarb 1953, nach über 30-jähriger Aufsichtsratszugehörigkeit. Danach übernahm Dr.-Ing. Walter Drechsel von den Aschaffenburger Zellstoffwerken den Aufsichtsratsvorsitz; er war allerdings erst 1953 in das Gremium eingetreten.

1958 kam mit Elmar Michel ein weiterer Vertrauter von Horst Sartorius in den Aufsichtsrat. Michel war

Abb. 22 Nach getaner Arbeit verlassen Mitarbeiter die Sartorius-Werke, 1960er Jahre

Horsts Vorgesetzter während seiner Zeit beim Militärbefehlshaber in Paris gewesen und als solcher eine politisch hochgradig belastete Figur. Nur durch massive Interventionen der Bundesregierung war Elmar Michel 1954 einem Prozess in Frankreich entgangen. Er hatte eine zentrale Rolle bei der „Entjudung" der französischen Wirtschaft gespielt. Sofort nach seinem Freispruch in Abwesenheit wurde Michel Ministerialdirektor im Bundeswirtschaftsministerium. 1956 übernahm er den Vorstandsvorsitz des Schuhproduzenten Salamander.[132] Im Juli 1969 trat Michel die Nachfolge Drechsels als Vorsitzender des Sartorius-Aufsichtsrates an, den er bis zu seinem Tod 1977 innehaben sollte.

Horst Sartorius herrschte unangefochten über das Familienunternehmen und die zwei mit ihm verbundenen Firmen. Die Überwindung der Probleme der Nachkriegszeit und der sich anschließende Aufschwung sind im Wesentlichen sein Verdienst. Er lebte vor allem für sein Unternehmen. „Wir Kinder kennen unseren Vater nur schuftend", gab eine Tochter zu Protokoll.[133] In seiner Lebensführung eher bescheiden, gönnte er sich wenig Freizeit und nahm keine Rücksicht auf seine Gesundheit.

Im Unternehmen achtete er auf Sparsamkeit, was sich auch im Zuschnitt seines Büros widerspiegelte. Brannte tagsüber in Büros Licht, öffnete er die Tür und schaltete es wortlos aus. Rundgänge im Unternehmen machte er meist zusammen mit seinem Hund. Horst Sartorius suchte gerade in technischen Fragen den Rat seiner führenden Mitarbeiter. Wenn es aber zu Entscheidungen kam, „war alles top down".[134] Gleichwohl konnte er „gut zuhören und gewährte Freiräume". Ansonsten war er ein „fürsorglicher Patriarch und Unternehmer alten Stils mit einem Riecher für den Markt".[135] Autoritäre Strenge ging Hand in Hand mit Hilfsbereitschaft, etwa wenn Mitarbeiter in Not gerieten.

Tatkräftige Unterstützung erfuhr er durch seine Frau Elfriede (1917–1981), die im Unternehmen

Abb. 23 Ehefrau Elfriede Sartorius unterstützte Horst Sartorius auch in betrieblichen Angelegenheiten, 1970

keine Funktionen wahrnahm, aber eine für viele Familienunternehmen typische „Strategin im Verborgenen"[136] war. Geschäftliches wurde stets zu Hause besprochen. Sie beriet ihren Mann und traf manche Entscheidung mit, vor allem in Personalangelegenheiten. Zuweilen redete sie auf Horst ein, wenn er „wankelmütig" war. Sie ermahnte ihn aber manchmal, bei Tisch auch mal über Privates zu reden.[137]

Sie besaß ein „feines Gefühl für Menschen".[138] Elfriede war auch Ansprechpartnerin für Mitarbeiter. Geschäftsfreunde kamen oft zu Elfriede und Horst Sartorius nach Hause. Die Grenzen zwischen Geschäft und Privatsphäre waren nicht scharf gezogen. So gab es Bürgschaften für Hypotheken von Mitarbeitern oder in Notfällen Kredite. Auch gewährte das Unternehmen den Anteilseignern Kredite. In der Festkultur überlappten sich Unternehmen und Privatsphäre. Nach dem Geburtstag von Erichs Witwe Frida (1881–1968) hielt die Chronik 1956 fest: „Sehr nett begangen wurde der 75. Geburtstag der Seniorchefin. Die Werkskapelle brachte ein Geburtstagsständchen [...]. Bei allen Glückwünschen kam die enge Verbindung zwischen der Familie Sartorius und dem Werk immer wieder zum Ausdruck."[139] Umgekehrt wurde Horst Sartorius auch zu privaten Anlässen von Mitarbeitern eingeladen. Einmal erhielt er eine Ziege geschenkt.[140] Überhaupt wurde viel gefeiert, zu Weihnachten, beim Abschied von Mitarbeitern und Jubiläen. 1958 gab es „anlässlich der Fertigstellung der 100.000sten Analysewaage [...] im Rahmen einer Betriebsversammlung [...] eine Sonderzahlung an die Belegschaft", die Pensionäre, Witwen und Wehrdienstleistende einschloss und nach Betriebszugehörigkeit gestaffelt war.[141]

Die im Kern weiter bestehende patriarchalische Unternehmenskultur verbat sich Einmischungen von außen, und auch die Betriebsräte hielten zuallererst zu ihrem Chef, was ein Vorfall anlässlich der Weihnachtsfeier 1960 zeigt. „Durch unangemeldete Teilnahme eines Vertreters der Angestelltengewerkschaft verließ Herr Horst Sartorius [...] den Raum. So gab nur H. Busch als Betriebsratsvorsitzender seine Jahresübersicht. [...] Die Betriebsratsmitglieder [...] kamen nach Schluß der Versammlung sofort zu Herrn Horst Sartorius, um festzulegen, dass von ihrer Seite keine Einladung an die Angestelltengewerkschaft ergangen war. Für den nächsten Morgen berief Herr Horst Sartorius eine neue Betriebsversammlung ein und hielt dabei seinen Jahresbericht."[142]

Abb. 24 Mitarbeiter blieben oft langjährig im Unternehmen; im Bild: Elektriker Alfred Peter bei seinem 25-jährigen Dienstjubiläum 1955

Auch die vom Betriebsverfassungsgesetz von 1952 festgelegte Mitbestimmung wurde so lange ignoriert, wie es nur ging. Kapitalgesellschaften hatten ein Drittel der Aufsichtsratsmandate mit Arbeitnehmervertretern zu besetzen. Eine Ausnahme war bei Familienunternehmen zulässig, wenn diese weniger als 500 Beschäftigte hatten. Diese Marke wurde erstmals 1960 überschritten. In den Folgejahren blieb man knapp darunter, erreichte aber 1965 574 und 1966 698 Mitarbeiter. Gleichwohl dauerte es bis Ende 1966, bis der erste Arbeitnehmervertreter dem Aufsichtsrat beitrat.[143]

Die Facharbeiter waren das wichtigste und zunehmend knappe Kapital des Unternehmens. Sie wurden durch freiwillige Sozialleistungen und symbolische Akte wie die betriebsöffentliche Ehrung nach 25, 40 und 50 Jahren Betriebszugehörigkeit und die Überreichungen von „Treuenadeln" gewürdigt. Starben Ruheständler, wurde ihrer öffentlich gedacht. Nicht wenige Mitarbeiter waren vor dem Ersten Weltkrieg zu Sartorius gekommen und wurden nun für ihren 50-jährigen Dienst ausgezeichnet. Ihre Würdigung und die namentliche Erwähnung im Geschäftsbericht sollten die nachfolgenden Generationen auf Betriebstreue einschwören. Der Ausbildung des Nachwuchses wurde weiterhin große Beachtung geschenkt. Die Zahl der Lehrlinge schwankte zwischen 40 und 60. Außerbetriebliche Aktivitäten wie die „Lehrlingsausfahrt" mit Übernachtung in Jugendherbergen stärkten den Zusammenhalt. Auch die Abteilungsleiter brachen regelmäßig zu Wanderungen auf.

Die Vorbereitung der nächsten Unternehmergeneration setzte bereits früh ein. Es stand für Horst fest, dass ihm sein einziger Sohn Christoph (geb. 1949) nachfolgen sollte. So führte er ihn früh an das Unternehmen heran. Samstags wurde er ungefähr seit dem zehnten Lebensjahr nach der Schule abgeholt und zum Unternehmen gebracht, wo man sich auf einen gemeinsamen Rundgang begab. Jeden Abend besprach der Vater mit ihm geschäftliche Vorgänge des Tages. Der Sohn genoss dieses Vertrauen und freute sich auf eine Zukunft als künftiger Nachfolger des Vaters. Die drei Töchter von Horst kamen zeittypisch für diese Rolle nicht infrage und hatten auch kein Interesse an ihr. Dadurch kam es aber innerfamiliär zu einem Ungleichgewicht. Die drei Töchter hatten daher sowohl zum Vater als auch zum Unternehmen ein distanzierteres Verhältnis, was in der Zukunft zu erheblichen Konflikten führen sollte. In den 1950er Jahren verfügte Horst bereits testamentarisch, dass Christoph mit

Abb. 25 Teambuilding: Abteilungsleiterwanderung im Juli 1955

Vollendung des 30. Lebensjahres in den Vorstand eintreten sollte.[144] Für die Töchter hatte er ebenfalls Positionen im Unternehmen vorgesehen, was diese aber mit Ausnahme von Karin ablehnten.[145]

Wirtschaftlich brachten die ersten beiden Jahrzehnte der Bundesrepublik Sartorius ein spektakuläres Wachstum. Der Umsatz explodierte zwischen 1949 und 1967 von 1,7 auf 15,7 Mio. D-Mark.[146] Mitte der 1960er Jahre stieg er um 20 bis 30 Prozent pro Jahr. Mit der Typenreihe Selecta besaß Sartorius einen Verkaufsschlager. Ab 1950 befand man sich ständig in der Gewinnzone. Die Belegschaft wuchs zwischen 1948 und 1967 von 317 auf 687 Mitarbeiter. Das Grundkapital wurde von 600.000 auf 1,2 Mio. (1960) und zwei Mio. D-Mark (1967) erhöht. Die von 1944/45 bis 1949 ausgesetzte Dividendenzahlung wurde 1950 wieder aufgenommen und stieg von fünf Prozent (bis 1953) auf zwölf (1965/66) bzw. zehn Prozent (1967). Als 1966/67 die erste Rezession die junge Bundesrepublik erschütterte, vermerkte Sartorius entspannt. „Die allgemeine wirtschaftliche Entwicklung [...] hat sich auf unser Unternehmen nicht ausgewirkt."[147] Die Krise bestand darin, dass die gewohnten Umsatzzuwächse von 20 bis 30 Prozent pro Jahr 1967 ausblieben und stattdessen das hohe Niveau gehalten wurde.

Das Unternehmen konnte dank seines guten Rufs relativ nahtlos an die Erfolge der Vorkriegszeit anknüpfen. 1958 lieferte man die 100.000ste Analysenwaage der Firmengeschichte aus. Der Export, auf den zwischen 40 und 60 Prozent der Umsätze entfielen, war der entscheidende Wachstumsmotor. Die Nachfrage blieb hoch und Sartorius ein Garant für hohe Qualität. 1967 bestanden Geschäftsverbindungen in 130 Länder. Zudem stützten die unterbewertete D-Mark und die voranschreitende Liberalisierung des Welthandels den Export.

Abgesehen von den schwierigen Jahren zwischen 1958 und 1962 wuchsen Umsätze und Unternehmen Jahr für Jahr rasant. In den 1960er Jahren wurden mehrere Neubauten errichtet. Aufgrund des engen lokalen Arbeitsmarkts gingen vermehrt Aufträge an Subunternehmen. 1966 entstand nicht nur ein neues Verwaltungsgebäude, sondern auch ein Filialbetrieb im 23 Kilometer von Göttingen entfernten Seulingen.

Wachstum bedeutete im Wirtschaftswunder auch Diversifikation, wobei man noch nicht so sehr an die Nutzung von Synergien dachte, sondern an sich bietende Chancen in den expandierenden Märkten. 1948 gründete Sartorius die Gleitlager GmbH als 100-prozentige Tochter. 1951 erfolgte die Integration in die Mutter. 1949 war in der AG der Einstieg in die Fabrikation von Staubmessgeräten erfolgt. 1953/54 entstand gemeinsam mit dem US-Unternehmen Fischer & Porter das Unternehmen Sartorius & Fischer zur Herstellung von Instrumenten für Flüssigkeiten. Die Partnerschaft endete jedoch bereits 1957. In den 1950er Jahren wurde die Fertigung von Brutapparaten und in den 1970er Jahren diejenige von Mikrotomen und Staubmessgeräten aufgegeben. Die 1927 gegründete, als Beteiligungsgesellschaft gehaltene Membranfiltergesellschaft rückte 1965 näher an die AG heran, als sie in Sartorius Membranfiltergesellschaft umbenannt und ihr Vertrieb der Verkaufsabteilung der AG übertragen wurde.

Die lange eher unbedeutende Membranfiltergesellschaft entwickelte sich zu einem substanziellen, rasch wachsenden Unternehmen, in dem aber in den 1950er Jahren immer noch Handfertigung vorherrschte. Die erste Ziehmaschine wurde um 1960 aufgestellt. 1962 betrug der Umsatz 1,2 Mio., 1967 bereits 3,9 Mio. D-Mark. Im selben Zeitraum stieg der Gewinn von 79.537 auf 245.002 D-Mark, sodass sich mit 6,3 Prozent eine Umsatzrendite ergab, von der die AG nur träumen konnte. Hintergrund des wachsenden Absatzes von Filtern bildete die nach dem Krieg große Gefahr der Verunreinigungen von Trinkwasser und Lebensmitteln. Die Anzahl der Mitarbeiter verdreifachte sich zwischen 1958 und 1967 von 32 auf 102.[148] Es deutete sich also ein enormes Wachstumspotenzial an. Daher verwarf Horst Sartorius den Vorschlag seines Cousins Hans, diesem im Tausch gegen Anteile am Hauptunternehmen die Membranfiltergesellschaft zu überlassen.[149] Hans wollte eine klare Abgrenzung vom anderen Familienzweig erreichen, da ihn Horsts dauernde Angriffe zermürbten. Das Grundkapital der Membranfiltergesellschaft wurde 1967 von Horst Sartorius (55,8 Prozent), Hans Sartorius (7,4 Prozent) und der Sartorius-Werke GmbH (31,3 Prozent) gehalten, sodass Horst auch hier allein entscheiden konnte.

Die Gleitlager GmbH, die Maschinenbauunternehmen belieferte, erlebte ebenfalls einen starken Aufschwung. 1965 betrug der Umsatz 1,5 Mio., der Gewinn 185.560 D-Mark, was einer Umsatzrendite von 12,3 Prozent entsprach. In den Folgejahren ging das konjunkturanfällige Geschäft rezessionsbedingt etwas zurück. Dennoch wurden nirgendwo sonst im Firmenverbund so hohe Margen erzielt.[150]

Das rasante Umsatzwachstum der Sartorius-Werke AG überdeckte sechs Problemzonen. Erstens war die Buchhaltung ein Schwachpunkt, denn sie lieferte oft unzuverlässige Zahlen. Zweitens blieb die Produktivität trotz erheblicher Rationalisierungsschritte unbefriedigend, zumal die Löhne und Sozialleistungen seit dem Ende der 1950er Jahre stark anstiegen, was das personalintensive Unternehmen besonders traf. Drittens besaß Sartorius ein breites Sortiment, das nur wenige Synergien ermöglichte. Viertens hatte das technikzentrierte Unternehmen den Vertrieb vernachlässigt, vor allem im Inland, wo die Umsätze nicht parallel mit denen im Ausland mitwuchsen. So merkte Horst Sartorius 1966 an: „Unsere Vertreter, die als freie Handelsvertreter tätig sind, lassen es an der intensiven Bearbeitung des Marktes vielfach fehlen." Er schlug vor, „Bezirke zu verkleinern" und teilweise durch „hauseigene Außendienstleute bearbeiten zu lassen."[151] Bis 1966/67 wurde der Vertrieb entsprechend restrukturiert. Im Ausland setzte Sartorius weiterhin auf unabhängige Importeure, die auch für andere Unternehmen tätig waren.

Abb. 26 Erfolgsmodell während des Wirtschaftswunders: Die Sartorius Waagenreihe Selecta

Umsätze der Sartorius-Werke von 1950 bis 1967

in Mio. D-Mark

Grafik 1

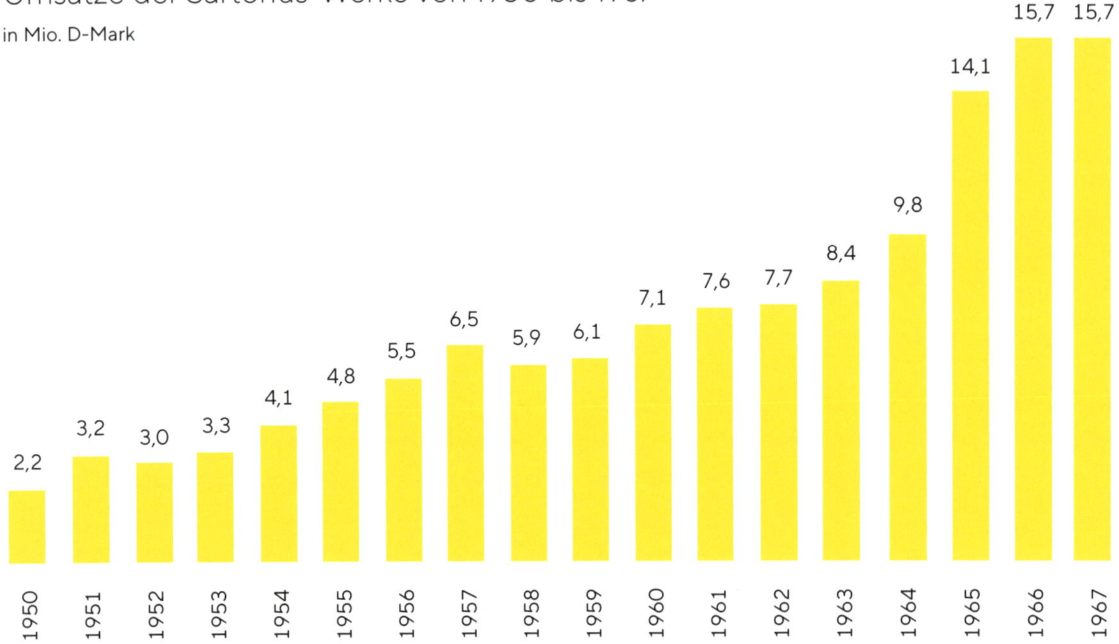

Quelle: Sartorius-Archiv, Fin 2/1, diverse Sartorius-Werke AG/GmbH Geschäftsberichte sowie *Handbuch der deutschen Aktiengesellschaften*, verschiedene Jahrgänge.

Fünftens zeichnete sich Sartorius durch eine hohe Fertigungstiefe aus, was sich in der unmittelbaren Nachkriegszeit als Segen erwiesen hatte. Mittlerweile erwuchs daraus ein Kostenproblem. So quollen die vielen auf dem unübersichtlichen Firmengelände verteilten Lager zeitweilig über.[152] Am gravierendsten machte sich sechstens der Verlust der Technologieführerschaft bei der Wägetechnik bemerkbar. Mit dem erst 1945 gegründeten Schweizer Unternehmen Mettler war ein formidabler und technisch überlegener Konkurrent herangewachsen. Er verabschiedete sich von der konventionellen, zweiarmigen Kompensationstechnik (Dreischneidenprinzip) und setzte ganz auf das Substitutionsprinzip mit einem asymmetrischen Zweischneiden-Balkensystem. Die Mettler-Waagen waren billiger und besser als die traditionellen Produkte von Sartorius, die als eine Art handwerkliche „Feinwerkkunst" erschienen.[153]

Zwischen 1958 und 1961 schlitterte Sartorius in eine Krise. Die Lagerbestände an Vorprodukten und Fertigwaren schwollen infolge von Absatzstockungen und Produktionsumstellungen an, allein 1961 um 900.000 auf 2,6 Mio. D-Mark. Das war mehr als die Hälfte der Bilanzsumme. Man befand sich, so Horst Sartorius, in einer „verschärften Liquiditätsanspannung".[154] Zeitweilig konnten die Löhne kaum noch bezahlt werden. Die erhebliche Steigerung der Lohnkosten brachte 1961 gegenüber 1959 eine Mehrbelastung von 540.000 D-Mark. Die Zeit zurückhaltender Tarifabschlüsse war vorbei. 1960 stiegen die Löhne um 8,5 und 1961 um 5,5 Prozent. Die Aufwertung der D-Mark gegenüber dem Dollar um fünf Prozent schmälerte ab 1961 die Exporterlöse. Die sonstigen Verbindlichkeiten gegenüber Banken erhöhten sich im selben Jahr sprunghaft um 700.000 auf 1,3 Mio. D-Mark.[155] Das Unternehmen war vorübergehend angeschlagen, konnte aber für 1961 doch einen Gewinn ausweisen und eine Dividende ausschütten, beides jedoch deutlich unter Vorjahresniveau. Die Belegschaft sank von 536 (1961) auf 447 (1962) und überschritt erst 1965 mit 574 wieder den Ausgangswert.[156]

Als Reaktion begann Sartorius 1960 mit der Produktion der Waagen-Typenreihe 2600, die nach dem Substitutionsprinzip funktionierte. Das war ein erster, aber auch mit großen Investitionen und Umstellungsproblemen verbundener Schritt in die richtige Richtung und verhalf Sartorius zu einer Atempause, auch wenn man preislich nach wie vor nicht mit Mettler mithalten konnte. Mit der 1964 auf der Fachmesse Achema vorgestellten Serie 2400 wurde mit dem Baukastenprinzip ein neues Fertigungskonzept umgesetzt, um Skaleneffekte zu erzielen. Aus dem Grundtyp ließen sich spezielle Modelle fertigen. Da Sartorius nun höhere Stückzahlen erreichte, ging man zu einer modernen Fließfertigung über. Mit der Typenreihe 2400 und der 1966 eingeführten 2200 ging es aufwärts.[157]

Die meisten strukturellen Dauerprobleme blieben jedoch bestehen. Die Expansion machte hohe Investitionen notwendig. Es wurde sehr viel gebaut. Die Umstellung der Waagenfertigung war teuer, zumal die alten Typen weiter im Programm blieben. Daher stiegen die Schulden zwischen 1956 und 1967 von 1,0 Mio. auf 4,8 Mio. D-Mark. Das Wachstum der Gewinne hielt mit dem der Umsätze nicht Schritt. Die Umsatzrendite sank von 1957 bis 1967 von circa drei auf gerade noch 1,5 Prozent. Der kombinierte Gewinn der beiden relativ kleinen, verbundenen GmbHs (Membranfilter und Gleitlager) war 1965 und 1966 höher als derjenige des viel größeren Mutterunternehmens, 1967 fast gleich groß.

Trotzdem gelang es, 1966 die „freien Rücklagen" hochzufahren. Sie stiegen von 30.000 D-Mark (1961) über 231.137 (1963) auf 833.137 D-Mark (1966).[158] 1967 wurden davon 800.000 D-Mark für eine nominelle Kapitalerhöhung auf 2 Mio. D-Mark verwendet, um das Grundkapital dem gestiegenen Geschäftsvolumen anzupassen. Die so erreichte Erhöhung der Haftungsmasse sollte die Kreditwürdigkeit verbessern. Es kam nicht zu einem Mittelzufluss vonseiten der Aktionäre, die Freiaktien im Verhältnis ihrer bisherigen Anteile erhielten. Anders ausgedrückt verzichteten die Aktionäre auf eine Maximierung der Ausschüttungen zugunsten einer innenfinanzierten Erhöhung

Abb. 27 Fertigungsstraße der Präzisionswaagen-Typenreihe 2200

des Eigenkapitals. Diese für viele Familienunternehmen typische Strategie stärkte das Unternehmen und ermöglichte den bewussten Verzicht auf externe Finanzquellen, um die ungeteilte Kontrolle der Familie zu bewahren.
Ende 1967 erfolgte der Wandel der Rechtsform. Aus der Sartorius-Werke AG wurde eine GmbH, nicht nur um Offenlegungspflichten zu reduzieren und der Konkurrenz sensible Informationen vorzuenthalten. Vielmehr ging es primär um die Sicherung der Unabhängigkeit. Das war ein zentraler Wert der Familie. Horst hatte schon seinem Adoptivvater versprechen müssen, das Unternehmen in Familienhand zu bewahren. Dieses Versprechen nahm er später auch seinem eigenen Sohn ab.[159] Es ist wesentlich leichter, die Anteile einer GmbH als die einer Aktiengesellschaft an bestimmte Personen zu binden. Das rasante Wachstum mochte externe Interessenten auf den Plan rufen, und mittlerweile erreichte die vierte Generation das Erwachsenenalter. Dieser im Frühjahr beschlossene Schritt wurde zum Jahresende auf einer kurzfristig einberufenen außerordentlichen Hauptversammlung abgesegnet. Der Beschluss erging einstimmig und durch Zuruf.[160] Schon am 28. Dezember 1967 erfolgte die Eintragung ins Handelsregister. Vorstand und Aufsichtsrat wurden übernommen. Das Grundkapital blieb konstant bei 2,0 Mio. D-Mark.
Als die Wirtschaftswunderjahre mit der Rezession von 1966/67 zu Ende gingen, konnte Sartorius auf ein beeindruckendes Wachstum zurückblicken. Das Familienunternehmen hatte, geführt von dem unermüdlichen Horst Sartorius, nicht nur seine frühere Marktposition zurückerobert, sondern eine neue Dimension erreicht. Der weltweite Absatz und die Mitarbeiterzahlen stiegen, abgesehen von der schwächeren Phase zwischen 1958 und 1961, Jahr für Jahr. Die blendende Reputation, der nahtlose Anschluss an die traditionellen Stärken und vor allem das eindrucksvolle Umsatzwachstum von bis zu 30 Prozent pro Jahr erlaubten es allen Firmenangehörigen, stolz zu sein. Mehr denn je galt: „Sartorianer zu sein, war eine Ehre."[161] Die Erfolge trübten jedoch den Blick für die mannigfaltigen Probleme, die organisatorischer, produktpolitischer und finanzieller Art waren. Die nächsten Jahrzehnte sollten trotz der Fortsetzung des rasanten Wachstums von fundamentalen Herausforderungen gekennzeichnet sein.

Von der Mechanik zur Elektronik. Umbrüche, Expansion und Krisen, 1968 bis 1979

Um das Jahr 1970 ging der allgemeine Nachkriegsboom zu Ende. Die Wachstumsraten nahmen in allen Industrieländern ab. Ökonomen kreierten den Begriff Stagflation, womit sie die zuvor für unmöglich gehaltene Gleichzeitigkeit von Inflation und Stagnation meinten. Die Phase ab 1968 war tatsächlich von einer Abfolge von Währungskrisen, den Ölkrisen von 1973 bis 1975 und 1978, explosionsartig steigenden Rohstoffpreisen sowie von Massenarbeitslosigkeit gekennzeichnet.
Bis dahin hatte das nach 1944 entstandene Währungssystem von Bretton Woods der Weltwirtschaft ein festes Gerüst und Exporteuren berechenbare, stabile Exporterlöse in ihren Heimatwährungen gegeben. Als Leitwährung fungierte der in einer festen Parität in Gold eintauschbare Dollar, gegenüber dem die anderen westlichen Währungen feste Wechselkurse hatten. Als Reaktion auf die Leistungsbilanzdefizite und die steigenden Schulden der USA ging aber Ende der 1960er Jahre das Vertrauen in den Dollar verloren. Am 15. August 1971 verkündete US-Präsident Nixon die Aufhebung der Golddeckung des Dollars. Mit dem Smithsonian Agreement versuchte die G-10-Staatengruppe 1971 mit einem abgewerteten Dollar ein neues System zu etablieren, das aber bereits im Februar 1973 unter dem Druck der Währungsspekulation zusammenbrach. Von nun an mussten Exporteure in den Dollarraum mit frei fluktuierenden Wechselkursen leben. Die 1970er Jahre waren von einem stetigen Wertverlust des Dollars gegenüber der D-Mark gekennzeichnet, sodass Exporteure immer weniger D-Mark für Dollar-Rechnungen erhielten. Gegenüber vielen anderen Währungen wertete die D-Mark sogar noch stärker auf.
Damit stand auch Sartorius, das zwischen 52 und 60 Prozent der Umsätze im Export erzielte, vor einer großen Herausforderung. Die zeitweilig bis auf 7,1 Prozent (1973) steigende Inflation, massive Tariferhöhungen von bis zu 15,3 Prozent (1970) bei kürzeren Arbeitszeiten und eskalierende Rohstoffpreise bereiteten dem lohn- und materialintensiven Unternehmen weitere Probleme. So stieg der Aufwand für Material und andere Lieferungen von 1973 auf 1974 allein um 38,9 Prozent, die Personalkosten um 17,6 Prozent.[162] Angesichts der relativ hohen

Verschuldung beunruhigte der Anstieg der Zinsen auf 14 Prozent (1975) die Geschäftsführung.[163]
Der weltweiten Abschwächung des Wachstums trotzte Sartorius relativ gut. Lediglich 1975 machte das Unternehmen einen herben Verlust. Die Nachfrage nach den Spezialprodukten aus Göttingen blieb nicht nur hoch, sondern nahm auch weiter zu. Die Produktion erfolgte nun in Großserien. 1972 wurden circa 16.300 Waagen gebaut, 1974 waren es 22.000.[164] Obwohl die Klagen über den Fachkräftemangel in Göttingen nie verstummten, stiegen die Produktionsvolumina schneller als die Mitarbeiterzahlen. Hintergrund waren Rationalisierungsmaßnahmen, Überstunden sowie die Vergabe einzelner Fertigungsschritte an auswärtige Firmen. Das Zweigwerk in Seulingen wurde ausgebaut und beschäftigte 1976 etwa 70 Mitarbeiter. Die Eröffnung weiterer Standorte außerhalb der Region stand jedoch nicht zur Debatte, da Sartorius die regionale Verwurzelung nicht gefährden wollte. Die Internationalisierung des Unternehmens hatte mit der Gründung ausländischer Vertriebsgesellschaften schon zu Beginn der 1970er Jahre begonnen.[165]
Die beiden kleineren Firmen der Sartorius Gruppe entwickelten sich in den 1970er Jahren so gut, dass man sie nicht länger als Nebengeschäfte außerhalb des Haupthauses führen wollte.[166] Ein gemeinsames Umsatzvolumen von über 30 Mio. D-Mark (1977) und eine in den meisten Jahren überlegene Profitabilität schien die Integration beider Firmen in die Stammfirma zu rechtfertigen, zumal beide personell und kapitalmäßig, aber auch organisatorisch eng miteinander verflochten waren. Zum 1. Januar 1976 ging die Gleitlager GmbH in den Sartorius-Werken auf. 1978 erfolgte mit der Integration der Membranfilter GmbH die Umfirmierung des Stammhauses in Sartorius GmbH.
1968 betrug der Umsatz der drei später vereinigten GmbH-Unternehmen, Sartorius-Werke (17,8 Mio. D-Mark), Membranfilter (4,7) und Gleitlager (1,0),

Tabelle 7

Betriebswirtschaftliche Kennzahlen, 1967 bis 1979

in Mio. D-Mark bzw. Prozent

Jahr	Grundkapital (GK)	Umsatz	Gewinn/ Jahresüberschuss***	Umsatzrendite	Dividende in Prozent des GK	Mitarbeiter ****
1967	2,0	15,7	0,2	1,5 %	10 %	687
1968	2,0	17,8	0,5	2,6 %	10 %	770
1969	2,0	22,5	0,6	2,8 %	12 %	930
1970	3,0	24,9	0,4	1,6 %	10 %	907
1971	3,0	26,7	0,5	1,9 %	10 %	866
1972	3,0	27,6	0,6	2,3 %	10 %	1.010
1973	3,0	33,5	0,7	2,4 %	10 %	1.027
1974	3,0	40,7	0,5	1,1 %	8 %	1.056
1975	3,0	42,9	-0,8	-1,8 %	0 %	952
1976*	3,0	43,5	0,5	1,3 %	0 %	928
1977	4,0/5,7	72,6	0,6	0,8 %	12 %	985
1978**	5,7	84,7	2,2	2,6 %	12 %	1.061
1979	7,0	112,7	5,1	4,5 %	0 %	1.253

* Nach Verschmelzung mit Sartorius Gleitlager GmbH
** Nach Verschmelzung mit Sartorius Membranfilter GmbH
*** Bis 1976 Bilanzgewinn, danach Jahresüberschuss
**** Die Mitarbeiterzahlen für 1967–1977 beziehen sich auf die Sartorius Gruppe, sodass die in diesem Zeitraum noch eigenständigen Gleitlager und Membranfilter GmbHs mit einbezogen sind

Quelle: Sartorius-Archiv, Fin 2/1, diverse Sartorius Geschäftsberichte sowie Sartorius-Werke GmbH, *Sartorius 1870–1970*, 39.

zusammen rund 23,6 Mio. D-Mark. 1979 waren es 112,7 Mio.[167] Die Gewinne stiegen nur langsam, wobei die Integration der beiden verbundenen Unternehmen 1977 und 1978 zu Sprüngen auf Werte jenseits von 1,5 Mio. D-Mark führte. Die Gesamtzahl der Mitarbeiter aller drei Firmen verdoppelte sich zwischen 1967 und 1979 auf 1.253.

Das beherrschende Thema jener Jahre war der Übergang von mechanischen zu elektronischen Waagen. Sartorius stellte 1973 auf der Achema die oberschalige elektronische Waage 3500 (Sartomat) vor, die jedoch viel zu teuer war.[168] Das 1975 auf der Hannover-Messe präsentierte Nachfolgemodell 3700 wurde dagegen ein großer Erfolg. Die neuen Produkte trafen vor allem in den USA auf rege Nachfrage, jedoch auch – wie bei allen Elektronikprodukten – auf rasch verfallende Preise. Im Geschäftsbericht von 1975 hieß es: Die Geräte „führten aufgrund der Marktresonanz innerhalb kurzer Zeit zur Umstellung erheblicher Teile unserer Produktion auf die neue Fertigung elektronischer Geräte. […] Wir rechnen in Zukunft mit einem verstärkten Zwang zur Anpassung."[169]

Der Schritt zur Elektronik war nach dem immer noch nicht abgeschlossenen Umstieg vom Kompensations- zum Substitutionsprinzip der nächste fundamentale technologische Umbruch. Vorerst wurden beide mechanischen Linien und die elektronischen Waagen parallel gefertigt, was die Kosten in die Höhe trieb. Neue Maschinen und Vorprodukte waren anzuschaffen und Fertigungsabläufe grundlegend zu verändern. Wurden 1975 erst 985 elektronische und 19.962 mechanische Waagen gebaut, kam es 1976 zu einer deutlichen Verschiebung. Im Laufe des Jahres wurde der Gleichstand und 1977 ein Verhältnis von 60 zu 40 Prozent erreicht. Die Umstellung vollzog sich also mit sehr hohem Tempo, das von der wegbrechenden Nachfrage nach mechanischen Waagen bestimmt wurde.[170]

Die Umstellung zur Elektronik entwertete über 100 Jahre lang aufgebaute Qualifikationsprofile. Teils noch handwerkliche Methoden mussten durch industriell-automatisierte Verfahren ersetzt werden. Der Übergang war ausgesprochen schwer. Es gab viele Widerstände im Unternehmen. Traditionsbrüche gehen allgemein mit Verlustängsten und Verlusten einher. „Große Personalprobleme" hielt auch die Chronik fest: „Die Produktion wird nunmehr nicht mehr von dem altbewährten Feinmechaniker bestimmt, sondern vielmehr von dem Elektroniker." Erstere ließen sich zwar in größeren

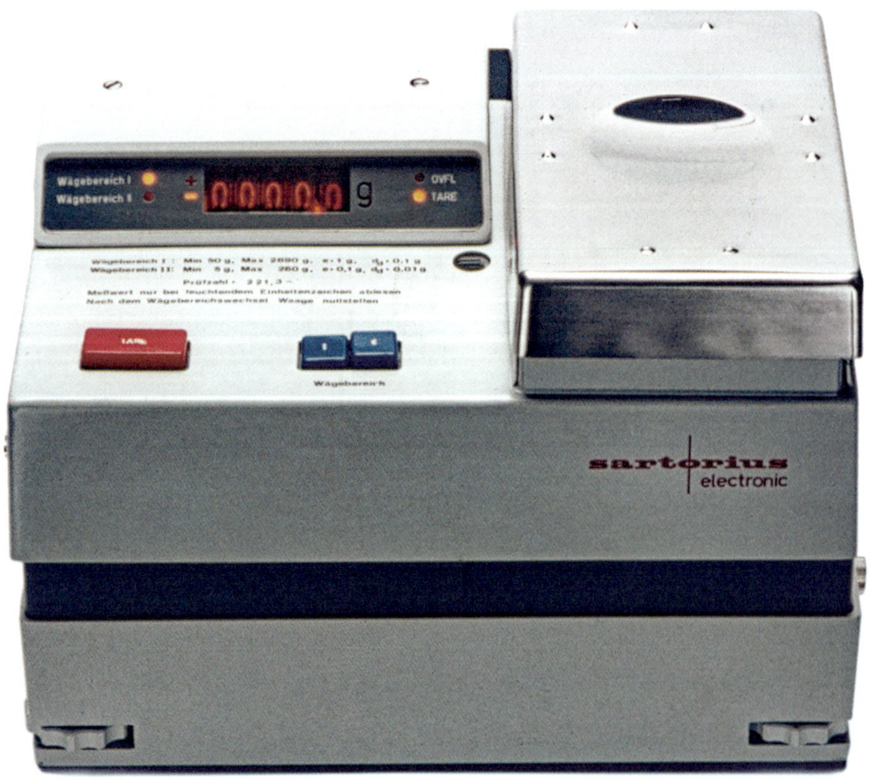

Abb. 28 Elektronische Waage 3500

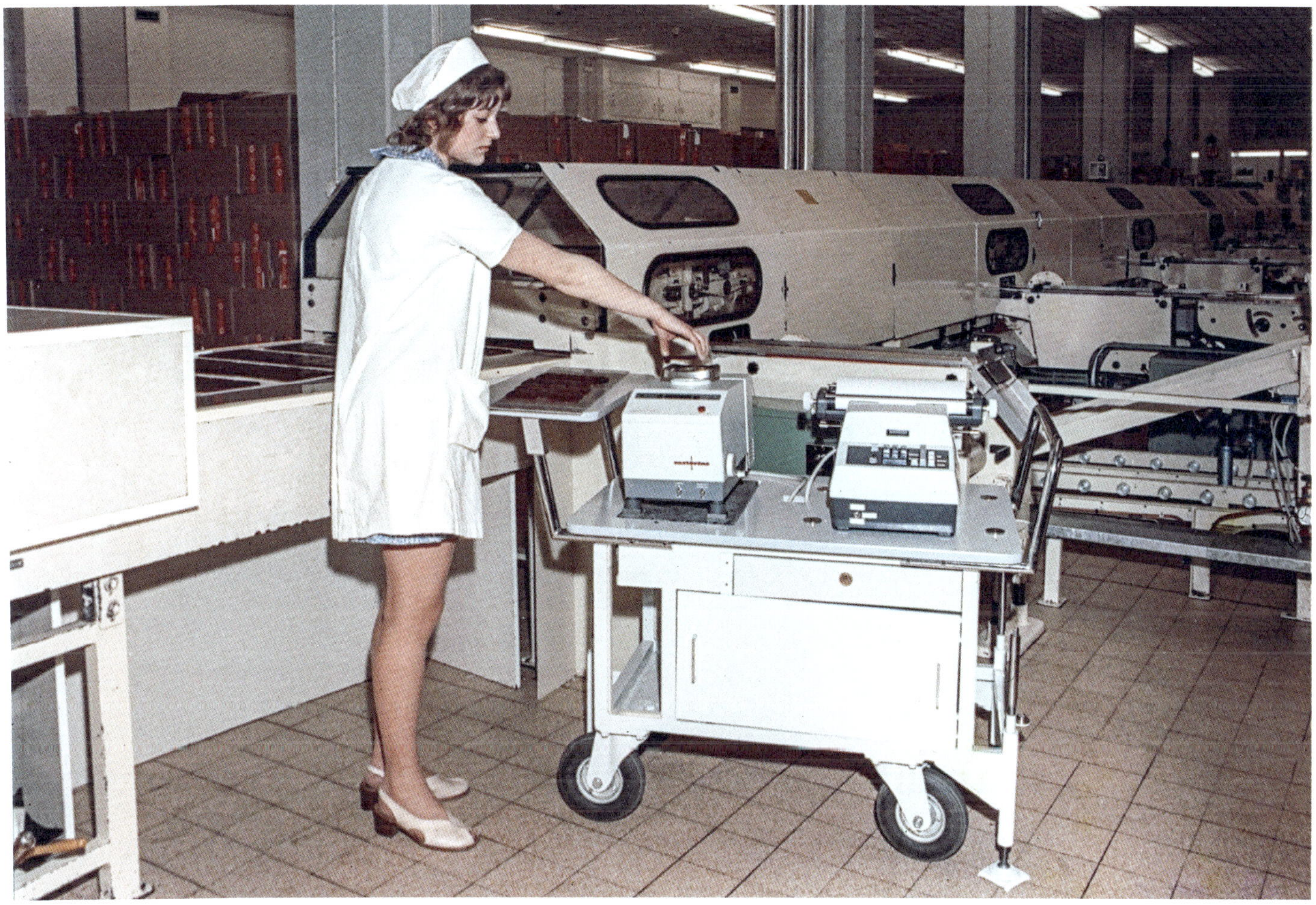

Abb. 29 Mobiler Messplatz, um 1971

Zahlen umschulen und umsetzen, wenngleich nicht immer zu deren Begeisterung, während ältere Fachkräfte „sich nicht mehr mit der neuen Technik beschäftigen konnten oder wollten".[171]

Die Arbeitswelt veränderte sich. Bei der Fertigung der elektronischen Waagen kamen erstmals programmierbare Bestückungsplätze zum Einsatz, die menschliche Arbeitskraft ersetzten. Gleichwohl gelang es Sartorius, die Umstellung auf die neuen Waagen ohne größeren Arbeitsplatzabbau zu vollziehen. Nach konjunkturbedingten Entlassungen sank die Beschäftigtenzahl von 799 (1974) auf 674 (1976) (nur Sartorius-Werke GmbH), stieg dann aber wieder an. Deren Produktivität erhöhte sich erheblich, z. T. um fast 16 Prozent pro Jahr.[172]

Sartorius begab sich mit dem zwangsläufigen Schritt in die Mikroelektronik auf ein Feld, auf dem andere Regeln als in der Mechanik galten und auf dem man wenig Erfahrung besaß. Sartorius geriet erstmals in eine Abhängigkeit von Lieferanten, in diesem Fall von den Herstellern der Elektronikchips. Es herrschte ein ständiger Innovationsdruck. Die Leistung der Mikrochips stieg permanent, während die Preise verfielen. Das war eine neue Erfahrung, die viele aus der mechanischen Welt stammende Unternehmen überforderte. „Alle 3–4 Monate [kamen] neue Techniken bzw. Verbesserungen der Techniken zum Tragen",[173] klagte 1975 der technische Leiter Erich Knothe. Auch wenn sich die neuen Waagen reger Nachfrage erfreuten, herrschte ein bislang ungekannter Preiskampf. Sartorius war gegenüber dem Hauptkonkurrenten Mettler stets zu teuer. Aus der Elektronikindustrie erwuchsen Sartorius neue, mitunter kapitalkräftigere Wettbewerber wie Denver Instrument, A&D, Digi, Chio, Shimadzo und Omron. Im Krisenjahr 1975 sanken die Preise der Konkurrenz um bis zu 50 Prozent. Ab 1977/78 waren elektronische Waagen billiger als mechanische.

Die Einführung elektronischer Waagen und die schnelle Entwicklung immer neuer Typen erforderten erhebliche Investitionen. Durch die parallele

Fertigung mechanischer und elektronischer Waagen und die zunehmende Typenvielfalt verschärfte sich das Problem der exzessiven Lagerhaltung. 1968 gab es Vorräte im Wert von 3,3 Mio. D-Mark. 1970 waren es bereits 6,9, vier Jahre später 12,9 und 1979 sogar 27,1 Mio. D-Mark. Der Klotz am Bein wurde immer größer. Die Schulden stiegen noch schneller, nämlich von 6,7 Mio. D-Mark (1968) auf 19,9 Mio. (1974), bevor sie auf 11,1 Mio. (1979) sanken. Der Kapitalbedarf blieb angesichts des zu bewältigenden technologischen Umbruchs hoch. Die Chronik konstatierte 1973: „Der größere finanzielle Spielraum ausländischer Unternehmen für Forschungen und Investitionen [...] stellt uns vor erhebliche neue Probleme."[174] Es half dem Unternehmen, dass ihm 1973 sieben Mio. D-Mark an Versicherungsgeldern nach einem Großbrand zuflossen. Hinzu kam das Engagement der Norddeutschen Landesbank. Sie beteiligte sich 1975 an Sartorius als stille Gesellschafterin ohne Stimmrechte mit einer Einlage von 1,5, ab 1977 zwei Mio. D-Mark. Das entsprach jeweils der Hälfte des Stammkapitals. Darauf war eine fixe Mindestvergütung von acht Prozent pro Jahr zu leisten, die je nach Gewinn bis auf 14 Prozent steigen konnte.[175] Diese Konstruktion erlaubte es zwar, ohne Kontrollverlust der Familie erhebliches Neukapital zu mobilisieren, hatte aber in Form der Garantiezahlungen einen hohen Preis. Ab 1977 saß mit Günter Nerlich ein Vorstand der Norddeutschen Landesbank im Aufsichtsrat. Sie, die Göttinger Kreissparkasse und die Commerzbank stellten Kredite zu Zinssätzen zwischen 6,0 und 8,25 Prozent zur Verfügung. Trotzdem kam es wiederholt zu Liquiditätsengpässen.

Die Familie war nicht in der Lage, größere Summen einzuschießen. Der Tausch von Kontrollrechten gegen externes Kapital kam nicht infrage, eine typische Restriktion von Familienunternehmen. Die stille Beteiligung der Landesbank war das Höchste der Gefühle. Ein Verzicht auf Dividenden hätte längst nicht ausgereicht. Immerhin gelang es, durch relativ bescheidene Ausschüttungen weitere nominelle Kapitalerhöhungen aus Mitteln der GmbH durchzuführen. 1970 stieg das Grundkapital durch die Verwendung freier Rücklagen, d. h. nicht ausgeschütteter Gewinne, um eine auf drei Mio. D-Mark. 1977 ging es nach demselben Muster zunächst auf vier Mio. D-Mark, am Jahresende durch die Sacheinlage der Anteile an der Membranfilter GmbH auf 5,7 Mio. D-Mark. 1979 erfolgte die nächste, rein nominelle Erhöhung aus Rücklagen auf sieben Mio. D-Mark.

Bei der Verteilung des Kapitalbesitzes hatte die Dominanz des Erich-Stammes weiter zugenommen. Horst Sartorius hielt 1971 60 Prozent, seine Frau Elfriede 2,0 und die vier Kinder zusammen 7,7 Prozent. Horst und Elfriedes Töchter besaßen jeweils 1,9 Prozent, Christoph Sartorius 2,0 Prozent. Hans gehörten 16, seiner Frau Anny 2,3 Prozent.[176] Im Kontext der Schenkung von Aktien an die Kinder kam es zu einer vielsagenden Satzungsänderung, da 1970 der folgende Schutzparagraf eingefügt wurde: „Zur Veräußerung von Geschäftsanteilen [...] ist die Zustimmung der Gesellschaft erforderlich. Ein gepfändeter [...] Geschäftsanteil kann [...] eingezogen werden."[177] Was bislang ein ungeschriebenes Gesetz gewesen war, wurde nun formaljuristisch abgesichert. Mit dem Eintritt der vierten Generation in den Kreis der Aktionäre schien die Bewahrung des Eigentums in der Familie nicht mehr ganz so sicher wie bisher zu sein. Sehr viele Familienunternehmen schützten sich durch solche Regeln oder auch durch Veräußerungsverbote oder Vorkaufsrechte vor dem Eindringen Externer. Sartorius gab sich eine solche Schutzklausel erst relativ spät.

Diese Maßnahme reflektierte allgemeine Tendenzen, die in vielen Familienunternehmen den Zusammenhalt der Familien und deren Verbundenheit mit ihrem Unternehmen schwächten. Individualismus und Selbstverwirklichung, Freizeit- und Konsumorientierung standen dem Prinzip der Familiensolidarität und dem Zurücktreten von Einzelinteressen hinter das kollektive Mehrgenerationenprojekt Familienunternehmen entgegen. Die in der entstehenden Wohlstands- und Konsumgesellschaft aufgewachsene Generation, die nun in das Erwachsenenalter eintrat, besaß andere Perspektiven als ihre Eltern und zunehmend mehr Optionen für eigene Lebensentwürfe. Tugenden wie Arbeitsorientierung, Disziplin und Familienraison verloren an Verbindlichkeit. So geriet das Familienunternehmen als Mehrgenerationenprojekt seit den 1970er Jahren vermehrt in die Defensive, was die Zahl der Nachfolgekrisen stark ansteigen ließ.[178] Generationenkonflikte und Nachfolgekrisen prägten im letzten Drittel des 20. Jahrhunderts auch die hier untersuchte Familien- und Unternehmensgeschichte. Das Verhältnis zwischen Horst und Hans Sartorius war schon seit den 1950er Jahren gespannt. Es wurde bereits 1957 darüber gesprochen, getrennte

Wege zu gehen. Hans stand als Prokurist deutlich hinter dem Geschäftsführer zurück und schrieb frustriert an einen der Aufsichtsräte: „Ich werde […] immer als rückständig und konservativ hingestellt und nur Horst mit seinem Elan sei der Retter.“[179] Tatsächlich erwies sich der vor allem von Hans koordinierte Vertrieb als Schwachstelle. 1960 wurde der Plan ventiliert, sich durch einen Aktientausch zu trennen. Hans Sartorius wollte Mehrheitsgesellschafter der Membranfiltergesellschaft werden, während Horst ihm die Gleitlager GmbH anbot. Eine Einigung konnte nicht erzielt werden. Der Streit um die Kompetenzen im Unternehmen setzte sich fort. Horst bestand darauf, „dass der Prokurist bereit ist, sich unterzuordnen und den Vorstand auch de facto anzuerkennen“.[180] Anfang 1961 schied Hans aus den Sartorius-Werken aus und wurde stellvertretender Geschäftsführer der Membranfiltergesellschaft, die er 1965 ebenfalls im Unfrieden verließ.[181]

Trotz langer Betriebszugehörigkeit verfügte Hans nur über eine schlechte Altersversorgung. Horst bot ihm 1961 eine kleine Betriebsrente von 1.000 D-Mark pro Monat an, wofür er im Gegenzug ein Vorkaufsrecht auf einen Teil der von Hans gehaltenen Aktien verlangte. Ob die schriftlich aufgesetzte, aber nicht als unterschriebenes Exemplar überlieferte Vereinbarung tatsächlich in Kraft trat, ist unklar.[182] Sie zeigt aber, dass man sich nichts schenkte. Ganz in diesem Sinne gewährte Horst Sartorius seinem Vetter, als dieser 1965 vorzeitig aus der Membranfiltergesellschaft ausschied, ein monatliches Ruhegeld von 2.500 D-Mark, begrenzt auf vier Jahre, also bis zum Erreichen der Altersgrenze. Mit Vollendung des 65. Lebensjahres erhielt Hans keine weiteren Zahlungen mehr.[183]

1976 und 1977 schüttete die AG keine Dividende aus, da infolge der Körperschaftsteuerreform von 1977 künftige Ausschüttungen steuerlich weniger belastet sein würden und man eine Kapitalerhöhung aus Gesellschaftsmitteln vorbereitete. Für Hans, der an den Folgen eines Schlaganfalls litt und im Wesentlichen von den Dividendenzahlungen lebte, ergab sich daraus ein finanzieller Engpass.[184] Da auch der Sohn, Hans-Jürgen Sartorius, kein Interesse am Unternehmen hatte, entschied sich Hans dafür, seine Kapitalbeteiligungen abzustoßen. Auch die Sorge um die Familie mag eine Rolle gespielt haben, denn eine Versorgung der Hinterbliebenen durch Sartorius war ausgeschlossen worden. 1977 verkauften er und seine Frau Anny ihre Anteile an den Sartorius-Werken und an der Membranfilter GmbH zum größten Teil an Horst und seine Kinder.[185] Diesen Erwerb hätten Letztere ohne Kredite der Kreissparkasse Göttingen nicht stemmen können. Auf lange Sicht handelte es sich für sie um ein sehr gutes Geschäft. Mit ihm war der Wilhelm-Stamm endgültig aus dem Unternehmen ausgeschieden. 1979 hielten Horst 71,9 Prozent, seine Frau 1,9, Ulrike Baro 3,7, Karin Herbst 2,9, Christine Franken 2,7 und Christoph Sartorius schon 5,5 Prozent.[186] Sartorius war das Unternehmen eines einzelnen Stammes geworden.

Nachdem Horst Sartorius 1973 durch einen Beckenbruch infolge eines lebensgefährlichen Autounfalls lange ausfiel und geschwächt war, übernahm Christoph als 26-jähriger Student der Betriebswirtschaftslehre früher Verantwortung als geplant. Als „Assistent der Geschäftsleitung“ vertrat und unterstützte er seinen Vater, zu dem er in dieser Zeit ein hervorragendes Verhältnis besaß. Er freute sich auf die ihm zuwachsenden Aufgaben, trat aber noch nicht in Vollzeit in die Geschäftsführung ein. Zunächst galt es, Studium und Promotion abzuschließen und diverse Traineestationen zu durchlaufen. Trotzdem bezog ihn sein Vater bei Entscheidungen stets ein. Die beiden verbrachten viele Abende mit geschäftlichen Besprechungen.

Eine hausväterlich anmutende Sparsamkeit gehörte weiter zur Unternehmenskultur. Während der ersten Ölkrise ermahnte Horst Sartorius die Mitarbeiter per Rundschreiben, sich mit einer „vernünftigen Erwärmung der Räume“ und „kurzem Lüften“ zufriedenzugeben. Fahrten mit dem Firmen-Pkw galt es zu vermeiden. Auf keinen Fall dürfe schneller als 100 km pro Stunde gefahren werden. Prospekte wurden auf „leichterem Papier“ gedruckt, „um die Portokosten zu senken“.[187]

1975 traf die Familie ein Schicksalsschlag, als Elfriede an einem Karzinom erkrankte und eine lange Leidenszeit für sie begann. Horst verlor damit eine Konstante in seinem Leben. Mit der Erkrankung seiner Frau konnte er nicht umgehen. Er zog sich oft in die 1970 erworbene Wohnung am Tegernsee zurück.[188] Christoph Sartorius und der inzwischen auf vier Personen vergrößerte Vorstand hatten entsprechend mehr Verantwortung zu tragen. 1964 war Karl Banse als Finanzvorstand berufen worden. 1975 ging er in den Ruhestand und wurde durch Dr. Klaus Laleike ersetzt. 1968 war Erich Knothe, vormals Carl

Zeiss Jena, als technischer Leiter hinzugetreten und 1973 Volker Reiche als Vertriebsleiter.

Wie ist der Zeitraum 1968 bis 1978 insgesamt zu bewerten? Die ausgewogene Analyse der Chronik für das Jahr 1973 lässt sich auch auf diesen gesamten Abschnitt der Unternehmensgeschichte übertragen. Die „Firmengemeinschaft" habe „trotz Ölkrise, allgemeiner Teuerung, Rohstoffhausse, Superzinsen und Weltinflation recht gut abgeschnitten."[189] Das starke Wachstum dieser Jahre war angesichts der massiven Herausforderungen eine beachtliche Leistung. Technologische Kompetenz sowie hohe Qualität und Rationalisierungserfolge verliehen dem Unternehmen Kraft. Innerhalb kurzer Zeit gelang die Umstellung auf elektronische Waagen, mit denen man sich sofort wieder im oberen Marktsegment positionieren konnte.

Der gelungene Übergang von der Mechanik zur Elektronik stellt eine ungemein große Leistung dar, wenn man bedenkt, dass viele andere Traditionsunternehmen an dieser technologischen Schwelle und der asiatischen Billigkonkurrenz scheiterten.[190] Sartorius überlebte und meisterte den Übergang zur Elektronik, wenngleich es ein schwieriger Prozess war und in der Wägetechnik noch grundlegende Sanierungsschritte bevorstanden. Zu den Umbrüchen der Technologie und des Wettbewerbs kamen schwerwiegende interne Probleme hinzu, die das Unternehmen schon lange plagten. 1974 hieß es in der Chronik der Chefsekretärin: „Die steigenden Kosten und die Umsatzausweitungen haben zu Geldverknappungen geführt." Auch reiche die Umsatzrentabilität von 2,1 Prozent „nicht aus, um Investitionen [...] durchzuführen". Die Empfehlung, ein Jahr „des Sparens und Genau-Kalkulierens" einzulegen und der Appell an den „Willen aller, positiv mitzuarbeiten",[191] entsprachen zwar der Kultur des Familienunternehmens, reichten aber allein nicht aus, um die Zukunftsfähigkeit des Unternehmens in einem sich immer weiter dynamisierenden und unsicherer werdenden Markt langfristig sicherzustellen.

Abb. 30 Auffällig und einprägsam: Mitte der 1970er Jahre wurden viele Waagenmodelle mit einem orangegelben Gehäuse ausgestattet

„Eine ins Große gewachsene Werkstatt.“[192] Herausforderungen und Modernisierungsschritte, 1980 bis 1989

Die 1980er Jahre begannen wenig vielversprechend. Das Wachstum in der Bundesrepublik brach zunächst ein. Der Abwärtstrend mündete 1982 in die dritte Rezession der Nachkriegszeit und ließ die sozialliberale Koalition unter Kanzler Helmut Schmidt zerbrechen. Es folgte mit Ausnahme von 1987 ein bis zum Vereinigungsboom von 1990/91 anhaltender Aufschwung, der wesentlich von fallenden Rohstoffpreisen und verbesserten Exportbedingungen getragen wurde. Der Ölpreis fiel bis 1987 stark und verharrte dann auf einem relativ niedrigen Niveau, bevor ihn der Irak-Krieg von 1990/91 vorübergehend in die Höhe katapultierte. Die sich in den 1970er Jahren verschlechternden Terms of Trade stagnierten bis 1985 und verbesserten sich dann zum Vorteil der Bundesrepublik. Der Verfall des Dollars kehrte sich 1980 um und bescherte deutschen Exporteuren wie Sartorius bis 1985 erhebliche Währungsgewinne, bevor sich die Situation dramatisch umkehrte.

Sartorius blieb von den Wechsellagen keineswegs unbeeinflusst. Dem Unternehmen gelang aber in dem Jahrzehnt erneut ein starkes Wachstum. Beim Umsatz kam es zwischen 1980 und 1989 zu mehr als einer Verdoppelung von 132 auf 290 Mio. D-Mark. Die Belegschaft stieg von 1.253 auf 1.000 Mitarbeiter.[193] Dieses Wachstum löste aber keines der bereits angesprochenen Probleme, sondern verschärfte sie sogar noch. Die Umsatzrendite, die 1979 mit 4,5 Prozent einen einsamen Spitzenwert erreicht hatte, ging zum Sinkflug über und betrug 1989 nur noch 0,9 Prozent. Meist lag sie deutlich unter zwei Prozent. Tiefpunkte wurden 1985 und 1987 mit 0,4 bzw. 0,5 Prozent erreicht. Im Grunde genommen musste Sartorius noch schneller wachsen, um höhere Stückzahlen auszustoßen und entsprechende Kostenvorteile zu erzielen.

Bei der Besprechung des Ergebnisses des Jahres 1988 im Aufsichtsrat mahnte der Wirtschaftsprüfer 1989: „Der Cash-flow liege unter dem Durchschnitt der Industrie. Die Rendite [...] sei zu gering“, und das in einem wirtschaftlich starken Jahr. Unmittelbar dazu stellte der stellvertretende Aufsichtsratsvorsitzende Dr. Rudolf Hedler knapp fest: „Es handele sich bei der Firma Sartorius GmbH um eine ins Große gewachsene Werkstatt. Hier müsse eine Modernisierung erfolgen.“[194] Eine Bestandsaufnahme ergab 1980, dass die Maschinen bei Sartorius im Durchschnitt an die 40 Jahre alt waren.[195] Die Hauptprobleme waren somit bekannt. Sartorius hatte eine Wachstumsschwelle erreicht und musste sich neu aufstellen, um dieses Wachstum fortzusetzen und die Zukunft des Unternehmens zu sichern. Es galt, in kurzer Zeit viele interne Veränderungen anzustoßen und zugleich auch auf massive externe Herausforderungen zu reagieren.

Zu letzteren gehörte die ungemeine Verschärfung des Wettbewerbs. In der Wägetechnik war man 1980 fünfmal gezwungen, die Preise zu senken. Angesichts des Preisverfalls von Mikrochips kam der Markt nie zur Ruhe. Asiatische Anbieter drängten aggressiv auf den Weltmarkt. Die Preiserosion ging einher mit Kostensteigerungen vor allem beim Personalaufwand.[196] Gleichwohl gelang es Sartorius nicht nur, sich in einem ungemein schwierigen technologischen und wettbewerblichen Umfeld zu behaupten und nie in die Verlustzone zu geraten, sondern auch nachhaltig zu wachsen und eine Vielzahl von Produktinnovationen auf den Markt zu bringen, die ihre Käufer fanden. Zudem sahen viele Konkurrenten in Sartorius ein lohnendes Übernahmeobjekt, sodass sich Anfragen u.a. von Heraeus, Zeiss, Steag, Pall und Baxter Travenot häuften, die aber zu nichts führten.[197]

Sartorius war mit einer Exportquote von 50 bis 65 Prozent hochgradig vom Weltmarkt und damit auch von ständig fluktuierenden Währungen abhängig. Die Achterbahnfahrt der Devisenmärkte schuf viele Probleme, insbesondere nach Trendwenden. Der von 1973 bis 1979 voranschreitende Verfall des Dollars endete Anfang 1980. Nach einer dramatischen Kehrtwende erklomm die US-Währung Höchststände und stieg vom Januar 1980 zur Freude der deutschen Exporteure von 1,72 D-Mark bis März 1985 auf 3,31 D-Mark, mithin um 92 Prozent. Andere Währungen werteten weiter ab, so etwa der französische Franc. Da Sartorius in D-Mark fakturierte und oftmals keine Kurssicherung betrieb, verlor das Unternehmen viel Geld. Finanzvorstand Laleike musste daher – und aus anderen Gründen – 1982 das Unternehmen verlassen. Sein Nachfolger wurde Eberhard Bleyer, der eine regelmäßige Währungssicherung einführte.

Die für Sartorius günstige Dollar-Aufwertung brach 1985 jäh ab. Um die USA vor einer Importschwemme zu bewahren und ihnen die Rückzahlung der Schul-

Betriebswirtschaftliche Kennzahlen, 1979 bis 1989

Tabelle 8

in Mio. D-Mark bzw. Prozent

Jahr	Grundkapital (GK)	Umsatz	Jahresüberschuss	Umsatzrendite	Dividende in Prozent des GK	Mitarbeiter (Jahresende)
1979	7,0	112,7	5,1	4,5 %	0 %	1.253
1980	7,0	132,1	5,4	4,1 %	16,5 %	1.343
1981	7,0	139,2	3,8	2,7 %	29 %	1.332
1982	7,0	146,8	2,5	1,7 %	27 %	1.360
1983	7,0	158,8	3,0	1,9 %	29 %	1.334
1984	7,0	204,0	4,0	2,0 %	14 %	1.509
1985	7,0	235,3	1,0	0,4 %	4 %	1.547
1986	7,0	255,9	2,8	1,1 %	14 %	1.792
1987	7,0	256,8	1,3	0,5 %	14 %	1.648
1988	7,0	267,5	3,8	1,4 %	54 %	1.627
1989	7,0	290,5	2,5	0,9 %	35 %	1.808

Quelle: Sartorius-Archiv, Fin 2/1, diverse Geschäfts- und Wirtschaftsprüfungsberichte, 1979–1989.

den zu ermöglichen, einigten sich die führenden Industriestaaten der Welt im New Yorker Plaza-Abkommen darauf, den Kurs des Dollars durch gezielte Marktinterventionen zu senken.[198] Prompt wertete der Dollar rasant ab. Hatte man im März 1985 noch 3,31 D-Mark für einen Dollar erhalten, waren es vier Jahre später nur noch 1,87 D-Mark. Damit wurde der Export in die USA enorm erschwert. Ab 1985 kam es bei Sartorius zu dramatischen Währungsverlusten. Kurzfristig wurden einige Hunderte Beschäftigte entlassen.[199] In den Jahresdurchschnitten nahm die Zahl der Mitarbeiter aber zu.

Allgemein trieb Sartorius in den 1980er Jahren die Internationalisierung voran. In vielen Märkten erreichte man nun Absatzvolumina, die eine direkte Bearbeitung und eine Abkehr von Importeuren oder Vertriebspartnern wie Zeiss erlaubten. Auf diese Weise erhöhte sich nicht nur die Kontrolle der Absatzwege und des Marketings, sondern es stiegen auch die Erträge, da die Provisionen der Mittelsmänner entfielen. Die direkte Präsenz auf den nordamerikanischen und asiatischen Märkten stellte einen Quantensprung dar. 1985 erzielten die bilanziell noch nicht eingebundenen Tochterunternehmen einen Umsatz von 73 Mio. D-Mark, wobei die USA mit Abstand am wichtigsten waren.[200]

1982/83 wagte die Familie Sartorius mit der Errichtung einer Fabrik für Filter, Membranen und Filterkerzen in Puerto Rico einen kühnen Schritt.[201] Zum ersten Mal wurde außerhalb Europas in Produktionsanlagen investiert. Der Karibikstaat, ein assoziiertes Außengebiet der USA, bot viele – vor allem steuerliche – Vorteile.[202] Die Sartorius Inc. Puerto Rico mit juristischem Domizil im US-Steuerparadies Delaware entstand mit geringem Eigenkapital und ließ sich in Yauco nieder. Das Unternehmen gehörte aber nicht dem Göttinger Stammhaus. Eigentümer waren vielmehr Dr. Christoph Sartorius mit 69 Prozent der Anteile, seine Schwestern (30 Prozent) und Horst Sartorius (ein Prozent). Zentrales Ziel der Investition war es, die sich abzeichnende erbschaftssteuerliche Belastung der Kinder durch die Übertragung von Anteilen der GmbH auf die Sartorius Inc. zu senken.[203] Operativ lief das Unternehmen auf der Karibikinsel zunächst jedoch sehr schlecht. In Göttingen kam man 1988 zu dem Ergebnis, dass „die finanzielle Situation der Gesellschaft desolat ist (de facto konkursreif)".[204] 1989 standen 8,2 Mio. Dollar Verbindlichkeiten einem Eigenkapital von 430.443 Dollar gegenüber. Zinsen und Tilgungen wurden nicht gezahlt.[205] Eine systematische Integration in die Planungen der Sartorius-Gruppe hatte nicht stattgefunden. Sartorius war mit dieser zunächst völlig missratenen Investition relativ spät dran. Bereits in den 1970er Jahren hatten viele deutsche Unternehmen Teile ihrer Fabrikation in Niedriglohnregionen verlagert und die Dollarschwäche zum Erwerb von Niederlassungen im Dollarraum genutzt.

1989 verkaufte Christoph Sartorius seine Anteile an seinen Vater.[206] Die Schließung bzw. ein Konkurs wurden 1988/89 ernsthaft diskutiert, aber aus zwei Gründen verworfen. Zum einen würde ein „nicht wiedergutzumachender Schaden“ für die Reputation der Sartorius-Gruppe entstehen, zum anderen könne das Filtrationsgeschäft in den USA ohne Puerto Rico „nicht aufrechterhalten“ werden.[207] Die Lösung bestand in einem Verkauf an die US-Tochter der Sartorius GmbH, die den Gesellschaftern einen angesichts der tatsächlichen Lage günstigen Preis zahlte. Offenbar wollte man der Familie einen herben Verlust ersparen. Außerdem lag die strategische Bedeutung von Puerto Rico für den schnell wachsenden Filter-Markt der USA auf der Hand, der bei dem damaligen Wechselkurs nur von einer Fertigung aus dem Dollarraum sinnvoll zu versorgen war. Schließlich sprachen attraktive Subventionen und anhaltende Steuervorteile für den Standort.

In Göttingen blieb die Lagerhaltung ein Dauerproblem, das zeitweilig völlig aus dem Ruder lief. Zum einen quollen die Lager über, zum anderen gab es immer wieder große Inventurdifferenzen. Oft waren die Waren nicht auffindbar oder die angesetzten Werte so falsch, dass es zum Jahresende böse Überraschungen in Form von Wertminderungen von bis zu sieben Mio. D-Mark (1986) gab. Umgekehrt wurden auch schon einmal „500 Waagen gefunden [...,] die nicht erfasst worden“[208] waren. Zwischen 1979 und 1980 verdoppelte sich der Wert der Vorräte fast von 27,1 auf 40,7 Mio. D-Mark, um dann mit 106 Mio. D-Mark im Oktober 1986 einen Rekord zu erreichen.[209] Christoph Sartorius ordnete energische Gegenmaßnahmen an, um die Durchlaufzeiten und die Anzahl der Teile zu reduzieren. 1984/85 wurden die 47 Lager zentralisiert, und zwar außerhalb des Werksgeländes auf dem Areal des früheren Göttinger Flugfeldes. Durch den Einsatz von SAP-Lagerverwaltungssoftware wurde die Unübersichtlichkeit der Bestände reduziert, vor allem die Vergabe unterschiedlicher Nummern für identische Teile abgestellt. Die maßgeblich vom Vorstandsmitglied Franz-Josef Melcher koordinierte Einführung des CAD-Konstruktionsprogramms CATIA (Computer Aided Three-Dimensional Interactive Application) führte dazu, dass es für immer mehr Waagen identische Module und Plattformen gab, was die Zahl der Teile erheblich reduzierte. Der jährliche Lagerumschlag stieg von 1,3 (1984) auf 1,8 (1989). Bis 1989 gelang immerhin ein Abbau der Lagerbestände auf 77,3 Mio. D-Mark.[210]

Überhaupt wurde das Unternehmen durch den Einsatz der EDV modernisiert, wobei Einführung und Umstellung einen großen Aufwand und viele Frustrationen auslösten. Die riesigen „Altlasten im EDV-Bereich“ waren dadurch entstanden, dass einzelne Mitarbeiter unkoordiniert handeln konnten.[211] Nun wurden klare Verantwortlichkeiten definiert und verstärkt externe Berater eingesetzt, die professionelle Gesamtkonzepte in das Unternehmen hineintrugen. Das Erscheinungsbild der Produkte wurde modernisiert. Es setzte sich die Farbe Gelb durch, durch die sich die Sartorius-Waagen von denen der Konkurrenz eindeutig abgrenzten.

Das Wachstum stieß auch räumlich an seine Grenzen. Die Enge am Traditionsstandort Weender Landstraße ließ keine weitere Expansion zu. Das Gelände mitten in einem Wohngebiet war vollgestopft und bot keinerlei Erweiterungsmöglichkeiten. Die Verlagerung von Arbeiten nach Seulingen, Überstunden und die Vergabe von immer mehr Aufgaben an Fremdfirmen verursachten hohe Zusatzkosten.[212] Den entscheidenden Anstoß für einen Neubau gab ein Anfang 1988 ergangener Bescheid des Gewerbeaufsichtsamtes Göttingen, aufgrund verschärfter Umweltauflagen die beiden Ziehmaschinen für die Membranfertigung bis zum Jahresende 1991 stillzulegen. Die Alternative waren gekapselte Ziehmaschinen, die gegenüber dem bisherigen offenen Verdunstungsverfahren die Emissionen wesentlich reduzierten, allerdings auf dem alten Gelände wegen ihrer Größe keinen Platz fanden.[213] Es blieben Sartorius drei Möglichkeiten: Erstens die Verlagerung der Membranproduktion nach Berlin, um die Kosten durch die hohen Subventionen und Steuervergünstigungen der Berlin-Förderung aufzufangen.[214] Zweitens der Verkauf bzw. die Schließung der Membranfilterfertigung: Dadurch wären jedoch 500 Arbeitsplätze weggefallen, wie der Betriebsrat befürchtete. Drittens diskutierte man über einen Neubau am Stadtrand und verhandelte mit der Stadt Göttingen über ein

Abb. 31 Luftaufnahme des Werksgeländes, Anfang 1980er Jahre

104.000 Quadratmeter großes Grundstück an der Otto-Brenner-Straße im Gewerbegebiet des Stadtteils Grone. Die Kosten dieser großen Lösung schreckten zunächst ab. Diese Entscheidung verzögerte sich, da sie unglücklich mit dem Höhepunkt des Nachfolgekonflikts (siehe das folgende Teilkapitel) zusammenfiel. Daher verbreitete sich im Sommer 1989 große Unruhe im Unternehmen, die sich erst mit dem Kauf des Areals und dem dann unmittelbar am 25. August 1989 folgenden Baubeginn des ersten Bauabschnitts mit einer Grundfläche von 43.000 Quadratmeter legte.[215]

Der Finanzbedarf für die Neubaulösung, die nicht nur den Standort Göttingen und die Membranfertigung langfristig sichern, sondern auch weitere Expansionsschritte ermöglichen würde, wurde mit fast 64 Mio. D-Mark angegeben,[216] zu denen der sonstige Investitionsbedarf noch hinzukam. Das stellte für ein Unternehmen mit einem Stammkapital von sieben Mio. D-Mark eine große Herausforderung dar. Dies galt umso mehr, als der Zwang zu ständigen Innovationen hohe laufende Investitionen erforderte.

Die Kosten für den ersten Bauabschnitt beliefen sich am Ende auf 47 Mio. D-Mark. Die Entscheidung für den Neubau am Standort Göttingen wurde auch durch öffentliche Fördermittel erleichtert. Sartorius erhielt 2,9 Mio. D-Mark vom Umweltbundesamt, 363.500 D-Mark Investitionszulage, einen zinsgünstigen Kredit aus dem ERP-Luftreinhaltungsprogramm über 12,3 Mio. D-Mark sowie 5,9 Mio. D-Mark Zuwendungen aus der Gemeinschaftsaufgabe „Verbesserung der regionalen Wirtschaftsstruktur" (Zonenrandförderung). Letztere war aber an die Schaffung von 76 neuen Dauerarbeitsplätzen gebunden, was für Sartorius im Krisenjahr 1993 zu einer schweren Hypothek werden sollte.[217]

Um 1983 war die Produktion von mechanischen Waagen eingestellt, mithin eine über 100 Jahre alte Tradition still zu Grabe getragen worden. Der Übergang zu elektronischen Waagen war trotz vieler Schwierigkeiten in fantastisch kurzer Zeit gelungen,

Abb. 32 Horst Sartorius am 25.8.1989 mit dem ersten Spatenstich für das „Neue Werk" im Göttinger Stadtteil Grone

Abb. 33 Das „Neue Werk" in Göttingen – Ausgangspunkt des heutigen Sartorius Campus, um 1990

was eine der großen Leistungen dieser Jahrzehnte darstellte. Allerdings erlaubte die neue Technik keine Konsolidierung oder gar ein Ausruhen. Vielmehr musste das Unternehmen ständig neue, leistungsstärkere und preiswertere Modelle anbieten. Der Wettbewerbs- und Innovationsdruck blieb extrem hoch. 1986 hieß es, dass man durch den seit 1978 erfolgten Einsatz von Mikroprozessoren in der Wägetechnik in schneller Abfolge immer neue Modelle herausbringe und „Technologiesprünge" zur Routine geworden seien: „Diese Entwicklungen vollziehen sich in steter Auseinandersetzung mit der etablierten, leistungsstarken, aber auch mit nachbauend und in der Vorgehensweise aggressiven, auf Preisunterbietung eingestellten vorzugsweise japanischen Konkurrenz."[218] Zudem glichen sich die elektronischen Waagen verschiedener Hersteller zunehmend an, sodass der Preiswettbewerb eine immer größere Rolle spielte.

Die Problematik der Wägetechnik bestand darin, dass sie auf einen reifen, relativ gesättigten Markt traf. Der Ersatzbedarf war aufgrund der langen Lebensdauer der Waagen gering. Demgegenüber zeichneten sich die Märkte für Membranfiltration durch ein hohes Wachstum und deutlich attraktivere Margen aus. Gleichwohl dominierte bei Sartorius weiter die Wägetechnik. Das schlug sich auch in der Investitionspolitik nieder, die ganz überwiegend diesen Bereich favorisierte. Der 1989 aufgestellte Investitionsplan für 1990 spiegelt ungefähr die Proportionen wider. Er sah 14,4 Mio. D-Mark für die Wägetechnik, aber nur 2,6 Mio. D-Mark für die Filtration und 400.000 D-Mark für die Gleitlagerfertigung vor.[219]

Um das Unternehmen profitabler zu machen, hätte man die Schwerpunkte verschieben müssen. Dem standen jedoch Tradition und Unternehmenskultur entgegen. Lagerbildung und Abteilungskämpfe waren an der Tagesordnung. Das beschränkte sich nicht allein auf den Gegensatz zwischen Membranen und Waagen, sondern auch auf jenen zwischen Vertrieb und Entwicklung.[220] Insgesamt waren hohe, tendenziell steigende Investitionen notwendig. Zwischen 1982 und 1986 summierten sie sich auf 82,6 Mio. D-Mark.[221] Es war schon lange offensichtlich, dass ein gravierendes Missverhältnis zwischen dem dynamischen Wachstum und dem bei sieben Mio. D-Mark verharrenden Stammkapital bestand. Sartorius finanzierte sich daher zunehmend über Fremdkapital. Die Verbindlichkeiten betrugen 1979 noch 35,2 Mio. und erreichten 1989 mit 88,7 Mio. D-Mark das Zweieinhalbfache.[222] 1982 kam es zur Aufstockung der stillen Beteiligung der Landesbank auf vier Mio. D-Mark. Da hiermit hohe Zinszahlungen verbunden waren, kündigte Sartorius diese Einlage 1985, was die Abhängigkeit von Krediten erhöhte.

Sartorius profitierte in dieser Phase wie auch in den Jahren davor und danach nicht unerheblich von staatlichen Fördermaßnahmen, wobei die von 1951 bis 1994 laufende Zonenrandförderung mit Investitionszulagen von bis zu 55 Prozent der Aufwendungen, Zinszuschüssen und vor allem Sonderabschreibungen ein erhebliches Gewicht besaß. Im Wettbewerb um Fördergelder war das Unternehmen recht erfolgreich, ohne damit die notorische Eigenkapitalschwäche kompensieren zu können.[223] Vor diesem Hintergrund begann eine Diskussion um die Umwandlung der GmbH in eine börsennotierte Aktiengesellschaft, um externes Eigenkapital zuzuführen.[224] Das Dilemma der Familie bestand darin, dass sie unzureichende Privatmittel für eine spürbare Erhöhung des Eigenkapitals besaß, zugleich aber die uneingeschränkte Kontrolle behalten wollte. Zwar ließen sich durchaus Konstruktionen finden, um eine Eigenkapitalzufuhr ohne Kontrollverlust sicherzustellen. Es bestand aber die Gefahr, dass Kursgewinne zu einer deutlich höheren Erbschaftsteuerbelastung führen könnten, was angesichts des Alters von Horst Sartorius die Familie zurückschrecken ließ. Die Diskussion schwelte seit 1986, ohne dass zunächst eine Entscheidung fiel. Der Aufsichtsrat mahnte 1987, dass die Bilanz, vor allem die unzureichende Eigenkapitalquote von 19,4 Prozent (1986) „in aller Deutlichkeit die Notwendigkeit der wiederholt verlangten Neuorientierung" widerspiegele und dringend gehandelt werden müsse.[225] Eine solche Eigenkapitalquote war unter deutschen Unternehmen nicht ungewöhnlich, ließ sich aber nicht mit der Wachstumsdynamik von Sartorius vereinbaren. Der Aufsichtsrat ging 1989 davon aus, dass „eine Zuführung von außen von mindestens 50 Mio. D-Mark notwendig" sei.[226]

Die Diskussion kam erst wieder mit der unter Zeitdruck geführten Beratung über das Neubauprojekt in Gang. Um den vor allem für die Familie, aber auch das Unternehmen revolutionären Wandel der Rechtsform zu vermeiden, wurden im Vorfeld der Entscheidung über den Grundstückskauf diverse Szenarien durchgespielt, die von der Kreditfinanzierung über Immobilienleasing bis zum Sale-and-Lease-back reichten.[227] Am Ende dramatischer Diskussionen, in denen Horst Sartorius seine Meinung mehrfach änderte und um Bedenkzeit bat, entschied sich der Aufsichtsrat für den Neubau und die Umwandlung in eine Aktiengesellschaft, überließ aber Horst Sartorius das letzte Wort. Er hätte also gegen die Mehrheit des Gremiums entscheiden können, was er dann aber doch nicht tat.[228] Eine wichtige Rolle spielte dabei, dass er über die Börse Geld beschaffen konnte, das er für die Auszahlung seines Sohnes benötigte (siehe das folgende Kapitel).

Damit war im Grunde genommen ein Wendepunkt der Unternehmensgeschichte erreicht, ein echter

Tabelle 9

Umsatz nach Geschäftsbereichen, 1986

Bereich	**Umsatz in Mio. D-Mark**	**Umsatz in Prozent***
Wägetechnik	183,5	70,7 %
Filter	57,1	22,0 %
Medizintechnik	13,4	5,1 %
Gleitlager	5,2	2,0 %
Summe	**259,2**	**100 %**

* Die fehlenden Punkte zu 100 Prozent beruhen auf Rundungsfehlern

Quelle: Sartorius-Archiv, Boa 2/1 A 1, Protokoll der Aufsichtsratssitzung am 27.2.1987.

Befreiungsschlag, dessen Bedeutung für die Zukunft von Sartorius nicht hoch genug veranschlagt werden kann. Diese wegweisende Entscheidung fiel zusammen mit einem anderen fundamentalen Umbruch, denn nach 119 Jahren schied 1989 die Familie aus der Unternehmensführung aus. Weshalb der Übergang auf die vierte Generation misslang, wird das folgende Kapitel beleuchten.

Abb. 34 Christoph Sartorius bei der Eröffnung des ersten ausländischen Produktionsstandorts in Yauco, Puerto Rico, 1983

Das Ende des eigentümergeführten Familienunternehmens, 1980 bis 1989

Aufgrund des fortgeschrittenen Alters von Horst Sartorius, der 1980 seinen 70. Geburtstag gefeiert hatte, gewann die Regelung der Nachfolge an Dringlichkeit. Sein einziger Sohn Christoph Sartorius, seit 1979 in Göttingen promovierter Betriebswirt, war früh zum Kronprinzen auserkoren worden und hatte schon während seiner Studienzeit zeitweilig im Unternehmen gearbeitet. Sechs Praktika in Deutschland und in den USA sowie eine ca. 18-monatige Tätigkeit bei der Münchner Global Bank während der Promotionszeit ermöglichten ihm Einblicke in andere Unternehmen.

1980 erhielt er mit dem Eintritt in das Unternehmen Prokura und war für die Filtertechnik sowie die Auslandstöchter zuständig. Er hatte einen überaus ambitionierten Zehn-Jahres-Plan entworfen, nach dem die Ertragsschwäche durch ein beschleunigtes Wachstum überwunden werden sollte. Als Zielgröße beim Umsatz strebte er eine Mrd. D-Mark an, also ein Wachstum um nicht weniger als 750 Prozent. Dieser nicht offiziell verkündete Plan stieß, so Christoph Sartorius im Rückblick, auf Bedenken, ja Kopfschütteln, vor allem bei seinem Vater.[229] Der Sohn dachte in großen Dimensionen und wollte vor allem das margenstarke Filtergeschäft in Riesenschritten voranbringen. Da er von „Waagen-Leuten" geradezu umstellt war, traf er auf viele Widerstände.[230]

Die Zusammenarbeit zwischen Vater und Sohn war zunächst kooperativ und harmonisch. Der Vater bestand zudem darauf, dass der Sohn im Elternhaus wohnte, damit man sich am Abend besprechen konnte. Dessen Position war zuvor durch eine bemerkenswerte Revision des Gesellschaftervertrags der GmbH ungemein gestärkt worden. Seit 1979 hieß es: „Ist ein Abkömmling des Herrn Horst Sartorius Geschäftsführer, so kann gegen dessen Stimme kein Aufsichtsratsmitglied gewählt oder abgewählt werden."[231] Diese Bestimmung ist in zweifacher Hinsicht bemerkenswert. Zum einen war die Privilegierung des Erich-Stammes nun formal festgeschrieben. Zum anderen konnte der Geschäftsführer die Mitglieder desjenigen Organs, das ihn kontrollieren sollte, letztlich selber aussuchen.

Nach dem Tod der Mutter Elfriede im Jahr 1981 erbte Christoph Sartorius deren Anteile am Unternehmen, was zu mehreren Prozessen mit den Schwestern führte. Weil die Eltern von den Töchtern Verzicht erwarteten und eine Zersplitterung der Anteile verhindern wollten, war das Testament zugunsten von Christoph abgefasst worden, sodass die Schwestern das Nachsehen hatten. Der ihnen zugesagte Ausgleich blieb aus, da die Formulierung des Testaments nicht eindeutig war.[232] Ihr Groll über diese Zurücksetzung schuf den Nährboden für künftige innerfamiliäre Konflikte.

Der Tod der Mutter markierte einen Wendepunkt der Familiengeschichte, denn nun fiel das integrierende und ausgleichende Element fort. In ihrer Jugend hatten die vier Kinder ein harmonisches Familienleben genossen, das bei aller emotionalen Wärme immer von den Belangen des Unternehmens überschattet wurde. So verlebte man ausgedehnte Urlaube an der Ostsee oder in Italien, von denen der Vater zwar häufig nach Göttingen zurückgerufen wurde, aber dann auch wieder zur Familie stieß. Sie waren ursprünglich „eine richtig tolle Familie",[233] bevor sich durch die Themen Nachfolge und Erbe Gräben auftaten.

Durch die Entlassung des Mannes von Christine Franken aus dem Unternehmen hatte sich schon seit 1979 eine schwierige familiäre Situation ergeben. Walter Franken war ein promovierter Chemiker, der ursprünglich eine Universitätskarriere geplant hatte, aber offenbar auf Wunsch von Horst Sartorius 1967 zur Membranfilter GmbH kam und 1971 in die Geschäftsführung eintrat. Er beteiligte sich an der Weiterentwicklung der GmbH in ein Industrieunternehmen. So wirkte er u. a. an der Konstruktion einer neuartigen Ziehmaschine für Membranfilter mit, welche die massenhafte Fertigung in gleichmäßiger Qualität erheblich verbesserte.[234] Später kam es jedoch zum Zerwürfnis zwischen Horst Sartorius und Walter Franken, das letztlich zur Entlassung Frankens führte. Offenbar rieb man sich an technischen und strategischen Fragen. Der junge promovierte Chemiker und der gestandene Kaufmann ohne akademischen Hintergrund waren oft nicht einer Meinung. Es scheint auch eine große Rolle gespielt zu haben, dass nun Christophs Antritt der Nachfolge seines Vaters näher rückte und eine innerfamiliäre Rivalität entstand, die zuvor aufgrund des Altersabstands – Franken war zehn Jahre älter als Christoph – so nicht bestanden hatte. „Da Christoph nicht nur das Unternehmen erben sollte, sondern es auch führen wollte und sollte, stand mein Schwager Dr. Franken ihm auch aus Sicht meines Vaters im Wege",[235] urteilte Ulrike Baro im Nachhinein. Es ist nicht zu übersehen, dass Horst Sartorius nach den unguten Erfahrungen der geteilten Macht in der zweiten Generation auf das Prinzip der Alleinherrschaft setzte und er dafür seinen Sohn auserkoren hatte.

Die verschiedenen Konflikte entstanden nicht nur durch die einseitige, mittlerweile unzeitgemäße Bevorzugung des Sohnes. Vielmehr wurden diese noch verschärft durch die Ungleichbehandlung der drei Töchter. Als einzige Tochter arbeitete Karin Herbst längerfristig im Unternehmen und hatte dort ein kleines Büro. Mit Horst Sartorius ging sie gemeinsam durch den Betrieb und besprach vieles, insbesondere Personalfragen. Karin nahm als „Gast" an Aufsichtsratssitzungen teil. Auch wenn sie kein Stimmrecht besaß, konnte sie vereinzelt Einfluss nehmen. Unter den Kindern gab es also keine Gleichberechtigung, sondern eine dreifache Abstufung. An der Spitze stand der Kronprinz Christoph Sartorius, gefolgt von der Vertrauten des Vaters und dann mit größerer Distanz zum Unternehmen Ulrike Baro und Christine Franken.

Die beiden letztgenannten Töchter wollten sich nicht mit ihrer Benachteiligung abfinden. Der 1910 geborene Horst Sartorius stand auf dem traditionellen Standpunkt, dass für das Wohl des Familienunternehmens individuelle Interessen, zumal weibliche, zurückzustehen hätten und er als Patriarch das letzte Wort habe. Das war ein zeittypischer Generationenkonflikt, wie er in vielen deutschen Familienunternehmen seit den 1970er Jahren auftrat. Das alte Modell hatte an selbstverständlicher Verbindlichkeit eingebüßt, was Horst Sartorius letztlich nicht nachzuvollziehen vermochte. Für ihn standen die Tradition und die Fortexistenz des Werkes „in der 4. Generation [...] in persönlichem Besitz" im Vordergrund. Er belehrte eine seiner Töchter: „Die Querelen, wie sie jetzt festzustellen sind, hat es in der 115-jährigen Geschichte der Firma noch nicht gegeben [...] Ihr tragt wohl alle [...] den Namen SARTORIUS, aber die damit verbundenen Verpflichtungen wollt Ihr nicht übernehmen. Wenn Deine Mutter und ich nicht immer bescheiden gelebt und gehandelt hätten, dann wäre das Heutige wohl alles nicht mehr da." Traditionsbindung, Genügsamkeit, der Vorrang des Kollektivgutes vor Einzelinteressen und die Zurücksetzung weiblicher Erben waren für Horst Sartorius selbstverständlich, aber in den 1980er Jahren nicht mehr allgemein akzeptiert. Dafür war der gesellschaftliche Wertewandel infolge der Studenten- und der Frauenbewegung, infolge von Individualisierungstendenzen und des Durchbruchs der Konsumgesellschaft zu weit fortgeschritten. Zwischen den Generationen tat sich ein sehr tiefer Graben auf. Horst Sartorius war „betrübt" über die „Entfremdung" und die juristischen Auseinandersetzungen, hoffte aber auf eine „einvernehmliche Lösung".[236]

Am Ende herrschten Hilflosigkeit und Traurigkeit vor. Ein Vermittler innerhalb oder auch außerhalb der Familie existierte ebenso wenig wie eine Familienverfassung, die im Konsens erarbeitet worden wäre. Beides hätte das patriarchale Modell unterminiert und kam daher wohl nicht infrage.[237]

1985 erhielt Christoph Sartorius von seinem Vater den Vorsitz der Geschäftsführung, der dann nahtlos die Leitung des Aufsichtsrats übernahm, gleichwohl aber noch de facto aktiv an der Geschäftsführung beteiligt blieb. Parallel dazu wuchsen Christoph in dieser Übergangsphase schrittweise – qua väterlicher Schenkungen – immer mehr Kapitalanteile zu, bis ihm 1988 schließlich mit 60,5 Prozent die absolute Mehrheit der Anteile der Sartorius GmbH gehörte. Die Töchter gingen bei diesem vorgezogenen Erbe leer aus und blieben mit zusammen 10,5 Prozent, die sie bereits vorher erhalten hatten, Minderheitengesellschafterinnen. Horst Sartorius hielt noch 19,7 Prozent.[238] Die Übertragung der Anteile auf den Sohn war eine Bedingung der Banken für weitere Kreditvergaben, denn sie befürchteten zu Recht eine Rückzugsverweigerung des Vaters. Dieser übertrug zwar die Anteile, nicht aber die Stimmrechte und ließ auch einen Nießbrauchsvorbehalt festschreiben, sodass er die Macht jederzeit an sich ziehen konnte.

Im betrieblichen Alltag fiel es Horst Sartorius schwer, die operative Verantwortung ganz aus der Hand zu geben und die neue Rolle des Sohnes zu akzeptieren. So war er auch als Aufsichtsrat nahezu täglich im Unternehmen präsent, was die Handlungsfreiheit des Sohnes einschränkte. Die Führung des Unternehmens war de facto aufgesplittet. Seit ca. Mitte 1986 gingen sich Vater und Sohn, soweit es ging, aus dem Weg. Um 1984 war Christoph Sartorius beim verwitweten Vater ausgezogen.

Wo verliefen die Konfliktlinien? Zunächst handelte es sich um eine für alternde Firmenpatriarchen typische Rückzugsverweigerung. Wer sein ganzes Leben einem Unternehmen gewidmet hat, tut sich schwer, loszulassen. Der Verlust des Lebensprojekts und der damit verbundenen Macht kann eine schmerzliche Erfahrung sein. Zudem hatte Horst Sartorius 1981 den für ihn so wichtigen Rückhalt seiner Frau verloren und war von den Konflikten mit seinen Kindern mitgenommen. Christoph Sartorius dagegen sprühte vor Ehrgeiz und wollte – wie einst sein Vater – dem Unternehmen seinen eigenen Stempel aufdrücken. Ohne exakte Planung des Übergangs der Verantwortung und ohne einen klaren Schnitt gab es ab 1986 ständige Reibereien. Der große Altersunterschied von 39 Jahren mag das Verhältnis von Vater und Sohn zusätzlich erschwert haben.

Nachgeordnete Mitarbeiter nutzten diese unklare Situation aus. So ließen sie sich etwa Vorgänge von Horst Sartorius abzeichnen, wenn Christoph Sartorius nicht im Hause war. Er wurde dann mit vollendeten Tatsachen konfrontiert. Ferner gossen Außenstehende, insbesondere ehemalige Manager und Familienangehörige, Öl ins Feuer. Daraus erwuchs eine enorme Schwächung des Unternehmens, das, wie gesehen, vor zentralen Weichenstellungen stand.

Horst Sartorius war im Alter recht konservativ und vorsichtig geworden. Er neigte zum Festhalten am Alten und an lang gedienten Mitarbeitern, auch wenn diese sich nicht mehr bewährten. Betrieblich gebotene, von seinem Sohn angeordnete Entlassungen blockierte er. Während Christoph Sartorius das ungeheure Potenzial der Filtrationstechnik angesichts der rasch wachsenden Biotechbranche in den USA erkannt hatte und sie stärker fördern wollte, zögerte sein Vater. Ein Mitarbeiter erinnert sich: „Und vor allem der Herr Sartorius hat eigentlich immer ein gewisses Problem gehabt, überhaupt zu verstehen, was für ein Juwel er da hat."[239]

Horst Sartorius wies seinen Sohn mehrfach mit der Bemerkung zurück: „Du immer mit deinen Filtern."[240]

Christoph Sartorius wusste, dass angesichts schrumpfender Margen die Ausbringung erheblich steigen musste. Viele seiner Expansionsprojekte kamen aber nicht zustande. So gab es seiner Erinnerung nach die Chance, mit dem japanischen Unternehmen Yamamato zusammenzuarbeiten, um das Sortiment zu komplettieren. Er bemühte sich auch um die Übernahme der Toledo Scale Corporation, des größten US-amerikanischen Herstellers von Industriewaagen. Dadurch wäre man mit einem Schlag in eine andere Dimension vorgedrungen. Toledo wurde 1989 dann von Mettler übernommen. Den Plan, das Sortiment um Pipetten zu erweitern, um damit den eigenen Vertrieb besser auszulasten, lehnte Horst Sartorius mit dem Argument ab: „Ich bin ein anständiger Kaufmann."[241] Er wollte keine Front gegen die in diesem Geschäft führende Firma Eppendorf aufmachen. Der beabsichtigte Kauf der Zentrifugenfertigung von Heraeus in Osterode sowie des Waagenherstellers Ohaus in den USA ließ sich nicht realisieren, ebenso wenig wie eine Kooperation mit Braun in Melsungen.[242]

Christoph Sartorius wollte nach eigenen Angaben mit Großkunden eine Direktbelieferung vereinbaren, was langjährige Verbindungen zu Zwischenhändlern zerschnitten hätte. Während er sich im verlustreichen US-Geschäft für den Ausbau einer eigenen Vertriebsorganisation aussprach, wollte sein Vater an der seit 1951 bestehenden Kooperation mit dem New Yorker Importeur Klaus Brinkmann, der auch für andere Firmen tätig war, festhalten. Christoph Sartorius plädierte entschieden für einen eigenen Vertrieb und setzte sich am Ende durch.[243] Eine weitere Maßnahme dieser Zeit sollte sich langfristig als zukunftsträchtig erweisen, nämlich der Ausbau des noch kleinen Geschäfts mit Einwegprodukten aus Kunststoff für die Produktion und den Transport biopharmazeutischer Medien, sogenannte Disposables. So wurde die kleine Toha Plast GmbH aus Göttingen Entwicklungspartner und Zulieferer von Sartorius.

Horst Sartorius betrieb eine Art Mikromanagement. Seinen Sohn wies er an, wie er in Gesellschafterversammlungen abzustimmen habe, was juristisch unzulässig war. Die Missachtung formaler Vorschriften der Unternehmensverfassung gehörte zur patriarchalischen Führung von Horst Sartorius. Ein Minderheitengesellschafter stellte die gesetzes- und satzungswidrigen Verhaltensweisen 1989 in einem Schreiben zusammen. So verhandelte Horst Sartorius als Vorsitzender des Aufsichtsrats hinter dem Rücken der Geschäftsführung und der anderen Aufsichtsräte mit Banken oder unterzeichnete Verträge für das Unternehmen. Er „mischt sich [...] ständig in die Geschäftsführung ein. [...] Man mag [...] einwenden, daß Horst Sartorius dies bereits seit Jahren so getan und sich dagegen niemand gewehrt hat." Dies sei nur so lange gut gegangen, wie er „mit den anderen in Frieden“[244] gelebt habe. Das sei aber nicht mehr der Fall. Ein Aufsichtsratsmitglied bezeichnete es als „Wurzel der Querelen“, dass Horst Sartorius praktisch ständig im Unternehmen präsent sei und sich als Aufsichtsratsvorsitzender „dauernd mit den Geschäftsvorfällen des täglichen Arbeitsablaufes“ befasse. Da es „de facto zwei Geschäftsführungsvorsitzende“ gebe, seien „Reibungen“ zwangsläufig.[245] Aus ihnen erwuchsen persönliche Kränkungen. Bei den wiederholten Zusammenstößen ging es mehrfach um Kompetenzüberschreitungen des Vaters. 1988 hatte Horst Sartorius Bundeskanzler Helmut Kohl mit einer Delegation auf einem Staatsbesuch in Moskau begleitet und ungeprüfte Joint Venture-Verträge u. a. für eine Filterfabrik in Sibirien unterzeichnet.[246] Der Sohn, dem als Geschäftsführer das Repräsentieren des Unternehmens und das Unterzeichnen von Verträgen zustand, war sprachlos und untersagte entsprechende Pressemitteilungen, was den Vater zur Weißglut brachte. Das Projekt wurde nie realisiert.[247]

Schwer wog es offenbar auch, dass Christoph zur Minderung der Erbschaftsteuer plante, erhebliche Teile des Göttinger Unternehmens in die Sartorius Inc. in Puerto Rico einzubringen.[248] Auch wenn dies bis auf die Verlagerung einiger Maschinen nie geschah, fürchtete Horst Sartorius um sein Lebenswerk und fühlte sich zudem nicht ausreichend informiert. Auch die Schwestern waren beunruhigt, denn sie gingen davon aus, dass ihr Bruder, dem Puerto Rico zu 69 Prozent gehörte, auf diese Weise ihr Erbe schmälern wollte.[249]

Im Sommer 1988 forderte Horst Sartorius Christoph auf, die geschenkten Anteile wieder zurückzugeben. Christoph lehnte dies ab. Daraufhin versuchte Horst Sartorius die Nichtigkeit der Schenkung nachzuweisen und drohte einen Prozess an. Dann kündigte er an, vom Nießbrauchsrecht Gebrauch zu machen, was das Eigentum zwar bei Christoph belassen, aber die Stimmrechte und die Dividenden ihm selbst zugesprochen hätte.[250]

Seit November 1988 betrieb Horst Sartorius die fristlose Entlassung seines Sohnes und die Revision der Schenkungen der Unternehmensanteile. Er bezichtigte ihn der Unterschlagung und der üblen Nachrede. Es kam danach zu abgesagten und turbulenten Sitzungen des Aufsichtsrats und der Gesellschafter. Horst Sartorius drängte das langjährige Aufsichtsratsmitglied Günter Nerlich aus dem Aufsichtsrat. Dessen Nachfolger, Dr. Rudolf Hedler, erschien im Februar 1989 zusammen mit Horst Sartorius unangemeldet im Büro von Christoph Sartorius, um ihn zur sofortigen Niederlegung seines Amtes zugunsten einer Tätigkeit in den USA oder der Membranfilterfertigung zu bewegen. Im März und April einigten sich Horst und Christoph auf einen Verkauf des Unternehmens, bei dem der Vater für die Schenkung der Anteile mit einem höheren Anteil an dem Kaufpreis entschädigt worden wäre. Nach einer Bedenkzeit widerrief der Vater die Abmachung.[251] Alles das passierte, während wichtigste strategische und zudem zeitkritische Themen wie der Neubau und die Umwandlung der Rechtsform auf der Tagesordnung standen. Die Debatte um die Geschäftsführung fand in einer Atmosphäre größten Drucks statt. Viele Mitarbeiter sprachen sich durch Eintragung in Unterschriftenlisten für eine Weiterbeschäftigung von Christoph Sartorius aus.[252]

Die chaotischen Vorgänge blieben auch den Banken, auf deren Kredite Sartorius angewiesen war, nicht verborgen. Im April 1989 kam es zu zwei Treffen von Vertretern aller Banken mit der Geschäftsführung und Horst Sartorius, in denen die Banken ihre Sorge über die „in der Öffentlichkeit" diskutierten „persönlichen Zerwürfnisse" zum Ausdruck brachten. Es fehle eine klare Kompetenzabgrenzung, was „zu nicht vertretbaren langen Entscheidungsprozessen führt". Die Banken schlugen vor, den Aufsichtsrat um drei neutrale Vertreter zu erweitern. Horst Sartorius solle die qua Nießbrauch bei ihm liegenden Stimmrechte der seinem Sohn übertragenen Anteile seinerseits „für die Dauer von drei Jahren [...] einem Treuhänder" übertragen. Christoph willigte ein, während Horst Sartorius wie so häufig in dieser Zeit Bedenkzeit erbat, um dann zwei Wochen später den Vorschlag zu seiner Selbstentmachtung schroff abzulehnen. Andere Banken ständen bereit, Sartorius Darlehen zu gewähren, wenn die aktuellen Kreditgeber abspringen wollten.[253]

Am Ende dieser aus Sicht eines Gesellschafters „archaisch anmutenden Fehde des Vaters gegen den Sohn" erhielt Christoph Sartorius im August 1989 auf Betreiben seines Vaters eine fristlose Kündigung.[254] Obwohl er die Mehrheit der Aktien besaß, gab er den psychisch zermürbenden Kampf auf, was auch privaten Gründen geschuldet war. Christoph wollte sich in einem klaren Schnitt von seinem Vater trennen. Dieser erwirkte, dass Christoph gegen eine Abfindung sämtliche Anteile bis Jahresende auf ihn zurücktransferierte, sodass Horst Sartorius am 31. Dezember 1989 80,9 Prozent des Stammkapitals besaß. Zur Finanzierung der Abfindung nahm er einen hohen Kredit auf, den er offenbar mit Verkäufen eines Teils seiner Aktien zurückführte. Diese Tatsache verstärkte die Verbitterung noch weiter.[255]

Christoph Sartorius wurde im Alter von 42 Jahren aus seinem vorgezeichneten beruflichen Werdegang gerissen. Er war seinem Vater sehr ähnlich gewesen und in die Geschäftsleitung mit viel Herzblut und zukunftsweisenden Visionen eingetreten. Dort stellte er sich mit Elan gegen manche Traditionen, was viel Gegenwind provozierte. Vor allem hat er das große Potenzial der Filtrationstechnik erkannt, aber wohl die Kulturbarriere im Unternehmen unterschätzt.[256] Sein größter Fehler mag es gewesen sein, nicht auf eine klare Regelung der Kompetenzen gedrungen zu haben, sondern sich aus Respekt gegenüber seinem Vater lange auf viele Kompromisse eingelassen zu haben. Es gehört zu seiner persönlichen Tragik, manche Ideen entwickelt zu haben, die erst viel später von anderen umgesetzt wurden.

Der Familie war es misslungen, eine erfolgreiche interne Nachfolgelösung zu finden. Menschlich hinterließen die Auseinandersetzungen tiefe Spuren. Das Verhältnis zwischen Christoph und seinen Schwestern war zerrüttet. Der Vater warf Ulrike und Christine vor, das Ethos des Familienunternehmens zu verraten. „Ihr denkt, dass wir hart arbeiten, damit ihr ohne Gegenleistung gut ernten könnt." Ehrfurcht und Familiensinn gebieten es, so der Vater, darüber nicht zu prozessieren. Horst Sartorius sah sich als Treuhänder des Familienvermögens. „Über mein Erbe laß ich nicht mehr verfügen."[257]

In dieser Situation fasste er den ungewöhnlichen, aus seiner eigenen Biografie heraus verständlichen Entschluss, die Probleme der eigenen Familie durch deren Erweiterung zu lösen. An die Stelle von Christoph sollte in zweifacher Hinsicht Prof. Dr. Ingolf Ruge treten, dem er voll und ganz vertraute. Ruge war der Gründer und Leiter des Münchner Fraunhofer-Instituts für Festkörpertechnologie und Ordinarius für Integrierte Schaltungen an der Technischen Universität (TU) München und beriet Sartorius seit 1976. Horst Sartorius wollte Ruge adoptieren und als Geschäftsführer einsetzen.[258] Dieser überraschende Plan scheiterte jedoch, da Ruge ablehnte und sich dafür entschied, dem Unternehmen als Vorsitzender des Aufsichtsrates zu dienen. Horst Sartorius war in dieser Phase sehr wankelmütig, sodass er möglicherweise selbst diesen Plan nach kurzer Zeit aufgegeben hat.[259]

In diesem Kontext muss Horst Sartorius den später folgenreichen Entschluss gefasst haben, die Töch-

Abb. 35 Aufsichtsratsvorsitzender Ingolf Ruge mit Horst Sartorius auf einer Hauptversammlung der Sartorius AG, 1994

ter zwar als Erbinnen einzusetzen, ihnen aber die Verfügungsgewalt über das Unternehmen und die Aktien auf lange Sicht zu verwehren. Wie so vielen Familienunternehmern vor ihm ging es ihm darum, ‚sein' Unternehmen vor der Familie zu schützen. Damit geriet das Unternehmen in einer entscheidenden Umbruchsphase in eine veritable Führungskrise. In der Familie gab es niemanden mehr, der die Leerstelle ausfüllen konnte. Es begann nun die Ära der Führung durch familienfremde Manager. Anders als der Doyen der Unternehmensgeschichte, Alfred Chandler, glaubte,[260] sind Manager nicht per se effizienter. Auch wenn familiäre Rücksichtnahmen sie nicht einschränken und ihre Auswahl primär nach Leistung erfolgt, kommt es auch hier entscheidend auf den Einzelfall, sprich den richtigen Kandidaten, an.

Sartorius stand im Sommer 1989 völlig unvorbereitet vor der neuen Situation. Der Aufsichtsrat dachte über die Einstellung eines externen „Managers auf Zeit" nach, entschied sich dann aber mit Hans-Georg Ehlich für einen internen Kandidaten. Der Leiter der Sparte Waagen war erst seit 1988 im Unternehmen und mit der Geschäftsführung hoffnungslos überfordert. Im November 1989 wurde er bereits von seinen Aufgaben entbunden und im März 1990 nach schwerwiegenden Fehlern bei der Finanzplanung, die gravierende Liquiditätsprobleme nach sich zogen, tristlos entlassen.[261] An der Unternehmensspitze entstand ein Vakuum. Der Abgang einiger Mitarbeiter, die sich besonders engagiert für den Verbleib von Christoph Sartorius als Geschäftsführer ausgesprochen hatten, schwächte das Unternehmen. Der Aufsichtsrat verlor mit Günter Nerlich und Hans-Jürgen Warnecke zwei wichtige Mitglieder, die von den Vorgängen befremdet waren. Nerlich hatte als Finanzfachmann eine wichtige Rolle gespielt, Warnecke, der das Fraunhofer-Institut für Produktionstechnik und Automatisierung geleitet hatte, als Rationalisierungsexperte. Sartorius befand sich in einem tiefen Umbruch.

Börsennotiert und managergeführt an die Weltspitze (1990 bis 2020)

Krise und Aufbruch einer jungen Aktiengesellschaft, 1990 bis 1996

Ab Dezember 1989 fungierte Jürgen Schmidt als Sprecher der Geschäftsführung; der dieses Amt dann an Franz Joseph Melcher übergab. Beide waren seit 1967 im Unternehmen und seit 1986 in der Geschäftsführung gewesen. Erster Sprecher des Vorstands der Sartorius AG wurde 1990 Melcher, dem nur ein kurzes Interregnum bis 1991 beschieden war. Dr. Klaus Laleike, der 1982 unrühmlich aus der Geschäftsführung ausgeschieden war, wurde auf Wunsch von Horst Sartorius 1990 vom West-Berliner Maschinenbauunternehmen Bekum zurückgeholt, wo er seit 1984 als Geschäftsführer tätig gewesen war. Er trat sofort in den Vorstand ein und löste Melcher 1991 als Sprecher ab, der aber noch bis 1994 dem Vorstand angehörte. Klaus Laleike blieb umstritten, hielt sich jedoch bis Anfang 1997. Es war eine Zeit der Übergangslösungen. Ein wirklicher personaler Neuanfang fand nicht statt.

Dagegen gab es einen solchen im Aufsichtsrat. Horst Sartorius gab im November 1989 den Vorsitz des Aufsichtsrats an Ingolf Ruge ab und fungierte seitdem als stellvertretender Vorsitzender. Ruge war nicht in die Querelen der vergangenen Jahre verstrickt gewesen. Zusammen mit dem Arbeitnehmervertreter, Hans Jürgen Keunecke, bestand das

sartorius

EINE AKTIE über Fünfzig Deutsche Mark

Nr. 024078

Der Inhaber dieser Aktie über Fünfzig Deutsche Mark
ist an der Sartorius Aktiengesellschaft, Göttingen,
nach Maßgabe ihrer Satzung als Aktionär beteiligt.

Göttingen, im Mai 1990

Sartorius Aktiengesellschaft

Der Aufsichtsrat — Vorsitzender

Der Vorstand

Kontrollunterschrift

Abb. 36 Aktie der Sartorius AG vom Jahr des Börsengangs, 1990

Kontrollgremium nun aus drei Personen, wurde aber 1991 auf sechs aufgestockt. Außer Keunecke und Horst Sartorius handelte es sich allesamt um Neubesetzungen.

Die wichtigste Aufgabe von Ruge und Laleike war es, den im Juni 1990 vollzogenen Wandel der Rechtsform von der GmbH zur AG und die im Juli 1990 vorgenommene Einführung der Aktien an den Geregelten Markt der Börsen Hannover und Frankfurt vorzubereiten. Das Grundkapital wurde 1989/90 in drei Schritten von sieben auf 25 Mio. D-Mark angehoben. Es verteilte sich auf 350.000 überwiegend in der Hand von Horst Sartorius befindliche Stammaktien mit vollem Stimmrecht im Nennwert von 50 D-Mark (zusammen 18 Mio.) und 140.000 stimmrechtslose Vorzugsaktien ebenfalls im Nennwert von 50 D-Mark (zusammen sieben Mio.). Der Emissionspreis betrug 710 bzw. 610 D-Mark. Die Familie hielt 69,5 Prozent der Stämme und 26,6 Prozent der Vorzüge. Den Inhabern der Vorzugsaktien war eine Mindestdividende von vier Prozent garantiert bzw. eine gegenüber den Stämmen um zwei Prozent höhere Dividende. Beim Ausfall der Dividende bestand gemäß § 140 des Aktiengesetzes in den Folgejahren eine Nachzahlungspflicht.[262]

Damit waren drei Ziele erreicht. Erstens blieb die Kontrolle der Familie gewährleistet, denn die Stimmrechte lagen mehrheitlich bei Horst Sartorius.[263] Zweitens erhielten Kapitalanleger durch die Mindestdividende ein attraktives Angebot, das aber die Geschäftsführung unter massiven Druck setzte. Denn das Aktiengesetz legte fest, dass nach einem zweimaligen Ausfall der Dividende der Vorzüge deren Eigentümer ein Sonderstimmrecht erhalten, also Stammaktionären gleichgestellt werden, sodass die Familie ihre Stimmenmehrheit verlieren konnte. Es bestand also ein Zwang zur Dividendenzahlung auf die Vorzüge unabhängig von der wirtschaftlichen Lage. Drittens profitierte das Unternehmen von der Zufuhr frischen Kapitals. Damit war ein großer Schritt in Richtung Expansionsfähigkeit vollzogen.[264]

Die Bilanzlegung wurde dadurch erschwert, dass nunmehr die zwölf internationalen Tochterunternehmen einbezogen werden mussten. Sartorius war rechtlich gesehen zu einem Konzern geworden, der 1990 2.387 Personen beschäftigte, davon 1.890 in der AG.[265] Die Eigenkapitalrentabilität des Konzerns war bereits 1991 negativ (-2,4 Prozent) und erreichte 1992 minus 14 Prozent.[266] Überhaupt erwischte der Sartorius-Konzern einen schwierigen Start. Die weltweite Konjunktur kippte im zweiten Halbjahr 1990, während in der Bundesrepublik der Vereinigungsboom zunächst weiterlief, sie dann aber zeitversetzt 1993 in die schwerste Rezession nach 1945 geriet, die bis zur Jahresmitte 1994 anhielt. Für ein Unternehmen, das fast 70 Prozent seines Umsatzes im Ausland erzielte, konnte die dramatische Abschwächung des globalen Wachstums zwischen 1989 und 1993 nicht folgenlos bleiben. Hinzu kam die weitere Aufwertung der D-Mark, die die Erlöse schmälerte. Im September 1992 geriet das Europäische Währungssystem mit seinen bilateralen Wechselkursparitäten in seine finale Krise. Als Konsequenz seines Endes wertete die D-Mark gegenüber den europäischen Währungen weiterhin deutlich auf. Damit verstärkte sich der Aufwertungstrend, der seit 1990 schon gegenüber den nichteuropäischen Währungen, vor allem gegenüber dem Dollar, zum Nachteil der deutschen Exporteure lief.[267]

Bis 1989 hatte Sartorius zunehmend Teile extern fertigen lassen, was ein Traditionsbruch war und Widerstände provozierte. Nun wurden viele Fertigungsschritte wieder in das Unternehmen zurückgeholt, was das Ergebnis zusätzlich belastete. Außerdem nahm der Preisdruck weiter zu. Zeitweilig schrumpfte der Weltmarkt für Wägetechnik krisenbedingt, so etwa 1992 um elf Prozent. Daher kam es in der Branche zu einer Konsolidierung. Mettler übernahm Toledo (1989) und Ohaus (1990). Der Hauptkonkurrent gewann also an Marktmacht, während Sartorius hauptsächlich mit sich selbst beschäftigt war.

Die Separationstechnik konnte dagegen trotz Krise wachsen (1992: 10,7 Prozent). 1991 schloss der Sartorius-Konzern beim Jahresergebnis mit einem empfindlichen Verlust in Höhe von 3,1 Mio. D-Mark ab, der im Folgejahr, in dem die Umsätze bei Waagen und Gleitlagern einbrachen, schockierende 15,5 Mio. D-Mark erreichte. Kurzarbeit, Personalabbau und teure Sozialpläne für 150 Mitarbeiter waren die Folge.[268] Das Personal in Deutschland wurde um 21,3 Prozent von 1.904 (1990) auf 1.499 (1993) Mitarbeiter reduziert.[269] Sartorius löste stille Reserven auf, indem die Lagerbestände um sieben Mio. D-Mark verringert, zwei dezentrale Standorte aufgegeben und die dazugehörigen Immobilien verkauft wurden. Den

Betriebswirtschaftliche Kennzahlen, 1990 bis 1996

Tabelle 10

in Mio. D-Mark bzw. Prozent

Jahr	Grundkapital (GK)	Umsatz	Jahresüberschuss	Umsatzrendite	Dividende in Prozent des GK Stamm (VZ)	Mitarbeiter (Jahresende)
1990	25	369,7	5,4	1,5 %	10 % (11 %)	2.387
1991	25	362,7	-3,1	-0,9 %	0 % (0 %)	2.243
1992	25	354,6	-15,5	-4,4 %	0 % (5 %)	2.103
1993	25	352,9	1,3	0,4 %	0 % (5 %)	1.991
1994	25	360,1	1,3	0,4 %	4 % (6 %)	2.088
1995	25	391,3	1,9	0,5 %	6 % (10 %)	2.240
1996	25	411,2	0,2	0,0 %	6 % (10 %)	2.141

Quelle: Sartorius-Archiv, Fin 2/1, diverse Geschäfts- und Wirtschaftsprüfungsberichte.

geplanten zweiten Bauabschnitt an der Otto-Brenner-Straße stellte man zurück.

Der Aktienkurs (Grafik 2, Seite 88) stürzte regelrecht ab. Nach einer Stagnationsphase bis zum Mai 1991 ging es rapide bergab. Ende des Jahres war die Vorzugsaktie nur noch 37 Prozent des Emissionspreises wert, Ende 1992 nur noch 22 Prozent. Die Aktionäre und die Familie waren entsetzt. Die Hauptversammlungen verliefen teilweise in aufgewühlter Stimmung. Es ging auch um den Ruf des Unternehmens und der Familie. Bereits Ende 1990 hatte Horst Sartorius angemahnt, dass man die „beim Börsengang" gemachten „Versprechungen zu Dividendenzahlungen [...] auf jeden Fall" halten müsse. Diese Absicht ließ sich aber nicht umsetzen. Geld zur Auszahlung einer Dividende war nicht verdient worden. Die Dividende für 1991 fiel aus. Wären die Vorzüge für 1992 erneut nicht bedient worden, wären die Vorzugsaktionäre stimmberechtigt geworden, was die Macht der Familie eingeschränkt hätte. Sogar eine Umwandlung der Vorzüge in Stämme wäre möglich geworden. Das durfte auf gar keinen Fall passieren.

In dieser Situation wurde der notwendige Personalabbau zu einem gefährlichen Bumerang, denn mit ihm entfiel die Voraussetzung für die großzügige Förderung aus der schon erwähnten Gemeinschaftsaufgabe „Verbesserung der regionalen Wirtschaftsstruktur". Als im September 1992 die Beschäftigtenzahlen unter den Stand bei Antragstellung fielen, erhielt Sartorius prompt die Aufforderung, bislang erhaltene rund 3,8 Mio. D-Mark zurückzuzahlen. Die noch ausstehenden, aber eingeplanten zwei Mio. D-Mark wurden gestrichen. Damit verschärfte sich die akute Krise. Die Bezirksregierung in Braunschweig war aufgrund der eindeutigen rechtlichen Lage nicht bereit, Sartorius entgegenzukommen. Ein Brandbrief des Vorstands, der die Bedrohung des Standortes und die „existentielle Krise" des Unternehmens anführte, und mehr noch persönliche Vorsprachen im Wirtschaftsministerium ermöglichten im August 1993 einen überaus günstigen Kompromiss. Die Rückzahlung wurde auf 87.500 D-Mark reduziert, während die zwei Mio. nicht ausgezahlt wurden. Sartorius konnte knapp 3,8 Mio. D-Mark Fördergelder behalten.[270] Voller Erleichterung erfuhren Ruge und Horst Sartorius von Laleike von diesem Ergebnis, das allerdings „nur durch massiven Eingriff des Wirtschaftsministeriums [...] noch positiv für Sartorius" hatte gestaltet werden können. Auf dem Rechtsweg hätte Sartorius „kaum eine Chance gehabt". Das Ministerium aber habe sich für die „absolute Ausnahme eines Eingriffs" entschieden, „der ausschließlich aus wirtschaftspolitischen Gründen zugunsten der Region Südniedersachsen erfolgte".[271] Die Rettung bedrohter Arbeitsplätze besaß ein hohes politisches Gewicht. Durch dieses Entgegenkommen entspannte sich die Lage bei Sartorius etwas. Für 1992 wurde eine Dividende von fünf Prozent auf die Vorzüge gezahlt, die aus den Rücklagen finanziert wurde, während die Stämme weiter und zum dritten Mal in Folge leer ausgingen. Die gravierenden, auf lange Sicht existenzgefährdenden Probleme riefen Gegenmaßnahmen hervor, die das Unternehmen mittel- und langfristig modernisieren sollten. 1992 wurde eine Unternehmensberatung mit einer „strategischen Unternehmensplanung" beauftragt. Zum ersten Mal in der Geschichte von Sartorius wurde alles hinterfragt, was Widerstände provozierte. Auf mehr als 600 Seiten analysierten die Berater das Unternehmen und forderten grundlegende Reformen. Die Liste der Schwächen war lang: „Ausgeprägter Bereichsegoismus, wenig Teamgeist", „Verzettelung in der Entwicklung, wenig [...] montagegerechte Konstruktion, viel zu hohe Lagerbestände, [...] unzureichende Marktorientierung in der Entwicklung" der Wägetechnik „(Overengineering), [...] trotz Sortimentsbreite noch erhebliche Produktlücken".[272]

Die Berater nahmen viele Anregungen aus dem Management auf und forderten die eindeutige Strukturierung von Prozessen und Verantwortlichkeiten, eine Spartenorganisation, eine bessere Abstimmung von Entwicklung und Produktion, ein intensiveres Marketing und effizientes Controlling, eine stärkere Kooperation von Göttingen und den Vertriebsgesellschaften, die Direktbelieferung von Großkunden sowie eine verstärkte Bearbeitung der Märkte in Fernost und Nordamerika. Bis zu einem Drittel der Produktion sollte ins Ausland verlagert werden. Mit einem großen Ausrufungszeichen versah der Berater seine Schlusssequenz: „Zur Sicherung der langfristigen Überlebensfähigkeit [...] ist die massive Stärkung der Separationstechnik unerlässlich!"[273]

In der Folge wurde zwar nicht alles umgesetzt, doch setzte die klare Kritik im Zusammenspiel mit der mehrjährigen Krisenerfahrung eine erhebliche Veränderungsbereitschaft frei. Noch Ende 1992 wurde das Unternehmen restrukturiert und in zwei Sparten mit weltweiter Ergebnisverantwortung aufgeteilt. Daneben gab es Zentralbereiche für Personal, Organisation und Finanzen. Letzterer steuerte die Finanzierung der Töchtergesellschaften, was zu besseren Konditionen bei Krediten führte. Planungen wurden langfristiger. Bisher hatte das Unternehmen Finanzpläne für ein Geschäftsjahr aufgestellt, jetzt gab es Fünfjahrespläne. Die Zertifizierung nach ISO 9001, Ansätze des Total Quality Management und der Kundenfokussierung auf allen Ebenen hielten Einzug. Die relative Schwäche des Vorstandsvorsitzenden wurde durch eine in den meisten Fällen gut funktionierende zweite Managementebene ein Stück weit aufgefangen, die Modernisierungsimpulse aufnahm. Tatsächlich verabschiedete sich Sartorius von der starren Fließfertigung und setzte auf flexible Gruppenarbeit. Montagemodule traten an die Stelle unüberschaubarer Blöcke. Man agierte nach den Prinzipien der „lean production" und verkürzte so die Durchlaufzeiten. Neue Lager- und Logistikverfahren sollten die Lager besser steuern, deren Wert zwar von 104,3 (1990) auf 77,1 Mio. D-Mark (1997) sank, aber längst noch keine befriedigende Größenordnung erreichte.

Ein Meilenstein für die Wägetechnik war das 1995 eingeführte und 1996 zur Serienreife gebrachte monolithische Analysenwaagen-System.[274] Aus einem Aluminiumblock wurde von einer hierfür besonders optimierten, von der Firma Chiron gebauten, hochautomatisierten CNC-Maschine das gesamte mechanische System herausgefräst. Es handelte sich dabei um eine Sartorius-Eigenentwicklung, die maßgeblich von Dr. Heinz-Gerhard Köhn entworfen worden war. Statt bis zu 150 verschiedene Teile kompliziert zusammenzufügen, hatte man es nun mit nur einer Einheit zu tun, was einen Quantensprung in Bezug auf Logistik, Kosten, Robustheit, Qualität und Wägegeschwindigkeit bedeutete.

Eine weitere Besonderheit war es, dass die Displays und andere nicht funktionsbestimmende Elektronik nicht mehr in Göttingen hergestellt wurden, sondern in Malaysia von dem Lohnfertiger Uchi. Das war ein großer Schritt in Richtung eines globalen Fertigungsverbunds und ein Beispiel für die wegweisende Strategie der Technologiedifferenzierung, der zufolge Kernkompetenzen im Haus blieben, aber unspezifische Technik weltweit von einem Anbieter bezogen wurde. Dabei ging es neben der Kostenersparnis auch „wesentlich um Qualität und Liefersicherheit". Uchi empfahl sich dadurch, dass das Unternehmen bereits „andere Kunden in Deutschland" wie „Grundig und Blaupunkt" belieferte.[275] Da dieses Outsourcing nach Asien aus Sicht der Belegschaft hochsensibel war und die traditionelle Auffassung vorherrschte, „dass man ja nur der eigenen Arbeit trauen könne",[276] wurden die beiden Arbeitnehmervertreter im Aufsichtsrat zur Besichtigung des Ferti-

gungsstandortes nach Malaysia entsandt, wo sie einen positiven Eindruck von der Produktqualität, aber auch von den Sozialstandards gewannen. Auf der nächsten Betriebsversammlung informierten sie ihre Kollegen entsprechend, sodass sich die Sorgen zerschlugen und das Outsourcing-Projekt vorangehen konnte.[277] Insgesamt blieb in der Wägetechnik „kein Stein auf dem anderen",[278] sodass es erhebliche Widerstände im Unternehmen gab. Letztlich gelang aber mit diesem Durchbruch die Sanierung der Wägetechnik.

Gleichwohl verschoben sich die Umsatzquoten von Wägetechnik zu Separationstechnik zwischen 1990 und 1996 spürbar zugunsten der Letzteren (Tabelle 13, Seite 100), wobei Erstere immer noch an der Spitze stand. Bei der internationalen Aufteilung der Beschäftigung wurde 1996 jedoch fast die angestrebte Relation von einem Drittel der Mitarbeiter im Ausland erreicht. 709 von 2.141 Mitarbeitern waren bei den Auslandstöchtern beschäftigt.[279] Mit dem Aufbau von Fertigungskapazitäten im Ausland schlug Sartorius ein neues Kapitel seiner Firmengeschichte auf. Den Anfang hatte Puerto Rico gemacht, das inzwischen als Tochter zu Sartorius North America Inc. gehörte und zunächst primär Göttingen und später den US-Markt versorgte. Die Anlaufschwierigkeiten der 1980er Jahre gehörten der Vergangenheit an.

In den 1980er Jahren hatte Sartorius schon früh intensive Kontakte zum Ostblock gepflegt, etwa die Leipziger Messe regelmäßig besucht. 1988 war Horst Sartorius mit einer Regierungsdelegation in der UdSSR. In der Folge kam es zum Aufbau zweier Joint Ventures in Vladimir (Vladisart) und St. Petersburg (Sartogosm), die Filter bzw. Waagen für Osteuropa produzierten. 1994 gründete man die Sartorius Separation Engineering GmbH in Northeim, die ab 1995 als Anteilseigner der Sartorius Biotech in Bangalore (Indien) auftrat. Im gleichen Jahr akquirierte Sartorius in den USA die Stainless

Abb. 37 Aus je einem Block speziellen Alumiums werden die monolithischen Wägesysteme gefertigt, Ende 1990er Jahre

Fluid Products in Camarillo, Kalifornien. 1995 erwarb man in den USA Globaltec in Newtown, Pennsylvania, einen Hersteller preiswerter Waagen, und gründete Scaltec in New York.

1995 folgte mit der Gründung von Beijing Sartorius Balances eine Produktionsstätte in China, um im asiatischen Markt kostenmäßig mitzuhalten und frühzeitig in dem sich liberalisierenden Großreich präsent zu sein. Hier kamen Sartorius erneut die Beziehungen zur Wissenschaft zugute. Es gab nämlich einen guten Draht zum Präsidenten des nationalen Instituts für Metrologie in China. Dessen Sohn, Dr. Yuguang Zhao, hatte bei Sartorius in Göttingen als Trainee gearbeitet, ging dann in die chinesische Hauptstadt zurück und baute dort Sartorius-Beijing auf. Es entstand ein Joint Venture, an dem Sartorius und ein chinesischer Partner beteiligt waren. Da Prof. Zhao in Gremien des Fünf-Jahres-Plans saß, wurde das für viele ausländische Firmen in China so leidige Thema Technologieabführung nicht akut. Insgesamt legte man die Fundamente für einen globalen Fertigungsverbund, auch wenn es sich vorerst noch um eine eher rudimentäre Struktur handelte. Ein Anfang war aber gemacht.

Auch auf der Ebene der Gremien gab es unverkennbare Umbrüche. Dr. Erwin Hardt, Vorstand des Siemens-Unternehmensbereichs Öffentliche Netze, trat im März 1994 in den Aufsichtsrat ein.[280] Ruge war es aufgrund seiner „Münchner Verbindungen“ gelungen, diesen hochrangigen Manager zu gewinnen. Horst Sartorius legte im August 1994 mit Vollendung des 85. Lebensjahres den stellvertretenden Aufsichtsratsvorsitz nieder. Dieses Amt wurde nicht wieder vergeben. Das Mandat übernahm mit Prof. Dr. Dr. h. c. Arnold Picot ein angesehener Betriebswirt, der das Institut für Organisation an der Ludwig-Maximilians-Universität München leitete. Er war von Hardt, also wiederum durch eine „Münchner Verbindung“, empfohlen worden, da Picot sich auf dem Gebiet von Prozessmanagement und Reengineering gut auskannte und Sartorius hier großen Bedarf hatte. Picot galt ferner auch als einer der frühesten Verfechter des Konzepts der wertorientierten Unternehmensführung in Deutschland und betrachtete Sartorius als ein spannendes Reformprojekt.[281] Dieses Konzept war in den USA maßgeblich von Alfred Rappaport (Kellogg School of Management) erarbeitet worden, der sich für die nachhaltige Erhöhung des Unternehmenswertes aussprach, um die Position der vom Management oft vernachlässigten Aktionäre zu stärken.[282]

Die Familie hatte sich nun endgültig aus den Gremien und Führungspositionen verabschiedet, wenn man von einer kurzen Phase von Dr. Walter Franken im Aufsichtsrat (1998–2000) absieht. Im Aufsichtsrat gaben jetzt mit Ruge und Picot externe Experten den Ton an. Mit ihnen intensivierte sich die traditionell enge, für Sartorius sehr wichtige Verbindung zur Wissenschaft. Zwei weitere Sitze waren mit Praktikern, Dr. Dirk Basting und Dr. Erwin Hardt, besetzt. Hinzu kamen zwei Arbeitnehmervertreter, Olaf Grothey und Uwe Bretthauer. 1994 war der Aufsichtsrat gegenüber 1989 komplett ausgetauscht. Er sollte in Zukunft eine große Rolle bei der Modernisierung des Unternehmens spielen. Mit Ruge und Picot hatte das Unternehmen zwei bestens vernetzte, sich für Sartorius engagiert einsetzende Spitzenwissenschaftler gewonnen: Picot als scharfsinnigen Organisationsfachmann, Ruge als „Technologiepaten“.

Horst Sartorius, offiziell nur noch Ehrenvorsitzender des Aufsichtsrats, war weiterhin bei allen strategischen Entscheidungen involviert. Ruge suchte ihn oft am Tegernsee auf. Karin Sartorius-Herbst arbeitete weiter im Unternehmen und wurde im Gegensatz zu ihren Schwestern auf dem Laufenden gehalten. So ließ sie der Aufsichtsratsvorsitzende Ruge wissen: „Ich werde Sie in wichtigen AR-Angelegenheiten [...] immer gesamt informieren.“[283] Dabei ging es um Akquisitionen und die Berufung bzw. Abberufung von Vorständen und anderem Führungspersonal. Diese Themen besprach sie mit ihrem Vater. Hier machte also der Aufsichtsratsvorsitzende mit dem ehemaligen Vorstand und dessen Tochter Personalpolitik, während die Vorstände die Beschlüsse nur noch umzusetzen hatten. Damit waren die Bestimmungen der Satzung und des Aktiengesetzes auf den Kopf gestellt. Trotz der anlaufenden Modernisierung gab es noch gleichsam archaische Relikte im Unternehmen.

Positiv formuliert, lebten Traditionen weiter. Das betraf zuallererst die der Unabhängigkeit. 1996 gab es nämlich lebhaftes Interesse an einer Übernahme bzw. Beteiligung durch das US-Unternehmen Bio-Rad Laboratories, das sich für die Separationssparte interessierte. Bio-Rad war ebenfalls ein an einem Universitätsstandort entstandenes Familienunternehmen. Das Ehepaar David und Alice

Schwartz hatten es 1952 in Berkeley in der Nähe von San Francisco im Zentrum der frühen Biotechnologiebranche in einem 150 Quadratmeter großen Wellblechgebäude gegründet. Sie war Biochemikerin, er Chemiker. Bio-Rad stellte wissenschaftliche Analysegeräte her und begann sich mittlerweile im Zukunftsbereich Gentechnik zu engagieren.[284] Das Unternehmen benötigte dafür Membranen, die Bio-Rad bisher von Amicon bezogen hatte, das aber 1996 von Millipore gekauft worden war. Dadurch zerbrach die Beziehung zu Bio-Rad. Schwartz war über die zunehmende Konzentration des Geschäfts in den USA besorgt und fürchtete die Abhängigkeit von Großlieferanten wie Millipore. Daher war er überaus interessiert an Sartorius, einem in den USA bislang noch kleinen Player, der aber aus seiner Sicht ein großes Wachstumspotenzial besaß und ein Gegengewicht zu dem schnell wachsenden Unternehmen Millipore werden könnte.[285] Diese Einschätzung zeugte von einer beindruckenden prognostischen Fähigkeit.
Zum Jahreswechsel 1996/97 kam es zu ersten Gesprächen von David Schwartz mit Ruge und Picot. Schwartz bot an, die Separationstechnik entweder ganz zu übernehmen bzw. zu fusionieren oder auch eine Minderheitsbeteiligung vorzunehmen. Er war extrem flexibel und auch gegenüber einem schrittweisen Vorgehen oder einer Kooperation nicht abgeneigt. Der frisch berufene Sartorius-Vorstand Prof. Massoud Karbachsch konnte sich eine Abtrennung der Wägetechnik und ein Zusammengehen mit Bio-Rad durchaus vorstellen, wollte aber Schwartz zunächst hinhalten, bis der Aufsichtsrat und Horst Sartorius eine Entscheidung gefällt hätten.[286] Diese fiel – nicht überraschend – negativ aus, war doch die Unabhängigkeit ein zentraler Wert. Frühere Avancen von Whatman (England), Gelman (USA) und Dow (USA) hatten auch zu nichts geführt, belegten aber, dass die Branche Sartorius trotz aller Probleme für die Zukunft viel zutraute. Bio-Rad verlor nach dieser Absage keineswegs das Interesse, sondern wartete auf eine neue Gelegenheit. Das Unternehmen teilte keineswegs das generell vorherrschende kurzfristige Denken der amerikanischen Wirtschaft. Bio-Rad stellte eine Ausnahme dar und verfolgte mit langem Atem die Strategie, die Kapitalbeteiligung an Sartorius auszubauen.
Stand bei den Eigentumsverhältnissen Kontinuität im Vordergrund, kündigten sich im Vorstand 1996 erhebliche, von Ruge und Picot gemeinsam mit Horst und Karin Sartorius-Herbst vorbereitete Veränderungen an. Klaus Laleike hatte nämlich endgültig das Vertrauen eingebüßt. Ihm wurden erhebliche Defizite nicht nur im Rechnungswesen angekreidet. Das operative Konzernergebnis war 1995 und 1996 defizitär. Der Fehlbetrag wuchs von 1,4 auf 1,9 Mio. D-Mark. 1996 brach das Jahresergebnis ein. Der Minigewinn ließ die Umsatzrendite auf null Prozent absinken, sodass ein vorzeitiges Ausscheiden Laleikes angezeigt schien. Im Juni 1996 wandte sich Ruge an Horst Sartorius, um „Ihnen den jungen Mann vorzustellen, der bisher eine außerordentliche Industriekarriere hinter sich gebracht hat". Ruge arrangierte im Juni 1996 ein geheimes Treffen in München. Er favorisierte einen früheren Studenten Picots als neuen Vorstandsvorsitzenden. Wie bei den Gesprächen mit Bio-Rad ging nichts ohne die Zustimmung des nunmehr 86-jährigen Horst Sartorius, den der erst 33-jährige Hoffnungsträger erst einmal persönlich überzeugen musste. Nach dem Treffen gab der Patriarch seine Zustimmung.
In seinem Weihnachtsbrief an Horst Sartorius, der an den Folgen seiner alten Hüftverletzung und eines Blinddarmdurchbruchs litt, brachte Ruge im Dezember 1996 seinen Optimismus zum Ausdruck. Was als Bilanz des Jahres gedacht war, könnte ebenso die Phase seit 1990 zusammenfassen: „Auch wenn die Firma wieder einige Nackenschläge einstecken mußte, so hat sie sich aber trotzdem wieder ein Stück vorwärts bewegt[,] und wir haben neue Produkte[,] und die Qualität wird auch immer besser. [...] Ich denke, im kommenden Jahr werden wir zum Teil mit einer neuen Mannschaft und einer sehr starken Hand des Aufsichtsrats [...] und unerbittliche[n] Vorgaben die Ertragsseite wesentlich verbessern. Dies verspreche ich Ihnen sogar schriftlich."[287]

Kulturbruch und Erbstreit. Auf dem Weg zur Kapitalmarktorientierung, 1997 bis 2003

Das Jahr 1997 brachte einschneidende Veränderungen. Im April trat Dr. Utz Claassen (geb. 1963) im Alter von 34 Jahren die Nachfolge des 61-jährigen Dr. Klaus Laleike an. Der aufsteigende Managerstar – die Medien sprachen von einem „Wunderkind"[288] – hatte bis 1985 Ökonomie an der Universität Hannover studiert und wurde dort 1989, nach einigen Jahren an der Universität Oxford, im Alter von 26 Jahren promoviert. Von 1987 bis 1989 arbeitete Claassen bei der Unternehmensberatung McKinsey, danach als Controller bei Ford und ab 1992 für Volkswagen. Zwischen 1994 und 1997 war Claassen Finanzvorstand der verlustreichen VW-Tochter Seat in Barcelona, wo er sich den Ruf eines harten Sanierers erwarb.

Mit Claassen kam es in vierfacher Hinsicht zu einem Umbruch. Erstens handelte es sich nicht nur um einen weiteren familienfremden Vorstandsvorsitzenden, sondern auch um jemanden, der erstmals nicht aus dem Unternehmen kam. Zweitens erleichterte ihm genau das, grundlegende Reformen durchzuführen, denn er war durch keine internen Netzwerke oder Traditionen gebunden. Er musste auf niemanden Rücksicht nehmen. So verließen innerhalb von drei Monaten zwei weitere Vorstände, Bodo Franz und Dr. Holger Schmeißer, das Unternehmen. Der Vorstand bestand jetzt nur noch aus Claassen und Karbachsch. Auch auf den Führungsebenen darunter gab es zahlreiche Abschiede. Drittens zog ein komplett anderer Führungsstil ein. Viele im Unternehmen kritisierten, was sie als Großspurigkeit und Hang zur Selbstdarstellung wahrnahmen.[289] Viertens, und am wichtigsten, vertrat Claassen ein neuartiges Führungskonzept, das sich vor allem in der jüngeren Managergeneration Deutschlands in den 1990er Jahren verbreitete und als „Finanzialisierung" bezeichnet wird.[290] Viele Unternehmen gingen nun zu einer kennzifferorientierten Führung über. Dieser Wandel ging einher mit dem Siegeszug von Unternehmensberatungen und dem Aufstieg von international erfahrenen Betriebswirten in die Vorstandsetagen zulasten von Ingenieuren und Juristen, die traditionell das Übergewicht besessen hatten. Diese neuere Generation hatte zumeist im angelsächsischen Ausland Erfahrungen gesammelt. Dem Prototyp dieser neuen Generation kam Claassen recht nahe.

Daher verwundert es nicht, dass nun die Entwicklung des Aktienkurses in den Mittelpunkt rückte. Das Unternehmen wurde mit Unterstützung Ruges und Picots umgestaltet, genauer gesagt finanzialisiert. Die Geschäftsberichte wurden nicht nur umfangreicher und bunter, sondern auch mit einer Vielzahl von Kennziffern gespickt. Die wichtigsten waren auf einer Seite zusammengefasst. Führung nach Zahlen und Transparenz zum Auffinden von Schwachstellen wurden Programm.

1997 begann die Aktie schon vor dem Amtsantritt des neuen Vorstands parallel zum allgemeinen Wertpapiermarkt von einem sehr niedrigen Ausgangswert von 36 Prozent (Vorzüge) des Emissionspreises stark zu steigen. Im Juli stand das Papier bei 78 Prozent, und Ruge erwartete daher erstmals seit Langem eine „normale" Hauptversammlung nach den „teilweise sehr aggressiven Anschuldigungen über recht viele Jahre".[291] Tatsächlich erwischte Claassen einen Traumstart. Der Umsatz stieg um 9,3 Prozent, wovon fünf Prozent durch Währungseffekte bedingt waren, denn die D-Mark wertete gegenüber dem Dollar und den wesentlichen europäischen Währungen ab. Das operative Ergebnis sprang von minus 1,9 Mio. auf plus 23,6 Mio. D-Mark, der Jahresüberschuss von 0,2 auf 11,5 Mio. D-Mark. Die Krise schien, kaum hatte Claassen übernommen, überwunden. Das gute Ergebnis wurde im Folgejahr sogar übertroffen. 1997 gab es eine kräftig gestiegene Dividende, die 1998 noch einmal leicht überboten wurde. Die Geschäftsberichte ergingen sich in Superlativen. Die Aktien gehörten in der Tat bis zum Frühjahr 1998 zu den Top-Performern an deutschen Börsen.

Als Gründe für die plötzliche Erholung des Unternehmens wurden folgende Faktoren angeführt: Kostensenkungen, ein stringentes Controlling, die Straffung von Logistik und Vertrieb sowie eine „personelle Restrukturierung und qualitative Verbesserung im Management".[292] Die Einheiten erhielten klare Vorgaben, welche Kennziffern zu erreichen waren. Die Sanierung defizitärer Töchter wie der Sartorius Separation Engineering in Rosdorf lief an. Die Beteiligung an Stainless Fluid Products wurde 1998 beendet. Keine Erwähnung fand die Tatsache, dass schon der alte Vorstand Sanierungsschritte eingeleitet hatte, von denen Claassen genauso profitierte wie von günstigen externen Faktoren. Konjunktur und Wechselkurse verbesserten sich nämlich signifikant. Die Nachfrage erhöhte sich, bei Waagen vor allem in Osteuropa.

Den Höhenflug der Aktien nutzte der Vorstand taktisch geschickt für eine Kapitalerhöhung. 1998 wurden 220.000 neue Vorzugsaktien im Nennwert von 50 D-Mark zum Ausgabepreis von 630 D-Mark am Markt platziert, also das Grundkapital um elf Mio. von 25 auf 36 Mio. D-Mark erhöht, um vor

Kurs der Sartorius-Aktien im Vergleich zum DAX, 1990 bis 2003

(Index 10.7.1990 = 100)

Grafik 2

Quelle: Sartorius AG, Investor Relations.

allem künftige Akquisitionen zu finanzieren. Die Familie machte von ihren Bezugsrechten keinen Gebrauch. Die Emission war anderthalbfach überzeichnet. Damit waren nun genau so viele Vorzugs- wie Stammaktien (je 360.000) ausgegeben, mithin das Maximum des rechtlich Möglichen.

Mit dem Instrument stimmrechtsloser Vorzugsaktien bietet das deutsche Aktienrecht vor allem Familienunternehmen im Gegensatz zum angelsächsischen Grundsatz „One share, one vote" die Möglichkeit, Kapital zu beschaffen und gleichzeitig die Kontrolle zu behalten.[293] Dieser Einschränkung der Rechte der Vorzugsaktionäre hat der Gesetzgeber aber klare Grenzen gesetzt. Vorzugsaktien dürfen nur bis zu 50 Prozent des Grundkapitals ausmachen. Diesen Wert hatte Sartorius 1998 erreicht, sodass dieser Weg der Zufuhr frischen Kapitals künftig versperrt war. Das Unternehmen konnte nur noch neue Stammaktien emittieren, was aber durch den damit verbundenen Verlust der Familienkontrolle nicht infrage kam.

Hatten die Sartorius-Aktien im Mai 1998 ihren bisherigen Höchststand erreicht, gab der Kurs danach langsam nach, um dann nach der Kapitalerhöhung eine beschleunigte Talfahrt (Grafik 2) zu erleben. Für die Neuaktionäre begann ihr Engagement mit einer herben Enttäuschung, denn am Jahresende lagen ihre Papiere weit unter dem Ausgabekurs. Im Sommer 1998 waren weltweit dunkle Wolken aufgezogen. Krisen in Asien, Russland und Lateinamerika schwächten die Weltkonjunktur und verbreiteten Unsicherheit, auch wenn die Hauptmärkte des Unternehmens nicht direkt betroffen waren. Auch wenn das Jahr insgesamt noch mit einem sehr starken Ergebnis endete, nahmen seit dem Sommer die Sorgen zu.

Am 16. Juli 1998 starb Horst Sartorius im Alter von 87 Jahren. Der Tod des Patriarchen, der bis zuletzt einen maßgeblichen Einfluss ausübte und die Identifikationsfigur der Belegschaft war, löste einen Schock aus und warf viele Fragen auf. Wer wird die Aktienmajorität erben? Wie verhält sich die Familie? Was wird aus dem Unternehmen? Wie verhält sich der als Testamentsvollstrecker von Horst Sartorius vorgesehene Ruge, der im Mai 1998 im Streit mit Claassen sein Amt als Aufsichtsratsvorsitzender niedergelegt hatte?

Den Tod hielten die Töchter und der Vorstand bis zur Hauptversammlung am 24. Juli geheim. Sie befürchteten, dass der Testamentsvollstrecker auf der Hauptversammlung auftauchen und mit seiner Stimmenmehrheit ungewollte Abstimmungsergebnisse herbeiführen könnte. Man erwartete auch einen Einbruch des Aktienkurses und ein entsprechend unruhiges Aktionärstreffen. Zudem ging es den Töchtern darum, Zeit für die Positionierung im absehbaren Erbstreit zu gewinnen, sich zu beraten und beraten zu lassen.

So erfolgte die Beerdigung am 20. Juli im kleinsten Rahmen ohne Todesanzeigen. Sie erschienen erst am 25. Juli. Horst Sartorius, der sich größte Verdienste um das Unternehmen und die Stadt erworben hatte, verstand sich stets auch als öffentliche Person, die stolz seine Orden wie das 1980 zum 70. Geburtstag erhaltene Große Verdienstkreuz der Bundesrepublik präsentierte. 1983 war er Ehrenbürger der Universität Göttingen und 1991 der Stadt Göttingen geworden. Eine von ihm wohl gewünschte standesgemäße Beisetzung im großen Rahmen mit den Honoratioren der Stadt, Vertretern aus Politik und Wirtschaft sowie seinen Rotarierfreunden und Weggefährten aus dem Unternehmen fand unter den gegebenen Umständen nicht statt.

Angesichts der innerfamiliären Querelen hatte Horst Sartorius bereits im April 1990 entschieden, seine Aktien zwar seinen Töchtern zu vererben, deren Eigentumsrechte aber zu beschränken, indem er eine Testamentsvollstreckung bis 2009 verfügte. In seinem letzten Testament von 1997 verlängerte er diese auf die rechtlich maximal zulässige Zeitspanne von 30 Jahren nach seinem Ableben, also bis 2028. Seine vier Kinder und deren Erben durften nicht in den Vorstand eintreten und die Töchter ihre Aktien nicht verkaufen. Sie waren zwar dividendenberechtigt, aber ansonsten blieben ihre Hände gebunden. Christoph wurde explizit enterbt. Alle Macht lag beim Testamentsvollstrecker; ein Amt, für das Horst Sartorius verschiedene Personen, zuletzt Ingolf Ruge vorgesehen hatte.[294]

Horst Sartorius, der zum Todeszeitpunkt noch 55 Prozent der Stammaktien besaß, ging es um den Schutz des Unternehmens vor der Familie und vor externen Investoren. Er folgte dabei dem Vorbild von Robert Bosch, der 1938 eine 30-jährige Testamentsvollstreckung angeordnet hatte, aber den späteren Übergang der Mehrheit der Anteile auf eine Stiftung als Option vorsah, die 1964 tatsächlich umgesetzt wurde.[295] Andere prominente Familienunternehmer wie Reinhard Mohn (Bertelsmann) und später Reinhold Würth haben Stiftungskonstruktionen gewählt, um die Kontinuität ihres Lebenswerks sicherzustellen, die Erbschaftsteuer zu senken und übermäßige Zugriffe der Nachfahren auf das Unternehmen auszuschließen.[296]

Auch Horst Sartorius ließ sich in diese Richtung beraten. 1990 hatte im Kontext des Börsengangs ein ausgeklügeltes Konzept für eine gemeinnützige Stiftung vorgelegen, das sich explizit auf die Bosch-Stiftung bezog. Horst Sartorius sollte 51 Prozent der Anteile der nach ihm benannten Stiftung schenken.[297] Warum diese Lösung nicht zustande kam, ist unklar. Die Stiftungskonstruktion hätte vorausgesetzt, dass alle vier Kinder auf ihren Pflichtteilanspruch ganz oder teilweise verzichtet hätten, da ansonsten keine 51 Prozent für die Schenkung übriggeblieben wären, denn auch Schenkungen begründen Pflichtteilansprüche. Eine solche Bereitschaft fehlte offenbar. Vielleicht mag Horst Sartorius auch davor zurückgeschreckt haben, die Macht schon zu Lebzeiten abzugeben.

Es überrascht nicht, dass die bis 2028 laufende Testamentsvollstreckung bei den Kindern auf Ablehnung stieß. Sie versuchten daher, diese aus unterschiedlichen Gründen und mit unterschiedlichen Methoden auszuhebeln.

Christoph Sartorius legte den Schwestern nahe, das Erbe auszuschlagen. Dadurch wäre es ihm als nächstem Verwandten zugefallen. Dafür bot er ihnen eine finanzielle Entschädigung an, für die eine Kreditlinie einer deutschen und einer britischen Großbank über 80 Mio. DM bereitstand. Die Schwestern lehnten dieses Angebot jedoch ab.[298]

Ulrike Baro und Christine Franken versuchten mehrfach, die rechtliche Grundlage der Testamentsvollstreckung infrage zu stellen. Die Anwälte der beiden Schwestern argumentierten, dass der von Horst Sartorius gewünschte Mehrheitsbesitz durch die Familie aufgrund der erbschaftsteuerlichen Belastungen nicht möglich und die Testamentsvollstreckung deshalb „gegenstandslos" sei. Zur Begleichung der Nachlassverbindlichkeiten sei der Verkauf von knapp 22 Prozent der Stammaktien erforderlich, was der Testamentsverwaltung die Grundlage entzöge. Dieser Auffassung folgten die Gerichte nicht.[299]

Die Sorgen der beiden Schwestern waren nicht unberechtigt, denn auf alle Schwestern kamen erhebliche finanzielle Belastungen und Risiken zu, die sich aus vier Faktoren ergaben. Erstens mussten sie Erbschaftsteuern entrichten, die nach dem Kurs der Aktie am Todestag, der nahe beim langjährigen Höchstwert gelegen hatte, festgelegt wurde, obwohl der Kurs unmittelbar danach dramatisch sank (Grafik 2, Seite 88). Zweitens war absehbar, dass Christoph seinen Pflichtteil einfordern würde, was 1999 auch geschah und 2002 zu einer entsprechenden Klage führte. Drittens hatte Horst Sartorius dem Testamentsvollstrecker eine ungewöhnlich hohe Vergütung zugesprochen. In der Summe war die Testamentsverwaltung gezwungen, einen Teil der Aktien zu veräußern, ohne jedoch die Majorität zu gefährden, und einen hohen Kredit aufzunehmen, sodass viertens ein erheblicher Kapitaldienst zu erbringen war. Dieser Kredit bedurfte einer Sicherheit in Form der Stammaktien, deren Wert aber täglich schrumpfte. Eine Nachschusspflicht des Testaments wäre beim Unterschreiten einer gewissen Kursgrenze eingetreten. Dieser Nachschuss hätte jedoch gar nicht erbracht werden können. Im Ergebnis war ein Nachlasskonkurs durch Überschuldung nicht auszuschließen, der zwei Konsequenzen hätte haben können. Zum einen wären die Aktien dann von einem Konkursverwalter verwertet worden, sodass die Familie die Mehrheit verloren hätte. Zum anderen hätte sich für die Töchter ein hoher Vermögensschaden eingestellt, zumal die Kurse angesichts des geballten Verkaufs noch weiter, wahrscheinlich dramatisch, nachgegeben hätten. Ende 2002 näherte man sich diesem Schreckensszenario infolge des Sinkflugs des Aktienkurses an. Durch dessen nachhaltigen Anstieg ab 2003 wurde diese Gefahr dann aber dauerhaft gebannt.[300]

Gleichwohl war der Testamentsvollstrecker aufgrund der erheblichen Nachlassverbindlichkeiten neben dem Verkauf von Aktien gezwungen, die Dividenden von 2001 bis 2010 ausschließlich für die Sanierung des Nachlasses zu verwenden.

Angesichts der Risiken der Testamentsvollstreckung ergriffen Ulrike Baro und Christine Franken 1998/99 diverse rechtliche Schritte. Sie wollten Ruge, den das Göttinger Amtsgericht auf Vorschlag des Erblassers zum Testamentsvollstrecker ernannt hatte, durch den Lebensgefährten von Ulrike Baro, Dr. Wolfgang Sassin, ersetzen. Dadurch wäre es möglich geworden, Aufsichtsrat und Vorstand mit Vertrauten zu besetzen und das Unternehmen zu beherrschen. In der Öffentlichkeit wurde den beiden Schwestern vorgeworfen, das Unternehmen durch Teilverkäufe filetieren und dann hohe Sonderdividenden vereinnahmen zu wollen.[301] Über Kaufinteressenten wurde vielfach spekuliert.[302] Die Absichten und Handlungen der verschiedenen Parteien lassen sich aber aufgrund widersprechender Darstellungen nicht vollständig klären.

Unzweifelhaft ist, dass die beiden Schwestern mit Ruge einen Vertrag schlossen und eine hohe Summe zahlten, damit er sein Amt kündigte und an Sassin übergab, was bereits am 22. August 1998, dem zweiten Tag nach Amtsantritt Ruges, tatsächlich geschah.[303] Das Testament sah nämlich vor, dass Ruge für den Fall seines Ausscheidens einen Ersatztestamentsvollstrecker benennen durfte. Eine amtliche Bestätigung erfolgte aber vorerst nicht. Gegen die nun greifbar nahe Ernennung Sassins klagten Christoph Sartorius und Karin Sartorius-Herbst und erreichten, dass das Oberlandesgericht (OLG) Braunschweig am 10. Juni 1999 in dritter Instanz den Vertrag mit Ruge als „rechts- und sittenwidrig" einstufte.[304]

Während der Prozesse und einige Wochen nach dem OLG-Urteil gab es keinen rechtskräftig ernannten Testamentsvollstrecker. Dies schuf ein Machtvakuum, denn die 55 Prozent des Aktienbesitzes lagen einstweilen brach, sodass die beiden Schwestern mit ihrem Eigenanteil von zusammen zehn Prozent auf einer Hauptversammlung auf die Mehrheit der anwesenden Stimmen hoffen konnten, da die Anteilseigner des Streubesitzes (30 Prozent) üblicherweise kaum erschienen. Daher versuchten die beiden Schwestern wiederholt, innerhalb des knappen Zeitfensters bis zur Berufung eines neuen Testamentsvollstreckers eine außerordentliche Hauptversammlung einberufen zu lassen, was Claassen aber viermal verweigerte, da die Anträge seinem Urteil nach „nicht den gesetzlichen Mindestanforderungen" genügten.[305] Die reguläre, für den Juni angesetzte Hauptversammlung wurde verschoben.

Die Unternehmensleitung, hinter der sowohl der Betriebsrat und die IG Metall als auch die Belegschaft standen, gewann das Spiel auf Zeit, denn die reguläre Hauptversammlung fand erst statt, nachdem das Amtsgericht Göttingen am 9. August den Nachfolger Ruges als Aufsichtsratsvorsitzenden, Arnold Picot, auf Vorschlag von Claassen und Sartorius-Herbst zum neuen Testamentsvollstrecker ernannt hatte und die Widersprüche von Ulrike Baro und Christine Franken dagegen vom Amtsgericht und dem Landgericht zurückgewiesen worden waren. Somit konnte Arnold Picot mit Wirkung vom 12. August 1999 in das Amt des Testamentsvollstreckers eintreten und die Hauptversammlung vorbereiten.

Vor dem Congress Centrum in Hannover, wo die Hauptversammlung am 30. August 1999 stattfand, kam es zu Protesten von Mitarbeitern gegen die beiden Töchter und ihre Partner. Zuvor hatten in Göttingen ca. 1.000 Beschäftigte demonstriert, die um ihre Arbeitsplätze fürchteten.[306] Picot vertrat auf der turbulenten Hauptversammlung 55 Prozent der Anteile, bei einer Präsenz von 78,9 Prozent. Mit den von ihm vertretenen Stimmen stellte Picot dann seine Wiederwahl in den Aufsichtsrat sicher. Die Kandidaten der beiden Schwestern wurden nicht gewählt.[307] Sie beantragten danach eine einstweilige Verfügung gegen alle Beschlüsse der Hauptversammlung, die aber nicht erging.

Damit war die juristische Auseinandersetzung jedoch noch nicht beendet, denn im Herbst 1999 legten die beiden Schwestern eine Beschwerde gegen die Ernennung Picots zum Testamentsvollstrecker ein. Es folgte eine Unzahl von Gutachten und Schriftsätzen, Gegengutachten und Erwiderungen.[308] Das Landgericht Göttingen bestellte zahlreiche Zeugen ein, die klären sollten, was Horst Sartorius gegen Ende seines Lebens gewollt und gesagt hatte. Dessen Wankelmütigkeit und das in verschiedenen Fassungen vorliegende Testament und sein Wunsch, es kurz vor dem Tod noch zu ändern und einen anderen Testamentsvollstrecker einzusetzen, eröffneten viel Raum für unterschiedliche Interpretationen. Am Ende wurde die Be-

Abb. 38 Demonstration der Sartorius-Belegschaft im Sommer 1999

schwerde zurückgewiesen und Picot als Testamentsvollstrecker bestätigt.
In diesem hartnäckig durch mehrere Instanzen hindurch geführten Streit ging es um nichts Geringeres als um die Verfügungsmacht über das Unternehmen. Am Ende kam der schriftlich fixierte Wille von Horst Sartorius zum Tragen. Die weiblichen Erben blieben de facto stille Teilhaber. Sie bezogen jahrelang keine Einnahmen aus ihrem Erbe. Auch wenn die Familie nicht zur Ruhe kam, hatte sich für die Corporate Governance des Unternehmens ein neues, stabiles Fundament ergeben. Die Entscheidungsgewalt konzentrierte sich jetzt in den Händen zweier Externer, nämlich in denen von Picot und Claassen. Dieser Ausgang des Erbstreits markierte einen Meilenstein der neueren Unternehmensgeschichte. Sartorius legte einen weiteren großen Schritt auf dem Weg vom traditionsgebundenen zum kapitalmarktorientierten Familienunternehmen zurück, das dauerhaft von familienfremden Managern geführt werden würde. Zugleich bot die jetzt erreichte Konstellation bis 2028 absoluten Schutz vor Übernahmen. So konnte Sartorius die Vorteile von Familienunternehmertum und Kapitalmarktorientierung kombinieren. Das Management gewann enorme Freiräume und profitierte von dem, was die Literatur „geduldiges Kapital" nennt.
Picot, bei dem sich nun die Macht konzentrierte, gewann freie Hand für die Realisierung seines Projekts, Sartorius zum Musterfall für die Umsetzung des Konzepts der wertorientierten Unternehmensführung zu machen, ohne dabei die Interessen der anderen Anspruchsgruppen, insbesondere der Mitarbeiter, aus den Augen zu verlieren. Picot pflegte einen integrativen Arbeitsstil und gab während seiner langen Amtsführung in den Jahren 1998 bis 2017 der Weiterentwicklung von Sartorius wichtige Impulse. Sein größtes Verdienst bestand, so der spätere Vorstandsvorsitzende, darin, die „Transformation [...] von einem technologieorientierten Wäge- und Filtertechnik-Unternehmen [...] zu einem vollständig kapitalmarktorientierten Unternehmen" und einem innovativen „Partner der Biopharma-Branche" vorangetrieben zu haben.[309]
Unter diesen Vorzeichen war es seinem akademischen Schüler Claassen möglich, seinen bereits eingeschlagenen Reformkurs fortzusetzen.
Claassen forcierte die unter Laleike begonnene Strategie des Wachstums durch Akquisitionen und kaufte sechs kleinere bis mittelgroße Spezialunternehmen (Tabelle 14, Seite 102). Dank der Kapitalerhöhung von 1998 war die ‚Kriegskasse' gut gefüllt. Der Schwerpunkt der Akquisitionen lag 1998 und 1999 bei der industriellen Wägetechnik. Aber Sartorius kaufte auch im Wachstumsmarkt Biotechnologie gezielt hinzu. Da sich die Pharmaindustrie immer stärker auf biotechnologische Prozesse ausrichtete, verbreiterte Sartorius sein Sortiment und strebte danach, Produkte für ganze Prozessketten zu liefern. 1999 kamen die Spezialpapier Filtrak GmbH, die Filter aus Papier herstellte, hinzu sowie die britische Vivascience, deren Schwerpunkte Protein-Purifikation und Ultrafiltration waren. Als Schlüsselakquisition sollte sich später die zunächst 90-prozentige Beteiligung an B. Braun International (BBI), einer Tochter der B. Braun AG, dem Marktführer im Bereich der Fermenter- und Zellkulturtechnik, im Jahr 2000 erweisen. In der Wägetechnik wurden 1998/99 drei Unternehmen gekauft, unter anderem die im legendären Colorado-Goldrausch von 1880 gegründete Denver Instrument Inc. Am größten war die GWT Global Weighing Technologies GmbH in Hamburg, früher Philips-Wägetechnik, mit rund 300 Mitarbeitern und Töchtern in Belgien, England und Indien. Das defizitäre Unternehmen wurde einem scharfen Sanierungsprogramm unterzogen. Bei diesen Akquisitionen ging

Abb. 39 Arnold Picot, Aufsichtsratsvorsitzender der Sartorius AG von 1998 bis 2017

es primär um die Ergänzung des Produktportfolios und um Synergien bei Vertrieb und Beschaffung sowie die verstärkte Präsenz in den USA und Asien. Natürlich war das damit verbundene Wachstum ebenfalls essenziell, denn Sartorius musste auf den globalen Märkten eine kritische Größe erreichen, um mit dem Wettbewerb mithalten zu können.

Der spektakuläre Anstieg des Aktienkurses von 1997/98 erwies sich, wie gesehen, als Strohfeuer. Die Asienkrise riss ihn ab Mitte 1998 nach unten, und die Sartorius-Aktien stürzten relativ gesehen noch stärker ab (Grafik 2, Seite 88). Die anschließende Erholung des deutschen Aktienmarktes und den Hype um Technologiewerte machten die Sartorius-Aktien aber schon nicht mehr mit. Vielmehr stiegen sie nur leicht an, bevor im Jahr 2000 das Platzen der Dotcom-Blase den Markt und die Sartorius-Aktien nach unten drückte. Verstärkt wurde dieser Trend durch einen dramatischen Ergebniseinbruch bei der Separationstechnik. Beim Abschied von Claassen am 30. April 2003, der den Vorstandsvorsitz beim Energiekonzern EnBW übernahm, lagen die Aktien mit 47 Prozent (Vorzüge) und 65 Prozent (Stämme) des Ausgabekurses von 1990 nur noch unwesentlich über den Werten beim Amtsantritt.

Die Bilanzen wiesen eine durchwachsene Performance aus. Seit dem Jahr 2000 war es mit dem Gewinnwachstum vorbei. 2002, im letzten von Claassen allein zu verantwortenden Geschäftsjahr, erreichte der Jahresüberschuss nur noch 40 Prozent des Stands von 1999. Der Umsatz wuchs jetzt nur noch recht langsam, hatte sich aber über die gesamte Amtszeit mehr als verdoppelt, vor allem durch die Akquisitionen. Die Umsatzrendite war seit 2000 stark rückläufig und unbefriedigend, wenngleich immer noch höher als bei seinen Vorgängern. Der verkündete Zielwert lag 1997 bei acht Prozent und 1999 zwischen zehn und 15 Prozent. Erreicht wurde 2002 nur noch 0,8 Prozent. Auch die Eigenkapitalrendite von 2,9 Prozent war unbefriedigend und betrug nur noch ein Drittel des Wertes von 1997.

Die Verbindlichkeiten, die 1997 umgerechnet 48,7 Mio. Euro betragen hatten, stiegen bis 2002 mit 204,9 Mio. Euro auf mehr als das Vierfache. Die Nettoverschuldung, definiert als die Verbindlichkeiten abzüglich der flüssigen Mittel und kurzfristigen Finanzanlagen, war 1998 und 1999 negativ, um dann bis 2002 auf 133,1 Mio. Euro hochzuschnellen.[310] Von einer prall gefüllten Kasse gelangte man in nur drei Jahren zu hohen Schulden. Besonders bedenklich war die Tatsache, dass der Trend des relativen Bedeutungsverlusts von Forschung und Entwicklung (F&E) nicht umgekehrt wurde. Zwischen 1989 und 1991 betrugen die F&E-Aufwen-

Tabelle 11

Betriebswirtschaftliche Kennzahlen des Sartorius-Konzerns, 1996 bis 2003

in Mio. Euro bzw. Prozent

Jahr	Grundkapital (GK)	Umsatz	Jahresüberschuss	Umsatzrendite	Dividende in Prozent des GK Stamm (VZ)	Mitarbeiter (Jahresende)
1996	12,5	205,6	0,1	0,0 %	6 % (10 %)	2.141
1997	12,55	229,2	5,9	2,6 %	20 % (22 %)	2.133
1998	18,0	245,2	7,7	3,1 %	22 % (24 %)	2.333
1999	18,7	267,7	9,9	3,7 %	22 % (24 %)	2.925
2000*	18,7	414,1	0,9	0,2 %	22 % (24 %)	3.642
2001	18,7	449,3	3,0	0,7 %	22 % (24 %)	3.745
2002	17,0*	476,5	4,0	0,8 %	22 % (24 %)	3.741
2003	17,0*	442,3	4,4	1,0 %	24 % (26 %)	3.661

* 18,7 Mio. Euro, gekürzt um die Aktien im Eigenbesitz. Je 9 Prozent der Vorzüge und Stämme

Quelle: Sartorius-Archiv, Fin 2/1, diverse Geschäftsberichte; ab 2001 Bilanzierung nach IAS, vorher nach HGB.

dungen noch mehr als zehn Prozent des Umsatzes. 1993 wurden noch einmal 7,8 Prozent erreicht. Danach kam es zu einem langsamen Rückgang, sodass der Wert 2002 nur noch 4,8 Prozent erreichte.[311] Die Forschungsintensität hatte also erheblich nachgelassen. Gleichwohl blieb das Unternehmen sehr innovativ, meldete viele Patente an und gewann 2000 den Innovationspreis der deutschen Wirtschaft für die High-Tech-Analysenwaage Genius, der aber kein kommerzieller Erfolg beschieden war.

Die kurzfristigen Interessen der Aktionäre wurden durch konstante Dividenden, die deutlich über denen der frühen 1990er Jahre lagen, befriedigt. Die Ausschüttungsquote gibt an, welchen Teil des Jahresergebnisses die Aktionäre erhalten. Werte zwischen 25 und 60 Prozent gelten als gesunde Balance zwischen Aktionärsinteressen und Investitionen. Liegt die Quote deutlich darüber, leidet die Zukunftssicherung. Liegt sie gar über 100 Prozent, schüttet das Unternehmen mehr aus, als es erwirtschaftet. Es lebt dann von seiner Substanz. 1997 bis 1999 lag die Quote von Sartorius bei soliden 45, 55 bzw. 46 Prozent. Danach wurde sie nicht mehr explizit ausgewiesen, denn sie stieg im Jahr 2000 auf 478 Prozent, um dann über 143 Prozent (2001) auf 98 Prozent (2002) zurückzugehen. Mit anderen Worten: Hier wurden den Aktionären die eigentlich angezeigten und in der Vergangenheit durchaus praktizierten Dividendenkürzungen erspart, um sich keine Blöße zu geben. Der ohnehin laufende Anstieg der Schulden wurde so noch verstärkt.[312]

Gleichwohl sind die Reformen der Amtszeit von Claassen nicht wirkungslos verpufft, sondern haben wichtige Weichenstellungen vorgenommen. Sie brachten Sartorius das, was das traditionsverhaftete Unternehmen brauchte, nämlich disruptive Veränderungen. Die Modernisierung und Finanzialisierung des Unternehmens machten substanzielle Fortschritte. Das Rechnungs- und Berichtswesen wurde verbessert und die Transparenz erhöht. Bei dem Dauerproblem der hohen Lagerbestände kam es zu einer leichten Entspannung.

Die Kapitalmarktkommunikation gewann systematische Züge. 1997 entstand die Abteilung Investor Relations. Roadshows, unterjährige Berichte und Präsentationen an den wichtigsten Finanzplätzen der Welt gehörten zur Jahresroutine, auch wenn die Analysten in London und New York mit dem Namen Sartorius vorerst noch nicht viel anfangen konnten. 1999 vollzog Sartorius im Zuge der Euro-Einführung einen Aktiensplit im Verhältnis 1:26, sodass Stückaktien mit einem rechnerischen Nennwert von einem Euro optisch billiger wirkten. Zugleich nahm man aus Gesellschaftsmitteln eine kleine Kapitalerhöhung vor, um das Grundkapital auf die glatte Summe von 18,7 Mio. Euro anzuheben. 2000 erfolgte die Umstellung der Bilanzlegung auf die „International Accounting Standards" (IAS), um für internationale Investoren und Analysten vergleichbarer und damit attraktiver zu werden.

Die Internationalisierung wurde energisch vorangetrieben. 2003 war Sartorius in 26 Ländern mit mehr als 50 Gesellschaften präsent. Im Rahmen einer Triadenstrategie, die Schwerpunkte in Europa, Asien und Amerika setzte, waren die Aktivitäten in Nordamerika, China und Indien erheblich ausgeweitet worden. Die Produktpalette hatte Sartorius nicht zuletzt durch gezielte Akquisitionen verbreitert und den Kundenwünschen angepasst. In der Separationstechnik wurden längst nicht mehr nur Filter, sondern auch Fermenter und andere Produkte für die boomende biopharmazeutische Industrie angeboten. Man definierte sich zunehmend als „Biotech-Supplier" im Sinne eines Lieferanten von kompletten Systemlösungen.[313] Das schlug sich 2002 in ihrer Umbenennung und Aufteilung der Sparte in „Biotechnologie" und „Umwelttechnik" nieder. Zugleich wurden die Wäge- und die Gleitlagertechnik zur „Mechatronik" zusammengeschlossen. Die der Biotechnologie und Umwelttechnik eingeräumten Freiräume führten zu einem überdurchschnittlichen Wachstum, sodass sie zusammen 2002 die Mechatronik beim Umsatz erstmals hinter sich ließen. Ihre Profitabilität war in diesem Jahr mehr als doppelt so hoch (Tabelle 13, Seite 100). Auch das war ein Meilenstein in der Geschichte des Unternehmens, das nun seinen Schwerpunkt entgegen der Tradition dort setzte, wo die höchsten Margen zu erzielen waren. In diesem Zusammenhang stand auch die 2001 vollzogene Ablösung des alten Firmenlogos, das mit einem senkrechten Strich in der Mitte des Schriftzugs des Unternehmens den Wägebalken symbolisierte und damit allein auf das alte Kernprodukt abhob, durch ein gelbes Punktmuster, das Filtermembranen in unterschiedlichen Porengrößen darstellte. Der Geschäftsbericht gab an: „Die

Abb. 40 Sartorius Logo, links: 1994 bis 2000, rechts: 2001 bis Anfang 2020

vertikal gestapelten Reihen stehen für Prozessbetreuung in verschiedenen Ebenen und Segmenten beim Kunden." Die Punkte bildeten auch die Wägetechnik als „Ausdruck von Präzision für Anwendungen […] vom Mikrogramm im Labor bis zum Tonnenbereich in der Industrie"[314] ab, aber viele Mitarbeiter erkannten in dem Logo ausschließlich die Poren der Membranen und das Anbrechen einer neuen Zeit.[315]

Im zweiten Bauabschnitt an der Otto-Brenner-Straße entstand mit einem Investitionsvolumen von ca. 65 Mio. Euro das „Werk 2001", mit dem die Biotechnologie sowohl kapazitätsmäßig als auch qualitativ einen Quantensprung vollzog. Das Werk mit seiner hochmodernen Reinraumfertigung und Logistik sowie höchsten Umweltstandards hob die Sparte auf ein völlig neues Niveau und brachte ihr einen Kapazitätszuwachs von 85 Prozent, mithin sehr viel Raum für künftige Expansionsschritte. Das „gläserne Werk"[316] wurde 2001 in Anwesenheit von Bundeskanzler Gerhard Schröder mit 2.700 Gästen feierlich eröffnet.

Dass die Ressource Wissen ein immer stärkeres Gewicht gewann, zeigt der Bau des ebenfalls 2001 eröffneten „Sartorius College" in Göttingen, eines modernen Tagungs- und Schulungszentrums. In Beijing entstanden ein *Technical Competence Center* und in Bangalore das *Sartorius Knowledge Center*. Die in der Vergangenheit trägen Informationsflüsse im Inneren wurden verbessert. Dazu dienten Strategietreffen mit Vertretern aller Ländergesellschaften und wechselseitige Besuche der Standorte. Die Nutzung des Internets, das sich seit Mitte der 1990er Jahre weltweit verbreitete, vereinfachte die Koordination von Prozessen über Kontinente hinweg um ein Vielfaches.

In Göttingen führte Claassen Cross-level-Gespräche mit Mitarbeitern unterschiedlicher Hierarchiestufen ein.[317] 1998 kam es zu einer Betriebsvereinbarung, nach der „das Zurückhalten relevanter Informationen […] als Kündigungsgrund" galt.[318] Gruppenegoismen sollten so gebrochen werden. Beim Umgang mit sensiblen technischen Dokumentationen trat eine Professionalisierung ein. 1997 wurde erstmals ein Familienfest eingeführt, um den Zusammenhalt der Belegschaft und die Identifikation ihrer Angehörigen mit dem Unternehmen zu stärken. Neue, mit der IG Metall abgestimmte Arbeitszeitmodelle verliehen dem Unternehmen und den Mitarbeitern ab 1999 mehr Flexibilität.[319]

Insgesamt führte Claassen Sartorius in mancher Hinsicht aus traditionellen Bahnen heraus. Er brachte damit viele, lange überfällige Reformen auf den Weg. Wie es um die Nachhaltigkeit des von ihm eingeschlagenen Kurses bestellt war, lässt sich aufgrund seiner relativ kurzen Amtszeit nicht beurteilen. Das von ihm ausgerufene Projekt „expansive Sanierung" zur „Sicherung der Überlebens- und Wettbewerbsfähigkeit"[320] war jedenfalls 2003 noch nicht abgeschlossen.

Von der Konsolidierung zur Weltspitze, 2003 bis 2011

An der Auswahl seines Nachfolgers war Claassen 2002 noch unmittelbar beteiligt. Er sprach sich für einen internen Kandidaten aus, der erst seit 1999 im Unternehmen war, sich aber auf unterschiedlichsten Positionen im Controlling, als Geschäftsführer der sanierungsbedürftigen Tochter GWT in Hamburg sowie als Leiter der Abteilungen Treasury (Finanzen) und Investor Relations außerordentlich bewährt hatte. Dr. Joachim Kreuzburg (geb. 1965) hatte in Hannover Maschinenbau studiert, dann beim Niedersächsischen Institut für Solarenergieforschung in Hameln gearbeitet. Danach kehrte er zurück an die Universität Hannover, wo er 1999 im Fachbereich Wirtschaftswissenschaften mit einem umweltökonomischen Thema promoviert wurde. Dass junge Absolventen in verantwortungsvolle Positionen einrücken konnten, entsprach der Führungsphilosophie Claassens. Er fand junge Manager gut und neigte zu unkonventionellen Entscheidungen. Kreuzburg war keineswegs ein enger Vertrauter Claassens gewesen, sodass dieser Vorschlag unerwartet kam. Nachdem Claassen Kreuzburg als seinen Nachfolger beim Aufsichtsrat ins Gespräch gebracht hatte, berief der Aufsichtsrat

Abb. 41 Blick auf das „Werk 2001“, wie der neue Standort nach Fertigstellung des zweiten Bauabschnitts genannt wurde

Kreuzburg am 11. November 2002 als Finanzvorstand. Am 1. Mai 2003 wurde er im Alter von 38 Jahren nach gut sechs Monaten im Vorstand dessen Sprecher und 2005 Vorstandsvorsitzender. Angesichts der schwachen Ertragslage gehörte es zu Kreuzburgs ersten Amtshandlungen, Restrukturierungen vorzunehmen, Personal abzubauen und die Insolvenz der Minderheitenbeteiligung Diessel abzuwickeln. Allerdings gelangen 2003 schon ein erheblicher Schuldenabbau und eine leichte Ergebnisverbesserung, bevor es 2004 zu einem regelrechten Ergebnissprung kam. Der Jahresüberschuss vervierfachte sich nahezu. Die Umsatzrendite sprang von 1,0 auf 3,3 Prozent. Der Schuldenabbau schritt rasch voran. Die Dividende stieg um 64 Prozent, ohne eine exzessive Ausschüttungsquote zu erreichen. Sie betrug nun 45,9 Prozent nach 97,7 im Vorjahr. Der Aktienkurs stieg um 124 (Vorzüge) bzw. 82 Prozent (Stämme), mithin um ein Vielfaches des allgemeinen Aktienmarkts, nachdem die Papiere in den Vorjahren weit zurückgefallen waren.[321] Für langfristige Anleger wichtiger war die Tatsache, dass die Aktien seit dem Februar 2004 endlich wieder über dem Ausgabekurs von 1990 lagen und am Jahresende sogar 70 (Vorzüge) bzw. 50 Prozent (Stämme) darüber.

Noch erfreulicher war, dass es sich diesmal nicht um ein Strohfeuer handelte, sondern um den Anfang eines mittelfristigen, äußerst robusten Trends, der bis zur Finanzkrise von 2007/08 anhielt. Am 23. Juli 2007 standen die Vorzüge bei 525 Prozent und die Stämme bei 448 Prozent des Ausgabekurses von 1990 und hatten erstmals den DAX substanziell überrundet, der an diesem Tag nur bei 414 Prozent des Vergleichskurses von 1990 lag.[322]

Zwischen 2003 und 2007 stiegen der Jahresüberschuss von 4,4 auf 30,3 Mio. Euro, die Umsatzrendite von 1,0 auf 5,1 Prozent und die Dividende der Vorzüge von 24 auf 66 Prozent des Nennwerts. Umsatz und Mitarbeiterschaft wuchsen ebenfalls, aber mit einem Drittel bzw. einem knappen Viertel weniger stürmisch (Tabelle 12, Seite 98). 2006 wurde das von Christoph Sartorius für 1990 ange-

Grafik 3 Kurs der Sartorius-Aktien im Vergleich zum DAX, 2003 bis 2011

(Index 10.7.1990 = 100)

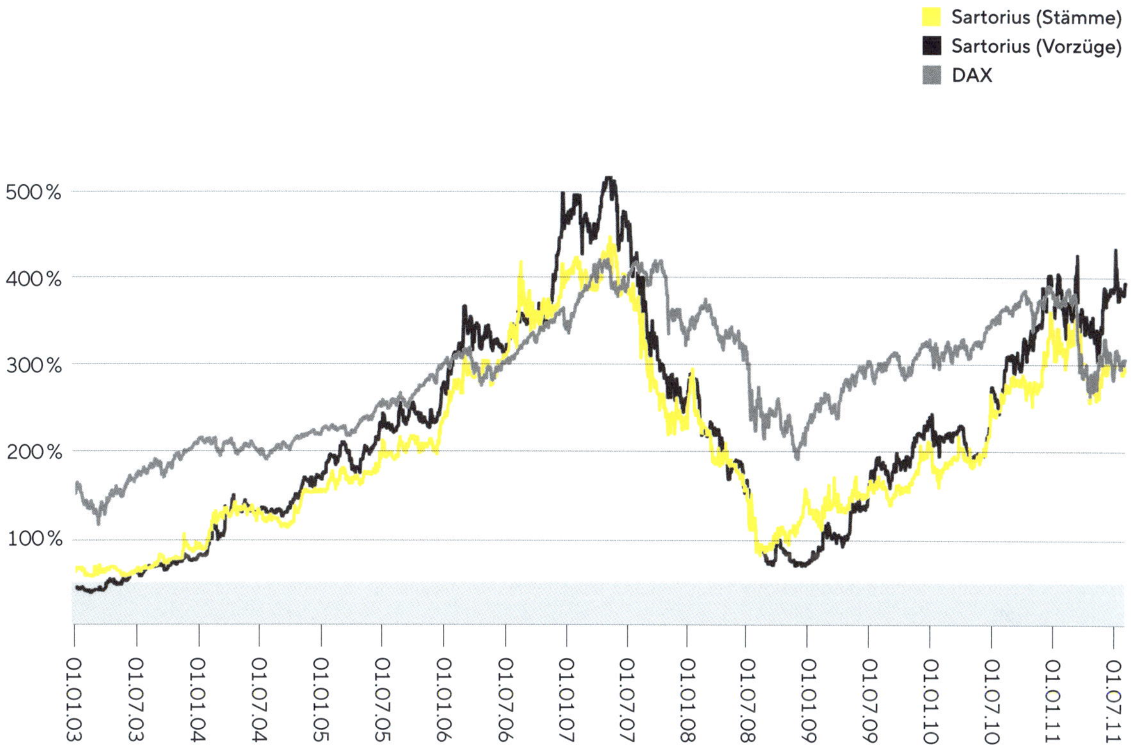

Quelle: Sartorius AG, Investor Relations.

peilte, damals für utopisch gehaltene Ziel von umgerechnet einer Mrd. D-Mark Umsatz erreicht. Nun hielt es niemand mehr für unrealistisch, diesen Wert in den nächsten zehn Jahren zu verdoppeln. Tatsächlich sollte die Marke von einer Mrd. Euro schon 2015 erreicht werden.

Was waren die Ursachen dieser herausragenden Entwicklung?[323] Erstens profitierte Sartorius von einer starken weltwirtschaftlichen Konjunktur, vor allem in Asien. Zweitens besaß das Unternehmen eine glasklare Strategie, die Schritt für Schritt umgesetzt wurde. Nordamerika und Teile Asiens wurden als Wachstumsschwerpunkte identifiziert. In der Biopharmazeutik war Nordamerika der weltweit größte Markt, und in beiden Sparten hatte Sartorius dort ein großes Nachholpotenzial gegenüber den Wettbewerbern, denen jetzt Marktanteile abgenommen wurden. Asien, insbesondere China, Südkorea und Indien, stellten rasch expandierende, bevölkerungsstarke Volkswirtschaften dar, in denen die Nachfrage nach Medizinprodukten schnell wuchs. Allgemein speiste sich diese Dynamik aus verschiedenen Megatrends wie der wachsenden Weltbevölkerung, die in den Industrieländern rasch alterte und die in den vergleichsweise jungen Gesellschaften der Schwellenländer einen verbesserten Zugang zu medizinischen Leistungen erhielt. Der medizinische Fortschritt führte zur Entwicklung immer neuer Biopharmaka. Insgesamt wuchs die Nachfrage nach ihnen überdurchschnittlich und damit auch diejenige nach biopharmazeutischem Equipment.

In der Biotechnologie strebte Sartorius danach, zum Komplettanbieter von Produkten für biopharmazeutische Herstellungsverfahren entlang der Prozesskette der Kunden zu werden, also das Produktportfolio auszuweiten. In diese Richtung bewegte man sich durch gezielte Akquisitionen (Tabelle 14, Seite 102), Kooperationen und Eigenentwicklungen. Da der weltweite Markt für Biopharmazeutika etwa doppelt so schnell wie der gesamte Pharmamarkt expandierte, wuchs Sartorius gemeinsam und in enger Tuchfühlung mit den Kunden. Sartorius verfügte über ein hohes

Anwendungsverständnis, kannte also die Prozesse der Abnehmer und suchte zusammen mit ihnen nach neuen Lösungen. Man profitierte davon, über komplette Prozesslösungen und ein sehr breites Sortiment zu verfügen. Damit stand Sartorius an der Weltspitze und konkurrierte nur noch mit wenigen Unternehmen, die ein ähnliches technologisches Niveau erreichten, nämlich mit den US-Firmen General Electric, Danaher, Pall (seit 2015 ein Teil von Danaher), Millipore (ab 2010 Merck Millipore) und Thermo Fisher Scientific.

Im Rückblick ergibt sich eine faszinierende Parallele. Was um 1900 die Entstehung der chemischen Industrie für die Wägetechnik von Sartorius gewesen war, wurde der Aufschwung der biopharmazeutischen Industrie nun für die Biotechnologie-Sparte, nämlich eine mächtige Wachstumslokomotive. Man könnte auch sagen, dass sich Sartorius erneut strategisch außerordentlich geschickt positioniert hatte.

In der Mechatronik fiel das Wachstum geringer aus. Sartorius bot hochpräzise Premium-, aber auch Standardwaagen sowie messtechnische Geräte und Systeme für den Einsatz im Labor und in der Produktion an, wobei die Schwerpunkte Wägetechnik, Elektroanalytik und Fremdkörperdetektion waren. Hier expandierte der Markt infolge von höheren Anforderungen der Lebensmittel- und Chemieindustrie, aber auch der Überwachungsbehörden. Kostenreduzierung durch modulare Systeme und die Produktion an Niedriglohnstandorten waren zentrale Strategiebausteine. Auch hier gelang es Sartorius, sich relativ genau an die Anforderungen der technologisch anspruchsvollen Kunden anzupassen.

Der dritte Grund für den Erfolg lag darin, dass die Reformen der vergangenen Jahre griffen und laufend weiterentwickelt und ergänzt wurden. Negative Trends kehrte Kreuzburg entschieden um. So wurden die F&E-Aufwendungen sofort wieder hochgefahren. Sie erreichten 2007 sieben Prozent des Umsatzes. Die massiv gestiegene Nettoverschuldung wurde zielgerichtet abgebaut, von 133,1 Mio. Euro (2002) auf 54,4 Mio. Euro (2006), bevor 2007 die größte Akquisition der bisherigen Unternehmensgeschichte einen Anstieg auf 189,6 Mio. Euro mit sich brachte. Die Ausschüttungsquote bewegte sich wieder in vertretbaren Größen zwischen 37 und 45 Prozent, sodass genügend Mittel für Investitionen und den Schuldenabbau übrig blieben.[324]

Betriebswirtschaftliche Kennzahlen des Sartorius-Konzerns, 2003 bis 2012

Tabelle 12

in Mio. Euro bzw. Prozent

Jahr	Grund-kapital* (GK)	Umsatz	Jahresüber-schuss	Umsatz-rendite	Dividende in Prozent des GK Stämme (VZ)	Mitarbeiter (Jahresende)
2003	17,0	442,3	4,4	1,0 %	24 % (26 %)	3.661
2004	17,0	467,6	15,2	3,3 %	40 % (42 %)	3.569
2005	17,0	484,3	22,1	4,6 %	50 % (52 %)	3.606
2006	17,0	521,1	29,0	5,6 %	62 % (64 %)	3.749
2007	17,0	589,9	30,3	5,1 %	66 % (68 %)	4.518
2008	17,0	611,6	18,2	3,0 %	40 % (42 %)	4.660
2009	17,0	602,1	20,8	3,5 %	40 % (42 %)	4.323
2010	17,0	659,3	39,0	5,9 %	60 % (62 %)	4.515
2011	17,0	733,1	52,8	7,2 %	80 % (82 %)	4.887
2012	17,0	845,7	63,0	7,4 %	94 % (96 %)	5.491

* 18,7 Mio. Euro, gekürzt um die Aktien im Eigenbesitz. Je neun Prozent der Vorzüge und Stämme. Ab 2001 Bilanzierung nach IAS

Quelle: Sartorius-Archiv, Fin 2/1, diverse Geschäftsberichte.

Abb. 42 Eröffnung des neuen Werks in Beijing 2007, im Bild: China-Geschäftsführer Yuguang Zhao, Aufsichtsratsvorsitzender Arnold Picot, Vorstandsvorsitzender Joachim Kreuzburg und Vorstand Günther Maaz

Ein systematisches Beschaffungsmanagement zielte darauf ab, die Lagerbestände zu optimieren. Die Vorräte blieben bei steigenden Umsätzen bis 2006 nahezu konstant, was als Erfolg anzusehen ist. Die Vorratsbindung sank leicht von 55 Tagen (2003) auf 50 Tage (2007). Ab 2004 erfolgte die Belieferung der europäischen Kunden der Biotechnologiesparte direkt aus einem neuen, zusammen mit einem Logistikdienstleiter errichteten Zentrallager in Göttingen. Vorprodukte wurden zunehmend global beschafft, wodurch man von Niedriglohnregionen vor allem in Asien profitierte. Die 2004 eröffneten Werke in Bangalore für Waagen sowie in Bethlehem (USA) für Bioreaktoren und Fermenter importierten weniger Teile aus Göttingen und kauften immer mehr vor Ort ein. Das galt auch für die Fertigung in China, die 2007 durch den Umzug in ein neues Werk in Beijing ihre Fläche von rund 4.000 auf über 8.000 Quadratmeter verdoppelte.

Als vierter Erfolgsfaktor wirkte, dass die margenstarke Biotechnologie immer mehr zum Schwerpunkt des Unternehmens wurde. 2007 eröffnete Sartorius in Göttingen ein 3.000 Quadratmeter großes neues Laborgebäude für die Biotechnologie, das die Laborkapazitäten in Göttingen um 60 Prozent erweiterte und auch qualitativ verbesserte. Sie stand besonders den neuen Arbeitsgebieten Zellkultur, Sensorik und Kunststofftechnologie zur Verfügung. Tabelle 13 (Seite 100) weist nach, dass der Anteil der Biotechnologie am Umsatz und am Gewinn stetig zunahm. Das EBITDA, eine Kennziffer des operativen Gewinns,[325] stieg nahezu jedes Jahr in absoluten und relativen Zahlen. Bezogen auf den Umsatz ergaben sich seit 2004 immer Werte im zweistelligen Bereich, die recht stetig von 13 (2004) auf 21 Prozent (2011) kletterten.

Der Umsatz der Mechatronik wuchs nur langsam, aber auch sie erreichte zweistellige EBITDA-Quoten, zumeist 11 Prozent. Die Verhältnisse zwischen den beiden Sparten hatten sich beim Umsatz seit 2002 dauerhaft umgekehrt. Was einst den Kern

Umsatz und Ergebnis der Sartorius-Sparten, 1994 bis 2020

Tabelle 13

inkl. Portfolioveränderungen

Jahr	Umsatz in Mio. D-Mark/ Euro ab 1999		EBITDA in Mio. D-Mark/Euro ab 1999 (EBIT bis 1998)		EBIT/EBITDA-Marge (EBIT bis 1998)	
	Separation/ Biotechnologie u. Umwelttechnik/Bioprocess Solutions	Wäge- u. Gleitlagertechnik/ Mechatronik/ Lab Products & Services	Separation/ Biotechnologie u. Umwelttechnik/Bioprocess Solutions	Wäge- u. Gleitlagertechnik/ Mechatronik/ Lab Products & Services	Separation/ Biotechnologie u. Umwelttechnik/Bioprocess Solutions	Wäge- u. Gleitlagertechnik/ Mechatronik/ Lab Products & Services
1994	136	224				
1995	145	246				
1996	161	250				
1997	168	282	7	17	4 %	6 %
1998	182	298	13	18	7 %	6 %
1999	105	163	15	17	14 %	10 %
2000	177	235	12	14	7 %	6 %
2001	210	239	16	18	8 %	8 %
2002	255	222	27	11	11 %	5 %
2003	227	215	21	16	9 %	7 %
2004	239	228	31	24	13 %	11 %
2005	250	235	36	27	14 %	11 %
2006	271	250	44	28	16 %	11 %
2007	376	247	66	29	18 %	12 %
2008	366	246	54	26	15 %	11 %
2009	400	202	75	10	19 %	5 %
2010	433	227	86	24	20 %	11 %
2011	477	256	99	37	21 %	14 %
2012	474	269	103	46	22 %	17 %
2013	518	267	119	43	23 %	16 %
2014	616	276	146	41	24 %	15 %
2015	809	306	214	49	26 %	16 %
2016	975	325	273	52	28 %	16 %
2017	1.010	394	282	71	28 %	18 %
2018	1.143	423	327	78	29 %	19 %
2019	1.351	477	393	101	29 %	22 %
2020	1.783	576	553	116	32 %	21 %

Quelle: Sartorius-Archiv, Fin 2/1, Geschäftsberichte 1994–2020.

des Unternehmens ausmachte, war zu einer Nebenlinie geworden, auch wenn sich die Ergebnisse durchaus sehen lassen konnten und die Profitabilität ebenfalls eindrucksvoll stieg.[326]
Der fünfte Erfolgsfaktor bestand darin, dass das Unternehmen laufend umgebaut wurde. Ganz analog zu Großkonzernen nahm sich das Unternehmen als eine Art flexibles Portfolio wahr, das bei Bedarf jederzeit umgeschichtet werden kann. Allgemein gewannen Unternehmen seit den 1990er Jahren eine zuvor nie gekannte Plastizität.[327] Sartorius stieß zum einen Teilbereiche ab, langfristig etwa vier der sechs in der Ära Claassen erworbenen Unternehmen sowie das Gleitlagergeschäft. Zum

anderen kaufte Sartorius laufend neue Firmen hinzu (Tabelle 14, Seite 102). Dabei betrieb Kreuzburg eine komplementäre Akquisitionsstrategie, der es nicht um die Duplizierung bestehender Kapazitäten und die Erhöhung von Marktmacht durch Konkurrenzausschaltung ging, sondern primär um den Zukauf von Innovationen und die Verbreiterung der Produktpalette, da man immer größere Teile der Prozessketten der Kunden als Komplettanbieter aus einer Hand abdecken wollte. Bei der Auswahl von Übernahmekandidaten, stets kleine oder mittelgroße Spezialunternehmen, bewies Sartorius großes Geschick.

2007 wurde nicht nur das kleine Göttinger Kunststoffunternehmen Toha Plast – seit Langem ein Kooperationspartner – gekauft, sondern auch die bis dahin größte Akquisition der Firmengeschichte getätigt, mit der grundlegende Reformen der Unternehmensstruktur einhergingen. Sartorius erwarb für 273 Mio. Euro, davon in bar 89,9 Mio. Euro, die 70-prozentige Mehrheitsbeteiligung an der Stedim S.A. Der in Aubagne nahe Marseille beheimatete, 1978 gegründete Weltmarktführer im Bereich steriler Einwegbeutel (Bags) beschäftigte 540 Mitarbeiter, ungefähr zur Hälfte in Frankreich und Tunesien sowie zu einem kleinen Teil in den USA. Die Gründer des Familienunternehmens sahen sich aufgrund des Fehlens geeigneter Nachfolger in der Familie nach einem Käufer um und hatten die Initiative für Gespräche mit Sartorius ergriffen.[328] Durch die Fusion konnte Sartorius das Sortiment von Filtern, Fermentern, Systemanlagen und Instrumenten um ein bei den Kunden immer stärker nachgefragtes Produkt ergänzen.

2004 hatte Sartorius bereits eine strategische Partnerschaft mit der US-amerikanischen TC Tech Inc. abgeschlossen. Man bezog Einwegbehälter von TC Tech und erhielt exklusive Vertriebsrechte außerhalb Nordamerikas und semi-exklusive Vertriebsrechte für den nordamerikanischen Markt. Wie so häufig war Sartorius nicht „first mover", sondern „follower".

Die Stärke lag hier nicht in einer eigenen Erfindung, sondern im Erkennen und Aufgreifen zentraler Trends. Einwegprodukte ersetzten vor allem in der amerikanischen biopharmazeutischen Industrie immer mehr die teureren und umständlichen Behälter aus Edelstahl. Sie beschleunigten die Prozesse und reduzierten die Gefahr von Kreuzkontaminierungen, ermöglichten also den Kunden große Produktivitätszuwächse. Daher wurden Einwegprodukte eine Schlüsseltechnologie und zu dem am schnellsten wachsenden Segment des Marktes für Biotechnologie-Bedarfsgüter.[329]

Abb. 43 Sartorius legte 2007 seine Biotechnologiesparte mit der französischen Stedim S.A. zusammen, dem Weltmarktführer für sterile Kunststoffbags. Mit der Sartorius Stedim Biotech entstand ein börsennotierter Teilkonzern und innovativer Technologieanbieter für die Biopharmazie

Akquisitionen und Mehrheitsbeteiligungen, 1994 bis 2020

Tabelle 14

Jahr	Unternehmen	Land	Umsatz*	Tätigkeitsfeld
1994	Stainless Fluid Products	USA	2,5 Mio. US-Dollar	Separation, Edelstahlverarbeitung
1995	AutoMatic GmbH	Deutschland	3 Mio. D-Mark	Kontrollwaagen, Linienteiler
1995	Globaltec	USA	6 Mio. US-Dollar	Wägetechnik
1998	Dr. Hans Boekels GmbH & Co. KG	Deutschland	26 Mio. D-Mark	Kontrollwaagen und Metallsuchtechnik
1999	Spezialpapier Filtrak GmbH	Deutschland	5 Mio. D-Mark	Filtration auf Papierbasis
1999	GWT Global Weighing Technologies GmbH	Deutschland	82 Mio. D-Mark	Wägetechnik
1999	Vivascience Ltd.	England	1,5 Mio. Pfund Sterling	Zellkulturen, Ultrafiltration, Protein-Purifikation
1999	Denver Instrument Company	USA	6 Mio. US-Dollar	Laborwaagen, Feuchtmessgeräte
2000	B. Braun Biotech International GmbH	Deutschland	100 Mio. D-Mark	Fermentation
2005	Omnimark Instrument Corporation	USA	3 Mio. US-Dollar	Feuchtemessgeräte, Biotechnologie
2007	Toha Plast GmbH	Deutschland	9 Mio. Euro	Kunststoffherstellung für Biotechnologie
2007	Stedim S.A.	Frankreich	91 Mio. Euro	Biotech-Zulieferer
2008	Wave Biotech AG	Schweiz	10 Mio. Euro	Einwegsysteme zur Zellkultivierung
2011	Biohit Oyj (Liquid-Handling-Sparte)	Finnland	38 Mio. Euro	Pipetten
2013	TAP Biosystems	Großbritannien	26 Mio. Euro	Kleine Einweg-Bioreaktoren
2014	AllPure Technologies LLC.	USA	3 Mio. US-Dollar	Einweglösungen für Biopharmazeutik
2015	BioOutsource Ltd.	Großbritannien	9 Mio. Euro	Bioanalytik, Tests
2015	Cellca GmbH	Deutschland	6 Mio. Euro	Prozessentwicklung in Biotechnologie
2016	ViroCyt Inc.	USA	3 Mio. US-Dollar	Virenquantifizierung
2016	kSep Systems LLC	USA	7 Mio. US-Dollar	Einweg-Zentrifugen
2016	IntelliCyt Corp.	USA	18 Mio. US-Dollar	Zellanalytik
2017	Essen BioScience	USA	60 Mio. US-Dollar	Zellanalytik
2017	Umetrics	Schweden	15 Mio. US-Dollar	Datenanalyse für Biopharmazeutik
2019	Biological Industries	Israel	25 Mio. Euro	Zellkulturmedien
2020	Danaher (Teilgeschäfte)	USA	170 Mio. US-Dollar	Diverse Labor- und Bioprozess-Technologien
2020	BIA Separations	Slowenien	25 Mio. Euro	Aufreinigung, Zell- und Gentherapeutik
2020	WaterSep BioSeparations LLC	USA	2,5 Mio. US-Dollar	Filtrationssyteme Bioprozesstechnik

* soweit bekannt Umsatz des Geschäftsjahrs vor dem Erwerb, ansonsten Umsatz im ersten konsolidierten Jahr; Werte gerundet.

Quelle: Sartorius-Archiv, Fin 2/1, diverse Geschäftsberichte; ebd., Com 2/1 Presseinformationen Sartorius AG; Auskunft Sartorius AG, Finance.

Kreuzburg erkannte diese Entwicklung frühzeitig und entschied sich nach kurzer Zeit der Partnerschaft mit TC Tech für eine eigene Fertigung und damit für die größte Investition der bisherigen Unternehmensgeschichte. Stedim sollte nicht nur für die Produktion von Bags, sondern auch als Basis für weitere Einwegprodukte wie Bioreaktoren und Transfersysteme genutzt werden. Sartorius hatte verstanden, dass die Beutel keine isolierten Komponenten bleiben würden, sondern auf dem Weg zu einer Prozesskomponente waren, deren vor- und nachgelagerten Schritte man ebenfalls abdecken wollte. Insofern bestand zwischen beiden Unternehmen eine hohe strategische Passgenauigkeit. Sartorius schloss mit der Fusion zur Weltspitze im Bereich Einweglösungen auf.

Die Stedim-Transaktion hatte neben der produktpolitischen und technischen Seite auch eine enorm wichtige strukturelle Komponente. Das Grundproblem von Sartorius bestand im Widerspruch zwischen der hohen Wachstumsdynamik und der durch die Testamentsvollstreckung gleichsam eingefrorenen Kapitalbasis. Externe Kapitalerhöhungen waren unmöglich, da die Erbengemeinschaft kein nennenswertes zusätzliches Kapital aufbringen konnte und der Weg über die Börse versperrt war, weil dann die von Horst Sartorius festgeschriebene Majorität seiner Erben verloren gehen würde. Weitere Vorzugsaktien konnten auch nicht ausgegeben werden, da man das aktienrechtliche Maximum einer gleichen Anzahl von Vorzügen und Stämmen bereits 1998 erreicht hatte.

Der Ausweg bestand in dem, was die Theorie „Pyramide" nennt und besonders Familienunternehmer als klassisches Mittel der Herrschaftssicherung neben Mehrfachstimmrechten und Vorzugsaktien nutzen. Pyramiden erlauben ihnen, Unternehmen zu beherrschen, die mehr als ihr eigenes Vermögen wert sind, indem sie ein vergleichsweise schwach kapitalisiertes Unternehmen, meist eine Holding, über ein kapitalstärkeres stellen. Eine kleine Holding beherrscht dann ein größeres Unternehmen. Solche Strukturen sind international weitverbreitet.[330]

2007 wurde die Sartorius AG von einem Stammhauskonzern zu einer Holding. Ihr als 100-prozentige Tochter untergeordnet war die zuvor aus der AG abgetrennte Sartorius Mechatronics. Die Biotechnologie-Sparte wurde ebenfalls aus der AG herausgelöst und in einem „reverse merger" in die Stedim S.A. als Sacheinlage eingebracht. Die daraus entstehende Sartorius Stedim Biotech gehörte der Sartorius AG zu ca. 70 Prozent.

Diese komplexe Transaktion bot zahlreiche Vorteile. Sie durchschlug den gordischen Knoten in Bezug auf das Stammkapital. Die von der Sartorius AG beherrschten Unternehmen konnten je nach Bedarf Kapitalerhöhungen etwa für Akquisitionen vornehmen, ohne die auf der AG lastenden Restriktionen zu verletzen. Da 30 Prozent der in Frankreich börsennotierten Aktien der Sartorius Stedim Biotech im Fremdbesitz blieben, nämlich bei den Stedim-Gründern (9 Prozent) und im Streubesitz (21 Prozent), erfolgte auf diese Weise mit einem Schlag de facto eine erhebliche Zufuhr externen Eigenkapitals. Seitdem gab es keine weiteren Kapitalerhöhungen.

Es entsprach Kreuzburgs Strategie, mit Stedim eine „transformative Akquisition" durchzuführen,[331] die das Produktportfolio im Bereich Biopharma erheblich erweiterte und die eigene Marktposition bei amerikanischen Großkunden stärkte. Zudem brachte die neue transnationale Struktur einen Professionalisierungsschub und brach alte Göttinger Routinen auf. Der rechtliche Hauptgeschäftssitz lag in Frankreich, während zentrale Funktionen in Göttingen verblieben. Joachim Kreuzburg übernahm in Personalunion die Position des CEO der Sartorius Stedim Biotech.[332] Stedim benutzte Englisch als Geschäftssprache und war stark auf den amerikanischen Markt ausgerichtet, sodass es nicht zu einem deutsch-französischen Kulturgegensatz kam. Vor allem bestand jetzt eine klare, auch rechtliche Trennung zwischen der Biotechnologie und der Wägetechnik, die bereits in den 1990er Jahren vergeblich von Führungskräften gefordert worden war, um die Transparenz zu erhöhen. Schließlich wirkte die Fusion als ein Wachstumsbeschleuniger erster Güte.

Die Eigentumsstruktur der Sartorius AG veränderte sich insofern, als dass es neben der Familie jetzt mit Bio-Rad einen zweiten Hauptaktionär gab, dem Ende 2007 28 Prozent der Stammaktien gehörten. Die Familie besaß 2007 ca. sieben Prozent der Stammaktien im Direktbesitz, 50,1 Prozent unterstanden der Testamentsverwaltung. 2020 erreichte das amerikanische Familienunternehmen Bio-Rad, das seit 2003 in der zweiten Generation von Norman Schwartz geführt wird, eine Quote von 38 Prozent der ausstehenden Stamm-

Konzernstruktur 2007

Grafik 4

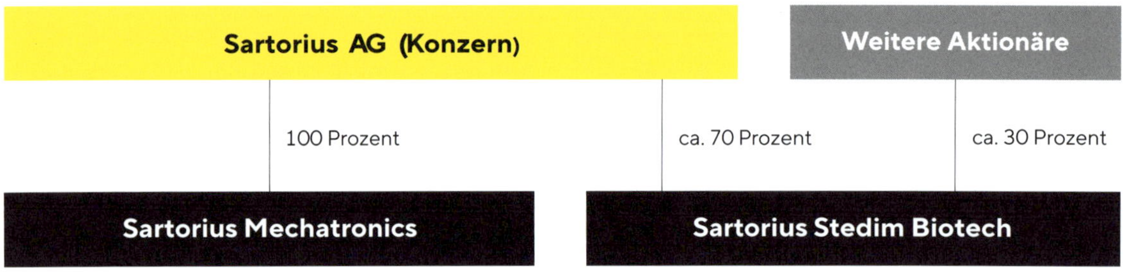

Quelle: Sartorius-Archiv, Fin 2/1, Geschäftsbericht Sartorius Konzern 2007, 23.

aktien.[333] Bemerkenswert ist, dass Bio-Rad trotz der hohen Beteiligungsquote nicht als aktivistischer Großinvestor auftrat. Zu keinem Zeitpunkt beanspruchte Bio-Rad einen Sitz im Aufsichtsrat von Sartorius. Die ausstehenden stimmrechtslosen Vorzugsaktien befanden sich 2020 zu rund 72 Prozent im Streubesitz, während die anderen 28 Prozent von Bio-Rad gehalten wurden.

Für das Management ergab sich in der Summe eine sehr vorteilhafte Situation. Zwei ebenso geduldige wie zurückhaltende Großaktionäre nahmen keinen Einfluss auf strategische oder operative Entscheidungen. Sie setzten auch nicht etwa höhere Dividenden durch, die aufgrund der Rentabilität durchaus möglich gewesen wären. Die Ausschüttungsquote konnte von 46,1 (2004) auf 26,8 (2011) Prozent reduziert werden, und zwar bei – abgesehen von der Finanzkrise 2008/09 – steigenden Dividenden. Die Ausschüttungsquote lag somit deutlich unter den Werten früherer Jahre. Dieser Ausschüttungspolitik liegt die Entscheidung zugrunde, zukünftigem Wachstum qua Investitionen den Vorrang vor höheren Dividenden in der Gegenwart zu geben. Sie ermöglichte es auch, alle Akquisitionen mit Ausnahme von Stedim ohne Einsatz von Eigenkapital zu bezahlen. Akquisitionen und Baumaßnahmen zusammen waren aber doch nicht allein intern zu finanzieren, sodass die Nettoverbindlichkeiten zwischen 2011 und 2020 von 265 auf 1.884 Mio. Euro wuchsen, was aber angesichts der parallel gestiegenen Ertragskraft unproblematisch war.[334] Die Investitionsquote stieg von 3,7 (2003) auf 7,1 Prozent (2011), um 2018 15,2 Prozent zu erreichen. 2020 lag sie bei 10,3 Prozent. Die F&E-Quote lag zwischen 2004 und 2011 relativ konstant zwischen 6 und 7 Prozent des rasch steigenden Umsatzes, was erneut den Primat der Zukunftsorientierung unterstreicht. Der Bestand an Schutzrechten stieg von 1.659 (2004) über 2.365 (2011) auf 5.110 (2020).[335]

Ein derartig langfristiges Denken wird gemeinhin als Vorteil von Familienunternehmen gesehen, wobei das im Einzelfall auf die Positionierung der Familie ankommt. Im Fall von Sartorius wurde die Familie erst gar nicht gefragt, weil die Entscheidungsgewalt beim Testamentsvollstrecker lag. Da Arnold Picot gleichzeitig dem Aufsichtsrat vorstand und die langfristige Steigerung des Unternehmenswertes anstrebte, entstand eine für den Vorstand nahezu ideale Situation, in der er zum einen relativ unabhängig seine Wachstumsstrategie verfolgen konnte, zum anderen aber vollständig vor Übernahmeversuchen geschützt war. Im Grunde genommen kombinierte Sartorius die Vorteile des Familienunternehmens mit denen der Kapitalmarktorientierung, ohne den Nachteilen beider Kontexte ausgesetzt zu sein. Man war ein kapitalmarktorientierter, nicht aber ein kapitalmarktgetriebener Familienkonzern.

In der Finanzkrise 2008/09, der schwersten Krise der Weltwirtschaft seit 1929, blieb Sartorius profitabel, was die seit 2003 erlangte Robustheit des Unternehmens unterstreicht. Die Umsätze wuchsen bis 2008 weiter, um dann 2009 im Zeichen weltweiter Nachfragerückgänge leicht zurückzugehen. Der Jahresüberschuss brach 2008 und 2009 ein, weshalb die Dividende gekürzt und 2009 die Beschäftigung um 337 Mitarbeiter leicht zurückgefahren wurde. Ferner begegnete Sartorius der Krise mit Maßnahmen zur Kostensenkung. Zu unterscheiden ist zwischen der konjunktursensibleren Mechatronik, die deutlich stärker unter der Rezession litt, und der widerstandsfähigen Biotechnologie. Erstere rutschte 2009 fast in die Verlustzone. Hier kam es zu Restrukturierungen, um die Mechatronik anwendungsorientierter aufzustellen.

Die relative Stabilität des Unternehmens spiegelte sich in dieser Phase nicht im Börsenkurs wider, der 2008 regelrecht kollabierte. Innerhalb eines Jahres, gerechnet vom 17. Dezember 2007, verloren die Stämme 66,8 Prozent ihres Wertes und die Vorzüge 78,2 Prozent. Hier wirkte sich das allgemeine Entsetzen über den Zusammenbruch zentraler Teile des amerikanischen Bankensystems aus, aber auch die noch frische Erinnerung an das Platzen der Dotcom-Blase (2000–2002). Dieser Crash hatte kleine und mittelgroße High-Tech-Werte in besonderer Weise betroffen. Die Märkte waren hypernervös und bevorzugten Schwergewichte mit hoher Liquidität. Im Fall von Sartorius verstärkten die Verluste der Mechatronik und Zweifel, ob die Integration von Stedim gelingen würde, den Abwärtstrend zusätzlich.[336]

Wie Grafik 3 (Seite 97) belegt, performten die Sartorius-Aktien nun in langfristiger Betrachtung deutlich schwächer als der DAX-Gesamtmarkt. Zum Jahresende 2008 lagen beide Aktien sogar unter dem Ausgabekurs von 1990. Die gesamte seitdem erreichte Wertsteigerung war – zumindest aus Sicht der Börse – binnen eines Jahres ausgelöscht worden. Angesichts des schwachen Ergebnisses 2009 erholten sich die Kurse zunächst kaum, um dann seit dem Spätsommer stark anzuziehen, was ungefähr gleichzeitig mit der durch Zinssenkungen der Zentralbanken und Stabilisierungsprogramme der Regierungen verstärkten konjunkturellen Trendwende passierte. Sartorius profitierte auch vom Ende der Dollarabwertung, da man mittlerweile rund ein Drittel der Verkäufe im Dollarraum tätigte. Gleichwohl blieb der Aufschwung der Sartorius-Aktien noch hinter dem des Gesamtmarktes zurück.

2010 kehrten die Kennziffern der Sartorius AG wieder auf den vorherigen Wachstumspfad zurück. Bereits im ersten Jahr nach der Krise erreichte das Unternehmen beim Umsatz und Jahresüberschuss neue Rekorde. Die Börse blieb aber zunächst weiter skeptisch. Der Kursrückschlag von 2008 konnte erst Anfang 2011 wettgemacht werden. Die Sartorius-Aktien blieben in langfristiger Betrachtung vorerst hinter dem DAX zurück, auch wenn sich der Rückstand seit 2009 stetig verringerte. Erst im Sommer 2011 war es so weit, dass die Sartorius-Papiere gerechnet von 1990 den DAX überholt hatten. Seitdem gaben sie die Position als „Outperformer" des Marktes nicht mehr auf und erzielten in den Folgejahren ein Vielfaches der allgemeinen Kursgewinne. Getrieben wurde dieses spektakuläre Kursfeuerwerk von den Erfolgen der Sartorius AG, die ab 2010 mit großer Regelmäßigkeit Jahr für Jahr neue Rekordzahlen präsentierte (Tabelle 12, Seite 98 und Tabelle 13, Seite 100).

„Stiller Börsenstar." Ein Ausblick, 2011 bis 2020

Die zehn Jahre zwischen 2011 und 2020 stellen die wirtschaftlich erfolgreichste Phase der bisherigen Unternehmensgeschichte dar. Der Kurs der Vorzüge stieg vom Jahresende 2010 bis zum 31. Dezember 2020 um 4.907 Prozent, derjenige der Stämme um 4.793 Prozent. Verglichen mit dem Ausgabepreis von Juli 1990 ergaben sich bis zum Dezember 2020 Wertsteigerungen von 15.239 bzw. 13.068 Prozent (Grafik 5, Seite 106).

In langfristiger Perspektive ließen die Sartorius-Papiere den DAX weit hinter sich, obwohl auch dieser erheblich hinzugewann. Die Schere gegenüber der allgemeinen Marktentwicklung öffnete sich immer weiter. Eine noch spektakulärere Steigerung ergibt sich gerechnet vom Tiefpunkt während der Finanzkrise am 28. Februar 2009. Bis zum 31. Dezember 2020 war eine Wertsteigerung der Vorzüge von 22.431 Prozent zu verzeichnen. Ein Anleger, der 100 Euro eingesetzt hätte, wäre vor Steuern zum zweifachen Millionär geworden. Mit 1.000 Euro hätte es zum zweiundzwanzigfachen Millionär vor Steuern gereicht.

Grafik 6 (Seite 107) zeigt die Marktkapitalisierung der Sartorius AG.[337] Seit 2003 fand eine geradezu fantastische Wertsteigerung statt, die angesichts der vielen Probleme der vorhergegangenen Jahre kaum jemand erwartet hatte. Die „Süddeutsche Zeitung" zählte 2019 Sartorius zu den „stillen Stars der Börse" mit einem seit der Finanzkrise in Deutschland beispiellos hohen Kursgewinn.[338] Auch weltweit gab es nur wenige Unternehmen mit einer ähnlich exzeptionellen und zugleich nachhaltigen Wertsteigerung. 2012 wurde die Vorzugsaktie in den TecDAX aufgenommen, der die 30 größten Unternehmen des Technologiesektors außerhalb des DAX umfasst. 2018 folgte die zusätzliche Aufnahme in den MDAX der Deutschen Börse, in dem die 60 nach Börsenumsatz und Marktkapitalisierung größten Unternehmen hinter den 30 DAX-Werten vertreten sind. Damit war Sartorius endgültig im Kreis der großen deutschen Aktiengesellschaften angekommen. 2016 wurde ein Aktiensplit im Verhältnis eins zu vier durchgeführt, damit die Sartorius-Aktien optisch preiswerter erschienen und der Handel mit ihnen erleichtert wurde.[339]

Die Erben von Horst Sartorius fanden sich angesichts dieser exorbitanten Kurssteigerungen plötzlich in den Ranglisten der reichsten deutschen Familien wieder. Die Erbengemeinschaft, der seit 2013 auch die Söhne von Christine Franken angehören, nahm 2019 laut dem Wirtschaftsmagazin „Bilanz" den 28. Platz im bundesdeutschen Vermögensranking ein. Sie befand sich zwischen alten Industriedynastien wie den Oetkers oder den Leibingers (Trumpf).[340] Die Festlegung des Vaters, die Aktien 30 Jahre lang halten zu müssen, führte so nach allen gravierenden Problemen zu einem kolossalen Vermögenszuwachs. Christoph Sartorius dagegen, der ursprünglich als Haupterbe gegenüber den Schwestern bevorteilt werden sollte, hatte das Nachsehen.

Dass der qua Testamentsvollstreckung gleichsam eingefrorene Reichtum mit langen finanziellen Durststrecken verbunden war, steht auf einem anderen Blatt. Erst ab 2010 erhielten die Schwestern regelmäßige Auszahlungen durch den Testamentsvollstrecker.[341] Die traumhafte Kurssteigung schuf auch erhebliche Probleme, denn beim absehbaren Übergang der Aktien auf die fünfte Generation drohen hohe Erbschaftsteuern, deren Aufbringung wahrscheinlich die Mehrheitsposition der Familie gefährden wird. Um dieser Gefahr vorzubeugen,

Kurs der Sartorius-Aktien im Vergleich zum DAX, 31.12.2010 bis 31.12.2020

(Index 10.7.1990 = 100)

Grafik 5

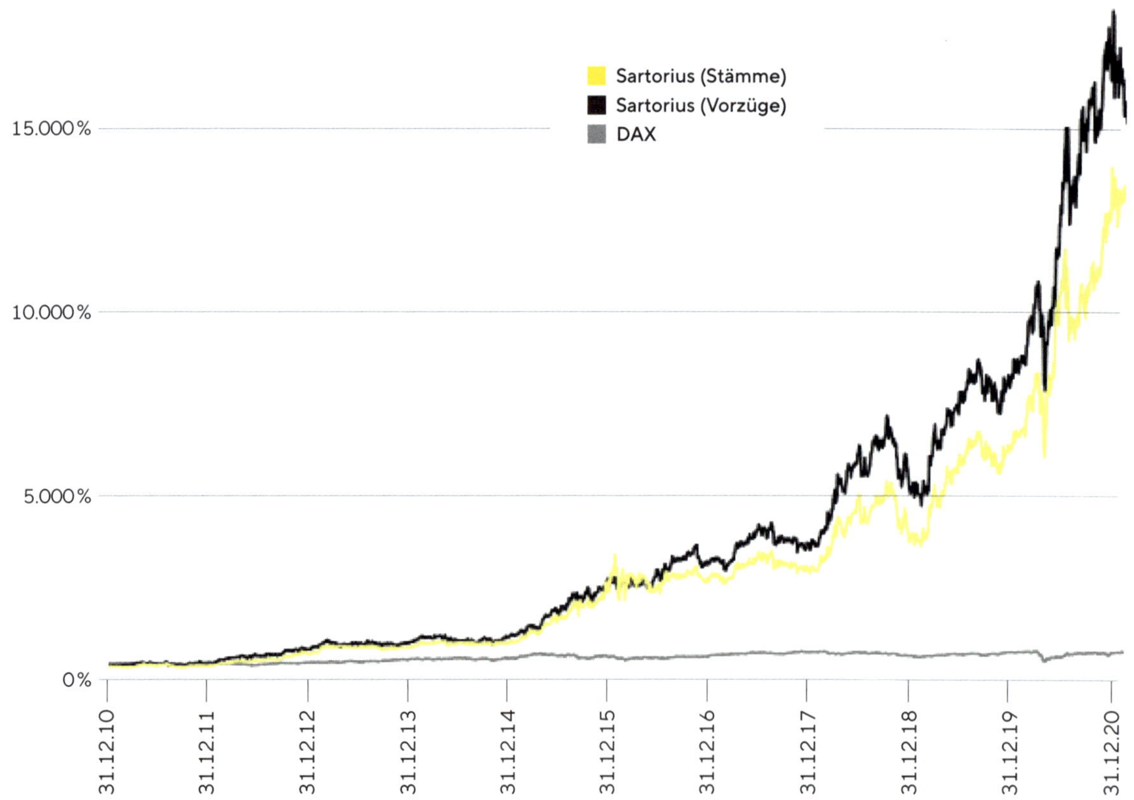

Quelle: Sartorius AG, Investor Relations.

gab es 2010 und 2015/16 zwei Anläufe, durch Poolverträge die Erbschaft- bzw. Schenkungsteuerlast zu reduzieren. Zwischen 2009 und 2016 konnten unter bestimmten Bedingungen Schenkungen von Anteilen am Betriebsvermögen von Familienunternehmen steuerfrei bleiben. 2014 erklärte das Bundesverfassungsgericht diese Regel für verfassungswidrig. 2016 entfiel daher jegliche Verschonung für Erwerber (qua Erbe oder Schenkung) von Anteilen großer Familienunternehmen mit einem Wert von über 90 Mio. Euro.[342]

Insofern war es sinnvoll, im strategisch günstigen Zeitfenster zwischen 2009 und 2016 nach einer Lösung für die fünfte Generation zu suchen, zumal sich das Verhältnis der Schwestern zueinander mittlerweile verbessert hatte. Bedingung für die erbschaftsteuerliche Verschonung wäre die Poolung der Anteile gewesen, um die vom Gesetzgeber verlangte Mindestbeteiligungsquote von 25 Prozent zu überspringen, die keine der Schwestern für sich erreicht hätte. Die Poolung hätte vorausgesetzt, dass die Schwestern bei Abstimmungen hinfort als ein Block aufgetreten wären. Dazu kam es aber nicht. 2016 wurde ein ausgearbeiteter und von der Bundesanstalt für Finanzaufsicht genehmigter Poolvertrag nicht unterschrieben, sodass diese Chance zur langfristigen, kollektiven Sicherung des Familienvermögens verstrich. Unklar war jedoch, inwieweit ein Poolvertrag in die Rechte des Testamentsvollstreckers eingegriffen hätte und die Konstruktion von den Finanzbehörden wirklich anerkannt worden wäre. Ebenfalls scheiterte der Versuch, die Quote von 25 Prozent durch interne Aktienverkäufe zu erreichen.[343] Nach wie vor gelang es also innerhalb der Familie nicht, sich zu einer abgestimmten Handlungsweise durchzuringen. Das anhaltende Fehlen eines Familienoberhauptes oder einer Familienverfassung mit klaren Regeln machte sich weiterhin schmerzlich bemerkbar.

Nach dem überraschenden Tod von Arnold Picot am 9. Juli 2017 folgte ihm Dr. Lothar Kappich nicht

Grafik 6

Marktkapitalisierung der Sartorius AG 2002 bis 2020 (jeweils 31.12.)

in Mio. Euro

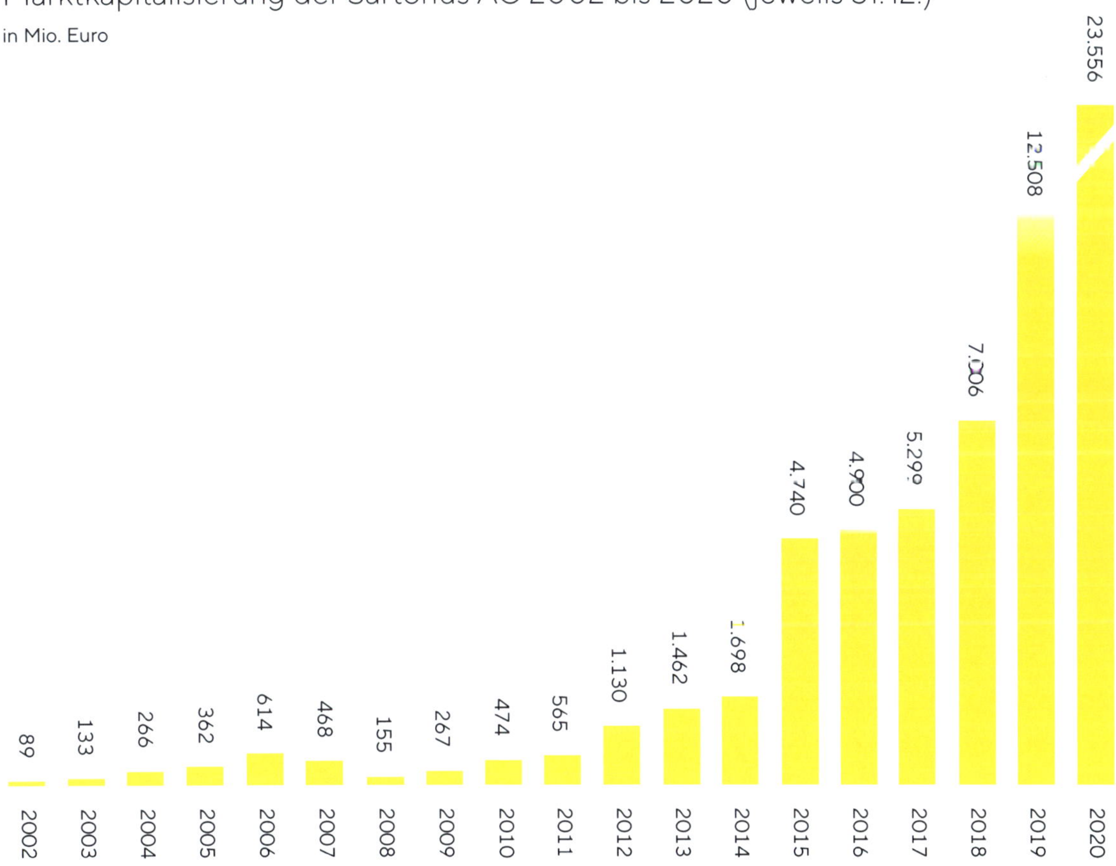

Quelle: Sartorius-Archiv, Fin 2/1, diverse Geschäftsberichte u. Auskunft Sartorius AG, Investor Relations.

nur als Aufsichtsratsvorsitzender, sondern auch als Testamentsvollstrecker nach. Somit blieb die bisherige Konstellation der Personalunion der beiden zentralen Ämter bestehen und wird voraussichtlich erst 2028 mit dem Erlöschen der Vollstreckung aufgelöst. Kappich gehörte dem Aufsichtsrat seit 2007 an und arbeitete bis 2017 hauptberuflich als Geschäftsführer des Immobilienentwicklers ECE.

Der Höhenflug der Aktien vollzog sich vor dem Hintergrund eines hochdynamischen und robusten Wachstums des Unternehmens und seiner Renditen. Die Zahl der weltweiten Mitarbeiter stieg um mehr als das Doppelte von 4.515 (2010) auf 10.637 (2020).[344] 2016 konnte das Grundkapital allein aus Gesellschaftsmitteln um 56,2 Mio. Euro von 18,7 auf 74,9 Mio. Euro erhöht werden, das heißt durch die Auflösung von Rücklagen. Zwischen 2011 und 2020 kaufte Sartorius 14 Unternehmen. Der Umsatz schwoll von 659 Mio. Euro (2010) auf 2,3 Mrd. Euro (2020) an. Die Umsatzrenditen bewegten sich zwischen 7,2 und 12,8 Prozent. Die Quote des um Sondereffekte bereinigten EBITDA am Umsatz stieg zwischen 2010 und 2020 von 13 auf herausragende 29,6 Prozent. Die Bilanzen wurden von Analysten und Wirtschaftsmedien zumeist gelobt und deren Erwartungen ebenso wie die Prognosen der Unternehmensleitung oftmals übertroffen.

Das Wachstum war auch äußerlich sichtbar, nämlich in einer kontinuierlichen Bautätigkeit. Das Göttinger Areal an der Otto-Brenner-Straße bot glücklicherweise erhebliche Möglichkeiten, sich räumlich zu erweitern. Auf dem Sartorius Campus riss die Bautätigkeit nicht mehr ab. 2012 wurden ein neues Gebäude für die Membranfilterproduktion und eine neue Ziehmaschine in Betrieb genommen. Ferner kam 2013 ein Erweiterungsbau für die Spritzgusstechnik hinzu. 2017/18 erfolgte der Umzug der Konzernzentrale aus dem dann komplett geräumten alten Werk an der Weender Landstraße auf den erweiterten Campus. Der Standort Melsungen wurde durch das benachbarte Guxhagen ersetzt, wo Sartorius 2012 einen hochmodernen Neubau mit 9.000 Quadratmeter vor allem für die Produktion von Einweg-Bioreaktoren eröffnete.[345] In Bangalore weihte Sartorius 2009 ein neues Werk ein, das als Teilelieferant für andere Konzern-Standorte eine zunehmende Bedeutung gewann. Das Werk in Puerto Rico wurde 2012 modernisiert, um 4.000 Quadratmeter und ein hochmodernes Logistikzentrum für ganz Nordamerika erweitert. Es übernahm die

Abb. 44 Moderne Konzernzentrale: Der Sartorius Campus im Jahr 2020

Bag-Produktion vom Standort Concord, Kalifornien, der geschlossen wurde. Ein erneuter Ausbau wurde 2019 vollendet. 2018 ging in Florida ein Zwischenlager in Betrieb, das die Produkte aus Puerto Rico in Kontinentalamerika auslieferte. 2016 kam ein neues Gebäude in Göttingen für Laborinstrumente und in Stonehouse (England) für Labor-Einwegprodukte hinzu. In Aubagne entstanden 2019 ein neues 12.000 Quadratmeter großes Logistikzentrum und ein zusätzlicher Reinraum. In Ulm begann der Bau eines neuen, die Kapazitäten verdoppelnden Entwicklungs- und Produktionszentrums für Zelllinien, das seit 2019 den Standort Laupheim ersetzt. Auch der Sartorius Campus wird weiter ausgebaut. Es ist nicht übertrieben zu sagen, dass eigentlich immer Neubauten entstanden und bestehende Standorte laufend erweitert wurden.

Was waren die Gründe dafür, dass es sich gleichsam um ein goldenes Jahrzehnt handelte, in dem Sartorius erstmals nach langer Zeit wieder besser als der Wettbewerb performte? Erstens sind günstige externe Einflüsse zu nennen. Ab 2010 setzte sich die Erholung der Weltwirtschaft fort, die in eine ungewöhnlich lange Wachstumsperiode eintrat. Bis 2019 gab es keine tiefen Krisen von globalen Ausmaßen. Die von den Zentralbanken niedrig gehaltenen Zinsen waren ein Vorteil. Da Sartorius überwiegend variabel verzinste Kredite aufgenommen hatte, profitierte man schnell von den häufigen Zinssenkungen. Investitionen verbilligten sich allgemein, nicht aber Firmenübernahmen, da die Preise für Unternehmensanteile rasant stiegen. Der globale Pharmamarkt expandierte weiter, wobei die Biotechnologie überproportional wuchs. In diesem Segment wiederum stieg die Nachfrage nach Einwegprodukten besonders kräftig. Die vermehrte Produktion von biopharmakologischen Nachahmermedikamenten (Biosimilars) vergrößerte den von Sartorius adressierten Markt zusätzlich. Die Nachfrage nach biopharmazeutischem Equipment allgemein und Einwegprodukten im Besonderen wies weiterhin erhebliche Zuwächse auf. Sartorius profitierte also nach wie vor von Megatrends.

Zweitens wurde die schon vor 2011 entwickelte Strategie, sich vorrangig als „Anbieter integrierter Lösungen für alle Prozessschritte in der biopharmazeutischen Produktion" zu positionieren,[346] konsequent umgesetzt. Damit traf man die Bedürfnisse der Kunden und baute die margenstärkste Sparte (Tabelle 13, Seite 100) bevorzugt aus. Die Integration von Stedim glückte, und Sartorius Stedim Biotech etablierte sich unter den globalen Marktführern im Einwegbereich. Mit den Einwegprodukten erzielte die Sparte zuletzt rund drei Viertel des Umsatzes. Die Sartorius AG erhöhte ihre Anteile an dem fusionierten Unternehmen bis 2018 auf rund 75 Prozent. Beide Sparten wurden zunehmend nicht mehr technologie-, sondern markt- und kundenorientierter ausgerichtet.

Als Anbieter von Komplettlösungen entlang der Prozesskette der Kunden erschloss Sartorius per Akquisitionen, durch strategische Partnerschaften und Eigenentwicklungen laufend neue Produktbereiche. 2012 kam es zu einer Vereinbarung mit dem Schweizer Konzern Lonza im Bereich Zellkulturmedien, 2013 kaufte man die britische TAP Biosystems, die mit 160 Mitarbeitern auf die Produktion kleiner Bioreaktoren spezialisiert war und dieses bislang nicht im Konzern vorhandene Segment einbrachte. 2016 kam das Unternehmen kSep Systems aus den USA hinzu, das mit einer neuen Technologie voll automatischer Einweg-Zentrifugen für die Zellernte das Produktportfolio ergänzte.[347] 2017 wurde das schwedische Software-Unternehmen Umetrics gekauft, das Datenanalysesoftware für die Modellierung und Optimierung biopharmazeutischer Prozesse bereitstellt und Marktführer auf diesem zukunftsträchtigen Gebiet ist, das Kunden bei der Automatisierung ihrer Prozesse unterstützt. Dienstleistungsangebote kamen hinzu. So wurde 2016 in Boston ein Labor eröffnet, das für Kunden biotechnologisch hergestellte Wirkstoffe auf ihre Qualität untersucht.

Die Sparte Bioprocess Solutions arbeitete im Vertrieb mit eigenen Außendienstmitarbeitern. Bei Großkunden wurden sie durch ein globales Key Account Management unterstützt.[348] Eine gezielte Technologiedifferenzierung unterschied zwischen spezifischen Kernaktivitäten, die im eigenen Haus durchgeführt wurden, und unspezifischen Randaktivitäten, die Zulieferer erledigten. Globale Fertigungsverbünde mit eigenen Töchtern und Fremdfirmen halfen, Kosten zu senken und eine marktnahe Produktion sicherzustellen.

Drittens zeichnete sich das Management durch Kontinuität und Kompetenz aus. Dabei profitierte es von der langfristigen Orientierung und der Zurückhaltung der beiden Großaktionäre, von denen

Abb. 45 Der Vorstand der Sartorius AG 2020: Dr. Joachim Kreuzburg (Vorsitzender), René Fáber, Rainer Lehmann, John Gerard (Gerry) Mackay (von links)

Bio-Rad seinen Anteil an den Stammaktien bis 2019 auf über 37 Prozent erhöhte,[349] während die Familie ihre freien Anteile leicht reduzierte. Ab 2009 konnte Kreuzburg mit einem von ihm zusammengestellten dreiköpfigen Vorstand langfristig zusammenarbeiten. Dabei gab es eine klare Präferenz für intern rekrutierte Vorstände. 2009 traten mit Reinhard Vogt und Jörg Pfirrmann zwei Spitzenmanager in das Leitungsgremium ein, die sich im eigenen Haus seit 1983 bzw. 1999 bewährt hatten. Bis 2018 gab es nur einen Wechsel. Die dann amtierenden Vorstände blickten auf lange Dienstzeiten im Haus zurück. Kreuzburg war seit 19 Jahren bei Sartorius gewesen und stand seit 14 Jahren dem Vorstand vor. Vogt arbeitete seit 34 Jahren für Sartorius, Rainer Lehmann seit 13 Jahren. Im 2010 von Kreuzburg eingeführten erweiterten Führungskreis, dem spartenübergreifenden Group Executive Committee, saßen neben den Vorständen drei weitere langjährige Manager, deren Dienstzeiten bei Sartorius bzw. Stedim 2018 zwischen neun und 23 Jahren lagen. Oscar-Werner Reif war für Forschung und Entwicklung zuständig, Volker Niebel für die Aufgabenfelder Produktion, Beschaffung und Business Operations und John Gerard Mackay für Marketing, Sales & Services der Sparte Lab Products & Services.[350] Diese relativ hohe Kontinuität ermöglichte das langfristige Arbeiten in einem eingespielten, sehr stabilen Team mit viel branchenspezifischem Know-how und reichlich Erfahrung im Sartorius-Kosmos und mit den Kunden.

Allgemein zeichnet sich Sartorius durch lange Betriebszugehörigkeiten und eine niedrige Fluktuationsrate aus, die 2020 konzernweit bei 7,1 Prozent lag, an den deutschen Standorten sogar noch deutlich darunter.[351] Sartorius strebt an, Führungspositionen weitgehend aus den eigenen Reihen und diese an ausländischen Standorten aus den jeweiligen Ländern heraus zu besetzen. Von den Führungskräften waren fast 70 Prozent nichtdeutscher Nationalität. Konzernweit wurden in diesem Jahr Menschen aus 96 Nationen beschäftigt. Der Anteil der Beschäftigten im Ausland lag bei 65 Prozent.[352]

Viertens wurde der Umbau des Konzerns konsequent fortgesetzt, wobei weniger profitable Einheiten gegen solche mit höheren Erträgen ausgetauscht wurden. Zwischen 2011 und 2020 kam es zu vierzehn Akquisitionen von Firmen, die fast ausschließlich in sehr speziellen Bereichen der Biotechnologie tätig waren. Dem stand eine nicht unerhebliche Desinvestition gegenüber. Solche strukturellen Entscheidungen fielen wie bereits 2007 beim Verkauf des Gleitlagergeschäfts ohne jede Sentimentalität allein nach Rentabilitätskalkülen. Sartorius hatte sich weit entfernt von der Kultur eines Patriarchen wie Horst Sartorius, der ‚seine Leute' in Göttingen schützen und ‚Übergriffe in fremde Territorien' vermeiden wollte.

2010 wurde die industrielle Wägetechnik als schwächerer Teil der Mechatronik mit geringen globalen Zukunftschancen identifiziert, während Sartorius bei den Laborwaagen „mit guten Marktanteilen einer der weltweit führenden Anbieter"[353] war. 2011 gliederte man die industrielle Wägetechnik, also etwa 40 Prozent der Mechatronik-Sparte mit 718 Mitarbeitern, in die Industrial Weighing Technology GmbH aus. Die davon in Göttingen gelegene Aktivität zog in das nahe gelegene Bovenden um und war nun auch räumlich vom Rest des Unternehmens getrennt. Um sie weiterzuentwickeln, hätte sie durch Zukäufe wesentlich wachsen müssen, was aber angesichts der florierenden Biotechnologie mit ihren deutlich besseren Zukunftsaussichten nicht sinnvoll erschien.[354] Der Verkauf des nach wie vor profitablen Geschäfts, das 2012 eine attraktive, aber deutlich unter dem Konzerndurchschnitt liegende Umsatzrendite von 9,9 Prozent aufwies, zögerte sich bis 2014 hinaus, weil bis dahin die Kaufangebote zu niedrig waren. Dann wurde die Sparte in Sartorius Intec umbenannt und an den japanischen Konzern Minebea für rund 90 Mio. Euro verkauft, der 2016 eine Umfirmierung zu Minebea Intec vornahm. Die Standorte in Bovenden, Aachen (vormals Boekels) und Hamburg (vormals GWT) blieben erhalten.

Mit dem früh angekündigten Verkauf der industriellen Wägetechnik ging eine Neuaufstellung der Mechatronik einher. Statt sie komplett zu verkaufen, wie mancher im Hause vorschlug, entschied sich Kreuzburg dafür, sie zu einer breiter aufgestellten Laborsparte mit einem Fokus auf Life Sciences weiter zu entwickeln. Diese Sparte sollte nicht mehr primär Waagenproduzent sein, sondern umfassender Lieferant von Premium-Laborprodukten für Forschungseinrichtungen sowie für die Pharma-, Chemie-, Getränke- und Nahrungsmittelindustrie werden. 2011 wurde die Liquid-Handling-Sparte des finnischen Unternehmens Biohit Oyj gekauft, die mechanische und elektronische Pipetten sowie Verbrauchsmaterialien in Finnland und China herstellte und Serviceleistungen erbrachte. Pipetten gehören neben Waagen zu den am häufigsten benötigten Laborgegenständen. Daneben wurden andere Messinstrumente und Materialien, Reinstwassersysteme und Dienstleistungen angeboten. Verbrauchsmaterialien für biopharmazeutische Labore wie Laborfilter, Bioreaktoren und mikrobiologische Tests kamen zum Teil aus der Sparte Biotechnologie. In der Laborwägetechnik befand sich Sartorius weltweit auf dem zweiten Platz, bei den Pipetten im erweiterten Kreis der Weltspitze.[355]

Aufgrund dieser Neuausrichtung passte der Name Mechatronik nicht mehr, und die Sparte hieß ab

Abb. 46 Sartorius hat seine Produktpalette in den vergangenen Jahren um innovative Technologien zur Bioanalytik erweitert. Die automatisierte Analyse von Zellen und Molekülen beschleunigt die Entwicklung neuer Wirkstoffe und Therapien

Abb. 47 Reinraum-Fertigung von Bags für Kunden aus der biopharmazeutischen Industrie in Yauco, Puerto Rico, 2019

2012 Lab Products & Services. Die Biotechnologie wurde gleichzeitig in Bioprocess Solutions umbenannt, um das Selbstverständnis als Problemlöser für komplexe Prozesse der Herstellung von Biotech-Medikamenten herauszustellen. Der Vertrieb beider Sparten wurde zunehmend integriert, da sie häufig dieselben Laborkunden belieferten. Der Direktverkauf an Großkunden und der E-Commerce gewannen für Lab Products an Bedeutung. Durch die 2016 durchgeführten Akquisitionen der amerikanischen Start-ups IntelliCyt und ViroCyt erwarb die Sparte Kompetenzen in der Zellanalytik, „die Instrumente, Software und Reagenzien integriert". Deren Plattformen wurden „von Biopharmakunden bei der Entwicklung neuer Moleküle eingesetzt".[356] Diesen Bereich stärkte Sartorius 2017 durch den Kauf von Essen BioScience, da das Unternehmen aus der amerikanischen Universitätsstadt Ann Arbor eine Plattform zur voll automatischen Analyse von Zellen und biologischen Prozessen besaß.[357] Diese Unternehmen verblieben an ihren Standorten, um dort zu wachsen und von den lokalen Forschungskontexten und Arbeitsmärkten zu profitieren. Umsiedlungen nach Göttingen waren weder vorgesehen, noch hätten dem die Mitarbeiter zugestimmt. Die Tatsache, dass der frühere Kernbereich Wägetechnik 2020 nur noch deutlich weniger als zehn Prozent des Umsatzes erwirtschaftete, zeigt, wie sehr sich das Unternehmen gewandelt hat. Im Grunde genommen hat es sich neu erfunden und die Abhängigkeit von einem reifen Markt hinter sich gelassen, um sich auf einen boomenden Zukunftsmarkt zu konzentrieren.

Die 2018 festgelegten ambitionierten Zielgrößen für 2025 wurden Anfang 2021 angehoben.[358] Beim Umsatz wird mit rund fünf Mrd. Euro etwas mehr als eine Verdoppelung zum Geschäftsjahr 2020 angestrebt, wobei der Großteil des Wachstums organisch und ein weiterer Teil durch Akquisitionen erzielt werden sollen. Diese Entwicklung wird mit einer voraussichtlichen Erhöhung der Mitarbeiterzahl auf etwa 15.000 einhergehen. Die operative EBITDA-Marge soll von 25,1 (2017) bzw. 29,9 (2020) auf rund 32 Prozent steigen. In der Biotechnologie sollen es gar 34 Prozent werden. Ein erster Schritt war die 2019 erworbene Mehrheitsbeteiligung an Biological Industries, einem israelischen Zellkulturspezialisten mit 130 Mitarbeitern. Deutlich größer war die 2020 durchgeführte Übernahme von mehreren Teilen des US-Konzerns und Mitbewerbers Danaher mit ca. 300 Mitarbeitern und einem Umsatzvolumen von 140 Mio. Dollar. Diese komplexe Transaktion mit einem Kaufpreis in Höhe von 825 Mio. Dollar kam zustande, nachdem verschiedene Wettbewerbsbehörden der Übernahme des Biopharma-Geschäfts des krisengeschüttelten General-Electric-Konzerns durch Danaher zugestimmt hatten und Sartorius als Käufer des Desinvestitionspakets akzeptiert wurde. Durch den im November 2020 erfolgten Zukauf des slowenischen Unternehmens BIA Separations für 240 Mio. Euro in bar, 120 Mio. Euro in Aktien der Sartorius Stedim Biotech und weiteren erfolgsabhängigen Komponenten gelang Sartorius eine zukunftsorientierte Erweiterung seines Angebots für den Aufreinigungsprozess für neuartige Zell- und Gentherapeutika. Mit der Akquisition der WaterSep BioSeparations LLC für bis zu 36 Mio. Euro kurz vor Jahresende ergänzte Sartorius sein Portfolio schließlich noch um innovative Filtrationssysteme im Bereich der Bioprozesstechnik.[359]

Die Pläne für die nächsten fünf Jahre zeigen, dass Sartorius nicht daran denkt, sich mit dem bisher Erreichten zufriedenzugeben, sondern das eindrucksvolle Wachstum der letzten beiden Jahrzehnte fortsetzen will. Man wird gespannt darauf sein dürfen, ob und wie die exzeptionelle Erfolgsgeschichte fortgeschrieben werden wird. Auch wenn die Wachstumstreiber der letzten Jahre weiter wirken dürften und aus heutiger Sicht wenig dafür spricht, dass Sartorius diesen Wachstumspfad verlassen könnte, sind zuverlässige Aussagen über die Zukunft nicht möglich. Im Jubiläumsjahr stand Sartorius aber sicher nicht am Ende einer Entwicklung, sondern nach 150 Jahren am Beginn eines neuen Kapitels seiner Geschichte.

Es war ein langer und keineswegs geradliniger Weg von der kleinen mechanischen Werkstatt in der Göttinger Groner Straße zum weltumspannenden Konzern, vom Waagenhersteller zum Anbieter biotechnologischer Prozesslösungen und umfassenden Laborequipments, vom vielfach um die Existenz kämpfenden, eigentümergeführten Mittelständler zum florierenden, managergeführten Großunternehmen. Sartorius kombiniert heute auf eine sehr spezifische und produktive Weise Gegensätze, nämlich Tradition und Innovationskraft, regionale Verwurzelung und Transnationalität sowie Familienbesitz und Kapitalmarktorientierung. Nach wie vor profitiert der Konzern von den Schutzmauern des Mehrheitseigentums der Gründerfamilie. Dieser Schutz geht jedoch nicht wie so oft mit einem bremsenden Strukturkonservatismus einher, sondern mit einem hohen Maß an transformativer Dynamik.

CARLOS RAFAEL
PROVENZA, 251
SUMINISTROS COMPLETOS P
DISTRIBUIDORES EXC
W. EDWARDS & CO. LTD. LONDRES
HIGH
W. EDWARDS & CO. (LONDON) LTD.
VACUUM
HILGER & WATTS LTD. LONDRES
HILGER
BAIRD & TATLOCK LTD. LONDRES
B T L
R. FUESS BERLIN
R FUESS BERLIN-STEGLITZ
SARTORIUS-WERKE A.G GOTTINGEN
SARTORIUS-WERKE A.G. GÖTTINGEN
CONSTRUCCION
SILICE
PARIS
TE
IARES S.L.
A
LTEN
"DUMA"
CONSTRUCCIONES MECANICAS
SARASA
GERONA
KARLSRUH
MINNESOTA MINING &
TURING COMPANY
Superna
MECEM
BALANZA ANALITICA
RAPIDA
ORIGINAL SARTORIUS
SELECTA STANDARD
BALANZA ANALITICA
RAPIDA
ORIGINAL SARTORIUS
SELECTA RAPID
MICROTOMO
STANDARD
ORIGINAL
SARTORIUS
TERMOGRAFO
FUESS
HIGROGRAFO
FUESS

Internationalisierung

von Christian Kleinschmidt

Internationale Ausstellung
Barcelona, 1954

Inhaltsverzeichnis zum Kapitel

Zeit der Weltausstellungen: Exportorientierung bei Sartorius vor dem Ersten Weltkrieg

Der Zeitraum zwischen der Sartorius-Unternehmensgründung im Jahr 1870 und dem Ersten Weltkrieg war gekennzeichnet durch eine große ökonomische und politische Dynamik. Es war die Zeit des Nationalismus und der Reichsgründung im deutsch-französischen Krieg 1870/71, verbunden mit dem anschließenden Aufstieg Deutschlands zu einer europäischen Groß- und Kolonialmacht. Zugleich war es die Zeit der Hochindustrialisierung, in der sich Deutschland zu einer der führenden Industrienationen entwickelte, wobei eine Vielzahl von Gründen darauf Einfluss nahm: internationale Wirtschaftsbeziehungen, Handel und Export, die Bemühungen um Freihandel durch einen Abbau von Zöllen, der Ausbau und die Verflechtung internationaler Verkehrs- und Kommunikationsinfrastruktur, Kooperationen auf dem Gebiet der Geld- und Währungspolitik durch die Einführung des Goldstandards sowie Bemühungen um eine Standardisierung von Maßen und Gewichten. Nicht umsonst wird von dieser Phase als der „ersten Ära der Globalisierung" (Ulrich Pfister) gesprochen, die freilich innerhalb nur eines Jahrzehnts massive Gegenbewegungen infolge eines wachsenden internationalen Wettbewerbs hervorrief und unter der Regierung Bismarck Ende der 1870er Jahre eine restriktivere Handelspolitik und die Einführung von Schutzzöllen nach sich zog.[1]

In diesem Umfeld bewegte sich das Unternehmen von Florenz Sartorius, das sich in der Universitätsstadt Göttingen als Teil einer neuen Branche der Optik, Mess- und Regeltechnik etablierte. Dieser Bereich zählte, neben der elektrotechnischen oder chemisch-pharmazeutischen Industrie, zu den Führungssektoren dieser Phase der Industrialisierung. Optische und feinmechanische Geräte wurden noch im 18. Jahrhundert vor allem aus England importiert. Anregungen zur Herstellung naturwissenschaftlicher Instrumente kamen dann aber zunehmend auch aus der heimischen Uhrenindustrie. Schließlich gab es auch Einflüsse aus der Physik und der Mathematik sowie Querverbindungen zur chemischen Industrie. Die erfolgreiche Etablierung eines neuen Unternehmens auf dem Gebiet der Mess-, Labor- und Gerätetechnik setzte vor dem Hintergrund einer zunehmenden Konkurrenz vor Ort sowie auf nationaler und internationaler Ebene ein hohes Maß an Wissensgenerierung und Kommunikation voraus. Das betraf technische Entwicklungen und Innovationen ebenso wie den Handel und die Präsenz auf Märkten und Messen.[2]

Während seiner Ausbildungszeit hatte Florenz Sartorius die für Handwerkergesellen üblichen Wanderjahre absolviert, die ihn in deutsche Universitätsstädte wie Marburg und Gießen, nach Hamburg und zu Siemens & Halske nach Berlin brachten. Dort lernte er Fertigkeiten und die neuesten Entwicklungen von Präzisionsinstrumenten, speziell von analytischen Waagen, kennen. Justus von Liebig hatte in Gießen Einfluss auf die Entwicklung von Analysenwaagen bei Staudinger u. Co., einer Werkstätte für wissenschaftliche Präzisionsinstrumente, genommen, und Friedrich Wöhlers Entwicklung des neuen Werkstoffs Aluminium gab entscheidende Impulse für den Einsatz innovativer Materialien auf diesem Gebiet. Während Aluminium in größerem Umfang zunächst in Frankreich produziert wurde und dort etwa bei der Einfassung von optischen Geräten wie Fernrohren oder Operngläsern zum Einsatz kam, gehörte Sartorius zu den Nachfolgern, die das leichte Material bei der Herstellung von Waagebalken nutzten.[3]

Es kam aber nicht nur darauf an, Anregungen und Informationen aus Unternehmen und Universitäten für die Entwicklung und Herstellung der eigenen Produkte zu nutzen, sondern diese auch bei potenziellen Abnehmern und Kunden bekannt zu machen und zu bewerben, um das junge Unternehmen auf einem national und international ausgerichteten Markt zu etablieren und zu behaupten. Nationale und internationale Gewerbe- und Industrieausstellungen sowie die seit Mitte des 19. Jahrhunderts stattfindenden Weltausstellungen boten ein Forum dafür.

Als „First Industrial Nation", als ökonomische, politische und militärische Weltmacht, richtete Großbritannien in London mit der „Great Exhibition of Works of Industry of all Nations" 1851 die erste Weltausstellung aus. Doch war sie nicht nur die erste, sondern zählte mit dem eigens zu diesem Ereignis errichteten „Crystal Palace" sicherlich auch zu den eindrucksvollsten Veranstaltungen dieser Art im 19. Jahrhundert. Diese gigantische Leistungsschau der zeitgenössischen Ingenieurskunst präsentierte einen „Jahrmarkt der Neuerungen" und des technischen Fortschritts. Sie gilt als „erste, moderne, kommerzielle Massenveranstaltung" und zog mehr als sechs Millionen Besucher an.[4] Die Londoner Weltausstellung war für die deutschen Kleinstaaten allerdings ein eher „desaströses" Ereignis, zeigte sich doch, wie weit sie hinter der industriellen Entwicklung der führenden Industrienation Großbritannien zurückgeblieben waren. Gleichwohl bot sie Anregungen für eine Vielzahl von Gewerbe- und Industrieausstellungen in den deutschen Territorien, die sich als Demonstrations-

Abb. 1 Der Crystal Palace, Wahrzeichen der ersten Weltausstellung 1851 in London

und Repräsentationsveranstaltungen seit dem frühen 19. Jahrhundert zu einem wichtigen Massenmedium, einem Ort des Informationsaustauschs zwischen Gewerbetreibenden sowie als Instrument der nationalen Gewerbeförderung und Absatzsteigerung entwickelt und etabliert hatten.[5] In der Zeit der Reichsgründung und damit auch in der Phase der Unternehmensgründung von Florenz Sartorius verdichteten sich die Gewerbe- und Industrieausstellungen in Deutschland, wo allein in den 1870er Jahren in Dresden (1871 und 1875), in Bremen (1874), Hamburg (1876), Karlsruhe (1877), München (1878), Hannover (1878) und Berlin (1879) wichtige Veranstaltungen stattfanden, die sich zunehmend auch inhaltlich ausdifferenzierten.[6] Sartorius selbst war erstmals vier Jahre nach der Unternehmensgründung auf der Bremer Gewerbeausstellung 1874 vertreten, wo er für eine kurzarmige Waage mit Aluminiumbalken eine hohe Auszeichnung erhielt. Weitere Prämierungen ergaben sich durch Ausstellungspräsenzen in Hannover 1878, Gotha 1882, Königsberg und Lübeck 1895 sowie Dresden 1903. Die entsprechenden Auszeichnungen und Medaillen, die oftmals in aufwendigen Inszenierungen überreicht wurden, wurden in den Produktkatalogen des Unternehmens sowie auf Briefköpfen – zum Teil sogar in englischer und französischer Sprache – abgedruckt. Kataloge, Briefköpfe und Rechnungen wurden ins In- und Ausland verschickt und boten den Unternehmen somit zugleich die Möglichkeit, auf der Basis neuer Druckverfahren bildliche Darstellungen, Verzierungen, Warenzeichen, Medaillen und Schriftzüge sowie Firmenansichten zu präsentieren. Sie bildeten – wie die Gewerbe- und Industrieausstellungen selbst – eine frühe Form der Wirtschaftswerbung, der Kommunikation und Selbstdarstellung.[7]

Die zunehmende internationale Präsenz des Unternehmens kam schließlich auch auf den Weltausstellungen zum Ausdruck. Erstmals war dies 1876 in Philadelphia der Fall. Die dortige Weltausstellung war zugleich die erste in der sogenannten Neuen Welt. Anlässlich der Hundertjahrfeier der amerikanischen Unabhängigkeit sollte sie eine Art „Schaufenster des modernen Amerika" darstellen.[8] Aus deutscher Sicht bedeutsam war die Weltausstellung von 1876 vor allem durch die Briefe von Franz Reuleaux, einem deutschen Maschinenbauingenieur, der als Mitglied des Preisgerichts in Philadelphia massive Kritik an der deutschen Industrie äußerte. Er charakterisierte deren Produkte als „billig und schlecht" sowie als „minderwertig" und bemängelte, dass deutsche Hersteller die Qualität ausländischer, insbesondere amerikanischer Produkte oftmals unterschätzten. In einem Schreiben an das Reichskanzleramt im gleichen Jahr leitete

Abb. 2 Preise und Medaillen schmückten die Briefköpfe von Sartorius und dienten als Qualitätsnachweis, Briefkopf 1899

Abb. 3 Eröffnung der Weltausstellung 1876 in Philadelphia, auf der Sartorius ausstellte und eine Auszeichnung erhielt

Reuleaux aus dieser Analyse unterschiedliche wirtschaftspolitische Maßnahmen ab, die dem Schutz und der Stärkung der deutschen Industrie im internationalen Wettbewerb gegen den seiner Meinung nach verderblichen „Kosmopolitismus" dienen sollten. Dies betraf unter anderem die Revision der Zolltarife, die die „zurückgebliebenen Industriezweige" schützen sollten, sowie die Einführung eines Patentgesetzes.[9]

Sicherlich hatte Reuleaux bei seiner Kritik nicht das Unternehmen Sartorius im Blick, gehörte es neben Borsig und der Maschinenfabrik von Langen und Otto doch zu den wenigen Vertretern deutscher Unternehmen, die sich in Philadelphia erfolgreich präsentierten und gegenüber der internationalen Konkurrenz behaupteten, wie die verliehene Auszeichnung unterstreicht.[10] Dass Sartorius zudem wenige Jahre später bei der Herstellung seiner Brutapparate zur Geflügelzucht u. a. auf amerikanische Vorbilder zurückgriff, zeigte auch, dass das Unternehmen die Produkte der neuen Industriemacht USA keineswegs unterschätzte. Ab den 1890er Jahren ergänzte die Herstellung von Brutschränken das ursprüngliche Geschäft von Sartorius, die Produktion und den Absatz von Analysen- und Präzisionswaagen, und entwickelte sich zum zweiten Standbein des Unternehmens. Dabei ging es vor allem um die Präzisionsregulierung der Apparaturen in Brutschränken und Trockenöfen in einem Zeitraum, der nicht nur durch Fortschritte und Innovationen auf dem Gebiet der gewerblichen und industriellen Entwicklung gekennzeichnet war, sondern ebenso durch die Verwissenschaftlichung und Technisierung der Landwirtschaft, speziell der Geflügelzucht. Zunächst hatte Sartorius Informationen und Anregungen von amerikanischen und französischen Herstellern übernommen und diese dann mit Blick auf die

Jndustriewerke
für künstl. Geflügelzucht u. Angelsport
F. SARTORIUS & SÖHNE
GÖTTINGEN.
GERMANIA BRUTAPPARATE
Sämtliche Apparate und Utensilien
zur rationellen Geflügelzucht.

Temperaturregelung mithilfe einer selbsttätigen Membranregelung unter dem Markennamen „Germania-Regelung“ sowie durch eine Eier-Wendevorrichtung weiterentwickelt. Damit zielte man auf einen sich etablierenden europäischen Massenmarkt für Geflügelprodukte. Ähnlich wie auf den Industrie- und Gewerbeausstellungen war Sartorius seit Ende des 19. Jahrhunderts deshalb auch bei landwirtschaftlichen Ausstellungen im In- und Ausland vertreten und bewarb seine Brutapparate in Massenmedien wie Zeitungen und Verkaufsbroschüren.[11]

Der Ruf nach Schutzzöllen, der Ende der 70er Jahre vor allem aus der deutschen Eisen- und Stahlindustrie und der Landwirtschaft kam, war für das auch international zunehmend erfolgreiche Unternehmen Sartorius, das an offenen Märkten interessiert war, kaum von Bedeutung. Gleichwohl hatten Reuleaux' Kritik im Rahmen der Weltausstellung in Philadelphia und dessen Folgewirkungen durchaus auch Konsequenzen für Sartorius, die weit über den Werbeeffekt der Preisverleihung für seine Produkte hinausgingen. Das deutsche Patentgesetz von 1877 bot innovativen Unternehmen die Möglichkeit, neue Ideen und Erfindungen schützen zu lassen und damit für einen bestimmten Zeitraum die Nutzung durch andere zu untersagen, was die Wettbewerbsfähigkeit stärkte. Dies galt auch für andere Länder wie etwa Großbritannien, wo Sartorius seine Erfindung „Improvements in Scales and Weights for Analytical Purposes“ als britisches Patent schützen ließ. Seit Beginn der 1880er Jahre brachte Sartorius schließlich sogenannte „Patentwaagen“ auf den Markt.[12]

Ähnliches galt für das 1874 erlassene Markenschutzgesetz, welches Produktmarken vor Missbrauch durch die Konkurrenz schützte. Beide Gesetze stellten für Sartorius wichtige Schritte zum wirtschaftlichen Erfolg des Unternehmens dar. Eine mittelfristige Wirkung der Reuleaux'schen Kritik und damit auch eine Fortsetzung der negativen Einschätzung deutscher Technik ergab sich infolge der in England 1887 erzwungenen Warenbezeichnung „Made in Germany“ für – wie Reuleaux es ausgedrückt hatte – „schlechte und billige“ deutsche Waren. Sartorius' Brutapparate der Marke „Sartorius Germania“ bewirkten jedoch – wie auch andere Produkte „Made in Germany“ – das genaue Gegenteil und ließen sich auf europäischen Märkten sehr erfolgreich absetzen.[13]

Sartorius nutzte auch die weiteren Weltausstellungen, u. a. in Chicago 1893, in Paris 1900, in St. Louis 1904 und in Brüssel 1910, bei welchen man vier Grand Prix und eine goldene Medaille gewann, zur Präsentation des Unternehmens und seiner Produkte. Zur Pariser Weltausstellung im Jahr 1900 war eigens eine Denkschrift über die mechanischen Werkstätten Göttingen erschienen, in der Florenz Sartorius in einem umfangreichen Artikel die Aktivitäten und Erfolge seines Unternehmens vorstellte.[14] 1906 kam es zu mehreren Produkterweiterungen und einer Aufteilung des Unternehmens in vier Abteilungen – Waagen und Gewichte, Wärmekästen, Mikrotome, geodätische und astronomische Instrumente –, die sich allesamt auf der Weltausstellung in Brüssel präsentierten. Die dortige Würdigung war eine weitere Bestätigung. Die erfolgreichen Teilnahmen ermöglichten es, die internationale Wahrnehmung und den Bekanntheitsgrad des Unternehmens weiter zu erhöhen, was sich auch an erheblichen Produktionssteigerungen und am Verkaufserfolg ablesen ließ. Ende der 1880er Jahre wurde die 1.000ste Analysenwaage hergestellt, im Jahr der Brüsseler Weltausstellung 1910 bereits die 15.000ste; die Bestellungen aus dem In- und Ausland nahmen zu.[15]

Abb. 4 Werbeanzeige der Industriewerke für künstliche Geflügelzucht und Angelsport F. Sartorius & Söhne Göttingen für die Germania Brutapparate, Anfang 20. Jahrhundert

Kriegs- und Zwischenkriegszeit: Rückschläge der Internationalisierung

Der Erste Weltkrieg war das „Worst Case Scenario" für die überaus erfolgreiche deutsche Industrie, so der Wirtschaftshistoriker Werner Plumpe. Insbesondere für die exportorientierten deutschen Unternehmen hatte dies weitreichende Konsequenzen. So wurde auch Sartorius infolge des Kriegs weitgehend von seinen Auslandsmärkten abgeschnitten und die Aufwärtsentwicklung des Unternehmens dadurch jäh unterbrochen.[16]

Aussagen zur Unternehmensentwicklung sowie speziell zu den internationalen Kontakten von Sartorius lassen sich allerdings aufgrund erheblicher archivalischer Überlieferungslücken für den Zeitraum zwischen 1914 und 1945 nur sehr grob treffen. Die Geschäftsberichte der Jahre des Ersten Weltkriegs machen deutlich, dass das Unternehmen einen durchaus zufriedenstellenden Auslastungsgrad seiner Anlagen erreichte, mit denen allerdings auch Kriegsgüter produziert wurden. Im letzten Kriegsjahr, vor allem nach Kriegsende und in der Phase der Demobilmachung, litt Sartorius jedoch unter sinkenden Verkaufszahlen und „ungeklärten Verhältnissen".[17] Die Umstellung auf die Friedenswirtschaft war daher ein schmerzhafter Prozess. Sartorius konzentrierte sich zunächst auf das Waagengeschäft – in Anlehnung an die Zeit vor dem Kriegsausbruch. Ein Teil der Maschinen war stark beschädigt. Es kam zunächst zu einem Rückgang der Produktion, die Kapazitätsauslastung schrumpfte, wobei diese Entwicklung bei einer gleichzeitigen Steigerung der Löhne nicht durch höhere Preise kompensiert werden konnte. So bestand ein wesentliches Ziel des Unternehmens in einem verbesserten Auslandsabsatz, doch könne man, so eine Aussage anlässlich der Generalversammlung 1920, über die Aussichten der kommenden Jahre diesbezüglich „nichts sagen".[18]

Stockende Auftragseingänge im Inland und die Produktion „auf Lager" bei weiter steigenden Löhnen und Gehältern setzten diese unbefriedigende Lage zu Beginn der 20er Jahre fort, bevor die allmählich einsetzende Inflation für eine gewisse Entlastung sorgte. Der Währungsverfall verbilligte die Preise für deutsche Exportprodukte, sodass auch Sartorius einen großen Teil der Produktion auf ausländischen Märkten absetzen konnte.[19] Die Situation bei Sartorius bestätigt somit im Wesentlichen die allgemeine Lage der deutschen Wirtschaft, die um 1921 von einer inflationsbedingten Sonderkonjunktur für exportorientierte Unternehmen ausgeht, welche jedoch nur kurzfristig anhielt, während umgekehrt zahlreiche europäische Wettbewerber aufgrund stark steigender Preise deutliche Konjunktureinbrüche erlebten.[20]

Mit der Hyperinflation und der anschließenden Währungsstabilisierung 1924 und einem starken Konjunktureinbruch 1925/26 verschlechterte sich die wirtschaftliche Lage für deutsche Unternehmen dann wieder. Das Jahr 1926 brachte auch für Sartorius deutliche „Stockungen", die bei gleichzeitigen „Schwierigkeiten der Geldbeschaffung" zu einer „Verschlechterung der Wirtschaftslage" führten. Wieder einmal sollte das Auslandsgeschäft helfen, die schlechte Situation auf dem Binnenmarkt zu kompensieren. Der habe sich zwar „auf der vorjährigen Höhe gehalten", doch zeichnete sich in den folgenden Jahren eine Zollpolitik auf den internationalen Märkten ab, die keine „fühlbare Besserung" für Sartorius brachte.[21] Selbst in der kurzen konjunkturellen Hochphase der

Abb. 5 Blick auf das Fabrikgelände mit Sheddachhalle, um 1920

Weimarer Republik in den Jahren 1927/28 konnte von einer befriedigenden Auftragslage keine Rede sein. Zwar agierte das Unternehmen „im Zeichen eines allgemeinen Aufschwungs", doch „dieser Hochstand der Konjunktur war nicht von langer Dauer", da die Inlandsnachfrage merklich nachließ und die Auslandsaufträge teilweise nur zu „wenig günstigen Bedingungen hereingenommen werden" konnten, sodass sich der internationale Wettbewerb „immer schwieriger" gestaltete.[22] Infolge einer „vermehrten Auslandspropaganda", also zusätzlicher Werbemaßnahmen auf Auslandsmärkten, konnte zumindest im Jahr 1929 der Export weiter gesteigert werden, und eine Normalisierung der Geschäftslage – gemessen an der Umsatzsteigerung und der Auslastung der Betriebsanlagen – schien sich abzuzeichnen.[23] Doch die Hoffnung auf eine längerfristige wirtschaftliche Normalisierung und einen nachhaltigen Wirtschaftsaufschwung im Jahr 1929 war trügerisch, weil sich bereits ein Jahr später erneute Krisentendenzen ankündigten, die spätestens ab 1930/31 in eine tief greifende Depression mündeten.

Die nachfolgende Weltwirtschaftskrise war die größte ökonomische Krise des 20. Jahrhunderts und hatte mehrere Ursachen. Dazu zählten strukturelle Faktoren wie der wirtschaftliche Strukturwandel und Überkapazitäten bestimmter Bran-

chen sowie auch der Landwirtschaft nach dem Ersten Weltkrieg, ebenso die Reparationspolitik und die interalliierte Verschuldung sowie die eingeengten wirtschaftspolitischen Handlungsspielräume aufgrund des Goldstandards. Hinzu kam eine Schutzzollpolitik, die einem zunehmenden Protektionismus, einer „Deglobalisierung" und einer Schrumpfung des Welthandels – quasi als Gegenbewegung zur ersten Globalisierungsphase vor dem Ersten Weltkrieg – Vorschub leisteten. Kurzfristig verstärkt wurden diese strukturellen Krisentendenzen durch den amerikanischen Börsencrash im Oktober 1929, weitere Zollerhöhungen und den Zusammenbruch des Goldstandards 1930, die zunehmende politische Unsicherheit in Deutschland sowie die Finanzkrise und die Bankenzusammenbrüche im Jahr 1931.[24]

Auch Sartorius traf die Weltwirtschaftskrise mit großer Wucht. War zu Beginn des Jahres 1930 noch von „Hoffnungen" auf wirtschaftliche Besserung die Rede, so machte sich bereits im zweiten Quartal die einsetzende Depression bemerkbar. Konnte der Export die schlechte Inlandsnachfrage zunächst kompensieren, brachen die Auslandsaufträge in den letzten drei Monaten des Jahres um mehr als 50 Prozent ein. „Die Tatsache kam uns so überraschend", so hieß es anlässlich der Jahresversammlung 1931, dass das Unternehmen über „unsere Auslandsvertreter Nachforschungen anstellen ließ".[25] Dabei kam man zu dem Ergebnis, dass das Vertrauen in die politische Entwicklung in Deutschland gesunken sei, was vor allem auf den erheblichen Stimmenzuwachs der NSDAP bei den Reichstagswahlen im September 1930 zurückzu-

Abb. 6 Fertig für Verkauf und Versand: Waagenfertiglager in den 1930er Jahren

führen war. Dieser galt als „Erdrutschsieg" der Partei, die ihren Stimmenanteil von 12 auf 107 Sitze im Reichstag fast verzehnfachen konnte und damit zu einer erheblichen Verunsicherung auch im Ausland beitrug. Gleichwohl hegte man bei Sartorius die Hoffnung, dass das Vertrauen des Auslands in die deutsche Wirtschaft wieder zurückkehren würde.[26]

Für die Jahre 1932 und 1933 musste Sartorius jedoch feststellen, dass sich die Wirtschaftskrise durch weitere Zölle, Kontingentierungen und Devisenprobleme verschärfte. Der Umsatz ging in den einzelnen Abteilungen des Unternehmens um bis zu 30 Prozent zurück, und so setzte man weiterhin große Hoffnungen auf den Export. Diese stützten sich auf die Tatsache, dass „unsere wissenschaftlichen Instrumente immer noch einen besonders guten Ruf haben", was sich hinsichtlich der Aufträge aus dem Ausland auch weiterhin bemerkbar mache.[27] Der Export bildete somit das Rückgrat des Unternehmenserfolgs von Sartorius und machte in der zweiten Hälfte der 30er Jahre etwa 50 Prozent des Gesamtumsatzes aus. Er wurde zusätzlich durch die Herausgabe von Produktkatalogen zu Werbezwecken stimuliert. Ab 1935/36 profitierte dann auch der Inlandsabsatz von der gesamtwirtschaftlichen Entwicklung in Deutschland. Diese wurde von unterschiedlichen Faktoren beeinflusst, angefangen von der konjunkturellen Erholung seit Ende 1932 über wirtschaftspolitische Maßnahmen der zivilen Produktion bis hin zu der sich massiv ausweitenden Rüstungsproduktion im Rahmen der Autarkiepolitik und des Zweiten Vierjahresplans.[28] Exporte ins europäische Ausland und nach Übersee konnten in diesem Zeitraum bei Sartorius sogar noch erhöht werden, wobei der Exporterfolg bis in die ersten Kriegsjahre anhielt und erst mit zunehmender Kriegsdauer zurückging.[29] Anstelle der zivilen Produktion von Waagen trat in der Zeit des Zweiten Weltkriegs zunehmend die Herstellung von Rüstungsgütern in den Vordergrund. Ab 1937 ergaben sich intensive Kontakte zur Luftwaffe, in deren Folge Sartorius Reihenabwurfautomaten für Flugzeuge und später auch Zeitzünder-Zusatzgeräte herstellte. Nach Kriegsbeginn lässt sich ein regelrechter Auftragsboom für Rüstungsgüter beobachten.[30] Darüber hinaus profitierte das Unternehmen durch die nationalsozialistische Besatzungspolitik in unterschiedlichen europäischen Staaten. Nachdem Horst Sartorius eine Position als Kriegsverwaltungsrat beim Militärbefehlshaber in Frankreich besetzte, gehörte er zum Führungspersonal der wirtschaftlichen Besatzungsverwaltung, die er auch für die Interessen seines eigenen Unternehmens nutzte. So übernahm Horst Sartorius die Kontrolle über ein Pariser Unternehmen zur Fertigung von Laborapparaten. In Belgien, Frankreich und Italien wurde Sartorius zur „Leitfirma für die ausländischen Waagenfirmen", womit eine Kontrolle der dortigen Produzenten verbunden war.[31]

Die Kriegsjahre überstand das Unternehmen einigermaßen glimpflich. Von den Bombardierungen der nahe gelegenen Bahnanlagen Göttingens blieb das Werksgelände zwar nicht verschont. Der Bombentreffer hatte allerdings keine schwerwiegenden Auswirkungen auf die Produktion der Sartorius-Werke. Gravierender war der weitgehende Zusammenbruch der internationalen Warenströme, wohingegen auf der anderen Seite die Rüstungsfertigung gute Erlöse versprach. Das Kriegsende bedeutete jedoch das Wegbrechen des wichtigsten Auftraggebers der zurückliegenden Jahre – der Luftwaffe – und sorgte für erhebliche finanzielle Ausfälle.[32]

Nach 1945: Rückkehr auf den Weltmarkt

Nach dem Ende des Zweiten Weltkriegs lief die Produktion bei Sartorius angesichts restriktiver Auflagen der Besatzungsmächte zunächst langsam an. Auf dem heimischen Markt bestand direkt nach Kriegsende vor allem für Membranfilter zur Trinkwasserkontrolle erheblicher Bedarf, schließlich war ein Großteil der Wasserleitungen zerstört und die Gefahr von Infektionskrankheiten wie etwa Cholera groß. Ebenso zeigte die pharmazeutische Industrie einen wachsenden Bedarf nach Sterilfiltern. In den folgenden Jahren sollten sich zudem Brauereien, Molkereien, Margarinefabriken und andere Lebensmittelunternehmen, Stadtwerke (Wasseruntersuchungen), das Robert Koch-Institut sowie die Spinnfaser- und die Gussstahlindustrie als wichtige Kunden der Membranfiltergesellschaft erweisen. Auch der Bedarf an Analysenwaagen, Mikrotomen (zur Herstellung mikroskopischer Präparate) und Materialprüfgeräten, etwa bei Universitäten und Max-Planck-Instituten, stieg allmählich wieder an, wenngleich die absolute Anzahl der verkauften Produkte zu diesem Zeitpunkt noch vergleichsweise gering ausfiel.[33]

Als exportorientiertes Unternehmen war es zudem ein wesentliches Ziel von Sartorius, über den Binnenmarkt hinaus auch wieder auf den internationalen Märkten Fuß zu fassen und die Handelsbeziehungen aus der Zeit vor dem Zweiten Weltkrieg zu reaktivieren und möglichst auszubauen. Es waren schließlich die sich wandelnde politische Großwetterlage, der aufziehende „Kalte Krieg“ und das daraus resultierende Umdenken der alliierten Besatzungspolitik unter Führung der USA, die die nationalen und internationalen Handlungsspielräume deutscher Unternehmen verbesserten. Neben dem Marshallplan und der Währungsreform spielte dabei die Lockerung der Ausfuhrverbote ab 1947 eine wichtige Rolle, die im Rahmen der *Joint Export Import Agency* (JEIA) abgewickelt wurden. Bereits im Jahr 1944/45 hatten die USA durch das Bretton-Woods-Abkommen und die Gründung des *Internationalen Währungsfonds* (IWF) eine Neuordnung der Weltwirtschaft, die Abkehr vom Protektionismus und eine Liberalisierung des Welthandels eingeleitet. Weitere Stationen auf diesem Weg waren der Abschluss des Allgemeinen Zoll- und Handelsabkommens (GATT) 1947 sowie die Gründung der *Organization for European Economic Cooperation* (OEEC) im Jahr 1949, die dann auch die im gleichen Jahr gegründete Bundesrepublik in dieses System miteinbezog und deren Handels- und Exportmöglichkeiten erweiterte. Dazu trugen ebenso die Aufhebung der Dollarklausel bei, welche die westdeutschen Unternehmen bis dahin gezwungen hatte, ihren Handel in Dollar bzw. in Devisen abzuwickeln, sowie die Gründung der Europäischen Zahlungsunion (EZU) im Folgejahr, die den europäischen Zahlungsverkehr erleichterte. Einen weiteren entscheidenden Schub zur Wiedereingliederung Westdeutschlands in die Weltwirtschaft löste zudem der Koreakrieg im Jahr 1950 aus. Er beeinflusste die gesamte Weltwirtschaft und wirkte sich in der Bundesrepublik in Form einer steigenden Nachfrage nach Investitionsgütern und Rohstoffen aus. Amerikanischer Druck auf die Bundesregierung zum Ausbau der entsprechenden Industrien forcierte diese Entwicklung. Auf der Basis des sogenannten Investitionshilfegesetzes wurden 1952 vor allem durch die deutsche Konsumgüterindustrie Mittel zum Ausbau der Schwerindustrie und der Energiewirtschaft zur Verfügung gestellt. Zugleich kam es zu einem

Abb. 7 Exportschlager Selecta, hier auf einer Messe, um 1950

Boom der westdeutschen Exportwirtschaft, der sich positiv auf den Maschinenbau, die Elektroindustrie, die feinmechanisch-optische Industrie sowie die Chemieindustrie auswirkte. So stieg die Exportquote der Bundesrepublik innerhalb eines Jahrzehnts von 0,9 Prozent (1950) auf 19 Prozent (1960) und erreichte damit wieder das Niveau der Zeit vor dem Ersten Weltkrieg. Westeuropa, Nord- und Südamerika bildeten zunächst die Schwerpunkte der deutschen Exportindustrie.[34]

Das Jahr 1953, in dem Wirtschaftsminister Ludwig Erhard sein Buch „Deutschlands Rückkehr zum Weltmarkt" veröffentlichte, bildete für die Bundesrepublik eine Art Zäsur in den Außenwirtschaftsbeziehungen. Nach einem Passivsaldo in der Handelsbilanz des Jahres 1950 und einem ausgeglichenen Ergebnis ein Jahr später erzielte die Bundesrepublik im Jahr 1953 erstmals einen Ausfuhrüberschuss von 2,5 Mrd. D-Mark. Die Gründung der Europäischen Wirtschaftsgemeinschaft (EWG) im Jahr 1957 sollte dann einen weiteren Meilenstein auf dem Weg zu einer europäischen Zusammenarbeit darstellen, verbunden mit einer fortschreitenden wirtschaftlichen Liberalisierung.[35]

Für Sartorius stellte bereits das Jahr 1948/49 einen wichtigen außenwirtschaftlichen Entwicklungsschritt dar, weil die Auslandsumsätze sprunghaft anstiegen und fast das Niveau der Inlandsumsätze erreichten. 1948 lieferte Sartorius seine Waagen bereits wieder in 21 Länder, ein Jahr später in 32. Ab 1950 trug zum Unternehmenserfolg schließlich auch die Waage „Selecta" bei, die zu einem Exportschlager wurde. Entsprechend wurde der Erfolg in einem Bericht über die Betriebsergebnisse im Jahr

1952 gewürdigt: „Der Krieg und seine Folgen brachten es mit sich, dass wir von allen unseren alten Absatzgebieten so gut wie abgeschnitten waren. Es bedurfte daher großer Anstrengungen, um im Ausland wieder konkurrenzfähig zu werden und die früheren Warenmärkte zurückzuerobern. Das[s] uns dies gelungen ist, verdanken wir in erster Linie der Qualität unserer Erzeugnisse und dem Vertrauen unserer alten ausländischen Stammkundschaft [...]."[36]
Neben den oben genannten weltwirtschaftlichen Rahmenbedingungen trugen zu diesem Erfolg auch Steuervergünstigungen der Bundesregierung für Exportunternehmen bei, die aus Sicht von Sartorius dazu führten, „alles daran zu setzen, dass wir unseren Export steigern und den schon mit beachtlichen Folgen beschrittenen Weg auch für die Zukunft erfolgreich fortsetzen".[37]

Märkte/Abnehmerländer

Als wichtigste internationale Märkte für Analysenwaagen und Mikrotome erwiesen sich in den Jahren 1948 und 1949 die westeuropäischen Staaten Dänemark, Schweden, Belgien und Großbritannien, aber auch Südafrika und Südamerika. Den stärksten Umsatzzuwachs erzielte Sartorius allerdings in den USA, und im Jahresbericht 1949 der Exportabteilung ging man davon aus, auf dem amerikanischen Markt wieder stärker Fuß zu fassen. Bereits wenige Jahre später galten die USA als „wichtigster Markt" für Sartorius-Waagen, und auch im Membranfilterbereich setzte das Unternehmen darauf. Zugleich wurde aber auch deutlich, dass der amerikanische Markt stark umkämpft war. Sartorius-Waagen wurden in den USA seit 1951 von der Firma Brinkmann vertrieben. Der wichtigste Konkurrent war inzwischen die erst wenige Jahre zuvor gegründete Schweizer Firma Mettler. Nicht nur in den USA, sondern „auch auf den anderen Märkten", so die Analyse der Sartorius-Exportabteilung, „ist der Konkurrenzkampf zwischen uns und Mettler äußerst heftig [...] Bei den klassischen Waagen tritt unsere deutsche Konkurrenz in Erscheinung, die aber insgesamt weniger als die Hälfte unserer Auslandslieferungen erreicht. Die amerikanische, englische, italienische, französische, spanische und japanische Konkurrenz begegnet uns hauptsächlich auf ihren eigenen Märkten, auf denen sie aber, durch Zölle und Importrestriktionen geschützt, den größten Teil des Gesamtbedarfs deckt."[38] Mettler jedoch sollte bis in die Gegenwart hinein der wichtigste Konkurrent und eine permanente Herausforderung für Sartorius auf dem Gebiet der Waagen bleiben.
Ebenfalls als eine große Herausforderung betrachtete Sartorius den osteuropäischen Markt, dessen Zugang jedoch „durch die Restriktionsmaßnahmen der Alliierten behindert" sei.[39] Gemeint waren hier vor allem die verschärften Exportkontrollen des 1949 gegründeten *Coordination Committee on Multilateral Export Controls* (CoCom), die im sich verschärfenden Kalten Krieg Exportbeschränkungen für militärische Güter und auch für zivile Produkte, die zu militärischen Zwecken genutzt

Umsatzentwicklung Sartorius, 1945 bis 1951

Tabelle 1

	Inland	Ausland	Gesamt
1945/46	859.000	770	859.800
1946/47	1.126.000	-	1.126.000
1947/20.6.1948	919.300	117.000	1.036.300
21.6.1948 und 1949	1.323.000	1.186.200	2.509.200
1950	919.800	1.234.800	2.154.600
1951	1.706.500	1.391.800	3.098.300

Quelle: Sartorius-Archiv, Boa 1/4 A 3, Berichte Betriebsergebnisse, Buchhaltung (1949-1955), Bericht über die wichtigsten Zahlen der Geschäftsjahre 1945/46 bis einschließlich 1951, 1-4 . Bemerkenswert ist das in der Tabelle für die Jahre 1947/48 und 1948/49 genau markierte Datum der Währungsreform, der man so offensichtlich einen besonderen Effekt beimaß.

Abb. 8 Verladeszene im Werk Weender Landstraße mit Güterexporten nach Tel Aviv, Athen und Sydney, 1960er Jahre

werden konnten, umfassten. Weil dies eine sehr dehnbare Formulierung war und die CoCom-Liste auch nur Empfehlungscharakter hatte, kam es häufig zu entsprechenden Debatten. Im Falle der Bundesrepublik betraf dies vor allem die Stahlindustrie sowie den sogenannten Röhrenkonflikt zu Beginn der 1960er Jahre. Im Zuge der Lieferung von Öl- und Gaspipelines an die Sowjetunion sowie weiterer Embargoverstöße im Rahmen des deutsch-deutschen Handels kam es zu Differenzen mit den USA, was den außenwirtschaftlichen Handlungsspielraum der Bundesrepublik schließlich deutlich einengte. Zugleich hatte sich 1952 der „Ostausschuss der deutschen Wirtschaft" gegründet, der besonders die Interessen westdeutscher Unternehmen im Handel mit osteuropäischen Staaten und China vertrat. Dabei war es vor allem die Eisen- und Stahlindustrie an der Ruhr, die ein starkes Interesse am wirtschaftlichen Austausch mit den Staaten des „Ostblocks" hatte und eine intensive Reisediplomatie entwickelte, die bisweilen den Interessen der Bundesregierung, vor allem aber auch den amerikanischen Interessen und denen der Nato widersprach.[40] Verschärft wurde diese Entwicklung durch die „Hallstein-Doktrin" im Jahr 1955, nach der die Bundesregierung unter dem Primat der Wiedervereinigung und der Nicht-Anerkennung der DDR die diplomatischen Kontakte zu den-

jenigen Staaten abbrach, welche diplomatische Beziehungen zur DDR unterhielten. Dies erschwerte auch die wirtschaftlichen Kontakte zur Volksrepublik China, obwohl von chinesischer Seite durchaus Interesse an einem Wirtschaftsaustausch bestand, zumal sich die Beziehungen Chinas zur Sowjetunion seit 1952 deutlich verschlechtert hatten.[41]
Das Beispiel Sartorius zeigt, dass wirtschaftliche Kontakte zur Sowjetunion und zu anderen sozialistischen Staaten sowie zur Volksrepublik China nicht nur eine Angelegenheit der westdeutschen Großindustrie waren, sondern dass auch mittlere Unternehmen anderer Branchen während des Kalten Kriegs ein Interesse an der Aufrechterhaltung bzw. am Auf- und Ausbau wirtschaftlicher Kontakte hatten. Für Sartorius erwiesen sich auch die osteuropäischen Staaten wie Polen, die Tschechoslowakei und Rumänien als interessante Märkte, die zunächst zwar nur kleinere Bestellungen aufgaben, aber für die Zukunft als ausbaufähig erschienen. „Die Geschäfte mit China, der UdSSR und anderen Ostblockstaaten", so ein Bericht der Exportabteilung Mitte der 50er Jahre, „werden meistens durch den persönlichen Kontakt gut placierter Persönlichkeiten mit den zuständigen Einkaufsinstanzen zustande gebracht. Einige Lieferungen nach China sind uns durch Exporteure gelungen. Polen scheint ein Interesse für unsere Erzeugnisse zu haben, was durch eine kürzlich erfolgte Anfrage auf 95 Analysenwaagen und 45 Präzisionswaagen dokumentiert wird."[42] Die Wirtschaftsbeziehungen zu Märkten jenseits des „Eisernen Vorhangs" gestalteten sich so zunehmend als informeller und begrenzter Austausch. Ab Mitte der 50er Jahre kam es zu einer Entschärfung der CoCom-Exportrestriktionen, und Sartorius verzeichnete eine „Wiederbelebung des Geschäfts mit den Ostblockstaaten", wobei Ende April 1955 sogar eine sowjetische Abordnung in Göttingen empfangen wurde. Obwohl bestimmte Sartorius-Produkte wie etwa eine Mikrowaage weiterhin auf der Embargoliste standen, konnte die Exportabteilung im Jahr 1958 erleichtert feststellen: „Das Geschäft mit der UdSSR, wenn auch umsatzmäßig nicht sehr bedeutend, scheint sich eingespielt zu haben. Allerdings darf man dabei nicht außer Acht lassen, daß in diesem und auch in anderen Staaten der gleichen politischen Prägung die Politik unbedingt das Primat vor der Wirtschaft hat."[43]
So erwies sich Sartorius im Zeitalter des Kalten Kriegs durch seine Wirtschaftskontakte zu den sozialistischen Staaten Osteuropas sowie zur Volksrepublik China durchaus als Brückenbauer mit dem Ziel, diese Märkte für sich auch in Zukunft nutzen zu können. In einem stark exportorientierten Unternehmen wie Sartorius war dies eine folgerichtige Strategie, auch wenn sich diese Märkte in der Nachkriegszeit als „unsicher" oder „uneinheitlich" erwiesen. Als wichtigste Auslandsmärkte in den ersten beiden Nachkriegsjahrzehnten etablierten sich neben den USA und Westeuropa, hierunter insbesondere die Staaten der Europäischen Wirtschaftsgemeinschaft, zunehmend auch Asien und Südamerika. Anfang der 1960er Jahre war Sartorius mit seinen Produkten in den Bereichen Waagen, Membranfilter, Mikrotome und Mikroskope in über 100 Ländern präsent. Auf all diesen Gebieten sah sich das Unternehmen einer wachsenden internationalen Konkurrenz ausgesetzt und musste erhebliche Anstrengungen im Bereich des Vertriebs, des Kundendienstes und der Werbung unternehmen, um sich auf diesen Märkten erfolgreich zu behaupten.

Vertrieb/Absatz

Eine wichtige Voraussetzung für einen erfolgreichen internationalen Absatz der Sartorius-Produkte bestand im Auf- und Ausbau entsprechender Vertreter- und Wiederverkäufer-Organisationen. Im Jahr 1949 begann Sartorius mit dem Auslandsvertrieb von Mikroskopen über die Firma Frieseke & Hoepfner, zwei Jahre später auf dem Gebiet der Waagen mit der Firma Brinkmann, die dem Konkurrenten Mettler auf dem amerikanischen Markt entgegentreten sollte. Von großer Bedeutung erwies sich die Aus- und Weiterbildung des technischen Personals sowie der Vertreter in denjenigen Ländern, in denen Sartorius präsent war. Damit eng verknüpft war der Bereich des Kundendienstes. Führungskräfte des Unternehmens unternahmen umfangreiche Reisen in zahlreiche Länder Europas, Nordamerikas und Asiens, um entsprechendes Personal auszubilden, Produkte vorzustellen, Beratungsgespräche zu führen und sich mit Reklamationen von Kunden auseinanderzusetzen sowie das Vertreternetz permanent auszubauen.[44]
Zudem erwies sich die Werbung als unverzichtbares Mittel, um die Sichtbarkeit des Unternehmens

Abb. 9 Ausstellungsstand auf der Deutschen Industrie-Messe Hannover 1958, lange Zeit eine der wichtigsten Messen für Sartorius

auf den national und international umkämpften Märkten zu erhöhen: „Das Jahr 1949 hat besonders hohe Anforderungen an die Bereitstellung von Werbematerial gestellt, da die Nachfrage danach seitens der alten und neuen Kundschaft außerordentlich groß war und noch ist."[45] Diese Aussage bestätigt, dass Sartorius nach dem Zweiten Weltkrieg erfolgreich an die Geschäftsbeziehungen der Vorkriegszeit anknüpfte, wobei Werbung und Kundenpflege eine nicht zu unterschätzende Rolle spielten. Als Werbemittel etablierten sich Anzeigen, Broschüren, Kataloge, Rundschreiben, Pressemitteilungen, Veröffentlichungen in der Fachpresse sowie die Präsenz auf Messen und Ausstellungen. Ende der 1950er Jahre baute Sartorius zudem eine eigene Marktforschungsabteilung auf, die ab 1959 vor allem für die Erstellung und Überwachung von Statistiken, Kundenbefragungen, Vertreterschulungen und Konkurrentenbeobachtung verantwortlich war sowie bei den Bereichen Vertrieb, Werbung und Ausstellungswesen mitwirkte.[46] Bei all diesen Maßnahmen erwies sich das Konkurrenzunternehmen Mettler als wichtiger Antrieb für die Intensivierung von Werbung, Marktforschung, Verkauf und Vertrieb.[47]
Anknüpfend an die große Bedeutung von (Welt-)Ausstellungen und Messen in der Zeit vor dem Ersten Weltkrieg nutzte Sartorius auch nach 1945 nationale und internationale Messen als Plattform für die Präsentation seiner Produkte. So war Sartorius

u. a. auf den Messen in Brüssel (Biochemie, Textil), Wien (Mikrochemie), Dornbirn (Textil), Valencia, Barcelona und Saloniki, aber auch in osteuropäischen Städten wie Posen, Leipzig und Zagreb vertreten sowie auf Fachausstellungen in Oslo, Utrecht, Lissabon, Melbourne, Montreal, Stockholm und Paris.[48] Zu den wichtigsten Messeveranstaltungen zählten jedoch die Hannover-Messe und die ACHEMA. Die Anfänge der Hannover-Messe reichen bis ins Jahr 1947 zurück, als auf Initiative des niedersächsischen Wirtschaftsministeriums die Deutsche Messe- und Ausstellungs-A. G. Hannover-Laatzen gegründet wurde, welche die Hannover-Messe in den folgenden Jahren zur größten deutschen Industriemesse entwickelte.[49] Die ACHEMA (Ausstellungstagung für chemisches Apparatewesen) fand erstmals 1920 in Hannover statt, wurde nach dem Zweiten Weltkrieg bereits von mehr als 500 Ausstellern beschickt und entwickelte sich im weiteren Verlauf zur weltweiten Leitmesse der Prozessindustrie für die chemische, pharmazeutische und Lebensmittelindustrie.[50]

Der permanente Ausbau der Verkaufsorganisation, die Straffung des Vertriebsnetzes, umfangreiche Investitionen und Rationalisierungsbestrebungen trugen dazu bei, in Zeiten des „Wirtschaftswunders", unterbrochen durch eine konjunkturelle Abschwächung in den Jahren 1966/67, den Umsatz zu steigern und die weltweiten Wirtschaftskontakte weiter auszubauen. Dies gelang trotz zahlreicher unternehmensinterner Problemlagen wie einer geringen Produktivität, Schwierigkeiten bei der Buchhaltung oder einem Mangel an Synergieeffekten trotz breiter Produktpalette. Gleichwohl beschäftigte die Sartorius-Firmengruppe, bestehend aus der Sartorius-Werke GmbH, der Gleitlager-Gesellschaft mbH und der Sartorius-Membranfilter GmbH, im Jahr 1970 – einhundert Jahre nach der Unternehmensgründung – 907 Mitarbeiterinnen und Mitarbeiter und pflegte zu 130 Ländern wirtschaftliche Beziehungen.[51] In dieser Zeit expandierte Sartorius auch ins westeuropäische Ausland. 1970 wurde die Sartorius France S. a. r. l., ein Jahr später die Sartorius Membranfilter Ges. m. b. H. Austria gegründet. Es folgten weitere Auslandsgründungen, so 1973 in den Niederlanden und Großbritannien, 1976 die Sartorius Filters Inc. in San Francisco (USA) sowie der Bau eines Zweigwerks für Filtertechnik in Puerto Rico im Jahr 1982.[52]

Damit gelang der Übergang von einem rein exportorientierten Unternehmen hin zu einem Auslandsinvestor, womit Sartorius schließlich auch ein Beispiel für das sogenannte „Uppsala-Modell"[53] darstellt, nach dem Unternehmen ihre Auslandsaktivitäten schrittweise verstärken. Zunächst sind diese, wie auch Sartorius, auf den Heimatmarkt konzentriert und sammeln Erfahrungen im Exportgeschäft. Danach kommt es zur Gründung von Handelsvertretungen im Ausland und schließlich auch zu Direktinvestitionen, wie sie im Unternehmen vor allem seit den 1970er Jahren zu beobachten sind. Dabei sollte sich neben dem deutschen und dem europäischen gerade auch der amerikanische Markt als große Herausforderung erweisen. San Francisco in Kalifornien war als Standort für den Sartorius-Filtervertrieb attraktiv, weil es deutliche Standortvorteile für ein „Start-up"-Unternehmen wie Sartorius bot, die an der amerikanischen Ostküste so nicht vorhanden waren. Neben der Tatsache, dass Kalifornien der bevölkerungsreichste Bundesstaat der USA war, saßen dort wichtige potenzielle Abnehmer der Elektroindustrie, der Pharmaindustrie sowie des Weinanbaus. Darüber hinaus sei es auch die „Kosmopolit-Atmosphäre" gewesen, die, ähnlich wie ein Jahrzehnt später das Silicon Valley, die Unternehmensgründung für junge Unternehmen vorteilhaft erscheinen ließ.[54] Die Gründung einer Niederlassung in Kalifornien und der Einstieg in einen durch amerikanische Konkurrenten vor Ort geprägten Markt waren nicht einfach. Das betraf vor allem die Gründung eines Produktionsbetriebs. Die direkte Kommunikation mit den neuen Kunden und das Marketing trugen aber dazu bei, sich auf dem amerikanischen Markt gegenüber der Konkurrenz, insbesondere dem amerikanischen Anbieter Millipore, zu behaupten.[55] In Kundengesprächen ging es darum, die Vorteile eines Geschäfts mit Sartorius zu betonen, die u. a. darin bestanden, kundennahe Lösungen, einen technischen Beratungsdienst sowie eine Alternative zur dominanten Marktmacht Millipores anzubieten. So knüpfte Sartorius etwa intensive Kontakte zu Winzern sowie zur Weinindustrie in Kalifornien. Mit dem Aufkommen der Biotechnologie zu Beginn der 1980er Jahre zeichnete sich dann ein neues Betätigungsfeld ab. Hier setzte das Unternehmen auf Kontaktaufnahmen zu Professoren an den Universitäten in Berkeley, Stanford und San Francisco, die zum Teil eigene

Kleinunternehmen gründeten und Interesse an speziellen Filterkerzen hatten. Doch war es gar nicht so einfach, von Kalifornien aus der Zentrale in Göttingen die Interessen und Bedürfnisse der neuen Biotechnologieunternehmen verständlich zu machen.[56] Zudem war die gesetzliche Lage in der Bundesrepublik mit Blick auf das Thema Biotechnologie vergleichsweise restriktiv. Deshalb musste in zahlreichen Gesprächen in Göttingen der Vorstand erst davon überzeugt werden, dass entsprechende Investitionen in Kalifornien sinnvoll und Erfolg versprechend waren.[57]
Schließlich erwies sich das Sartorius-Engagement in Kalifornien als sehr erfolgreich, und zu Beginn der 80er Jahre stellte sich erneut die Frage von Auslandsinvestitionen auf dem amerikanischen Kontinent. Diese mündete in den Aufbau eines Standorts in Puerto Rico, der sich langfristig als wichtige Produktionsstätte von herausragender strategischer Bedeutung erweisen sollte.

Puerto Rico und die „amerikanische Herausforderung"

Seit den 1950er und 1960er Jahren waren zahlreiche westdeutsche Unternehmen unterschiedlicher Branchen dazu übergegangen, einen Teil ihrer Produktion ins Ausland zu verlagern. Deutschlands Rückkehr zum Weltmarkt war zunächst, so auch bei Sartorius, gekennzeichnet durch ein Wiederanknüpfen an die Exporttraditionen deutscher Unternehmen seit dem letzten Drittel des 19. Jahrhunderts, die seit Ende der 1950er bzw. Anfang der 1960er Jahre um Direktinvestitionen im europäischen, zunehmend aber auch im außereuropäischen Raum ergänzt wurden. Dabei spielten vor allem Asien, der Nahe und Mittlere Osten sowie Nord- und Südamerika eine Rolle.[58]
Dass die Wahl des ersten ausländischen Produktionsstandorts bei Sartorius ausgerechnet auf

Abb. 10 Der erste Fertigungsstandort außerhalb Deutschlands: Das Werk in Yauco, Puerto Rico, während der Bauphase, ca. 1982

Puerto Rico fiel, einen Standort, der bei bundesdeutschen Unternehmen nicht unbedingt im Zentrum des Interesses stand,[59] war einem umfangreichen Motivbündel geschuldet, das von der spezifischen Situation bei Sartorius Ende der 70er und Anfang der 80er Jahre beeinflusst wurde und dem ein umfangreicher unternehmensinterner Diskussionsprozess mitsamt Reise- und Gutachtertätigkeiten voranging. Sartorius befand sich auf Wachstumskurs, und eine Erweiterung der Produktionskapazitäten am Standort Göttingen war so ohne Weiteres nicht möglich. Dagegen sprachen zudem Umweltschutzaspekte, die Investitionen in Göttingen nur mit großen Schwierigkeiten und hohen Kosten ermöglicht hätten. Ein internes Memorandum kam schließlich zu dem Ergebnis, dass die teilweise Produktionsverlagerung nach Puerto Rico von dem Willen bestimmt sei, „bezüglich Herstellung und Vertrieb der Waren für den amerikanischen Kontinent unabhängig von Entwicklungen und Einflüssen in Deutschland bzw. Europa zu sein".[60]

Vorteilhaft erwies sich in diesem Zusammenhang, dass im Jahr 1947 Puerto Rico als weltweit erste „Export Processing Zone" (EPZ) im Sinne einer US-Sonderwirtschaftszone mit besonderen Wirtschaftsförderbedingungen, u. a. Steuererleichterungen für externe, zunächst vor allem US-Investoren, etabliert wurde. Bereits fünf Jahre zuvor hatte die US-Regierung das Wirtschaftsberatungsunternehmen Arthur D. Little damit beauftragt, Vorschläge zur Umgestaltung der puerto-ricanischen Wirtschaft für die Puerto Rico Industrial Development Company (PRIDCO) auszuarbeiten. Statt einer Abschottung des Landes durch protektionistische Maßnahmen liefen diese auf eine Öffnung des puerto-ricanischen Marktes für industrielle Umsiedlungen und Investitionen, vornehmlich zunächst aus den USA, hinaus. Weitere Argumente, die für einen Produktionsstandort in Puerto Rico sprachen, waren die guten infrastrukturellen Voraussetzungen auf der Insel. Zwar gab es aufgrund der Ausschöpfung von Fördermitteln für den Standort San Juan, der Hauptstadt Puerto Ricos, keine Ansiedlungsmöglichkeiten, doch fand Sartorius in der Stadt Yauco an der Südküste ebenfalls sehr gute Bedingungen vor. Die geplante Fertigungsstätte lag an einer modernen Schnellstraße in 20 Minuten Entfernung zum zweitgrößten Containerhafen der Insel. In Ponce, einer der größten

Abb. 11 Eröffnung des Werks in Yauco, Puerto Rico, 1983

Abb. 12 Das Einstellen der Ziehmaschine für die Filtermembranherstellung in Puerto Rico war eine Herausforderung

Städte Puerto Ricos und nur wenige Minuten von Yauco entfernt, bestand durch die dortige Universität ein wichtiges Potenzial für akademische Arbeitskräfte,[61] und auch für die Rekrutierung von Arbeitskräften in der Produktion waren die Arbeitsmarktbedingungen günstig.

Als entscheidend aber erwiesen sich steuerliche Vergünstigungen, die dazu führten, dass die in Puerto Rico erwirtschafteten Gewinne über einen Zeitraum von 15 bis 20 Jahren zu 90 Prozent steuerfrei sein sollten, wenn Sartorius im Gegenzug in einem Zeitraum von 24 Monaten 150 neue Arbeitsplätze in Puerto Rico schüfe.[62] Die Bundesrepublik Deutschland unterstützte ihrerseits derartige Auslandsinvestitionen in Form von Exporthilfen und einer politischen Risikoabsicherung.

Die Gründung der Produktionsstätte in Yauco zu Beginn der 1980er Jahre war Teil einer unternehmerischen Expansions- und Internationalisierungsstrategie, die zu einer grundsätzlichen Neuordnung des Unternehmens führte. Doch trotz aller Unterstützung war Puerto Rico für Sartorius zunächst alles andere als eine Erfolgsgeschichte. Immer wieder kam es zu technischen Problemen mit der Ziehmaschine – dem Herzstück der Membranfilterfertigung, die zu langsam lief und zu viel Ausschuss produzierte. Selbst nach vier Jahren der Inbetriebnahme hielten diese Probleme an. Hinzu kamen Unzulänglichkeiten bei der Unternehmensorganisation: etwa fehlende Organisationspläne, ein ineffizientes Rechnungswesen und ein nicht vorhandenes Controlling, mangelnde Kommunikation und Informationsflüsse.[63] Noch zu Beginn der 90er Jahre stand der Standort Puerto Rico innerhalb der Sartorius-Gruppe grundsätzlich zur Disposition.[64] Der Erfolg von Puerto Rico sollte sich dann aber mit einer Verzögerung von uber einem Jahrzehnt einstellen. Nach mehreren Erweiterungen gehört der Produktionsstandort Yauco heute zu den größten des gesamten Konzerns.

Der Standort Puerto Rico diente also vor allem dazu, den amerikanischen Markt zu bearbeiten und die dortige Position zu verbessern. Zudem gab es Vermutungen, dass die amerikanische Lebensmittelüberwachungs- und Arzneimittelbehörde FDA *(Food and Drug Administration)*, die penible Vorschriften und Auflagen bei der Zulassung neuer Medikamente und Gesundheitsprodukte auf dem US-amerikanischen Markt vorsah, einen größeren Absatz von Filtern in den USA nur durch eine lokale Produktionsstätte tolerieren würde.[65] Auf dem Gebiet von Membranfiltern und Filterkerzen hatte es Sartorius zudem vor allem mit US-amerikanischen Konkurrenten wie der Millipore Corporation, der Pall Corporation oder der Brunswick Corporation zu tun. Zu diesem Zweck galt es, Strategien der Produktentwicklung, der Imagepflege und des Marketings zu entwickeln, um sich auf diesem Markt zu behaupten.

Die Förderung des Absatzes von Laborartikeln sollte über einen Händlervertrieb erfolgen, die begleitende Werbung mithilfe eines Klinikkatalogs mit entsprechenden Produktinformationen. Um das Ziel einer „erheblichen Umsatzsteigerung" in den USA zu erreichen, wurde ein Aktionsplan für Verkauf und Absatz entworfen, der die Einstellung neuer Mitarbeiter („Market Development Specialists" bzw. „Sales Representatives") vorsah. Sartorius Filters Inc. verstand sich als „marketing and sales arm in the United States of Sartorius GmbH".[66] Deutliche Steigerungen für Marketingausgaben in den folgenden Jahren sollten nicht allein den amerikanischen Markt mit den Regionen USA, Kanada, Puerto Rico und Lateinamerika bedienen, sondern auch Japan und die Bundesrepublik berücksichtigen.[67] Mitte der 1980er Jahre entwickelte Sartorius ein Strategiepapier mit dem Ziel, über Imageanzeigen den gesamten US-Labormarkt zu bearbeiten und neue Kundensegmente zu erschließen. Dies sollte mithilfe von repräsentativen Produktbildern über Anzeigen in der amerikanischen Zeitschrift „Science" erreicht werden. Als Fachzeitschrift der „American Association for the Advancement of Science" gilt sie neben dem Magazin „Nature" als die weltweit führende Zeitschrift dieser Art. Die Anzeigen zielten zwar in erster Linie auf den amerikanischen Markt, sollten aber auch darüber hinaus verwendbar sein.[68] Das lag durchaus im Trend westdeutscher Unternehmen, die bereits seit den 1950er Jahren Werbung in den USA platzierten. Dies galt nicht nur für Konsumgüterhersteller wie Volkswagen, die ihre Produkte auf dem riesigen amerikanischen Markt absetzen wollten, sondern auch für Grundstoffproduzenten wie Bayer, die nach dem Zweiten Weltkrieg in den USA in großem Stil „Werbung um öffentliches Vertrauen", also „Public Relations", betrieben, um nach dem Krieg an die traditionell engen Handelsbeziehungen zu den USA wieder anzuknüpfen und verloren gegangenes Vertrauen zurückzugewinnen. Dabei wurde auch deutlich, welchen Stellenwert Werbung und Marketing in den USA hatten und dass hier für westdeutsche Unternehmen ein erheblicher Nachholbedarf bestand. Westdeutsche Unternehmen orientierten sich bei ihren Werbe- und Marketingaktivitäten stark an amerikanischen Vorbildern[69], und so war es auch für Sartorius naheliegend, die Eroberung des amerikanischen Marktes durch entsprechende Werbeaktivitäten zu forcieren. Das Unternehmen sah sich zunächst noch als „Außenseiter", der ein „Schattendasein" neben den großen amerikanischen Anbietern führte. Indem man eine stärkere Präsenz vor Ort zeigte, sich intensiv mit den Kunden auseinandersetzte und Werbung betrieb, wollte Sartorius sich zunehmend als „Alternative" zu den etablierten amerikanischen Lieferanten profilieren sowie eine entsprechende „Marktnischenpolitik" betreiben. Diese bestand darin, schnelle Problemlösungen anzubieten und den Kunden auch kurzfristig im Sinne einer „Politik des Feuerwehrlieferanten" zur Verfügung zu stehen.[70]

Die Kooperation zwischen dem Vertriebsapparat Sartorius Filters und der Produktions- und Entwicklungsfirma Sartorius Inc. in Puerto Rico scheint allerdings nicht immer reibungslos funktioniert zu haben, da Geschäftsführer Christoph Sartorius das „Eigenleben" der Organisationseinheiten kritisierte und im Sinne der Absatzmaximierung auf dem US-Markt ein stärkeres Auftreten als organisatorische Einheit anmahnte.[71]

Spätestens seit Beginn der 1990er Jahre verstärkte Sartorius zudem seine Aktivitäten auf dem Gebiet der Marktbeobachtung, und zwar in Form von monatlichen Berichten über Produkte, Preise, Qualitäten bis hin zu Firmenkäufen. In diesem Zusammenhang nahm Sartorius Kontakt zu dem amerikanischen Beratungsunternehmen J. R. Bechtle & Co. auf, welches 1979 in San Francisco gegründet worden war und Tochtergesellschaften und Niederlassungen der deutschsprachigen europäischen Industrie in Nord- und Südamerika mit wichtigen Informationen versorgte.[72]

Beim Vertrieb von Waagen sah sich Sartorius in den USA mit ähnlichen Herausforderungen und inter-

Abb. 13 Werbeanzeige für Sartorius Filter, 1984

nationaler Konkurrenz konfrontiert. Neben Ohaus aus den USA waren dies die japanischen Hersteller A & D sowie Shimadzu, Bosch aus der Bundesrepublik und vor allem der Schweizer Produzent Mettler. Letzterer dominierte Ende der 80er Jahre den amerikanischen Markt mit einem Marktanteil von 42 Prozent bei Laborwaagen. Sartorius hingegen erzielte knapp 20 Prozent, auf Ohaus entfielen 13 Prozent. Die Zahlen für Kanada zeigen, dass im Bereich der Laborwaagen der Anteil von Mettler sogar bei fast 50 Prozent lag, während Sartorius mit 28 Prozent Marktanteil immerhin deutlich vor Ohaus (15 Prozent) und A & D (4,5 Prozent) rangierte. Eine Ausweitung des Marktanteils war für Sartorius auch hier nur mit erheblichen Investitionen in die Bereiche Werbung und Verkaufsförderung zu erreichen.[73] Bis zu Beginn der 1980er Jahre hatte es auf den internationalen Märkten, besonders aber in Nordamerika, einen Zweikampf zwischen Sartorius und Mettler gegeben. Inzwischen waren neue Wettbewerber hinzugekommen, und der Kampf um die Märkte für Laborwaagen wurde härter. Das betraf dann vor allem die Vertriebsaktivitäten des Unternehmens und damit die Firma Brinkmann, mit der Sartorius seit 1951 zusammengearbeitet hatte. Brinkmann als Exklusivimporteur von Sartorius-Laborwaagen verkaufte diese über verschiedene Händlerorganisationen (Baxter, Fischer, VWR International, CMS) in den USA, ebenso wie etwa der Schweizer Konkurrent Mettler. Mit dem Abschluss von sogenannten Semi-Exklusivverträgen zwischen Mettler, Fischer und VWR International im Jahr 1987 standen diese nun nicht mehr für Sartorius zur Verfügung. Daraufhin schloss Sartorius ein Joint Venture mit dem Laborhändler Baxter, was zugleich einen Ausstieg aus dem Vertriebsweg über die Firma Brinkmann bedeutete. Sartorius war durch die enge Bindung an Brinkmann in eine starke Abhängigkeit geraten und hatte keine eigenen Einblicke in amerikanische Marktpositionen. Die mangelnde Marktnähe und die Dominanz Brinkmanns kamen bisweilen auch dadurch zum Ausdruck, dass Waagen von Sartorius zum Teil als „Brinkmann-Waagen" auf dem Markt bekannt waren. Zudem hatte Brinkmann den hohen Kostendruck des amerikanischen Marktes weitergereicht, was sich besonders in Phasen ungünstiger Wechselkursbedingungen negativ auf das Ergebnis von Sartorius auswirkte. Mit der Beendigung der Zusammenarbeit mit Brinkmann und dem Joint Venture mit Baxter nahm Sartorius die Serviceorganisation in die eigenen Hände und erhielt so die Kontrolle über das eigene Marktverhalten. Damit war das Unternehmen in einer ähnlichen Situation wie der Schweizer Konkurrent, was sich nicht nur in einer Verdoppelung des Serviceumsatzes von etwa einer Mio. US-Dollar auf 2,3 Mio. US-Dollar bis zum Beginn der 90er Jahre auswirkte, sondern auch in einer Verdoppelung des Gewinnanteils von 456.000 US-Dollar (1988) auf 931.000 US-Dollar (1990). So konnte das Unternehmen schon nach kurzer Zeit ein positives Zwischenresümee bezüglich dieser strategischen Entscheidung ziehen, die nämlich „unter den Aspekten der Wirtschaftlichkeit, der Marktposition und der Eigenständigkeit und Entscheidungsfreiheit über Markt- und Marketingaktivitäten richtig und erfolgreich war".[74]

Umbruch 1989/90: Transformation und Globalisierung

Die Erfolge auf dem amerikanischen Markt führten dazu, dass Sartorius sich nun auch neuen Herausforderungen im Fernen Osten stellte. So hoffte man zu Beginn der 1990er Jahre, aufgrund der Kenntnisse der Marktbearbeitung in den USA auch in Fernost erfolgreich agieren zu können. Ein entsprechendes Memorandum wies explizit darauf hin, dass man von den amerikanischen Erfahrungen aufgrund „ähnlicher Strukturen" erfolgreich Rückschlüsse auf den ostasiatischen Markt ziehen könne. Hatte man in den 70er Jahren zunächst noch den japanischen Markt im Auge gehabt, so rückte nun China zunehmend in den Mittelpunkt des Interesses. Die Wachstumsraten für Filtrationsprodukte lagen in Ostasien bei fünf bis 15 Prozent jährlich, und der Sartorius-Marktanteil war mit etwa fünf Prozent deutlich ausbaufähig. Daher galt es, entsprechende Marktstudien, Marken- und Marketingstrategien aufzulegen,[75] um den chinesischen Markt zu erobern, der nach der Öffnung Chinas unter Deng Xiaoping und dessen Reformpolitik nach 1978 sowie durch das Ende des Kalten Krieges nach 1989[76] erhebliches wirtschaftliches Potenzial versprach.

Die Neuorientierung bei Sartorius erfolgte dabei in einem für das Unternehmen äußerst schwierigen wirtschaftlichen Umfeld. Darüber hinaus sorgte der weltpolitische Umbruch der Jahre 1989/90 bei Sartorius zunächst für Unsicherheiten und Irritationen.[77] In den letzten zehn Jahren hatte sich der weltweite Umsatz des Unternehmens mehr als verdoppelt. Nun begleiteten „weltwirtschaftliche Unsicherheiten", vor allem bedingt durch die Entwicklungen in Osteuropa und den Niedergang des Staatssozialismus,[78] die globale Wirtschaftsentwicklung. Hinzu kamen Währungsveränderungen, konjunkturelle Schwächen in Japan, Hongkong, den USA und Kanada sowie ein wachsender asiatischer Wettbewerb, der für Ernüchterung auf den Auslandsmärkten sorgte. Von den osteuropäischen Ländern erwartete Sartorius zu Beginn der 90er Jahre „derzeit und auch in naher Zukunft keine wesentlichen Impulse", und so setzte das Unternehmen in dieser Umbruchsphase „bei der angestrebten weiteren Internationalisierung die Akzente" auf „verstärkte Marktaktivitäten in Amerika und Asien".[79] In den folgenden Jahren hielt die schwächelnde Lage der Weltkonjunktur zunächst an und machte sich in den Sartorius-Sparten der Separations- und Wägetechnik sowie bei Gleitlagern insbesondere in Form einer schwachen Auftragslage der amerikanischen und asiatischen Märkte bemerkbar.[80] In dieser Situation beauftragte das Unternehmen eine Unternehmensberatungsfirma mit der Erstellung einer Markt- und Unternehmensanalyse, in der erhebliche Defizite bei Sartorius unter anderem in den Bereichen der internationalen Wettbewerbsfähigkeit, der Vertriebsorganisation, des internationalen Marketings sowie in der Aufgaben- und Kompetenzverteilung zwischen der Zentrale in Göttingen und den Tochtergesellschaften festgehalten wurden. Zudem bemängelte das Beratungsunternehmen eine Dominanz der Wägetechnik gegenüber der Separationstechnik.[81]
Vor allem mit Blick auf die internationale Ausrichtung des Unternehmens wurde vorgeschlagen, die Effizienz im Bereich Marketing und Vertrieb zu steigern, den Bereich Separationstechnik zu stärken, das Wachstumspotenzial in Asien und Osteuropa stärker zu nutzen sowie die Errichtung eines zusätzlichen Standorts in Asien in Erwägung zu ziehen, was letztendlich auf eine grundsätzliche Umstrukturierung von Sartorius hinauslief.[82]

Neben externen Überlegungen zur Neuausrichtung des Unternehmens hatte es seit Ende der 1980er Jahre auch interne Ideen zur Verbesserung der wirtschaftlichen Lage und der Wettbewerbsfähigkeit von Sartorius gegeben, die vor allem die Märkte in Osteuropa und im Fernen Osten in den Blick nahmen. Im Mittelpunkt der Überlegungen stand China mit seinem riesigen Marktpotenzial, das für westliche Unternehmen eine sehr große Attraktivität besaß. Daneben gerieten aber auch andere Staaten und Regionen ins Blickfeld von Sartorius – wie etwa Hongkong, Korea, Vietnam, Indonesien und die Philippinen. 1989 wurden im Unternehmen „Grundannahmen für eine Niederlassung in der Republik Korea" entworfen, die die sich verschlechternden Vertreter- und Vertriebsverhältnisse vor Ort untersuchten und zu dem Ergebnis kamen, dass die Gründung einer Niederlassung in Südkorea, der Aufbau einer „schlagkräftigen Serviceorganisation" sowie ein zielgerichtetes Marketing zu einer Wettbewerbsverbesserung und einer Rückgewinnung verloren gegangener Marktanteile führen müssten. Die offizielle Eröffnung der Sartorius Korea Ltd. als Franchise-Partner mit einem Verkaufsbüro in der Nähe von Seoul erfolgte im Sommer 1990. Nicht nur im Bereich der Wägetechnik, sondern auch bei der Filtrationstechnik wurde Südkorea eine zentrale Rolle als „Wachstumsmarkt" beigemessen, der auch für andere Märkte in Fernost eine große Bedeutung hatte.[83] Mit Blick auf die Situation des Waagengeschäfts kam eine weitere Analyse zu dem Ergebnis, dass bei einer weitergehenden Stagnation des Umsatzes, geringen Margen, einem rückläufigen Marktanteil in Fernost und vor dem Hintergrund der starken Konkurrenz des japanischen Anbieters A & D sowie einer mangelhaften eigenen Vertriebssituation Sartorius Gefahr laufe, „den überaus potenten Markt China gänzlich zu verlieren".[84] Ähnliches galt für den Filterbereich, wobei neben Qualitäts- und Produktionsschwächen ebenfalls erhebliche Probleme im Vertrieb festgestellt wurden.[85] In einem „Far East Konzept" wurden Überlegungen zu einer stärkeren Präsenz vor Ort in verschiedenen ost-

Abb. 14 Der Staatschef der Sowjetunion, Leonid Breschnew, am Sartorius-Stand auf der Automation 69-Messe in Moskau

asiatischen Ländern angestellt, um so die Vertriebs- und Marketingaktivitäten sowie die Preispolitik zu verbessern. Neben Südkorea und der Volksrepublik China spielte dabei auch Hongkong eine Schlüsselrolle. Dort war im Jahr 1988 die Sartorius Ltd. ins Leben gerufen worden, die die Präsenz in China stärken sollte, wobei zunächst eine flächendeckende Marktbearbeitung über Vertriebspartner und ein lokaler Kundendienst installiert wurden. Weil die Konkurrenten Toledo, Shimadzu und Pesa bereits Joint Ventures oder andere Kooperationen mit chinesischen Unternehmen eingegangen waren, deutete sich auch für Sartorius an, dass „wir in kürzester Zeit um eine Kooperation mit [einem] chinesischen Partner nicht herumkommen [werden], wollen wir unsere Marktchancen nicht verlieren".[86] Zu Beginn der 90er Jahre schien die Zeit für eine solche Kooperation mit China günstig, hatte sich doch die politische Situation nach den Unruhen des Jahres 1989 wieder beruhigt. Die „für kommunistische Länder erstaunlich liberale Wirtschaftsordnung mit Gewinntransfer ins Ausland für Kooperationen mit ausländischen Partnern" sowie die Einrichtung spezieller Wirtschaftszonen machten es für Sartorius attraktiv, „sich auf Dauer den Markt in China zu sichern".[87]

Ende 1994 beschleunigten sich dann die Planungen für eine Sartorius-Produktionsstätte in der Volksrepublik China, nachdem der inzwischen zu Mettler-Toledo fusionierte Konkurrent eine eigene Tochtergesellschaft in Shanghai gegründet hatte. Eine 100-prozentige Tochtergesellschaft sollte den chinesischen Markt „von innen heraus" bearbeiten. Da jedoch immer mehr ausländische Unternehmen Shanghai als Standort wählten, was sich u.a. erheblich auf die dortigen Baupreise auswirkte, entschied sich Sartorius für den Standort Beijing. Anders als ursprünglich geplant, wurde eine Gründung als Joint Venture verworfen, da man einen deutlichen Einflussverlust innerhalb eines solchen Gemeinschaftsunternehmens befürchtete. Zeitgleich mit der Entscheidung für eine Produktionsstätte in Beijing ergaben sich auch neue Überlegungen zur Bearbeitung der südostasiatischen Märkte. Der Standort Korea wurde führungsmäßig und rechtlich enger an die Gesellschaft in Hongkong angeschlossen, welche wiederum durch einen zusätzlichen Standort in Kuala Lumpur entlastet werden sollte. Von Malaysia wurden dann vor allem die Märkte in Indonesien, Thailand, Vietnam und Australien bearbeitet.[88]

Dies alles war Teil einer umfassenden Neuausrichtung von Sartorius, die im Sinne einer „Doppelstrategie" neben einer neuen Konzernphilosophie als international agierendes Unternehmen auch eine organisatorische Restrukturierung umfasste, von der man sich eine größere Flexibilität, Rationalisierungseffekte und Kostensenkungen sowie insgesamt eine verbesserte Markt- und Kundennähe versprach. Dazu hatte auch der Börsengang des Unternehmens im Jahr 1990 beigetragen, der nachfolgend „Jahr für Jahr eine stärkere Orientierung auf globale Strukturen des Hauses Sartorius auslöste".[89]

In Russland konnte Sartorius an die seit den 1950er Jahren bestehenden Handelskontakte mit der Sowjetunion anknüpfen, die dann im Jahr 1982 in ein Abkommen über Serviceleistungen für Mechatronik auf dem sowjetischen Markt sowie 1985 zu einer Vereinbarung mit dem Staatskomitee für Wissenschaft und Technik zur Zusammenarbeit bei Membranfiltern führten. Letztere mündete nach dem Umbruch 1989 in ein Joint Venture in der Stadt Vladimir bei Moskau namens „Vladisart", das Fragen der Produktion und des Vertriebs von Filtern und Anlagen sowie entsprechende Beratungs- und Servicetätigkeiten umfasste. 1991 folgte ein weiteres Joint Venture in St. Petersburg („Sartogosm") im Bereich der Mechatronik, an dem Sartorius mit 51 Prozent beteiligt war. Das Ziel von Sartorius war zu diesem Zeitpunkt, als mittelständisches Unternehmen durch frühzeitige Investitionen in Russland auf dem vermeintlich größten europäischen Zukunftsmarkt rechtzeitig präsent zu sein.[90] Zu Beginn der 90er Jahre beurteilte Sartorius den Reformprozess in der ehemaligen Sowjetunion und anderen osteuropäischen Staaten dann aber als „äusserst schleppend". Es musste nun darum gehen, mit einer von Göttingen aus gesteuerten Serviceorganisation die Belieferung und Betreuung der Kunden zu verbessern, den Umsatz und die Gewinne zu steigern und insgesamt die Wettbewerbsfähigkeit in diesen ehemaligen RGW-Ländern[91] zu erhöhen. Dazu wurden landesbezogene Sartorius-Stützpunkte in Polen, der Tschechoslowakei, Ungarn, Bulgarien sowie in den Nachfolgestaaten Jugoslawiens und Rumänien ins Leben gerufen, um den Vertrieb und Service in den Bereichen Wägetechnik und Filtration vor Ort anzukurbeln. Zudem war Sartorius

Abb. 15 Übergabe eines Lieferfahrzeugs in St. Petersburg, 1993

auch weiterhin auf zahlreichen Messen in Osteuropa präsent.[92] Später wurden zahlreiche dieser Handelsvertretungen zu eigenen Tochtergesellschaften entwickelt, auch um die Vertriebs- und Serviceaktivitäten künftig besser selbst steuern zu können. Beispiele hierfür sind die 2008 gegründeten Sartorius Mechatronics Poland, Sartorius Mechatronics Hungaria sowie Sartorius Stedim Hungaria oder das vormalige Joint Venture Sartogosm in Russland, das 2014 vollständig übernommen wurde und heute eine von drei russischen Tochtergesellschaften ist.

Besondere Herausforderungen für Sartorius ergaben sich aus der Tatsache, dass die weltweiten Umwälzungen der Jahre nach 1989 gleichzeitig in mehreren Regionen für akuten Handlungs- und Entscheidungsbedarf vor dem Hintergrund eines erheblichen Unsicherheitspotenzials sorgten. Diese Unsicherheitsphase bzw. der so empfundene Schwebezustand zogen sich bis etwa Mitte der 1990er Jahre, bevor eine gewisse Beruhigung nicht nur in der ehemaligen Sowjetunion und den vormaligen RGW-Staaten einsetzte, die die weiteren Planungen bei Sartorius auf eine besser abschätzbare und sicherere Grundlage stellten. Die 90er Jahre sollten sich deshalb als besonders dynamische Phase der Konzernentwicklung erweisen. So wurden in China die lang gehegten Pläne zur Errichtung einer Produktionsstätte für Waagen Mitte des Jahrzehnts in die Tat umgesetzt. Dabei waren es schließlich persönliche Kontakte auf der Ebene der Wissenschaft, die diesen Prozess beschleunigten. Diese betrafen den Präsidenten des nationalen Instituts für Metrologie in China, dessen Sohn bei Sartorius in Göttingen als Trainee gearbeitet hatte und der dann am Aufbau von Sartorius in Beijing entscheidend beteiligt war. Dass daraus ein Joint Venture zwischen Sartorius und einem chinesischen Partner hervorging, sollte jedoch nicht die vom Unternehmen befürchteten Folgen haben. Der chinesische Partner verfügte über entsprechende politische Kontakte in Gremien des Fünf-Jahres-Plans, sodass Sartorius, anders als viele ausländische Unternehmen im Rahmen von Joint Ventures, nicht vom Problem der Technologieabführung betroffen war.[93]

Die „Beijing Sartorius Balances Company Ltd." („Beijing Sartorius Instrument and System Engineering Co., Ltd.") zur Herstellung von Laborwaagen fasste mehrere Motive zusammen, die in den Jahren zuvor bereits intensiv diskutiert worden waren. Das betraf zum einen das Entwicklungspotenzial eines riesigen Zukunftsmarktes, der wiederum bedingt war durch ein hohes Bevölkerungswachstum und ein (bis dahin) niedriges, aber ausbaufähiges Technologieniveau. Hinzu kamen geringe Lohnkosten, hohe Einfuhrzölle sowie steigende Energie- und Logistikkosten, die eine Produktion vor Ort reizvoll erscheinen ließen. Schließlich zeigte die eigene Erfahrung, dass ein wirtschaftlicher Erfolg in China auch vom Vorhandensein einer eigenen Produktionsstätte abhing. Dieses Projekt verlief so erfolgreich, dass es bereits Ende der 1990er Jahre zu weiteren Investitionen kam, insbesondere beim Auf- und Ausbau einer Produktionsstätte und eines Vertriebsnetzes auf dem Gebiet der Separationstechnik in Beijing. Die Nachfrage nach Laborwägetechnik entwickelte sich in den darauf folgenden Jahren in China so rasant, dass durch einen Erweiterungsbau die Produktionsfläche um 80 Prozent erhöht und die Zahl der Mitarbeiter verdoppelt wurde. Sartorius' Mechatronik-Produkte erzielten eine große Nachfrage in Laboren chinesischer Forschungseinrichtungen und Entwicklungsabteilungen von Unternehmen, besonders in der pharmazeutischen, der chemischen und der Lebensmittelindustrie. Hinzu kamen Gold- und Karatwaagen. In China wurde schließlich fast die komplette Mechatronik-Produktpalette des Konzerns hergestellt.[94] Als designierter Vorstandssprecher der Sartorius AG weihte Joachim Kreuzburg 2003 den Erweiterungsbau der Beijing Sartorius Instrument & System Engineering Co. Ltd. mit der Bemerkung ein, dass China „einer der wichtigsten Zukunftsmärkte für Sartorius ist und bleibt".[95]

Auch mit Blick auf Indien stellte die Phase Mitte der 90er Jahre eine Art Weichenstellung dar. Erste Kontakte nach Indien waren bereits Mitte der 80er Jahre geknüpft worden, als Sartorius-Mitarbeiter Unternehmen in Indien besuchten, die für eine Zusammenarbeit im Rahmen des Aufbaus einer

Abb. 16 Einweihung des neuen Werks in Beijing, 2007

Produktion vor Ort infrage kamen. In Indien wurde eine „Aufbruchsstimmung" beobachtet, die Anlass dazu gab, „dass Hersteller von Industriegütern gut beraten seien, zur Sicherung ihrer zukünftigen Marktposition ernsthaft auf das indische Drängen auf Kollaboration einzugehen".[96] Letztere Bemerkung zielte darauf ab, dass die Aktivitäten zu einer Kooperation mit indischen Unternehmen Mitte der 80er Jahre nicht allein von Sartorius ausgingen, sondern dass auch umgekehrt indische Firmen Angebote zur Zusammenarbeit an Sartorius unterbreiteten. In einer internen Analyse hob Sartorius das große Marktpotenzial des indischen Marktes für den Wägebereich hervor, betonte jedoch zugleich die erheblichen Restriktionen in Form von Importverboten, Zöllen und anderen Beschränkungen, die eine Kooperation mit Indien erschwerten, auch wenn in jüngster Zeit unter Premierminister Gandhi der Import von Investitionsgütern liberalisiert worden sei.[97] Schon diese kleinen Anzeichen einer Liberalisierung eines bis dahin für ausländische Investoren stark regulierten Marktes nahmen einige deutsche Unternehmen zum Anlass, ihre Fühler in Richtung des „Zukunftsmarktes Indien" auszustrecken.[98] Ähnlich wie im Fall China waren es auch in Indien persönliche Kontakte, die zur Gründung eines Verbindungsbüros von Sartorius unter der Leitung von Cherian Philip führten. Ziele waren eine verstärkte lokale Repräsentanz vor Ort, der Ausbau von Marketing- und Serviceaktivitäten für die Bereiche Filtration und Wägetechnik sowie die Vorbereitung eines zukünftigen Joint Ventures.[99] Im Jahr 1991 kam es dann zur Gründung von Sartorius Biotech durch Cherian Philip (ursprünglich SFS Technologies) als Engineering-Firma für Separationstechnik mit Produktionsräumen in Bangalore sowie Verkaufsbüros in Bombay (heute Mumbai) und Neu-Delhi.[100]

Es dauerte damit recht lange, bis der indische Markt für Sartorius von Interesse wurde. Dieser bot zwar bereits seit den 1950er Jahren für einige westdeutsche Großunternehmen vielversprechende Absatzmöglichkeiten, betraf zunächst aber Unternehmen der Schwerindustrie und des Anlagenbaus. Diese hatten sich dort im Rahmen westdeutscher Entwicklungshilfeprojekte engagiert und waren vor

Abb. 17 Sartorius-Standort in Beijing, 2020

Abb. 18 Bangalore ist Fertigungsstandort unter anderem für Edelstahlbioreaktoren und -komponenten

allem auch deshalb in Indien willkommen, weil sie, im Gegensatz zu den ehemaligen Kolonialmächten Großbritannien oder Frankreich, eben nicht über eine koloniale Vergangenheit in dieser Region verfügten.[101] Anders als im Falle der Volksrepublik China hatte Sartorius zu Indien direkt nach dem Zweiten Weltkrieg dagegen noch keine intensiven Wirtschaftskontakte geknüpft. Dies änderte sich erst in den 90er Jahren, als sich das Land zunehmend als Pharmastandort insbesondere für Nachahmerprodukte, sogenannter Generika, profilierte. Im Zuge der zunehmend global ausgerichteten Investitionsstrategie von Sartorius waren in den 90er Jahren schließlich auch geringe Personalkosten, das Vorhandensein gut ausgebildeter Fachleute und das große Entwicklungspotenzial des Marktes wichtige Motive, sich in Indien zu engagieren.[102] Wie bei anderen Auslandsaktivitäten zuvor und danach besetzte Sartorius auch in China und Indien wichtige Positionen, etwa die des Geschäftsführers, mit lokalen Mitarbeitern. Ihre spezifischen Kenntnisse der regionalen Besonderheiten, der Märkte, Gesetze und Formalitäten, aber auch von Kultur und Mentalitäten waren für ein erfolgreiches Agieren unerlässlich.

Mit den neuen Produktionsstätten in Asien hatte Sartorius um die Jahrtausendwende wichtige Maßnahmen auf dem Weg von einem einstmals deutschen mittelständischen, exportorientierten Unternehmen hin zu einem global agierenden, trans- bzw. multinationalen Konzern eingeleitet.

Dies bedeutete – zumindest dem Anspruch nach – eine stärkere Einbeziehung der ausländischen Tochtergesellschaften in die Konzernentscheidungen durch die Bildung regionaler Einheiten mit lokaler Verantwortung. Dies sollte eine bessere Berücksichtigung unterschiedlicher nationaler Mentalitäten von Kunden und Mitarbeitern in den Regionen der Welt gewährleisten, auch wenn der Standort Göttingen nach wie vor als Konzernzentrale fungiert(e). Genau in diese Richtung hatte sich Sartorius seit Ende der 80er, Anfang der 90er Jahre entwickelt. Die Leiter der jeweiligen Geschäftseinheiten erhielten damit eine größere Unabhängigkeit, mehr operative Freiräume und Kompetenzen als „Unternehmer im Unternehmen" im

Abb. 19 Am Sartorius India Campus in Bangalore arbeiten über 500 Mitarbeiter

Sinne eines „global thinking, local acting". Dies wurde verstanden als konzernweiter Prozess des Wandels der Unternehmenskultur – und zwar von einer „Gehorsamskultur zur Verantwortungskultur", die den einzelnen Mitarbeitern des Unternehmens ein größeres Maß an Freiräumen, aber auch an Eigenverantwortung übertrug.[103] Das erinnert an die Reorganisation westdeutscher Großunternehmen der 1960er Jahre, die im Übergang von der funktionalen zur divisionalen Unternehmensorganisation und einer damit verbundenen Dezentralisierung in Anlehnung an amerikanische Vorbilder der Unternehmensorganisation und des Managements auch eine „Delegation von Verantwortung" anstrebten, ebenso wie einen Abbau autoritärer Unternehmensstrukturen sowie die Stärkung von Eigenverantwortung und Entscheidungskompetenzen der einzelnen Mitarbeiter.[104] Im Zeitalter der Globalisierung setzte der Wandel der Unternehmensorganisation und -kultur bei Sartorius in den 90er Jahren diesen Prozess fort.

Der Begriff „Globalisierung" hatte sich seit den 1980er Jahren allmählich etabliert und beschrieb ein Phänomen, das bereits seit der Entdeckung der sogenannten Neuen Welt Ende des 15. Jahrhunderts die weltwirtschaftliche Entwicklung in unterschiedlicher Ausprägung kennzeichnete, nämlich den „zunehmenden Anteil grenzüberschreitender privatwirtschaftlicher Aktivitäten an der gesamten Wirtschaftsleistung von Ländern".[105] Der Wirtschaftshistoriker Richard Tilly definierte Globalisierung Ende der 90er Jahre als „zunehmende internationale Integration von Güter-, Kapital- und Arbeitsmärkten, die unmittelbar verursacht wird durch die wachsende internationale Mobilität von Produkten und Produktionsfaktoren und zumindest mittelbar von dem technologischen Wandel und von Veränderungen in der staatlichen Wirtschaftspolitik getragen sind".[106] Das traf schließlich zu diesem Zeitpunkt auch auf Sartorius zu. Das Unternehmen sah seit der Jahrtausendwende die Grundlagen seines Erfolgs nicht zuletzt „in einem globalen Netzwerk, in dem nationale und internationale Besonderheiten bei Entwicklung, Beschaffung und Fertigung zum Vorteil des ganzen Konzerns genutzt werden".[107] Seit Mitte der 90er Jahre

Abb. 20 Triaden-Strategie: Fokus auf die drei Marktregionen Westeuropa und Russland, Asien sowie Nordamerika; Titelbild des Geschäftsberichts 1995

vertrat Sartorius eine offensive Weltmarktstrategie, deren Ziel in der „Weltmarktführerschaft" der eigenen Produktbereiche, der Ausweitung und Verbesserung der Marktposition bestand.[108]

Voraussetzungen für die Ausrichtung des Unternehmens hin zu einem global agierenden Unternehmen waren die Ausbildung entsprechender Vertriebs-, Informations- und Logistikstrukturen. So diente das Projekt „P.R.I.M.O.S" in den 90er Jahren zur Effizienzsteigerung und der Kostensenkung des internationalen Vertriebsapparats, und „G.L.O.B.A.L" beinhaltete die Bereitstellung von Informationsinstrumenten im Bereich Logistik und Datenverarbeitung, wobei hier jeweils unterschiedliche Verständnisprobleme in verschiedenen Ländern und Kulturen weltweit zu berücksichtigen waren.[109]

Dies vollzog sich im Rahmen der „Triaden-Strategie", bei der sich Sartorius in den Bereichen Wäge- und Separationstechnik auf die Wachstumsmärkte in Westeuropa und Russland, Asien (hier vor allem zunächst auch auf Japan) und Nordamerika konzentrierte. Nach einer konjunkturellen Schwäche setzte Mitte der 90er Jahre eine Belebung der Weltwirtschaft ein, die sich bei Sartorius in einer überproportionalen Teilnahme am Wachstum in den Bereichen Wägetechnik und Separationstechnik auswirkte. Im Unternehmen, das zu diesem Zeitpunkt mit Tochtergesellschaften in Europa, Nordamerika, Asien und Australien vertreten war, führte dies zu einer Intensivierung auf dem Gebiet der Unternehmensakquisitionen, deren Fokus zunächst noch auf dem Bereich Mechatronik lag. So erwarb das Unternehmen im Jahr 1995 neben der Übernahme des Hildesheimer Wägetechnik-Unternehmens AutoMatic eine Beteiligung an Globaltech (ebenfalls Wägetechnik) in den USA und gründete ein Joint Venture im Bereich Wägetechnik in Beijing.[110]

1999 folgte die Firma Denver Instrument Company in Arvada (USA), einer der erfolgreichsten Hersteller von Waagen, elektrochemischen und Feuchtemessgeräten für Laboranwendungen, die sowohl auf dem amerikanischen Markt als auch über eine Tochtergesellschaft in Großbritannien vertreten war. Dadurch ergaben sich Synergieeffekte in den Bereichen der Produktion, der Forschung und Entwicklung sowie im Vertrieb. Im gleichen Jahr kaufte Sartorius das Aachener Unternehmen Dr. Hans Boekels GmbH & Co. auf. Als drittes wurde 1999 das aus dem Philips-Konzern hervorgegangene Unternehmen Global Weighing Technologies (GWT) aus Hamburg, ein führender Anbieter industrieller Wägetechnik, akquiriert.[111] Abgeschlossen wurde in 1999 zudem die technologische Integration der Konzerntochter Globaltech Corporation mit der Produktmarke Acculab, von der man sich eine bessere Positionierung auf dem amerikanischen Markt versprach.[112] Zwar lag der Schwerpunkt in dieser Zeit noch auf dem Bereich der Wägetechnik. Doch auch im Bereich der Separationstechnik wurde Sartorius tätig und erwarb mit der britischen Vivascience Ltd. aus Lincoln sowie der deutschen Spezialpapier Filtrak GmbH zwei neue Tochterunternehmen. Vivascience verfügte über Spezialkenntnisse auf dem Gebiet der Ultrafiltration (Filtration makromolekularer Substanzen) und war ein hoch innovatives und stark kundenorientiertes Unternehmen im Bereich Biotechnologie, das für Sartorius eine ideale Ergänzung im Bereich der Molekularbiologie im Life-Science-Sektor bildete. Die Spezialpapier Filtrak GmbH stellte ein breites Angebot an Papierfiltern her, die für eine Vielzahl analytischer Methoden genutzt wurden.[113] Flankiert wurde diese Akquisitionsstrategie durch eine Mehrmarkenpolitik, die sich um die Kernmarke „Sartorius" als „tragendes Standbein" des Konzerns positionieren sollte. Auf der Grundlage einer Analyse der Semion Brand Broker GmbH aus München hatte sich gezeigt, dass vor dem Hintergrund einer monetären Bewertung von 50 deutschen Marken die Marke Sartorius innerhalb eines Jahres einen Zuwachs von 123 Prozent erfahren hatte und eine Mehrmarkenpolitik aus Sicht des Konzerns die bisherige Akquisitionsstrategie und den Zugewinn von Märkten und Marktsegmenten sinnvoll zu ergänzen schien. Mit Acculab sollten besonders preissensitive Zielgruppen angesprochen werden. Die Marke Scaltec deckte demgegenüber eher Nischen im Bereich Wägetechnik ab. Boekels umfasste Produkte der Wägetechik auf dem Gebiet der Metall- und Fremdkörpersuchtechnik, und Global Weighing stand für eine Spezialisierung auf Komponenten und Anwendungslösungen industrieller Wägetechnik. In der Separationstechnik sollte die Marke „Vivascience" erhalten bleiben und den Wachstumsmarkt Biotechnologie mit verfahrenstechnischen Problemlösungen versorgen. Der Name Filtrak (Spezialpapier für Papierfiltration) sollte dagegen in die Marke Sartorius integriert werden.[114]

Das Konzept einer differenzierten und hierarchisierten Mehrmarkenstrategie ging jedoch nicht auf. Bereits wenige Jahre später wurden die Marken Acculab, Scaltec und Denver Instrument wieder aufgegeben. Bald sollten sich auch die Schwachstellen dieser schnellen wie breiten Produktdiversifikation zeigen. Dabei wird deutlich, dass es sich hier nicht um eine lineare Entwicklung im Sinne eines Masterplans hin zu einem integrativen, internationalen Konzern handelte, sondern dass Anspruch und Wirklichkeit deutlich auseinanderklafften. Daraus ergaben sich auch Sackgassen oder Umwege, die nicht selten auf situativen Entscheidungen beruhten und später wieder korrigiert wurden.

Abb. 21 Logos akquirierter Unternehmen um die Jahrtausendwende

Wachstum im neuen Jahrtausend

Das neue Jahrtausend brachte für die Sartorius-Sparten „Mechatronik" (ehemals Wägetechnik und Gleitlagertechnik) und „Biotechnologie/Umwelttechnik" (ehemals Separationstechnik) enorme Umsatzsprünge, wozu vor allem die Akquisitionen beitrugen. Der Umsatz in der Wägetechnik stieg um 44 Prozent von 163 auf 235 Mio. Euro; in der Biotechnologie wuchs er sogar um 69 Prozent von 105 auf 177 Mio. Euro,[115] wobei dieses Wachstum in erster Linie auf den nordamerikanischen sowie den asiatisch-pazifischen Markt entfiel. Das Exportgeschäft wies die höchsten Steigerungsraten seit zehn Jahren auf, während Deutschland – zumindest für die Wägetechnik – der wichtigste Markt für das Unternehmen blieb. Mit dem Erwerb des weltweiten Marktführers im Bereich Fermentation, B. Braun International (BBI) Melsungen, setzte sich die Expansionspolitik zwar fort, sie verlagerte ihren Schwerpunkt jedoch hin zur Biotechnologie. Diese Akquisition ist daher als durchaus wegweisend zu sehen, zumal die Fermentation auch heute noch ein sehr erfolgreicher und bedeutender Bestandteil des Sartorius-Produktangebots und das Unternehmen weiterhin Weltmarktführer in diesem Bereich ist. Die Übernahme von BBI bedeutete auch hinsichtlich der Internationalität einen bedeutenden Schritt. BBI erzielte im Jahr 2000 mehr als 50 Prozent des Umsatzes allein auf dem nordamerikanischen Markt. Mit einer dazugehörigen Vertriebs- und Servicestruktur war Sartorius nun noch einmal deutlich besser auf dem dynamischen US-amerikanischen Markt aufgestellt und konnte so auf eine Schubwirkung für die Zukunft hoffen.[116] Die Weiterentwicklung des Unternehmens zeigte sich auch in einem neuen Logo, das mithilfe größer werdender Punktreihen die Forschungsanwendungen von Membranen unterschiedlicher Porengrößen und die Präzisionstechnik im Bereich der Wägetechnik symbolisierte, sowie in einer neuen Corporate Identity.[117]

Wachstumsmotor im neuen Jahrtausend waren vor allem Nordamerika sowie die aufstrebenden Volkswirtschaften in Indien und China. China verzeichnete zu Beginn des neuen Jahrtausends ein durchschnittliches jährliches Wirtschaftswachstum von etwa neun Prozent, wobei dies in den für Sartorius relevanten Bereichen der Chemie-, der Pharma- und der Biotechindustrie zum Teil noch darüber lag. Im Zuge eines deutlichen Wachstums des Unternehmensstandortes in Beijing suchte sich Sartorius einen neuen chinesischen Partner im Jahr 2006/07. Verbunden war dies mit einem Standortwechsel, wobei die Neugründung nicht – wie später in zahlreichen Fällen europäischer Direktinvestitionen in China – mit der Auflage einer Joint-Venture-Gründung einherging. Mit dem Werksneubau in Beijing im Jahr 2007 verdoppelte Sartorius seine Produktionskapazitäten in China, wo seit 1996 vor allem Laborwaagen und Industriewägetechnik montiert wurden. Das neue Werk sollte dabei nicht nur den chinesischen, sondern auch weitere asiatische Märkte beliefern und Kunden aus der Pharma-, der Chemie- und der Lebensmittelindustrie bedienen. Es liegt in der Tianzhu Airport Industrial Zone, einer im Jahr 1994 neu errichteten Wirtschaftszone, die über exzellente Verkehrsinfrastrukturanbindungen insbesondere zum Internationalen Flughafen Beijing verfügt.[118] Der Erfolg der letzten Jahre gab allen Anlass zu einer Erweiterung der Aktivitäten, da sich allein in China der Umsatz zwischen 1997 und 2008 um das Sechzigfache erhöhte.[119] Einen weiteren Meilenstein für das Sartorius-

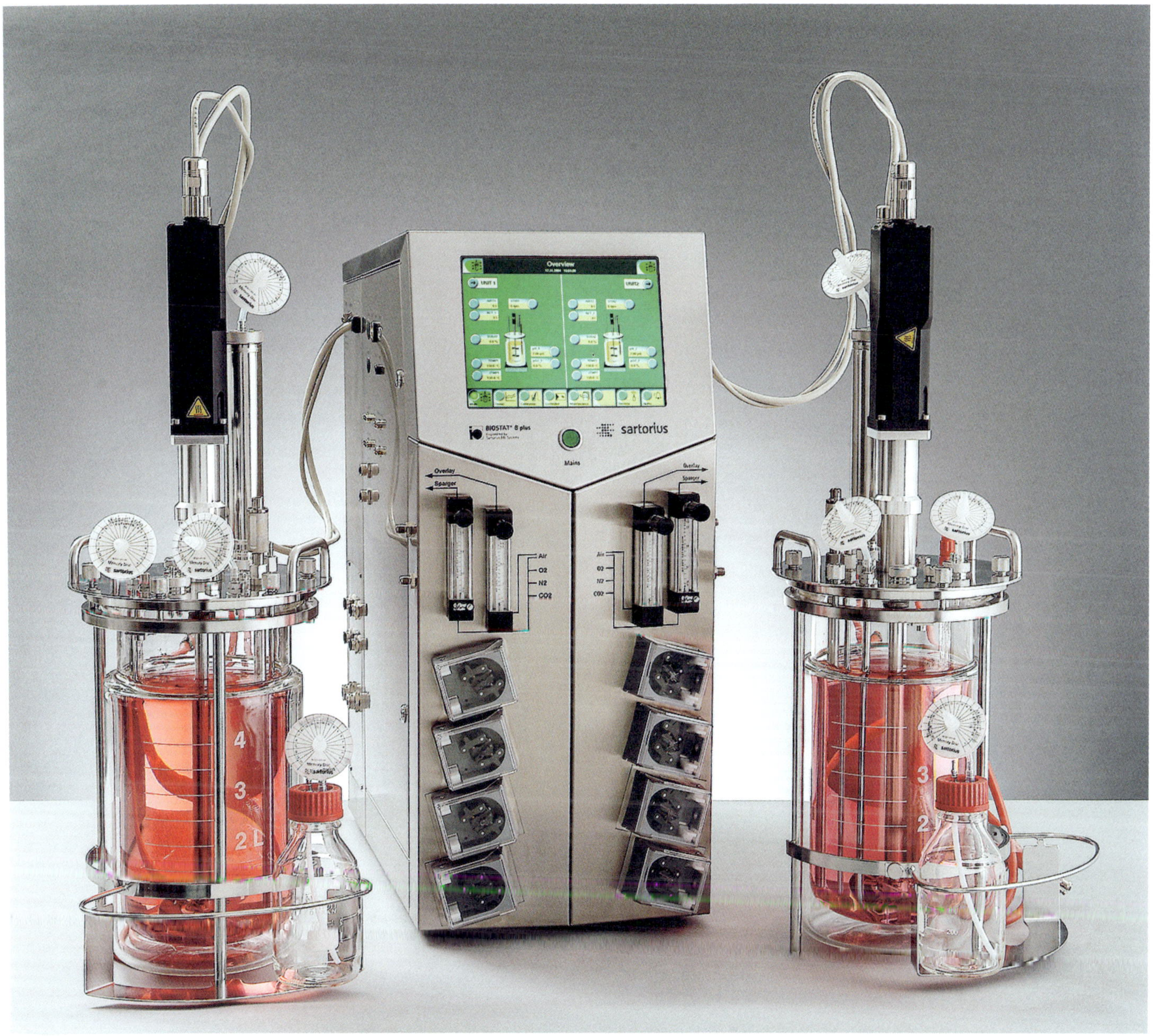

Abb. 22 Mit dem Zukauf von B. Braun International (BBI) aus Melsungen erweiterte Sartorius seine Produktpalette um Bioreaktoren

Engagement in China stellte die Eröffnung eines neuen Anwendungszentrums in Shanghai im Jahr 2014 dar. Dort können Kunden seither sowohl aus dem Laborbereich als auch aus der biopharmazeutischen Industrie Sartorius-Produkte testen.[120] Der Start in das neue Jahrtausend verlief in Indien ähnlich erfolgreich wie in China. Allein von 2000 auf 2001 erhöhte sich der Umsatz um 50 Prozent. Betrachtet man den ganzen Asien-Pazifik-Raum, konnte von 1998 bis 2001 sogar eine Verdreifachung erzielt werden. Dies zeigte einerseits das große Potenzial dieser Märkte, führte andererseits aber auch die bis dahin deutlich ausbaufähigen Marktpositionen von Sartorius vor Augen. In Indien verfügt das Unternehmen seit 2009 mit dem Sartorius India Campus in Bangalore über eine neue, zentralisierte Produktionsstätte, die die bisherigen fünf Standorte mit den Produkten beider Konzernsparten zusammenfasste. In Bangalore arbeiteten zu Beginn des neuen Jahrtausends 240 Mitarbeiter, die vor allem mit der Herstellung, Installation und Wartung von Fermentations- und Filtrationsanlagen für komplexe biopharmazeutische Prozesse beschäftigt waren und die damit die Marktführerschaft in der Bioverfahrenstechnologie in Indien innehatten. Bangalore war zudem weiterhin zuständig für die Herstellung von Hochlastwägezellen. Das 2009 eröffnete Werk in Bangalore erhöhte die Produktionskapazitäten in beiden Konzernsparten deutlich. Neben dem indischen sollte der Standort auch weitere asiatische Märkte versorgen und weltweit Komponenten für die konzerneigene Fertigung herstellen. Der Standort Indien stellte mit 500 Mitarbeitern zu diesem Zeitpunkt nach Göttingen (2.200 Mitarbeiter) die zweitgrößte Belegschaft innerhalb des Sartorius-Konzerns, wurde dann aber von den stärker wachsenden Standorten Aubagne und Yauco überholt.[121]

Die Akquisitionsstrategie setzte sich im neuen Jahrtausend weiter fort. Im Jahr 2005 übernahm der Konzern 100 Prozent der Anteile der Omnimark Instrument Corporation, Arizona (USA), die spezielle Feuchtemessgeräte für die Qualitätssicherung in der Chemie- und Nahrungsmittelindustrie vertrieb. Zwar handelte es sich dabei nur um eine kleinere Akquisition, doch verfügte Omnimark über eine strategisch interessante und für Sartorius wertvolle Kundenbasis sowie ein erfolgreiches Direktvertriebskonzept, das für die regionalen Sartorius-Märkte von großem Interesse war.[122]

Von enormer strategischer und zukunftsweisender Bedeutung war schließlich die Übernahme des französischen Unternehmens Stedim S.A. mit Sitz in Aubagne im Jahr 2007. Diese Akquisition sticht gegenüber den anderen deutlich heraus, handelte es sich dabei doch um die bis dahin größte Einzelakquisition der Sartorius-Unternehmensgeschichte. Unter Einbringung der eigenen Biotechnologie-Aktivitäten entstand mit der Sartorius Stedim Biotech S.A. ein rechtlich selbstständiger Teilkonzern mit Listung an der Pariser Börse, an dem die Sartorius AG mit 74 Prozent als Mehrheitsgesellschafter des kombinierten Unternehmens beteiligt ist. Stedim ist führender Anbieter von Einweg-Behältern (sogenannten „Bag-Technologien") für biopharmazeutische Anwendungen. Darüber hinaus produziert Stedim aseptische Transfersysteme und Technologien für die Konservierung von Proteinlösungen, die in der pharmazeutischen Industrie zur Zeit der Übernahme großes Wachstumspotenzial versprachen. Das Unternehmen hatte Produktionsstandorte in Frankreich, Tunesien und den USA und erwirtschaftete 2006 44 Prozent seines Umsatzes in den USA. Diese Übernahme und die Kombination des Produktportfolios bedeuteten für Sartorius einen weiteren sehr signifikanten Schritt auf dem Weg zum Anbieter vollintegrierter Lösungen für die biopharmazeutische Industrie. Der Zusammenschluss zog Koordinierungs- und Harmonisierungsmaßnahmen und die Einführung einer neuen Unternehmensorganisation nach sich. Eine besondere Herausforderung stellte die Zusammenführung der jeweiligen weltweiten regionalen Vertriebsorganisationen von Sartorius und Stedim dar. Es wurde ein weltweites „Global Key Account Management" (spezielle Betreuung von Groß- bzw. Schlüsselkunden) geschaffen, welches den regionalen Vertrieb auf höchster Managementebene unterstützte und eine Schnittstelle zum Bereich Marketing darstellt. Durch diese Zusammenführung innovativer Technologien und Unternehmensfunktionen beider Hersteller entstand ein globaler Biopharmaziezulieferer, der zu den weltweit führenden Anbietern von Produktions- und Dienstleistungen für die Fermentation, Filtration, Aufarbeitung, Medienlagerung und -transport sowie für das Labor zählt.[123]

Weiterhin wurde das Schweizer Technologieunternehmen Wave Biotech AG übernommen. 2012 erwarb Sartorius Teile des finnischen Laborzulieferers Biohit Oyj und erweiterte damit sein Produktportfolio im Bereich Laborinstrumente. 2013 kam die britische Firma TAP Biosystems Group plc hinzu, mit der Sartorius sein Angebot im Bereich Fermentation um kleinvolumige Bioreaktorsysteme erweitern konnte, die in der Produkt- und Prozessentwicklung von Biopharmazeutika genutzt werden können. 2014 folgte die Mehrheitsbeteiligung am amerikanischen Start-up AllPure Technologies LLC als Ergänzung des Einweg-Portfolios für die biopharmazeutische Industrie. Im selben Jahr verkaufte man die Sparte der industriellen Wägetechnik an das japanische Unternehmen Minebea und konzentrierte sich damit auf das Kerngeschäft Bioprozess und Labor. Wenngleich bei den Akquisitionen die Technologien im Vordergrund standen und stehen, führten diese gleichzeitig zu einer deutlichen weiteren Internationalisierung des Konzerns. So sorgte die Akquisitionsdynamik dafür, dass Sartorius im Jahr 2015 über 50 Tochtergesellschaften in 30 Ländern verfügte.[124]

Die globale Unternehmensstrategie führte einerseits zu einer zunehmenden Vernetzung vieler Wertschöpfungsketten, setzte zum anderen aber auch gezielte Personalentwicklungsmaßnahmen sowie sprachliche und kulturelle Informationsstra-

Abb. 23 Aubagno, Zentrale der Sartorius Stedim Biotech S.A.

tegien im Sinne eines interkulturellen Trainings voraus, um die Sensibilität der Mitarbeiter für kulturelle und landestypische Entwicklungen zu schärfen. Für das Unternehmen bedeutsam waren die Übertragung von Führungsverantwortung auf inländische Mitarbeiter sowie die Qualifizierung und Fortbildung von Mitarbeitern, die ins Ausland entsandt wurden.[125] Gegenseitige Arbeitsbesuche sowie eine befristete Arbeitstätigkeit etwa amerikanischer oder asiatischer Mitarbeiter am Standort Göttingen und umgekehrt dienen dabei nicht nur dem gegenseitigen Verständnis, sondern tragen auch zur Mitarbeiterbindung bei.

Doch obwohl der unternehmerische Strukturwandel und die weltweite Vernetzung des Konzerns dessen Marktposition und die internationale Wettbewerbsfähigkeit stärkten, konnten sie das Unternehmen nicht vor den Auswirkungen der sich ab 2008 abzeichnenden Weltwirtschaftskrise bewahren.[126] Nachdem der Konzernumsatz in den vorangegangenen Jahren kontinuierlich von 468 Mio. Euro (2004) auf 623 Mio. Euro (2007) gestiegen war, ging er nun, wenn auch moderat, um ca. 10 Mio. Euro zurück (2008 = 612 Mio. Euro). Gerade die Wachstumsmotoren China und Indien litten unter dem weltweiten Abschwung. In den Sparten selbst wirkte sich die Weltwirtschaftskrise stark unterschiedlich aus. Zwar wurde die weltweite Chemieindustrie von der Weltwirtschaftskrise schon recht frühzeitig getroffen, doch war die Pharmaindustrie

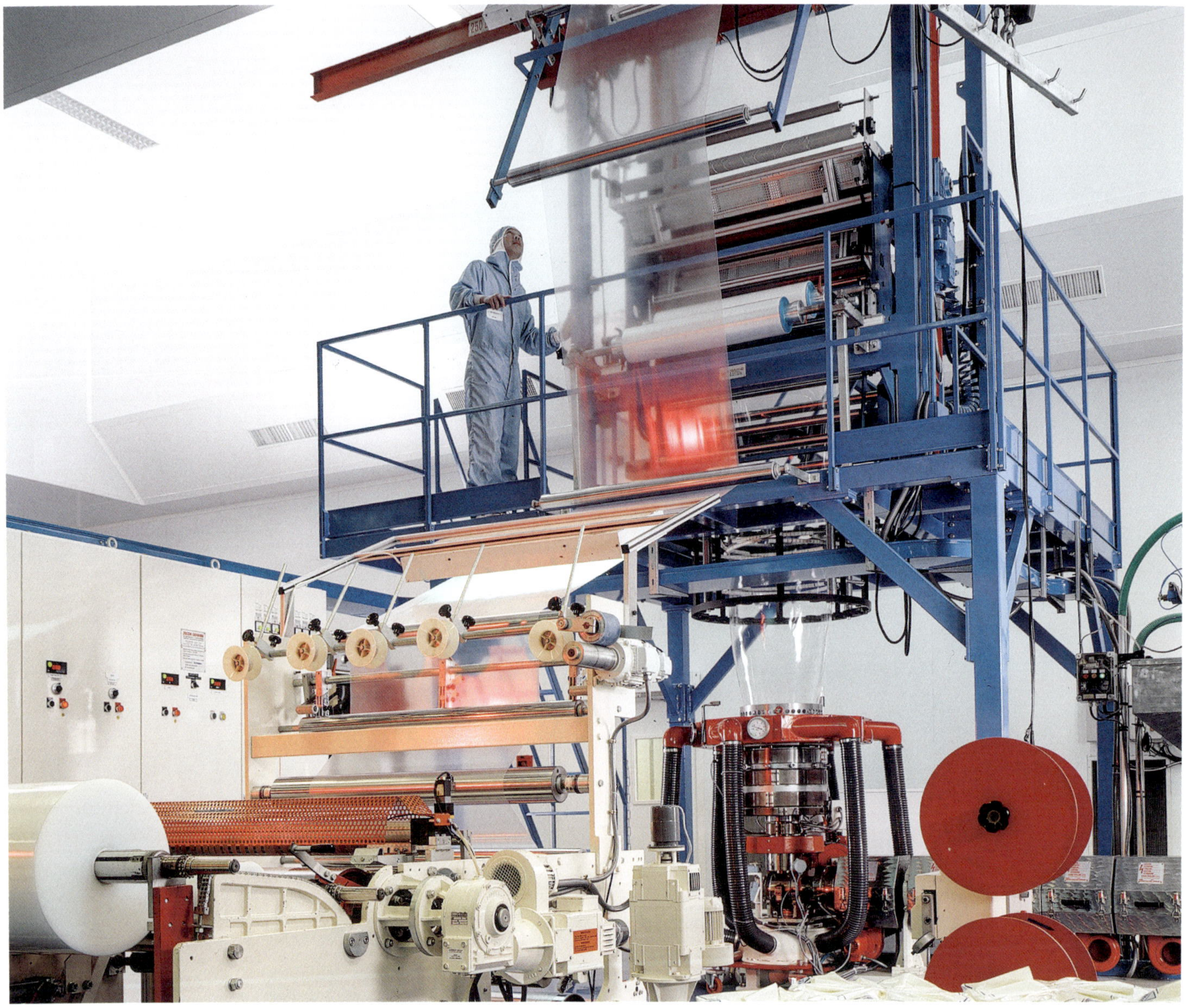

Abb. 24 Herstellung von Kunststoff-Beuteln am Standort Aubagne, ca. 2000

davon kaum berührt, und die Rückwirkungen auf die Sartorius-Sparte Biotechnologie waren vergleichsweise gering. Die Sparte Mechatronik war dagegen stark von der Krise betroffen, besonders in Europa und den USA.[127] Auf die grundlegende internationale Strategie des Unternehmens hatte dies jedoch keine Auswirkungen, eher im Gegenteil.

Die Unternehmensentwicklung während der Krise zeigte, dass Sartorius mit der sukzessiven Verschiebung zugunsten des Geschäftsfelds Biotechnologie sowie einer starken Ausrichtung auf die Wachstumsregionen Amerika und Asien-Pazifik eine Politik verfolgte, die die Krisenauswirkungen erfolgreich abfederte. Dies bestärkte das Unternehmen in dem Kurs, bei der Portfolioentwicklung auf konjunkturunabhängigere Produkte und Technologien zu setzen, was einige Jahre später in den Verkauf der Industrial Technologies mündete. Zwischen 2008 und 2020 sollte sich der Konzernumsatz von 612 Mio. Euro auf über 2,3 Mrd. Euro fast vervierfachen, wobei dieses Wachstum besonders auf die Regionen Amerika und Asien-Pazifik entfiel. Die bisherige Sparte Biotechnologie wurde in „Bioprocess Solutions" umbenannt, verbunden mit dem Anspruch, nicht mehr allein Produkte auf diesem Gebiet anzubieten, sondern auch Dienstleistungen und Problemlösungen für Kunden in den Bereichen Prozessfiltration, Fluidmanagement, Fermentation und Membranchromatografie. Dabei rückten zunehmend Einwegprodukte ins Zentrum, die etwa drei Viertel des Gesamtumsatzes der Sparte ausmachten.

Damit verbunden waren erhebliche Investitionen in die bisherigen Sartorius-Standorte in Europa, Asien und Amerika. Handelsvertretungen, etwa in Osteuropa, wurden zu Tochtergesellschaften. In Südkorea erwarb Sartorius Stedim 2011 49 Prozent der Aktien des früheren Lizenzpartners Sartorius Korea Biotech Co. Ltd. und erhöhte diesen Anteil vier Jahre später auf 69 Prozent. Am britischen Standort Stonehouse eröffnete Sartorius 2016 ein neues Werk, womit die Kapazitäten im Bereich Einweg-Kunststoffprodukte, Filtrationseinheiten und Labor-Bioreaktoren verdoppelt wurden. 2018 folgten der Start der Produktion von sterilen Einwegbeuteln in China, die Etablierung eines großen Logistikzentrums in Aubagne und die Gründung einer eigenen Verkaufsorganisation in Vietnam.[128] Ebenso zu einer Verdoppelung der Produktionskapazitäten kam es durch Investitionen von mehr als 100 Mio. US-Dollar am Produktionsstandort Yauco in Puerto Rico im Jahr 2019. Damit ist Sartorius der größte ausländische Investor in Puerto Rico.

Neben dem Ausbau von bestehenden Standorten blieb die Fortführung der Akquisitionsstrategie tragendes Element der Konzernentwicklung. Ins Blickfeld nahm man zunehmend auch kleinere Unternehmen und Start-ups wie etwa BioOutsource oder Cellca, die über ein breites Spektrum analytischer Dienstleistungen und Plattformtechnologien für Biopharmaunternehmen verfügen und dem Unternehmensbereich Bioprocess Solutions zugeordnet wurden. Ziel dabei war es, sich frühzeitig Erfolg versprechende Technologien zu sichern und diesen durch die eigene internationale Vertriebsstruktur bessere Absatzmöglichkeiten zu geben.

Lag der Fokus des Unternehmensbereichs „Bioprocess Solutions“ bereits seit Längerem auf der Biopharmazeutik, sollte nun auch der zweite – inzwischen in „Lab Products and Services“ umbenannt – nachziehen und sich auf Biopharmakunden konzentrieren. Der Verkauf der Industriewägetechnik war hierfür ein erster Schritt. Damit im Einklang standen in den letzten Jahren intensive Investitionen in die Zellanalytik, deren Relevanz für den biopharmazeutischen Wertschöpfungsprozess zunimmt. Bereits 2016 erweiterte das Unternehmen durch den Kauf der Intellicyt Corporation sein Portfolio um erste Produkte der Bioanalytik. Mit dem US-Unternehmen ViroCyt wurde auch in dieser Sparte ein Start-up-Unternehmen akquiriert, das als innovativer Anbieter von zeitsparenden Lösungen zur Virenquantifizierung für Kunden wie Impfstoffhersteller, Biopharmaunternehmen oder Forschungseinrichtungen eine optimale Ergänzung des Sartorius-Portfolios darstellt. Mit dem Kauf des amerikanischen Unternehmens Essen BioScience im Jahr 2017 erwarb Sartorius einen führenden Hersteller und Vermarkter neuartiger Zellanalytik-Systeme für die Arzneimittelforschung, deren Umsatz zu 55 Prozent auf den amerikanischen, zu 30 Prozent auf den europäischen und zu 15 Prozent auf den asiatischen Markt entfiel. Neben den Technologien sollte mit dieser Akquisition auch eine bessere Marktpräsenz auf dem US-Markt erreicht werden.[129]

Mit vier weiteren Übernahmen folgte man weiterhin der Akquisitionsstrategie in der Biotechnologie. Dabei erweiterten die Ende 2019 erfolgte Mehrheitsbeteiligung an dem israelischen Zellkulturmedien-Unternehmen Biological Industries sowie die für 825 Mio. US-Dollar getätigte Übernahme ausgewählter Geschäfte von Danaher Life Science, der Erwerb der slowenischen BIA Separations und die Akquisition der US-amerikanischen WaterSep BioSeparations in 2020 nicht nur die Technologie- und Produktpalette, sondern auch die Sartorius-Landkarte.[130]

Um den zunehmenden globalen Wettbewerb auf den entsprechenden Geschäftsfeldern, u.a. gegenüber Unternehmen wie Merck KGaA, Danaher Corp., Thermo Fischer Inc., Eppendorf AG, Mettler-Toledo Intl. Inc. oder General Electric Co., erfolgreich bestehen zu können, setzt Sartorius auf eine Innovationsstrategie, die neben der eigenen Produktentwicklung und der Integration von Innovationen durch Akquisition auch Kooperationen in Form von Wissenschafts- und Technologiepartnerschaften im In- und Ausland vorsieht. Diese Partner können Kunden sein, Wissenschaftler, Universitäten oder andere Forschungseinrichtungen. Im Jahr 2018 verfügte Sartorius über 120 dieser Wissenschaftskooperationen in verschiedenen Ländern.[131] Diese Partnerschaften und Kooperationen bedeuten zugleich eine Erweiterung auf dem Gebiet der Forschung und Entwicklung bzw. des „Knowledge Managements“. War dieses bis in die 1990er Jahre sehr stark auf die Konzernzentrale Göttingen konzentriert, so lässt sich seit dem neuen Jahrtausend

eine Dezentralisierung, verbunden mit einer größeren Diversität, beobachten, die durch die internationalen Akquisitionen auch zu einer Internationalisierung der Beschäftigten führte.
Mit der Strategie der Partnerschaften und Kooperationen hatte Sartorius bereits Mitte der 90er Jahre Neuland beschritten und gehörte damit zu den Pionieren auf diesem Gebiet. Zu diesem Zeitpunkt wurde von „strategischen Allianzen" gesprochen, die von „größter strategischer und wirtschaftlicher Bedeutung" waren. Motive für eine solche „strategische Allianz" sah Sartorius vor allem darin, dass ein Unternehmen allein seine Ziele nicht erreiche und dementsprechend auf Kooperationen angewiesen sei, etwa hinsichtlich des Erwerbs von Ressourcen und Know-how, zur Minimierung von Risiken, zur Profitabilitätssteigerung oder auch zur Erlangung von Wettbewerbsvorteilen. Andererseits ergaben sich auch mögliche Risiken durch unterschiedliche Erwartungen der Partner, durch Nichteinhaltung von Abkommen oder auch durch Imageverluste. Deshalb setzten entsprechende Partnerschaften auch ein hohes Maß an Offenheit, Zuverlässigkeit und Vertrauen voraus.[132] Die zumeist positiven Erfahrungen von Sartorius mit Partnerschaften und Kooperationen in den folgenden Jahren bestätigten eine solche Strategie, die vor allem auf dem Gebiet des Knowledge Managements einen erheblichen Zuwachs an Know-how und an Komplementärtechnologien mit sich brachte. Die Basis hierfür sind ein weltweiter Wissensaustausch und eine Netzwerkbildung mit entsprechenden Treffen und Abstimmungen zwischen den Standorten des Konzerns, so etwa auch mit dem Abschluss eines „Corporate Partnership Program" mit dem *European Molecular Biology Laboratory* (EMBL), einer der größten europäischen Forschungsinstitutionen mit globaler Reichweite.[133]
Ein inzwischen weltweites Produktionsnetzwerk mit entsprechendem Lieferkettenmanagement, eine digitale Vernetzung der Produktion, von Vertrieb und Marketing, ein konzernweit koordinierter Bereich Corporate Research mit einem dezentral ausgerichteten Knowledge Management sowie eine zunehmend internationale Belegschaft machen deutlich, dass Sartorius im Jahr 2020 ein global ausgerichtetes Unternehmen war. Dabei haben sich in den letzten beiden Jahrzehnten die Gewichte der beiden Sparten innerhalb des Konzerns deutlich verschoben. Machten Ende der 90er Jahre die Wägetechnik noch etwa 60 Prozent und die Separationstechnik 40 Prozent des Konzernumsatzes aus, so entfielen auf den Bereich „Lab Products and Services" (der nicht deckungsgleich mit der ‚alten' Sparte Wägetechnik ist) im Geschäftsjahr 2020 nur noch 24 Prozent des Konzernumsatzes, auf die Sparte „Bioprocess Solutions" (wiederum nicht deckungsgleich mit der ‚alten' Sparte Separationstechnik) dagegen 76 Prozent.[134]
Umsatzstärkster Markt für den Gesamtkonzern ist immer noch die Region Europa, Mittlerer Osten und Afrika (EMEA) mit einem Anteil von rund 40

Entwicklung der Anteile der Vertriebsregionen 2011 bis 2020

Grafik 1

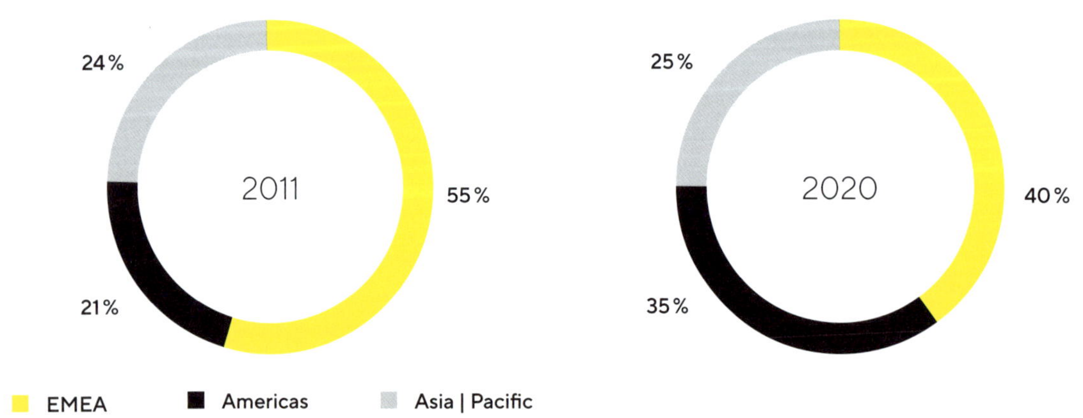

Quelle: Sartorius AG, Investor Relations.

Abb. 25 Internationales Team: Bei Sartorius arbeiten heute Mitarbeiter aus über 90 Ländern

Prozent. Doch die beiden anderen, Amerika sowie Asien/Pazifik, wachsen insgesamt stärker. Diese Veränderungen in der Umsatzverteilung sind folgerichtig, reflektieren sie doch zunehmend die Größen der Endmärkte.

Mit den deutlichen Umsatz- und Gewinnzuwächsen in allen Regionen setzte Sartorius bis zuletzt seine beachtliche Entwicklung fort. Getragen wird dieses Wachstum von langfristigen Trends, etwa einem weiterhin starken Wachstum der Weltbevölkerung, einer steigenden Lebenserwartung in vielen Ländern und einem breiteren Zugang zu Gesundheitsleistungen und Medikamenten. Davon profitieren wiederum Pharma- und künftig wohl besonders Biopharmaunternehmen. Sartorius kann dementsprechend zuversichtlich in die Zukunft blicken.[135]

Aus der Göttinger Werkstatt von Florenz Sartorius hat sich in 150 Jahren ein multinationaler Konzern entwickelt. Waren es zunächst internationale Messen und Exporte, die die Produkte des Unternehmens in die Welt brachten, sorgten hierfür später eigene Handelsvertretungen und schließlich ausländische Produktionsstandorte. Durch die Akquisitionsdynamik seit den 1990er Jahren hat sich das Gesicht des Unternehmens auch in Bezug auf die Internationalisierung noch einmal deutlich gewandelt. Zwar liegt mit dem Sartorius Campus die Zentrale weiterhin in Göttingen, doch zählt die Sartorius-Landkarte inzwischen mehr als 60 Standorte in 35 Ländern auf sechs Kontinenten. An diesen arbeiteten zuletzt rund 11.000 Mitarbeiter aus 96 Nationen.[136]

Sartorius-Standorte 2020

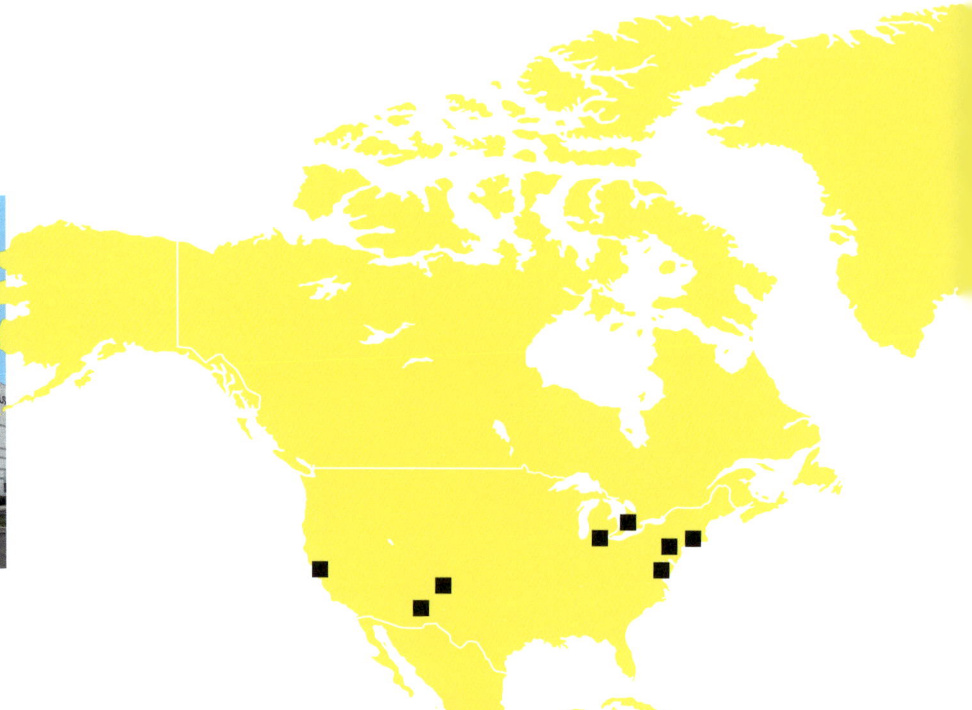

Bohemia, USA

Göttingen, Deutschland

Yauco, Puerto Rico

Amerika

Argentinien – Buenos Aires
Brasilien – São Paulo
Kanada – Oakville (ON)
Mexiko – Mexico Stadt
Puerto Rico – Yauco
USA – Albuquerque (NM), Ann Arbour (MI), Arvada (CO), Bohemia (NY), Boston (MA), Fremont (CA), Marlborough (MA), New Oxford (PA)

Europa | Mittlerer Osten | Afika

Belgien – Brüssel
Deutschland – Berlin, Göttingen, Guxhagen, Ulm
Finnland – Helsinki, Kajaani
Frankreich – Aubagne, Cergy, Dourdan, Lourdes
Großbritannien – Epsom, Glasgow, Royston, Stonehouse, Portsmouth, Welwyn Garden City
Irland – Dublin
Israel – Beit Haemek
Italien – Florenz, Mailand
Niederlande – Amersfoort
Österreich – Wien
Polen – Kostrzyn
Russland – Moskau, St. Petersburg
Schweden – Malmö, Umeå
Schweiz – Tagelswangen
Slowenien – Ajdovščina
Spanien – Barcelona, Madrid
Südafrika – Midrand
Tunesien – Mohamdia
Ungarn – Budapest
Schweiz – Tagelswangen

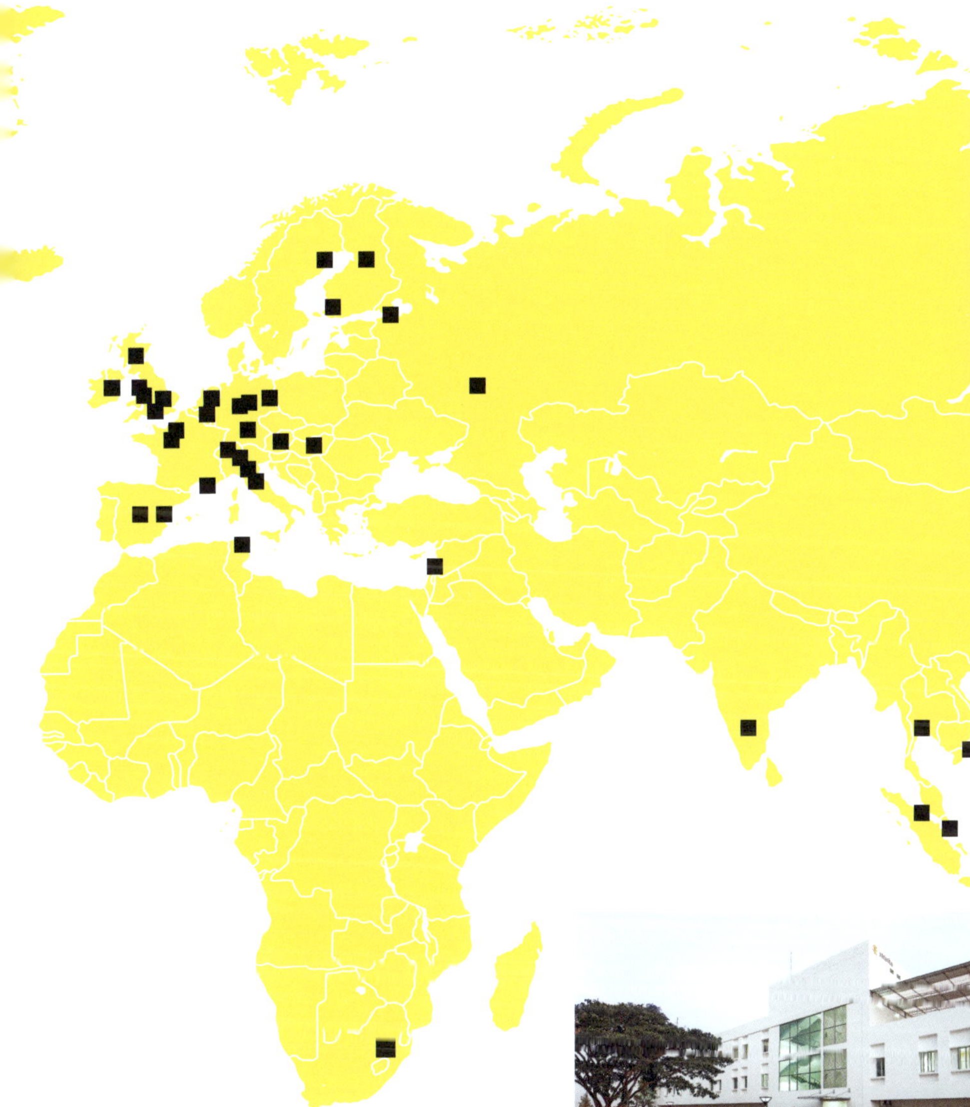

Beijing, China

Bangalore, Indien

Asien | Pazifik

Australien – Melbourne
China – Hongkong, Peking, Shanghai, Suzhou, Taipeh (Taiwan)
Indien – Bangalore
Japan – Tokio
Malaysia – Kuala Lumpur
Singapur – Singapur
Südkorea – Seoul
Thailand – Bangkok
Vietnam – Hanoi

Aubagne, Frankreich

10.000

Höchste Präzision.

Waagen und Filter für Forschung und Industrie

von Luitgard Marschall und Stephan H. Lindner

Die Belegschaft anlässlich der Fertigung der 10.000sten Analysenwaage, einer „F. Sartorius' kurzarmige Analysen-Wage für Universitäts- und Fabriklaboratorien", 1905

Inhaltsverzeichnis zum Kapitel

Höchste Präzision. Waagen und Filter für Forschung und Industrie

Für viele stand und steht der Name Sartorius noch immer für Analysen- und Präzisionswaagen in Forschung und Industrie. Basis für den weltweiten Erfolg des Göttinger Unternehmens war die Einführung einer neuartigen kurzarmigen Analysenwaage Anfang der 1870er Jahre, die durch ihre Schnelligkeit und Bedienungsfreundlichkeit überzeugte. Bis in die Gegenwart folgten zahllose neue Modelle – zuerst mechanische, seit Mitte der 1970er Jahre dann zunehmend elektronische Waagen. Dabei sind die Messgeräte des Göttinger Traditionsunternehmens nicht nur weltweit in Laboratorien verbreitet, sie dienen auch in prominenter Funktion: Mit seiner hochpräzisen Wägetechnik und seinen Massekomparatoren trug Sartorius dazu bei, die Maßeinheit des „Urkilogramms" neu zu definieren.[1]

Weitaus weniger Beachtung in der öffentlichen Wahrnehmung fand lange Zeit der zweite Hauptgeschäftsbereich des Unternehmens: die Filter- oder Separationstechnik. Ihr Ursprung liegt in der 1927 ins Leben gerufenen Membranfiltergesellschaft in Göttingen, die sich mit der wissenschaftlichen Erforschung und Produktion von Membranfiltern befasste – künstlichen Membranen aus Cellulosenitrat, die ein einfaches und sicheres Abtrennen von Partikeln bis in den Nanogrammbereich ermöglichen. Haupteinsatzbereich der Membranfilter war lange Zeit die mikrobiologische Wasseranalytik; ab Mitte der 1950er Jahre gelang es dann, mit den Filtern auch das Feld der industriellen Produktionstechnik zu erschließen. Wirtschaftlich bedeutsam und lukrativ wurde die Separationstechnik für Sartorius jedoch erst gegen Ende der 1960er Jahre. Noch länger sollte es dauern, bis sie als Teil von Sartorius wahrgenommen wurde – und zum wichtigen Standbein des Unternehmens wurde.

Wie zwei getrennte Betriebe entwickelten sich die Wäge- und die Separationstechnik bis in die 1990er Jahre fast völlig unabhängig voneinander unter einem Dach, wobei die „Waagenmänner" eindeutig die Firma dominierten. Die Übermacht der Wägetechnik endete erst um die Jahrtausendwende. Unternehmenszukäufe in beiden Technologiefeldern führten dann zu einer erheblichen Erweiterung des Produkt- und Technologieportfolios. Zugleich kam es zu einer zunehmenden Verzahnung beider Bereiche mit expliziter Fokussierung auf den Bereich Biotechnologie. Inzwischen definiert sich der Konzern als „Partner der Biopharmaindustrie", der seine Mission als Problemlöser darin sieht, Wissenschaftlern und Ingenieuren zu helfen, „einfacher und schneller Fortschritte in den Life Sciences und der Bioprozesstechnik zu erreichen".[2] Mit seinen Produkten und Technologien bedient Sartorius nunmehr die gesamte Wertschöpfungskette dieser Branche.

Die vorliegende Darstellung betrachtet den Zeitraum von der Unternehmensgründung im Jahr 1870 bis zum Beginn des Transformationsprozesses, der in den späten 1990er Jahren einsetzte. Der vor allem nach der Jahrtausendwende verfolgte, äußerst komplexe Konzernumbau wird nicht mehr historisch erschlossen, sondern nur in Form eines Ausblicks kurz skizziert.

Als Florenz Sartorius vor 150 Jahren in Göttingen seine feinmechanische Werkstatt gründete, waren deren Hauptprodukte Waagen. Seither wurde in den Herstellungsräumen und Werkshallen des Unternehmens zusätzlich eine Vielzahl unterschiedlichster Produkte entwickelt und produziert:

Mikrotome, Refraktoren, Theodoliten, Angeln und Angelzubehör, Brutkästen, Staubmessgeräte oder Gleitlager. In der Mehrzahl der Fälle wurde ihre Fabrikation im Verlauf der langen Unternehmensgeschichte wieder eingestellt. All diesen Produkten und Produktgruppen in diesem Kapitel auch nur wenig Raum zu gewähren, ist schlichtweg unmöglich. Es ergäbe keinen lesbaren fließenden Text, sondern eine bloße Anhäufung technischer Daten und Fakten in chronologischer Form oder skizzenhafte Produktgruppen-Kurzkapitel.[3] Gerade aufgrund der enormen Produktvielfalt von Sartorius kann und soll hier keine Produktgeschichte geschrieben werden.

Im Mittelpunkt der Darstellung steht vielmehr die Entwicklung der beiden traditionellen Hauptgeschäftsbereiche Wäge- und Separationstechnik. Deren Produkte und Technologien bildeten die Ausgangsbasis für den fortlaufenden Umbau zum Life-Science-Konzern. Demgemäß gliedert sich das vorliegende Kapitel in zwei Hauptabschnitte.

Abb. 1 Die kurzarmigen Analysenwaagen beschleunigten die Arbeitsprozesse in Laboren erheblich, Waage aus den 1870er Jahren

Im ersten Teil nehmen wir den Entwicklungspfad der Wägetechnik von 1870 bis zum Aufkommen des monolithischen Wägesystems, dem mechanischen Herzstück heutiger Waagen-Generationen, Mitte der 1990er Jahre in den Blick. Im zweiten Teil zeichnen wir den Werdegang der Separationstechnik von ihren Anfängen in den 1920er Jahren bis in die 1990er Jahre nach. Unter Realisierung modernster Technologien für die Membranfilterherstellung erfolgte damals die Ausgliederung der Separationstechnik auf das Gelände des heutigen Firmencampus in der Otto-Brenner-Straße im Nordwesten Göttingens.

Die separate Langzeitbetrachtung beider Hauptgeschäftssegmente ermöglicht es, längerfristige Entwicklungen aufzuzeigen. Hieraus ergibt sich ein differenziertes Bild der Kontinuitäten und technischen Traditionslinien im Unternehmen, aber auch der Brüche und Wendepunkte in seiner vielschichtigen Geschichte. In analytischer Hinsicht gehen wir insbesondere der Frage nach, welche Strategien das Unternehmen verfolgte, um neue Produkte und Technologien auf dem Markt einzuführen. Dabei zeigt sich immer wieder aufs Neue die außerordentliche Fähigkeit des Unternehmens, externe Innovationen zu erkennen, diese nutzbringend zu verbessern – und gegebenenfalls zu patentieren. Diese äußerst erfolgreiche Strategie, als sogenannter Technologiefolger später als andere, aber mit technisch überlegenen Produkten in den Markt einzutreten, zieht sich wie ein roter Faden durch die 150-jährige Firmengeschichte. Innovativ war Sartorius also stets vor allem darin, herausragende technische Entwicklungen frühzeitig zu erkennen, sie kreativ und schöpferisch neuen Bedürfnissen anzupassen und in neue Märkte einzuführen. Der Erfolg nach 150 Jahren Firmengeschichte zeigt, dass dies einer Unternehmenspolitik entspricht, die aus ökonomischer Sicht nicht minder anzuerkennen ist als die Rolle des technischen Vorreiters und Schrittmachers – der Sartorius aber auch immer wieder gewesen ist.[4]

Wägetechnik

Zur rechten Zeit am rechten Ort:
Die „Feinmechanische Werkstatt F. Sartorius"

Am 1. Juli 1870 eröffnete Florenz Sartorius im Alter von 24 Jahren eine feinmechanische Werkstatt in Göttingen. Die Rahmenbedingungen für die Gründung waren aus heutiger Sicht nahezu ideal - besonders mit Blick auf den Standort des Unternehmens, den Zeitpunkt seines Markteintritts und die zugrunde liegende Philosophie seiner Produkte.

Universität als Standortfaktor

Zum Zeitpunkt der Betriebseröffnung hatte sich die deutsche Präzisionsmechanik mit ihren herausragenden Qualitätsinstrumenten für die Wissenschaft bereits international einen exzellenten Ruf erworben.[5] In Großstädten wie München, Hamburg oder Berlin wurden zu Beginn des 19. Jahrhunderts erste feinmechanische Werkstätten gegründet, allen voran das renommierte Münchner „Mathematisch-Mechanische Institut von Reichenbach, Utzschneider und Liebherr"[6] oder die berühmte Berliner Werkstätte von Pistor. Bald darauf begannen sich die Schwerpunkte der Feinmechanik in kleinere Städte wie Göttingen, Gießen, Kassel, Wetzlar, Jena oder Freiberg in Sachsen zu verlagern. Dass dort vermehrt Werkstätten eröffnet wurden und diese auch enorm prosperierten, lag an ihrer starken Ausrichtung auf die ansässigen Universitäten und Bergakademien. Deren naturwissenschaftlichen Institute benötigten für Forschungszwecke Präzisionsinstrumente von höchster Empfindlichkeit und nach dem neuesten Stand der Technik angefertigt. Konstruktion und Herstellung der Geräte waren das Produkt eines fruchtbaren Wissens- und Erfahrungsaustauschs zwischen lokalem Handwerk und Wissenschaft: In den forschungsnahen Werkstätten fertigten Mechaniker nach den Vorgaben der Hochschulwissenschaftler und auf der Basis ihres umfangreichen Erfahrungswissens erstklassige optische, mathematische, physikalische, elektrotechnische und chemische Instrumente an - darunter auch Präzisionswaagen. Besonders intensiv gestaltete sich die Zusammenarbeit zwischen Handwerk und Wissenschaft in der Stadt Göttingen. Deren 1737 offiziell eröffnete Georg-August-Universität entwickelte sich in der zweiten Hälfte des 18. Jahrhunderts zu einem „Mekka der Wissenschaften" und damit eng verbunden zu einer Keimzelle der Göttinger Präzisionsmechanik. Die damals begründete Mechanikerkultur trägt bis in die Gegenwart reiche Früchte und hat der niedersächsischen Universitätsstadt den Ruf des „measurement valley" Norddeutschlands eingebracht.[7] Noch heute finden sich in Göttingen Messtechnikunternehmen und feinmechanische Betriebe in deutschlandweit einzigartig hoher Dichte.

Im Jahr 1751, als der Astronom, Mathematiker und Physiker Tobias Mayer (1723–1762) die Göttinger Sternwarte auszustatten begann, fehlte es in der noch stark agrarisch geprägten Kleinstadt allerdings an Handwerkern, die in der Lage waren, hochwertige wissenschaftliche Präzisionsinstrumente anzufertigen. Damals wurden die kostbaren Geräte noch vorwiegend aus England importiert, dem Vorreiterland der Industrialisierung und Feinmechanik. Für ihre Wartung und Reparatur zog man zunächst heimische Uhrmacher heran, die sich am ehesten auf diffizile feinmechanische Arbeiten verstanden und bereits über ähnliche Werkzeuge verfügten, wie sie zur Herstellung von wissenschaftlichen Instrumenten notwendig waren. Dies erklärt, weshalb alle namhaften Göttinger Feinmechaniker des 18. Jahrhunderts ursprünglich von Beruf Uhrmacher waren.[8]

Die besten von ihnen erhielten eine feste Anstellung an der Universität. Als sogenannte „Universitätsmechaniker" genossen sie u. a. das Privileg, von der Gewerbesteuerpflicht entbunden zu sein.[9] Im 18. Jahrhundert beschränkte sich ihre Tätigkeit noch größtenteils darauf, die aus dem Ausland eingeführten Messinstrumente instand zu halten. Um die Jahrhundertwende begannen die ersten Universitätsmechaniker damit, einzelne Geräte nachzubauen und sukzessive zu verbessern – eine für industrielle Nachzügler durchaus charakteristische Vorgehensweise. Im nächsten Schritt entwickelten sie als „unsichtbare Hände" der Professoren Prototypen neuartiger Forschungsinstrumente. Mit ihnen wurden nicht nur lokale Forschungsinstitute ausgestattet; die innovativen Geräte waren weltweit gefragt und avancierten bald durch ihre herausragende Qualität zum internationalen Standard.

Zu den renommiertesten Göttinger Universitätsmechanikern gehörten Friedrich Apel (1768–1851), der für die Sternwarte zuständige Johann Philip Rumpf (1791–1833) sowie sein Schüler Moritz Meyerstein (1808–1882). Alle drei kooperierten eng mit herausragenden Naturwissenschaftlern der Göttinger Universität wie Carl Friedrich Gauß, Wilhelm Eduard Weber oder Friedrich Wöhler. Mit Blick auf Präzisionswaagen war es vor allem Gauß, der wegen seiner Arbeiten an Normgewichten höchste Ansprüche an die Genauigkeit von Wägungen stellte. Von ihm gingen entscheidende Impulse zur Verbesserung von Waagen und Wägeverfahren aus.[10]

Florenz Sartorius (1846–1925) trat zwei bis drei Generationen nach Apel, Rumpf und Meyerstein in Erscheinung. Als Sohn eines Göttinger Uhrmachers wurde ihm das Interesse an der Mechanik quasi in die Wiege gelegt.[11] In der auf wissenschaftliche und technische Apparate spezialisierten Werkstatt von Wilhelm Apel – dem Sohn und

Abb. 2 Die Göttinger Universität als bedeutende Stätte für Wissenschaft bildete ein gutes Umfeld für innovative Gründer

Nachfolger Friedrich Apels – absolvierte er seine feinmechanische Lehr- und Gesellenzeit. Apels Werkstatt war Ausbildungsstätte zahlreicher qualifizierter Gerätebauer. Wie damals im Handwerk üblich, ging Sartorius anschließend auf Wanderschaft, um seine Ausbildung zu vertiefen. Die renommierte Feinmechanik-Werkstatt von Carl Staudinger in Gießen, die damals als bedeutendste Werkstatt von Präzisionswaagen für chemische Laboratorien in Deutschland galt und Justus von Liebig mit besonders hochwertigen Instrumenten belieferte, wurde um 1865 zu seiner ersten Anlaufstelle.[12] Danach kehrte Sartorius nach Göttingen zurück, um erneut eine Beschäftigung bei seinem Lehrmeister Wilhelm Apel anzutreten. Parallel dazu besuchte er zur Vertiefung seiner theoretischen Kenntnisse offenbar die Vorlesungen von Friedrich Wöhler und Wilhelm Eduard Weber.[13] Nächste Reiseetappe war Berlin, wo er in der modern ausgestatteten Fabrik von Siemens & Halske als Zusammensetzer für die Montage von Kleinteilen verantwortlich war. Die mechanisierte Arbeitsweise in der Fabrik verschaffte dem bislang ausschließlich manuell tätigen Handwerker eine wichtige neue Erfahrung. Von Berlin aus zog es ihn über Hamburg erneut nach Gießen, wo er zunächst in der Werkstatt von Schröder und dann bei Staudinger seine Kenntnisse im Instrumenten- und vor allem im Waagenbau weiter vertiefte. Derart gerüstet für die Selbstständigkeit, kehrte er 1870 endgültig nach Göttingen zurück, um in der Groner Straße eine eigene Werkstatt zu eröffnen.

In der Anfangszeit übernahm Florenz Sartorius mechanische Arbeiten aller Art und arbeitete als sogenannter „kleiner Meister" noch vorwiegend seinen ehemaligen Arbeitgebern Apel und Staudinger zu. Beide belieferten in ihrer offiziellen Funktion als Universitätsmechaniker die umliegenden naturwissenschaftlichen Institute mit Präzisionsinstrumenten. Im Unterschied zu Apel und Staudinger – und entgegen der mündlichen und schriftlichen Überlieferung im Unternehmen Sartorius – war der Firmengründer aber zu keinem Zeitpunkt als „Universitäts-Mechanicus" angestellt. Daraus lassen sich jedoch keinerlei Rückschlüsse auf seine fachlichen Qualifikationen ziehen. Auch ohne die offizielle Position eines Universitätsangestellten kooperierte er zeitlebens eng mit Göttinger Professoren und Wissenschaftlern anderer Universitäten und belieferte sie mit Waagen und anderen Präzisionsinstrumenten. Ausschlaggebend in diesem Zusammenhang ist vielmehr: Zu dem Zeitpunkt, als Florenz Sartorius sein Unternehmen gründete, war in Göttingen das privilegierte Amt des Universitätsmechanikers bereits abgeschafft, da obsolet. Im 18. Jahrhundert hatte es die Funktion, die wenigen feinmechanisch versierten Handwerker, die damals für den Instrumentenbau infrage kamen, an die Universität zu binden. Durch das Aufblühen der Feinmechanik im 19. Jahrhundert wurde die Position überflüssig, da

Abb. 3 Briefkopf der Feinmechanischen Werkstatt F. Sartorius 1892

es mittlerweile hinreichend qualifizierte Mechaniker gab, um den Bedarf der Wissenschaft an Präzisionsinstrumenten sicherzustellen.[14] Wilhelm Apel, der Lehrmeister von Florenz Sartorius, war in Göttingen der letzte Feinmechaniker, der die privilegierte Position eines Universitätsmechanikers bekleidete.[15]

Beginn der Serienproduktion von Waagen

Der Aufschwung der Präzisionsmechanik in der zweiten Hälfte des 19. Jahrhunderts beruhte auf mehreren Einflussfaktoren und entwickelte mit dem Durchbruch der Industrialisierung zur Zeit der Reichsgründung 1871 seine höchste Dynamik.[16] Als vormaligem industriellem Nachzügler gelang es Deutschland, bis 1880 zur weltweit drittgrößten Industrienation nach Großbritannien und den USA zu avancieren. Aufgrund des engen Zusammenspiels der Forschung an den Universitäten und in den neu aufkommenden wissenschaftsbasierten Branchen wie der chemischen und elektrotechnischen Industrie wurde das Kaiserreich weltweit führend bei der Entwicklung zukunftsträchtiger Technologien. Dem rasanten Wachstum der Industriebetriebe stand an den Universitäten und Hochschulen eine Expansion vor allem der naturwissenschaftlich und technisch orientierten Fächer gegenüber. Und auch die schulische Ausbildung wurde durch mehr Praxisbezug und eine generell stärkere Ausrichtung auf die Bedürfnisse von Wirtschaft und Industrie den neuen Verhältnissen angepasst.

Die nationale Einigung und die Schaffung eines gemeinsamen Binnenmarktes mit einheitlicher Zoll- und Handelspolitik begünstigten den wirtschaftlichen Aufschwung im Kaiserreich stark. Für die Hersteller von Messinstrumenten eröffneten sich mit der Einführung des metrischen Systems und der „Maß- und Gewichtsordnung des Deutschen Reichs“ zum 1. Januar 1872 neue Absatzmärkte.[17] Erwartungsgemäß bewirkte die damals in Kraft getretene reichsweite einheitliche Eichgesetzgebung einen gewaltigen Nachfragesprung für Gewichtssätze und Waagen. Angeblich war die Auftragslage zeitweilig so groß, dass die Waagenhersteller nur die Hälfte aller Bestellungen ausführen konnten.

Mit der Nachfrage stieg auch die Zahl neu gegründeter Werkstätten für Instrumenten- und Waagenbau. Neben den bisherigen Zentren der Feinmechanik in München, Berlin, Gießen, Göttingen oder Celle hatte sich um und nach der Jahrhundertmitte auf der Schwäbischen Alb im Umfeld von Ebingen und Balingen eine größere Anzahl von Waagenproduktionsstätten herausgebildet, darunter Gottlieb Kern, die Gebrüder Bosch, Gottlob Haigis, August Sauter und Georg Hartner.[18] Viele der auf handwerklicher Tradition begründeten Werkstätten begannen in den 1860er und 1870er Jahren die Produktion von Waagen sukzessive zu mechanisieren und gingen zur fabrikmäßigen Herstellung über. Um der großen Nachfrage seitens der neuen Kundschaft aus der Industrie begegnen zu können, führten sie produktivitätssteigernde Neuerungen wie die Stanztechnik oder die serielle Vorfertigung von Einzelteilen ein, z. B. von Messingprofilen. Weitere Innovationen waren die galvanische Veredelung zum Schutz von Oberflächen oder die Einführung von mit Gasmotoren betriebenen Maschinen wie Drehautomaten, mit denen sich am Tag mehr als 1.000 Gewichtrohlinge herstellen ließen.

Der zunehmend auf Massenproduktion ausgerichteten Konkurrenz waren kleinere handwerkliche Betriebe, die unter weitestgehendem Verzicht auf Maschineneinsatz höchste Qualitätsware in nur geringen Stückzahlen herstellten, auf Dauer nicht gewachsen. Gegen Ende des 19. Jahrhunderts verschwanden nicht wenige vormals hochberühmte Namen. 1874 verkaufte etwa Göttingens berühmtester Feinmechaniker Moritz Meyerstein sein Unternehmen, da die Geschäfte zusehends schlechter liefen und sich die Übermacht der industriell produzierenden Konkurrenz immer schärfer abzuzeichnen begann.[19] Im Unterschied zu Meyersteins Unternehmen befand sich die Werkstätte von Florenz Sartorius – nach den überstandenen Mühen der Anfangszeit – jedoch aufseiten der rasant wachsenden feinmechanischen Betriebe.

Basis des Erfolgs: Analysenwaage mit kurzarmigem Balken

Grundlage für den weltweiten Erfolg des Unternehmens Sartorius war die Einführung einer neuartigen kurzarmigen Analysenwaage zu Beginn der 1870er Jahre. Durch ihre Schnelligkeit und Bedienungsfreundlichkeit überzeugte sie Chemiker aus

Universität und Industrie gleichermaßen. Der kurze Balken der Waage bestand aus einer Legierung des damals noch kaum für industrielle Zwecke verwendeten Leichtmetalls Aluminium und dem Edelmetall Silber. 1874, kurz nachdem die Waage auf dem Markt erschienen war, erntete Florenz Sartorius auf einer Ausstellung in Bremen bereits die höchste Auszeichnung für das innovative Produkt. Weitere Prämierungen folgten, etwa auch auf der „Centennial International Exhibition", der Weltausstellung 1876 in Philadelphia. Ausgezeichnet und gelobt wurde Florenz Sartorius für seine „construction of first-class balances of precision for laboratory and assay use, on the plan of a short beam made of an alloy of aluminium".[20] Die Waage sei bemerkenswert und würde von einigen „experimentors" den langarmigen Waagen vorgezogen. Zwar könne die kurzarmige Waage bei Notwendigkeit extremer Präzision, etwa bei der Anpassung von Standards, nicht mit den Waagen von Becker oder Deleuil mithalten. Ihre Vorteile seien aber zweifellos die verkürzte Wägezeit und damit die Beschleunigung des Arbeitsprozesses.[21]

So weit, so gut: Dass Florenz Sartorius jedoch der Erfinder der kurzarmigen Waage war und die bahnbrechende Idee dafür jahrelang in sich trug, war lange Zeit Teil des Gründungsmythos des Unternehmens.[22] Demzufolge war es auch Sartorius, der den Werkstoff Aluminium in die Waagenproduktion einführte – mit persönlicher Unterstützung von Friedrich Wöhler. Wie nachfolgend ausgeführt, halten diese Behauptungen einer kritischen Überprüfung der Quellen nicht stand. Unangefochten bleibt dagegen das herausragende unternehmerische Geschick des Firmengründers, dem es mit untrüglichem Instinkt und scharfem Verstand gelang, vielversprechende Innovationen zu erkennen, zum richtigen Zeitpunkt aufzugreifen und gekonnt den Marktbedürfnissen anzupassen – eine Fähigkeit, die sich einmal mehr bei der Herstellung von Brut- und Wärmekästen in den 1880er Jahren zeigen sollte. Nach der Entwicklungstheorie des österreichischen Nationalökonomen Joseph A. Schumpeter passt Florenz Sartorius damit mustergültig in das Bild des dynamischen und schöpferischen Unternehmers, der zwar selbst keine neuen Technologien schafft, aber bereits Vorhandenes aufgreift, weiterentwickelt und innovativ nutzt – und auf diese Weise einen wesentlichen Beitrag zur wirtschaftlichen Entwicklung leistet.[23]

Gegen 1870, als Florenz Sartorius seine ersten Gehversuche in die Selbstständigkeit wagte, vollzog sich bei der Konzeption und Konstruktion wissenschaftlicher Waagen ein Paradigmenwechsel. Bis zu diesem Zeitpunkt benutzten Chemiker für ihre Analysen im Labor Präzisionswaagen mit langem Waagebalken – teilweise mehr als 50 Zentimeter lang.[24] Nach damaliger Auffassung galten langarmige Waagen – vorausgesetzt, der Waagebalken war möglichst leicht – als hochempfindlich und damit als besonders genau. Ihre Nachteile: eine lange Schwingungsdauer, die mitunter mehrminütige Wägezeiten nach sich zog, und eine relativ komplizierte Art der Bedienung. Um die nicht unerheblichen Wartezeiten beim Wiegen zu überbrücken, hatte es sich Justus von Liebig angeblich zur Gewohnheit gemacht, in Muße eine Zigarre zu schmauchen, bis die Wägung endlich fertig war.

Dem „Martyrium der langen Wägezeiten" setzte die 1867 entwickelte Waage des Hamburger Feinmechanikers Paul Bunge ein Ende. Das neue Messgerät brach völlig mit den bisherigen Konstruktionsgepflogenheiten. Sein hervorstechendstes Merkmal aber war ein nur mehr etwa 13 Zentimeter langer Waagebalken, der die Schwingungsdauer und damit die Wägezeit auf wenige Sekunden verkürzte. Bunges unorthodoxe Konstruktion stieß zunächst auf harsche Kritik, vor allem seitens der Konkurrenz. In einer wissenschaftlichen Abhandlung von 1870 konnte der Hamburger Erfinder jedoch überzeugend belegen, dass die Formel, die bislang als Grundlage für die Konstruktion langarmiger Präzisionswaagen gedient hatte, zwar korrekt gewesen, aber falsch interpretiert worden war.[25] Nach Bunges Deutung lag das Optimum der Balkenabmessung hochempfindlicher Waagen bei einer weitaus geringeren Länge als bislang gedacht.

Von den Waagenbenutzern wurde die Bunge'sche Konstruktion wegen ihrer unbestreitbar überlegenen Leistung mit großem Interesse verfolgt. So auch in den Forschungslaboratorien der chemischen Universitätsinstitute in Göttingen: Im Herbst 1872 war Friedrich Frerichs auf der Suche nach einer geeigneten Waage für den experimentellen Teil seiner Doktorarbeit. Durch das Studium der zeitgenössischen Fachliteratur befasste er sich ausgiebig mit den Vor- und Nachteilen lang- und kurzarmiger Präzisionswaagen. Frerichs, der 1870 in Göttingen das Studium der Chemie aufgenom-

Abb. 4 Kurzarmige Analysenwaage in Sechseckgehäuse, 1902/03

men hatte, beendete es 1874 erfolgreich mit der Promotion. Das „Allgemeine Adreß-Buch für Göttingen 1875" listet ihn als Assistenten Friedrich Wöhlers auf.[26]

„Mein Streben ging nun dahin", so Frerichs rückblickend in seiner Publikation von 1875,[27] „die Vortheile des einen Instruments mit denen des anderen zu vereinigen." Im Zentrum seiner Überlegungen stand dabei unzweifelhaft die Bunge'sche Waage: Deren kurzarmige Konstruktion behielt er bei. Im Unterschied zur Bunge'schen Waage, deren Balken nach dem Vorbild einer tragenden Brückenkonstruktion aus mehreren Einzelteilen zusammengeschraubt war, konzipierte Frerichs den Balken seiner Waage wieder nach althergebrachter Methode aus einem Stück; darüber hinaus arbeitete er einzelne Vorschläge für kleinere Veränderungen an der Arretierungsvorrichtung aus. Ansonsten übernahm er die Konstruktion der Bunge-Waage faktisch unverändert.

Neue

wissenschaftliche Apparate

nach

Dr. F. FRERICHS

aus der

Patent-Waagen-Fabrik

von

F. SARTORIUS

GÖTTINGEN

Provinz Hannover.

Druck der Univ.-Buchdruckerei von W. Fr. Kaestner.

Als Werkstoff für den möglichst leicht zu gestaltenden Waagebalken zog Frerichs Aluminium in Betracht. Das Leichtmetall, das für Handwerk und Industrie erst seit den 1860er Jahren in größerer Menge und zu erschwinglichen Preisen zur Verfügung stand, hatte sich zu Beginn der 70er Jahre noch kaum für technische Zwecke durchgesetzt.[28] Dennoch war es im Waagenbau nicht gänzlich neu: 1855 hatte der französische Waagenhersteller A. Collot auf der Pariser Weltausstellung erstmals eine Waage präsentiert, deren Balken aus Aluminium bestand.[29] Kurzum: Als Material für leichte Waagebalken war Aluminium also schon seit rund 20 Jahren bekannt, wenn auch nicht gerade üblich. Für die praktische Umsetzung seines Entwurfs dürfte sich Frerichs wohl gegen Ende des Jahres 1872 an Florenz Sartorius gewandt haben, der zu diesem Zeitpunkt offensichtlich schon einen Ruf als talentierter Waagenbauer genoss. „Der außerordentlichen Geschicklichkeit und Ausdauer des Herrn Mechanikers F. Sartorius in Göttingen habe ich die Ausführung einer so verbesserten Waage zu verdanken. Ich bediene mich seit 2 ½ Jahren im hiesigen Laboratorium einer solchen und zwar stets zu meiner vollsten Zufriedenheit."[30] Sartorius habe die Waage daraufhin in sein Produktionsprogramm aufgenommen und im Laufe der Zeit „noch manche Verbesserungen" angebracht. Als konkretes Beispiel nannte Frerichs die Verwendung einer beständigeren und verarbeitungsfähigeren Leichtmetalllegierung für den Waagebalken aus 95 Prozent Aluminium und fünf Prozent Silber.[31] Darüber hinaus habe Sartorius anstelle eines Waagengehäuses aus Holz ein Gehäuse aus Gusseisen und Glas eingeführt, was die Belichtung der Waage deutlich verbessert habe.

Am Ende seines Berichts schrieb Frerichs, dass sich Sartorius die derart verbesserte Waage mit seiner Einwilligung patentieren ließ. In den Patentanmeldungen von 1875 und späteren Jahren, die sich auf die einzelnen Verbesserungsschritte an der Waage beziehen, werden jedoch weder Frerichs noch Bunge als Erfinder der Waage genannt.[32] Lediglich in einem zweisprachigen Firmenprospekt von 1876 zollte Sartorius seinem Ideengeber Frerichs ausdrücklich Respekt: Der Band trägt den Titel *Neue wissenschaftliche Apparate nach Dr. F. Frerichs aus der Patent-Waagenfabrik von F. Sartorius, Göttingen, Provinz Hannover*.[33] Darin werden die kurzarmige Waage, ein Filtrierapparat und je ein Gerät zur Dampfdichtebestimmung und zur Ermittlung des spezifischen Gewichts explizit auf das Konto Frerichs' zurückgeführt. Allerdings taucht in späteren Prospekten und Preislisten der Name jenes Mannes, der Sartorius zur Herstellung kurzarmiger Analysenwaagen animierte, nicht mehr auf.

Abb. 5 Deckblatt des Prospekts *Neue wissenschaftliche Apparate nach Dr. F. Frerichs*, 1876

Auf in neue Märkte: Expansion und Diversifizierung

Stattdessen war es fortan der Name von Florenz Sartorius, der für den neuen Waagentypus stand. Dass seine „kurzarmige patentierte Analysenwaage" innerhalb kürzester Zeit zum Bestseller und Waagenfavoriten in Universitäts- und Fabriklaboratorien avancierte, verdankte sich den selbst noch aus heutiger Sicht modern anmutenden kunden- und marketingorientierten Geschäftsstrategien des Firmengründers. Einerseits verstand es Florenz Sartorius, die Chancen der sich industrialisierenden Welt eindrucksvoll für sein Unternehmen zu nutzen – eine herausragende Fähigkeit, die im Verlauf der frühen Unternehmensgeschichte ständig durchscheint. Neben den Universitäten, den traditionellen Abnehmern präziser Waagen, erkannte er in der aufblühenden chemischen Industrie einen neuen und gewaltigen Absatzmarkt, der allerdings auch spezielle Anforderungen an die Laborinstrumente stellte. Neben einer hohen Messgenauigkeit und kurzen Wägezeiten hatten die Geräte für die Industrie auch einfach in der Bedienung zu sein. Denn in den Laboratorien der chemischen Fabriken wurden neben Wägeprofis wie Chemiker oder Pharmazeuten immer mehr angelernte Hilfskräfte beschäftigt, denen die Erfahrung im Umgang mit Präzisionswaagen fehlte.[34] Die Bedürfnisse aus der Praxis wurden für Sartorius zur Richtschnur bei der Weiterentwicklung der kurzarmigen Balkenwaage. Seine Änderungen zielten in erster Linie auf die Anordnung und Justiervorrichtung der Schneiden, die Ausführung der Zwischengehänge sowie die Funktion der Arretierung und den Mechanismus der Reiterverschiebung.[35] Dass er sich jeden einzelnen Änderungsschritt patentieren ließ, schützte ihn nicht nur vor Nachahmern, sondern förderte auch die Markenbildung, indem sie seinen Produkten zu einem charakteristischen Erscheinungsbild mit hohem Wiedererkennungswert verhalf.

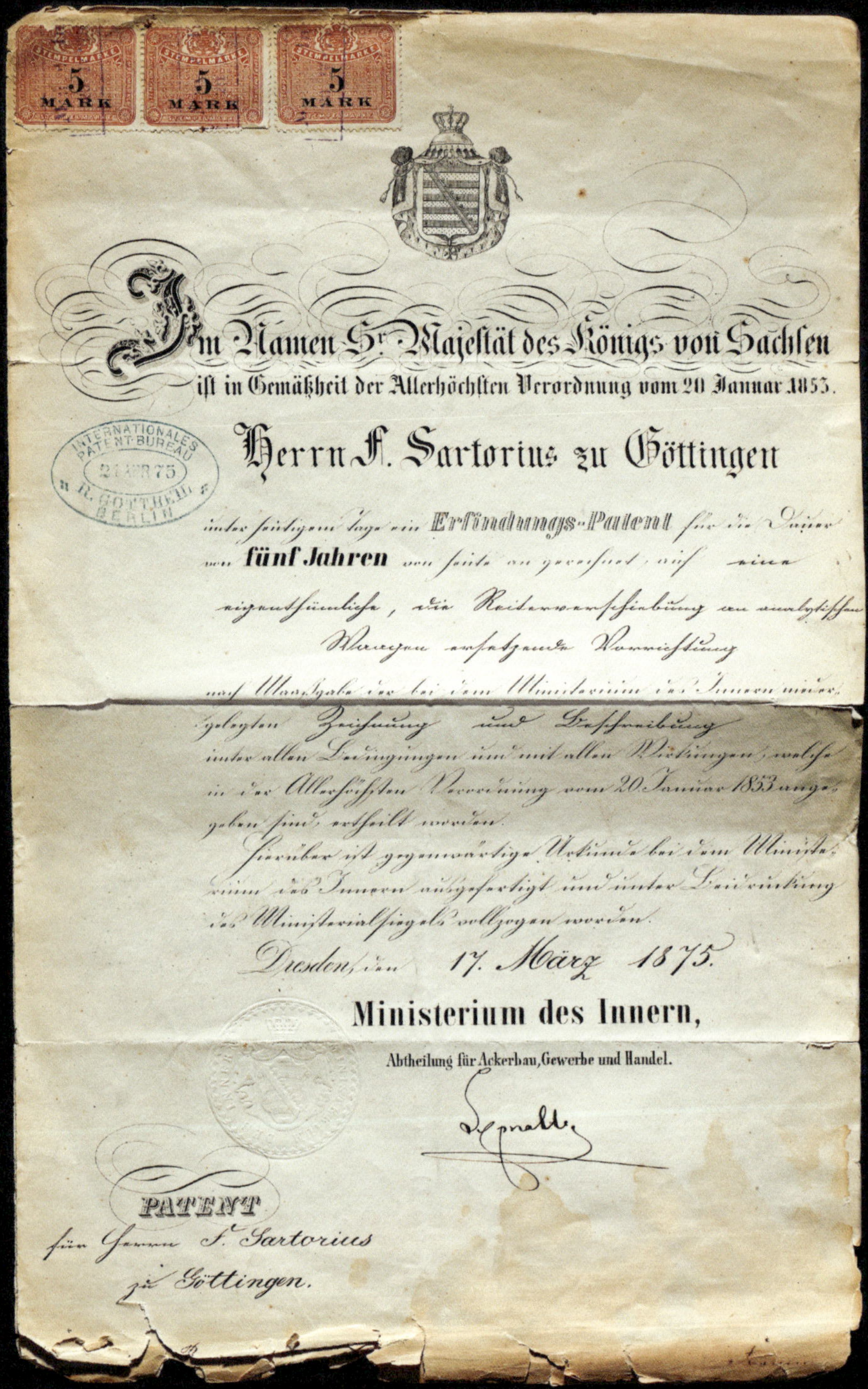

„Im Namen Sr. Majestät des Königs von Sachsen ist in Gemäßheit der Allerhöchsten Verordnung vom 20. Januar 1853 Herrn F. Sartorius zu Göttingen unter heutigem Tage ein Erfindungs-Patent für die Dauer von fünf Jahren von heute an gerechnet auf eine eigenthümliche, die Reiterverschiebung an analytischen Waagen ersetzende Vorrichtung nach Maaßgabe der bei dem Ministerium des Innern niedergelegten Zeichnung und Beschreibung unter allen Bedingungen und mit allen Wirkungen, welche in der Allerhöchsten Verordnung vom 20. Januar 1853 angegeben sind, ertheilt worden. Hierüber ist gegenwärtige Urkunde bei dem Ministerium des Innern ausgefertigt und unter Beidruckung des Ministerialsiegels vollzogen worden."

Abb. 6 Patent des Königreichs Sachsen vom 17. 3. 1875

Das zweite Durchsetzungsinstrument für die Sartorius-Produkte war ein ausgesprochen zielgruppenorientiertes Marketing. Es waren in erster Linie Professoren oder akademisch gebildete Naturwissenschaftler, die in Forschungseinrichtungen und Industrielaboratorien die Kaufentscheidungen für Messgeräte fällten. Um sie zu erreichen und über Neuerungen zu informieren, setzte Sartorius auf die damals nicht unüblichen Produkterfahrungsberichte von anerkannten Experten in wissenschaftlichen und technischen Fachjournalen. Wann immer möglich, bezog er sich auf positive Stellungnahmen seitens der Wissenschaft und zitierte in Preislisten, Produktkatalogen und sonstigen Periodika daraus lange Passagen. Außerdem war er mit seinen Geräten auf allen wichtigen nationalen und internationalen Messen und Gewerbeausstellungen vertreten, um ihren Bekanntheitsgrad zu erhöhen.[36]

In der Preisliste von 1897 präsentierte Sartorius ein erstaunlich breit gefächertes Waagenprogramm. Neben seinem Paradepferd, der hochempfindlichen und besonders aufwendig ausgestatteten „kurzarmigen patentierten Analysenwaage“, die vor allem für Forschungsarbeiten in Universitätslaboratorien verwendet wurde, bot er auch das preisgünstigere „Modell 1896“ an. „Bei billigem Preise den weitgehendsten Anforderungen entsprechend“ war es auf Routineanalysen in Industrielaboratorien zugeschnitten.[37] Waagen für besondere Anwendungszwecke ergänzten das Produktportfolio, darunter Präzisions-, Probier-, Tarier-, Eichamts-, Apotheker-, Diamant- und hydrostatische Waagen und darüber hinaus auch Gewichtssätze in unterschiedlich genauer Justierung.[38] Auch konventionelle Analysenwaagen mit langarmigem Balken befanden sich darunter. Diese konnten sich neben den innovativen kurzarmigen Waagen noch erstaunlich lange halten – besonders in Frankreich, teilweise auch in England und anderen westeuropäischen Staaten. Das Festhalten der dortigen Instrumentenbauer an der alten Waagenkonstruktion bis weit über die Jahrhundertwende hinaus war mit ein Grund, dass sich die Geräte von Sartorius und anderen deutschen Waagenbauern im Ausland eine führende Position erobern konnten.[39]

Zur Jahrhundertwende nahm Sartorius einen führenden Platz in der deutschen Waagenindustrie ein;[40] man setzte auf weitere Expansion. 1889 hatte die 1.000ste Analysenwaage das Haus verlassen. Zehn Jahre später (1899) folgte das 5.000ste und 1905 dann bereits das 10.000ste Exemplar. Weitere Jubiläumszahlen wurden 1910 und 1913 mit den Analysenwaagen Nummer 15.000 bzw. 20.000 erreicht.[41] Eine derart rasante Ausweitung der Produktion war freilich nur durch stetige und systematisch durchgeführte Modernisierungs- und Rationalisierungsmaßnahmen zu leisten. Nicht nur fand Göttingens erster Gasmotor seinen Platz bei Sartorius.[42] Auch ein Großteil der Verkaufserlöse von Waagen wurde konsequent in großzügigere Betriebsräume und leistungsfähigere Produktionsanlagen investiert. „Ständig war man bemüht, die

Abb. 7 Fabrikgelände an der Weender Landstraße um 1910

neusten und besten Maschinen zu haben, und scheute dafür keine Ausgabe", resümierte eine Firmenchronik von 1953.[43] Durch den 1898 vollzogenen Umzug in das neue Fabrikgebäude an der Weender Landstraße vor den Toren der Stadt war aus dem einstmals kleinen Handwerksbetrieb endgültig ein modernes Industrieunternehmen mit großer Fertigungstiefe geworden. Virtuos beherrschte man alle wichtigen Metall- und Holzbearbeitungstechniken und verfügte über einen eigenen Werkzeugbau.

Nach dem Vorbild des „American System of Manufacturing" - einer modernen Produktionsweise, die sich in den USA im Verlauf des 19. Jahrhunderts herausgebildet hatte und durch Typisierung, Normierung, Präzisionsfertigung und Austauschbau gekennzeichnet war - wurde noch vor der Jahrhundertwende die Herstellung von Einzelkomponenten in modern anmutender Serienproduktion aufgenommen.[44] Die fließbandähnliche, in einzelnen Bereichen arbeitsteilige Produktion kam allerdings beim Zusammenbau der Einzelteile zur fertigen Waage an ein Ende. Denn nach wie vor lag die Montage in der persönlichen Verantwortung hochqualifizierter Meister, die Gerät um Gerät mit der Hand zusammensetzten - und zwar sowohl den mechanischen Geräteteil als auch das hölzerne Gehäuse. Nach der Fertigstellung ritzten sie meist unter eine der Waagschalen Datum und Namenskürzel ein. Endgültig abgenommen wurden die Waagen aber erst nach aufwendiger und penibler Überprüfung in der „Waagenkontrolle". Auch der letzte Schritt im Betriebsablauf war mit großem Zeitaufwand verbunden: Beim Justieren wurde

Abb. 8 Ein Theodolit - ein Winkelmessgerät - der *F. Sartorius, Vereinigte Werkstätten für wissenschaftliche Instrumente von F. Sartorius, A. Becker und Ludwig Tesdorpf*, 1906-1913

und wird jede Waage mit geeichten Gewichten so eingestellt, dass ihre Messwerte reproduzierbar waren.
Einen Rationalisierungsschub dürfte das Unternehmen durch die USA-Reise von Erich Sartorius erfahren haben. Der zweite Sohn des Firmengründers stand der Technischen Leitung des neuen Werks an der Weender Landstraße vor. Nach seiner Ausbildung als Konstrukteur hatte er sich auf der Suche nach neuen Anregungen auf eine Exkursion in die USA begeben.[45] Kein ungewöhnliches Unterfangen für die damalige Zeit: Seit den 1870er Jahren reisten zahlreiche europäische Fabrikanten und Ingenieure nach Nordamerika, um dort die aus europäischer Sicht hochgradig modernen Fabriken zu besichtigen. Dabei wurde die eine oder andere Neuerung nach Deutschland transferiert und den Verhältnissen der eigenen Firma angepasst.[46] Erich Sartorius jedenfalls setzte nach seiner Rückkehr 1904 die erhaltenen Anregungen in den Bau von Spezialmaschinen um: „Für die verschiedenen Arbeitsgänge wurden Bearbeitungsmaschinen entworfen und erprobt, um die Fabrikation immer stärker zu rationalisieren", so die Firmenchronik von 1953.[47] Nicht zu vergessen: Erst durch den fortschreitenden Ersatz manueller durch maschinelle Arbeit wurde es möglich, die Preise selbst für hochwertige Waren zu reduzieren. Trotz dieser zahlreichen Einzelmaßnahmen wurde der Übergang zu einem weitestgehend mechanisierten Produktionsablauf aber erst während des Ersten Weltkriegs im Rahmen der Rüstungsgüterproduktion vollzogen.[48]
Zurück zur Jahrhundertwende: 1904 und 1905 vergrößerte sich Florenz Sartorius durch den Erwerb zweier feinmechanischer Unternehmen und erweiterte so sein Produktportfolio und seinen Kundenkreis. Einer der Zukäufe war die Göttinger Werkstatt Becker, die schwerpunktmäßig Mikrotome fabrizierte. Mikrotome sind Schneidegeräte zur Herstellung hauchfeiner mikroskopischer Präparate, die damals vor allem in anatomischen und physiologischen Instituten zum Einsatz kamen. Zudem stellte Becker mikroskopisches Zubehör sowie Instrumente für astronomische, geodätische und physikalische Zwecke her. Das Unternehmen selbst war aus der Werkstatt des bekannten Universitätsmechanikers Moritz Meyerstein hervorgegangen und hatte einen Teil von dessen Produkten in die eigene Fabrikation übernommen.[49] Um das langjährige Know-how der Firma zu erhalten, stellte Florenz Sartorius nach ihrem Erwerb den vormaligen Geschäftsinhaber August Becker bei sich ein, damit er künftig die Fertigstellung von Mikrotomen und wissenschaftlichen Instrumenten überwachte. Bei dem zweiten Zukauf handelte es sich um die Stuttgarter Werkstatt von Ludwig Tesdorpf, der kurz zuvor überraschend verstorben war. Das Unternehmen Tesdorpf war auf die Herstellung astronomischer und geodätischer Hochleistungsinstrumente spezialisiert. Sein aufwendiges und anspruchsvolles Produktionsprogramm war in Wissenschaftskreisen gut bekannt und wurde in Fachzeitschriften und Handbüchern für Vermessungskunde nicht selten hervorgehoben. Nach Auflassung der Stuttgarter Firma überführte Sartorius die Instrumentenfertigung nach Göttingen in eine eigens dafür gegründete Abteilung. Unter der Bezeichnung „Ludwig Tesdorpfs astronomische und geodätische Instrumente" stellte man dort Refraktoren, Theodoliten, Winkelmessinstrumente und andere Präzisionsgeräte her. Mit den Vermessungsgeräten wurden zahlreiche Forscher für wissenschaftliche Expeditionen ausgestattet; außerdem wurden mit ihrer Hilfe auch die großen Eisenbahnbauten der Bagdad-Gesellschaft und der Zentralbahn im damaligen „Deutsch-Ostafrika" umgesetzt. Das Gros der Instrumente ging jedoch nach Russland, Spanien, in den Nahen Osten und die arabisch-islamische Welt.[50]
1906 wählte Florenz Sartorius eine neue Rechtsform für sein Unternehmen und wandelte es in eine Offene Handelsgesellschaft (OHG) um. In die neue Firmenbezeichnung bezog er die renommierten Namen von Becker und Tesdorpf mit ein und firmierte nun als „F. Sartorius, Vereinigte Werkstätten für wissenschaftliche Instrumente von F. Sartorius, A. Becker und Ludwig Tesdorpf". So sperrig das klang, so geschickt war die Namensgebung. Denn auf diese Weise konnte er an der exzellenten Reputation der aufgekauften Werkstätten teilhaben. Um 1910 stellte das Unternehmen mit dem langen Namen und dem breit gefächerten Warensortiment seine Produkte bei der Brüsseler Weltausstellung aus. Insgesamt strich es dafür vier Grand Prix und eine Goldmedaille ein, die allerdings ausnahmslos auf das Konto der Tesdorpf'schen Instrumente gingen.[51]
Mit Blick auf die Sartorius'schen Waagen kehrte das Unternehmen mit leeren Händen nach Göt-

tingen zurück. Die Brüsseler Grand Prix für Präzisionswaagen wurden damals jenen Werkstätten verliehen, die nicht wie Sartorius zur Massenproduktion übergegangen waren, sondern mit individuellen Neukonstruktionen glänzen konnten – die Bunge-Nachfolgewerkstatt in Hamburg war beispielsweise unter ihnen.

Neues Geschäftssegment: Brutapparate für die künstliche Geflügelzucht

Mit der Gründung der OHG 1906 übertrug Florenz Sartorius seinen drei ältesten Söhnen Wilhelm, Erich und Julius leitende Funktionen im Unternehmen. Der inzwischen stark gewachsene Betrieb wurde reorganisiert und in die vier Abteilungen Waagen und Gewichte, Wärmekästen für bakteriologische Zwecke, Mikrotome sowie geodätische und astronomische Instrumente gegliedert. Wenngleich ein sehr breites und differenziertes Produktangebot verkörpernd, bildeten Präzision und das bei der Herstellung notwendige handwerkliche Geschick verbindende Elemente über alle Abteilungen hinweg. Das traditionelle Waagengeschäft blieb aber nach wie vor der Hauptgeschäftsbereich. Florenz Sartorius zog sich indes auf das Fabrikgelände in Rauschenwasser nördlich von Göttingen zurück. Vor dem Umzug des Stammunternehmens in den Fabrikneubau an der Weender Landstraße hatte das Zweigwerk in Rauschenwasser als zusätzlicher Produktionsstandort gedient. Nun firmierte es als „Industriewerke für künstliche Geflügelzucht und Angelsport".[52] Zusammen mit seinem jüngsten Sohn ging Florenz Sartorius hier offensichtlich neuen Aufgabenstellungen nach. Dabei galt sein besonderes Interesse der Herstellung von Brutapparaten für die künstliche Geflügelzucht; daneben befasste er sich mit Angelgeräten und -zubehör.

Das neue Spezialgebiet des Firmengründers war keine bloße Liebhaberei: Nach kurzer Zeit profilierte sich die Brutapparateherstellung als neuer und umsatzstarker Fabrikationszweig, der wesentlich zum positiven Firmenrenommee beitrug. Als kurz vor Ausbruch des Ersten Weltkriegs die OHG in eine Aktiengesellschaft überführt wurde, setzte man die Produktion der Brutapparate unter dem Dach der AG fort. Mit kriegsbedingten Unterbrechungen wurde sie noch bis 1948 aufrechterhalten.[53]

Wann genau und unter welchen Umständen die neue Produktidee entstand, lässt sich aufgrund des fehlenden Primärquellenbestands nur vage nachvollziehen. Möglicherweise war, so gibt es zumindest die firmeninterne anekdotische Überlieferung wieder, der Zufall mit im Spiel.[54] Demnach tauschte sich Florenz Sartorius eines Tages mit einer Nachbarin aus, die in kleinem Stil Hühner hielt und auch natürliche Hühnerbrut betrieb. Nun können Bruthennen oder Glucken mitunter – und besonders bei der ersten Brut – unzuverlässig sein, sie brechen dann das Ausbrüten ihrer Eier vorzeitig ab: so geschehen bei der Nachbarin. Durch den Einsatz eines Brutapparates hätte sich das Problem

Abb. 9 Kleiner Brutapparat zum künstlichen Ausbrüten von Geflügeleiern, vermutlich um 1900

Abb. 10 Brutapparate blieben etwa 50 Jahre fester und erfolgreicher Bestandteil des Sartorius Produktportfolios, Produktkatalog 1934

Abb. 11 Brutofenbau in den Sartorius-Werken

umgehen lassen. Derart an das Thema herangeführt, wagte sich Sartorius vermutlich gegen Ende der 1880er Jahre an die Entwicklung eines solchen Gerätes heran. Ebenso möglich ist es jedoch, dass Florenz Sartorius auf internationalen Ausstellungen auf die Technik und deren Anwendung aufmerksam wurde, die etwa in den USA oder Frankreich bereits bekannt war.

Motivation und Herangehensweise unterschieden sich im Grunde kaum von jenen bei der Entwicklung der kurzarmigen Analysenwaage. Ausgestattet mit einem hohen Maß an unternehmerischer Intelligenz, witterte Sartorius angesichts der sich abzeichnenden Technisierung von Lebensmittelproduktion und Landwirtschaft einen neuen, lukrativen Absatzmarkt. Im Unterschied zu Frankreich und den USA, wo es bereits Brutapparate im Handel gab, war die künstliche Geflügelzucht in Deutschland noch kaum entwickelt. Die Wettbewerbsvorteile eines späteren Markteintritts nutzend, orientierte sich Sartorius an den technischen Vorbildern aus dem Ausland, entwickelte sie weiter und ließ hierbei sämtliche Verbesserungsschritte patentrechtlich schützen. Auch in diesem Fall agierte er nicht als Pionier, sondern als Folger (Follower), der in einen bereits erschlossenen Markt eintrat und aus den Fehlern anderer lernte.

Als versierter Feinmechaniker identifizierte Sartorius die Schwachstellen der Konkurrenzprodukte und stattete seine eigenen Apparate mit überlegenen technischen Lösungen aus. Beispielsweise war die Wärmeregulierung der französischen und nordamerikanischen Modelle nur unbefriedigend gelöst. Für seine „Germania-Brutapparate" entwickelte Sartorius daher zunächst eine Präzisionsregulierung der Temperatur. Diese basierte auf einer dünnen und elastischen Metallmembran, die bei einem Wechsel der Temperatur ihre Form veränderte.[55] Zudem stattete er die Apparate mit einer Eierwendevorrichtung aus, wobei er sich am natürlichen Brutverhalten von Hühnern orientierte.[56] Ein weiteres Plus der Sartorius-Brüter war eine kapselförmige Entlüftungsvorrichtung, die in den oberen Deckel des Brutapparats integriert war. Damit konnte die im Innern des Apparats aufgestaute verbrauchte Luft gegen Frischluft von außen ausgetauscht und ein durch Sauerstoffmangel induziertes Ersticken der Küken im Ei vermieden werden.[57]

Die ersten Sartorius-Brutapparate erschienen 1890 auf dem Markt und fanden sowohl bei privaten Kleinzüchtern als auch bei gewerblichen Brutanstalten des In- und Auslands große Akzeptanz. Ihre Fassungsvermögen waren an die unterschiedlichen Zielgruppen angepasst und betrugen bei Großbrutanstalten bis zu 6.000 Eier. Zur Jahrhundertwende herrschte Hochkonjunktur; damals wurden in Rauschenwasser 30 bis 40 Brutapparate pro Monat hergestellt.[58] Zum Vergleich: Bei den Waagen lag die monatliche Stückzahl bei 70 bis 80 Geräten. Otto Behrendsen, Verfasser der im Jahr 1900 erschienenen Denkschrift anlässlich der Pariser Weltausstellung, zog daraus den Schluss: „Es sind [das] die Brutapparate, die nun Florenz Sartorius fast ebenso bekannt gemacht haben, wie seine Waagen."[59]

Auch beim Marketing der Brutapparate berief sich Sartorius auf positive Referenzen anerkannter Autoritäten aus der Wissenschaft.[60] Vor allem aber verstand er es, die Brutapparate publikumswirksam auf landwirtschaftlichen Ausstellungen in Szene zu setzen. Durch aufwendige, oft wochenlange Vorbereitungen war das Timing exakt so gelegt, dass die Küken während der Ausstellungen in den Apparaten schlüpften.[61] Damit galt auch dort der selbstbewusste Werbespruch: „Der Schlupftag mit ‚Sartorius-Brüter' – ein Tag der Freude".[62] 1928, drei Jahre nach dem Tod von Florenz Sartorius, wurde in der Weender Landstraße ein „Mustergeflügelhof" gebaut – nach Vorgabe neuester Erkenntnisse aus der Geflügelzucht. Zum einen wurden hier neue Brutapparat-Modelle erprobt. Zum anderen bot man neben einer permanenten Geräteausstellung auch diverse Serviceleistungen für Geflügel-

Abb. 12 Mit dem 1928 angelegten werkseigenen Mustergeflügelhof hatte das Unternehmen einen eigenen Showroom für sein Produktangebot für die Geflügelzucht

zuchtbetriebe und kleine ländliche Geflügelhalter an. Neben Rentabilitätsberechnungen für die Verwendung von Brutöfen gehörte dazu auch ein breit gefächertes Lehr- und Fortbildungsprogramm für die Erwerbsgeflügelzucht.[63] Das Produktportfolio erweiterte sich zudem auch auf weiteres Equipment, von künstlichen Glucken über Eierprüfer, wahlweise mit Scheinwerfer oder elektrisch, bis hin zur Sartorius-Eier-Sortierwaage.[64]

Das bei der Entwicklung der Brutapparate gesammelte Erfahrungswissen setzte Sartorius auch auf benachbarten Gebieten ein. Seine Temperaturreguliervorrichtung ließ sich auch für andere Einsatzbereiche nutzen, etwa für Wärmekästen zur Kultivierung von Mikroorganismen – ein mit Blick auf die gerade aufblühende Bakteriologie und Mikrobiologie ebenfalls sehr gewinnversprechender Absatzbereich. Neben Wärmekästen für bakteriologische Zwecke nahm Sartorius in den 1890er Jahren auch Paraffin-Einbettungsapparate und Trockenschränke für Laboratorien in sein Verkaufsprogramm. Somit kam das Unternehmen bereits vor mehr als 120 Jahren mit dem Thema Mikrobiologie in Berührung, die auch im heutigen Unternehmen Sartorius eine Rolle spielt, wenngleich unter einem ganz anderen Gesichtspunkt, nämlich dem der Qualitätskontrolle auf Kontaminationsfreiheit oder bei der Einhaltung von Grenzwerten.

Der Ausbruch des Ersten Weltkriegs 1914 beendete die Hochphase des Unternehmens und sorgte für eine dramatische Zäsur. Die Auslandsmärkte brachen unvermittelt und vollständig ein. Auch Rohstoffe, allen voran dringend benötigte Metalle, wurden knapp und teuer. Bald darauf musste der Großteil der Arbeiterschaft zum Dienst an die Front; auch zwei Söhne von Florenz Sartorius, Julius und Wilhelm, wurden eingezogen. Es waren daher in erster Linie Aushilfskräfte und Frauen, die nun Rüstungsbedarf anstelle von Waagen, Brutkästen und wissenschaftlichen Vermessungsgeräten produzierten. Konkret handelte es sich dabei hauptsächlich um Feinteile von Artilleriegeschossen, für deren Herstellung die feinmechanischen Werkstätten des Unternehmens geeignet waren. Indes stellte die Tischlerei militärische Fahrzeuge wie Munitions- und Proviantwagen her, während die Lehrwerkstatt Spezialbohrer für Rüstungszwecke fabrizierte.[65] Auf diese Weise sei es damals gelungen, „den Betrieb der Werkstätten auch in den schweren Jahren mit Vorteil aufrecht zu erhalten", konstatierte die Firmengeschichte von 1953 recht verschwurbelt.[66] Auf kurze Sicht waren die Militäraufträge durchaus profitabel. Mittelfristig überbeanspruchte die hochtourige Rüstungsproduktion jedoch den Maschinenpark. Nach Kriegsende war eine komplette Überholung der stark lädierten Maschinen notwendig. Dies erschwerte und verzögerte den Neuanfang.

Zwischen den Kriegen: Optimierung der kurzarmigen Analysenwaage

In den Jahren der Weimarer Republik verengte sich das Fabrikationsprogramm. Die Herstellung astronomischer und geodätischer Instrumente lief in den 1920er Jahren komplett aus.[67] Mikrotome, Brutapparate und Wärmeschränke wurden zwar nach wie vor fabriziert, doch im Zentrum der Aktivität stand eindeutig das klassische Geschäft mit Waagen. Durch marode Produktionsanlagen, Rohstoffengpässe und eine eingeschränkte Mitarbeiterzahl lag die Produktion weit unter dem Ausmaß der Vorkriegszeit und stieg zunächst nur langsam wieder an. Bis 1913 produzierte man bei Sartorius insgesamt 20.000 Analysenwaagen. 1918 war die Zahl auf 22.800 angewachsen. 1923 verließen das 28.800ste und 1928 das 36.500ste Exemplar das Haus. 1932 wurden schließlich die 42.000ste Waage und 1938 die 50.000ste Analysenwaage fertiggestellt.[68]

Die technische Weiterentwicklung der Waagen orientierte sich weiterhin eng an den Bedürfnissen der chemischen und pharmazeutischen Industrie. Unter dem Einfluss der nordamerikanischen Rationalisierungsbewegung, die nach Kriegsende einen immer stärkeren Einfluss auf die industrielle Produktion in Europa nahm, waren Analysenwaagen gefragt, die noch schneller, sicherer und bequemer zu bedienen waren als die Modelle der Vorkriegszeit. Sartorius reagierte darauf mit einem Bündel technischer Verbesserungsmaßnahmen. Vom Prinzip her waren die nun eingeführten Neuerungen schon seit Ende des 19. Jahrhunderts bekannt.[69] Doch damals hatten die Nutzer von Waagen noch überwiegend skeptisch und ablehnend darauf reagiert, weil sie in ihnen neue Fehlerquellen vermuteten und einen Preisanstieg befürchteten.

Die Bestrebungen von Sartorius zielten vor allem auf drei Ansatzpunkte: Erstens war man bemüht, die Wägezeit durch den Einbau einer Dämpfung der Balkenschwingung noch weiter zu verkürzen. Zweitens wollte man das langwierige manuelle Auflegen der Gewichtsstücke durch geeignete mechanische Gewichtsauflagen umgehen. Drittens strebte man an, das visuelle Ablesen des Wägeergebnisses, das fehleranfällig war und dem Wägenden äußerste Konzentration abverlangte, durch optische Projektionseinrichtungen zu ersetzen.[70] Darüber hinaus wurden im Verlauf der nächsten Jahre so gut wie alle funktionellen Teile der Waage modifiziert, um die Qualität weiter anzuheben. So wurden beispielsweise die Balkenstabilität verbessert, die Härte und Abriebfestigkeit der Schneiden und Pfannen vergrößert, eine Arretierungseinrichtung zum Schutz der empfindlichen Schneiden eingebaut und das Gehäuse so verändert, dass es einen Schutz vor Beeinträchtigungen durch Wärmeeinwirkung bot, ohne den hohen Bedienungskomfort zu schmälern. Durch die Verbesserungsmaßnahmen gelang es, die gleicharmige Analysenwaage zu einem weitaus schnelleren und leichter bedienbaren Messgerät zu machen.

Sartorius wurde zum Vorreiter dieser Entwicklung. Seit Ende der 1920er Jahre brachte das Unternehmen fortlaufend neue Analysenwaagen-Modelle auf den Markt, die mit unterschiedlichen Dämpfungselementen, mechanischer Gewichtsauflage und optischer Projektionsvorrichtung ausgestattet waren.[71] Bei der Gewichtsauflage handelte es sich

Abb. 13 Die 50.000ste von Sartorius gefertigte Analysenwaage, eine DP3 „Proja" mit Luftdämpfung, mechanischer Bruchgrammauflage und Projektionsanzeige zur besseren Ablesbarkeit, Mai 1938

zunächst – wie auch von anderen Herstellern bekannt – um eine Einzelgewichtsschaltung, bei der die Bruchgrammgewichte durch Schaltknöpfe betätigt wurden. Bruchgrammgewichte sind kleine Gewichtsstücke unter einem Gramm. Dagegen mussten die Grammgewichte zunächst noch manuell auf die Gewichtsschale gelegt werden. Später erweiterte das Unternehmen die mechanische Gewichtsauflage auf einen Arbeitsbereich bis 200 Gramm. Was die Ablesevorrichtung betrifft, geschah bei den frühen Modellen die Beobachtung des Zeigerausschlags noch durch ein Mikroskop. Dies änderte sich 1932 mit dem Modell „D3 mit Proja", das zu einer Art Standardwaage in analytischen Laboratorien wurde. Bei dieser Waage ersetzte man die Mikroskop-Ablesung durch eine optische Projektionseinrichtung. 1934 brachte Sartorius ein abermals verbessertes Modell heraus, das statt einer Einzelgewichtsschaltung mit einer mechanischen Bruchgrammauflage über Schaltknopf und Nockenwelle ausgestattet war. Beide Vorrichtungen waren kurz zuvor in ähnlicher Form von anderen Waagenherstellern eingeführt worden.[72] Dennoch war es der Name Sartorius, längst Primus unter den deutschen Waagenproduzenten, der zum Synonym für moderne Dämpfungs- und Projektionswaagen wurde.

Auch mit der Industrieschnellwaage J 1, die 1928 in den Handel kam, passte Sartorius sein Produktangebot erfolgreich an die veränderten Anforderungen aus der Praxis an. Mit der Titrimetrie hatte sich in der Nachkriegszeit eine vergleichsweise unkomplizierte alternative Analysentechnik für quantitative Stoffbestimmungen durchgesetzt. Das neue „Schnellverfahren" verdrängte die bis dahin übliche und sehr zeitaufwendige Methode der Gravimetrie.[73] Titrimetrie und Gravimetrie sind quantitative Analyseverfahren der Chemie. Bei der Titrimetrie basiert die Messung auf einer Volumenbestimmung, bei der Gravimetrie auf der Bestimmung einer Masse. Im Unterschied zur Titrimetrie, die sich vergleichsweise einfach, schnell und mit geringem apparativem Aufwand durchführen lässt, stellt die Gravimetrie eine langwierige und technisch anspruchsvolle Methode dar, die unter anderem hochempfindliche Waagen und spezielle Öfen erfordert. Mit der Industrieschnellwaage konzipierte Sartorius ein Gerät, das speziell auf die neue Analysetechnik der Titrimetrie zugeschnitten war. Bislang waren die einzelnen Bedienungsschritte bis zur Ermittlung des Wägeergebnisses der zeitbestimmende Faktor beim Wiegen gewesen. Deshalb waren für die in der Mehrzahl rechtshändigen Waagennutzer die Bedienungselemente der Gewichtsauflage standardmäßig auf der rechten Seite des Gehäuses angebracht. Mit der neuen Analysetechnik rückte dann der Vorgang des Dosierens der einzuwiegenden Substanz ins Zentrum der Aufmerksamkeit. Dementsprechend wurden bei der J 1 die Bedienungselemente auf der linken Seite der Waage angebracht. Gegen Mitte der 30er Jahre bot Sartorius dann auch noch eine weiterentwickelte Schnellwaage für Serienwägungen in der Industrie an. Sie ermöglichte es, pro Stunde ca. 40 verschiedene Einzel- oder 80 Serienwägungen durchzuführen, und repräsentierte den damaligen technischen Stand.[74]

Während in den durchrationalisierten Laboratorien der Industrie besonderer Wert auf schnelles Wiegen gelegt wurde, stellten Wissenschaftler aus Forschungseinrichtungen hohe Ansprüche an die Empfindlichkeit von Waagen. Mit dem Aufkommen der quantitativen organischen Mikroanalyse in den Jahren der Weimarer Republik spitzte sich diese Forderung weiter zu. In der Geschichte der Wägetechnik führte dies, zumindest nach der Einschätzung von Hans R. Jenemann, zum „auffallendsten Ereignis in der direkten Nachkriegszeit".[75] Jenemann, Chemiker und ausgewiesener Experte für die Geschichte von Waagen, spricht in diesem Zusammenhang die Entwicklung der Kuhlmann'schen Mikrowaage an. Mikrowaagen sind im Allgemeinen hochgradig empfindliche Geräte. Sie werden immer dort eingesetzt, wo eine hohe Genauigkeit des Messwertes erforderlich ist – etwa bei der organischen Mikroanalyse. Für diese besondere Analysetechnik benötigte man spezielle Mikrowaagen, die bei einer Grundbelastung von 20 Gramm (was ungefähr dem Gewicht der hierfür verwendeten Tiegel entspricht) noch bis zum Mikrogramm genau gingen, sprich bis zu einem Millionstel Gramm. Als führender Hersteller feiner Waagen gehörte Sartorius erwartungsgemäß zu den Akteuren der damaligen Entwicklung; allerdings nahm das Unternehmen in diesem Fall lediglich eine Nebenrolle ein. Als Protagonist agierte stattdessen der Hamburger Waagenbauer W. H. F. Kuhlmann.

Bei der organischen Mikroanalyse handelte es sich um eine neue, sowohl für quantitative als auch qualitative Bestimmungen einsetzbare Analysentechnik. Die Besonderheit: Mit ihr ließen sich selbst winzigste Stoffmengen erfassen. Mikroanalytische Methoden wurden daher in erster Linie zur Charakterisierung von chemischen Verbindungen genutzt, für deren Nachweis mit den üblichen Makromethoden nicht ausreichend Analysensubstanz zur Verfügung stand. Die neue Technik ermöglichte es Wissenschaftlern in den 1920er und 1930er Jahren, viele ungeklärte biochemische Sachverhalte aufzudecken – besonders auf dem Gebiet von Naturstoffen wie Enzyme, Hormone oder Vitamine. Auch in der Medizin setzte sich die organische Mikroanalyse rasch durch, etwa zur Bestimmung von Blutzuckerwerten oder für den Nachweis von Drogen- und Medikamentenspuren im menschlichen Körper.

Dass die Kuhlmann-Mikrowaage zur „Waage der Wahl" für die Mikroanalyse wurde, dürfte zu einem nicht unerheblichen Teil auf den Einfluss von Fritz Pregl (1869–1930) zurückzuführen sein. Der in Graz lebende Physiologe und Chemiker gilt als Erfinder des Verfahrens. In zahlreichen Vorträgen und Publikationen stellte er die neue Technik der Fachwelt vor; 1917 veröffentlichte er darüber eine bahnbrechende Monografie.[76] Sechs Jahre später, 1923, erhielt er für „die von ihm entwickelte Mikroanalyse organischer Substanzen" in Stockholm den Nobelpreis für Chemie. In Graz unterhielt Pregl ein eigenes Schulungslabor, das von Interessenten aus aller Welt besucht wurde, um die mikroanalytische Arbeitsweise zu erlernen. Für seine Arbeit verwendete Pregl von Anfang an eine von Wilhelm H. F.

Abb. 14 Industrieschnellwaage J 1 für schnelle Serienwägungen, Modell aus dem Jahr 1951

Kuhlmann stammende Mikrowaage. Diese entsprach in fast unveränderter Form einer kurzarmigen Probierwaage von Paul Bunge, dem einstigen Lehrherrn von Kuhlmann.[77] Kuhlmanns Waage stand daher gewissermaßen für die neue Methode und erreichte so einen großen Bekanntheitsgrad – ein für ihr Marketing nicht hoch genug zu bewertender Effekt.

Auch später, als bereits alternative Mikrowaagen für die neue Analysentechnik zur Verfügung standen, favorisierte Pregl weiterhin das Kuhlmann'sche Gerät. Nach dessen Vorbild bot Sartorius Anfang der 20er Jahre ebenfalls eine „Mikrowaage nach Pregl" an.[78] Obwohl sie zusätzlich mit den Sartorius-typischen Extras wie Kreisbogenarretierung, Kompensationsgehänge und Achsenkorrektion ausgestattet war, gelang es dem Göttinger Unternehmen damit nicht, der Kuhlmann'schen Waage echte Konkurrenz zu machen. Doch ganz so schnell gab Sartorius nicht klein bei. Beim nächsten Anlauf rüstete man die Waage zusätzlich mit modernen Konstruktionselementen wie einer Dämpfungseinrichtung, einer mechanischen Gewichtsauflage und einer optischen Projektion aus.[79] Doch selbst damit gelang es nicht, die Superiorität der Hamburger Konkurrenz zu brechen.

Kurzum: Die von Sartorius konzipierte Mikrowaage nach Pregl erfüllte die in sie gesetzten Hoffnungen nicht. Resigniert glichen die Göttinger Feinmechaniker deshalb Anfang der 30er Jahre ihr Gerät Schritt für Schritt dem Erfolgsmodell von Kuhlmann an. Zunächst ersetzten sie die für Sartorius typische Kreisbogenarretierung durch eine konventionelle Parallelarretierung. Bald darauf tauschten sie auch das Kompensationsgehänge durch ein Kreuzschneidengehänge nach Bunge aus. Zuletzt musste auch noch die Achsenkorrektion zugunsten der Anordnung des Wettbewerbers weichen.[80]

In der Selbstdarstellung des Unternehmens und in der Tagespresse fiel dieser herbe Rückschlag freilich unter den Tisch. 1938 stellte man in großem feierlichem Rahmen die 50.000ste Analysenwaage her. Das *Göttinger Tageblatt* würdigte das Jubiläum mit einem Betriebsbesuch und schüttete anschließend viel Lob über das Traditionsunternehmen aus.[81] Als „Meisterleistungen der Feinmechanik" hob der Text besonders zwei Waagen hervor: zum einen das Jubiläumsprodukt, eine DP3-Proja-Analysenwaage mit Dämpfung, Bruchgrammauflage und Projektionsanzeige; zum anderen die „zu den feinsten Schöpfungen der heutigen Mechanik" gehörende Mikrowaage.

Beide Waagen fanden sich übrigens auch noch im Produktportfolio der Nachkriegszeit. Doch während die spezielle „Mikrowaage nach Pregl" durch die baldige Einführung instrumenteller Techniken wie den optisch-spektralen und chromatographischen Verfahren sowie der Massenspektrometrie überflüssig wurde, bewährte sich die am Gehäuse und der Projektionsanzeige leicht modifizierte DP3 Proja als wichtiges Produkt für den Firmenwiederaufbau.

Neues Geschäftssegment: Die Gleitlagertechnik

Mit dem Kriegsende 1945 hatte Sartorius aufgrund des Beschlusses der alliierten Besatzung die Produktion von Rüstungsgütern aufgeben müssen. Während des Kriegs hatte Sartorius für die Luftwaffe Reihenabwurfautomaten und Zünderschaltkästen produziert. Das Rüstungsgeschäft führte zu einem außergewöhnlichen Wachstum des Umsatzes, der sich damals nahezu verfünffachte, und des Personals, das sich zwischen 1938 und 1944 etwa verdreifachte – auf über 900 Mitarbeiter.[82] Nach dem Krieg hatte Sartorius aufgrund der das Unternehmen dominierenden Rüstungsproduktion sogar auf einer Demontageliste gestanden. Zu dieser kam es zwar nicht, aber das Unternehmen musste sich verkleinern und durfte zunächst nur in kleinem Maßstab wieder Waagen produzieren.[83]

In dieser unerfreulichen Lage erwies es sich für den Wiederaufbau der Firma als hilfreich, im Zuge der Rüstungstätigkeit offenbar gute Verbindungen zur Aerodynamischen Versuchsanstalt und zum Kaiser-Wilhelm-Institut für Strömungsforschung in Göttingen unterhalten zu haben. Während die Aerodynamische Versuchsanstalt nach dem Krieg weitgehend demontiert oder zerstört wurde, konnte Professor Ludwig Prandtl im Herbst 1946 das Institut für Strömungsforschung in Göttingen wieder aufbauen, das zudem auch wieder Teil der Kaiser-Wilhelm- bzw. der Max-Planck-Gesellschaft wurde. In Prandtls Institut arbeitete man nach dem Krieg überwiegend theoretisch, militärische Forschungen und Windkanalversuche waren verboten.[84]

Ein enger Mitarbeiter Prandtls war Wilhelm Frössel, der als Teil der „alten Garde" am neuen Max-Planck-Institut blieb und dem die Werkstatt und das Konstruktionsbüro unterstanden.[85] Die Produkte der am 22. Dezember 1948 gegründeten Gleitlagergesellschaft mbH beruhten auf Frössels Patenten. Walter Tollmien, erst Mitarbeiter, dann Nachfolger Prandtls, schrieb 1961 in einem Bericht: „Die Frösselschen Gleitlager haben in der Industrie für einen weiten Betriebsbereich großen Anklang gefunden."[86]

Gleitlager sollen den störungsfreien Lauf einer Maschine ermöglichen. Erreicht wird dies, indem Lager „Reibung minimieren und hohe Lasten aus unterschiedlichen Richtungen bei hohen Genauigkeiten und hohen Steifigkeiten aufnehmen". Gleitlager sollen bei einer möglichst hohen Lebensdauer Betriebssicherheit bieten und zudem wirtschaftlich arbeiten: „Ein Lager ist betriebssicher, wenn es nicht heißläuft oder kurzfristig verschleißt. Es arbeitet wirtschaftlich, wenn das Verhältnis von Reibleistung/Nutzleistung eine bestimmte Größenordnung nicht überschreitet."[87]

Die positive Resonanz der Industrie auf die „Mehrgleitflächen-Lager nach Dr. Frössel" (kurz „MGF-Lager" genannt) beruhte laut einer Broschüre der Gleitlagergesellschaft Mitte der 60er Jahre darauf, dass der hydrodynamische Schmiervorgang zwar im Prinzip schon lange bekannt war und theoretisch auch als „Ideallösung der Schmierung" betrachtet wurde. Doch erst durch die „in jahrelanger Grundlagenforschung durchgeführten theoretischen und experimentellen Arbeiten" von Frössel seien die Voraussetzungen für diese Variante der Schmierung geschaffen worden: „Die hydrodynamische Schmierung ist der durch die drehende Welle erzeugte Strömungsvorgang in dem mit Schmiermittel gefüllten Schmierspalt eines Gleitlagers. Der Strömungsvorgang entwickelt durch Reibung und Pressung im Schmiermittel Flüssigkeitsdrücke, die bei richtigem Verhältnis zwischen Keilspaltform, Ölviskosität und Umfangsgeschwindigkeit so groß sind, daß die Welle auch bei großer Belastung von der Lagerschale abgehoben wird und berührungslos auf der Schmiermittelschicht schwimmt." Als Verwendungsmöglichkeiten der

Abb. 15 Gleitlager, wie sie von Sartorius produziert wurden, 1990er Jahre

MGF-Lager wurden damals der allgemeine Maschinenbau, der Werkzeugmaschinen- und Motorenbau sowie der Turbinen- und Getriebebau genannt.[88]
Laut der seit spätestens 1970 herrschenden Überlieferung im Unternehmen übertrug Professor Otto Hahn als damaliger Präsident der in Göttingen residierenden Max-Planck-Gesellschaft persönlich der Firma Sartorius die Kommerzialisierung der von Frössel entwickelten Gleitlagertechnik. Inwieweit Hahn wirklich seine Hände bei der Übertragung der Fertigung von Gleitlagern an Sartorius im Spiel hatte, kann nicht eindeutig festgestellt werden. Es ist allerdings sehr gut vorstellbar, wenn man Formulierungen in Glückwunschschreiben von Sartorius an Hahn liest und die räumliche und gesellschaftliche Nähe der beiden relevanten Akteure im damals überschaubaren Göttingen bedenkt – denn beide waren Teil der örtlichen Prominenz.[89]
In den ersten Jahren war die Ende Dezember 1948 gegründete Gleitlagergesellschaft nicht mehr als ein Kleinbetrieb, man fertigte in einer „Institutswerkstatt".[90] 1951 wurde die Gesellschaft in die Firma Sartorius integriert. In den ersten Jahren wurde aber weiter auf dem Gelände der ehemaligen Aerodynamischen Versuchsanstalt konstruiert und produziert.[91] Die Kurzberichte der Gleitlagergesellschaft für die Jahre bzw. Halbjahre bis 1960 umfassten nur wenige Seiten. Bis Anfang 1954 wurden sie von Frössel persönlich unterzeichnet. In diesem Jahr zog die Fabrikation in die Sartorius-Werke um. Frössel war danach offenbar neben weiteren Patententwicklungen vor allem für Versuche und Erprobungen am Max-Planck-Institut für Strömungsforschung zuständig, ebenso wie für eine Aus- und Weiterbildung der Mitarbeiter der Gleitlagergesellschaft.[92]
Das Unternehmen Sartorius sah von Anfang an das Potenzial der Gleitlagertechnik.[93] In der Tat wuchsen Umsatz und Ausstoß der Gleitlagergesellschaft damals trotz einer kleinen Belegschaft recht beachtlich. Denn anfangs bestand sie nur aus einem Vorarbeiter und sechs Mitarbeitern, die im Zweischichtbetrieb auf einer Fläche von etwa 30 bis 40 Quadratmetern produzierten. Zu Beginn der 1960er Jahre vergrößerte sich die Belegschaft dann auf 16 Mitarbeiter und einen Meister.[94]
Obwohl die Gleitlager als eigene Sparte häufig, nicht zuletzt in den Geschäftsberichten, wie ein drittes Standbein der Firma Sartorius behandelt wurden, waren sie dies jedoch im Gegensatz zur Wäge- und zur Separationstechnik niemals. Die Bedeutung der Gleitlagertechnik ging nicht über drei bis fünf Prozent des Gesamtumsatzes des Unternehmens hinaus – sie führte immer eine Nischenexistenz, wenn auch eine bisweilen sehr gewinnbringende.
Um die Jahrtausendwende entschied die Führung von Sartorius schließlich, den Bereich Gleitlager zu veräußern.[95] Für diesen Entschluss war nicht zuletzt die Entwicklung des Marktes verantwortlich. Wie der Vorstand Ende 2004 feststellte, litt der Geschäftsbereich unter Preisdruck, größeren Wettbewerbern in Europa und einer starken Globalisierung aufseiten der Kunden, die eine globale Präsenz erforderten.[96] Selbst der größte Auftrag der Gleitlagertechnik in ihrer Geschichte im Jahr 2005 änderte nichts an der Entscheidung der Unternehmensleitung. 2007 wurde „das erfolgreiche, aber strategisch und operativ randständige Gleitlagergeschäft" veräußert.[97]

Festhalten am Bewährten: Die Selecta – Waage des Wirtschaftswunders

Obwohl die Produktion von Rüstungsgütern im Verlauf des Krieges immer mehr die Oberhand gewonnen hatte, stellte man auch weiterhin Waagen her. Und so konnte in der Nachkriegszeit nach nur kurzer Unterbrechung die Waagenfertigung wieder aufgenommen werden.[98] Durch die flächendeckenden Zerstörungen im Krieg war vor allem in der Industrie ein gewaltiger Bedarf an Messgeräten entstanden. Dementsprechend nahm in der Phase des Wiederaufbaus die Nachfrage nach leistungsfähigen Feinwaagen stark zu. Soweit Rohstoffe und Verarbeitungsmaterialien vorhanden waren, produzierte man in Göttingen die konventionellen Waagenmodelle aus der Vorkriegszeit – wenn auch in stark verringerter Typenvielfalt.[99]
Improvisation stand auf der Tagesordnung: Vor allem Kupfer, Gold und Platin waren knapp und wurden – soweit möglich – durch Aluminium ersetzt. Ein detaillierter Zustandsbericht über die westdeutsche Feinwaagenindustrie der Nachkriegszeit findet sich im Abschlussbericht des „British Intelligence Objectives Sub-Committee" vom 31. Oktober 1947. Die alliierte Nachrichtendiensteinheit

hatte im Januar 1946 vier Experten in insgesamt sieben Unternehmen der Branche geschickt, um sich ein genaues Bild von dem Industriezweig mitsamt seinen Produkten und Herstellungsverfahren zu machen.[100] Als die „without doubt" wichtigsten Firmen wurden Sartorius und Sauter genannt, vor allem im Hinblick auf ihre vergleichsweise fortschrittlichen Massenproduktionsverfahren: „The manufacturing methods employed were in many cases primitive and production methods, even in the largest works, were no better than the best British practice. However, due to large scale production being carried out at both Sartorius and August Sauter, both were able to ‚tool up for the job' to a greater degree than is usual in British works on balances."[101] Mit Blick auf die Produkte der Branche kamen die Gutachter zu dem Schluss, dass sich während des Krieges weder das Design noch die Herstellungsmethoden verändert hätten. Vielmehr entspräche der aktuelle Stand exakt der Entwicklung der Vorkriegszeit. Diese Einschätzung betraf auch den zeitintensiven Bereich der Waagenjustierung; gerade hier hatten die Gutachter erwartet, modernere Methoden vorzufinden.

Abb. 16 Bewährte Technik in modernem Gewand. Die Selecta war über Jahre ein großer Erfolg für das Unternehmen, bot technisch jedoch kaum Innovationen, Jubiläumswaage 1958

Bei der Besichtigung der Sartorius-Werke am 14. und 15. Januar 1946 imponierte den Gutachtern allerdings das solide und robuste Waagen-Design. In einem Experimentierraum habe man, so der Bericht, die Prototypen eines neuen Modells vorgefunden, das in seiner Machart noch stabiler als die anderen Waagen gewesen sei.[102] Aller Wahrscheinlichkeit nach handelte es sich dabei um Prototypen der Analysenschnellwaage Projecta, einem Vorläufermodell der legendären Selecta-Waage.[103] Mit der immens erfolgreichen Selecta-Modellfamilie, die in Ausführungen wie „Standard", „Rapid" oder „Semi-Micro" erhältlich war, gelang Sartorius Anfang der 50er Jahre der Durchbruch zur wirtschaftlichen Konsolidierung. Nach einer steilen Aufwärtsentwicklung erreichte man schnell die Produktionsziffern der Vorkriegszeit und übertraf diese sogar bald.[104] Wurde 1948 die 64.000ste und 1950 die 67.000ste Analysenwaage hergestellt, zählte man 1954 bereits die 82.000ste Waage.[105] Die klassischen Analysenwaagen des Unternehmens wurden dabei mehr und mehr vom Erfolgsmodell Selecta in den Schatten gestellt. Als Sartorius 1958 die Fabrikation seiner 100.000sten Analysenwaage feierte, war die Selecta dann auch das Jubiläumsmodell.

Das Design der formschönen Selecta brach komplett mit der Optik klassischer Analysenwaagen. Letztere muteten in ihren kantigen Gehäusen aus Edelholz und Glas fast wie Heiligenschreine an. Dagegen entsprach das runde eierschalenfarbene Leichtmetallgehäuse der Selecta der schlicht-organischen Formensprache der 1950er Jahre, wie es auch beim Design zeitgenössischer Cocktailsessel, Nierentische oder dem VW-Käfer zum Ausdruck kam. Eine weitere auffällige und modern anmutende Besonderheit: Die Selecta präsentierte sich mit nur einer Waagschale. Während ihre mechanische Gewichtsauflage hinter einer Zwischenwand verborgen war, befanden sich sämtliche Bedienungs- und Bewegungselemente der hochempfindlichen Labor-Analysenwaage in und auf der Grundplatte vereinigt. Dies ermöglichte einen hohen Wägekomfort, da so das Ablesen aller Werte in gleicher Blickrichtung auf Höhe der Waagschale erfolgte. Mehr noch: Dadurch, dass alle Hebel und Knöpfe für die Bedienung unten an der Grundplatte angebracht waren, konnte die Waage mit aufliegender Hand bzw. aufliegendem Unterarm bedient werden. Ermüdungserscheinungen beim Wiegen wurde auf diese Weise vorgebeugt.[106]

Was von außen nicht erkennbar war: Im Innern des progressiv anmutenden Gehäuses war ein symmetrischer Waagebalken mit drei Schneiden eingebaut. Bei der Selecta handelte es sich demnach um eine traditionelle Dreischneidenwaage (siehe Grafik 1: Vergleich Kompensations- und Substitutionswägung), die auf dem klassischen Prinzip der Kompensationswägung basierte. Zusätzlich war sie mit verschiedenen technischen Extras, darunter einer mechanischen Gewichtsauflage, Dämpfungselementen und optischer Projektion versehen. Mit der Selecta hatte Sartorius exakt dort weitergemacht, wo die Entwicklung vor Ausbruch des Zweiten Weltkriegs stehen geblieben war.[107] Der außerordentliche Erfolg dieser Waage gab der Strategie des Festhaltens am Bewährten zunächst recht. Bis Mitte der 50er Jahre schien für Sartorius kaum die Notwendigkeit gegeben, sich ernsthaft mit alternativen Wägeprinzipien zu befassen. Auch für 1956 verzeichnete Sartorius noch eine Steigerung der Auftragseingänge gegenüber dem Vorjahr um 50 Prozent.[108] Mit Erfolgszahlen wie dieser wiegte sich das Göttinger Unternehmen viel zu lange in falscher Sicherheit. Doch spätestens 1958 war es nicht mehr zu leugnen: Die Selecta war nicht mehr zeitgemäß und verlor trotz ihrer Bedienungsvorteile immer mehr an Boden. Mit ihr war das Ende der Epoche der gleicharmigen Dreischneidenwaage erreicht. Die Zukunft gehörte einem anderen Wägeprinzip.

Diesen Entwicklungstrend hatten weder Sartorius noch andere deutsche Waagenhersteller rechtzeitig erkannt – ein Fehler, der für so manches Unternehmen der Branche das Aus bedeuten sollte. Indes schlitterte Sartorius zwar am Konkurs vorbei, verlor jedoch durch sein langes Beharren auf der Kompensationswägung die weltweite Führerschaft auf dem Laborwaagenmarkt. Seit damals belegt das Göttinger Traditionsunternehmen nur noch Platz zwei auf der internationalen Rangliste.

„Mettler – unsere einzige Konkurrenz auf der Welt": Durchsetzung des Substitutionsprinzips

Den Spitzenplatz erkämpfte sich unterdessen ein junges Unternehmen aus der Schweiz. Im Sommer 1945, als weite Teile Deutschlands noch in Schutt

Grafik 1 Vergleich Kompensations- und Substitutionswägung

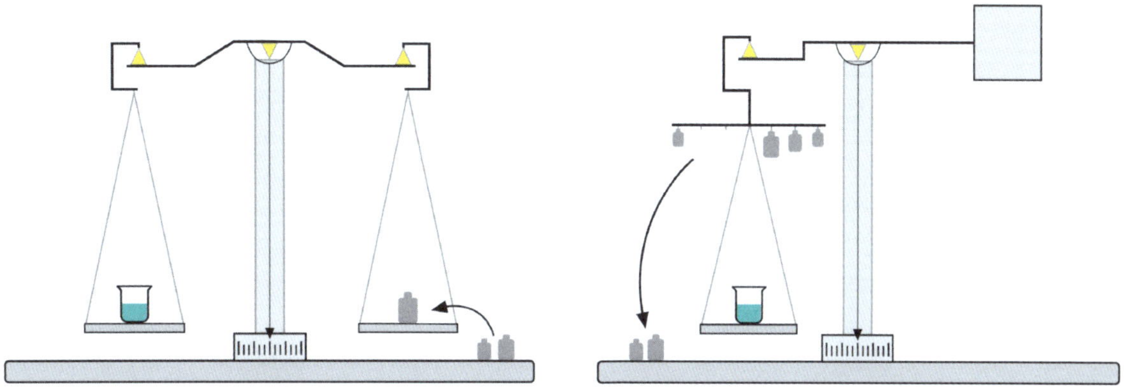

Die Reduktion von drei auf zwei Schneiden (gelb) durch Einsatz eines festen Substitutionsgewichts bot enorme Vorteile: Ein besseres und vor allem einfacheres Handling wurde erreicht, da nur noch eine Schale benötigt wurde und Hebel- bzw. Armlängenfehler vermieden wurden.

und Asche lagen, entschloss sich der 28-jährige Erhard Mettler, ein Unternehmen zur Herstellung von Laborwaagen zu gründen.[109] Im Gegensatz zur hoch entwickelten Uhrenindustrie gab es in der Schweiz kaum Hersteller für präzise Laborgeräte. Feinwaagen hatte man bis dahin vor allem aus Deutschland bezogen. Doch während des Krieges war der Markt für Waagen fast völlig zusammengebrochen, sodass kaum Nachschub zu erhalten gewesen war. Wie erwähnt, hatten die deutschen Waagenproduzenten ihre Fabrikation spätestens ab 1939 zunehmend auf kriegswichtige Produkte umgestellt. Aus diesem Grund waren sie dann 1945 auch nicht sofort wieder in der Lage, ihr Produktionsprogramm der Vorkriegszeit in gewohntem Umfang aufzunehmen.

Aus Mettlers Sicht war dies der ideale Zeitpunkt, um sich mit einer neuartigen Waage von der geschwächten deutschen Konkurrenz abzuheben. Im November 1945 ergriff er die Chance und gründete die Firma „Präzisionsapparate E. Mettler, Küsnacht" im Kanton Zürich in der Schweiz. Ein Jahr später, Ende 1946, brachte das Unternehmen bereits die ersten Prototypen einer neuartigen Analysenwaage heraus: Die Mettler'sche Zweischneidenwaage besaß nur eine Schale und arbeitete auf Basis des Substitutionsprinzips mit festem Gegengewicht. In den 50er Jahren trat die Mettler-Waage einen – anders kann man es nicht sagen – phänomenalen weltweiten Siegeszug durch die Laboratorien an. 1955 vertrieb das Schweizer Unternehmen seine Produkte bereits in 75 Ländern.[110] Bis zum Ende des Jahrzehnts hatte sich die zweischneidige Substitutionswaage weltweit als dominierende Analysenwaage durchgesetzt.

Das mitunter fälschlicherweise nach Mettler benannte Substitutionsprinzip war jedoch keine neue Erfindung, sondern bereits seit dem 18. Jahrhundert bekannt.[111] Aufgrund seiner Vorteile war es in praktisch jedem ernst zu nehmenden Lehrbuch der Physik und Wägetechnik als fehlerfreies Wägeverfahren beschrieben. Bis 1946 waren jedoch alle Versuche gescheitert, ein praxistaugliches und für die Serienfertigung geeignetes Modell zu realisieren, da bestimmte technische Voraussetzungen fehlten. Streng genommen wurde die von Erhard Mettler und seinem Mitarbeiter Hans Meier konstruierte zweischneidige Waage deshalb ein Erfolg, weil an ihr bereits entwickelte technische Verbesserungen aus der Vorkriegszeit wie Luftdämpfung, mechanische Gewichtsauflage und optische Projektion zur Ablesung im Neigungsbereich zum Einsatz kamen. Folglich war die erste Mettler-Waage auch keine Neuerfindung. Vielmehr handelte es sich dabei um eine Perfektionierung des bereits bekannten Substitutionsprinzips und dessen Kombination mit bereits bekannten technischen Ideen aus der Vorkriegszeit. Dies mag auch der Grund dafür gewesen sein, dass es für die erste Mettler-Waage zu keiner Patentanmeldung kam.[112]

1950 präsentierte Mettler anlässlich der „Achema IX" (Ausstellungstagung für chemisches Apparatewesen) in Frankfurt am Main seine ersten drei Analysenwaagen einem größeren Publikum. Damals belächelten die Hersteller konventioneller Dreischneidenwaagen noch die in ein nüchternes, rein funktionales Metallgehäuse eingebauten Mettler-Geräte. Man sprach von einem „Werbetrick", mit dem das Schweizer Unternehmen seine Abnehmer täuschte.[113] Doch Mettler spielte den Ball zurück. In diversen Publikationen konnte er zeigen, dass die klassische dreischneidige Balkenwaage – im Unterschied zur zweischneidigen Waage – mit systemimmanenten Fehlern behaftet war. Tatsächlich schleichen sich bei gleicharmigen Dreischneidenwaagen gern kleine Messfehler ein, wenn auf beiden Seiten der Abstand der Gewichte an den Balken bis zum Mittelpunkt der Waage nicht exakt identisch ist. Bei der zweischneidigen Substitutionswaage können solche Hebel- oder Armlängenfehler nicht auftreten. Denn hier trägt der eine Hebelarm von vornherein eine unveränderliche Ausgleichsmasse, während der andere Arm sowohl Last als auch Gewichtstücke hält. Beim Wägen werden dann sukzessive so viele Gewichtsstücke entfernt, bis ein Gleichgewicht entsteht.[114] Aus dieser Funktionsweise heraus ergibt sich der Vorteil solcher Waagen: Sie benötigen nur eine Waagschale und lediglich zwei Schneiden, was im Vergleich mit dreischneidigen Geräten zu einer höheren Empfindlichkeit und Genauigkeit führt.

Als Antwort auf die innovative Mettler-Waage brachte Sartorius 1950 die Selecta auf den Markt. Die formschöne Dreischneiden-Analysenwaage, der man von außen das klassische Wägeprinzip nicht ansah, sollte den Widerpart zur Mettler-Waage bilden. Neben ihren technischen Vorzügen wurde in Firmenprospekten damit geworben, dass hinter den Selecta-Waagen „gesammelte Erfahrungen aus 80 Jahren Feinwaagenbau, moderne Fabrikationseinrichtungen, ein Stamm von langjährig geschulten Facharbeitern, Wissenschaftlern und Entwicklungsingenieuren" stünden.[115] In technischen Informationsblättern und wissenschaftlichen Schriften wurden Argumente gegen das Substitutionsprinzip vorgebracht – teils wissenschaftlicher, teils polemischer Art.[116] Zunächst schien die Rechnung auch aufzugehen: „Das Eindringen der Mettler-Waage wurde mit allen Mitteln und erfolgreich zurückgedrängt", vermerkte etwa ein Bericht der Verkaufsabteilung für das Jahr 1954.[117] In demselben Dokument klingt aber auch die Problematik ungenügender Produktionskapazitäten und langer Lieferzeiten an, mit der Sartorius in den 50er Jahren rang. „Unsere Erfolge im Verkauf wären noch größer gewesen, wenn die Fertigung schneller nachgekommen wäre." Während der Konkurrent Mettler seine Waagen 1954 innerhalb von vier Wochen an die Kundschaft lieferte, betrug bei Sartorius die Lieferzeit für die Selecta mit sechs bis acht Wochen das Anderthalbfache bis Doppelte – ein Problem, das sich mit zunehmender Nachfrage noch weiter verschärfte. Bis 1956 dehnten sich die Lieferzeiten an die Kundschaft auf nur noch schwer vermittelbare vier bis fünf Monate aus.[118] 1957 gingen bei Sartorius 220 Lieferungswünsche für Selecta-Waagen ein, während die Lieferkapazität bei 160 Waagen lag.[119] Im Nachhinein erfüllte sich damit die 1945 von Erhard Mettler gemachte Prognose, dass die deutschen Hersteller in der Nachkriegszeit nicht so schnell wieder in der Lage sein würden, ihren einstmaligen Produktionsumfang zu erreichen. Die Lieferschwierigkeiten deutscher Unternehmen waren demnach mit ein Grund für den Vorsprung des Schweizer Unternehmens.[120]

Dass der mächtige Wettbewerber mit seinen stets billigeren Produkten nun auch die Preise auf dem Markt diktierte, erschwerte den deutschen Waagenherstellern das Leben zusätzlich. „Die Konkurrenz auf den Auslandsmärkten ist nach wie vor so stark, dass eine weitere Erhöhung unserer Verkaufspreise, die in Anbetracht der weiterhin steigenden Herstellungskosten erwünscht wäre, nicht durchgesetzt werden kann", hieß es in einer Aktennotiz von 1957.[121] Um dem Schweizer Konkurrenten gemeinsam die Stirn zu bieten, trafen sich 1956 und 1960 die Vertreter süddeutscher Waagenproduzenten – darunter die Firmen Sauter, Bosch und Kern – mit Horst Sartorius, um über eventuelle Preiserhöhungen zu verhandeln.[122] Nichtsdestotrotz wurde die Luft für die deutschen Unternehmen zusehends dünner. 1957 erwarb das sich auf Expansionskurs befindliche Unternehmen Mettler den hessischen Traditionsbetrieb Spoerhase in Gießen, den Nachfolger der früheren Werkstatt von Carl Staudinger, mit dem Ziel, seine Produkte in der Europäischen Wirtschaftsgemeinschaft (EWG) günstiger vermarkten zu können.[123]

Wie aussichtslos die Zukunft auf dem Pfad der alten Wägetechnik war, zeigten auch die spätestens seit 1958 deutlich abfallenden Umsatzzahlen bei

Sartorius. Im dritten Jahresquartal 1958 rutschte der Umsatz für Analysenwaagen gegenüber dem gleichen Vorjahreszeitraum um 16 Prozent ab.[124] Als Gegenmaßnahme wurde beschlossen, die Selecta nach dem Vorbild der Mettler-Waagen weniger erschütterungsanfällig und insgesamt robuster zu gestalten. Doch im Grunde war klar, dass nur die Umstellung auf die Substitutionstechnik einen Ausweg aus der Misere bot. „Grosse Firmen, wie zum Beispiel die Farbenfabriken Bayer, Farbwerke Hoechst, BASF etc. würden ihren Bedarf an Analysenwaagen restlos bei uns decken, wenn wir auch eine einarmige Waage liefern könnten", gab die Verkaufsabteilung 1958 dringend zu bedenken. Man weise daher nochmals darauf hin, „dass die Fertigung einer derartigen Waage unbedingt beschleunigt werden muss, zumal die Substitutionsmethode, wie sie die Konkurrenz verwendet, der Kundschaft doch sehr einleuchtet und als besser bezeichnet wird".[125]

Zu diesem Zeitpunkt hatten andere deutsche Waagenhersteller wie Bunge, Sauter oder Bosch den Schwenk auf das Substitutionsprinzip bereits vollzogen und zweischneidige Analysenwaagenmodelle auf den Markt gebracht. Auch für Sartorius blieb keine andere Wahl, als endlich auf das alternative Wägeprinzip umzustellen. Noch im gleichen Jahr (1958) wurde die Entwicklungs- und Konstruktionsabteilung personell aufgestockt, um eine „einarmige Analysenwaage" zu konstruieren. Die neu eingestellten Herren, so der Arbeitsbericht der Abteilung, müssten sich jedoch erst in das neue Arbeitsgebiet hineindenken.[126] Tatsächlich sollten noch fast drei weitere Jahre ins Land ziehen, bis man so weit war, der Kundschaft die neue Modellserie 2600 auf Grundlage des Substitutionsprinzips zu präsentieren.

Der Weg dorthin war steinig. Sartorius stürzte immer tiefer in die Krise. Zu schaffen machten dem Unternehmen sowohl die sinkenden Umsatzzahlen als auch eine nach wie vor völlig unzureichende Produktivität. Bislang durchgeführte Rationalisierungsmaßnahmen hatten noch nicht hinreichend gefruchtet. Das bei Weitem zu breite Produktsortiment lastete – trotz sinkender Auftragszahlen – die Unternehmenskapazität voll aus, sodass keine Mittel und Ressourcen mehr für neu anlaufende Geräte wie die anvisierte Zweischneidenwaage zur Verfügung standen.[127] Hinzu kamen die Probleme eines ineffektiven und schlecht strukturierten Vertriebs, der sich durch die übermächtige Schweizer Konkurrenz zu unvorteilhaften Maßnahmen genötigt sah. Während Mettler nur die größten und bedeutendsten Laboratoriumsfachhändler als autorisierte Lieferanten akzeptierte und sie zwang, eine Mindeststückzahl an Geräten abzunehmen, wurde die Verkaufsabteilung von Sartorius 1959 auf Wunsch des Vorstandes instruiert, „Aufträge um jeden Preis" zu bekommen und alle Wiederverkäufer, auch die kleinsten, zu beliefern.[128]

Am bittersten dürften für das Göttinger Unternehmen jedoch der Verlust seiner einstigen Technologieführerschaft und die damit einhergehende Schädigung seiner Reputation gewesen sein: „Was die Zweischneiden-Waage anbelangt, so ist jeder Tag, bevor sie nicht lieferbar ist, für uns ein Prestigeverlust", tadelte denn auch die Verkaufsabteilung im Dezember 1960.[129] Im gleichen Jahr ordnete der Technische Leiter der Sartorius-Werke, Direktor Eikemeier, in einem Brief an Horst Sartorius neben der Verwirklichung der geplanten neuen Waagenmodelle auch eine „Änderung des Geistes" an. Im Gegensatz zur Vergangenheit habe die Entwicklungs- und Konstruktionsabteilung „in der Zukunft Pionierarbeit zu leisten", was keinesfalls auf dem bisherigen Wege möglich sei.[130]

Als der Kampf schon beinahe verloren schien, präsentierte Sartorius zur Achema-Messe in Frankfurt im Juni 1961 die zwei neuen, auf dem Substitutionsprinzip basierenden Modellserien 2600 und 2200. Auf dieses Ziel hatte die Entwicklungsabteilung schon Monate zuvor unter Hochdruck und äußerster Anspannung hingearbeitet.[131] Während es sich bei der Serie 2600 um hochempfindliche Analysenwaagen handelte, umfasste die Serie 2200 oberschalige Präzisionsschnellwaagen. Letztere ergänzten das Wägeprogramm in einem für die Kundschaft relevanten Bereich. Mettler hatte solche oberschaligen Präzisionswaagen bereits 1954 auf den Markt gebracht; sie hatten sich als Senkrechtstarter entpuppt und bis 1959 zum umsatzstärksten Produkt des Schweizer Unternehmens entwickelt.[132]

Vom Wägeprinzip her orientierten sich die neuen Sartorius-Geräte stark an den Mettler-Waagen. Doch im Bedienungskomfort wiesen sie deutliche Vorteile auf, da – wie bereits bei der Selecta der Fall – sämtliche Bedienungselemente in Tischhöhe

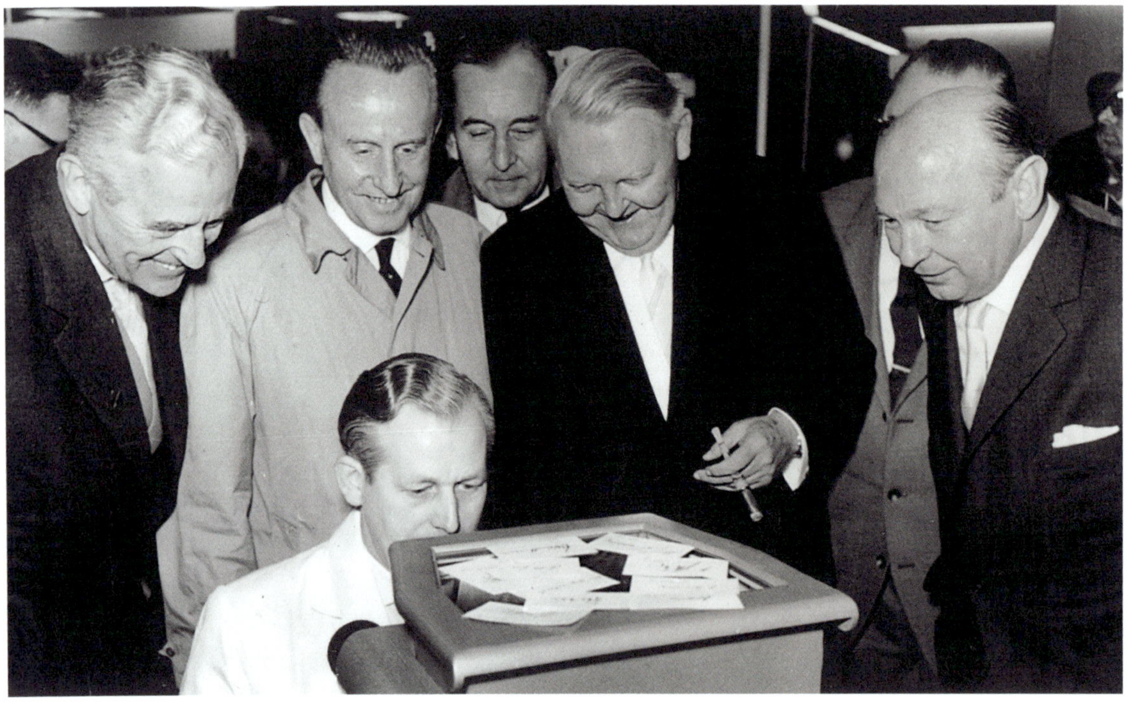

Abb. 17 Der deutsche Wirtschaftsminister Ludwig Erhard (3. v. r.) lässt seine Unterschrift auf der Deutschen Industrie-Messe 1960 in Hannover wiegen. Zum Einsatz kam eine Sartorius MPR5, die noch das Kompensationsprinzip nutzte

angeordnet waren.[133] Für den Verkauf bedeutete dies ein in seiner Bedeutung nicht zu unterschätzendes Argument, mit dem es Sartorius zumindest ansatzweise gelang, das Vertrauen der Kundschaft zurückzuerobern. Eben darauf zielte auch der große und modern gestaltete Messestand auf der Achema, über dem gut sichtbar das erst wenige Monate zuvor neu eingeführte Firmenzeichen in neuer Typographie prangte. Laut Chronik des Sartorius-Chefsekretariats war der Stand mit der stattlichen Anzahl von 17 Mitarbeitern besetzt. Ständig sei man von Besuchern belagert und insgesamt weit besser als die Stände der Konkurrenz gewesen. Kurzum: Die Achema 1961 war für Sartorius ein „unbestrittener Prestige-Erfolg".[134]

Doch der Erfolg sollte sich als Pyrrhussieg entpuppen. Nur wenige Wochen später traten bei einigen der auf der Achema neu präsentierten Modelle technische Schwierigkeiten auf. Offenbar hatte man die Probleme, die aus der Umstellung auf das neue Wägeprinzip resultierten, noch nicht im Griff. „Diese Geräte wurden durch die Achema zu früh gezeigt und aufgrund einer optimistischen Einstellung, sowohl der damaligen Vertriebsleitung wie auch der technischen Abteilung, propagiert", hieß es 1962 kleinlaut in einem Schreiben an die Handelsvertreter.[135] Um weitere unangenehme Situationen zu vermeiden und den Qualitätsbegriff für Sartorius-Geräte zu wahren, bitte man darum, schon bestätigte Bestellungen wieder rückgängig zu machen.

Mit viel Durchhaltewillen und einem konzertierten Maßnahmenbündel gelang es Sartorius, die existenzbedrohliche Krise zu überwinden. „Die Sartorius-Werke straffen die Produktion", betitelte die „Frankfurter Allgemeine Zeitung" im November 1961 einen Artikel über das Unternehmen.[136] Der Text basierte auf detaillierten Insiderinformationen und konnte mit genauen Zahlenangaben aufwarten. Bei Horst Sartorius sorgte die gut recherchierte, aber unautorisierte Veröffentlichung für großen Verdruss, weil sich darin der gewaltige Umwandlungsprozess und die Liquiditätskrise spiegelten, in denen sich das Unternehmen befand. Nach außen hin zeige sich der Wandel „in der völligen Abkehr von den Jahrzehnte hindurch unveränderten, konservativen Formen der Waagen und in

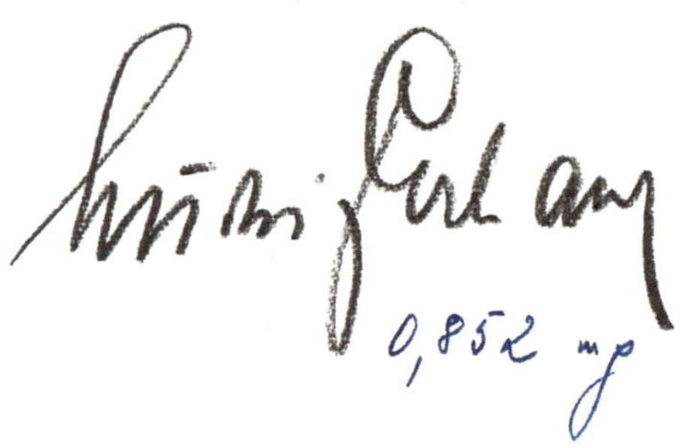

Abb. 18 Die 0,852 Milligramm „schwere" Unterschrift Ludwig Erhards

der Hinwendung zur modernen Formgebung". Damit spielte der Verfasser auf den im Januar 1961 gefassten Beschluss des Aufsichtsrates an, einen neuen Firmenstil zu entwerfen, um die negativen Assoziationen zu verscheuchen, die viele Kunden mit Sartorius verbanden.[137] Bereits wenige Monate später trat Sartorius mit modernem Firmenzeichen und progressiv-funktionalem Design seiner Geräte auf. Flankierende Werbe- und Marketingmaßnahmen wurden zum festen Bestandteil des Corporate Designs.[138] Das neue Gewand des Unternehmens, so der Beitrag aus der „Frankfurter Allgemeinen Zeitung" weiter, fände seine Entsprechung in einer radikalen Beschneidung des Produktionsprogrammes: Statt 50 Waagengrundtypen in 200 Ausführungen böte man bei Sartorius

Abb. 19 Ein neues Logo und ein neues funktionales Design änderten das Erscheinungsbild in den 1960er Jahren, im Bild der Sartorius Kilomat, Werbeanzeige 1963

künftig nur noch 21 Typen in 100 verschiedenen Ausführungen an.

Um die betriebliche Kapazität zu erhöhen, wurden zudem verschiedene Rationalisierungs- und Typisierungsmaßnahmen weiter vorangetrieben. Die wichtigste Strategie, um verlorenes Terrain zurückzugewinnen und sich von der Konkurrenz abzuheben: Sartorius stattete seine neuen Substitutionswaagen mit zusätzlichen technischen Details und selbst entwickelten Verbesserungen aus, die für die Kundschaft Zusatznutzen brachten. Mit dieser Follower-Strategie war es dem Unternehmen bereits im 19. Jahrhundert gelungen, sich die Marktführerschaft für die kurzarmige Balkenwaage zu sichern. Und so wurde der Kundschaft 1963 mit der Waagenserie 2400, der „kleinen Sartorius" im Kunststoffgehäuse, das Wägen durch verschiedene Zusatzfunktionen noch schneller und bequemer gemacht.[139]

Ende 1963 schien das tiefste Tal durchschritten: Die Geräte der 2100er- und 2600er-Serie bekamen in diesem Jahr die werbe- und publikumswirksame Auszeichnung „gute Industrieform" verliehen. Zugleich hatte sich der Waagenumsatz um zwölf Prozent erhöht.[140] Bei hartem Kampf sehe man der Zukunft mit einem gesunden Optimismus entgegen, umriss eine firmeninterne Mitteilung an Horst Sartorius vom November 1963 die Situation im Export.[141] In der Tat ging es allmählich wieder bergauf. Das Jahr 1964 wurde in der Chronik des Chefsekretariats denn auch als „turbulentes Jahr" zusammengefasst; der Auftragseingang stieg um beachtliche 30 Prozent. Vier Jahre später, Ende 1968, sprach man bereits unverhohlen und stolz von einem „geglückten come back".[142]

Das Ende der mechanischen Waage: Durchsetzung der Elektronik

Der Umstieg auf das Substitutionsprinzip war noch nicht vollendet, da kündigte sich bereits der nächste fundamentale Technologiesprung in der Wägetechnik an. Das seit 1895 bekannte Prinzip der elektrodynamischen Kraftkompensation stellte in Aussicht, den Wägeprozess elektronisch zu steuern. Tatsächlich statteten gegen Mitte des 20. Jahrhunderts verschiedene Wissenschaftler erste Prototypen von Waagen mit elektronischen Bauteilen aus. Doch erst mit der Einführung der Mikroelektronik

Abb. 20 Die Waagenreihe 2400, Werbeanzeige aus dem Jahr 1971

Anfang der 70er Jahre setzte sich das elektronische Zeitalter in großem Stil in der Wägetechnik durch – zu diesem Zeitpunkt hatte die Entwicklung der mechanischen Waage auf Basis des Substitutionsprinzips gerade ihren Höhepunkt erreicht.

Der Übergang von der Mechanik zur Elektronik war schleichend und vollzog sich in mehreren Etappen. Ganz im Gegensatz zu seiner Nachzüglerrolle bei der Einführung von Substitutionswaagen zeigte sich Sartorius im Fall der elektronischen Instrumente erstaunlich innovationsfreudig und entwicklungsoffen. 1954 stellte man in Göttingen mit der Electrono I die erste seriell produzierte elektronische Waage überhaupt her und war damit Pionier und Vorreiter der Entwicklung. Zu diesem Zeitpunkt dachte noch kein anderes Unternehmen ernsthaft daran, sich mit den unkonventionellen und fremdartigen Waagen näher zu befassen.[143] Auch in den darauffolgenden Jahren trieb Sartorius die Entwicklung in enger Kooperation mit der Wissenschaft weiter voran und sorgte für neue Impulse – dies in einer Zeit, als das Unternehmen, wie eben gesehen, bei der Fertigung mechanischer Waagen besonders heftige Rückschläge einzustecken hatte.

Zentrale Figur in der Frühphase elektronischer Waagen war der Diplom-Ingenieur und Hochschullehrer Theodor Gast. Dessen berufliche Laufbahn hatte an der Technischen Hochschule (TH) Darmstadt als Assistent von Richard Vieweg begonnen, dem späteren Präsidenten der Physikalisch-Technischen Bundesanstalt in Braunschweig.[144] Die beiden Wissenschaftler publizierten 1944 einen Artikel über eine „registrierende Mikrowaage“, deren Funktion auf dem Prinzip der elektromagnetischen Kraftkompensation (EMK) basierte.[145] Bei der EMK erzeugt auf der einen Seite des Wägebalkens eine Spule in einem Permanentmagneten eine Gegenkraft, die der Last der zu messenden Probe auf der anderen Seite des Balkens entspricht. Die Waage kann das Gewicht der Probe dann selbsttätig berechnen, indem sie den Strom misst, der zum Erzielen des Gleichgewichts benötigt wurde.

Nach dem Zweiten Weltkrieg war Gast zunächst an der TH Darmstadt und danach erst freiberuflich, dann für die Bergwerksgesellschaft Walsum zwischen Duisburg und Dinslaken tätig. Er begann damit, die Konzeption der registrierenden Mikrowaage zu verbessern und ihren Anwendungsbereich stetig zu erweitern. Unter anderem setzte er sie für kontinuierliche Staubmessungen ein. In Steinkohlebergwerken ließ sich damit die Kohlestaubkonzentration ermitteln, was dazu diente, gefährlichen Kohlestaubexplosionen vorzubeugen. Sartorius verwendete solche feinstaubmessenden Systeme Anfang der 70er Jahre im Bereich Umweltanalytik, um die durch den Straßenverkehr emittierten Schadstoffe zu messen.

Wie und wann genau es zur ersten Kontaktaufnahme zwischen Gast und Sartorius kam, ist den Unternehmensarchivalien nicht zu entnehmen. In einem Bericht des Konstruktionsbüros von 1951 taucht die Bezeichnung „elektrische Mikrowaage nach Gast“ erstmalig auf, was auf eine Zusammenarbeit beider Seiten schließen lässt.[146] Zudem ist dort festgehalten, dass von den größeren Zukunftsaufgaben das Problem der selbstanzeigend und registrierenden Feinwaage in Zusammenarbeit mit wissenschaftlichen Institutionen in Angriff genommen worden sei. An der elektrischen Mikrowaage nach Gast sowie der elektrischen Waage nach Dr. Beierle würden derzeit die funktionellen Grundlagen erprobt.

Bis 1954 blieben elektrische bzw. elektronische Waagen ausnahmslos Einzelanfertigungen in rein wissenschaftlichem Rahmen;[147] doch dann nahm Sartorius mit der Electrono I erstmals die industrielle Fertigung auf.[148] 1955 präsentierte das Unternehmen die mittlerweile stark verbesserte Gast'sche Waage auf der Frankfurter Achema einem staunenden Publikum.[149] Aufgrund der eigenwilligen Gehäusegeometrie wurde das Gerät im Laborjargon „Anhalter Bahnhof“ genannt. Durch seine hohe Empfindlichkeit eignete es sich bestens für wissenschaftliche Zwecke. So vermochte man damit beispielsweise Oxidations-, Absorptions- und Diffusionsprozesse zu messen, die sich im Mikro- und Ultramikrobereich abspielten; über ein angeschlossenes Anzeigegerät und einen Schreiber wurden die Ergebnisse dann dokumentiert. In der darauffolgenden Entwicklung gingen aus der Electrono die Modellreihen 4100 und 4400 hervor; ihre jeweilige Regel- und Auswerteelektronik wurde kontinuierlich an den Stand der Technik angepasst.

Ähnlich viel Aufmerksamkeit wie die Electrono I erregte auch die bald darauf ebenfalls in Kooperation mit Gast konstruierte elektrische Schwebewaage 4201 – von den Sartorius-Mitarbeitern meist nur „schwebende Jungfrau“ genannt.[150] Mit dem Spezialgerät ließen sich Wägungen im Vakuum auf einer schwebenden Waagschale ausführen, ohne dass ein direkter Kontakt zwischen Waage und Wägegut bestand. Aus diesem Grund eignete sich das Gerät bestens für die Gewichtsbestimmung von aggressivem Wägegut, etwa ätzende Oxidationsmittel.

Dass die Reputation, die Sartorius aus der Herstellung derartiger „Exoten“ bezog, zumindest in der Anfangszeit weitaus größer war als der dadurch erzielte Gewinn, geht aus den Klagen über Sonderkosten und die niedrigen Verkaufszahlen der Electrono-Waagen in den ersten Produktionsjahren hervor. 1956 verkaufte man sieben, 1957 ganze sechs Electrono-Modelle. 1958 waren es dann immerhin 17 und im Jahr darauf (von Januar bis Oktober) 23 Geräte. Für das Inland betrug die Zahl der verkauften Electrono-Waagen 1959 32 Stück.[151]

Ab Mitte der 50er Jahre taucht der Name von Theodor Gast immer öfter in der Chronik des Sartorius-Chefsekretariats auf - sowohl im Zusammenhang mit häufiger werdenden Firmenbesuchen als auch neuen Produkten wie der „Staubwaage nach Prof. Gast“. Dass das Unternehmen sich damals intensiv um den Wissenschaftler bemühte, bezeugt auch ein Schreiben der Geschäftsleitung von 1960 an das Göttinger Wirtschaftsdezernat.[152] Darin wurde um die Zuteilung von Baugelände für die neunköpfige Familie des zukünftigen Leiters der Entwicklungs- und Forschungsabteilung gebeten: Herrn Prof. Gast. Mit diesem Wissenschaftler arbeite man schon seit Jahren zusammen und produziere von ihm entwickelte Geräte und Apparaturen in Lizenz. Aus dem Schreiben geht zudem hervor, welch große Bedeutung Horst Sartorius der Elektronik schon damals beimaß. Die technische Weiterentwicklung dehne sich, so seine Argumentation in dem Schreiben, in zunehmendem Maße auf das Gebiet der Elektronik aus.

Zum 1. Januar 1961 übernahm Gast die Leitung der neuen Entwicklungsabteilung, die als Erweiterung der mechanisch orientierten Konstruktionsabteilung konzipiert worden war. Von seinem Eintritt erwarte man sich „eine erfolgreiche Koordinierung zwischen Konstruktion, Entwicklung und Betrieb“.[153] Horst Sartorius förderte die neu entstandene Abteilung und ließ den dort beschäftigten

Abb. 21
Electrono
(„Anhalter Bahnhof“)

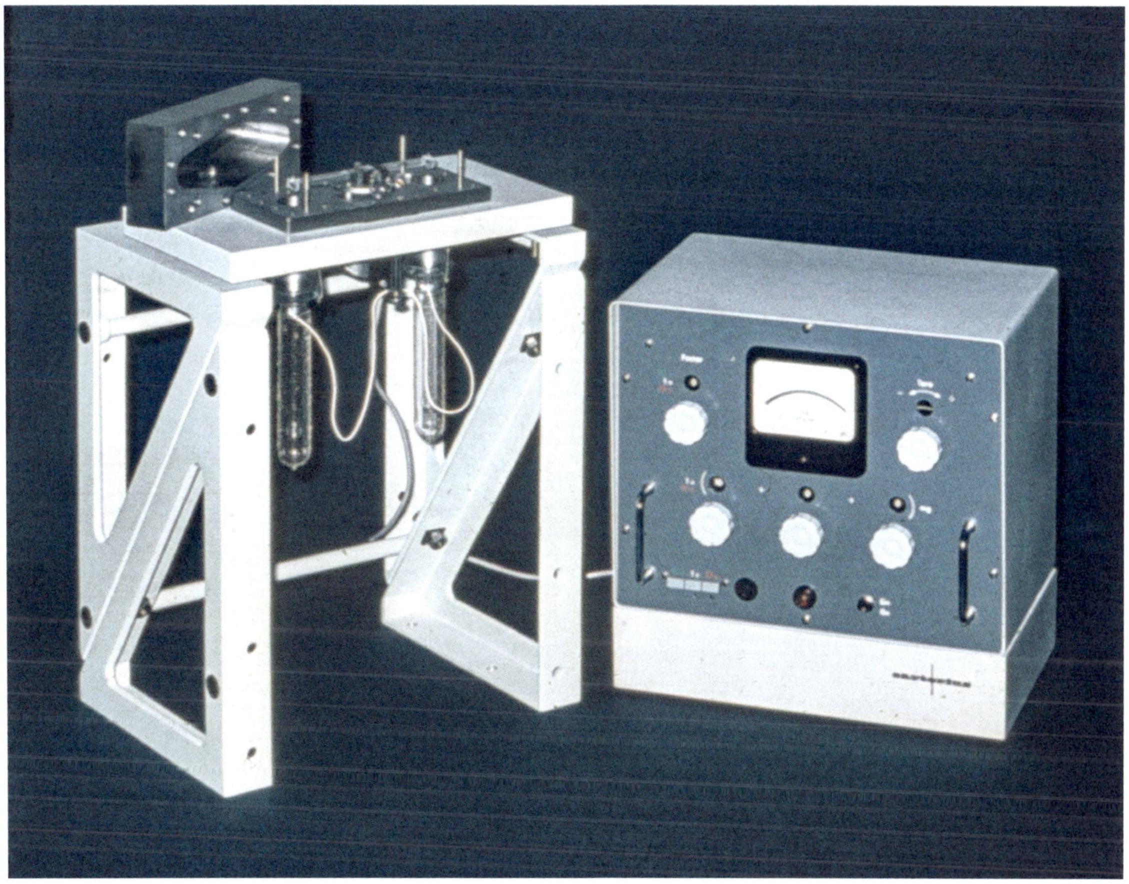

Abb. 22
Elektrische
Schwebewaage 4201
(„Schwebende
Jungfrau")

Abb. 23
Elektronische
Mikrowaage 4104 im
Windkanal der
Deutschen Forschungs-
und Versuchsanstalt

Experten größtenteils freie Hand. Indes wertete sie so mancher Firmenmitarbeiter ironisch als „Bastelstube" ab.[154] Deren „Basteleien" zielten einerseits auf die Weiterentwicklung der Electrono, woraus bald darauf weitere elektronische Mikro- und Ultramikrowaagen wie auch der Gravimat hervorgingen. Beim Gravimat handelte es sich um ein fast schrankgroßes, hochempfindliches und sehr vielseitiges Universalmessgerät für wissenschaftliche Einrichtungen – das Vorzeigeobjekt unter den Sartorius-Spezialgeräten. 1969, als die Welt erstmals ihren Blick vom Mond aus ins All richtete, wurden damit 20,2 Milligramm des Mondgesteins der Apollo-11-Mission auf ihre spezifische Oberfläche hin untersucht, welches das Unternehmen vom Institut für Kernchemie in Köln „durch Vermittlung unserer Vertretung im Rheinland" erhalten hatte.[155] Allerdings hätten die Messungen der „sorgsam gehüteten kleinen Proben […] leider keine besondere Überraschung" ergeben.[156]

Andererseits führte man in der Gast'schen Entwicklungsabteilung ein bereits Mitte der 50er Jahre in Angriff genommenes Vorhaben fort: die „Automatisierung des Labors". Hinter diesem Slogan steckte die Absicht, möglichst viele der zeitaufwendigen und fehleranfälligen Arbeitsschritte, die die Laborarbeit nach wie vor prägten, zu vereinfachen und zu beschleunigen. Beispielsweise mussten Laboranten noch nach jeder einzelnen Wägung das Ergebnis ablesen, handschriftlich notieren und gegebenenfalls in andere Messwerte wie etwa Prozentangaben umrechnen. Nicht selten schlichen sich dabei Ablese-, Notiz- und Rechenfehler ein. Zu einem Blick in das automatisierte Labor der Zukunft lud Sartorius erstmals 1958 auf der Frankfurter Fachmesse „Achema" ein. Ein Teil des Messestandes war einem analytischen Labor nachempfunden und mit Waage und weiteren typischen Labormessgeräten wie Büretten oder Pipetten ausgestattet. Diese ließen sich nach dem Baukastenprinzip mit selbsttätigen elektrischen bzw. elektronischen Steuer-, Rechen-, Anzeige- und Registriersystemen kombinieren. Eine auf diese Weise ausgerüstete Waage konnte beispielsweise nach dem Einwiegen aus dem Tara- und Bruttogewicht selbsttätig das Nettogewicht der Einwaage berechnen und das Ergebnis auf einem angeschlossenen „Speicherwerk" sichern.[157]

Abb. 24 Prof. Theodor Gast (links) bei der Verleihung des Dechema-Preises der Max-Buchner-Forschungsstiftung „für die Entwicklung und apparative Gestaltung der elektrischen Mikrowaage", 1959

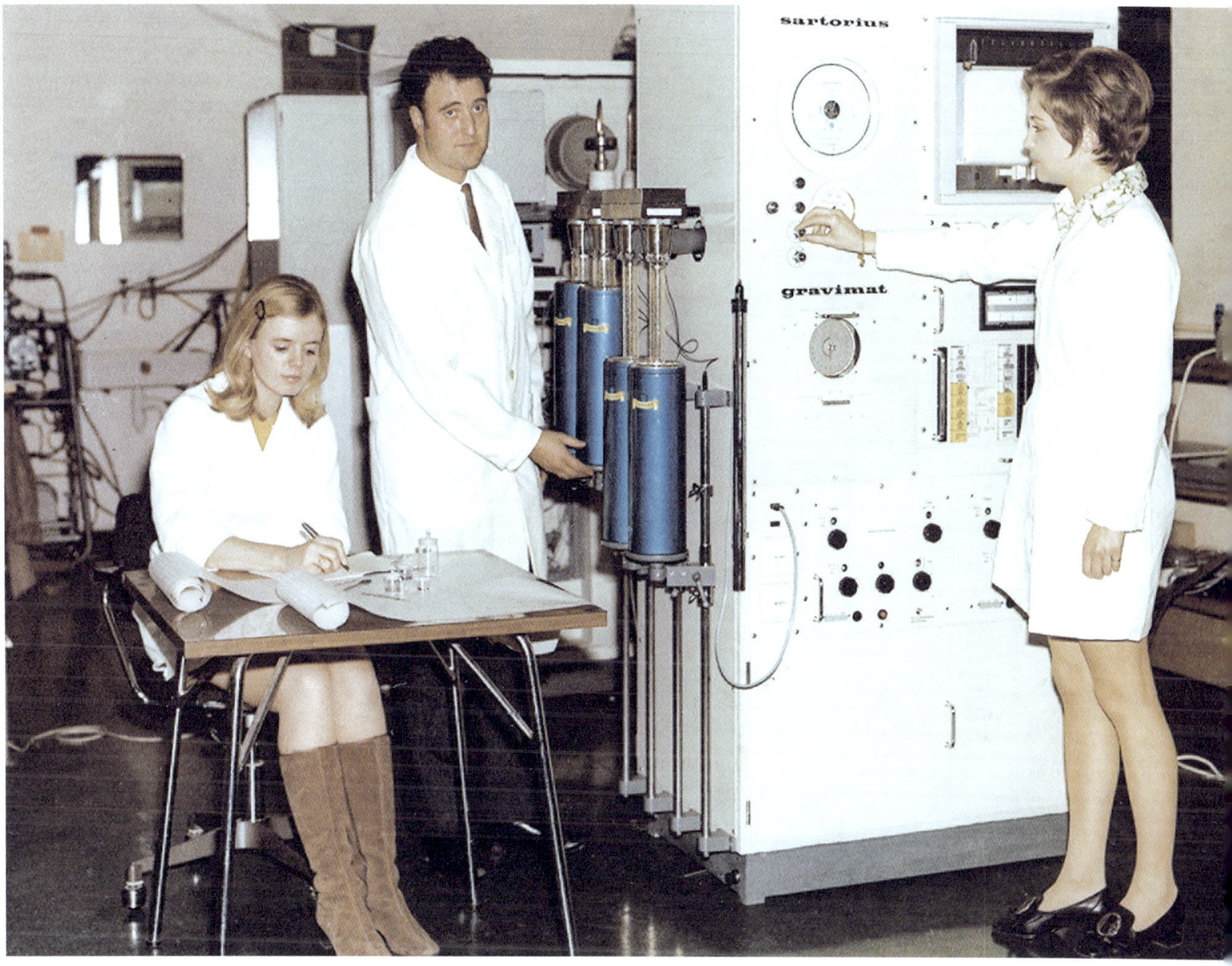

Abb. 25 Nach der geglückten Apollo-11-Mission wurden 20,2 Milligramm Mondgestein bei Sartorius auf ihre absolute Oberfläche mit dem sogenannten Gravimat gemessen, 1969/70

Praktische Umsetzung fand die „Automatisierung des Labors" in den 60er Jahren. In diesem Jahrzehnt begann Sartorius damit, das Prinzip der elektromagnetischen Kraftkompensation sukzessive auf mechanische Präzisionswaagen zu übertragen. Die sogenannten Hybridwaagen vereinten zwei Wägesysteme in einem Gerät: Im oberen Wägebereich geschah das Auswiegen noch mit herkömmlichen Schaltgewichten nach dem Substitutionsprinzip; den unteren Wägebereich deckte hingegen die elektromagnetische Kraftkompensation ab.[158] 1963 stellte Sartorius mit der Modellreihe 3100 seine ersten hybriden oberschaligen Präzisionswaagen her. Ihre Resultatanzeige erfolgte selbsttätig an der Skala eines angeschlossenen Registriergeräts: zunächst analog, ab 1966 dann elektronisch-digital. Die Messwerte konnten auf XY-Schreiber, Drucker-, Steuer- und Anzeigegeräte übertragen werden. Bald darauf stattete Sartorius auch die Analysenwaage 3200 in ähnlicher Weise aus.[159]

Durch diese Aktivitäten verbreiterte sich das Waagen-Produktionsprogramm. In den Firmenprospekten der 60er Jahre finden sich neben den Vertretern klassisch-mechanischer Waagen (sowohl nach dem Kompensations- als auch nach dem Substitutionsprinzip) auch Hybridwaagen abgebildet. Darüber hinaus bot Sartorius elektronische Waagen auf Grundlage des EMK-Wägesystems an. Dabei handelte es sich um Modelle der Reihe 4100 – der Nachfolgeserie der Electrono.

Am Ende des Jahrzehnts realisierte Sartorius eine alternative Möglichkeit, um ein beliebiges Wägeresultat von einer Hybridwaage auf datenverarbeitende Systeme zu übertragen: Das Gesamtergebnis wurde fotoelektronisch abgetastet und über einen BCD-Ausgang (BCD = binär codierte Zählung mit dekadischem Übertrag) auf datenverarbeitende Systeme übertragen.[160] Auf dieser Basis trieb man die Entwicklung weiter voran. Bei der Interkama-Messe im Herbst 1971 glänzte Sartorius schließlich mit dem Sartomat 3004, einer vollautomatischen oberschaligen Präzisionswaage. Zwar arbeitete auch der Sartomat noch in Kombination mit Schaltgewichten, die nun aber automatisch betätigt wurden. Ohne weitere Bedienschritte wurde das Wägeergebnis innerhalb weniger Sekunden angezeigt und stand für die weitere digitale Verarbeitung zur Verfügung.

Nicht von ungefähr hatte man den Sartomat auf dem Interkama-Messestand unter dem Themenschwerpunkt „elektronische Waagen für die Fertigungs- und Abfüllkontrolle" platziert. Zum 1. Januar 1972 wurde das Inkrafttreten neuer Eichgesetze für Abfüll- und Abpackbetriebe erwartet, was die betroffenen Betriebe zu einer Intensivierung der statistischen Qualitätskontrollen verpflichten würde. Für die vollautomatische Präzisionswaage eröffnete sich damit ein neues und vielversprechendes Einsatzgebiet im produktionstechnischen Bereich. Sartorius reagierte auf die neuen Markt- und Kundenbedürfnisse mit der Entwicklung eines mobilen Spezialmessplatzes. Der fahrbare Prüfstand war mit einem Sartomat, einem Brutto-Tara-Netto-Rechner, einem Klassiergerät und einem Springwagendrucker ausgestattet und eignete sich für Stichprobenkontrollen an den verschiedenen Fertigungs-, Abfüll- und Abpackvorrichtungen von Betrieben. Erwartungsgemäß wurde er zum Publikumsmagnet auf dem Interkama-Messestand.[161]

Auch wenn die elektronischen Waagen Anfang der 70er Jahre bereits viel Platz auf Messeständen und in den Prospekten der Hersteller einnahmen, waren sie in der Laborpraxis noch kaum vertreten. Zum

Abb. 26 Fahrbarer Spezialmessplatz mit Sartomat, eingesetzt unter anderem in der Lebensmittelindustrie, 1970er Jahre

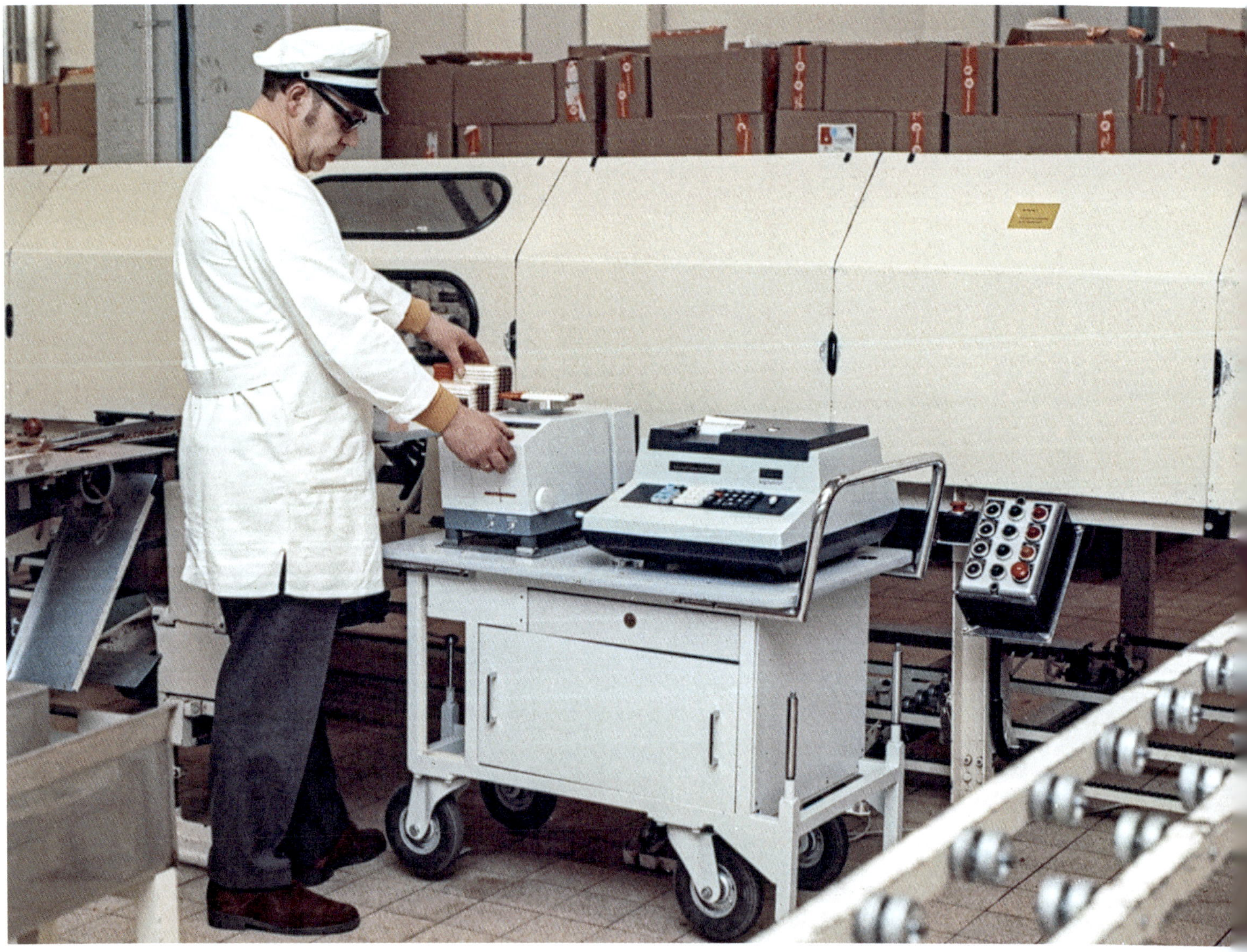

Einsatz kamen sie allenfalls da, wo es wichtig war, eine Vielzahl von Wägungen möglichst schnell durchzuführen und die Ergebnisse automatisch zu registrieren.[162] Davon abgesehen boten sie gegenüber den mechanischen Waagen keine weiteren Vorteile. Im Gegenteil: Ihre Verkaufspreise lagen noch weit über jenen der mechanischen Pendants. Außerdem handelte es sich, bedingt durch die damals noch vergleichsweise voluminösen elektronischen Bauteile, um relativ große, mitunter klobige Geräte, die deutlich mehr Platz beanspruchten als mechanische Waagen. Beispielsweise waren die damaligen Hybridwaagen noch mit einer Auswerteelektronik für TTL-Signale (TTL = Transistor-Transistor-Logik) bestückt, die rund ein Drittel des Gehäusevolumens einnahm und aufgrund ihrer Wärmeentwicklung auch noch gekühlt werden musste.[163]

Mit der Entwicklung des Mikroprozessors – einer Art „Mini-Computer", der alle Prozessor-Bausteine auf einem Mikrochip vereinigt – begann sich die Situation Anfang der 70er Jahre zu verändern. Elektronische Bauteile wurden immer kleiner, billiger und leistungsfähiger. Dies eröffnete neue Möglichkeiten für die Regel- und Steuersysteme elektromechanischer Waagen.

Bei Sartorius markiert das Jahr 1975 den eigentlichen Übergang von der Mechanik zur Elektronik: Damals kam in dem Göttinger Unternehmen mit den neuen vollautomatischen Präzisionswaagen der Modellreihe 3700 erstmals die moderne CMOS-Technik (CMOS = Complementary Metal Oxide Semiconductor) zum Einsatz. Ihre Vorteile: weniger Bauteile und eine geringere Störanfälligkeit, was zu wesentlich kompakteren Geräten führte. Tatsächlich waren die Waagen der 3700er Serie nur noch etwa ein Drittel so groß wie bisherige Modelle und kamen ohne Kühlung aus. Ihre verbesserte Elektronik machte es problemlos möglich, sie mit zusätzlichen Funktionen auszurüsten, sodass sie auch als Rezepturwaagen, Zählwaagen oder Kontrollwaagen Verwendung fanden.[164]

Auch die Preise der elektronischen Waagen näherten sich zusehends jenen von mechanischen Waagen an. 1967, als Sartorius die erste elektronische Präzisionswaage auf dem Markt einführte, kostete diese das Vierfache eines vergleichbaren mechanischen Modells. Dagegen waren die Geräte der 3700er Serie nur noch um etwa 50 Prozent teurer als ihre mechanischen Alternativen.[165] Mit der 1977 eingeführten Präzisionswaage 1200 MP glichen sich die Preise endgültig an. Die neue Reihe war mit einem aufwendigen, speziell für Sartorius gefertigten Mikroprozessor bestückt, der den Wägebereich vergrößerte und die Geräte noch kleiner und handlicher werden ließ.[166] Ebenfalls 1977 erschien mit der Serie 2000 MP auch die erste vollautomatische Analysenwaage mit unterschaligem Bauprinzip. Die Elektronik der Waagen steuerte den Wägeprozess – ganz ohne jedes Zutun des Wägenden – bis zu 160 Gramm völlig selbsttätig. Damit waren die Waagen dieser Serie fast zwei Jahre lang die einzigen auf dem Markt, die dem Anspruch gerecht wurden, automatisch arbeitende Analysenwaagen zu sein. Ihr Absatz war entsprechend groß.[167]

Das Ende der Ära der mechanischen Waagen war damit erreicht. In den Folgejahren verschoben sich die Produktionszahlen rasant auf die Seite der Elektronik. 1974 war das Schwergewicht der Produktion mit 22.011 mechanischen und 671 elektronischen Geräten noch eindeutig auf der Seite der Mechanik angesiedelt. Ein Jahr später (1975) lag das Verhältnis Mechanik zu Elektronik bei 19.672 zu 985 Instrumenten. 1976 holte der Verkauf elektronischer Waagen signifikant auf; am Ende dieses Jahres waren bereits annähernd so viele elektronische wie mechanische Geräte abgesetzt. 1977 dominierten erstmals mit rund 60 Prozent die elektronischen Waagen.[168] Zur endgültigen Ablösung der konventionellen Geräte kam es in den 80er Jahren.

Der technische Wandel in der Produktpalette wurde von einer optischen Modernisierung begleitet. In mehreren Etappen wurde die Gehäusefarbe zahlreicher Modelle auf ein sattes Gelb-Orange umgestellt und das Erscheinungsbild zu einem guten Teil vereinheitlicht. Es ist anzunehmen, dass diese Entscheidung gleichfalls mit Diskussionen verbunden war und auch einen gewissen Mut abverlangte. Im Ergebnis aber erhielten jene Waagen, und damit auch das Unternehmen Sartorius, ein „Gesicht" mit hohem Wiedererkennungswert, das sich von den anderen Marktteilnehmern abhob und auffiel. Die „gelben Waagen" wurden zu einem Glanzstück des Unternehmensmarketings, zumal sich die Farbgebung in den entsprechenden Produktkatalogen und Werbeprospekten sowie insgesamt dem Corporate Design wiederfand.

Die rasant vollzogene Umstrukturierung von der traditionellen Feinmechanik zur modernen Elektronik war ein gewaltiger Kraftakt, der den gesam-

Abb. 27 Hoher Wiedererkennungswert: Die Zeit der „gelben Waagen" ab Mitte der 1970er Jahre, Werbeanzeige 1978

ten Betrieb tangierte und ihm – inmitten der weltweiten schweren Rezession – massiven finanziellen Einsatz abverlangte. Auf der einen Seite trieben die aufwendige Parallelfertigung mechanischer und elektronischer Waagen und die damit verbundene komplizierte Lagerhaltung die Kosten in die Höhe. Andererseits brachte der Siegeszug der Elektronik sämtliche gewachsene Strukturen im Waagenbau durcheinander und zog ein ganzes Bündel von Veränderungen nach sich. Rückblickend charakterisierte Horst Sartorius die Mittsiebzigerjahre als „schwierigste Zeitspanne" in der langen Firmengeschichte.[169] Man sei dazu gezwungen worden, die Entwicklungs- und Ferti-

gungsarbeiten in einem Bereich, den man hervorragend beherrschte, zu verändern und sich auf ein weitgehend unbekanntes Terrain zu begeben. Zunächst galt es, das feinmechanisch ausgebildete Personal auf den Bereich der Elektronik umzuschulen. Auch die nunmehr erforderliche Zusammenarbeit mit Zulieferern aus der Mikroprozessor-Industrie erforderte dringend Elektronikexperten. Ende 1976 vermerkte die Firmenchronik lakonisch, man sei nach Abschluss des ersten Jahres des Umstellungsprozesses zwar noch kein Elektronikbetrieb geworden, könne aber doch die anstehenden Aufgaben und Probleme schon einigermaßen einschätzen.[170]
Als besonders bedrohlich wurden offenbar das rasante Entwicklungstempo und der hohe Innovationsdruck in dem neuen Bereich empfunden. Die Uhr der Elektronik ticke permanent weiter, konstatierte die Chronik des Chefsekretariats.[171] Selten habe eine derartige Tiefen- und Breitenwirkung den technischen Fortschritt begleitet. Dass Mikrochips von Jahr zu Jahr leistungsfähiger, kleiner und billiger wurden, beschleunigte die technische Entwicklung im Waagenbereich – bei gleichzeitig verfallenden Preisen.

Mechanisches Herzstück neuer Waagen-Generationen: Die monolithische Wägezelle

In den 90er Jahren stellte Sartorius in immer kürzeren Zeitabständen Produkt- und produktionstechnische Verbesserungen vor und trieb die Entwicklung – oft parallel und in hartem Wettbewerb mit dem Hauptkonkurrenten Mettler – weiter voran. Ein Durchbruch in der Fertigungstechnik wurde 1995 mit dem monolithischen Wägesystem erreicht.[172] Es führte zu einer drastischen Senkung der Herstellungskosten – und erhöhte zugleich die Produktqualität.
Aus technischer Sicht war die Umstellung auf die monolithische Fertigung ein hochkomplexer und mit großem Aufwand verbundener Prozess, der mit zahlreichen Herausforderungen, Einschränkungen und Risiken einherging. Der neue Lösungsansatz „Monolith“ erforderte sowohl in der Entwicklung als auch in der Fertigung eine „Auseinandersetzung mit dem ganzen komplexen System“.[173] Daher hatte man von vornherein mit langen Entwicklungs- und Störbeseitigungszeiten zu rechnen – und diese konnten zulasten anderer Projekte gehen. Hinzu kam: Bei dem Unterfangen ging es primär um die Ausarbeitung einer neuen und effizienten Fertigungstechnologie. Für den Kunden musste dies nicht zwangsläufig einen Mehrwert bedeuten. Ebenso gut möglich war, dass dadurch keine Zeit mehr für eine tatsächliche Verbesserung des Kundennutzens blieb.
Demgegenüber stand jedoch die Aussicht auf eine signifikante Drosselung der Herstellungskosten. Für das wirtschaftlich gebeutelte Unternehmen war dies das ausschlaggebende Argument, weil der fortwährende Preiskampf mit dem Marktführer Mettler immer ruinösere Formen annahm. Um nur ein Beispiel unter vielen zu nennen: Im Juni 1994 teilte der Chemiekonzern Bayer in Leverkusen, traditioneller Großkunde von Sartorius, dem Göttinger Waagenhersteller mit, man wolle künftig seine Standard-Laborwaagen nur noch von Mettler beziehen. Diese Entscheidung sei rein kaufmännischer Natur: Das Schweizer Unternehmen habe zur Verteidigung seiner Bastion selbst das außergewöhnliche Angebot von Sartorius mit 45 Prozent Rabatt unterboten.[174] Angesichts eines derart aggressiven Preisdumpings war man zum Handeln gezwungen.
Zwei Monate später, im August 1994, akzeptierte der Sartorius-Vorstand im Rahmen einer Sitzung das vorgeschlagene Konzept für eine „neue Waagenteilefertigung“. Präsentiert wurde es von Dr. Heinz-Gerhard Köhn, einem der Hauptakteure bei der Entwicklung des Monolithen.[175] Das Konzept sah eine umfassende Rationalisierung des Gesamtherstellungsprozesses vor. Für seine Umsetzung waren Investitionen in einer Größenordnung von 1,8 Millionen D-Mark veranschlagt – bei einem geschätzten Einsparungspotenzial von rund 7 Millionen D-Mark. Neben einer grundsätzlichen Verringerung der Teilevielfalt und der Anzahl der Arbeitsschritte lag der Schwerpunkt auf einer neuen Fertigungstechnologie. Bislang zeichnete sich die Waagenteilefertigung durch den Einsatz einer Vielzahl unterschiedlicher Bearbeitungstechnologien aus, wie etwa Schleifen, Bohren oder Fräsen. Hierfür kamen insgesamt 34 CNC-gesteuerte (CNC = computerized numerial control) Bearbeitungsmaschinen zum Einsatz. Mit diesen Maschinen konnten die einzelnen Waagenteile aber nicht – wie für die Zukunft ge-

plant – in einem einzigen Arbeitsgang komplett bearbeitet werden, sondern mussten der Reihe nach verschiedene Stationen durchlaufen. Demgegenüber sah das neue Fertigungskonzept eine drastische Reduzierung des Geräteparks vor: In Zukunft sollten fünf hochmoderne Rundumbearbeitungszentren die Aufgaben der vorhandenen 34 Maschinen übernehmen. Die einschneidende Maßnahme in den bisherigen Arbeitsablauf bedeutete einen kompletten Investitionsstopp für die traditionellen Bereiche Schleiferei, Dreherei und CNC-Bohrerei. Stattdessen sollten Gelder in die Anschaffung der modernen Komplettbearbeitungszentren fließen.

Solche Rundumfertigungszentren bildeten die technische Basis für den eigentlichen Kern des Rationalisierungskonzepts: die monolithische Fertigung von Wägezellen. Die Bezeichnung „Monolith" (altgriechisch: einheitlicher Stein) steht in der Technik für ein kompaktes System, das zahlreiche Einzelkomponenten in eine Einheit integriert. Bis zu diesem Zeitpunkt bestanden Sartorius-Waagen aus durchschnittlich mehr als 150 Einzelteilen. Ihr Zusammenbau zu einem zuverlässig funktionierenden Wägesystem war aufgrund einer Vielzahl potenzieller Fehlerquellen nicht nur technisch äußerst anspruchsvoll, sondern zugleich sehr zeitaufwendig und verlangte den Facharbeitern ein hohes Maß an Erfahrung ab. Durch die computergesteuerten Komplettbearbeitungszentren gelang es, die montageintensive diskrete Fertigung durch eine automatisierte monolithische Bauweise zu ersetzen. Die Vorgehensweise hierbei war und ist bis heute die folgende: Aus einem einzigen Metallblock, der aus einer spannungsarmen Aluminium-Kupfer-Legierung besteht, wird durch dreidimensionales „High Speed Cutting" die gesamte Messtechnik heraus-

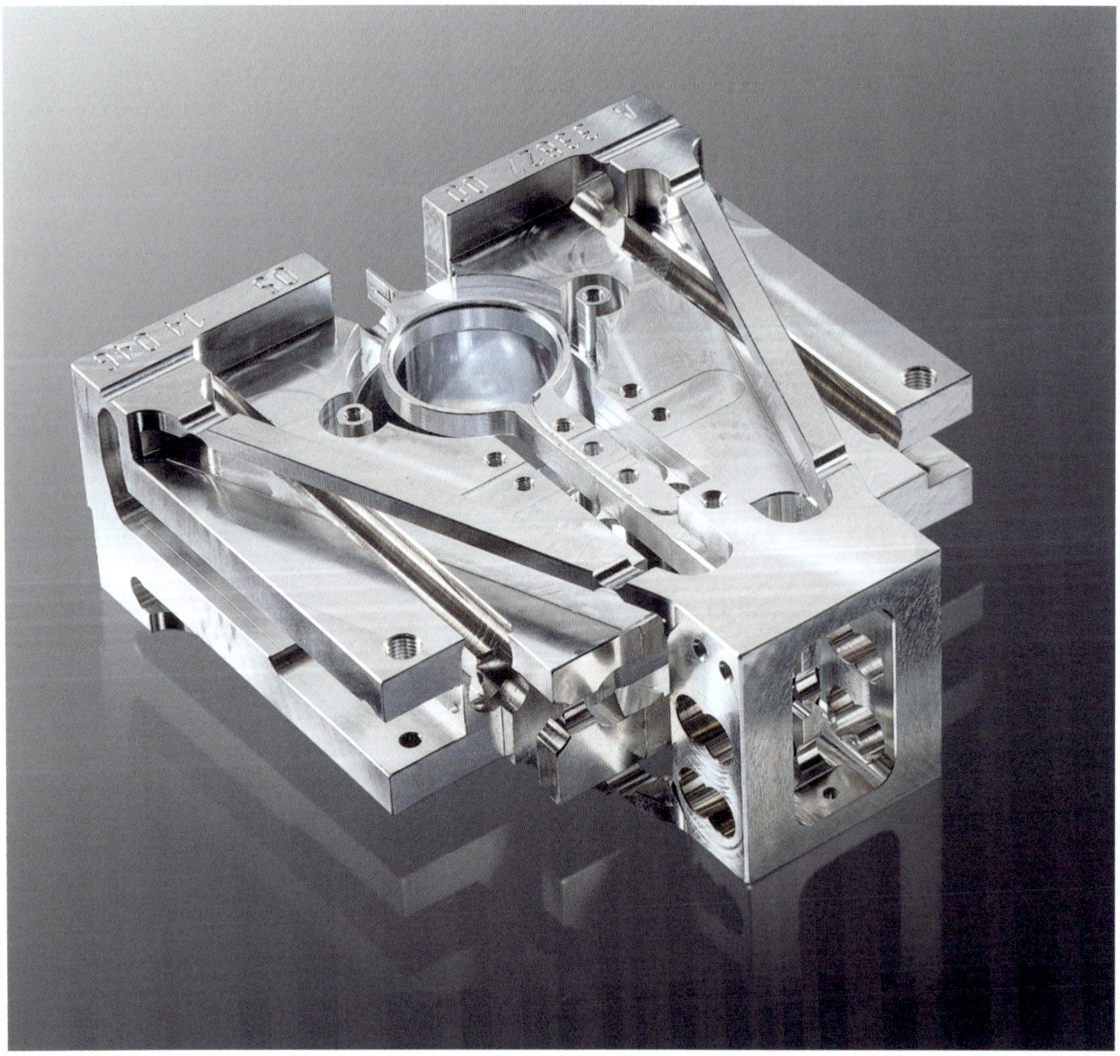

Abb. 28 Seit Mitte der 1990er Jahre das Herzstück moderner Waagen: das monolithische Wägesystem

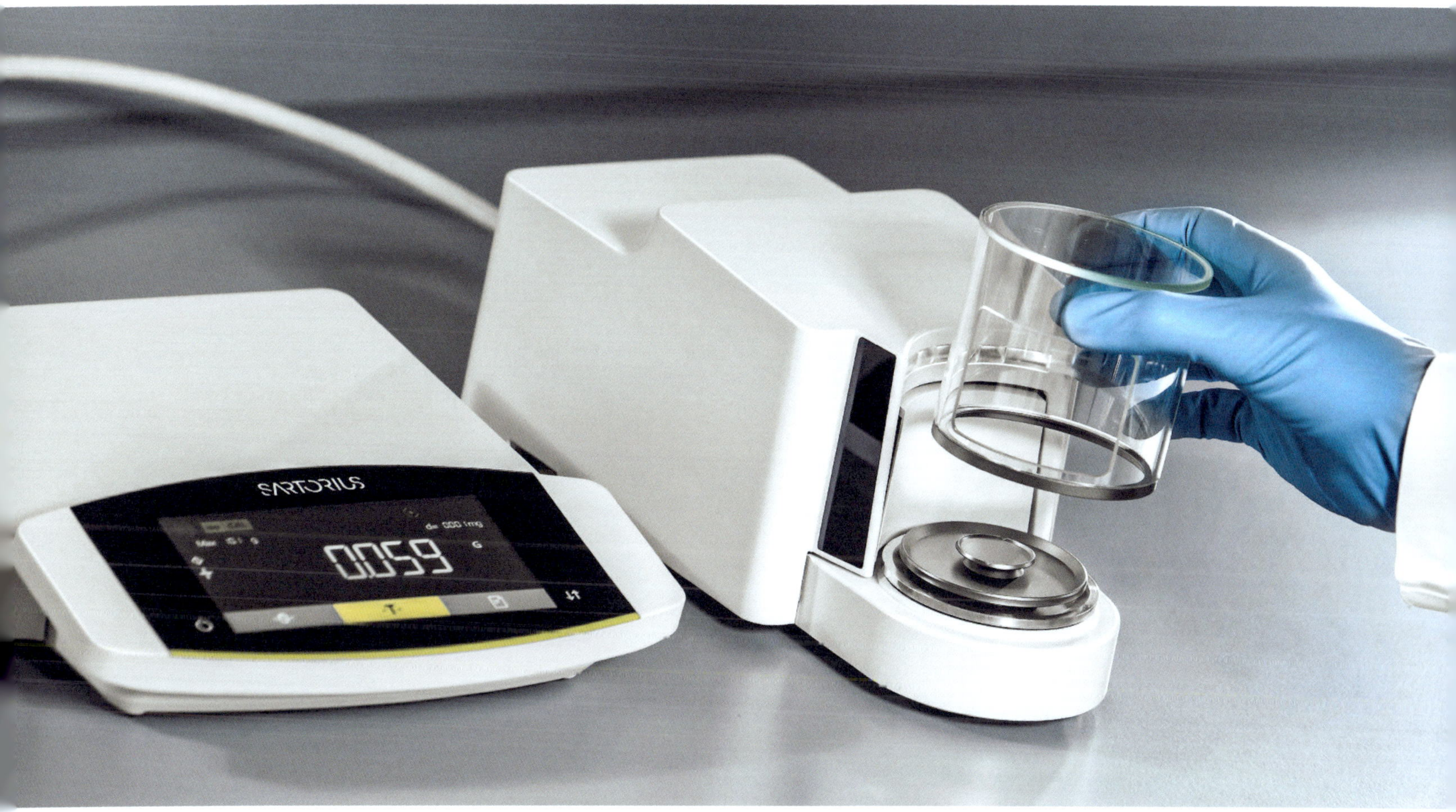

Abb. 29 Effizientere Arbeitsprozesse beim Kunden und ein weiter verbessertes Handling sind auch bei modernsten Waagen wie der Cubis II wesentliche Ziele, 2020

gefräst. Es handelte sich dabei um eine patentierte Sartorius-Eigenentwicklung, die in enger Zusammenarbeit mit dem Hersteller der CNC-Bearbeitungszentren erfolgte, der Tuttlinger Firma Chiron-Werke.[176]

Der vollautomatisierte Fertigungsprozess ging allerdings zulasten der Beschäftigtenzahl. Mittelfristig sollten durch das „Desinvestitions-Programm" an die 100 Arbeitsplätze entfallen, was erheblichen Widerstand in der Belegschaft hervorrief.[177] Auch hinsichtlich der technischen Machbarkeit und der Produktqualität überwog bei vielen Mitarbeitern zunächst die Skepsis. Doch das Ergebnis übertraf sämtliche Erwartungen, besonders im Hinblick auf die Qualität: Da monolithische Wägesysteme weitaus weniger anfällig für Umwelteinflüsse wie Temperatur oder Luftfeuchtigkeit sind, kam es zu einem Qualitätssprung hinsichtlich Robustheit und Präzision. 1996 wurde die monolithische Serienfertigung für den Bau von Analysenwaagen eingeführt. Seither bildet der Aluminium-Monolith das mechanische Herzstück nachfolgender Waagengenerationen – insbesondere für hoch- und hochstauflösende Waagen.

Separationstechnik

Am 30. Mai 1927 rief Richard Adolf Zsigmondy (1865–1929), Professor für Anorganische Chemie an der Universität Göttingen und Nobelpreisträger für Chemie, die Membranfiltergesellschaft m. b. H. ins Leben.[178] Die Neugründung basierte auf der Herstellung von Membranfiltern und Ultrafeinfiltern mit präziser Porendifferenzierung, eine Entwicklung, die auf vorangegangene Forschungsarbeiten von Zsigmondy und seinem Mitarbeiter Wilhelm Bachmann vor und während des Ersten Weltkriegs zurückging und die für die spätere Filtertechnik- und Bioprozess-Sparte der Sartorius AG richtungsweisend werden sollte.[179]

Künstliche Membranen aus Cellulosenitrat

Im Zentrum der Forschungsarbeit von Zsigmondy stand die Kolloidchemie – ein gerade erst aufblühender Wissenschaftszweig der Chemie. Kolloide sind winzige Teilchen oder Tröpfchen im Mikro- und Nanometerbereich, die fein verteilt in einem anderen Stoff vorliegen. Ihre ungewöhnlichen Eigenschaften zogen zwischen 1870 und 1910 unter Chemikern großes Interesse auf sich. Einerseits weisen Kolloide Merkmale auf, die nach dem damaligen Wissensstand eine Zuordnung zu den „echten" Lösungen sinnvoll erscheinen ließen. So sind die kleinen Partikel beispielsweise nicht mit bloßem Auge erkennbar und osmotisch aktiv. Andererseits vermögen Kolloide Membranen nicht zu durchdringen; außerdem sind sie in der Lage, Licht zu streuen – beides Kennzeichen für „unechte" Lösungen oder Suspensionen. Darunter werden Flüssigkeiten verstanden, in denen sehr kleine Teilchen in ungelöster Form schweben. Mit der Erfindung des Ultramikroskops durch Zsigmondy und den Physiker Henry Siedentopf im Jahr 1903 gelang es, die Streitfrage der Klassifizierung von Kolloiden zu klären. Das neue Forschungsinstrument machte die winzigen Kolloidpartikel erstmals sichtbar und ermöglichte ihre Größenbestimmung. Nicht minder befruchtend für die Weiterentwicklung der Kolloidchemie sollten die 1916 von Zsigmondy und Bachmann entwickelten Membran- und Ultrafeinfilter mit definierter Porengröße werden. Durch sie gelang es, selbst Nanoteilchen schnell und sicher aus einem Lösungsmittel zu isolieren. Auch unterschiedlich große Partikel ließen sich damit voneinander trennen und standen so für weiterführende Untersuchungsmethoden zur Verfügung.

Bei ihren Forschungs- und Entwicklungsarbeiten auf dem Gebiet der Membranfilter konnten sich Zsigmondy und Bachmann auf umfangreiche wissenschaftliche Vorarbeiten stützen.[180] 1861 hatte der britische Chemiker Thomas Graham (1805–1869) die Grundlagen für die Diffusion von Stoffen durch eine Membran (Dialyse) entdeckt. Demnach waren gelöste Stoffe wie etwa Salze oder Glukose in der Lage, Membranen zu durchwandern. Dagegen werden Kolloidteilchen von ihnen aufgehalten. Diese Erkenntnis löste in der Wissenschaft eine rege Suche nach neuen Filtern und Filtermembranen aus. Zuvor verwendete natürliche Filtermaterialien wie tierische Häute oder Pergamentpapier genügten den verfeinerten Ansprüchen nicht mehr. Erfolg versprechender erschienen künstliche Membranen aus Cellulosenitrat. Der 1846 entdeckte Salpetersäureester des Pflanzenrohstoffs Cellulose war, je nach Stickstoffgehalt, seit Mitte des 19. Jahrhunderts unter der Bezeichnung Schießbaumwolle oder Kollodiumwolle im Handel.

Für die labormäßige Herstellung sogenannter Kollodiumsäckchen, einer frühen Form von Membranfiltern, tauchten Forscher leere Reagenzgläser in eine Kollodium-Lösung ein. Beim Trocknen bildeten sich dünne Filmschichten um die Gläser, die vorsichtig abgezogen und als Filtersäckchen verwendet wurden. Der deutsche Chemiker und Mediziner Jakob Bechhold (1866–1937) befasste sich in langjähriger Arbeit mit der Herstellung und den Eigenschaften solcher Filter und untersuchte, wie sich auf die Größe ihrer Poren Einfluss nehmen ließ. 1906 stellte er die ersten Filtermembranen mit definierbarer Porengröße her, indem er herkömmliches Filterpapier mit Kollodium oder Gelatine tränkte. Die Porengröße seiner Filter lag bereits im Nanometerbereich, was erstmals Ultrafiltrationen auf medizinischem Gebiet ermöglichte. Problematisch war jedoch, dass ihre Porengröße noch verhältnismäßig stark variierte.

Auch Zsigmondy und Bachmann setzten auf Celluloseester.[181] Für die Herstellung ihrer Filtermembranen vermengten sie den Ausgangsstoff mit verschiedenen Lösungs- und Fällungsmitteln. Anschließend trugen sie die dünnflüssige Masse möglichst luftblasenfrei als feine Schicht auf einer Glasplatte auf. Nach Verdunsten des Lösungsmittels tauchten sie die Membran samt Glasscheibe in kaltes Wasser. Nach wenigen Minuten konnte sie dann – fertig für den Gebrauch – abgelöst werden. Die so hergestellten Membranfilter zeigten sich den Vorläufermodellen überlegen, und zwar sowohl im Hinblick auf ihren vergleichsweise unkomplizierten Herstellungsprozess, der Filtriergeschwindigkeit (diese konnte durch Anlegen eines Unterdrucks entscheidend vergrößert werden), ihrer mechanischen Belastbarkeit sowie der Anzahl der Poren und der Genauigkeit deren Größe. Der Durchmesser der Poren ließ sich, je nach Mengenverhältnis der Ausgangsstoffe, exakt definieren – eine entscheidende Voraussetzung für den Einsatz der Filter bei analytischen und bakteriologischen Untersuchungen.

Im Unterschied zu den Adsorptionsfiltern beruht das Funktionsprinzip von Membranfiltern auf einem rein mechanischen Siebeffekt.[182] Sämtliche Partikel, Bakterien, Viren und sonstige Krankheitserreger, die größer als ihre Poren sind, werden durch die Filtermembran wie durch ein Sieb vollständig zurückgehalten. Diese sichere und zugleich unkomplizierte Funktionsweise legte es nahe, sie nicht nur für Forschungszwecke, sondern auch für praktische Belange zu nutzen. Beabsichtigt war, die Membranfilter von Zsigmondy und Bachmann noch im Ersten Weltkrieg für die Trinkwasseraufbereitung beim Militär einzusetzen – ein Vorhaben, das dann durch das Ende des Krieges nicht mehr umgesetzt werden konnte.[183] 1918 ließ sich Zsigmondy seine Herstellungsmethode für Membranfilter patentieren und schuf die Grundlage für ihre industrielle Produktion.[184] Das Patentrecht (D. R. P. Nr. 329117) übertrug er der Firma E. de Haen in Seelze bei Hannover, die die Filter offenbar auch eine Zeitlang produzierte.[185]

Allerdings erfüllte die Firma die in sie gesetzten Erwartungen nicht, die Filter weiter zu entwickeln und zu verbessern. In seinem knappen Überblick zur Vorgeschichte der Membranfiltergesellschaft von 1928, einem der wenigen erhaltenen Originaldokumente, bemängelte der damalige Geschäftsführer der Gesellschaft und ehemalige Zsigmondy-Schüler Dr. Erwin Kratz: „Besondere wissenschaftliche Versuche weiter zu unternehmen, war die Firma de Haen nicht in der Lage."[186] Aufgrund der Unruhen und Geschäftsbewegungen im Vorfeld eines geplanten Firmenzusammenschlusses – die beiden Firmen E. de Haen AG und J. D. Riedel AG fusionierten 1928 zur Riedel-de-Haen AG mit Sitz in Berlin – habe das Seelzer Unternehmen, so weiterhin Kratz, die Patentrechte wieder an Zsigmondy zurückgegeben. Und mit empörtem Unterton: „Damals sollte die Herstellung der Filter schon aufhören!"

Durch die finanzielle Unterstützung von Universität und preußischem Kultusministerium konnte jedoch ein Produktionsstopp der von Wissenschaft und Industrie immer stärker nachgefragten Filter abgewendet werden. Zsigmondy erhielt die zeitweilige Erlaubnis, die Membranfilter in eigens dafür geschaffenen Räumen des anorganisch-chemischen Instituts zu fabrizieren und zugleich seine Entwicklungsarbeiten auf dem Membrangebiet weiter voranzutreiben. 1925 geriet das durch mehrfache Finanzspritzen des Kultusministeriums und der Notgemeinschaft der deutschen Wissenschaft geförderte Behelfskonstrukt allerdings ins Wanken.[187] In diesem Jahr erhielt Zsigmondy den

Nobelpreis für Chemie, der ihm für seinen Nachweis der heterogenen Natur kolloider Lösungen und die von ihm angewandten Methoden der Kolloidchemie verliehen wurde. Durch die mit höchstem Renommee verbundene Auszeichnung avancierte Göttingen zum Zentrum dieser noch jungen Wissenschaftsdisziplin und zog Forscher aus der ganzen Welt an. Auch die Zahl der Studenten vergrößerte sich, sodass die räumliche Kapazität des anorganisch-chemischen Instituts bald überschritten war. Eine neue Lösung für die Membranfilterherstellung war vonnöten.

Im Gefolge der Nobelpreisverleihung wurden auch industrielle Kreise auf die Kolloidchemie aufmerksam. Man zeigte sich bereit, in die Weiterentwicklung von Membranfiltern zu investieren und sich an einer Gesellschaft zur wissenschaftlichen Erforschung der Ultrafiltration zu beteiligen. Am 30. Mai 1927 wurde mit der Gründung der Membranfilterfiltergesellschaft m.b.H. (MFG) der Grundstein dafür gelegt. Mitgesellschafter waren – neben Richard A. Zsigmondy – die Unternehmer Wilhelm Sartorius sowie Carl Schwab von dem Mannheimer Unternehmen Cron, das sich auf die Herstellung von Filter- und Kellereianlagen spezialisiert hatte; hinzu kamen Angehörige der Firmen Rudolf Winkel aus Göttingen und der Holzverkohlungsindustrie AG aus Konstanz. Seitens der Wissenschaft beteiligten sich drei Vertreter aus der Schule Zsigmondys an der MFG: Dr. Erwin Kratz, Dr. Peter Adolf Thiessen und Dr. Robert Demuth.[188] An baren Mitteln gingen in die Gesellschaft 28.000 Mark von der Firma Cron und 5.000 Mark von den Sartorius-Werken ein. Das übrige Kapital der Gesellschafter, eine Summe von 32.000 Mark, wurde – abgesehen von einigen Tausend Mark für die wissenschaftlichen Mitarbeiter – auf Zsigmondy für seine Erfindungen und Patente übertragen.[189] Zsigmondy wurde auch mit der wissenschaftlichen Leitung der Gesellschaft betraut, was ihm die Entscheidungshoheit in wissenschaftlichen Fragen sicherte. Unter seiner Führung wurde in den Anfangsjahren der Membranfiltergesellschaft hauptsächlich wissenschaftliche Forschung betrieben. Dies entsprach durchaus der Satzung des Unternehmens, die als Geschäftsgegenstand primär „die Erforschung, Entwicklung, Herstellung" und erst an zweiter Stelle den „Vertrieb der Membranfilter und der dazugehörigen Apparate" angab.

Abb. 30 Richard A. Zsigmondy (1865-1929) war Chemiker, der sich insbesondere um die Forschung auf dem Gebiet der Kolloidchemie verdient machte und dafür 1925 mit dem Chemienobelpreis ausgezeichnet wurde. Seit 1908 Professor für Anorganische Chemie an der Göttinger Universität, starb er nur wenige Jahre nach Gründung der Membranfiltergesellschaft in Göttingen

„Viele Jahre von der Mutter genährt": Prekäre Finanzsituation in der Anfangszeit

Trotz dieser klaren Vorgabe kollidierten mitunter wissenschaftliche und wirtschaftliche Interessen. Ohnehin sah der erste Geschäftsführer der Membranfiltergesellschaft, Dr. Erwin Kratz, deren Gründung „nur als Ausweg aus dem Dilemma", die Forschungsarbeiten nicht mehr wie zuvor im anorganisch-chemischen Institut der Universität durchführen zu können.[190] Er glaube aber, „dass die Gesellschafter sich von vornherein darüber klar waren, dass die Gesellschaftsgründung fürs Erste keinen Erwerb für sie bringen, sondern in den ersten Jahren nur mit Unkosten verbunden sein würde". Offenbar erkannten sie, so seine Schlussfolgerung, „die große Bedeutung und die Notwendigkeit der unbedingten weiteren Erforschung auf diesem Gebiete". Konkreter bei der Darstellung der Anfangsjahre der Membranfiltergesellschaft wurde Wilhelm Sartorius in einem Brief an die Commerz- und Privatbank AG von 1932 hinsichtlich ihrer heiklen finanziellen Lage: „Prof. Zsigmondy wollte die Gesellschaft nur nach ganz wissenschaftlichen Grundsätzen aufgezogen wissen, er hatte verboten, dass irgendwelche Reklame in den Zeitungen für die Membranfilter gemacht werden sollten, ausgenommen die wissenschaftlichen Abhandlungen, die er selbst und seine Mitarbeiter in den verschiedenen Fachzeitschriften veröffentlichten."[191]

Zsigmondy machte also bei der Durchsetzung seiner akademischen Interessen von seinen Befugnissen als wissenschaftlicher Leiter durchaus Gebrauch. Eine Umstellung nach kaufmännischen Gesichtspunkten habe, so Wilhelm Sartorius, erst nach dem Tod von Zsigmondy im September 1929 stattgefunden – dem Jahr, in dem auch die Weltwirtschaftskrise ihren Ausgang nahm.

Dass die neue Gesellschaft mit massiven Finanzproblemen zu kämpfen hatte, ist daher nicht sonderlich überraschend. In seiner als Vorlage für das Finanzamt gedachten Erklärung vom 4. April 1928 befürchtete Kratz, „dass die Steuern, insbesondere die hohe Gründungssteuer, sogar die Existenz der Gesellschaft in Frage stellen könnten".[192] Über kurz oder lang werde aber daraus eine reine Erwerbsgesellschaft entstehen, die dann auch als voll steuerzahlende Gesellschaft auftreten könne. Dies war spätestens am 1. Januar 1938 der Fall – dem Datum der vollständigen Übernahme der MFG durch die Sartorius-Werke. Doch auch danach musste die MFG noch „viele Jahre von der Mutter genährt werden", so Horst Sartorius rückblickend in seiner Festrede zum 100. Jahrestag der Gründung der Sartorius-Werke.[193]

Zurück in das Jahr 1927: Damals bezog das neu gegründete Unternehmen Fabrikationsräume bei der Firma Boie im Göttinger Fabrikweg 2 mit dem Ziel, die Herstellung der Filter rentabler zu gestalten.[194] Man vertrieb zunächst Membran- und Ultrafeinfilter für wässrige Lösungen. Ende der 20er Jahre entwickelte Erwin Kratz die sogenannten Cellafilter für organische Lösungsmittel – eine wichtige Ergänzung des schmalen Produktsortiments. Beide Filterfamilien wurden damals vor allem für analytische Zwecke in der Laboratoriumspraxis eingesetzt und überwiegend von Krankenhäusern, Zuckerfabriken, größeren chemischen Werken und zunehmend häufiger auch von Apotheken erworben. Um den Umgang mit den Filtermembranen möglichst einfach und schnell zu gestalten, wurden sie zusammen mit unterschiedlichen Filtriervorrichtungen und -apparaten angeboten. In den frühen 30er Jahren kamen als weitere Produktinnovationen die ersten eiweißdichten Ultrafein- und Ultracellafilter auf den Markt.

Die schrittweise Erweiterung des Produktsortiments basierte auf umfangreichen Forschungsarbeiten der Gesellschaft; die Ergebnisse wurden umgehend in Fachzeitschriften publiziert. Die Ar-

Abb. 31 Lagerbestand an Filtern, Stammlösungen und Chemikalien 1927 nach Gründung der Membranfiltergesellschaft in den Räumen der Firma Boie in Göttingen

beiten zielten vor allem darauf, neue Einsatzbereiche für die Filter zu erschließen, idealerweise im produktionstechnischen Bereich. „Hierdurch glauben wir den Umsatz in Filtern heben zu können", so das Protokoll der Aufsichtsratssitzung vom 25. Juni 1934.[195] Für diesen Zweck nahmen Mitarbeiter der MFG u.a. Kontakte mit Fruchtsaft- und chemischen Fabriken sowie der Öl- und Parfümindustrie auf. Während Wasserfiltrationen in der Praxis fast keine Schwierigkeiten mehr bereiteten – ein Apparat für sterile Filtration und zum Befüllen von Ampullen wurde 1934 von der Göttinger Universitätsapotheke getestet –, war die Filtration von Fruchtsäften, Rohkostsäften und Ölen noch mit erheblichen Problemen behaftet und erforderte weitere Anstrengungen in der Forschung und Entwicklung (F&E). Durch das knappe Budget der Gesellschaft waren der Finanzierung wissenschaftlicher Aktivitäten allerdings fortwährend enge Grenzen gesetzt. Der Bericht der zweiten Aufsichtsratssitzung der MFG im Jahr 1934 hält fest, dass es auf Dauer nicht möglich wäre, aus eigener Kraft größere Beträge für Versuche auszugeben. Man sei auf Extrazuschüsse angewiesen.[196]

Eine „einmalige Beihilfe" war im Jahr zuvor bereits „ausnahmsweise" durch das Preußische Ministerium für Wissenschaft, Kunst und Volksbildung erfolgt.[197] Darüber hinaus hatten die Sartorius-Werke der MFG mit Wirkung zum 1. April 1934 einen zinsfreien Kredit für Forschungs- und Entwicklungsarbeiten eingeräumt.[198] Dennoch fehlte es an allen Ecken und Enden an Geld. Wegen zu hoher Kosten wurde die Beschaffung einer Heizungsanlage zurückgestellt. Selbst für die Entlohnung der Belegschaft, die bis 1940 aus einem Geschäftsführer, zwei bis drei Angestellten, zwei Lehrlingen und – je nach Finanzlage – einem befristet beschäftigten fachwissenschaftlichen Mitarbeiter bestand, erwies sich das Budget als offenbar zu schmal. 1934 musste etwa Erwin Kratz darum bitten, ihm zumindest einen Teil seines Guthabens für nicht ausbezahlte Gehälter zu überweisen.[199] Und als 1935 durch das Ausscheiden des damaligen Geschäftsführers Dr. Erich Löwenstein ein Nachfolger notwendig wurde, sah man sich „nicht in der Lage, einen Herrn mit vollem Gehalt zu zahlen".[200] Stattdessen übertrug man die Geschäftsführung nebenamtlich an Dr. Fritz Sartorius – für ein Gehalt von 100 Reichsmark monatlich zuzüglich einer Extraprovision für den Fall, dass der Jahresumsatz mehr als 20.000 Reichsmark betragen sollte.

Um die neue Geschäftsleitung räumlich mit der Filterproduktion zusammenzuführen, zog die MFG 1935 in die Fabrikräume der Sartorius-Werke an der Weender Landstraße um. Doch auch diese Maßnahme bewirkte keinen Umschwung der wirtschaftlichen Situation des Unternehmens. Wegen Kapitalmangels wandelte man zum 1. Januar 1938 die Membranfiltergesellschaft mbH in eine Kommanditgesellschaft um, die nun in den ausschließlichen Besitz der Sartorius-Werke AG überging. Deren Direktor Erich Sartorius nahm die Geschäftsführung in die Hand, während die Betriebsleitung an die MFG-Angestellte Gertrud Keese überging. Zusammen mit Hans Sartorius erhielt Keese auch Prokura. Indes übernahm der Zsigmondy-Schüler Erich Manegold, seit 1937 Professor am Institut für Kolloidchemie der TH Dresden, die wissenschaftliche Betreuung und Beratung. Auf den Chemiker, der im November 1933 das Bekenntnis der deutschen Professoren zu Adolf Hitler mitunterzeichnet hatte, geht die „Universalapparatur nach Manegold" zurück. Das vielseitige Gerät, das zur Filtration, Elektro-Filtration, Dialyse, Elektro-Dialyse, Osmose und Elektro-Osmose geeignet war, wurde noch vor Kriegsbeginn zusammen mit Membranfiltersäckchen in das Verkaufsprogramm der Membranfiltergesellschaft aufgenommen. Beide Produktinnovationen resultierten aus einer finanziellen Unterstützung des Reichsamtes für Wirtschaftsausbau.[201]

Wissenstransfer aus der Sowjetunion: Adelaide Beling und die „Membranfiltermethode"

Ein Innovationssprung bei der Anwendung von Membranfiltern bahnte sich 1942 von unerwarteter Seite an. In diesem Jahr besuchten zwei Mitarbeiter der Technischen Nothilfe Kiew die Membranfiltergesellschaft.[202] Als Vorgängerorganisation des Technischen Hilfswerks der Bundesrepublik Deutschland befasste sich die Technische Nothilfe unter anderem mit Zivil- und Katastrophenschutz; sie war während des Zweiten Weltkriegs im Gefolge der Wehrmacht in vielen durch das Deutsche Reich besetzten Gebieten aktiv, so auch in Kiew. Auf ihrer Suche nach Membranfilterproduzenten waren die

Abb. 32 Horst Sartorius gratuliert Adelaide Beling, der wissenschaftlichen Leiterin der Membranfiltergesellschaft, zu ihrer zehnjährigen Firmenzugehörigkeit, 1955

Besucher aus Kiew durch das Institut für Wasser- und Lufthygiene in Berlin nach Göttingen verwiesen worden. Dort tauschten sie mit den Mitarbeitern der Membranfiltergesellschaft ihr Wissen über die Filter aus. Schnell wurde klar, dass der Kenntnisstand in Deutschland nicht mit dem sowjetischen Know-how Schritt halten konnte. Offenbar waren sowjetische Wissenschaftler in der Lage, trockene Membranfilter herzustellen. Im Vergleich mit den Göttinger Filtern waren diese weitaus einfacher zu handhaben. Die Trockenfilter wurden in der Sowjetunion im Rahmen der „Membranfiltermethode", einem schnellen und unkomplizierten Verfahren, zur bakteriologischen Untersuchung von Trinkwasser, genutzt. Bis zu diesem Zeitpunkt hatte man in Göttingen nur Feuchtfilter produziert, die nach ihrer Herstellung in einem wässrigen Konservierungsmittel aufbewahrt wurden. Der Grund: Beim Trocknen wären die Filter denaturiert, was zu einer irreversiblen Veränderung ihrer Porenstruktur geführt hätte. Vor jeder Anwendung mussten die Filter zwei Mal je 15 Minuten lang in Wasser ausgekocht werden, um sie zu sterilisieren und die Lösungs- und Konservierungsmittel zu entfernen.[203]

Der Kontakt mit der Technischen Nothilfe in Kiew wurde in Form eines intensiven Schriftwechsels fortgesetzt, der schließlich zu einer Kontaktaufnahme mit der Bakteriologin Dr. Adelaide Beling führte. Die Russin mit deutsch-niederländischen Wurzeln leitete damals das Wasserwerkslaboratorium in Kiew.[204] Dort erhielt sie von der Energieversorgung GmbH – Ostministerium den Auftrag, die Membranfiltergesellschaft und das Hygienische Institut der Universität Göttingen aufzusuchen, um ihre aktuellen Erfahrungen auf dem Gebiet der Trinkwasseruntersuchung bekannt zu machen.[205] Mit „Ostministerium" wurde damals das 1941 gegründete Reichsministerium für die besetzten Ostgebiete bezeichnet, das unter der Leitung des führenden NSDAP-Ideologen Alfred Rosenberg stand und im Rahmen des „Generalplans Ost" für die Ukraine und die besetzten Ostgebiete eine staatliche Ordnung auf rassenideologischer Grundlage organisieren sollte. Das Ziel war eine „Germanisierung" der Gebiete bei gleichzeitiger Vernichtung aller dort lebenden Juden.[206]
Ihre Dienstreise nach Göttingen im Jahr 1943 fasste Adelaide Beling in einem Rückblick wie folgt zu-

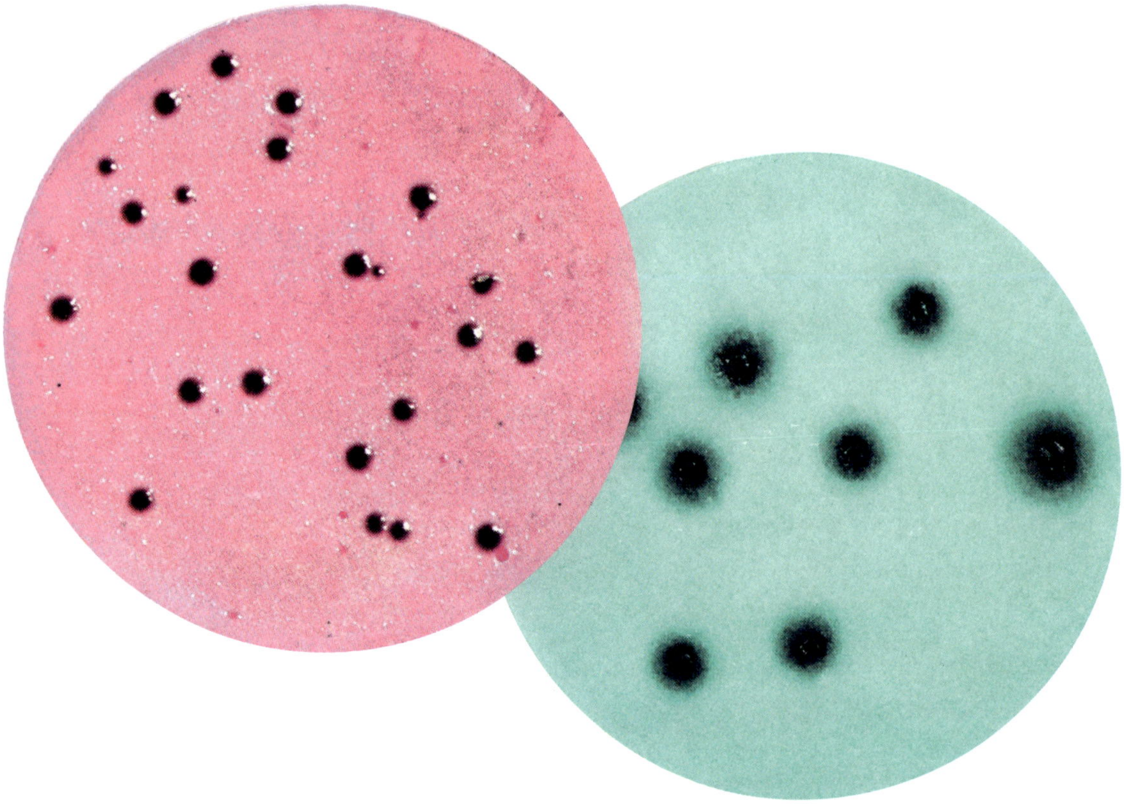

Abb. 33 Membranfilter mit angefärbten Bakterienkolonien; mittels einer eigens entwickelten Methode ließen sich E.-coli- und Typhus-Bakterien nachweisen und so die Sauberkeit von Trinkwasser überprüfen

sammen: „Am 22. August besuchte ich somit zum ersten Mal die Membranfilter-Gesellschaft und demonstrierte dort anhand der mitgeführten trockenen Membranfilter und eines Bakterien-Filtrationsgerätes Coli 5 die Membranfilter-Methode. Aufgrund meiner derzeitigen schlechten deutschen Sprachkenntnisse war es für mich schwer, die MF-Methode allen Beteiligten einigermaßen verständlich zu machen. Aber es ging dann besser als ich dachte."[207] Belings Vorführung hinterließ offenbar großen Eindruck. Ihre Anregungen zur Herstellung trockener Membranfilter fielen bei der Membranfiltergesellschaft sofort auf fruchtbaren Boden. Gepaart mit eigenen Kenntnissen und Erfahrungen entwickelten Mitarbeiter des Unternehmens alsbald ein eigenes Verfahren für die Produktion von Trockenfiltern.[208]

Auch an der Göttinger Universität erwies sich Belings Vorführung als Impulsgeber für weiterführende Forschungsaktivitäten. Dazu die Bakteriologin: „Bei der ersten Demonstration im Hygiene Institut wurde die Membranfilter-Methode sehr positiv beurteilt und auch anerkannt. Die vielen Vorteile gegenüber den bisher üblichen Methoden, die ich damals herausstellen konnte, veranlassten den damaligen Direktor des Hygiene Instituts, Herrn Professor Dr. Schütz, zu dem Ausspruch, dass diese Methode auch in Deutschland ihren Weg machen würde."[209] Der Hygieniker und Bakteriologe Franz Schütz leitete in Göttingen von 1934 bis 1945 den Lehrstuhl für Hygiene und das Hygienische Institut der Universität. Im Rahmen seiner Hochschultätigkeit begutachtete er auch Wasserproben und Ampullenflüssigkeiten und veröffentlichte zahlreiche Beiträge zur praktischen Seuchenhygiene und -bekämpfung.[210] Von daher dürfte sein Interesse an neuen Methoden der bakteriologischen Wasseranalyse sehr groß gewesen sein. Noch im August 1943, also unmittelbar im Anschluss an Belings Besuch, veröffentlichte er zusammen mit seinem Mitarbeiter Heinrich Kruse den ersten deutschen Fachartikel über die Membranfiltermethode. Der Beitrag erschien in der „Klinischen Wochenschrift" unter dem Titel „Eine neue Methode zur Qualitativen und Quantitativen Bestimmung von Bakterien in Flüssigkeiten".[211]

Als praktizierender Hygieniker hatte Schütz die Vorteile der aus der Sowjetunion stammenden Analysetechnik, die von Adelaide Beling unter der Bezeichnung „Membranfiltermethode" eingeführt worden war, sofort erkannt. 1932 hatten dort die Wissenschaftler A. S. Razumow, E. W. Dianowa und

A. A. Worosilowa sowie K. K. Barsow Beiträge über neue Methoden veröffentlicht, die eine Untersuchung der Mikroflora des Wassers – sei es durch das Mikroskop oder durch Färbung der Bakterien – direkt auf dem Membranfilter ermöglichten.[212] Bedingt durch die hohe Porosität der Membranen ließen sich Mikroorganismen direkt auf der Filteroberfläche vermehren, sofern man die Filterscheiben nach der Filtration auf einen festen Nährboden legte. Die darin enthaltenen Nährstoffe diffundierten dann durch die Poren des Filters an seine Oberfläche und ermöglichten dort ein Bakterienwachstum.

Durch die Membranfiltermethode konnte das bislang übliche Prozedere in der bakteriologischen Wasseranalytik signifikant vereinfacht und verkürzt werden. Zeitraubende Arbeitsschritte, die den konventionellen Untersuchungsmethoden anhafteten, wie etwa das umständliche Abklatschen der Bakterien vom Filter, das anschließende Zentrifugieren und Präparieren für die mikroskopische Auswertung, entfielen – und mit ihnen der Bedarf nach den dafür notwendigen Laborgeräten. Ein weiterer Vorteil der sowjetischen Methode: Mit ihr ließen sich auch relativ große Flüssigkeitsmengen, selbst bei geringer Bakterienkonzentration, schnell und sicher auf die absolute Keimzahl prüfen.[213] Kurzum: Die Membranfiltermethode überzeugte durch ihre einfache Handhabung und schnelle Durchführung bei deutlich verringertem Geräte- und Personalaufwand. Es waren allesamt Vorzüge, die das Verfahren für den Einsatz im Gelände oder in Krisensituationen prädestinierten. Nicht zufällig setzte sich die Methode in Deutschland im letzten Kriegsjahr und in der unmittelbaren Nachkriegszeit durch, als ein Großteil der Versorgungs- und Verkehrsinfrastruktur am Boden lag. Damals wurde sie in erster Linie im Rahmen der Seuchenprophylaxe für den Nachweis von Coli-Bakterien und Salmonellen in Trink-, Fluss- und Abwasser angewendet.[214]

Zum Erfolg der Membranfiltermethode in der Mikrobiologie des Wassers trugen auch die Untersuchungen der Medizinerin Dr. Gertrud Müller und ihrer Mitarbeiter am Hygienischen Institut in Hamburg bei. Ihr Forschungsschwerpunkt lag auf der Entwicklung spezieller Nährmedien für die Kultivierung von Mikroorganismen auf der Filteroberfläche. Um ein gleichmäßiges Bakterienwachstum zu ermöglichen, mussten die Nährsubstrate halbflüssig bis flüssig sein. Nur so konnten die darin

Abb. 34 Adelaide Beling im Labor der Membranfiltergesellschaft, um 1952

enthaltenen Nährstoffe problemlos die Poren der Filtermembran durchdringen, die wie kleine Kapillare wirken, und an die Filteroberfläche gelangen. Um den Nährstofftransport zu verbessern, reduzierte Müller den Agaranteil konventioneller Nährböden um 30 bis 50 Prozent. Agar, ein aus Rotalgen hergestelltes und importpflichtiges Verdickungsmittel, wurde in Deutschland während des Krieges zur absoluten Mangelware. Daher bekamen die agarfreien Nährsubstrate von Müller bald den Stellenwert eines kriegswichtigen Nährbodensurrogats für die bakteriologische Wasseranalytik.[215]

Auch Adelaide Beling setzte sich im Anschluss an ihre Göttinger Dienstreise weiter mit der Membranfiltertechnik und deren Einsatz in der Bakteriologie auseinander. In den nachfolgenden Jahren veröffentlichte sie zahlreiche Beiträge zur Verwendung von Membranfiltern bei mikrobiologischen Wasseruntersuchungen, u.a. einige Artikel mit dem Mediziner und Hygieniker Hans Großmann.[216] Großmann war - ebenso wie der zuvor erwähnte Franz Schütz - überzeugter NSDAP-Parteigänger und mutmaßlich an NS-Medizinverbrechen beteiligt. 1941 wurde er auf die Professur für Hygiene und Bakteriologie an der „Reichsuniversität Posen" berufen - eine der nationalsozialistischen Musteruniversitäten, die ganz im Dienst der NS-Ideologie standen.[217]

An der „Reichsuniversität Posen" war von 1943 bis 1945 auch der Ehemann von Adelaide Beling beschäftigt: der sowjetische Hydrobiologe und Ichthyologe deutscher Herkunft Dmitrij Jewstafjewitsch Beling. In den Jahren zuvor, also ebenfalls während der deutschen Besatzungszeit von 1941 bis 1943, leitete Dmitrij J. Beling das Hydrobiologische Institut der Akademie der Wissenschaften der Ukrainischen Sozialistischen Sowjetrepublik in Kiew. Mit dem Rückzug der Wehrmacht aus Kiew im September 1943 wurden die Belings als Volksdeutsche nach Posen evakuiert, wo Dmitrij Beling bis zum 20. Januar 1945 im Forschungsinstitut für Fischereiwesen der Reichsuniversität die „Fischgruppe" leitete. Von dort aus floh er mit seiner Frau nach Göttingen, wo er allerdings keine feste Anstellung mehr an der Universität fand.[218] In dem Monat vor ihrer Evakuierung nach Posen, im August 1943, hatte Adelaide Beling die oben erwähnte Dienstreise nach Göttingen durchgeführt. Während des damaligen Kurzaufenthalts in der Stadt hatte ihr Erich Sartorius das Angebot gemacht, als Bakteriologin für die Membranfiltergesellschaft zu arbeiten. „Dieses Anerbieten konnte ich jedoch nicht annehmen, da ich meinen Verpflichtungen in Kiew nachkommen mußte und dort selbstverständlich zurückerwartet wurde", schrieb Beling rückblickend im Jahr 1957.[219] Und fuhr fort: „Hätte ich an jenem Tage in die Zukunft blicken können, so wäre ich nicht nach Kiew zurückgefahren." Rund zwei Jahre später, nach der Übersiedlung der Belings nach Göttingen im Juli 1945, nahm Adelaide Beling die ihr angebotene Stellung als Bakteriologin „von Herzen gern" an.

Belings vordringlichste Aufgabe in der Membranfiltergesellschaft bestand zunächst darin, eine bakteriologische Abteilung aufzubauen und die Membranfiltermethode in Wasseruntersuchungsämtern und Hygieneinstituten des In- und Auslands bekannt zu machen. Das ihr entgegengebrachte Interesse war damals, so Belings Erinnerung, erstaunlich groß: „In dieser Zeit verging kaum ein Tag, an dem nicht Besucher aus aller Welt zu uns in's Haus kamen, um sich über die Membranfilter-Methode informieren zu lassen."[220]

Von Göttingen nach Pasadena: Alexander Goetz und die Anfänge der Membranfilterforschung in den USA

Einer der Besucher kam aus den USA. Im April 1947 trat der Physiker Dr. Alexander Goetz eine sechswöchige Reise nach Deutschland an, um in diversen Forschungseinrichtungen und Industrieunternehmen theoretisches Wissen und praktische Erfahrungen auf dem Gebiet der Mikrofiltrationstechnik einzuholen.[221] Die Erkundung erfolgte unter der Obhut der *Joint Intelligence Objectives Agency* in Washington D.C., der US-Behörde für Geheimdienstoperationen; koordiniert wurde das Unterfangen von der *Field Information Agency, Technical* (FIAT). Als eine Einrichtung der Alliierten war die FIAT dazu gegründet worden war, den Entwicklungsstand von Naturwissenschaft und Technik im Deutschland der Nachkriegszeit zu ermitteln. Für diesen Zweck wurden amerikanische und britische Experten in deutsche Betriebe und Hochschulinstitute ausgesandt, um sie in Augenschein zu nehmen und mit den dort Beschäftigten Interviews zu führen. Die Ergebnisse dieser Inspektio-

Abb. 35 Alexander Goetz (links), Professor am California Institute of Technology, bei Wasseruntersuchungen, vermutlich am Caltech in Pasadena, USA, undatiert

nen wurden in einer Reihe von Geheimdienstberichten, den sogenannten BIOS-, CIOS- und FIAT-Reports, publiziert.[222]

Für den Bereich der Mikrofiltrationstechnik war Alexander Goetz (1897–1970) als Experte geradezu prädestiniert – sowohl inhaltlich als auch wegen seiner Sprach- und Ortskenntnisse.[223] Der in Wiesbaden gebürtige Wissenschaftler hatte von 1919 bis 1922 in Göttingen Physik und Physikalische Chemie studiert. Nach seiner Promotion und Habilitation wurde er 1929, nach wie vor in Göttingen, zum außerordentlichen Professor ernannt. Einer seiner dortigen Lehrer war kein geringerer als Richard Zsigmondy – Schlüsselfigur in der Membranfilterforschung wie auch Initiator und Hauptbegründer der Membranfiltergesellschaft. Goetz blieb zwar bis 1941 offizielles Fakultätsmitglied der Georg-August-Universität Göttingen, lebte und arbeitete aber seit 1930 vorwiegend in den USA. Dort führte er zahllose Forschungs- und Beratungsprojekte aus den unterschiedlichsten Themenbereichen durch und leitete u. a. das Institut für Tieftemperaturphysik am *California Institute of Technology* (Caltech) in Pasadena, wo er noch bis 1966 angestellt war. Während des Kriegs befasste sich Goetz intensiv mit Methoden der chemischen Trinkwasseraufbereitung und mit mobilen Wasserfiltern. Für die US-Marine entwickelte er beispielsweise einen Meerwasserentsalzer als Überlebens-Set für schiffbrüchige Soldaten und für US-Streitkräfte im Pazifikkrieg, also Entkeimungsfilter auf chemisch-physikalischer Basis, um das

Abb. 36 Alexander Goetz mit Wasserproben, vermutlich am Caltech in Pasadena, USA, undatiert

stark bakteriell belastete Trinkwasser der Tropen für die Soldaten genießbar zu machen. Die Entkeimungsfilter wurden gegen Ende des Krieges in den Labors des Chemical Corps der US-Army in Camp Detrick mit großem Erfolg getestet – jener Behörde, die kurz darauf wesentlichen Einfluss auf die Etablierung der Membranfilterforschung in den USA nehmen sollte.

Auf Empfehlung des Chemical Corps in Camp Detrick wurde Goetz 1947 nach Deutschland geschickt, um die sanitären Notversorgungsmaßnahmen der Wehrmacht und der Gesundheitsbehörden im Nachkriegsdeutschland auszukundschaften.[224] Details seiner Erkundungsreise finden sich in dem daraufhin verfassten, 17-seitigen FIAT-Abschlussbericht vom Dezember 1947.[225] Der Physiker erläuterte darin drei in Deutschland gebräuchliche Wege für die bakterielle Dekontaminierung kleinerer Wassermengen: erstens durch Adsorptionsfilter („Anschwemmfilter"), zweitens durch Silber wie auch andere Schwermetalle und drittens mittels Membranfiltern. Goetz, der sich in der Vergangenheit vorwiegend mit physikalisch-chemischen und biologischen Herangehensweisen der Wasserdekontaminierung beschäftigt hatte, sah in den Membranfiltern, die auf einem rein mechanischen Siebeffekt basierten, das größte Zukunftspotenzial. Um weitere Informationen darüber einzuholen, suchte er die Hygiene-Institute der Universitäten Göttingen, Hamburg und Gießen auf, wo Untersuchungen mit den Filtern im Gange waren. Darüber hinaus führte sein Weg in die Göttinger Membranfiltergesellschaft – zum einzigen Unternehmen, das die Filter kommerziell produzierte. Betrieb und Leitung des Unternehmens hätten damals, so Goetz in seinem Bericht, in den Händen von Gertrud Keese und Adelaide Beling gelegen. Aufgabe der Firma sei es gewesen, wissenschaftliche Institute und öffentliche Gesundheitsbehörden mit Membranfiltern zu versorgen. Durch Gespräche mit Keese und Beling machte sich Goetz mit den Eigenschaften der Filter sowie ihrer Funktionsweise und Herstellung vertraut.[226]

Durch Goetz fand die Membranfiltermethode, die erst wenige Jahre zuvor aus der Sowjetunion nach Deutschland gelangt war, ihren Weg in die USA.

Nach seiner Rückkehr nach Pasadena im Jahr 1947 wertete Goetz die in Deutschland gesammelten Informationen aus und verifizierte seine Befunde experimentell. Die für seine Versuche notwendigen Membranfilter importierte er aus Göttingen.[227] Der Import wurde in Form eines „Abschlussvertrags mit den Amerikanern" aus dem Jahr 1947 geregelt. Dass es sich hierbei nicht um eine einseitige Beschlagnahmung von Technik und Know-how handelte, sondern um ein Geschäft, das durchaus im Interesse beider Vertragspartner war, belegt eine Passage aus einem Vorstandsbericht der Membranfiltergesellschaft von 1948. Daraus geht hervor, dass das Material für die Filter bereits vor ihrer Produktion „voll bezahlt" werden musste. Und so traf in den noch vergleichsweise auftragsarmen Nachkriegsjahren 1947 und 1948 in Göttingen die beachtliche Summe von 37.000 D-Mark für Materialkosten aus Übersee ein. Diese Angelegenheit sei, so das lakonische Resümee aus dem Vorstandsbericht, „somit von Anfang an das ‚Gottesgeschenk' gewesen und geblieben".[228]

Nach Abschluss seiner Versuche übermittelte Goetz eine Zusammenfassung der Befunde an das Chemical Corps der US-Army in Camp Detrick, für das er seit Ende des Krieges als wissenschaftlicher Berater tätig war. Sein Bericht überzeugte, insbesondere seine Einschätzung der Bedeutung von Membranfiltern für militärische Anwendungen. Denn kurz darauf fiel in Camp Detrick die Entscheidung, künftig auch in den USA die Fabrikation von Membranfiltern aufzunehmen.[229]

Weil es in den USA an entsprechenden Kenntnissen fehlte, galt es, das Göttinger Herstellungsverfahren als Ausgangsbasis für den Aufbau einer eigenen Produktion heranzuziehen. Dies setzte voraus, den Produktionsprozess in Theorie und Praxis in Gänze zu durchdringen. Bei seinem Besuch in Göttingen hatte Goetz aber lediglich die Grundzüge der Membranfilterfabrikation in Erfahrung gebracht. Erschwerend kam hinzu, dass die Patente für die Filterproduktion im Besitz der Membranfiltergesellschaft waren. Als Goetz im Januar 1948 ein zweites Mal nach Göttingen aufbrach, hatte er als rechtliche Grundlage für den Technologietransfer eine Lizenzvereinbarung zwischen der US-Army und der Membranfiltergesellschaft im Gepäck.[230] Während seines zweimonatigen Aufenthalts ließ er sich minutiös in den Herstellungsprozess einweisen. Um sein Wissen zu komplettieren, besuchte er während seines Europa-Aufenthalts auch noch das *Institut Pasteur* in Paris und das *National Institute for Medical Research* in London – beides Einrichtungen, in denen thematisch einschlägige Forschungsprojekte durchgeführt wurden. Im Mai 1948 kehrte er zurück in die USA.

Vom Labor- zum Industriemaßstab: Gründung von Millipore

Noch im gleichen Jahr erhielt Goetz einen Forschungsauftrag, der Bestandteil eines geheimen Abkommens zwischen dem Chemical Corps in Camp Detrick und dem *California Institute of Technology* (Caltech) in Pasadena war. Übergeordnetes Ziel des Militärforschungsprojekts war die Entwicklung neuer Methoden für den schnellen Nachweis von Mikroorganismen im Wasser und in der Luft.[231] Früherkennungsmethoden für Krankheitserreger waren und sind für die biologische Kriegführung äußerst relevant. Das liegt daran, dass Bakterien weder für das menschliche Auge noch die Nase wahrnehmbar sind. Hieraus ergibt sich eines der Hauptprobleme bei der Abwehr biologischer Kampfstoffe: Die toxischen Erreger werden im Ernstfall viel zu spät wahrgenommen und können so großen Schaden anrichten. Was damals dringend benötigt wurde, waren zuverlässige Alarmgeräte für den militärischen und zivilen Schutz. Herkömmliche bakteriologische Nachweismethoden waren aufgrund ihrer langwierigen Durchführung ungeeignet. Nach der Einschätzung von Goetz hatten jedoch Membranfilter das Potenzial, das Kernstück für ein mikrobiologisches Detektionsgerät („Micro-Biometer") abzugeben. Das Problem war, dass den Filtern aus Deutschland noch zwei gravierende Mängel anhafteten, die zuvor überwunden werden mussten: Noch variierte die Größe ihrer Poren zu stark, was u. a. einen negativen Einfluss auf die Filtriergeschwindigkeit hatte. Hinzu kam, dass das noch stark empirisch geprägte Fabrikationsverfahren aus Göttingen nicht für die Massenproduktion geeignet war. Was fehlte, war eine genau steuerbare und leistungsfähige Produktionstechnik.

Das Forschungsprojekt mit Goetz als Leiter war auf fünf Jahre angelegt und am Caltech angesiedelt. Die Membranfilter, die in der Anfangsphase des

Projekts für experimentelle Untersuchungen notwendig waren, wurden zunächst noch von der Membranfiltergesellschaft geliefert. Nach ca. zwei Jahren, im Herbst 1950, schienen die größten Hürden überwunden: Goetz und sein 16-köpfiges Mitarbeiterteam hatten neue Rezepturen für Filter entwickelt, die für Wasser- und Luftuntersuchungen geeignet waren, und darüber hinaus auch die für die Filtration benötigten Geräte. Außerdem verfügten sie inzwischen über ein Herstellungsverfahren im Labormaßstab, das es erlaubte, unterschiedliche Parameter wie Porengröße und Porenzahl exakt vorzugeben.[232]

Zur Übertragung des Verfahrens in den Industriemaßstab vergab das Chemical Corps 1950 einen auf ein Jahr ausgelegten Forschungsauftrag an die Lovell Chemical Company in Watertown bei Boston. Aufgabe des Chemieunternehmens war, eine Produktionsanlage zu konstruieren, deren monatliche Kapazität zwischen 100.000 und 200.000 Membranfilter betragen sollte.[233] Im Rahmen der Entwicklungsarbeiten wurden 1950 und 1951 bereits an die 40.000 Filter für bakteriologische Wasseranalysen hergestellt, die zur Evaluierung und zum Ausprobieren weiterer Anwendungsmöglichkeiten sowohl den Forschungslaboratorien des Chemical Corps in Camp Detrick als auch anderen wissenschaftlichen Einrichtungen zur Verfügung gestellt wurden. Unter den durchweg sehr renommierten Institutionen befanden sich u.a. das *National Institute of Health, Bethesda, das Air Pollution Laboratory* der Harvard-Universität, das *Stanford Research Institute*, das *Los Alamos National Laboratory, die Arthur D. Little Inc.*, Cambridge (Mass.) und das *Aero-Medical Research Center*, Randolph Field. Als zentrale Figur in der US-Membranfilterforschung unterhielt Goetz mit allen diesen Einrichtungen enge Kontakte – meist in Form eines wissenschaftlichen Beratervertrags.[234]

Inmitten seiner Forschungstätigkeit erhielt Goetz im März 1951 völlig unerwartet die Nachricht, dass das ursprünglich auf fünf Jahre angelegte Forschungsprojekt mit dem Chemical Corps vorzeitig und unverzüglich beendet werden sollte.[235] Über die Gründe lassen sich auf der Basis des vorliegenden Quellenmaterials lediglich Mutmaßungen anstellen: Wie bereits erwähnt, war der Deutschamerikaner einerseits seit 1930 am Caltech angestellt und während des Krieges für die *Joint Intelligence Objectives Agency* tätig gewesen, die US-Behörde für Geheimdienstoperationen. Durch seine anschließende Arbeit als Forscher und Berater für das Chemical Corps in Camp Detrick war er intensiv in Geheimprojekte der US-Militärforschung involviert. Andererseits bemühte sich Goetz in der Nachkriegszeit um eine erneute Fakultätsmitgliedschaft an der Universität Göttingen, wenn auch ohne Erfolg. Von 1950 an beriet er – parallel zu seiner Tätigkeit für das US-Chemical Corps – das westdeutsche Verteidigungsministerium bzw. dessen Vorläuferinstitution, das „Amt Blank“. Im Rahmen dieser Tätigkeit sollte er sich 1961 und 1962 für je sechs Wochen am Fraunhofer-Institut für Aerobiologie aufhalten, das sich u. a. auch mit militärischen Aspekten auf dem Gebiet der biologischen und chemischen Aerosolforschung befasste. Auch mit der Membranfiltergesellschaft hielt er noch bis in die späten 60er Jahre Kontakt. Kurz vor seinem Tod am 12. Januar 1970 sollte Goetz mit dem Bundesverdienstkreuz erster Klasse der Bundesrepublik Deutschland, das für besondere Leistungen auf politischem, wirtschaftlichem, kulturellem, geistigem oder ehrenamtlichem Gebiet verliehen wird, ausgezeichnet werden.

Doch zurück in die USA im Jahr 1951: Während das Forschungsprojekt zwischen Goetz und dem Chemical Corps sein vorzeitiges Ende fand,[236] erhielt die Lovell Chemical Company in Watertown weitere Forschungsaufträge von dieser Seite.[237] 1954 gab das Chemical Corps die Membranfilter dann für die kommerzielle Produktion frei. Jack Bush, der bis zu diesem Zeitpunkt als Lovell-Ingenieur an den Forschungsarbeiten beteiligt gewesen war, erwarb die Rechte von seinem Arbeitgeber und gründete noch im gleichen Jahr die Millipore Filter Corporation, die später in Millipore Corporation umbenannt wurde.[238] Auch in dem neu gegründeten Unternehmen wurden Forschungsaufträge für das Chemical Corps umgesetzt. Gestärkt durch staatliche Forschungsgelder und umfangreiche Produktionsaufträge des US-Verteidigungsministeriums sowie den sich besonders in den USA rapide entwickelnden Markt für Membranfilter in den unterschiedlichsten Anwendungsbereichen entwickelte sich Millipore in den darauffolgenden Jahrzehnten zum weltweit führenden Hersteller für Separationstechnologie und Zulieferer der Life-Science-Industrie.[239] Im Jahr 2010 wurde Millipore von dem

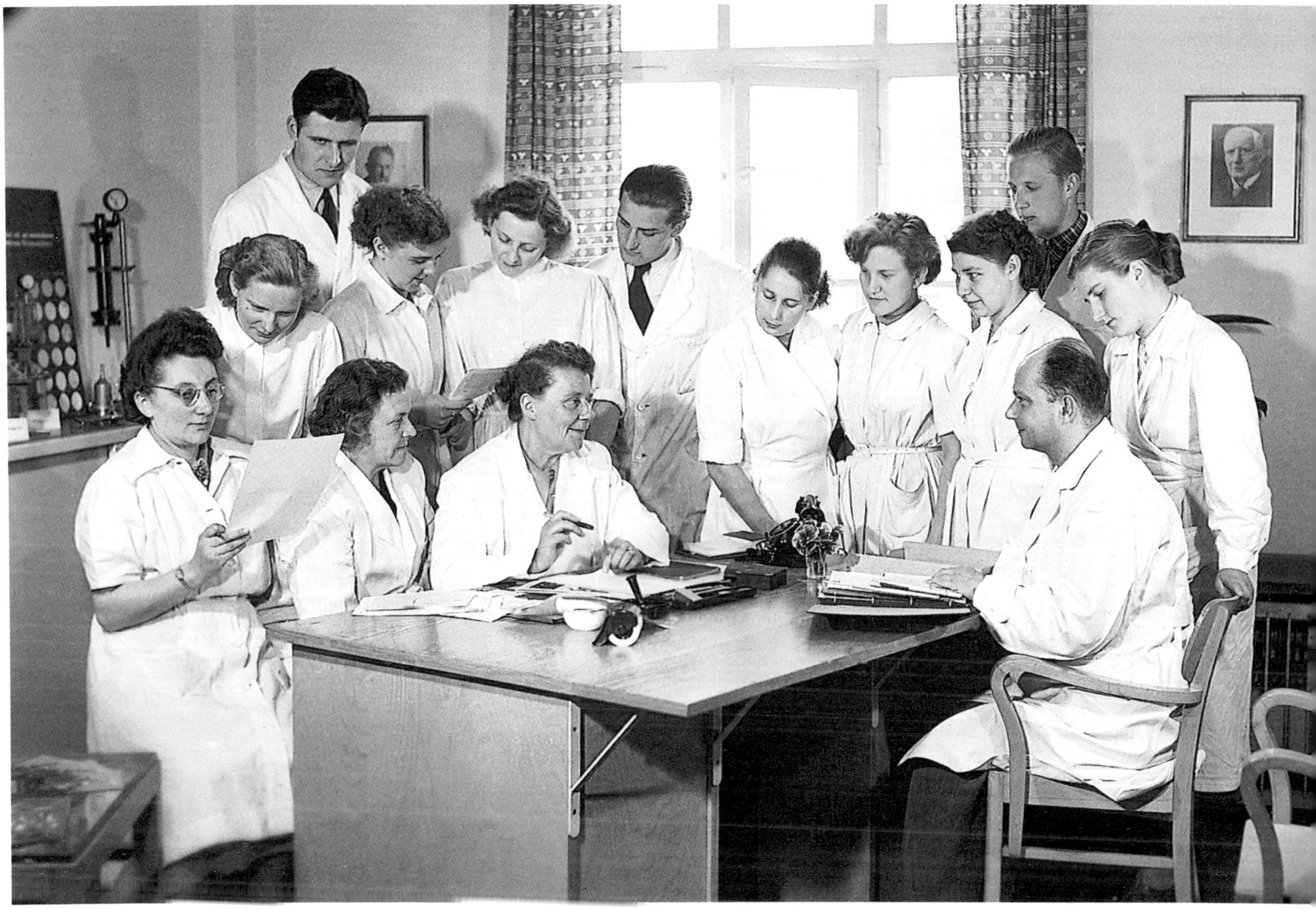

Abb. 37 Die „Membranfilter-Familie", wie sie sich selbst nannte. Bemerkenswert ist der auffällig hohe Frauenanteil in der Membranfiltergesellschaft, 1950er Jahre

Chemie- und Pharmaunternehmen Merck KGaA mit Sitz in Darmstadt akquiriert; das Unternehmen firmiert seither unter dem Namen Merck Millipore.

Ready for Take-off: Die Membranfiltergesellschaft in der Nachkriegszeit

„There is little doubt that the understanding and ultimate control mechanisms in preparing membranes are an empirical art and science at this time" – mit diesen Worten brachte 1954 ein Ergebnisbericht der Millipore Filter Corporation an das Chemical Corps den damaligen Stand der Membranfilterherstellung auf den Punkt.[240] Auch in Göttingen war man sich zu diesem Zeitpunkt der Wissenslücken in der Membranfiltertechnologie und der Probleme, die daraus resultierten, durchaus bewusst. Nicht zufällig hatte man es sich in der Nachkriegszeit zur vordringlichsten Aufgabe gemacht, die Materialeigenschaften der Filtermembranen umfassend zu erforschen – gerade im Hinblick auf ihre Struktur, Porengröße und den der Filtration zugrunde liegenden Mechanismen.[241] So viel war klar: Die weitere wissenschaftliche Durchdringung der bislang bekannten theoretischen und praktischen Zusammenhänge bildete eine elementare Voraussetzung für den weiteren Ausbau der Membranfilterproduktion.

Die erarbeiteten Forschungsresultate veröffentlichte man so schnell als möglich in Fachpublikationen – eine Vorgehensweise, der nach wie vor ein hoher Stellenwert als Mittel zur Umsatzsteigerung eingeräumt wurde. Dies zeigt auch ein Übersichtspapier von 1951, im dem beklagt wurde, die laufend durchgeführten Werbeaktionen in Form

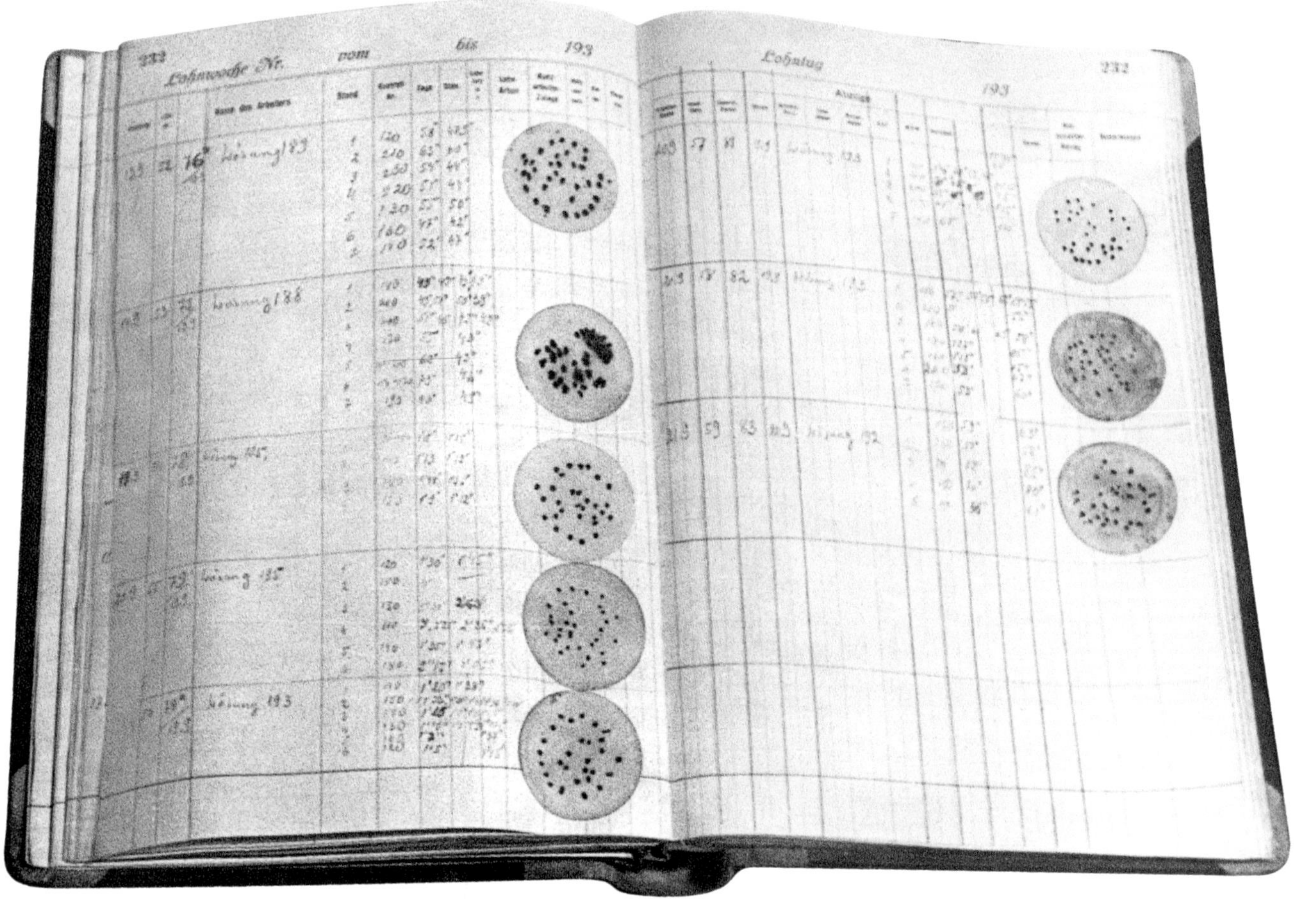

Abb. 38 Laborbuch mit Versuchsübersichten, 1950er Jahre

von Produktbroschüren und Versandprospekten hätten nicht den erwarteten Erfolg gebracht. „Wertvoller als alle andere Werbung" und Voraussetzung dafür, neue Methoden und Produkte praktisch einzuführen, seien wissenschaftliche Publikationen.[242] Der Grund hierfür lag auf der Hand. Zum damaligen Kundenkreis der Membranfiltergesellschaft zählten in erster Linie wissenschaftliche Einrichtungen wie Hochschulinstitute, staatliche Versuchs- und Untersuchungsanstalten, Wasserprüfstellen in Hygiene-Instituten und Wasserwerken sowie Krankenhäuser und Apotheken – allesamt Institutionen, die großen Wert auf wissenschaftlich abgesicherte Verfahren legten.
Der Großteil der damaligen Forschungsvorhaben wurde in enger Kooperation mit externen Experten aus Universitäten und außeruniversitären Forschungseinrichtungen durchgeführt. Um ein Beispiel aus der grundlagenorientierten Forschung zu nennen: Anfang der 50er Jahre führten Professor Helmcke aus Berlin und Dr. Beutelspacher aus Braunschweig maßgebliche elektronenmikroskopische Untersuchungen über die Struktur und den Filtrationsmechanismus von Filtermembranen für die Membranfiltergesellschaft durch. Die Ergebnisse dieser Untersuchungen wurden in mehreren renommierten Fachzeitschriften publiziert,[243] fanden aber auch praktischen Niederschlag. So resultierte aus der Kooperation mit Helmcke und Beutelspacher die „Porentabelle", die als wichtiges Informationsinstrument des Verkaufs den Produktlisten und -broschüren beigelegt wurde.

Standardmethode für die Trink- und Abwasserkontrolle

Der Schwerpunkt der anwendungsbezogenen Forschungs- und Entwicklungsarbeiten lag indes auf der Wasseranalytik.[244] 1945, unmittelbar nach Antritt ihrer Stelle als Leiterin der Bakteriologie, kooperierte Adelaide Beling eng mit Prof. Theodor Josef Bürgers, dem Nachfolger von Franz Schütz am Göttinger Hygienischen Institut. Die Zusammenarbeit war darauf ausgerichtet, neue Einsatzgebiete für die Membranfiltermethode in der mikrobiologischen Wasseranalyse zu erschließen. Die Rahmenbedingungen waren günstig: Im kriegsverwüsteten Deutschland war die Trink- und Gebrauchswasserkontrolle auf coliforme Bakterien wie E. coli oder Salmonellen, die bei hoher Belastung zu schweren Erkrankungen führen können, ein vorrangiges Thema. Entsprechend groß war der Bedarf an schnellen und unkomplizierten Methoden der hygienischen Kontrolle. Hier galt es, die noch wenig bekannte Membranfiltermethode zur wissenschaftlichen Anerkennung zu führen und sie dann als offizielle Standardmethode in Wasserwerken und Branchen wie der Lebensmittel-, Getränke- oder pharmazeutischen Industrie zu etablieren, die auf keimfreies Wasser angewiesen waren. Um potenziellen Kunden das routinemäßige Arbeiten mit Membranfiltern zu erleichtern, entwickelte man spezielle Gerätschaften und Hilfsmittel, die man zusammen mit den Filtern vertrieb, darunter den Bakterienfiltrationsapparat „Coli 5“ oder – gegen Mitte der 50er Jahre – die „Nährkartonscheiben“. Unter diese Bezeichnung fielen Einweg-Nährböden zur Kultivierung spezifischer Mikroorganismen. Zusammen mit den passenden Membranfiltern wurden sie mit großem Erfolg als gebrauchsfertige Testsets zur Salmonella- oder Tuberkulose-Diagnostik wie auch zur Kultivierung von Hefen und Schimmelpilzen vertrieben.[245]

Abb. 39 Werbeanzeige für Nährkartonscheiben, ca. 1950

Um ihren Bekanntheitsgrad zu erhöhen, stellte Sartorius die Produkte auf zahlreichen Fachmessen und Kongressen vor – so auch 1947 bei der ersten Tagung der Deutschen Gesellschaft für Hygiene und Mikrobiologie in Göttingen. Unter großem Einsatz gelang es 1955, die entscheidende Hürde für den Durchbruch der Membranfiltermethode zu nehmen: In diesem Jahr erkannte der „Zentralausschuss zur Ausarbeitung von Standard-Methoden für Trink- und Abwasseruntersuchungen“ das Verfahren als Methode der Wahl an. Dass die Umsätze in der zweiten Hälfte der 50er Jahre steil anstiegen, ging aber auch stark auf die Typhus- und Choleraepidemien der Nachkriegszeit zurück. So veranlasste beispielsweise die 1955 von einer Molkerei ausgehende verheerende Typhusepidemie in Hagen (Westfalen) zahlreiche Untersuchungsämter dazu, die Membranfiltermethode als Routineverfahren einzuführen.[246] Der Aufwärtstrend in den Wirtschaftswunderjahren drückte sich quantitativ so aus. 1950 wurden in Göttingen 75.000 Coli-Filter von Hand gefertigt und verkauft. Sechs Jahre später hatte sich der Umsatz mit 550.000 Filtern um mehr als das Siebenfache vergrößert. Erstmals war das Geschäft mit den Filtern ausreichend groß, um eine „tragfähige wirtschaftliche Grundlage zu geben“.[247]

Erschließung neuer Einsatzbereiche in der Industrie

Bis in die 70er Jahre war das Haupteinsatzgebiet von Membranfiltern der Laborsektor. Die Bemühungen, sich darüber hinaus auch den Bereich der Produktionstechnik zu erschließen, reichen jedoch bis in die späten 40er Jahre zurück. Das Problem dabei lag in der Filtration großer Flüssigkeitsmen-

Abb. 40 Werbeanzeige der Membranfiltergesellschaft, 1950

gen im Rahmen industrieller Produktionsprozesse, die besonders strapazier- und leistungsfähige Filter voraussetzen. Mit diesem Ziel vor Augen ging Sartorius Ende der 40er Jahre eine Interessengemeinschaft mit der Papierfabrik Schleicher & Schüll in Dassel ein.[248] Für die Herstellung einer robusten Membranfilter-Entkeimungsschicht wurden in Dassel versuchsweise spezielle Kartons von Schleicher & Schüll mit Membranfilterlösungen aus Göttingen beschichtet. Doch das damit verfolgte Anliegen, die Entwicklung von „stabilisierten Membranfiltern", blieb über mehrere Jahre hinweg ein „Sorgenkind" und war mit zahlreichen Schwierigkeiten und Rückschlägen verbunden.[249]

Anfang der 50er Jahre war es dann aber so weit: Die stabilisierten Membranfilter wurden erstmals zur Kaltentkeimung von Wein, Bier und Säften eingesetzt. Weitere neue industrielle Anwendungsbereiche waren die Sterilfiltration von hitzeempfindlichen flüssigen Pharmazeutika. Auch die mikrobiologische Kontrolle von Luft oder künstlich hergestellten Aerosolen und deren Untersuchung auf feinverteilte Schadstoffe wie Staub zählten dazu. Besonders bei der Entkeimung von hitzeempfindlichen Flüssigkeiten überzeugte die Sterilfiltration mit Membranfiltern, da sie im Vergleich mit der sonst üblichen Hitzebehandlung weitaus schonender war und somit einen deutlichen Kundennutzen erzielen konnte. So zersetzt sich beispielsweise eine Lösung aus Natriumhydrogencarbonat, wie sie im medizinischen Bereich als Injektions- und Infusionslösung gebräuchlich ist, bereits bei geringfügigem Erhitzen – ein Problem, das sich durch die Kaltentkeimung mit Membranfiltern umgehen lässt. Gleiches trifft auch für die Behandlung hitzelabiler pflanzlicher Zubereitungen zu, die durch eine Hitzesterilisation intolerable Wirkungsverluste erleiden würden.

Als weiteres Plus der „Entkeimung auf kaltem Wege" erwies sich der Kostenvorteil im Vergleich mit der Hitzesterilisation, der aus der Einsparung von Energie resultierte. Dies dürfte mit ein Grund dafür gewesen sein, dass die Membranfiltergesellschaft im November 1951 damit begann, stabilisierte Membranfilter an das Spangenberger Werk der Firma Braun (Melsungen) zu liefern, einen wichtigen Hersteller für Infusionslösungen. Bislang hatte das Unternehmen physiologische Kochsalzlösungen für Infusionszwecke mit Hitze sterilisiert – künftig sollte dies mit Membranfiltern durch Kaltsterilisation geschehen. Darüber hinaus zog man die Filtermethode damals auch für Blutersatzflüssigkeiten in Betracht.[250]

Die Entwicklung neuer Prozessapplikationen geschah in enger Kooperation mit den jeweiligen Kunden aus der Industrie, zumal solche Anwendungen in der Regel maßgeschneidert waren. Wichtige Anregungen für die generelle Weiterentwicklung von Filtern und Filterprodukten gingen bei Sartorius aber auch noch von anderer Seite ein, denn die bereits erwähnte Zusammenarbeit mit Alexander Goetz aus den USA dauerte noch bis Ende der 1960er Jahre an. Wie groß dessen Einfluss auf die technische Entwicklung in Göttingen tatsächlich war, bleibt aufgrund der lückenhaften Quellenlage allerdings spekulativ.[251] Doch so viel steht fest: Das lange gepflegte Firmennarrativ einer einseitigen Beschlagnahmung des technischen Know-hows nach dem Krieg durch Goetz respektive die westlichen Alliierten zeichnet ein unscharfes und unvollkommenes Bild.[252] Zwar bildete sich im Gefolge des Technologietransfers in die USA mit Millipore einer der Hauptwettbewerber im Bereich der Separationstechnik und späteren Biotechnologie für das Göttinger Unternehmen heraus. Doch zugleich erwies sich die Zusammenarbeit mit Goetz für die Entwicklung der Membranfiltergesellschaft als durchaus förderlich – sowohl in technischer Hinsicht als auch absatzbezogen.

Welcher Seite der Deutschamerikaner Goetz dabei näherstand, bleibt unklar. Zur Erinnerung: Zwischen 1948 und 1951 etablierte er in den USA die Membranfiltertechnologie im Rahmen eines geheimen Militär-Forschungsprojekts. Parallel dazu veröffentlichten Goetz und seine Mitarbeiter ab 1950 ihre ersten Fachartikel über Membranfilter. Ebenfalls 1950 vergab der Auftraggeber des oben genannten Forschungsprojekts, das Chemical Corps in Camp Detrick, einen gleichfalls streng geheimen Forschungsauftrag an die Lovell Chemical Company. Aufgabe des Chemieunternehmens war es, das zwischenzeitlich von Goetz entwickelte Herstellungsverfahren für Membranfilter im Verlauf eines Jahres in den Industriemaßstab zu überführen. Goetz blieb – obwohl er Interesse an einer Mitarbeit zeigte – bei den Entwicklungsarbeiten der Firma außen vor.[253] Zwischen 1950 und 1951 stellte Lovell bereits die ersten Membranfilter her, die in verschiedenen US-Forschungseinrichtungen für unterschiedliche Einsatzbereiche getestet wurden. Ebenfalls 1951 brachte Goetz – so die rückblickende Schilderung von Adelaide Beling aus dem Jahr 1957 – bei seinem Besuch in Göttingen „die ersten Millipore-Filter aus amerikanischer Produktion" ins Haus.[254] Da Millipore erst 1954 gegründet wurde, muss davon ausgegangen werden, dass Belings Erinnerung unpräzise war. Vermutlich handelte es sich bei den erwähnten Filtern um jene, die Lovell 1951 oder in den Jahren davor bzw. danach herstellte. Trotz aller Ungenauigkeit und Lückenhaftigkeit der Quellen lässt sich aus diesem und den nachfolgenden Hinweisen schließen, dass Goetz in der Nachkriegszeit Insider-Informationen über den Stand der US-Membranfilterforschung „zurück" nach Göttingen übermittelte.

Für diese Annahme spricht auch ein Dokument der Membranfiltergesellschaft vom Juli 1953, in dem behauptet wird, es sei gelungen, die eigenen Filter den Goetz-Filtern anzugleichen.[255] Dass man in Göttingen ein sehr genaues Bild von der technischen Entwicklung in den USA besaß, geht auch aus einem Bericht vom März 1955 hervor.[256] Unter dem Betreff „Angleichung unseres Filtermaterials an die amerikanische Entwicklung" wird u. a. angeführt: „Die Entwicklung der MF-Herstellung und Anwendungstechnik konnte in den USA mit Hilfe von Staatsmitteln unter günstigen Verhältnissen durchgeführt werden. Hierbei wurden einige Fortschritte erzielt, die uns zwingen, die dortige Entwicklung aufzuholen." Konkrete Defizite sah man vor allem in fünf Themenbereichen, die fortan sowohl firmenintern als auch in Kooperation mit externen Forschungsreinrichtungen „sehr intensiv" bearbeitet wurden. Dazu gehörten unter anderem die Ausarbeitung von stabilisierenden Membranfilterschichten für industrielle Filtrationsprozesse und die Entwicklung von Nährkartonscheiben. Auch dem Bereich der Luftfiltration und Staubuntersuchung wurde von nun an größere Bedeutung beigemessen. Eine Notiz des Chefsekretariats aus dem gleichen Jahr bewertete den Besuch von Goetz aus Pasadena als das bedeutendste Ereignis des Monats, „mit dem nach langen und eingehenden Besprechungen, Besuchen im hiesigen Gesundheitsamt usw. ein Arbeitsvertrag zu Gunsten der Membranfiltergesellschaft geschlossen wurde".[257] Im Oktober 1956 mündete die Zusammenarbeit mit Goetz in einen Lizenz- und Lieferungsvertrag mit der AG Chemical Company, Pasadena. Dazu findet sich im zusammenfassenden Bericht für die Aufsichtsratssitzung im November 1956 der folgende, nahezu euphorische Kommentar: „Es ist uns nunmehr gelungen, mit Abschluß dieses Lizenz-Vertrages zu beweisen, daß wir den amerikanischen Vorsprung aufgeholt haben. Es ist der Geist und Zweck dieses Vertrages, die Grundlage für eine dauernde Zusammenarbeit und Freundschaft und gegenseitigem [sic] Vertrauen zu schaffen, zum Zwecke weiterer gemeinsamer Entwicklungen auf dem Gebiet der Membranfilter-Herstellung und Anwendung." Und weiter: „Es sind zunächst Zahlen zu Grunde gelegt, daß bis zu 40 % des gefertigten Membran-Materials in Form von Halbfertig-Fabrikaten nach Amerika geliefert werden soll."[258]

Abb. 41 Stempeln der Durchflussgeschwindigkeit auf die Membranfilter, 1950er Jahre

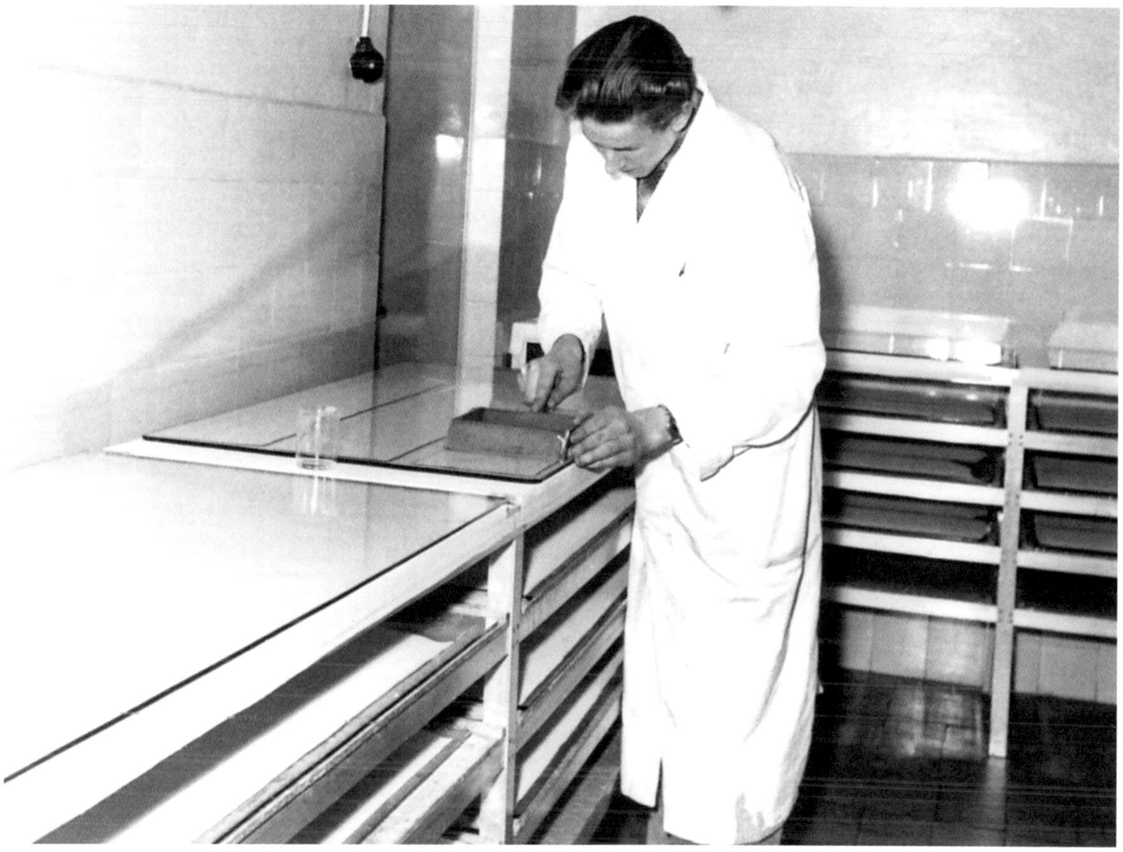

Abb. 42 Händisches „Ziehen" der gelösten Membranpolymere mit einer Rakel, 1950er Jahre

Mechanisierung der Filterproduktion

In der zweiten Hälfte der 50er Jahre hatte die Filterproduktion bereits einen Umfang erreicht, der mit der herkömmlichen handwerklichen Herstellungsmethode kaum noch zu bewältigen war. 1952 hatte der Gesamtumsatz der Membranfiltergesellschaft noch bei knapp 140.000 D-Mark gelegen. Durch die steigende Nachfrage nach schnellen und einfachen Analysemethoden für die bakterielle Kontrolle wurde bis 1956 ein Wert von annähernd 360.000 D-Mark erreicht.[259] In jenem Jahr fertigte die Membranfiltergesellschaft allein an die 550.000 Exemplare Coli-Filter im Handziehverfahren an. Hinzu kamen Spezialfilter wie Aerosolfilter oder Kollodiumsäckchen – hülsenförmige Filter, die zur Einengung von Eiweißlösungen Verwendung fanden. Auch das sich allmählich entwickelnde Geschäft mit neuen industriellen Filterapplikationen trug zur Umsatzsteigerung bei. Neben Planfiltern in unterschiedlichen Konfektionsformen und Porengrößen gehörten zur Produktpalette der 50er Jahre schließlich noch die dazu passenden Filtrierapparate aus Glas, Keramik oder Edelstahl.

Ausgangsmaterialien für die Filtermembranen bildeten hauptsächlich Cellulosederivate, vor allem Celluloseacetat und -nitrat, die als Granulate im Handel bezogen wurden.[260] Die Qualität der Polymere, die auf die Herstellung von technischem Filmmaterial für die aufblühende Film- und Fotoindustrie abgestimmt war, war für die Membranfilterproduktion nicht immer geeignet. Schwierigkeiten machte besonders die ungenügende Chargenkonsistenz der Ware, die aufwendige Eingangskontrollen und nicht selten eine Anpassung der Herstellungsprozesse nach sich zog.

Vor der Einführung der maschinellen Filterproduktion wurden die Filtermembranen diskontinuierlich durch Rakeln der gelösten Polymere auf Glasplatten hergestellt. Eine Rakel ist ein Abstreifgerät, mit dem sich viskose Flüssigkeiten gleichmäßig auf einem glatten Untergrund verteilen lassen. Im Fall der Filtermembranherstellung bildeten sich nach dem Verdunsten des Lösungsmittels auf den Glasplatten feste Membranschichten aus, die vorsichtig abgelöst wurden. Daraus wurden nach dem Trocknen Rundfilter gestanzt. Der Erfolg des stark empirisch geprägten Handziehverfahrens hing vom

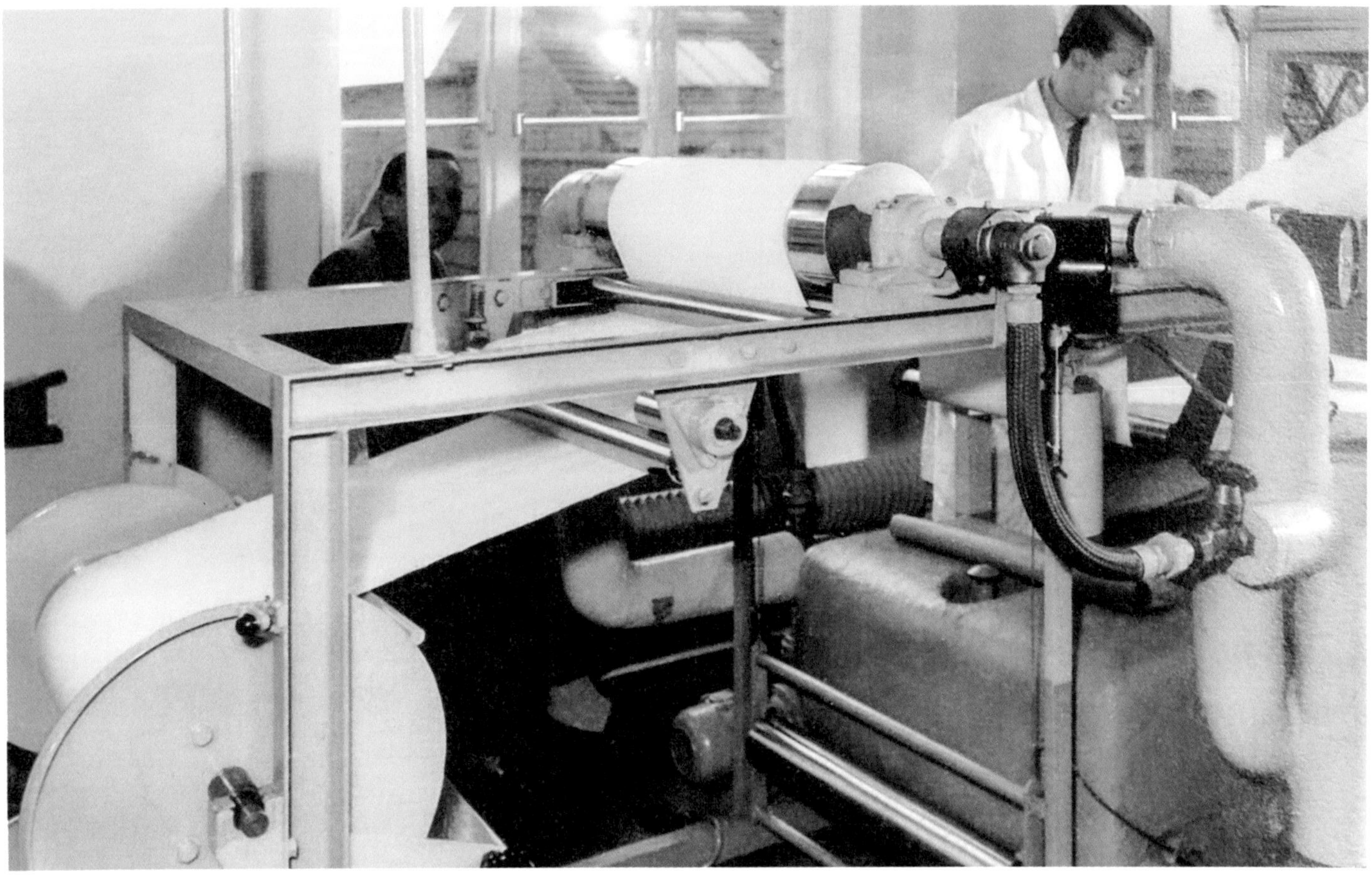

Abb. 43 Die erste Ziehmaschine ersetzte ab Mitte der 1960er Jahre schwierige Handarbeit. Ihre Konstruktion war ein Meilenstein

jeweiligen Geschick und der Erfahrung des durchführenden Firmenmitarbeiters ab, was zu Schwankungen in Dicke und Porosität führte – und damit auch zu erheblichen Mengen an Produktionsausschuss.

Mit zunehmendem Produktionsvolumen zeigten sich die Nachteile und Begrenztheiten der handwerklichen Methode. Das Hauptproblem: Die Verfahrenskapazität wurde durch Anzahl und Größe der zur Verfügung stehenden Glasplatten begrenzt. Von 1956 bis 1957 stieg der Bedarf an Membranfiltern um rund 50 Prozent. Diese Nachfrage ließ sich nur durch eine Reihe von Um- und Ausbaumaßnahmen bewältigen; unter anderem wurden größere Glasplatten samt passenden Regaltischen angeschafft. Um das Ausstanzen der Filter zu beschleunigen, besorgte man sich eine automatische Stanze. Am Ende des Jahres 1957 verfügte die Produktionsabteilung über 45 Glasplatten, die 60 Zentimeter Breite und 120 Zentimeter Länge maßen und damit eine Gesamtoberfläche von etwa 30 Quadratmeter hatten. Damit war die Membranfiltergesellschaft in der Lage, „alle Aufträge ohne Lieferverzögerung durchzuführen".[261]

Eine abermalige Aufstockung des Produktionsumfangs, so viel stand fest, würde damit aber nicht mehr zu erreichen sein; auch aufgrund des dafür nötigen Zeitaufwands bzw. des zur Verfügung stehenden Personals. Daher suchte man parallel zum Ausbau der handwerklichen Produktion nach einem kontinuierlich arbeitenden maschinellen Herstellungsverfahren mit Endlosband. Für das firmenintern entwickelte Badverfahren meldete man sowohl in Deutschland als auch in den USA Patente an. Auch das technische Zubehör ließ sich nicht „von der Stange" kaufen, sondern musste selbst entworfen werden. Die technische Umsetzung der ersten Ziehmaschine für die kontinuierliche Filterfabrikation erfolgte unter anderem in Zusammenarbeit mit der Firma Sandvik in Stuttgart, die das Stahlband – bei welchem die Breite von 60 Zentimetern beibehalten wurde – lieferte. Zwar boten die Herstellungsprozesse aus der Papier- und Filmindustrie eine grobe Orientierung, doch im Grunde betrat man mit der industriellen Produktion poröser und zugleich sehr dünner Membranen völliges Neuland.[262]

1959 stieg der Jahresumsatz der Membranfiltergesellschaft im Vergleich zum Vorjahr um weitere 48 Prozent. Am 11. Februar dieses Jahres wurde die erste Ziehmaschine in Auftrag gegeben – laut Firmenberichterstattung „das wichtigste Ereignis aus der letzten Zeit".[263] Die Aufstellung wurde 1960 festlich begangen. Die Implementierung eines stabilen Verfahrensprozesses war ein langer Weg. Herausforderungen bildeten etwa die Zusammensetzung der richtigen Gießlösung und das Netzmittel, das Beibehalten einer gleichmäßigen Temperatur in den Heizschlingen, das regelmäßige Aufreinigen – und „den Filter überhaupt vom Stahlband runterzukriegen. Der klebte immer fest."[264] Nach Überwindung der Anfangsschwierigkeiten stellte Sartorius bis Dezember 1963 nach und nach das gesamte Trockenfilterprogramm auf die maschinelle Herstellung um. Ein Ausschnitt aus einem Kurzbericht des Jahres 1961 gibt die damals herrschende Zufriedenheit und Zuversicht im Unternehmen wieder: „Die Lage der Membranfiltergesellschaft auf dem Markt ist praktisch ohne nennenswerte Konkurrenz, so daß der Umsatz von Jahr zu Jahr gesteigert werden konnte."[265] Abnehmer der nunmehr industriell hergestellten Membranfilter seien Institutionen, die Filter für bakteriologische, chemische und technische Zwecke nutzten: die Getränke- und Lebensmittelindustrie, Laboratorien und Institute aller Art, Gesundheits- und Untersuchungsämter, Kliniken, Bundesbahn, Bergbau, Ölraffinerien, die Motorenindustrie und andere mehr.

Abb. 44 Mitarbeiter vor der ersten Ziehmaschine, die Anfang der 1960er Jahre aufgestellt wurde

Abb. 45 Strohmaier-Ultrafiltrationsgerät, 1973

Zur signifikanten Umsatzsteigerung in den 60er Jahren trug die Entwicklung von Trägermembranen für die Elektrophorese entscheidend bei. Unter Elektrophorese wird ein analytisches Trennverfahren verstanden, das auf der Wanderung geladener Teilchen in einem elektrischen Feld beruht und das hauptsächlich im medizinischen und biologischen Bereich zur Anwendung kommt. Die in den 30er Jahren entwickelte Methode erlebte nach etlichen Verbesserungsschritten gegen Ende der 50er Jahre ihren Durchbruch. Für die Membranfiltergesellschaft wurde die Herstellung der dafür notwendigen Trägermembranen zu einem umsatzstarken internationalen Geschäft.[266]
Im Oktober 1968 zog die MFG, die seit 1965 als Sartorius-Membranfilter GmbH firmierte, beispielsweise eine Bestellung von 1.800.000 „Elphorstreifen" durch die Firma Elvi in Mailand an Land – der bis dahin größte Auftrag in ihrer Geschichte.[267]
Mit dem 1969 eingeführten „Strohmaier-Gerät" reagierte Sartorius vor allem auf die Bedürfnisse der Pharma- und Getränkeindustrie.[268] Bei dem Apparat handelte es sich um ein „Plate and frame"-Crossflow-Ultrafiltrationssystem, das u. a. für die Filtration hochmolekularer Stoffe wie Eiweiße oder Enzyme und stark partikelreicher Flüssigkeiten geeignet war. Es entstand in Zusammenarbeit mit Dr. Karl Strohmaier von der Bundesforschungsanstalt für Viruskrankheiten der Tiere in Tübingen. Die Crossflow- oder Querstrom-Filtration ist eine Alternative zur klassischen Dead-End- oder Kuchen-

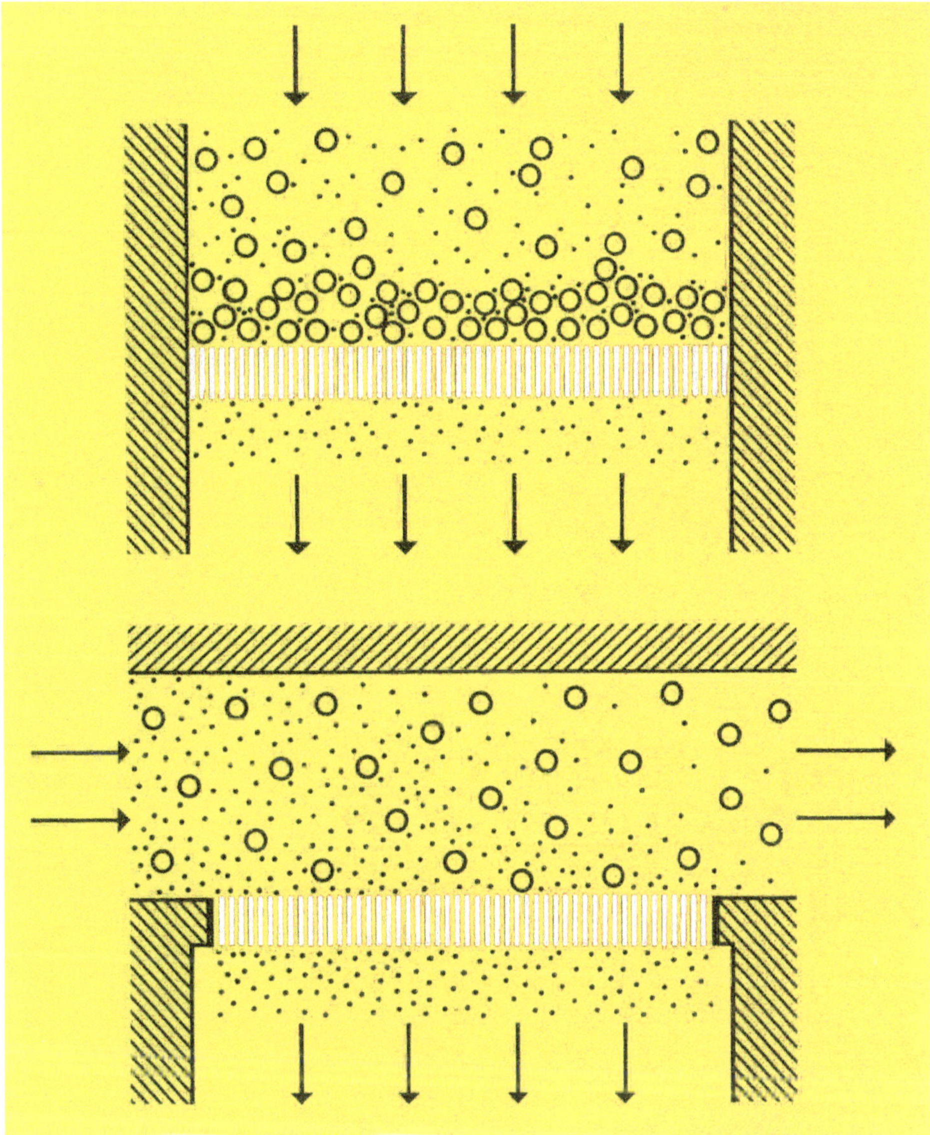

Abb. 46 Schematische Darstellung der Dead-End- (oben) und Crossflow-Technik (unten), 1973

filtration. Bei der Kuchenfiltration sammelt sich während des Filtrationsprozesses – besonders im Fall partikelreicher Flüssigkeiten – ein immer dichter werdender Film von Ablagerungen auf der Filteroberfläche an. Je dichter der „Filterkuchen", desto ungünstiger sein Einfluss auf die Filtrationsleistung, weswegen er nach einer bestimmten Zeit entfernt werden muss. Bei der Crossflow- oder Querstrom-Filtration bilden sich keine Ablagerungen auf der Filteroberfläche, weil das zu filtrierende Medium die Filteroberfläche horizontal überströmt. Ein Teil davon, das sogenannte Permeat, durchwandert die Membran, während die Festteilchen oberhalb der Membran aufgrund der Querströmung in Bewegung bleiben. Dies hat den Vorteil, dass sich partikel- und schwebstoffreiche Flüssigkeiten wie Arzneistoffsuspensionen, Blutseren, Molke oder Fruchtsäfte in einem einzigen Gang und ohne die Entfernung eines Filterkuchens oder den Einsatz von Filterhilfsmitteln filtrieren bzw. einengen lassen. Das Strohmaier-Gerät, dessen Herzstück aus einem Plattenpaket bestand, in das die Ultrafilter eingelegt wurden, kam zunächst in Pharmazie, Mikrobiologie, Medizin und Biochemie zur Anwendung. Es wurde hier zur Anreicherung und Abtrennung von Kolloiden und biopolymeren Stoffen benutzt, darunter Proteine, Enzyme, pyrogene Verbindungen oder Viren. In den 80er Jahren wurde die Crossflow-Filtrationstechnologie dann vermehrt in der Saft- und Weinherstellung eingesetzt. Auch zur Wasseraufbereitung ist das Verfahren geeignet.

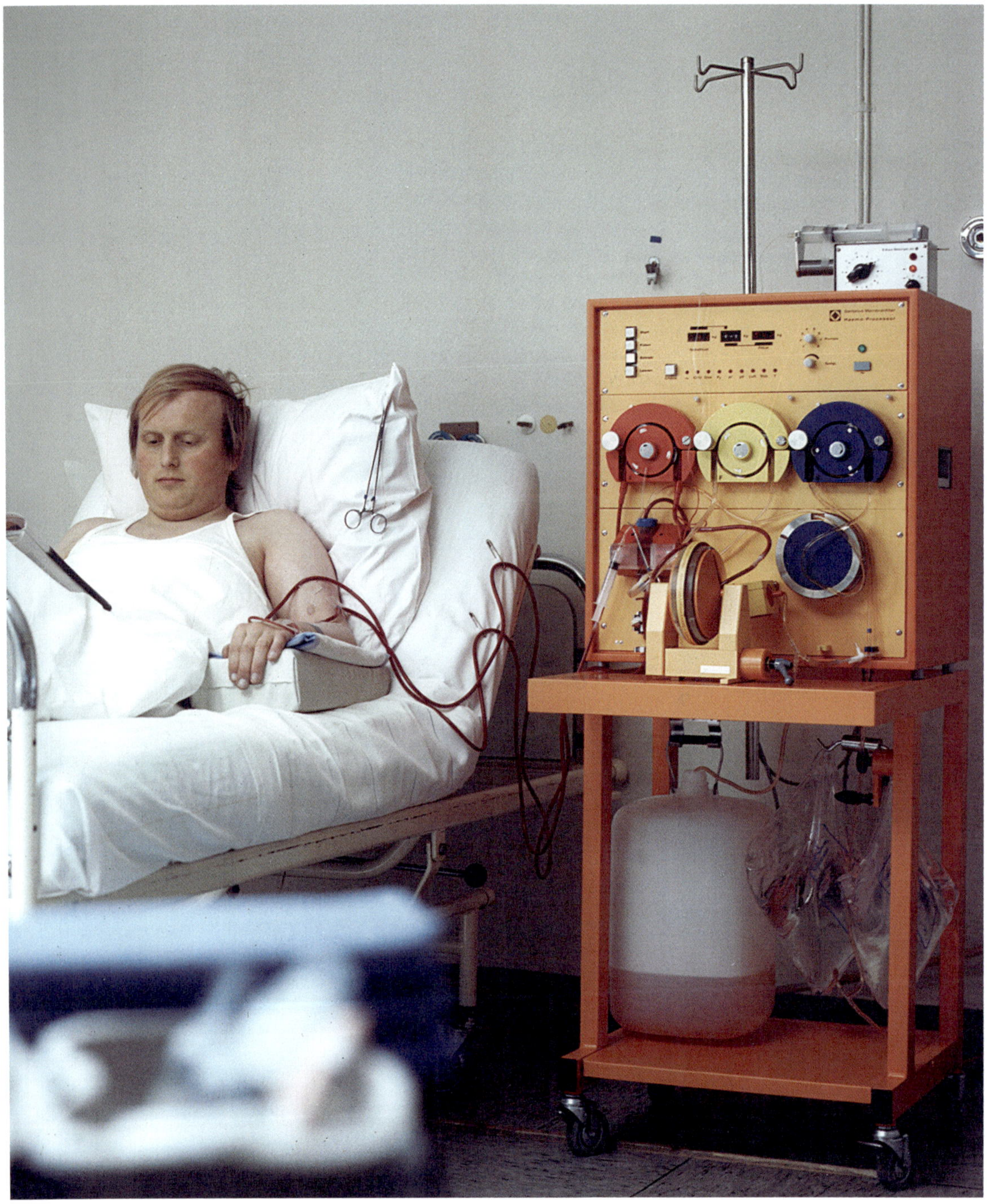

Abb. 47: Sartorius-Haemoprocessor zur Ultrafiltration des Blutes, 1970er Jahre

Hämofiltration: Erfolg von kurzer Dauer

Ultrafiltereinheiten in Crossflow-Bauweise bildeten auch das Herzstück der „künstlichen Niere" – eines Projekts, das in den von wirtschaftlichen Krisen geschüttelten 70er Jahren mit großem Aufwand verfolgt wurde und mit enormen Hoffnungen verbunden war. Die Durchführung erfolgte in Zusammenarbeit mit der Universitätsklinik Göttingen und dem Nephrologischen Zentrum Niedersachsen in Hann. Münden. Der daraus resultierende Haemoprocessor basierte auf einem neuen medizinischen Ansatz in der Nierenersatztherapie und war der Funktionsweise menschlicher Nieren nachempfunden. Im Unterschied zur Hämodialyse, die damals bereits üblich war, handelte es sich bei der Hämofiltration um ein reines Filtrationsverfahren. Das brachte Vorteile mit sich.

So beruht die klassische Hämodialyse auf dem physikalischen Vorgang der Osmose: ein passiver Konzentrationsausgleich zwischen zwei ungleich konzentrierten Lösungen durch eine halb durchlässige Membran. Bei dieser Art der Blutwäsche wandern die gelösten Stoffwechseltoxine aus dem Blut des Patienten durch die Membran in die Spülflüssigkeit. Da die Giftstoffe dem Blut aber nicht gleichmäßig entzogen werden und die Prozedur bis in die 70er Jahre hinein noch sehr langwierig war – die Patienten waren damals mindestens zwölf Stunden lang an das Dialysegerät angeschlossen –, litten Dialysepatienten während der Behandlung oft an Übelkeit, Erbrechen, Krämpfen und Kreislaufproblemen. Demgegenüber wurde das Blut Nierenerkrankter mit dem Sartorius-Haemoprocessor einer Ultrafiltration unterzogen, das heißt man leitete es über eine spezielle Membran, die für feste Blutbestandteile und Eiweißstoffe undurchlässig war. Die in der Blutflüssigkeit gelösten Giftstoffe waren dagegen membrangängig und wurden durch die Filtration aus dem Blut entfernt. Um eine zu starke Verdickung des Blutes zu vermeiden, wurde die durch die Filtration entzogene Blutflüssigkeit durch eine äquivalente Menge Substitutionslösung ersetzt. Für Patienten war dieses Verfahren körperlich weniger belastend und mit geringerem Zeitaufwand verbunden. Hinzu kam, dass die Ultrafiltration sich auch dazu eignete, dem Körper gezielt Wasser zu entziehen, was bei nierengeschädigten Patienten mit Wasseransammlungen im Körper oft notwendig ist.

Den Auftakt für das Projekt „künstliche Niere" machte der erste Probeeinsatz von Membranen für das Gerät im März 1969. Von 1973 bis 1975 unterstützte das Bundesministerium für Forschung und Technologie (BMFT) die Entwicklungsarbeiten mit rund fünf Mio. D-Mark – zusammen mit thematisch verwandten Projekten wie der Meerwasserentsalzung durch Umkehrosmose und der Entwicklung spezieller Kapillarmembranen für die Züchtung dreidimensionaler Zell- und Gewebekulturen.[269] 1975, als die Wirtschaftskrise in der Bundesrepublik ihren Höhepunkt erreichte, schloss sich eine zweite Förderperiode an. Zu diesem Zeitpunkt wurde auch mit der klinischen Erprobung der künstlichen Niere begonnen: Anderthalb Jahre lang setzten die Universitätsklinik Göttingen und das Nephrologische Zentrum in Hann. Münden das Hämofiltrationsgerät dreimal pro Woche bei der Behandlung von sechs Patienten mit absolutem Nierenversagen ein. Die erzielten Ergebnisse wurden 1976 von dem renommierten Göttinger Nephrologen Fritz Scheler auf einem eigens dafür einberufenen Fachsymposium in Braunlage vorgestellt. Scheler und sein Mitarbeiter Peter Kramer gelten seither als Pioniere der Hämofiltration.

Zu dem Kongress reisten mehr als 200 Nierenspezialisten aus dem In- und Ausland an. Die Experten zogen die optimistische Schlussbilanz, dass die Hämofiltration das herkömmliche Dialyseverfahren innerhalb der nächsten fünf Jahre ablösen werde. Auch firmenintern war der Enthusiasmus groß: Man sei auf ein Verfahren gestoßen, „wie es vergleichbar im medizinischen Bereich innerhalb von 50 Jahren vielleicht einmal gefunden wird".[270] Ende 1976 vermerkte der Firmen-Geschäftsbericht, mit Abschluss der Nullserie sei die künstliche Niere nunmehr in einen produktionsreifen Zustand gebracht.[271]

Es sollte nicht lange dauern, bis die Hoffnung, das neue Produkt werde in jenen rezessionsgeschüttelten Zeiten die Auftragslage erhöhen, Früchte trug. Um die Wettbewerbsfähigkeit des Hauses zu stärken, fusionierten die beiden Tochtergesellschaften Sartorius-Gleitlager GmbH zum 1. Januar 1976 und die Sartorius-Membranfilter GmbH zum 1. Januar 1978 mit der Muttergesellschaft Sartorius-Werke GmbH, die fortan als Sartorius GmbH firmierte. Der Anteil der Membrantechnik am Gesamtfirmenumsatz lag 1978 bei 32,40 Prozent. Davon entfielen 12,80 Prozent auf den traditionellen Produktschwerpunkt Mikrobiologie, 8,35 Prozent auf den Bereich Prozessfiltration, weitere 4,60 Prozent auf die klinische Chemie und 3,17 Prozent auf die künstliche Niere. Im Jahr darauf (1979) war der Anteil des Haemofiltrationsgeräts innerhalb der Membrantechnik bereits auf 4,9 Prozent angestiegen.[272]

Mit dem Vertrieb der künstlichen Niere beauftragte man die Bad Homburger Firma Fresenius. Das Unternehmen hatte Erfahrung im Verkauf von Dialysegeräten und Dialysatoren anderer Unternehmen und verfügte über wichtige Anteile auf dem Krankenhausmarkt. Nach einem Jahr der Zusammenarbeit mit Fresenius könne man sagen, so der Firmenlagebericht von 1979, „dass die erzielten Ergebnisse mit unserer künstlichen Niere unsere Erwartungen übertroffen haben und der gewählte Weg als richtig angesehen werden kann".[273]

Durch die künstliche Niere zeichnete sich 1980 in der Sartorius GmbH erstmals eine neue Tendenz in der Produktgruppenentwicklung des Gesamtunternehmens ab. Bislang war die Wägetechnik der Hauptpfeiler des Unternehmens gewesen. Diese bisherige starke Akzentuierung auf Waagen habe sich, so der Lagebericht für den Zeitraum von Januar 1979 bis Oktober 1980, zugunsten der Membrantechnik verändert. Während der Auftragseingang in der Wägetechnik um 8,2 Prozent gesunken sei, habe es in der Filtrationstechnik einen Zuwachs von 16,8 Prozent gegeben. Zu den herausragenden Produktgruppen gehörten damals die künstliche Niere mit einem Wachstum von 70 Prozent und der Bereich der klinischen Chemie, wozu u. a. Elektrophoresemembranen zählten, mit einer Steigerung von knapp 30 Prozent. Für 1981, so die Prognose, könne der neue Trend möglicherweise „zu der Relation 67:33 Wägetechnik:Membrantechnik" führen.[274]

Seit damals ist die Bedeutung der Sparte Filtertechnologie kontinuierlich gewachsen. Die künstliche Niere trug dazu aber nicht mehr bei. Denn ihre weitere Entwicklung nahm einen anderen Verlauf als erwartet. Wann und aus welchen Gründen die Entscheidung fiel, das einstmals so vielversprechende Produkt vom Markt zu nehmen, geht aus den Quellen nicht klar hervor. In einem vertraulichen Papier zur Lageeinschätzung 1982 findet sich lediglich die knappe Notiz: „künstliche Niere auslaufend".[275] Dass das Gerät, das bis dato in erster Linie in Europa vertrieben worden war, 1983 endlich die Zulassung der *US-Food and Drug Administration* (FDA) für Medizinprodukte erhielt und damit auch für den attraktiven US-Absatzmarkt zur Verfügung stand, vermochte an der Entscheidung nichts zu ändern. Offenbar lagen mehrere Gründe vor, die die Firmenleitung dazu bewogen, die Produktlinie aufzugeben.[276] Anscheinend hatte man auf der einen Seite die Problematik der Produkthaftung unterschätzt, die gerade im medizinischen Bereich und besonders in den USA mit einem sehr großen Kostenrisiko verbunden war. Andererseits fehlte es dem Unternehmen an einem auf lange Sicht tragfähigen Produktportfolio für den Krankenhaussektor. Hinzu kam, dass das alternative Verfahren der Dialyse in der Zwischenzeit stark verbessert worden war und sich in den Kliniken etabliert hatte. Mit der 1977 entwickelten kontinuierlichen arterio-venösen Hämofiltration (CAVH) kam ein weiteres vielversprechendes Verfahren für die Nierenersatztherapie dazu, das Ende der 70er Jahre seinen Siegeszug für die Behandlung des akuten Nierenversagens in der Intensivmedizin antrat.[277] Ihm folgten weitere Spezialverfahren.

Gleichwohl hinterließ das Projekt der künstlichen Niere eine positive Erfahrung im Unternehmen. Zu seiner Ausarbeitung hatten beide Unternehmenssparten gleichermaßen beigetragen – eine für die ansonsten stets getrennt und völlig unabhängig voneinander agierenden Bereiche eher ungewöhnliche Entwicklung.[278] Der Grund für die Kooperation: Die künstliche Niere setzte sich aus zwei zentralen Bausteinen zusammen, dem Haemofiltrationsmodul und dem Haemoprocessor. Während die Entwicklung des Haemofiltrationsmoduls auf die Mitarbeiter der Membrantechnik zurückging, war der Haemoprocessor eine Leistung der Sparte Wägetechnik. Als Steuergerät der künstlichen Niere diente der Processor der präzisen Mengenbestimmung von Substitutionsflüssigkeit und war mit zwei elektronischen Sartorius-Waagen der Reihe 3700 und mit Prozessoren der Intel-Serie 4040 bestückt.

Der Konkurrenz die Stirn bieten: Wettbewerbsinduzierter Ausbau der Produktpalette

Der zeitweilige Erfolg der künstlichen Niere täuscht leicht darüber hinweg, dass die generelle Situation im Membranfilterbereich damals alles andere als rosig war. Spätestens Mitte der 70er Jahre realisierte man bei Sartorius, wie hart umkämpft der Markt inzwischen war – vor allem mit Blick auf die USA. Von 1974 bis Mitte 1977 stagnierte die Gesamtleistung der Sartorius-Membranfiltergesellschaft vor allem wirtschaftskrisenbedingt; zugleich hatten aber die gestiegenen Kosten zu „einem scharfen Abfall der Betriebsergebnisse – allerdings nicht in die roten Zahlen" geführt.[279] Währenddessen lagen die durchschnittlichen Zuwachsraten der drei US-Hauptwettbewerber Millipore, Gelman und Pall bei rund 25 Prozent. Dieser markante Unterschied war nicht allein auf die wirtschaftliche Situation in der Bundesrepublik zurückzuführen. Die US-Wettbewerber hatten den Zuwachs in erster Linie durch eine Produktdiversifikation erzielt. Laut einem firmeninternen Dokument von 1974 hatten die drei Konkurrenten aus den USA jeweils wenigstens 35 Prozent ihres Umsatzes mit neuen

Produkten gemacht, die in den letzten drei bis fünf Jahren in das Programm aufgenommen wurden. Bei Sartorius waren es dagegen nur zehn bis zwölf Prozent.[280] Im Vergleich mit der stürmischen Innovationsaktivität der Konkurrenz war die Produktentwicklung bei der Sartorius-Membranfiltergesellschaft also stark ins Hintertreffen geraten. Einer der Hauptgründe für die damalige Innovationsschwäche dürfte die fehlende Bereitschaft des Mutterunternehmens gewesen sein, große Investitionen im Membransektor zu tätigen. Der Mitte der 60er Jahre angestoßene gewaltige Umstellungsprozess der Wägetechnik von der Mechanik auf die Elektronik hatte sämtliches Firmenkapital gebunden und zu einseitigen Investitionen auf diesem Gebiet geführt: eine Unternehmenspolitik, deren Opportunitätskosten sich jetzt deutlich zeigten.[281]

Nicht nur in den USA, sondern auch in Westeuropa hatte sich die Konkurrenzsituation verschärft. Hier waren vor allem die Unternehmen Schleicher & Schüll, Seitz und Oxoid mit verstärktem Engagement in den Membranfiltersektor vorgedrungen und führten nun einen aggressiven Preiskampf um Kunden und Marktanteile. Aus einer Analyse des für die Sartorius-Membranfiltergesellschaft relevanten westeuropäischen Marktes ging für das Jahr 1973 ein Umsatzvolumen von insgesamt 51 Mio. D-Mark hervor. Daran war das Göttinger Unternehmen aber nur zu 28 Prozent beteiligt. Auf Millipore entfielen 44, auf Gelman zehn, auf Schleicher & Schüll sieben und auf Oxoid vier Prozent. Die restlichen sieben Prozent teilten sich andere Firmen untereinander auf.[282]

Um sich auf dem umkämpften Markt besser positionieren und ein ähnliches Umsatzwachstum wie die Konkurrenz erreichen zu können, beschloss die Sartorius GmbH, die Produktpalette zu erweitern: „Das Ultrafiltrationsprogramm wird überarbeitet, um der inzwischen viel zu stark gewordenen Konkurrenz mit einem entsprechenden Programm ent-

Abb. 48 Plissierte Filterkerzen vervielfachten die Filtrationsfläche bei gleichzeitig kompakter Bauweise, Werbeanzeige 1979 (links)

Abb. 49 Kerzenfertigung, vermutlich Ende 1970er Jahre (rechts)

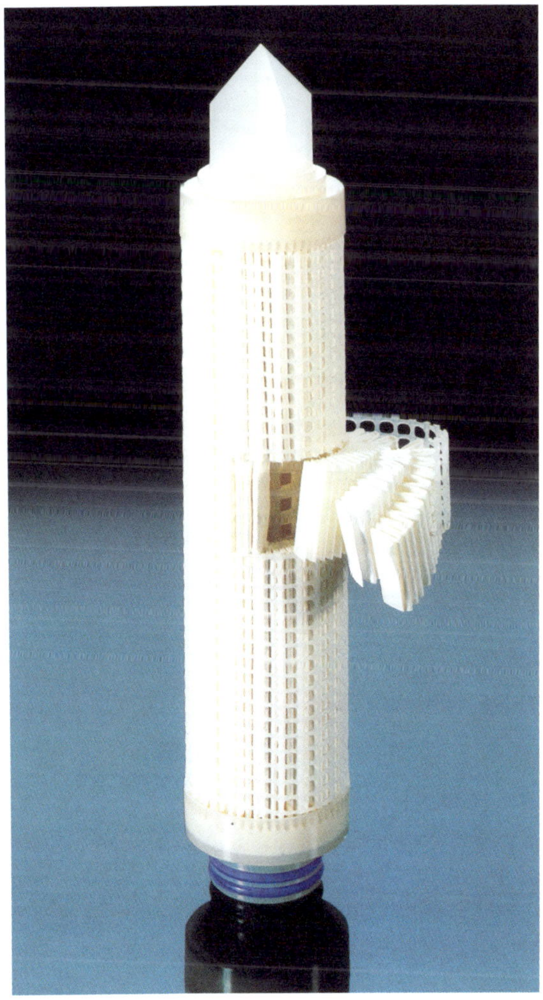

gegenstehen zu können", lautete die Zielsetzung von 1977.[283] Darüber hinaus strebte man in Göttingen Fertigungs- und Produktionsoptimierungen an, um Kosten zu senken und die Qualität der Produkte gleichbleibend zu erhöhen. An vorderster Stelle legte Sartorius sich jedoch auf eine neue Entwicklungsrichtung fest: die künftige Herstellung „marktgerechter Produkte, insbesondere Einwegeinheiten". Das hieß: „In der Membranfilter-Gesellschaft wird also sehr viel verändert und muß noch vieles verändert werden", so das selbstkritische Schlussresümee von 1977, „wenn wir unserer Konkurrenz überhaupt noch entgegentreten wollen."[284]

Der größte Entwicklungsbedarf bestand in der Prozessfiltration – einem Bereich, der weltweit stark expandierte. Um hier der Konkurrenz künftig die Stirn bieten zu können, benötigte Sartorius vor allem ein breites und ansprechendes Filterkerzensortiment. Filterkerzen zeichnen sich durch eine hohe Filtrationsfläche auf kleinstem Raum aus, was eine hohe Durchflussleistung und eine lange Standzeit garantiert. Dadurch eignen sie sich gerade für industrielle Filtrationsprozesse, insbesondere dann, wenn sie zusätzlich mit geeigneten Vorfiltern zur Abtrennung von Grobpartikeln kombiniert werden. Die bislang üblichen Flachfiltersysteme waren auf einen maximalen Durchmesser von 293 Millimeter begrenzt, sodass ihre Leistung für die Prozessfiltration unzureichend war. Diese Begrenzung ließ sich durch zylinderförmige Filterkerzen überwinden, die in Edelstahlfiltergehäusen von außen nach innen durchströmt wurden.[285] 1974 wurde der weltweite Markt für Kerzen und Kerzenzubehör auf 25 bis 30 Mio. D-Mark geschätzt. Bei den Mitbewerbern von Sartorius hatte die expansive Produktlinie der Filterkerzen bereits zu überdurchschnittlichen Steigerungsraten beim Umsatz geführt. Dieser Rückstand sollte bei Sartorius durch den kurzfristigen Aufbau eines Filterkerzensortiments mit kurzen und langen sowie glatten und plissierten Kerzen aufgeholt werden. 1973 brachte Sartorius seine ersten Filterkerzen mit plissierter Membran auf den Markt, die neben Edelstahl- auch in Kunststoffgehäusen geliefert werden konnten. Deren Filtermembran war im Innern zickzackförmig und damit platzsparend gefaltet, wodurch es zu einer weiteren signifikanten Flächenvergrößerung und Erhöhung der Filterleistung bei gleichzeitig kompakter Bauweise kam. Sie waren skalierbar, die Kunden konnten je nach Bedarf mehrere Kerzen zusammenschalten. In den Folgejahren wurden die Filterkerzen weiterentwickelt, neue Prüfverfahren kamen hinzu. Die ersten glatten Filterkerzen in Kleinserie wurden 1977 hergestellt.[286]

Auch in den 80er Jahren brachte Sartorius fortlaufend neue Filterkerzenmodelle für unterschiedliche Flüssigkeitsvolumina und Anwendungsspezifikationen auf den Markt. Die anvisierten Käufergruppen waren in erster Linie die Pharma-, Kosmetik-, Getränke- und Chemieindustrie. Unter

Abb. 50 Werbeanzeige für Filter, 1982

anderem setzte sich Anfang der 80er Jahre mit den Vorfilterkerzen eine weitere Produktlinie in der Prozessfiltration durch, mit der es gelang, neue industrielle Einsatzbereiche zu erschließen.
Der Erfolg ließ nicht lange auf sich warten: 1984 wurde mit der Prozessfiltration die höchste Steigerungsrate in der Produktgruppenentwicklung erreicht. Bei den Filterkerzen konnten mit Produkten wie der Minikerze, Sartopure oder Sartobran die Umsätze verdoppelt werden.[287] Durchaus stolz und selbstbewusst wurde in der Aufsichtsratssitzung im Juni 1983 eine neue Marschroute vorgegeben: Man müsse davon abkommen, immer zuerst auf die beiden Wettbewerber Millipore und Pall zu schielen. „Wir können davon ausgehen, daß unsere Produkte voll und ganz den Anforderungen unserer Kunden entsprechen und wir verstärkt nach interessanten Applikationen schauen müssen, wozu ein qualifiziertes Produkt-Management mit beitragen muß."[288]

Disposables:
„Einmal und nicht wieder.
(Immer wieder)"

Parallel zum Ausbau des Filterkerzenprogramms entwickelte man in Göttingen ab Mitte der 70er Jahre auch erste „Disposables" für den Labor- und Prozessbereich. Als Disposable bezeichnet man im Bereich von Medizin und Biotechnologie Einweg- bzw. „Single-use"-Produkte. Dazu zählen beispielsweise Spritzenvorsatzfilter oder Filterkerzen in Kunststoffgehäusen (sogenannte Kapsulen) für den einmaligen Gebrauch. Sie bestehen in der Regel aus einem Kunststoffmaterial, meist Polyamid, Polycarbonat oder Polypropylen, und werden nach ihrem Gebrauch entsorgt.
Vor dem Aufkommen der Disposables wurden Membranfilter in spezielle Halter aus Edelstahl, Glas oder Keramik eingesetzt. Die Apparaturen waren für den dauerhaften Gebrauch vorgesehen und muss-

Abb. 51 Werbeanzeige für sterile Einwegfilterprodukte, 1978

ten nach jeder Filtration aufwendig gereinigt und sterilisiert werden, um Kreuzkontaminationen – ungewollte Übertragungen von Mikroorganismen – zu unterbinden, was mit einem hohen Arbeitsaufwand verbunden war. Mit dem Werbeslogan „Einmal und nicht wieder. (Immer wieder)" führte Sartorius in der zweiten Hälfte der siebziger Jahre die ersten einzelverpackten Disposables für den klinischen Bereich ein. Unter ihnen befand sich der Spritzenvorsatzfilter Minisart – eine gebrauchsfertige, sterile Filtereinheit, die sich ohne weitere Vorbehandlung für Spritzeninjektionen einsetzen ließ und bis heute Teil des Sartorius-Produktportfolios ist.

Im Bereich der Filterkerzen bewegte sich Sartorius mit den Filterkapsulen in eine vergleichbare Richtung: Die Kerzen wurden in anschlussfertige Gehäuse aus Polypropylen eingebaut und anschließend sterilisiert. Das ermöglichte es den Verbrauchern, die Kapsulen ohne weitere Vorbereitung und ohne zusätzliche Filtergehäuse direkt der Verpackung zu entnehmen und in ihre Anlagen einzusetzen – ein immenser Komfortgewinn, auch im Rahmen der Prozessvalidierung. Ab 1983 nahm Sartorius die Entwicklung von Filterkassetten für die Crossflow-Filtration auf, die in der Pharma- und Getränkeindustrie immer wichtiger wurde. In den 90er Jahren bildeten schließlich kombinierbare Einweg-Systeme mit unterschiedlichen Funktionen die Grundlage für die Single-use- oder Disposable-Technologie, die einen wahren Siegeszug in der biotechnologischen Arzneistoffproduktion antrat. Mittlerweile decken geschlossene „Ready-to-use"-Filtrationssysteme, Einweg-Bioreaktoren und andere Disposable-Systeme ganze Prozesslinien mit der Single-use-Technik ab.

Wichtige Weichen für die Zukunft wurden in den 80er Jahren auch bei der Membranentwicklung gestellt. Im Januar 1980 trat Christoph Sartorius, Sohn von Horst Sartorius, als Prokurist in die Sartorius GmbH ein. Zu seinen Aufgaben gehörte u. a. die Koordinierung der Membrantechnologie. Noch im gleichen Jahr leitete er zahlreiche organisatorische und strategische Maßnahmen ein mit dem Ziel, die Produktivität in der Filtrationstechnik zu steigern und deren Qualitätsstandards zu sichern bzw. zu erhöhen. Zugleich wurden unter seiner Leitung Prioritäten für die Weiterentwicklung des Membranbereichs gesetzt. Dazu zählte – neben dem Ausbau des Filterkerzen- und Disposable-Sortiments – die Weiterentwicklung von Filtermembranen.[289] Auf der einen Seite sollten vorhandene Filtermaterialien optimiert und hinsichtlich ihrer Herstellungsrezepturen überarbeitet werden. Andererseits wurde viel Aufwand in die Suche nach neuen Membranmaterialien gesteckt, um damit besondere Funktionalitäten und Merkmale wie hydrophile oder hydrophobe Oberflächeneigenschaften, eine große Robustheit oder besondere Hitzebeständigkeit zu erreichen. In diesem Rahmen wurde auch mit alternativen Ausgangsmaterialien wie den Kunststoffen Polyamid (Nylon) oder Polysulfon experimentiert. Aus den damals in die Wege geleiteten Forschungsarbeiten gingen, mitunter erst in größerem Zeitabstand, wichtige Innovationen wie die Polyethersulfonmembranen oder auch die Membranadsorber hervor. Bei den Membranadsorbern handelt es sich um Membranionenaustauscher, die im Rahmen der Ionenaustausch-Chromatographie eingesetzt werden – einer universellen Aufreinigungsmethode der Proteinchemie, die auf einer Trennung von Eiweißmolekülen durch unterschiedliche Ladungen beruht. Mitte der 90er Jahre brachte Sartorius die ersten Membranadsorber für den analytischen und diagnostischen Bereich auf den Markt; gegen Ende des Jahrzehnts folgten Membranadsorber für die großtechnische Pharmaproduktion.

Krise als Chance: „Zukunftskonzept Ziehmaschinen"

Trotz des Aufwärtstrends im Membranfilterbereich kursierten 1989 Gerüchte um einen bevorstehenden Verkauf des gesamten Unternehmens oder der Sparte Membranfiltration, was die Belegschaft in massive Unruhe versetzte.[290] Grundlos war die Besorgnis der Firmenmitarbeiter nicht. Bis Ende 1989 hatte die Geschäftsleitung eine strategisch enorm wichtige Entscheidung zu fällen; sie betraf in erster Linie das Thema der künftigen „Ziehmaschinenpolitik". Hinter diesem Schlagwort verbarg sich eine Problematik, die das Unternehmen schon mehrere Jahre überschattet hatte und seine weitere Existenz gefährdete: Laut Vorgabe des Göttinger Gewerbeaufsichtsamtes durften die beiden Ziehmaschinen, mit denen in Göttingen Celluloseacetat- und -nitratfiltermembranen produziert wurden,

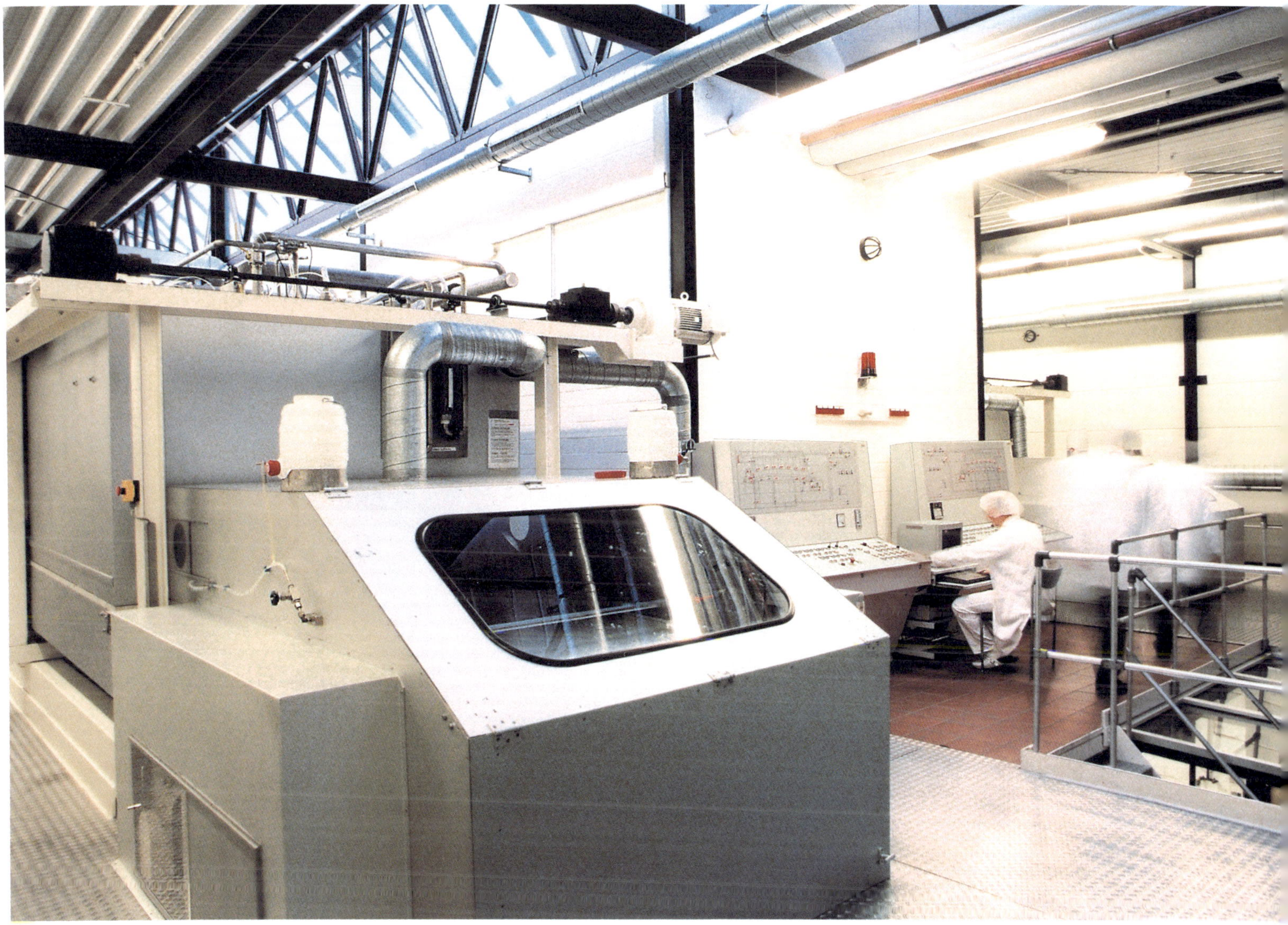

Abb. 52 Ziehmaschinen nach dem Umzug in das „Neue Werk" in Göttingen, 1990er Jahre

nur noch bis zum 31. Dezember 1991 betrieben werden. Und dies auch nur dann, sofern das Unternehmen für die Zukunft beabsichtigte, neue Anlagen an einem anderen Produktionsort in Betrieb zu nehmen. Die unmittelbare Folge der behördlichen Auflage findet sich im Protokoll der Aufsichtsratssitzung vom 7. März 1989 deutlich ausbuchstabiert: „Geschieht dies nicht, wird die Gewerbeaufsicht unsere Ziehmaschinen sofort stilllegen. Damit wird der Sparte Filtrationstechnik die Lebensgrundlage entzogen, was aufgrund der remanenten Fixkosten den Konkurs für die Gesamtfirma bedeutet."[291]

Die rechtliche Grundlage der behördlichen Maßnahme stammte aus den frühen 1980er Jahren. Damals wurden in der Bundesrepublik und in anderen westlichen Industrieländern neue Emissionsregelungen eingeführt, um den Schadstoffausstoß der Industrie zu senken. Durch Novellierung der technischen Anleitung zur Reinhaltung der Luft (TA Luft) wurden 1983 und 1986 Grenzwerte der maximal zulässigen Lösungsmittelemissionen für Stoffe der Klasse I, II und III definiert, die ab dem 1. Januar 1992 verbindlich werden sollten. Die Neuregelung betraf auch das in Göttingen angewandte Produktionsverfahren für Filtermembranen aus Celluloseacetat und -nitrat. Das „Verdunstungsverfahren" setzte Lösungsmittel aller drei Klassen in Konzentrationen frei, die die Grenzwerte „erheblich überschritten".[292] Die in großen Mengen hergestellten Cellulosemembranen bildeten die Basis des Membranfiltergeschäfts, während künstliche Membranmaterialien wie Nylon oder Polysulfonamid damals nur additive Umsätze ermöglichten. 1988 war beispielsweise auf der Basis von Membranprodukten

9450

aus Celluloseacetat und -nitrat ein Umsatz von 38 Mio. D-Mark erwirtschaftet worden, was 61 Prozent des Gesamtumsatzes der Sparte Filtrationstechnik entsprach.[293]

1984 begann das Unternehmen im Rahmen des „Zukunftskonzeptes Ziehmaschinen" intensiv nach Möglichkeiten zu suchen, die die Lösungsmittelemissionen bei der Filterherstellung verringern sollten. Für die Membranfilterproduktionsanlage in Yauco (Puerto Rico) entschied man sich 1985 für das Rekuperationsverfahren mit Aktivkohle. Dagegen favorisierte man für den Hauptstandort in Göttingen sogenannte „gekapselte" Ziehmaschinen mit integrierter Lösungsmittelkondensation in einem geschlossenen Kreislauf. Dieses zweite Verfahren besitzt einige Vorzüge, weil es eine problemlose Rückgewinnung der Lösungsmittel erlaubt und darüber hinaus neue technische Möglichkeiten bot.

Daraufhin begann in Zusammenarbeit mit dem Institut für Verfahrenstechnik der Universität Hannover die Entwicklung der dazugehörigen Technologie. Die Ergebnisse wurden von der Hamburger Firma GTU in eine Pilotanlage im Technikums-Maßstab umgesetzt, die im Göttinger Werk von Februar 1988 bis Februar 1989 für den Versuchsbetrieb lief. Das Ergebnis war positiv: Mit der gekapselten Maschine ließen sich beide Membranarten zuverlässig produzieren, und auch die vorgeschriebenen Emissionswerte waren damit einzuhalten. Allerdings gab es auch einen Haken: Aufgrund des großen Platzbedarfs – pro Maschine wurden 30 Meter Länge, sieben Meter Breite und 5,5 Meter Höhe veranschlagt – war keine Aufstellung in dem räumlich begrenzten Stammwerk in der Weender Landstraße realisierbar.[294] Im Dezember 1988 wurde daher der Beschluss gefasst, Grundstücksverhandlungen mit der Stadt Göttingen aufzunehmen, um einen geeigneten Standort für die wohl unvermeidliche Ausgliederung des Membranbereichs zu finden.

Aus diesem Vorhaben entwickelte sich bis zum Frühjahr 1989 ein umfassendes Neubaukonzept für den Gesamtbetrieb. Unter Verwirklichung modernster und umweltverträglicher Technologien in Herstellung, Montage und Logistik sollte der Neubau die Wettbewerbsfähigkeit von Sartorius langfristig sichern. Denn das bisherige Stammwerk an der Weender Landstraße war durch seine Lage am Rande der Göttinger Kernstadt nicht nur für die Filtrationstechnik zu eng; auch für die Teilefertigung der Wägetechnik fehlte es dringend an Raum, um notwendige Modernisierungs- und Erweiterungsmaßnahmen durchführen zu können. Für den anvisierten neuen Standort wurden von der Stadt Göttingen rund 104.000 Quadratmeter Gelände auf einem Industriegelände in der Otto-Brenner-Straße im Nordwesten der Stadt zur Verfügung gestellt. Die Realisierung des Neubaus wurde auf mehrere Bauabschnitte angelegt; der für das Unternehmen gigantische Umzug auf die grüne Wiese hatte schrittweise abzulaufen. Um die hohen Investitionen für das neue Werk und den Ausbau des Produktportfolios schultern zu können, wurde 1989 eine Umstrukturierung des Unternehmens von einer GmbH zur Aktiengesellschaft beschlossen. Im Juni 1990 erfolgte der Börsengang.

Für die Filtrationstechnik wurde 1990 ein Produktionsgebäude von rund 5.600 Quadratmetern errichtet.[295] Die dort aufgestellten Ziehmaschinen arbeiten bis heute nach dem Verdunstungsverfahren, durch ihre Verkapselung gewinnt man mittlerweile aber 99,9 Prozent der eingesetzten Lösungsmittel zurück. Sie werden anschließend wieder in den Herstellungsprozess eingespeist. Kurz nach dem Umzug wurde mit der großtechnischen Herstellung synthetischer Membranen aus Polyamid und Polyethersulfon durch das Fällbadverfahren begonnen. Dieses zweite Ziehverfahren war ebenfalls eine Eigenentwicklung im Unternehmen, um die sich insbesondere Dr. Dietmar Nußbaumer verdient gemacht hat. Bald darauf führte man auch die ersten Oberflächenmodifikationen von Filtermembranen für die Membranadsorberherstellung durch.[296]

Abb. 53 Um Verunreinigungen zu vermeiden, werden Filter und Bags in Reinräumen hergestellt, in denen die Mitarbeiter spezielle Schutzkleidung tragen, 2020

Ausblick: „Wir bauen einen neuen Konzern"

Im Geschäftsbericht des Jahres 2000 wurde das Ziel der damaligen Unternehmensleitung klar formuliert: „Wir bauen einen neuen Konzern."[297] Begonnen hatten der Umbau und die Neuausrichtung von Sartorius mit der Berufung von Utz Claassen als Vorstandssprecher 1997 und der Übernahme der Leitung des Aufsichtsrats durch Professor Arnold Picot 1998. Nach einer Erhöhung des Aktienkapitals 1998 um 44 Prozent kam es zu einer bis dahin nicht gekannten Expansionsstrategie, in der zunächst alle Sparten - Wägetechnik, Separationstechnik und auch Gleitlager - durch Zukäufe und Allianzen gestärkt werden sollten.

Wie der Aufsichtsratsvorsitzende Picot in einer Sitzung des Aufsichtsrats 2000 feststellte, hätten sich „die Zeiten geändert". Es würde „heute von einem gut funktionierenden Unternehmen erwartet", dass dies „in einem Jahr z. B. fünf bis sechs Akquisitionen durchführen und integrieren kann".[298] So kamen bis 1999 unter anderem die Firmen Global Weighing Technologies (GWT) und Denver Instruments als Akquisitionen zur Wägetechnik hinzu, Vivascience zum Bereich Separationstechnik. 1999 dominierte anteilsmäßig noch klar die Wägetechnik die Firma Sartorius mit 59 Prozent des Umsatzes - die Gleitlager trugen zwei Prozent und die Separationstechnik 39 Prozent zum Umsatz bei.[299]

Entscheidend für die weitere Entwicklung von Sartorius war neben der Akquisition von Vivascience im Jahr 1999 diejenige von B. Braun Biotech International GmbH (BBI) im darauffolgenden Jahr. Damals reorganisierte man auch Sartorius, um eine Neuausrichtung des Konzerns zu forcieren: Die Gleitlagertechnik wurde gemeinsam mit der Wägetechnik zum neuen Bereich Mechatronik, der bisherige Bereich Separationstechnik dagegen zwischenzeitlich aufgeteilt in die Bereiche Biotechnologie und Umwelttechnik.[300] Der Bereich Umwelttechnik blieb wirtschaftlich jedoch unbedeutend.

2002 war dann erstmals in der Geschichte der Firma Sartorius der Umsatzanteil der Sparte Biotechnologie mit 53 Prozent größer als derjenige der Sparte Mechatronik mit 47 Prozent - wobei in der noch im Aufbau befindlichen Umwelttechnik laut Geschäftsbericht noch keine Erlöse erzielt wurden.[301] Im Geschäftsbericht hieß es: „Die Umsatzentwicklung zeigt, wie erfolgreich der aktiv betriebene Strukturwandel des Konzerns zur Biotechnologie gewesen ist." Die Führung von Sartorius habe erkannt, so der Bericht, dass die Biotechnologie „zu den am schnellsten wachsenden Branchen" zählte und „als eine der Zukunftstechnologien des 21. Jahrhunderts bezeichnet werden" könne.[302]

Entsprechend hatte man sich 2000 entschlossen, Professor Thomas Scheper, Lehrstuhlinhaber für Technische Chemie an der Universität Hannover, als „Chief Scientific Adviser" für das Unternehmen zu gewinnen.[303] Scheper sah seine Rolle als technischer Chemiker darin, bei Sartorius „aktuelles Grundlagenwissen in die industrielle Nutzung umzusetzen". Er forderte damals, dass sich die Bereiche bei Sartorius besser verknüpften, es sollte „ein Denken in Systemlösungen und industriellen Prozessabläufen der Nutzer" praktiziert werden: „Dadurch wird die Rolle von Sartorius nicht nur als Produkte-Lieferant, sondern auch als kompetenter biotechnologischer Partner und Problemlöser steigen."[304] Auch Claassen bemühte diese neue Metapher des „Problemlösers". Als er Ende März 2000 dem Aufsichtsrat von der Markteinführung der

Waage „Genius" berichtete, informierte er diesen auch, dass man in Zukunft darauf hinarbeite, „in der öffentlichen Darstellung vom reinen ‚Hersteller und Anbieter für Separationstechnik und Wägetechnik' hin zum ‚integralen Problemlöser für Mechatronik und Biotechnologie' zu kommen".[305]

Im Februar 2000 hatte der Aufsichtsrat den Kauf der BBI nach einer längeren Diskussion genehmigt. Die Eckpunkte der Akquisition waren, dass Sartorius zunächst 90 Prozent der Anteile der BBI kaufte (zehn Prozent hielt die Diessel GmbH & Co., Hildesheim) und in der Sartorius-Gruppe konsolidierte. Als Gegenstand der Gesellschaft notierte man: „Entwicklung, Planung, Konstruktion, Lieferung, Montage und Inbetriebnahme kompletter biotechnischer Anlagen, von Komponenten und Geräten für Labor-, Pilot- und Produktionsanlagen sowie die Gesamtplanung biotechnischer Forschung, Entwicklungszentren und/oder Labors sowie deren Vertrieb."[306] Die Ziele der Akquisition formulierte man so: Die Fermentation sei „der zentrale Prozessschritt in der Biotechnologie" – und BBI hatte

Abb. 54 Mit der Akquisition von B. Braun International 2000 stieg Sartorius zum Weltmarktführer im Bereich Fermentation auf

als „Nr. 1" damals einen Weltmarktanteil von 30 Prozent. Dadurch würde sich unter anderem die Markt- und Wettbewerbsposition „im Kern- und Zukunftsmarkt Biotechnologie" stark verbessern, es gäbe eine vertikale Integration im Bioprocessing und Synergien im Projektgeschäft/Engineering sowie bei Edelstahlgeräten und -anlagen. Als „entscheidende Effekte" sah man die Möglichkeit, „100 Mio D-Mark Umsatz zusätzlich bei Schlüsselkunden in Pharma/Biotech" zu erreichen, davon 50 Prozent des Zuwachses im „Schlüsselmarkt USA". Sartorius würde dadurch ein „wichtiger internationaler Partner der Pharma/Biotech-Industrie".[307]

Gemeinsam mit dem Bau des neuen Werks in der Otto-Brenner-Straße als „Visitenkarte" des Unternehmens Sartorius war diese Akquisition ein deutliches Signal des Wandels. Der deutsche Innovationspreis 2001 für die „Genius-Waage", eine Premium-Analysenwaage, wurde durchaus gebührend gefeiert – dies änderte aber nichts mehr an der zunehmenden Hinwendung von Sartorius zur Biotechnologie.[308]

Deutlich wurde dies, als Joachim Kreuzburg im Frühjahr 2003 Sprecher des Vorstands wurde.[309] Anfang Oktober 2003 erläuterte Kreuzburg dem Aufsichtsrat seine Planung und Vision für Sartorius. Er konstatierte ein hohes Wachstum für die Jahre 1998 bis 2002, allerdings auch eine geringe Profitabilität des Unternehmens. Die Marktstellung des Unternehmens sah Kreuzburg insgesamt positiv: Die „Marke ‚Sartorius'" habe eine „sehr hohe Reputation". Allerdings bemerkte er einschränkend, dass die Akquisitionen der vergangenen Jahre teils zu einer Diversifizierung geführt hätten, nicht jedoch zu einer Fokussierung. Beide Sparten, die Biotechnologie wie die Mechatronik, sah Kreuzburg in einem Umfeld verschärften Wettbewerbs. Seine damalige Vision war, dass sich Sartorius zu einem „integrierten Prozesstechnologie-Konzern" entwickele. Das Leistungsangebot sollte „Sensoriken, Instrumente und Systeme sowie Verbrauchsgüter, Entwicklungs- und Serviceleistungen für komplexe, erfolgskritische Prozesse in der Biotech/Pharma-, Chemie- sowie Lebensmittel- und Getränkeindustrie" umfassen. Als strategische Topthemen wurden für die Mechatronik die Notwendigkeit einer strategischen Offensive und eine schnelle Erschließung „zusätzlicher produktseitiger Geschäftspotenziale jenseits der Wägetechnik" gesehen, für die Biotechnologie dagegen eine „konsequente Fortführung" des eingeschlagenen Weges, eine Schließung von Lücken im Produktportfolio sowie eine verbesserte Positionierung im Marktbereich Labor.[310]

Hier soll nun aber nicht mehr detailliert auf technische Entwicklungen, auf die immense Fülle an neuen Technologien und Produkten seit den späten 1990er Jahren eingegangen werden. Dies muss einer späteren Studie vorbehalten bleiben. Festhalten lässt sich jedoch: War Sartorius 2007 noch ein „international führender Labor- und Prozesstechnologie-Anbieter mit Kernkompetenzen in der Biotechnologie und der Mechatronik", so hieß es 2016 nur noch kurz: „Sartorius ist ein international führender Pharma- und Laborzulieferer." Das Unternehmen fokussierte nun auf die Unterstützung von

Kunden aus der biopharmazeutischen Industrie sowie auf Produkte für Forschungs- und Qualitätssicherungslabore.[311]

Hatte am Beginn der Geschichte des Unternehmens Sartorius die Analysenwaage für Forschungslabore und die Industrie gestanden, so war bis 2020 der Anteil der Waagen am Gesamtumsatz in diesen Jahren auf nur noch etwa sechs Prozent gesunken.[312] Den Löwenanteil am Umsatz erwirtschaftete Sartorius in der Sparte Bioprocess Solutions – und kam dem Ziel, hier ein „Total Solution Provider" zu werden, sukzessive näher. In einem Artikel der „Süddeutschen Zeitung" vom August 2019 firmierte Sartorius auch nicht mehr als Produzent von Waagen. Als Branche dieses „stillen Stars der Börse" – mit einem Kurswachstum von über 11.000 Prozent in der Dekade von 2009 bis 2019 – wurde „Laborausrüstung Medizin" angegeben.[313] Heute versteht sich Sartorius als „Partner der biopharmazeutischen Forschung und Industrie".[314]

Zusammenfassend ist festzuhalten, dass Sartorius in den 150 Jahren seines Bestehens sehr erfolgreich vor allem als Technologiefolger und -verbesserer wirkte. Das Unternehmen war auch ein Vorreiter bei technischen Entwicklungen, beispielweise in der Frühphase der Entwicklung elektronischer Waagen oder bei der Herstellung von speziellen Filtermembranen wie Sartopore. Meist aber nahm Sartorius die Rolle des klugen Technologiefolgers ein – mit viel Sinn für die Möglichkeiten und Erfordernisse des Marktes.

Abb. 55 Von der feinmechanischen Werkstatt zu einem Life-Science-Konzern mit umfangreicher Produktpalette

Anhang

Anmerkungen

Zum Beitrag Hartmut Berghoff: Vom Einzelkaufmann Florenz Sartorius zum managergeführten Konzern

1 Sartorius-Werke AG (Hg.), *50 Jahre Lehrlingswerkstatt, 1907–1957*, Göttingen 1957, 6 (Sartorius-Archiv, Peo 1/6 B 6).

2 Karl Heinrich Kaufhold u. a., *Wachstumsphase – die Sparkassen in Stadt und Land 1866 bis 1914*, in: Karl Heinrich Kaufhold (Hg.), 200 Jahre Sparkasse Göttingen. 1801–2001. Älteste deutsche kommunale Sparkasse, Stuttgart 2001, 69–157, hier 76–97; Adelheid von Saldern, *Göttingen im Kaiserreich*, in: Rudolf von Thadden/Günter J. Trittel (Hg.), Göttingen. Geschichte einer Universitätsstadt, Bd. 3, Göttingen 1999, 5–63.

3 Hans-Ulrich Wehler, *Deutsche Gesellschaftsgeschichte, Bd. 3: Von der „Deutschen Doppelrevolution" bis zum Beginn des Ersten Weltkrieges, 1849–1914*, München 1995, 309.

4 Die folgenden Abschnitte basieren vor allem auf Otto Behrendsen, *Die mechanischen Werkstätten der Stadt Göttingen. Ihre Geschichte und ihre gegenwärtige Einrichtung*, Melle 1900; Sartorius-Werke AG (Hg.), *Die Geschichte der Sartorius-Werke Aktiengesellschaft 1870–1953*, Göttingen 1953 (Sartorius-Archiv, Peo 1/6 B 5); Hans R. Jenemann, *Die Göttinger Präzisionsmechanik und die Fertigung feiner Waagen*, in: Göttinger Jahrbuch 36 (1988), 181–230.

5 Vgl. Adelheid von Saldern, *Die Einwirkung der Göttinger Feinmechanik und Optik auf Universität und Wissenschaft im 19. Jahrhundert*, in: Wilhelm Treue/Kurt Mauel (Hg.), Naturwissenschaft, Technik und Wirtschaft im 19. Jahrhundert, Göttingen 1976, 363–370.

6 Die spätere Bayer AG wurde 1863 gegründet und hatte anfangs drei Mitarbeiter; 1913 waren es fast 10.000. Die BASF entstand 1865 und hatte 1900 6.711 Beschäftigte. Ihre Produktion war hoch differenziert. Die Anzahl der Farbstofftypen der Hoechst AG lag 1913 bei ca. 11.000. Vgl. Werner Abelshauser (Hg.), *Die BASF. Eine Unternehmensgeschichte*, München 2002; Werner Plumpe, *Carl Duisberg. 1861–1935. Anatomie eines Industriellen*, München 2016.

7 Sartorius-Werke AG, *Die Geschichte der Sartorius-Werke Aktiengesellschaft 1870–1953*, 25.

8 Vgl. Arist von Schlippe u. a., *Die beiden Seiten der Unternehmerfamilie. Familienstrategie über Generationen. Auf dem Weg zu einer Theorie der Unternehmerfamilie*, Göttingen 2017, 21 f., 124 f., 199.

9 Sartorius-Werke AG, *Die Geschichte der Sartorius-Werke Aktiengesellschaft 1870–1953*, 28 f.

10 Sartorius-Werke AG, *50 Jahre Lehrlingswerkstatt*, 16 f.

11 Ebd., 17.

12 Ebd., 19.

13 Sartorius-Werke AG, *Die Geschichte der Sartorius-Werke Aktiengesellschaft 1870–1953*, 28.

14 Ebd.

15 Sartorius-Archiv, Fin 1/1 A 1, Protokoll der Generalversammlung der Sartorius-Werke AG vom 23. 2. 1915.

16 Er kümmerte sich aber bis zu seinem Tode im Jahr 1925 um den Zweigbetrieb in Rauschenwasser und experimentierte dort mit neuen Produkten wie Angelgeräten. Zeitweilig wurde er dabei von seinem jüngsten Sohn unterstützt. Der Zweigbetrieb firmierte als Industriewerke für künstliche Geflügelzucht und Angelsport, F. Sartorius und Söhne.

17 Das lässt sich aus dem Vergleich der Stimmrechtsverteilung von 1920 bis 1922 schließen. Sartorius-Archiv, Fin 1/1 A 4, Protokoll der Generalversammlung der Sartorius-Werke AG vom 21. 4. 1920, Anlage 2; ebd., Fin 1/1 A 6, Protokoll der Generalversammlung der Sartorius-Werke AG vom 15. 2. 1921 u. ebd., Fin 1/1 A 7, Protokoll der Generalversammlung der Sartorius-Werke AG vom 15. 2. 1922, Anlage 2.

18 Ebd., Fin 1/1 A 5, Protokoll der Generalversammlung der Sartorius-Werke AG vom 21. 4. 1920.

19 Ebd., Fin 1/1 A 15, Protokoll der Generalversammlung der Sartorius-Werke AG vom 14. 4. 1926, Anlage 2.

20 Interview mit Dr. Christoph Sartorius, 5. 7. 2019.

21 Hans-Peter Ullmann, *Kriegswirtschaft*, in: Gerhard Hirschfeld u. a. (Hg.), Enzyklopädie Erster Weltkrieg, Paderborn 2003, 220–232.

22 Sartorius-Archiv, Fin 1/1 A 1, Protokoll der Generalversammlung der Sartorius-Werke AG vom 23. 2. 1915.

23 Sartorius-Werke AG, *Die Geschichte der Sartorius-Werke Aktiengesellschaft 1870–1953*, 41 f.

24 Sartorius-Archiv, Fin 1/1 A 5, Protokoll der Generalversammlung der Sartorius-Werke AG vom 21. 4. 1920.

25 Ebd., Fin 1/1 A 6, Protokoll der Generalversammlung der Sartorius-Werke AG vom 15. 2. 1921.

26 Ebd., Fin 1/1 A 7, Protokoll der Generalversammlung der Sartorius-Werke AG vom 15. 2. 1922.

27 Ebd., Fin 1/1 A 9, Protokoll der Generalversammlung der Sartorius-Werke AG vom 8. 2. 1923.

28 Ebd., Fin 1/1 A 11, Protokoll der Generalversammlung der Sartorius-Werke AG vom 29. 2. 1924.

29 Ebd., Fin 1/1 A 13, Protokoll der Generalversammlung der Sartorius-Werke AG vom 23. 4. 1925.

30 Ebd., Fin 1/1 A 14, Protokoll der Generalversammlung der Sartorius-Werke AG vom 14. 4. 1926.

31 Ebd., Fin 1/1 A 14, Protokoll der Generalversammlung der Sartorius-Werke AG vom 14. 4. 1926 und ebd., Fin 1/1 A 15, Protokoll der Generalversammlung der Sartorius-Werke AG vom 4. 3. 1927.

32 Ebd., Fin 1/1 A 16, Bilanz per 31. 12. 1928.

33 Zit. in: Sartorius AG (Hg.), *Vom Universitäts-Mechanikus zum Global Player. Sartorius Chronik 1870 bis 2005*, Göttingen 2006, 62.

34 Sartorius-Werke AG, *50 Jahre Lehrlingswerkstatt*, 33.

35 Sartorius-Archiv, Fin 1/1 A 20, Protokoll der Generalversammlung der Sartorius-Werke AG vom 15.4.1933.

36 Ebd., Fin 1/1 A 18, Protokoll der Generalversammlung der Sartorius-Werke AG vom 20.4.1931.

37 Ebd., Fin 1/1 A 19, Protokoll der Generalversammlung der Sartorius-Werke AG vom 21.6.1932; ebd., Fin 1/1 A 20, Protokoll der Generalversammlung der Sartorius-Werke AG vom 15.6.1933 sowie ebd., Fin 1/1 A 22, Protokoll der Generalversammlung der Sartorius-Werke AG vom 26.6.1934.

38 Ebd., Boa 1/7 Br 12, Brief Horst an Erich und Frida Sartorius vom 15.12.1937.

39 Ebd., Fin 1/1 A 21, Wirtschaftsprüfungsbericht Sartorius-Werke AG über das Geschäftsjahr 1933.

40 Ebd., Fin 1/1 A 16, Bilanz per 31.12.1928.

41 Niedersächsisches Landesarchiv Hannover, Hann. 138 Göttingen Acc. 31/96 Nr.529, Provinzial-Heil- und Pfleganstalt Göttingen, Akten betreffend die Unfruchtbarmachung des Dr. Fritz Sartorius.

42 Ebd., Hann. 155 Göttingen Acc. 2004/008 Nr.00988, Provinzial-Heil- und Pfleganstalt Göttingen, Krankengeschichte Dr. Fritz Sartorius, Erstaufnahme: 10.7.1930, Ärztliches Gutachten vom 23.4.1934, 44.

43 Sartorius-Archiv, Fin 1/1 A 17, Protokoll der Generalversammlung der Sartorius-Werke AG vom 14.3.1930.

44 Zur eugenischen „Internationale" Stefan Kühl, *Die Internationale der Rassisten. Aufstieg und Niedergang der internationalen eugenischen Bewegung im 20. Jahrhundert*, Frankfurt a. M. ^{2}2014, 16–162, zur NS-Rassenhygiene Gisela Bock, *Zwangssterilisation im Nationalsozialismus. Studien zur Rassenpolitik und Frauenpolitik*, Opladen 1986 u. Hans-Walter Schmuhl, *Rassenhygiene, Nationalsozialismus, Euthanasie. Von der Verhütung zur Vernichtung „lebensunwerten Lebens", 1890–1945*, Göttingen 1987.

45 Eine detaillierte Schilderung des Falles findet sich bei Manfred Grieger, *Sartorius im Nationalsozialismus. Generationswechsel im Familienunternehmen zwischen Weltwirtschaftskrise und Entnazifizierung*, Göttingen 2019, 14–33.

46 „Die [...] Kosten fallen dem Unfruchtbarzumachenden zur Last.", in: Niedersächsisches Landesarchiv Hannover, Hann. 138 Göttingen, Acc. 31/96 Nr.529, Beschluss des Erbgesundheitsgerichts Göttingen vom 15.5.1934.

47 Sartorius-Archiv, Boa 1/7 Br 12, Brief Horst an Erich und Frida Sartorius vom 15.12.1937.

48 Niedersächsisches Landesarchiv Hannover, Nds. 171 Hildesheim, Nr.15550, Entnazifizierungsakte Horst Sartorius, Widerspruch Horst Sartorius gegen Entlassung vom 23.4.1946, 2.

49 Ebd., Nr.8067, Entnazifizierungsakte Erich Sartorius; ebd., Nr.15550, Entnazifizierungsakte Horst Sartorius.

50 Zit. in: Peter Hayes, *Die Degussa im Dritten Reich. Von der Zusammenarbeit zur Mittäterschaft*, München 2004, 95.

51 Niedersächsisches Landesarchiv Hannover, Nds. 171 Hildesheim, Nr.15550, Entnazifizierungsakte Horst Sartorius, Brief Elisabeth Loewenstein an Erich und Horst Sartorius vom 26.3.1947, Bl. 156f.

52 Bundesarchiv Berlin, R 9361 II/872715, Schreiben des Ortsgruppenleiters vom 21.2.1938.

53 Ebd., Schreiben des Kreispersonalamtsleiters der NSDAP an die Gauleitung der NSDAP Hannover vom 25.1.1935.

54 Sartorius-Archiv, Fin 1/1 A 22, Protokoll der Generalversammlung der Sartorius-Werke AG vom 26.6.1934.

55 Ebd., Fin 1/1 A 23, Wirtschaftsprüfungsbericht Sartorius-Werke AG für das Geschäftsjahr Jan. bis Sept. 1934 vom 7.3.1935.

56 Ebd., Fin 1/1 A 26, Protokoll der Generalversammlung der Sartorius-Werke AG vom 28.1.1936.

57 Ebd., Fin 1/1 A 27, Protokoll der Generalversammlung der Sartorius-Werke AG vom 8.2.1937.

58 Ebd., Fin 1/1 A 28, Protokoll der Generalversammlung der Sartorius-Werke AG vom 15.2.1938.

59 Ebd., Fin 1/1 A 17, Protokoll der Generalversammlung der Sartorius-Werke AG vom 14.3.1930.

60 Ebd., Fin 1/1 A 29, Wirtschaftsprüfungsbericht Sartorius-Werke AG über das Geschäftsjahr 1938, 6.

61 Ebd., 7.

62 Sartorius-Archiv, Fin 1/1 A 30, Protokoll der Generalversammlung der Sartorius-Werke AG vom 31.1.1939.

63 Bundesarchiv Berlin, R 9361 II/812675, 1124, Brief Wehrwirtschaftsstelle Bezirk Hannover der Wehrwirtschafts-Inspektion XI (/34/37 Adj.) an Kreisleiter Dr. Thomas Gengler vom 12.4.1937.

64 Ebd., 1122, Brief Kreisleiter Dr. Thomas Gengler an Wehrwirtschaftsstelle Bezirk Hannover der Wehrwirtschafts-Inspektion vom 20.7.1937.

65 Ebd., 1126, Brief Kreiswirtschaftsberater an NSDAP-Kreisleitung vom 8.7.1937.

66 Bundesarchiv Militärarchiv Freiburg, RL 3/832, Schreiben Sartorius-Werke an RLM LC III/7 vom 7.7.1939.

67 Die Geräte wurden in die Flugzeugtypen Heinkel 111, Junker 86 und 88 sowie Dornier 17 M und Z eingebaut. Ebd., RL 3/832, Reichsminister der Luftfahrt und Oberbefehlshaber der Luftwaffe (94/LC 12 II A 2 P 38543) an Sartorius vom 11.7.1938.

68 Ebd., RL 3/832, Reichsminister der Luftfahrt und Oberbefehlshaber der Luftwaffe (94/LC 12 III A 1 P 38599) an Sartorius vom 2.12.1938.

69 Vgl. Lutz Budraß, *Flugzeugindustrie und Luftrüstung in Deutschland 1918–1945*, Düsseldorf 1998, 557–574.

70 Niedersächsisches Landesarchiv Hannover, Nds. 171 Hildesheim, Nr.8067, Entnazifizierungsakte Erich Sartorius, Schreiben des Finanzamtes Göttingen vom 6.12.1948, Bl. 120.

71 Vgl. reproduzierte Umsatzkurve in: Sartorius AG, *Vom Universitäts-Mechanikus zum Global Player*, 53.

72 Sartorius-Archiv, Fin 1/1 A 31, Wirtschaftsprüfungsbericht Sartorius-Werke AG über das Geschäftsjahr 1938/39, 4, 13.

73 Bundesarchiv Militärarchiv Freiburg, RW 21/27-4, Rüstungskommando Hannover, Gruppe Luftwaffe, Gefolgschaftsstärke der 29 betreuten Betriebe am 31.12.1942 vom 14.1.1943, Bl. 67.

74 Niedersächsisches Landesarchiv Hannover, Nds. 171 Hildesheim, Nr.8067, Entnazifizierungsakte Erich Sartorius, Fragebogen der Militärregierung, eingegangen 3.4.1947, 10.

75 Sartorius-Archiv, Boa 1/1 A 1, Protokoll der Aufsichtsratssitzung vom 25.1.1941, Protokoll der Aufsichtsratssitzung vom 20.2.1943.

76 Vgl. Mark Spoerer, *Vom Scheingewinn zum Rüstungsboom. Die Eigenkapitalrendite der deutschen Industrieaktiengesellschaften 1925–1941*, Stuttgart 1996, 62–70, 95; Ralf Banken, *Hitlers Steuerstaat. Die Steuerpolitik im Dritten Reich*, München 2018, 437–456.

77 Vgl. Spoerer, *Scheingewinn*, 189. Einen guten Gesamtüberblick über die NS-Steuerpolitik bietet Banken, *Steuerstaat*, insbes. 253–427, 437–454.

78 Niedersächsisches Landesarchiv Hannover, Nds. 171 Hildesheim, Nr.8067, Entnazifizierungsakte Erich Sartorius, Niederschrift über die Schlussbesprechung betr. Preisvereinbarungen mit der Fa. Sartorius-Werke in Göttingen vom 4.8.1944, 1.

79 Sartorius-Archiv, Fin 1/1 A 35, Entwürfe Prüfungsbericht 1944–1945, Jahresabschluss vom 30.9.1945.

80 Ian Kershaw, *Das Ende. Kampf bis in den Untergang. NS-Deutschland 1944–45*, München 2011, 383–392.

81 Sartorius-Archiv, Fin 1/1 A 35, Entwürfe Prüfungsbericht 1944–1945, Jahresabschluss vom 30.9.1945.

82 Ebd., Entwürfe Prüfungsbericht 1944–1945. Erläuterungen zum Jahresabschluss vom 30.9.1945, 3.

83 Diese Angaben entstammen den auf sehr fundierten Recherchen beruhenden Informationen der Internetseite des Stadtarchivs Göttingen, http://www.zwangsarbeit-in-goettingen.de/frames/fr_betriebe.htm [Zugriff 15.8. 2019].

84 Niedersächsisches Landesarchiv Hannover, Nds. 171 Hildesheim, Nr.8067, Entnazifizierungsakte Erich Sartorius, Nachprüfung Fall Fahrbereitschaftsleiter Joachim Neumann vom 1.12.1947, Bl. 41f.

85 Die tschechischen Zivilarbeiter wohnten in Privatunterkünften zur Untermiete. Flamen, die ab dem Sommer 1941 bei Sartorius arbeiteten, galten als Angehörige eines „blutsverwandten Volkes". Sie wurden zunächst in einem Gasthaus untergebracht, später in Privatunterkünften. Die ersten im September 1940 eintreffenden französischen Kriegsgefangenen kamen zunächst in den mit Stacheldraht umzäunten Saal einer Gaststätte, wo schlechtes Essen, Ungeziefer, Schikanen der Wachmannschaften, fehlende Heizung und unzureichende sanitäre Einrichtungen ihr Leben erschwerten; siehe Cordula Tollmien, *„Feind bleibt Feind" – französische (und belgische) Kriegsgefangene*, unveröffentl. Ms., Göttingen 2004, http://www.zwangsarbeit-in-goettingen. de/bibliothek/tollmienfranzkgf2004.pdf [Zugriff 14.8. 2019].

86 Vgl. Ulrich Herbert, *Fremdarbeiter. Politik und Praxis des „Ausländer-Einsatzes" in der Kriegswirtschaft des Dritten Reiches*, Bonn ²1999, 331–344; Mark Spoerer, *Zwangsarbeit unter dem Hakenkreuz. Ausländische Zivilarbeiter, Kriegsgefangene und Häftlinge im Deutschen Reich und im besetzten Europa 1939–1945*, Stuttgart 2001, 122–144.

87 Alle Zitate des Absatzes: http://www.zwangsarbeit-in-goettingen.de/frames/fr_erinnerungen.htm [Zugriff 15. 8. 2019].

88 Dessen Anteil stieg auf 27,7 %, während derjenige von Fritz entsprechend auf 3,3 % fiel. Sartorius-Archiv, Fin 1/1 A 28, Protokoll zur Hauptversammlung vom 15.2.1938, Anlage 2 u. ebd., Fin 1/1 A 30, Protokoll zur Hauptversammlung vom 31.1.1939, Anlage 3.

89 Ebd., Boa 1/1 A 1, Protokoll der Aufsichtsratssitzung vom 13.1.1939.

90 Fritz (0,5 %) und Horst (1,2 %) waren dann Kleinaktionäre. Ebd., Fin 1/1 A 30, Hauptversammlung vom 31.1.1939 und ebd., Fin 1/1 A 39, Protokoll zur Hauptversammlung vom 11.2.1946.

91 Les Archives Nationales de Paris, AJ/40/515, Horst Sartorius an den Leiter der Wirtschaftsabteilung, 18.8.1941.

92 Siehe zu seiner Tätigkeit in Frankreich ausführlich Grieger, *Sartorius im Nationalsozialismus*, 91–114. Vgl. auch Ulrich Herbert, *Best. Biographische Studien über Radikalismus, Weltanschauung und Vernunft, 1903–1989*, Bonn 1996, 275–284.

93 Niedersächsisches Landesarchiv Hannover, Nds. 171 Hildesheim, Nr. 15550, Entnazifizierungsakte Horst Sartorius, Übersetzung des Briefes von A. Boury vom 18.5.1946, Bl. 138.

94 Ebd., Übersetzung des Briefes von C. Testut vom 29.5.1946, Bl. 126.

95 Ebd., Übersetzung des Briefes von A. Grenier vom 21.5.1946, Bl. 127.

96 Ebd., diverse Briefe, Bl. 117–141.

97 Les Archives Nationales de Paris, AJ/40/515, Sartorius-Werke AG, Erich Sartorius an den Chef des Verwaltungsstabes beim Militärbefehlshaber in Frankreich vom 24.2.1944, 1f.

98 Niedersächsisches Landesarchiv Hannover, Nds. 171 Hildesheim, Nr. 15550, Entnazifizierungsakte Horst Sartorius, Fragebogen der Militärregierung, Bl. 16.

99 Ebd., Übersetzung des Briefes von J. Marteret an Leutnant Dauger vom 14.5.1946, Bl. 133f.

100 Ziel war es, „die französische Wirtschaft so weit wie irgend möglich zu ‚arisieren' und nicht, deutsches Kapital in diese einzuschleusen (auch wenn in Einzelfällen deutsche Kaufinteressenten unterstützt wurden)", Martin Jungius, *Der verwaltete Raub. Die „Arisierung" der Wirtschaft in Frankreich in den Jahren 1940 bis 1944*, Ostfildern 2008, 376; vgl. auch Philippe Verheyde, *Vichy, die deutsche Besatzungsmacht und ihre wirtschaftlichen Beziehungen im Rahmen der „Arisierung" der großen jüdischen Unternehmen*, in: Zeitschrift für Unternehmensgeschichte 2 (2005), 218–231; allgemein: Michel Margairaz, *Die französischen (und deutschen) Unternehmen während des Zweiten Weltkrieges*, in: ebd., 131–138.

101 Vgl. Christoph Kreutzmüller/Jaroslav Kucera, *Die Commerzbank in den böhmischen Ländern und den Niederlanden*, in: Ludolf Herbst/Thomas Weihe (Hg.), Die Commerzbank und die Juden 1933–1945, München 2004, 174–223.

102 Das Unternehmen ging nach 1945 an den tschechischen Staat über. Detailliert: Grieger, *Sartorius im Nationalsozialismus*, 115–125.

103 Sartorius-Archiv, Fin 1/1 A 36, Berichtsunterlagen 1945/1946, Jahresabschluss der Sartorius-Werke AG zum 30.9. 1945 vom 20.2. 1947, 1.

104 Niedersächsisches Landesarchiv Hannover, Nds. 500 Ministerium für Wirtschaft und Verkehr, Acc. 82/91 Nr. 1, Verzeichnis der Firmen, die unter das Reparationsprogramm fallen, vom 12.11.1946.

105 Ebd., Nds. 171 Hildesheim, Nr. 9063, Entnazifizierungsakte Hans Sartorius.

106 Ebd., Nds. 725 Göttingen, Acc. 17/62 Nr. 92, Amtsgericht Göttingen, Privatklage Horst gegen Fritz Sartorius, Brief Fritz Sartorius an den Entnazifizierungsausschuss vom 18.6.1946, Bl. 48; Vergleich vom 17.8. 1948, Bl. 93. Ausführlich zum Streit: Grieger, *Sartorius im Nationalsozialismus*, 133–142.

107 Niedersächsisches Landesarchiv Hannover, Nds. 171 Hildesheim, Nr. 15550, Entnazifizierungsakte Horst Sartorius, Widerspruch Horst Sartorius gegen Entlassung vom 23.4.1946, 5.

108 Ebd., Nds. 725 Göttingen, Acc. 17/62 Nr. 92, Amtsgericht Göttingen, Privatklage Horst gegen Fritz Sartorius, Vergleich vom 17.8.1948, Bl. 93. Drei als Belastungszeugen im Entnazifizierungsverfahren aufgetretene ehemalige Mitarbeiter wurden ebenfalls von Horst Sartorius verklagt. Im Prozess konnten sie ihre Vorwürfe nicht beweisen.

109 Eine detaillierte Nachzeichnung der Verfahren und der in ihnen verwendeten Argumente findet sich bei Grieger, *Sartorius im Nationalsozialismus*, 143–185.

110 Niedersächsisches Landesarchiv Hannover, Nds. 171 Hildesheim, Nr. 8067, Entnazifizierungsakte Erich Sartorius, Opinion Sheet-Case-No. GS/i/129/14 vom 14.8.1946.

111 Ebd., Entnazifizierungs-Hauptausschuss Göttingen-Stadt (VE 2336/48), Beschluss betr. Erich Sartorius vom 5.1.1949, Bl. 132.

112 Die Ausschüsse, in denen Deutsche über ihre Mitbürger zu urteilen hatten und Existenzen vernichten konnten, mutierten zu „Mitläuferfabriken", siehe Lutz Niethammer, *Die Mitläuferfabrik. Die Entnazifizierung am Beispiel Bayerns*, Bonn 1982; vgl. auch Cornelia Rauh-Kühne, *Die Entnazifizierung und die deutsche Gesellschaft*, in: Archiv für Sozialgeschichte 35 (1995), 35–70.

113 Vgl. Hartmut Berghoff/Cornelia Rauh-Kühne, *Fritz K. Ein deutsches Leben im zwanzigsten Jahrhundert*, Stuttgart 2000, bes. 224–248.

114 Niedersächsisches Landesarchiv Hannover, Nds. 171 Hildesheim, Nr. 15550, Entnazifizierungsakte Horst Sartorius, Opinion Sheet – Case No. 08/i/128/14 vom 14.8.1946 u. vom 16.8.1946.

115 Ebd., Group Review Board for Denazification – Case No. C 113/47 vom 25.11.1947, Bl. 197–199 u. Formular Military Government of Germany, Fragebogen Action Sheet vom 8.1.1948, ohne Blattzählung.

116 Ebd., Militärregierung Deutschland (Britisches Kontrollgebiet), Einreihungsbescheid vom 23.3.1948.

117 Vgl. Sartorius-Archiv, Fin 1/1 A 43, Unterlagen der Hauptversammlung vom 19.5.1948.

118 Gleichwohl ging Horst Sartorius erneut in die Berufung und erlangte am 21.5.1949 die Einstufung in die noch günstigere Kategorie V („entlastet"), siehe Niedersächsisches Landesarchiv Hannover, Nds. 171 Hildesheim, Nr. 15550, Entnazifizierungsakte Horst Sartorius, Entnazifizierungs-Hauptausschuß, Entnazifizierungs-Entscheidung im schriftlichen Verfahren vom 21.5.1949, Bl. 215f.

119 Ebd., Nds. 210, Landesamt für die Beaufsichtigung gesperrter Vermögen, Nr. 951/2 Bd. 2, H. Privonitz betr. Erich Sartorius vom 27.6.1949, Bl. 224A.

120 Sartorius-Werke AG, *Die Geschichte der Sartorius-Werke Aktiengesellschaft 1870–1953*, 65.

121 Vgl. Werner Abelshauser, *Deutsche Wirtschaftsgeschichte seit 1945*, München 2004, 69–119.

122 Sartorius-Archiv, Fin 1/1 A 36, Wirtschaftsprüfungsbericht Sartorius-Werke AG 1946, Bericht über die Prüfung der Bilanz zum 30.9.1946, 9.

123 Ebd.

124 Niedersächsisches Landesarchiv Hannover, Nds. 210, Landesamt für

die Beaufsichtigung gesperrter Vermögen, Nr. 951/2 Bd. 2, Sartorius-Werke AG, Abschluss zum 20. 6. 1948, Bl. 230 ff.

125 Schweden und Australien waren mit 167 bzw. 148 Waagen die Hauptabnehmer, gefolgt von Dänemark (92) und Indien (79), Sartorius-Archiv, Boa 1/1 A 1, Bericht der Exportabteilung bis Ende September 1948.

126 Ebd., Peo 1/6 B 10, Jahresband des Chefsekretariats, Bd. 1 (1946–1957), 1 f.

127 Sartorius-Werke AG, *Die Geschichte der Sartorius-Werke Aktiengesellschaft 1870–1953*, 69.

128 Interview mit Georgina Sartorius, 23. 10. 2019.

129 Vgl. Sartorius-Archiv, Boa 1/1 A 1, Protokoll der Aufsichtsratssitzung vom 29. 4. 1952.

130 Interview mit Ulrike Baro und Dr. Wolfgang Sassin, 29. 11. 2019 u. E-Mail Ulrike Baro vom 2. 8. 2020.

131 Christoph erhielt einen um 800 DM höheren Anteil, um ihn von seinen Schwestern abzuheben, siehe Sartorius-Archiv, Boa 1/1 A 1, Niederschrift zur Hauptversammlung am 8. 7. 1961 mit Jahresabschluss zum 31. 12. 1960 sowie ebd., Fin 2/2 A 7, Protokoll der Hauptversammlung der Sartorius-Werke AG vom 3. 6. 1967.

132 Vgl. Jungius, *Raub*, 87–91, 116–120, 148, 177, 261; Bernhard Brunner, *Der Frankreich-Komplex. Die nationalsozialistischen Verbrechen in Frankreich und die Justiz der Bundesrepublik Deutschland*, Göttingen 2004, 111–114, 255.

133 Sartorius-Archiv, Peo 1/2 A 2, Mitteilungen und Dokumente zur Firmengeschichte.

134 Interview mit Dr. Holger Schmoißer, 30. 4. 2019.

135 Interview mit Prof. Dr. Massoud Karbachsch, 4. 4. 2019.

136 Hartmut Berghoff, *Moderne Unternehmensgeschichte. Eine themen- und theorieorientierte Einführung*, Berlin ²2016, 263; vgl. ebd., 274 ff.

137 Interview mit Karin Sartorius-Herbst, Christine Franken und Dr. Walter Franken, 25. 4. 2019.

138 Interview mit Dr. Christoph Sartorius, 7. 5. 2019.

139 Sartorius-Archiv, Peo 1/6 B 10, Jahresband des Chefsekretariats, Bd. 1 (1946–1957), Mai 1956.

140 Interview mit Karin Sartorius-Herbst, Christine Franken und Dr. Walter Franken, 25. 4. 2019.

141 Sartorius-Archiv, Peo 1/6 B 11, Jahresband des Chefsekretariats, Bd. 2 (1958–1960), Juli 1958.

142 Ebd., Dezember 1960.

143 Ebd., Boa 1/1 A 2, Protokoll der Aufsichtsratssitzung vom 10. 12. 1966.

144 Interview mit Dr. Christoph Sartorius, 4. 9. 2019.

145 Das geht aus einem Brief oder Briefentwurf von Horst Sartorius hervor. Er dachte an „leitende Posten" auf der mittleren Managementebene, in: Sartorius-Archiv, Peo 1/1 A 1.

146 Ebd., Fin 1/1 A 47, Sartorius-Werke AG Jahresabschluss 1949 sowie ebd., Fin 2/2 A 10, Protokoll der Gesellschafterversammlung der Sartorius-Werke GmbH vom 12. 7. 1968, Sartorius-Werke GmbH Geschäftsbericht 1967.

147 Ebd., Fin 2/2 A 10, Protokoll der Gesellschafterversammlung der Sartorius-Werke GmbH vom 12. 7. 1968, Sartorius-Werke GmbH Geschäftsbericht 1967, 8.

148 Ebd., Boa 1/1 A 2, Sartorius-Membranfilter GmbH Geschäftsbericht 1962, Sartorius-Membranfilter GmbH Geschäftsbericht 1966, Sartorius-Membranfilter GmbH Geschäftsbericht 1967; Interview Marcel Stierand mit Knut Voggel, 7. 6. 2019.

149 Privatarchiv Familie Sartorius, Brief Horst Sartorius an Hans Sartorius vom 19. 12. 1960.

150 Der Umsatz blieb jedoch, verglichen mit der AG, vorerst noch klein. Sartorius-Archiv, Boa 1/1 A 2, Sartorius-Werke GmbH Geschäftsbericht 1965, Sartorius-Werke GmbH Geschäftsbericht 1967.

151 Ebd., Protokoll der Aufsichtsratssitzung vom 10. 12. 1965.

152 Ebd., Protokoll der Aufsichtsratssitzung vom 8. 12. 1962; Rundschreiben vom 8. 12. 1962.

153 Interview mit Dr. Christoph Sartorius, 7. 5. 2019.

154 Sartorius-Archiv, Boa 1/1 A 2, Protokoll der Aufsichtsratssitzung vom 31. 3. 1962.

155 Ebd., Sartorius-Werke AG Geschäftsbericht 1961.

156 Sartorius-Werke GmbH (Hg.), *Sartorius 1870–1970. Eine Dokumentation*, Göttingen 1970, 39.

157 Vgl. ebd., 19; Interview mit Dr. Christoph Sartorius, 5. 7. 2019.

158 Sartorius-Archiv, Boa 1/1 A 2, Sartorius-Werke AG Geschäftsbericht 1961, Sartorius-Werke AG Geschäftsbericht 1967; ebd., Fin 2/2 A 2, Sartorius-Werke AG Geschäftsbericht 1963.

159 Interview mit Dr. Christoph Sartorius, 4. 9. 2019 u. Sartorius-Archiv, Peo 1/6 B 13, Jahresband des Chefsekretariats, Bd. 4 (1965–1968), 105.

160 Sartorius-Archiv, Fin 2/2 A 8, Protokoll der Hauptversammlung der Sartorius-Werke AG vom 2. 12. 1967.

161 Interview mit Prof. Dr. Massoud Karbachsch, 4. 4. 2019.

162 Sartorius-Archiv, Fin 2/2 A 24, Sartorius-Werke GmbH Geschäftsbericht 1974, 6.

163 Ebd., Boa 1/1 A 3, Protokoll der Aufsichtsratssitzung vom 14. 5. 1975, 2.

164 Ebd., Protokoll der Aufsichtsratssitzung vom 16. 5. 1974, 2 u. Protokoll der Aufsichtsratssitzung vom 14. 5. 1975, 3.

165 So entstanden Tochtergesellschaften in Frankreich (1970), Österreich (1971), in den Niederlanden und in Großbritannien (1973) sowie in den USA (Sartorius Filters, 1976). Die erste Verlagerung von Produktionsschritten ins Ausland fand 1979/80 in geringem Umfang mit der Konfektionierung von Flachfiltern in den USA statt.

166 Die Membranfilter GmbH erzielte 1968 einen Umsatz von 4,7 Mio. und einen Gewinn von 146.230 D-Mark. 1977, im letzten Jahr der rechtlichen Eigenständigkeit waren es 27,8 Mio. und 188.797 D-Mark. Die Gleitlager GmbH startete in diesen Zeitraum mit 1,0 Mio. und 146.230 D-Mark und brachte es im Krisenjahr 1975 auf 3,8 Mio. bzw. 96.093 D-Mark; siehe Sartorius-Archiv, Fin 2/1 A 19, Sartorius Firmenverband Geschäftsbericht 1969; ebd. Fin 2/1 A 25, Sartorius-Gruppe Geschäftsbericht 1975 sowie ebd., Fin 2/1 A 29, Sartorius-Gruppe Geschäftsbericht 1977.

167 Ebd., Boa 1/1 A 2, Sartorius-Werke GmbH Geschäftsbericht 1968, 8, 23; Sartorius-Membranfilter GmbH Geschäftsbericht 1968, 2.

168 Interview mit Dr. Christoph Sartorius, 25. 6. 2019. Ausführlich dazu der Beitrag von Luitgard Marschall und Stephan Lindner in diesem Band.

169 Sartorius-Archiv, Fin 2/1 A 25, Sartorius-Gruppe Geschäftsbericht 1975, 6 f.

170 Die „Sonderkosten" der Produktionsumstellung betrugen in den ersten acht Monaten des Jahres 1976 allein 2,8 Mio. D-Mark, zu denen die zusätzlichen Vorräte (1975: 2 Mio. DM) hinzukamen. Ebd., Peo 1/6 B 17, Jahresband des Chefsekretariats, Bd. 8 (1976–1977), 5–7 u. 79.

171 Ebd., Peo 1/6 B 16, Jahresband des Chefsekretariats, Bd. 7 (1973–1975), 157.

172 Ebd., Fin 2/1 A 37, Wirtschaftsprüfungsbericht Sartorius GmbH für den Jahresabschluss zum 31. 12. 1979, 22. Der Wert bezieht sich auf den Rohertrag pro Mitarbeiter, der 1978–79 um 15,8 % stieg.

173 Ebd., Boa 1/1 A 3, Protokoll der Aufsichtsratssitzung vom 10. 12. 1975.

174 Ebd., Peo 1/6 B 16, Jahresband des Chefsekretariats, Bd. 7 (1973–1975), 11.

175 Ebd., Fin 2/1 A 34, Wirtschaftsprüfungsbericht Sartorius GmbH für den Jahresabschluss zum 31. 12. 1978, 32; ebd., Fin 2/1 A 43, Wirtschaftsprüfungsbericht Sartorius GmbH für den Jahresabschluss zum 31. 12. 1982, 9; ebd., Fin 2/1 A 50, Wirtschaftsprüfungsbericht Sartorius GmbH für den Jahresabschluss zum 31. 12. 1984, 9 f.

176 Ebd., Boa 1/1 A 3, Bericht der Hauptversammlung der Sartorius-Werke GmbH vom 26. 7. 1971.

177 Ebd., Fin 2/2 A 12, Protokoll der Gesellschafterversammlung der Sartorius-Werke GmbH vom 30. 6. 1970.

178 Vgl. Hartmut Berghoff, *The End of Family Business? The Mittelstand and German Capitalism in Transition, 1949–2000*, in: Business History Review 2 (2006), 263–295; Christina Lubinski, *Familienunternehmen*

in Westdeutschland. Corporate Governance und Gesellschafterkultur seit den 1960er Jahren, Schriftenreihe zur Zeitschrift für Unternehmensgeschichte, Bd. 21, München 2010, 110–115, 278–280; Hartmut Berghoff/Ingo Köhler, *Verdienst und Vermächtnis. Familienunternehmen in Deutschland und den USA seit 1800*, Frankfurt/Main u. New York 2020, S. 243–258.

179 Privatarchiv Familie Sartorius, Brief Hans Sartorius an Karl Heinrich vom 6. 9. 1957.

180 Ebd., Brief Horst Sartorius an Hans Sartorius vom 22. 12. 1960.

181 Ebd., Vereinbarung zwischen Horst und Hans Sartorius vom 18. 2. 1965. Diverse Briefe aus dem Februar 1965, in denen um die finanziellen Details zu Hans' Ausscheiden gerungen wurde.

182 Ebd., Vereinbarungen zwischen der Sartorius-Werke AG und Hans Sartorius, o. D.

183 Ebd., Vereinbarung zwischen der Membranfiltergesellschaft und Hans Sartorius vom 18. 2. 1965.

184 Ebd., Brief der Geschäftsleitung der Sartorius-Werke GmbH an Hans Sartorius vom 16. 2. 1977.

185 Sartorius-Archiv, Fin 2/2 A 21, Unterlagen zur Übernahme von Geschäftsanteilen von Direktor Hans Sartorius, Anny Sartorius.

186 Ebd., Fin 2/1 A 37, Wirtschaftsprüfungsbericht Sartorius GmbH für den Jahresabschluss zum 31. 12. 1979, Anlage 3.

187 Ebd., Peo 1/6 B 16, Jahresband des Chefsekretariats, Bd. 7 (1973–1975), 62; Rundschreiben vom 10. 11. 1973, Einträge 62 ff.

188 Interview mit Dr. Christoph Sartorius, 7. 5. 2019.

189 Sartorius-Archiv, Peo 1/6 B 16, Jahresband des Chefsekretariats, Bd. 7 (1973–1975), 75.

190 Zu denken wäre etwa an die meisten deutschen Hersteller von Radios und Plattenspielern, von Saba bis Grundig, an den Hersteller von Schreib- und Rechenmaschinen Olympia, der 1970 an die 12.000 Beschäftigte hatte und 1992 schließen musste, oder an den Nähmaschinenhersteller Dürkopp, der 2003 an die chinesische ShangGong Group ging.

191 Sartorius-Archiv, Peo 1/6 B 16, Jahresband des Chefsekretariats, Bd. 7 (1973–1975), 75 f., 77 f.

192 Sartorius-Archiv, Peo 1/5 A 10, Protokoll der Aufsichtsratssitzung am 3. 8. 1989, 3 (Beitrag Dr. Hedler).

193 Ebd., Fin 2/1 A 38, Geschäftsbericht 1980; ebd., Fin 2/1 A 62, Geschäftsbericht 1989; ebd., Boa 2/1 A 1, Protokoll der Aufsichtsratssitzung am 28. 4. 1986.

194 Ebd., Peo 1/5 A 10, Protokoll der Aufsichtsratssitzung am 3. 8. 1989, 3 (Beitrag Dr. Hedler).

195 Interview mit Dr. Christoph Sartorius, 28. 10. 2019.

196 Sartorius-Archiv, Fin 2/1 A 38, Geschäftsbericht 1980, 7.

197 Interview mit Dr. Christoph Sartorius, 11. 10. 2019.

198 Vgl. Harold James, *Rambouillet, 15. November 1975. Die Globalisierung der Wirtschaft*, München 1997, 214–222.

199 Interview mit Dr. Christoph Sartorius, 28. 10. 2019.

200 Sartorius-Archiv, Boa 2/1 A 1, Protokoll der Aufsichtsratssitzung am 28. 4. 1986. Vertriebsgesellschaften entstanden in Schweden, Spanien, Portugal, Australien, in den USA, in Kanada, in der Türkei, in Japan und Hongkong.

201 Einzelheiten dazu sind dem Beitrag von Christian Kleinschmidt in diesem Band zu entnehmen.

202 Sartorius orientierte sich am Münchner Brillenhersteller Rodenstock. Interview mit Dr. Christoph Sartorius, 4. 9. 2019.

203 Sartorius-Archiv, Peo 1/5 A 10, Gutachten der Wollert-Elmendorff Deutsche Industrie-Treuhand zur Sartorius INC, 12; Interviews mit Dr. Christoph Sartorius, 7. 5. 2019 u. 5. 7. 2019; Interview mit Ulrike Baro und Dr. Wolfgang Sassin, 29. 11. 2019, Notiz Wolfgang Sassin vom 28. 11. 2019.

204 Sartorius-Archiv, Peo 1/5 A 9, Ergebnisprotokoll der Geschäftsführerbesprechung vom 18. 8. 1988, 1.

205 Ebd., Peo 1/5 A 10, Gutachten der Wollert-Elmendorff Deutsche Industrie-Treuhand zur Sartorius INC, 1 u. 6.

206 Ebd., Gutachten der Wollert-Elmendorff Deutsche Industrie-Treuhand zur Sartorius INC.

207 Ebd., Peo 1/5 A 9, Ergebnisprotokoll der Geschäftsführerbesprechung vom 18. 8. 1988, 1.

208 Ebd., Peo 1/5 A 10, Protokoll der Aufsichtsratssitzung am 7. 3. 1989, 5.

209 Ebd., Fin 2/1 A 38, Sartorius GmbH Geschäftsbericht 1980, 13; ebd., Boa 2/1 A 1, Protokoll der Aufsichtsratssitzung am 5. 12. 1986, 4.

210 Ebd., Fin 2/1 A 62, Sartorius GmbH Geschäftsbericht 1989, 6; ebd., Peo 1/5 A 10, Protokoll der Aufsichtsratssitzung am 7. 3. 1989, 5.

211 1989 hatte jede der drei Sparten „eine andere Software und eine andere Hardware". Die ausländischen Vertriebsgesellschaften hatten zum Teil wiederum eigene Systeme und waren nicht in die Göttinger Strukturen integriert; siehe ebd., Peo 1/5 A 10, Protokoll der Aufsichtsratssitzung am 7. 3. 1989, 5.

212 1986 stiegen die Ausgaben für „Fremdlöhne" von 8,5 auf 16,8 Mio. D-Mark; siehe ebd., Boa 2/1 A 1, Protokoll der Aufsichtsratssitzung am 27. 1. 1987, 10; die Kosten für eine Fremdstunde lagen fast doppelt so hoch wie die einer Stunde im eigenen Betrieb. 1989 wurden „40.000 Stunden monatlich [...] nach außen gegeben"; siehe ebd., Peo 1/5 A 10, Protokoll der Aufsichtsratssitzung am 3. 8. 1989, 3.

213 Diese Maschinen waren aufgrund ihrer Dimensionen (30 m lang, 7 m breit und 5,5 m hoch) am bisherigen Standort nicht aufstellbar. Die Kosten lagen pro Maschine bei 6,6 bis 8,5 Mio. D-Mark.

214 Sartorius-Archiv, Peo 1/5 A 9, Protokoll der Aufsichtsratssitzung am 31. 6. 1988, Anlage: Zukünftige Ziehmaschinenpolitik.

215 Ebd., Peo 1/5 A 10, Protokoll der Aufsichtsratssitzung am 4. 7. 1989, Brief Arbeitnehmervertreter im Aufsichtsrat an Horst Sartorius, o. D. (Juli 1989).

216 Ebd., Beschlussvorlage Finanzierungskonzept Neubau.

217 Privatarchiv Dr. Schmeißer, Bundesminister für Wirtschaft, Förderbescheid vom 21. 8. 1991, Geschäftszeichen I C 7 - 859 547 u. Bezirksregierung Braunschweig, Schreiben vom 3. 8. 1993 an die Sartorius AG wg. Änderung der Zuwendungsbescheide von 25. 8. 1989 u. 10. 11. 1990.

218 Sartorius-Archiv, Boa 2/1 A 1, Bericht der Gesellschafterversammlung am 11. 11. 1986.

219 Ebd., Peo 1/5 A 10, Protokoll der Aufsichtsratssitzung am 3. 11. 1989, Anlage 3.

220 Interview mit Dr. Holger Schmeißer, 30. 4. 2019.

221 Sartorius-Archiv, Boa 2/1 A 1, Protokoll der Aufsichtsratssitzung am 27. 2. 1987, 8.

222 Vgl. ebd., Fin 2/1 A 38, Sartorius GmbH Geschäftsbericht 1980 u. ebd., Fin 2/1 A 62, Sartorius GmbH Geschäftsbericht 1989.

223 Obwohl Göttingen einen direkten Anschluss an das Fernbahnnetz und seit den späten 1950er-Jahren drei stadtnahe Anschlüsse an die Bundesautobahn A 7 besaß, die Göttingen mit Hamburg und später mit Süddeutschland verband, zählte die Stadt zu den strukturschwachen Randgebieten, die aufgrund der abgebrochenen Ost-West-Verbindungen als extrem benachteiligt galten. Zu der Zonenrandförderung kamen Zuschüsse des Bundesforschungsministeriums und der Landesregierung, zu der exzellente Beziehungen bestanden. Interview mit Dr. Christoph Sartorius, 28. 10. 2019.

224 Sartorius-Archiv, Boa 2/1 A 1, Protokoll der Aufsichtsratssitzung am 28. 4. 1986, Anlage 2, Stellungnahmen der Deutschen-Industrie-Treuhandgesellschaft.

225 Ebd., Protokoll der Aufsichtsratssitzung am 11. 5. 1987, 3.

226 Ebd., Peo 1/5 A 10, Protokoll der Aufsichtsratssitzung am 25. 8. 1989, 4.

227 Ebd., Peo 1/5 A 9, Protokoll der Aufsichtsratssitzung am 22. 9. 1988, Anlage Finanzierung des Neubauprojektes.

228 Ebd., Peo 1/5 A 10, Protokoll der Aufsichtsratssitzung am 7. 3. 1989, 10.

229 Interview mit Dr. Christoph Sartorius, 28. 10. 2019.

230 Interview Marcel Stierand mit Knut Voggel, 7. 6. 2019.

231 Sartorius-Archiv, Fin 2/1 A 43, Wirtschaftsprüfungsbericht Sartorius GmbH für den Jahresabschluss zum 31. 12. 1982, 4.

232 Privatarchiv Familie Sartorius, Testament Elfriede Sartorius vom 5.8.1981 u. Brief Christine Franken an Horst Sartorius vom 26.12.1984; Interview mit Ulrike Baro und Dr. Wolfgang Sassin, 29.11.2019. Die Aktien der Mutter stammten aus dem Erbe ihres Vaters, der diese in den Nachkriegsjahren von seinem Schwiegervater gekauft hatte. Entgegen der vorherrschenden Meinung, dass Söhne einseitig zu bevorzugen seien, wollte die Mutter ihre Kinder grundsätzlich gleichbehandeln und in diesem Fall einen gewissen Ausgleich herstellen. E-Mail Ulrike Baro 18.7.2020.

233 Interview mit Ulrike Baro und Dr. Wolfgang Sassin, 29.11.2019, bestätigt auch im Interview mit Dr. Christoph Sartorius, 3.12.2019.

234 E-Mail Ulrike Baro vom 2.8.2020.

235 Ebd.

236 Alle Zitate dieses Abschnitts Privatarchiv Familie Sartorius, Brief Horst Sartorius vom 29.8.1985.

237 Markus Plate u.a., *Große deutsche Familienunternehmen. Generationenfolge, Familienstrategie und Unternehmensentwicklung*, Göttingen 2011. Zum allgemeinen Wertewandel Bernhard Dietz/Jörg Neuheiser (Hg.), *Wertewandel in der Wirtschaft und Arbeitswelt. Arbeit, Leistung und Führung in den 1970er und 1980er Jahren in der Bundesrepublik Deutschland*, Berlin 2016. Speziell zu Familienunternehmen Ralf Harrie, *Zur Relevanz des Wertewandels in deutschen Familienunternehmen*, in: Gernot Barth u.a. (Hg.), Wirtschaftsmediation – Konflikte in Unternehmen und Organisationen, Stuttgart 2016, 47–58

238 Sartorius-Archiv, Fin 2/1 A 60, Wirtschaftsprüfungsbericht Sartorius GmbH für den Jahresabschluss 1988, 6.

239 Interview Marcel Stierand mit Knut Voggel, 7.6.2019.

240 Indirekte Wiedergabe im Interview mit Dr. Christoph Sartorius, 28.10.2019.

241 Indirekte Wiedergabe im Interview mit Dr. Christoph Sartorius, 5.7.2019.

242 Ebd.

243 Brinkmanns Vater stammte aus Hann.(oversch) Münden und war 1934 aufgrund seiner jüdischen Abstammung in die USA geflohen. In den 1950er-Jahren wurde er zum engen Freund der Familie. So schickte er Geschenke für die Kinder nach Göttingen. Obwohl mittlerweile die nächste Generation übernommen hatte und die Beziehung geschäftsmäßiger geworden war, wollte Horst Sartorius unbedingt an ihr festhalten. Über diese Meinungsverschiedenheit kam es zu einer offenen Auseinandersetzung von Vater und Sohn im Aufsichtsrat; siehe Sartorius-Archiv, Boa 2/1 A 1, Protokoll der Aufsichtsratssitzung am 9.12.1987, 11–15.

244 Ebd., Peo 1/3 S 8, Schreiben Enno Lübbers an Mitgesellschafter vom 29.6.1989, 10f.

245 Ebd., zit. im Schreiben Enno Lübbers an Mitgesellschafter vom 29.6.1989, 17.

246 Interview mit Dr. Christoph Sartorius, 28.10.2019.

247 Sartorius-Archiv, Peo 1/5 A 9, Unterlagen und Protokoll zur Aufsichtsratssitzung am 18.11.1988; Interview mit Dr. Christoph Sartorius, 28.10.2019.

248 Interview mit Dr. Christoph Sartorius, 28.10.2019.

249 Interview mit Ulrike Baro und Dr. Wolfgang Sassin, 29.11.2019.

250 Sartorius-Archiv, Peo 1/3 S 8, zit. in Schreiben Enno Lübbers an Mitgesellschafter vom 29.6.1989, 17.

251 Ebd., 10f.

252 Vgl. Göttinger Tageblatt, 7.7.1989.

253 Sartorius-Archiv, Peo 1/3 S 8, Schreiben Enno Lübbers an Mitgesellschafter vom 29.6.1989. Zitat des Protokolls der Bankenbesprechung und des Schreibens von Horst Sartorius an die Banken, ebd., 13f.

254 Ebd., Schreiben Enno Lübbers an Mitgesellschafter vom 29.6.1989, 15.

255 Interview mit Dr. Christoph Sartorius, 5.7.2019. Horst Sartorius hatte die Schenkung ursprünglich wegen „groben Undanks" angefochten. Aufgrund eines Formfehlers stufte das Finanzamt die Schenkung als unwirksam ein, so dass es die bereits gezahlte Schenkungsteuer rückerstattete. Interview mit Dr. Christoph Sartorius, 3.12.2019.

256 Interview mit Dr. Holger Schmeißer, 30.4.2019.

257 Sartorius-Archiv, Peo 1/1 A 1, undatierter Brief oder Briefentwurf von Horst Sartorius aus den 1980er Jahren.

258 Landgericht Göttingen, Nachlasssache Sartorius, Geschäftsnummer 12 T 25/99, Protokoll der Zeugenanhörungen vom 4. u. 6.10.1999, S.27, Aussage Prof. Dr. Ingolf Ruge.

259 Interview mit Dr. Christoph Sartorius, 2.12.2019.

260 Alfred D. Chandler, *The Visible Hand. The Managerial Revolution in American Business*, Cambridge (MA) 1977.

261 Sartorius-Archiv, Peo 1/5 A 10, Protokoll der Aufsichtsratssitzung am 13.3.1990, 3; ebd., Peo 1/1 A 5, Ehlich, Personalakte.

262 Ebd., Boa 1/3 A 12, Informationsmappe Sartorius zum Börsengang 1990, Börsenprospekt.

263 Seine Töchter blieben Minderheitenaktionäre. Fünf weiteren Kleinaktionären, zumeist entfernten Verwandten, waren ihre Anteile zuvor abgekauft worden, sodass es vor dem Börsengang nur noch vier Aktionäre aus der Kernfamilie Sartorius gab.

264 Das Eigenkapital betrug nun 123,9 Mio. D-Mark. Jedoch sank die Eigenkapitalrentabilität der AG von 8,1 auf 3 Prozent und erreichte 1990 den schlechtesten Wert seit Langem; siehe Sartorius-Archiv, Peo 1/5 A 10, Wirtschaftsprüfungsbericht Sartorius AG für den Jahresabschluss zum 31.12.1990, 5, 13. In den Folgejahren sank sie noch weiter und erreichte 1992 mit minus 12,9 Prozent einen deprimierenden Tiefpunkt; siehe ebd., Fin 2/1 A 69, Wirtschaftsprüfungsbericht Sartorius AG für den Jahresabschluss zum 31.12.1993, 10.

265 Im Folgenden werden, soweit nicht anders angegeben, Konzernzahlen verwendet.

266 Umsatz und Gewinn wuchsen im Vergleich zu 1989 nur leicht, während sich die Verbindlichkeiten mit 152,1 Mio. D-Mark fast verdoppelten, da die Vertriebstöchter hohe Schulden angehäuft hatten; siehe ebd., Fin 2/1 A 64, Sartorius AG Geschäftsbericht 1990, 10, 13–19, 33; ebd., Fin 2/1 A 70, Wirtschaftsprüfungsbericht Sartorius AG für den Konzernabschluss zum 31.12.1993, 9.

267 Vgl. Matthias Rapp/Melanie Lührmann, *Die EWS-Krise*, in: Axel Börsch-Supan/Reinhold Schnabel (Hg.), Volkswirtschaft in fünfzehn Fällen, Wiesbaden 1998, 243–264.

268 Sartorius-Archiv, Fin 2/1 A 70, Wirtschaftsprüfungsbericht Sartorius AG für den Konzernabschluss zum 31.12. 1993, 9.

269 Ebd., Fin 2/1 A 69, Wirtschaftsprüfungsbericht Sartorius AG für den Jahresabschluss zum 31.12.1993, 10. Es handelt sich um Jahresdurchschnitte.

270 Privatarchiv Dr. Schmeißer, Bezirksregierung Braunschweig, Schreiben vom 3.8.1993 an die Sartorius AG wg. Änderung der Zuwendungsbescheide vom 25.8.1989 u. 10.11.1990.

271 Privatarchiv Dr. Schmeißer, Interne Mitteilung Dr. Lalelke vom 16.8.1993; Interview mit Dr. Holger Schmeißer, 30.4. 2019.

272 Sartorius-Archiv, Boa 2/3 A 1, Wieselhuber und Partner, Strategische Unternehmensplanung – Konzeption und Abschlussbericht, 4.

273 Ebd., Boa 2/3 A 2, Wieselhuber und Partner, Strategische Unternehmensplanung – Dokumentation der Markt- und Unternehmensanalyse sowie Aufsichtsratspräsentation mit Maßnahmenplanung, 6.

274 Vgl. auch den Beitrag von Luitgard Marschall und Stephan Lindner in diesem Band.

275 E-Mail Dr. Holger Schmeißer vom 19.2.2020.

276 Indirektes Zitat, in E-Mail Dr. Holger Schmeißer vom 21.2.2020.

277 E-Mails Dr. Holger Schmeißer vom 19.2.2020 u. 21.2. 2020.

278 Interview mit Dr. Holger Schmeißer, 24.10.2019.

279 1990 war es erst ein Viertel (497 von 2.387) gewesen; siehe Sartorius-Archiv, Fin 2/1 A 64, Sartorius AG Geschäftsbericht 1990, 10; ebd., Fin 2/1 A 73, Sartorius AG Geschäftsbericht 1996, 18.

280 Hardt gehörte dem Aufsichtsrat bis 2007 an.

281 Interview mit Dr. Holger Schmeißer, 30.4.2019. Vgl. u. a. die von Picot betreute Promotion von Florian Pfingsten, *Shareholder-Value im Le-*

benszyklus. Methoden einer marktwertorientierten Unternehmensführung, Wiesbaden 1998, sowie das von Picot verfasste Vorwort, in dem er die zentrale Bedeutung von „marktwertorientierten Bewertungs- und Steuerungskonzepten zur Verbesserung der Unternehmensführungspraxis" (VI) hervorhebt.

282 Alfred Rappaport, *Creating Shareholder Value. The New Standard for Business Performance*, New York 1986.

283 Sartorius-Archiv, Peo 1/4 A 1, Brief Ruge an Sartorius-Herbst, 9.11. 1996.

284 https://www.bio-rad.com/en-us/corporate/our-history?ID=MR8I-SY4VY [Zugriff 1.10.2019].

285 Millipore betrieb bereits zwei Fabriken in Europa und tätigte in den USA diverse Zukäufe.

286 Sartorius-Archiv, Peo 1/4 A 1, Fax Karbachsch an Ruge, 18.2.1997.

287 Ebd., Brief Ruge an Horst Sartorius am 21.12.1996.

288 Unter anderem: Handelsblatt, 27.12.2001.

289 Claassen hatte drei Sekretärinnen und einen Leibwächter, ließ in seinem Büro Sicherheitsglas anbringen und Briefe röntgen. Aufgrund seiner kurzen Zeit als umstrittener Präsident des Fußballvereins Hannover 96 im Jahr 1997 hatte er Morddrohungen erhalten. Die Mitarbeiter und die Familie nahmen einen Kulturbruch wahr, nämlich das Ende der Bescheidenheit.

290 Der Begriff beschreibt nicht nur die wachsende Rolle von Finanzinstitutionen in der Volkswirtschaft, sondern auch die zunehmende Orientierung der Industrie an finanzwirtschaftlichen Zielen. Unternehmen wurden weniger als technologische oder soziale Größen, sondern primär als Kapitalverwertungseinheiten gesehen. Dieser aus den USA kommende Ansatz betonte den Vorrang der Aktionäre gegenüber allen anderen mit dem Unternehmen verbundenen Gruppen. Es ging vermehrt um den Shareholder Value, also um die Steigerung des Aktienwertes. Bisher waren die Aktionäre in den meisten deutschen Unternehmen eher Stiefkinder gewesen; vgl. Hartmut Berghoff, *Varieties of Financialization? Evidence from German Industry in the 1990s*, in: Business History Review 1 (2016), 81–108.; ders., *Die 1990er Jahre als Epochenschwelle? Der Umbau der Deutschland AG zwischen Traditionsbruch und Kontinuitätswahrung*, in: Historische Zeitschrift 2 (2019), 364–400.

291 Sartorius-Archiv, Peo 1/4 A 1, Brief Ruge an Aufsichtsrat, 21.4.1997 [Schreibfehler, wohl Juli].

292 Ebd., Fin 2/1 A 74, Sartorius AG Geschäftsbericht 1997, 4.

293 Vgl. Berghoff/Köhler, *Familienunternehmen*, 80.

294 Privatarchiv Familie Sartorius, Testament Horst Sartorius vom 29.7.1989.

295 Bei Bosch gab es ein Testamentsvollstreckergremium, das auch über die Eigentumsrechte nach Ablauf der 30 Jahre entscheiden konnte; vgl. Johannes Bähr/Paul Erker, *Bosch. Geschichte eines Weltunternehmens*, München 2013, 248–251, 276–301.

296 Zu Mohn Hartmut Berghoff, *Blending Personal and Managerial Capitalism. Bertelsmann's Rise from a Medium-sized Publisher to a Global Media Corporation, 1950–2010*, in: Business History 6 (2013), 855–874.

297 So wäre eine hohe Erbschaftsteuerersparnis eingetreten. Die strategischen Entscheidungen sollten in einer zwischengeschalteten GmbH bei einem vierköpfigen Gremium liegen, bestehend aus Horst Sartorius, Ruge und zwei weiteren Familienfremden. So wäre, was für Horst Sartorius zentrale Bedeutung besaß, „auf Dauer erreicht, dass Sartorius [...] seinen Charakter als Familienunternehmen bewahren" und den „Standort Göttingen behalten kann". Die Familie hätte jedoch ihren „alleinbestimmenden" Einfluss ein für alle Mal verloren, was Horst Sartorius durchaus beabsichtigte und was in diesem Modell sogar für ihn selbst gegolten hätte; siehe Sartorius-Archiv, Peo 1/1 A 3, Überlegungen zu einer Sartorius-Stiftung, 10.

298 Interview mit Dr. Christoph Sartorius, 11.10.2019 u. 6.8.2020.

299 Börsenzeitung, 31.8.1999.

300 Interview mit Ulrike Baro und Dr. Wolfgang Sassin, 29.11.2019; Privatarchiv Familie Sartorius, Schreiben Rechtsanwältin Fruhmann an Rechtsanwalt Sernetz vom 17.9.2002.

301 Vgl. Göttinger Tageblatt, 15.7.1999; Die Welt, 10.8.1999.

302 Bio-Rad wollte noch immer die Separationstechnik erwerben. Bizerba, mit der 1991 Fusionsverhandlungen gescheitert waren, soll erneut Interesse an der Wägetechnik signalisiert haben. Gespräche fanden möglicherweise bereits statt. Interviews mit Dr. Christoph Sartorius, 4.10. u. 2.12.2019.

303 Privatarchiv Familie Sartorius, Vereinbarung von Christine Franken und Ulrike Baro mit Ingolf Ruge, 1988 (o. D.). Das Dokument lag auch dem Amtsgericht Göttingen unter dem Geschäftszeichen 9 VI 823/98 im Zusammenhang mit der Beurteilung der Rechtmäßigkeit des Rechtsgeschäftes und der Ernennung eines neuen Testamentsvollstreckers vor.

304 Hannoversche Allgemeine Zeitung, 16.7.1999.

305 Claassen, zit. in: Börsen-Zeitung, 31.8.1999. Ein fünfter Antrag wurde zurückgezogen.

306 Vgl. Göttinger Tageblatt, 24.8.1999.

307 Vgl. Göttinger Tageblatt, 31.8.1999; Börsen-Zeitung, 31.8.1999; Hannoversche Allgemeine Zeitung, 31.8.1999.

308 Es waren insgesamt fünf Anwälte für die vier Parteien tätig. Die jeweiligen Schriftsätze sind zum Teil länger als 50 Seiten und wurden ständig erwidert und ergänzt; siehe Akten des Amtsgerichts und Landgerichts Göttingen 1998–99, Anfechtung Testamentsvollstrecker, Testament Horst Sartorius.

309 Joachim Kreuzburg, zit. in: Produktion. Technik und Wirtschaft für die deutsche Industrie, 11.7.2017.

310 Sartorius-Archiv, Fin 2/1 A 75, Sartorius AG Geschäftsbericht 1998, 71; ebd., Fin 2/1 A 81, Sartorius AG Geschäftsbericht 2002, Kennziffernübersicht o. S. (1.S. nach Titelblatt), 94.

311 Ebd., Fin 2/1 A 66, Sartorius AG Geschäftsbericht 1991, 2; ebd., Fin 2/1 A 68, Sartorius AG Geschäftsbericht 1993, 12; ebd., Fin 2/1 A 81, Sartorius AG Geschäftsbericht 2002, Kennzahlen 1. S. nach Titelblatt.

312 Ebd., Fin 2/1 A 75, Sartorius AG Geschäftsbericht 1998, 24; Bilanzen und Aktienkennzahlen, in: ebd., Fin 2/1 A 76, Sartorius AG Geschäftsbericht 1999; ebd., Fin 2/1 A 77, Sartorius AG Geschäftsbericht 2000; ebd., Fin 2/1 A 78, Sartorius AG Geschäftsbericht 2001; ebd., Fin 2/1 A 81, Sartorius AG Geschäftsbericht 2002.

313 Ebd., Fin 2/1 A 78, Sartorius AG Geschäftsbericht 2001, 12; ebd., Fin 2/1 A 76, Sartorius AG Geschäftsbericht 1999, 55.

314 Ebd., Fin 2/1 A 77, Sartorius AG Geschäftsbericht 2000, 49.

315 Interview mit Dr. Holger Schmeißer, 24.10.2019.

316 Sartorius-Archiv, Fin 2/1 A 78, Sartorius AG Geschäftsbericht 2001, 67.

317 Interviews mit Dr. Holger Schmeißer, 30.4. u. 24.10.2019.

318 Computerwoche, 6.8.1999.

319 Hierbei handelte es sich um einen Durchbruch, denn bisher hatte die IG Metall angesichts der Massenarbeitslosigkeit eine Politik der Überstundensperren verfolgt. Schichtarbeit war jetzt auch am Wochenende möglich. Je nach Auftragslage konnte sich die wöchentliche Arbeitszeit um 20 Prozent erhöhen oder vermindern. Großzügige Altersteilzeitregelungen und eine befristete Arbeitsplatzgarantie waren weitere Komponenten des Abkommens. Vgl. Frankfurter Allgemeine Zeitung, 27.11. 2019.

320 Sartorius-Archiv, Fin 2/1 A 81, Sartorius AG Geschäftsbericht 2002, 10.

321 Ebd., Fin 2/1 A 86, Sartorius AG Jahresabschluss 2004, bes. 15.

322 Diese Zahlen stellte freundlicherweise Investor Relations der Sartorius AG zur Verfügung. Die Effekte des Aktiensplits wurden herausgerechnet.

323 Die folgenden Abschnitte basieren vor allem auf den Sartorius AG bzw. Sartorius Konzern Geschäftsberichten der Jahre 2003 bis 2011 (Sartorius-Archiv, Fin 2/1).

324 Sartorius-Archiv, Fin 2/1 A 89, Sartorius AG Geschäftsbericht 2006, Kennzahlen 1.S. nach Titelblatt; ebd., Fin 2/1 A 91, Sartorius Konzern Geschäftsbericht 2007, Kennzahlen 1.S. nach Titelblatt (unpaginiert). Es gab aber auch Korrekturen von Reformen, die bis 2002 eingeführt worden waren. Bereits 2003 wurde die im Vorjahr geschaffene sehr kleine Sparte Umwelttechnik wieder in die Biotechnologie integriert, wo sie im Feld der Brennstoffzellentechnik experimentierte, ohne je-

doch vermarktbare Produkte zu entwickeln, sodass dieser Bereich wenig später aufgegeben wurde. Auch die von Claassen eingeführte Mehrmarkenstrategie nahm man zurück, um den weltweit bekannten Namen Sartorius stärker zu nutzen. So hieß Braun Biotech International (BBI) ab 2004 Sartorius BBI Systems.

325 EBITDA steht für „earnings *b*efore *i*nterest, *t*axes, *d*epreciation and *a*mortization", deutsch: „Gewinn vor Zinsen, Steuern, Abschreibungen auf Sachanlagen und immaterielle Vermögensgegenstände".

326 2007 wurde die Mechatronik durch den Verkauf des seit Langem randständigen Gleitlagergeschäfts (2006: 89 Mitarbeiter) an John Crane Bearing Technology, Teil der britischen Smith Group, unwesentlich verkleinert.

327 Berghoff, *1990er Jahre*, 83.

328 Interview mit Dr. Joachim Kreuzburg, 19.11.2019.

329 Pharma+Food, 16.1.2004, https://www.pharma-food.de/sartorius-biotechnologie-sparte-kooperiert-mit-tc-tech-inc [Zugriff 1.11.2019].

330 Rafael La Porta u.a., *Corporate Ownership around the World*, in: Journal of Finance 2 (1999), 471–517; Heitor Almeida/Daniel A. Wolfenzon, *Theory of Pyramidal Ownership and Family Business Groups*, in: Journal of Finance 6 (2006), 2637–2680; Randall Morck (Hg.), *A History of Corporate Governance Around the World. Family Business Groups to Professional Managers*, Chicago/London 2007.

331 Interview mit Dr. Joachim Kreuzburg, 16.1.2019.

332 Dem Board gehörten u.a. auch Arnold Picot und Bernard Lemaître, der Stedim-Gründer, an.

333 2003 hatte der Anteil von Bio-Rad an den Stammaktien noch bei 13 Prozent gelegen. 2004 sprang er auf 21 Prozent, um dann in den Folgejahren langsam, aber recht stetig zu steigen. Diese Angaben stammen aus verschiedenen Jahren der Geschäftsberichte der Sartorius AG; Bio-Rad Annual Reports u. Bio-Rad, Form 10 Q submitted to the Securities and Exchange Commission. Bio-Rad kaufte Stammaktien aus dem Streubesitz und zu einem geringen Teil (zwei Prozent) aus dem freien Besitz der Familien auf; Für die Angaben von 2020 gilt: Der Anteil ausstehender Aktien umfasste jeweils rund 91 Prozent der gesamten Stamm- und Vorzugsaktien. Die restlichen Anteile hielt das Unternehmen selbst.

334 Interview mit Dr. Joachim Kreuzburg, 19.11.2019. Der dynamische Verschuldungsgrad ist der Quotient aus Nettoverschuldung und bereinigtem EBITDA, setzt also die Schulden ins Verhältnis zu den Erträgen eines Jahres. 2011 lag dieser Wert bei 1,9, 2018 bei 2,4. Sartorius würde demnach mit dem EBITDA von 2018 theoretisch 2,4 Jahre bis zur völligen Entschuldung benötigen. Fin 2/1 A 131, Sartorius Konzern Geschäftsbericht 2020 sowie Seite Kennzahlen.

335 Alle Zahlen dieses Absatzes stammen aus: Sartorius-Archiv, Fin 2/1 A 85, Sartorius AG Geschäftsbericht 2004, 36, 37; ebd., Fin 2/1 A 104, Sartorius Konzern Geschäftsbericht 2011, 28, sowie Seite Kennzahlen; ebd., Fin 2/1 A 125, Sartorius Konzern Geschäftsbericht 2018, Seite Kennzahlen, 37; ebd., Fin 2/1 A 131, Sartorius Konzern Geschäftsbericht 2020, Seite Kennzahlen, 49, 55.

336 Interview mit Dr. Joachim Kreuzburg, 19.11.2019; ebd., Fin 2/1 A 131, Sartorius Konzern Geschäftsbericht 2020, Seite Kennzahlen, 49, 55.

337 Die Marktkapitalisierung zeigt den Wert des Unternehmens, der ihm vom Kapitalmarkt zugesprochen wird. Die Werte ergeben sich aus der Multiplikation der jeweiligen Jahresschlusskurse mit der Anzahl der Stämme und Vorzüge, wobei die Aktien im Eigenbesitz des Unternehmens nicht mitzählen.

338 Süddeutsche Zeitung, 8.8.2019.

339 Sartorius-Archiv, Fin 2/1 A 119, Sartorius Konzern Geschäftsbericht 2016, 139.

340 Wirtschaftsmagazin Bilanz, 12.9.2019. Die Liste zählt Familien, Einzelpersonen und Erbengemeinschaften jeweils als eine Einheit, was die Rangabfolge verzerren dürfte.

341 Auskunft Aufsichtsrat der Sartorius AG vom 8.3.2020.

342 Seit 2016 vermindert sich die Verschonung, wenn das erworbene Betriebsvermögen über 26 Mio. Euro liegt. Ab 90 Mio. Euro entfallen alle Verschonungsmöglichkeiten. Vgl. Stiftung Familienunternehmen (Hg.), *Das neue Erbschaft- und Schenkungssteuerrecht. Was verändert sich für Familienunternehmen?*, München 2016.

343 Privatarchiv Familie Sartorius, Schriftsatz Rechtsanwalt Jochen Kreutzberg 131/2015 vom 12.1.2016.

344 Sartorius-Archiv, Fin 2/1 A 131, Sartorius Konzern Geschäftsbericht 2020, Seite Kennzahlen.

345 Ebd., Fin 2/1 A 107, Sartorius Konzern Geschäftsbericht 2012, 37.

346 Ebd., Fin 2/1 A 104, Sartorius Konzern Geschäftsbericht 2011, 32.

347 Ebd., Fin 2/1 A 119, Sartorius Konzern Geschäftsbericht 2016, 42.

348 Ebd., 42.

349 Bio-Rad, Annual Report 2019, 67.

350 2019 wurde das Group Executive Committee aufgelöst und zugleich der Vorstand von drei auf vier Mitglieder vergrößert. Die Ressortzuschnitte änderten sich. Pro Sparte wurde ein Vorstandsressort gebildet.

351 In diesen Zahlen sind auslaufende befristete Verträge nicht enthalten. Die Fluktuation war in Asien und den USA höher; siehe Sartorius-Archiv, Fin 2/1 A 131, Sartorius Konzern Geschäftsbericht 2020, 132; Auskunft Sartorius HR.

352 Ebd., Fin 2/1, Sartorius Konzern Geschäftsbericht 2020, 51, sowie Präsentation zur Bilanzpressekonferenz der Sartorius AG vom 18.2.2021, Folie 15. In der Konzernzentrale arbeiteten Mitarbeiter aus 56 Ländern, Auskunft Sartorius Corporate Communications.

353 Ebd., Fin 2/1 A 101, Sartorius Konzern Geschäftsbericht 2010, 7.

354 Interview mit Dr. Joachim Kreuzburg, 19.11.2019.

355 Sartorius-Archiv, Fin 2/1 A 110, Sartorius Konzern Geschäftsbericht 2013, 39.

356 Ebd., Fin 2/1 A 119, Sartorius Konzern Geschäftsbericht 2016, 25.

357 Ebd., Fin 2/1 A 122, Sartorius Konzern Geschäftsbericht 2017, 8.

358 Ebd., Fin 2/1 A 125, Sartorius Konzern Geschäftsbericht 2018, 9, 27; Ebd., Fin 2/1 A 131, Sartorius Konzern Geschäftsbericht 2020, 33f.

359 Pharma+Food, 23.10.2019, https://www.pharma-food.de/sartorius-uebernimmt-teile-von-danaher-fuer-750-mio-dollar [Zugriff 3.11.2019]; Sartorius-Archiv, Fin 2/1 A 128, Sartorius Konzern Geschäftsbericht 2019, 10f., 24, sowie ebd., Fin 2/1 A 131, Sartorius Konzern Geschäftsbericht 2020, 10f., 28.

Zum Beitrag Christian Kleinschmidt: Internationalisierung

1 Ulrich Pfister, *Globalisierung und Weltwirtschaft*, in: Hans-Ulrich Thamer (Hg.), WBG Weltgeschichte. Eine globale Geschichte von den Anfängen bis ins 21. Jahrhundert, Bd. 4, Darmstadt 2010, 277–336.

2 Zur wirtschaftlichen Entwicklung im Kaiserreich siehe Dieter Ziegler, *Die Industrielle Revolution*, Darmstadt 2005, 121ff. sowie Carsten Burhop, *Wirtschaftsgeschichte des Kaiserreichs 1871–1918*, Göttingen 2011; Sartorius AG (Hg.), *Vom Universitäts-Mechanikus zum Global Player. Sartorius Chronik 1870–2005*, Göttingen 2006, 18ff.; Hans R. Jenemann, *Die Göttinger Präzisionsmechanik und die Fertigung feiner Waagen*, in: Göttinger Jahrbuch 36 (1988), 203ff.

3 Sartorius-Werke GmbH (Hg.), *Sartorius 1870–1970. Eine Dokumentation*, Göttingen 1970, 7f.; Jenemann, Göttinger Präzisionsmechanik, 182f.; Clemens Winkler, *Das Aluminium auf der Pariser Weltausstellung 1878*, in: Polytechnisches Journal, Nr. 230 (1878), 159–162, digitalisierte Fassung: http://dingler.culture.hu-berlin.de/article/pj230/ar230043 [Zugriff: 9.9.2019].

4 Winfried Kretschmer, *Geschichte der Weltausstellungen*, Frankfurt a.M. 1999, 36, 52; Petra Krutisch, *Aus aller Herren Länder. Weltausstellungen seit 1851*, Nürnberg 2001, 11ff.; John E. Findling, *Historical Dictionary of World's Fairs and Exhibitions. 1851–1988*, New York 1990, 3ff.

5 Thomas Großbölting, *„Im Reich der Arbeit". Die Repräsentation gesellschaftlicher Ordnung in den deutschen Industrie- und Gewerbeausstellungen 1790–1914*, Berlin 2008, 26 f.

6 Ebd., 132 f., 450.

7 Sartorius-Werke GmbH, *Sartorius 1870–1970*, 9 ff.; Sartorius AG, *Vom Universitäts-Mechanikus zum Global Player*, 28; Sartorius-Werke AG (Hg.), *Die Geschichte der Sartorius-Werke Aktiengesellschaft 1870–1953*, Göttingen 1953, 8 f. (Sartorius-Archiv, Peo 1/6 B 5); Hans Günther Meissner, *Musterbücher als Instrumente der Werbung*, in: Ottfried Dascher (Hg.), „Mein Feld ist die Welt". Musterbücher und Kataloge 1784–1914, Dortmund 1984, 47–51; Gabriele Unverferth, *Kommunikation und Selbstdarstellung: Frühe Briefköpfe aus Westfalen und England*, in: Karl-Peter Ellerbrock/Ralf Stremmel (Hg.), Westfalen und die Welt, Münster 2002, 160 ff.; Uwe Beckmann, *Gewerbeausstellungen in Westeuropa vor 1851*, Berlin 1991, 94 ff.

8 Kretschmer, *Geschichte der Weltausstellungen*, 100; Findling, *Historical Dictionary*, 55 ff.

9 Hans-Joachim Braun, *Billig und schlecht. Franz Reuleaux' Kritik an der deutschen Industrie und seine wirtschaftspolitischen Vorschläge 1876/77*, in: Kultur & Technik 2 (1985), 106 ff., 110.

10 Sartorius AG, *Vom Universitäts-Mechanikus zum Global Player*, 28; Eintragung im amtlichen Katalog der deutschen Abteilung der Weltausstellung in Philadelphia 1876, in: Reichskommission für die Weltausstellung in Philadelphia (Hg.), *Deutsche Abtheilung, Amtlicher Katalog*, Berlin 1876, Eintragung unter „Klasse 322, Nr. 569" auf 84, digitalisierte Fassung: https://babel.hathitrust.org/cgi/pt?id=osu.32435066801432&view=1up&seq=96 [Zugriff 9.9.2019].

11 Sartorius-Werke AG, *Geschichte der Sartorius-Werke 1870–1953*, 20; Sartorius AG, *Vom Universitäts-Mechanikus zum Global Player*, 37 f.

12 Joachim Radkau, *Technik in Deutschland. Vom 18. Jahrhundert bis heute*, Frankfurt a. M. 2008, 173 ff.; Jenemann, *Göttinger Präzisionsmechanik*, 208 f., 212.

13 Kai-Uwe Hellmann, *Soziologie der Marke*, Frankfurt a. M. 2003, 52; Sartorius AG, *Vom Universitäts-Mechanikus zum Global Player*, 38; Radkau, *Technik in Deutschland*, 164.

14 Otto Behrendsen, *Die mechanischen Werkstätten der Stadt Göttingen. Ihre Geschichte und ihre gegenwärtige Einrichtung*, Melle 1900, 99–109.

15 Jenemann, *Göttinger Präzisionsmechanik*, 214–217; Sartorius-Werke AG, *Geschichte der Sartorius-Werke 1870–1953*, 8.

16 Werner Plumpe, *Die Logik des modernen Krieges und die Unternehmen. Überlegungen zum Ersten Weltkrieg*, in: Jahrbuch für Wirtschaftsgeschichte 2 (2015), 332; Jenemann, *Göttinger Präzisionsmechanik*, 217; Sartorius-Werke GmbH, *Sartorius 1870–1970*, 15.

17 Sartorius-Archiv, Fin 1/1 A 2, Protokoll der Generalversammlung der Sartorius-Werke AG vom 9. 2. 1917, Bl. 20; ebd., Fin 1/1 A 3, Protokoll der Generalversammlung der Sartorius-Werke AG vom 14. 1. 1919, Bl. 17.

18 Ebd., Fin 1/1 A 4, Protokoll der Generalversammlung der Sartorius-Werke AG vom 24. 2. 1920, Bl. 18 f.; Jenemann, *Göttinger Präzisionsmechanik*, 223.

19 Sartorius-Archiv, Fin 1/1 A 6, Protokoll der Generalversammlung der Sartorius-Werke AG vom 15. 2. 1921, Bl. 10. Die entsprechenden Aussagen über das Geschäftsjahr sind jedoch sehr allgemein gehalten und lassen keine differenzierten Aussagen zu.

20 Heike Knortz, *Wirtschaftsgeschichte der Weimarer Republik*, Göttingen 2010, 15; Jürgen Bellers/Markus Porsche-Ludwig, *Außenwirtschaftspolitik der Bundesrepublik Deutschland 1950–2011*, Berlin 2011, 39.

21 Sartorius-Archiv, Fin 1/1 A 14, Protokoll der Generalversammlung der Sartorius-Werke AG vom 14. 4. 1926, Bl. 12; Knortz, *Wirtschaftsgeschichte der Weimarer Republik*, 117.

22 Sartorius-Archiv, Fin 1/1 A 16, Bilanz zum 31. 12. 1928, Bl. 7.

23 Ebd., Fin 1/1 A 17, Protokoll der Generalversammlung der Sartorius-Werke AG vom 14. 3. 1930, Bl. 16.

24 Jan-Otmar Hesse u. a., *Die große Depression. Die Weltwirtschaftskrise 1929–1939*, Frankfurt a. M. 2014, 200 ff.

25 Sartorius-Archiv, Fin 1/1 A 18, Protokoll der Generalversammlung der Sartorius-Werke AG vom 20. 4. 1931, Bl. 8.

26 Ebd.; Knortz, *Wirtschaftsgeschichte der Weimarer Republik*, 236 f.

27 Sartorius-Archiv, Fin 1/1 A 20, Protokoll der Generalversammlung der Sartorius-Werke AG vom 15. 6. 1933, Bl. 9 f.

28 Auf die allgemeine wirtschaftliche Entwicklung im Nationalsozialismus soll an dieser Stelle nicht ausführlich eingegangen werden. Siehe dazu u. a. Adam Tooze, *Ökonomie der Zerstörung. Die Geschichte der Wirtschaft im Nationalsozialismus*, München 2007, 57–200; Harold James, *Deutschland in der Weltwirtschaftskrise 1924–1936*, Stuttgart 1988, 329–397; Willi A. Boelcke, *Die deutsche Wirtschaft 1930–1945*, Düsseldorf 1983, 128–217.

29 Sartorius-Archiv, Fin 1/1 A 26, Protokoll der Generalversammlung der Sartorius-Werke AG vom 28. 1. 1936, Bl. 9; ebd., Fin 1/1 A 30, Protokoll der Hauptversammlung der Sartorius-Werke AG vom 31. 1. 1939 sowie ebd., Fin 1/1 A 33, Protokoll der Hauptversammlung der Sartorius-Werke AG vom 18. 3. 1941, Bl. 11; Manfred Grieger, *Sartorius im Nationalsozialismus. Generationswechsel im Familienunternehmen zwischen Weltwirtschaftskrise und Entnazifizierung*, Göttingen 2019, 77 f.

30 Grieger, *Sartorius im Nationalsozialismus*, 55–60, 66.

31 Ausführlicher zu diesen Entwicklungen siehe ebd., 77, 91 ff., 106, 113.

32 Sartorius AG, *Vom Universitäts-Mechanikus zum Global Player*, 63. Auch für die Phase des Zweiten Weltkriegs gilt der Befund einer schlechten Quellenüberlieferung, die eine ausführlichere Darstellung der internationalen Wirtschaftskontakte von Sartorius unmöglich macht.

33 Ebd., 51, 64 f., 70; Sartorius-Archiv, Boa 1/4 A 3, Berichte der Membranfiltergesellschaft (1947–1961), Bericht für die am 20. 9. 1952 stattfindende Aufsichtsratssitzung.

34 Ausführlicher zur Entwicklung ab 1949 siehe Christoph Buchheim, *Die Wiedereingliederung Westdeutschlands in die Weltwirtschaft 1945–1958*, München 1990, 109–181; Linda von Delhaes-Guenther, *Erfolgsfaktoren des westdeutschen Exports in den 1950er und 1960er Jahren*, Dortmund 2003, 87–164; Reinhard Neebe, *Weichenstellung für die Globalisierung. Deutsche Weltmarktpolitik, Europa und Amerika in der Ära Ludwig Erhard*, Köln 2004, 229–247.

35 Reinhard Neebe, *Optionen westdeutscher Außenwirtschaftspolitik 1949–1953*, in: Ludolf Herbst u. a. (Hg.), Vom Marshallplan zur EWG. Die Eingliederung der Bundesrepublik Deutschland in die westliche Welt, München 1990, 199 ff.; Patrick Kleedehn, *Die Rückkehr auf den Weltmarkt. Die Internationalisierung der Bayer AG Leverkusen nach dem Zweiten Weltkrieg bis zum Jahre 1961*, Stuttgart 2007, 345.

36 Sartorius-Archiv, Boa 1/4 A 3, Berichte Betriebsergebnisse, Buchhaltung (1949–1955), Bericht über die wichtigsten Zahlen der Geschäftsjahre 1945/46 bis einschließlich 1951, 3; ebd., Boa 1/4 A 2, Berichte der Exportabteilung (1949–1961), Jahresbericht 1949 vom 6. 3. 1950.

37 Sartorius-Archiv, Boa 1/4 A 3, Berichte Betriebsergebnisse, Buchhaltung (1949–1955), Bericht über die wichtigsten Zahlen der Geschäftsjahre 1945/46 bis einschließlich 1951, 5.

38 Sartorius-Archiv, Boa 1/4 A 2, Berichte der Exportabteilung, Jahresbericht 1949 vom 6. 3. 1950; ebd., Bericht über das letzte Halbjahr bis Ende Oktober 1953, 2.

39 Ebd., Berichte der Exportabteilung, Jahresbericht 1949 vom 6. 3. 1950.

40 Ausführlich dazu siehe Karsten Rudolph, *Wirtschaftsdiplomatie im Kalten Krieg. Die Ostpolitik der westdeutschen Großindustrie 1945–1991*, Frankfurt a. M. 2004; Christian Th. Müller, *Der Erdgas-Röhren-Konflikt 1981/82*, in: Bernd Greiner u. a. (Hg.): Ökonomie im Kalten Krieg, Hamburg 2010, 502 ff.; Neebe, *Optionen westdeutscher Außenwirtschaftspolitik*, 179 ff.

41 Fei He, *Die Handelsbeziehungen zwischen der BRD und der Volksrepublik China im Zeitraum von 1949 bis 1957*, in: Christian Kleinschmidt/Dieter Ziegler (Hg.), Dekolonisierungsgewinner. Deutsche Außenpolitik und Außenwirtschaftsbeziehungen im Zeitalter des Kalten Krieges, Berlin 2018, 289 f.

42 Sartorius-Archiv, Boa 1/4 A 2, Berichte der Exportabteilung, Bericht über das zweite Halbjahr 1955, 25. 3. 1955.

43 Ebd., Berichte der Exportabteilung, Bericht vom 10. 3. 1958, 2; ebd., Bericht über das erste Halbjahr 1955 vom 21. 6. 1955.

44 Vgl. die Jahresberichte der Exportabteilung, ebd., Berichte der Exportabteilung (1949–1961).

45 Ebd., Boa 1/4 A 3, Berichte der Werbeabteilung 1950–1960, zu Werbung: Drucksachen, Reklame, 6. 3. 1950.

46 Ebd., Berichte Marktforschung (1960–61), betr. Bericht für die Aufsichtsratssitzung am 27. 3. 1960 vom 21. 3. 1960.

47 Ebd., Boa 1/4 A 2, Berichte der Verkaufsabteilung (1949–1961), Bericht Verkaufsabteilung vom 5. 12. 1960.

48 Ebd., Berichte der Exportabteilung (1949–1961), Bericht über das erste Halbjahr 1955 vom 21. 6. 1955 und Bericht vom 15. 11. 1956.

49 http://www.hannovermesse.de/de/ueber-uns/ueber-die-messe/geschichte-der-hannover-messe [Zugriff 2. 3. 2020]; Sartorius-Archiv, Boa 1/4 A 2, Berichte der Verkaufsabteilung (1949–1961), Bericht vom 5. 12. 1960.

50 http://www.achema.de/de/presse/pressemitteilungen/artikel/abschlussbericht-achema-2018 [Zugriff 27. 3. 2020].

51 Sartorius-Archiv, Fin 2/1 A 20, Sartorius-Werke GmbH Geschäftsbericht 1970, 8 f.; siehe auch den Beitrag von Hartmut Berghoff in diesem Band.

52 Sartorius AG, *Vom Universitäts-Mechanikus zum Global Player*, 72; Sartorius-Archiv, Fin 2/1 A 21, Sartorius-Werke GmbH Geschäftsbericht 1971; ebd., Fin 2/1 A 22, Sartorius-Werke GmbH Geschäftsbericht 1972; ebd., Fin 2/1 A 23, Sartorius-Werke GmbH Geschäftsbericht 1973; ebd., Fin 2/1 A 26, Sartorius Werke GmbH Geschäftsbericht 1976.

53 Siehe dazu Jan Johanson/Jan-Erik Vahlne, *The Internationalization Process of the Firm. A Model of Knowledge Development and Increasing Foreign Market Commitments*, in: Journal of International Business Studies 1 (1977), 23–32.

54 Interview Marcel Stierand mit Knut Voggel (7. 6. 2019). Knut H. Voggel war Präsident der Sartorius Corporation sowie von Sartorius Inc. Puerto Rico und Sartorius Canada Inc.

55 Ebd.

56 Ebd.

57 Ebd.

58 Ausführlicher zur westdeutschen Wiedereingliederung in die Weltwirtschaft nach 1945 siehe u. a. Buchheim, *Die Wiedereingliederung Westdeutschlands in die Weltwirtschaft 1945–1958*; Delhaes-Guenther, *Erfolgsfaktoren des westdeutschen Exports in den 1950er und 1960er Jahren;* Neebe, *Weichenstellung für die Globalisierung*; Kleedehn, *Die Rückkehr auf den Weltmarkt*; Bellers/Porsche-Ludwig, *Außenwirtschaftspolitik der Bundesrepublik Deutschland 1950–2011*.

59 In einer zeitgenössischen Untersuchung über deutsche Direktinvestitionen in Lateinamerika wird Puerto Rico nicht erwähnt. Vielmehr stehen dort Brasilien, Mexiko, El Salvador, Ecuador und Kolumbien im Mittelpunkt. Siehe Paulgeorg Juhl, *Deutsche Direktinvestitionen in Lateinamerika*, Tübingen 1979.

60 Sartorius-Archiv, Int 2/2 A 1, Organ Aufbau, Memorandum, Feddersen, Laule, Stroth & Partner, Rechtsanwälte (vermutl. 14. 4. 1982).

61 Ebd., Puerto Rico – Allein Insel in der Sonne?, Bericht an Herrn Bosse, erhalten am 6. 10. 1982, 5.

62 Ebd., Int 2/1 A 8, Regierung des Commonwealth von Puerto Rico, Gouverneursamt zu Steuererlass, 25. 1. 1984.

63 Ebd., Int 2/1 A 9, P. R., Konzeption bisher – neu, Knothe, 17. 2. 1984; Protokoll der Geschäftsleitungssitzung vom 9. 11. 1984; ebd., Int 2/1 A 7, Protokoll der außerordentlichen Hauptversammlung für die Firma Sartorius Inc. (dt. Übersetzung, 15. 1. 1987).

64 Ebd., Int 3/1 A 10, Ergebnisprotokoll einer Besprechung, betr.: Produktion/F&E Unterstützung Nordamerika, 1. 3. 1991.

65 Ebd., Int 2/2 A 1, Organ Aufbau, Puerto Rico – Allein Insel in der Sonne?, Bericht an Herrn Bosse, erhalten am 6. 10. 1982, 3 f.

66 Ebd., Int 5/1 A 4, Plan of Actions 1985, Lüdtke, 2. 10. 1984; Wöchentlicher Bericht Sartorius Filters, 28. 1.–1. 2. 1985 (Voggel).

67 Ebd., Int 2/4 A 1, Gesprächsprotokoll vom 28. 5. 1984.

68 Ebd., Int 5/1 A 1, Knut H. Voggel an Sartorius GmbH in Göttingen, 11. 10. 1982; ebd., Int 5/1 A 5, Strategiepapier „Imageanzeigen im USA-Markt" von Evers, 8. 2. 1985

69 Christian Kleinschmidt, *Der produktive Blick. Wahrnehmung amerikanischer und japanischer Management- und Produktionsmethoden durch deutsche Unternehmer 1950–1985*, in: Jahrbuch für Wirtschaftsgeschichte 1 (2002), 221–259; ders., *Von der Autarkie zur Weltwirtschaft. „Werbung um öffentliches Vertrauen" am Beispiel der I. G. Farben-Nachfolgeunternehmen*, in: Werner Abelshauser u. a. (Hg.), Wirtschaftsordnung, Staat und Unternehmen, Essen 2003, 205–219; Corinna Ludwig, *Amerikanische Herausforderungen. Deutsche Großunternehmen in den USA nach dem Zweiten Weltkrieg*, Frankfurt a. M. 2015, 157–208.

70 Sartorius-Archiv, Int 2/4 A 2, Korrespondenz ‚Produktentwicklung', Reisebericht Evers, 18. 4. 1986.

71 Ebd., Int 5/1 A 6, Telefax Dr. Sartorius an Sartorius Ostküste, 21. 4. 1986.

72 Ebd., Boa 4/19 A 1, JRB & Co. Angebot über einen Firmenkauf in den USA für die Firma Sartorius Corporation, Juni 1994.

73 Ebd., Int 3/1 A 15, Kanada Reisebericht Sievert, 4. 7. 1989.

74 Ebd., Int 3/1 A 13, Aktenvermerk, betr. Joint Venture Sartorius Instruments, Chicago, Dr. Rabich, 21. 5. 1991; ebd., Int 5/2 A 1, Schreiben zu Vertretungsvertrag Firma Brinkmann Instruments, New York, 8. 12. 1987.

75 Ebd., Int 3/1 A 14, Memorandum betr. Aufbau einer Organisation zur systematischen Bearbeitung des Filtrationsmarktes Fernost, 4. 11. 1991 (Rabich, Voggel).

76 Siehe dazu Yi Guo, *Primat des Wirtschaftsinteresses im pragmatischen Handeln. Die Beziehungen zwischen der Bundesrepublik Deutschland und der Volksrepublik China von 1949 bis 1990*, in: Kleinschmidt/Ziegler (Hg.), Dekolonisierungsgewinner, 265–285. Zur Entwicklung des „chinesischen Kapitalismus" seit Ende der 1970er-Jahre siehe auch Tobias ten Brink, *China's Capitalism. A Paradoxical Route to Economic Prosperity*, Philadelphia 2019, 72–111.

77 Siehe dazu auch den Beitrag von Hartmut Berghoff in diesem Band.

78 Dazu als Überblick siehe Philipp Ther, *Die neue Ordnung auf dem alten Kontinent. Eine Geschichte des neoliberalen Europa*, Berlin 2016; zur Entwicklung nach 1989 überblicksartig Akira Iriye, *Die Entstehung einer transnationalen Welt*, in: ders./Jürgen Osterhammel (Hg.): Geschichte der Welt. 1945 bis heute. Die globalisierte Welt, München 2013, 757–795.

79 Sartorius-Archiv, Fin 2/1 A 64, Sartorius AG Geschäftsbericht 1990, 6.

80 Ebd., Fin 2/1 A 66, Sartorius AG Geschäftsbericht 1991, 8 f.

81 Ebd., Boa 2/3 A 1, Wieselhuber und Partner, Strategische Unternehmensplanung. Dokumente der Markt- und Unternehmensanalyse, 31. 7. 1992, 6–9; ebd., Boa 2/3 A 2, Wieselhuber und Partner, Strategische Unternehmensplanung, Konzeption und Abschlußbericht, 31. 7. 1992, 2–7.

82 Ebd., Boa 2/3 A 2, Wieselhuber und Partner, Strategische Unternehmensplanung, Konzeption und Abschlußbericht, 31. 7. 1992, 17 f., 63, 66.

83 Ebd., Int 3/1 A 3, Grundannahmen für eine Niederlassung in der Republik Korea, 31. 7. 1989; Offizielle Eröffnung von Sartorius Südkorea Ltd., 14. 7. 1990; ebd., Int 3/1 A 17, Strategie Filtrationstechnik, H. J. Schmidt, 3. 6. 1991.

84 Ebd., Int 3/1 A 17, Ideen zur Verbesserung der Marktbearbeitung und der Wettbewerbsfähigkeit in Fernost, Johan Metal, April 1991.

85 Ebd.

86 Ebd., Int 3/1 A 19, Schreiben J. Metal an J. Reichel vom 9. 7. 1990.

87 Ebd., Entscheidungsvorlage über Aufnahme von Kooperationsverhandlungen mit einer chinesischen Waagenfabrik, 18. 2. 1991.

88 Ebd., Boa 4/5 A 1, Fortführung des Fernost-Konzeptes, Protokoll Mc Millen, Metal, Dr. Schmeißer, 19. 9. 1994; ebd., Boa 4/2 A 2, Protokoll der Vorstandssitzung am 25. 10. 1994, Gesprächskonzept Sartorius China, Dr. Schmeißer, 25. 10. 1994

89 Ebd., Fin 2/1 A 72, Sartorius AG Geschäftsbericht 1995, 4; ebd., Fin 2/1 A 68, Sartorius AG Geschäftsbericht 1993, 2; zur umfassenden Neuausrichtung siehe auch den Beitrag von Hartmut Berghoff in diesem Band.

90 Georg Pytlik, *Biotechnologie mit langer Tradition*, in: Investieren in Rußland – Chancen für den Mittelstand 2009. Sonderpublikation zur 3. Deutsch-Russischen Mittelstandskonferenz, Berlin 2009, 61 ff.

91 Der Rat für gegenseitige Wirtschaftshilfe (RGW) war eine Organisation der sozialistischen Staaten unter Führung der Sowjetunion. Er war das Pendant zur westlichen Organisation für europäische wirtschaftliche Zusammenarbeit (OEEC) bzw. ab 1961 der Organisation für wirtschaftliche Zusammenarbeit und Entwicklung (OECD).

92 Sartorius-Archiv, Boa 4/5 A 1, Maßnahmenplanung 1993. Bereich Osteuropa, 11. 2. 1993.

93 Siehe auch den Beitrag von Hartmut Berghoff in diesem Band.

94 Sartorius-Archiv, Fin 2/1 A 72, Sartorius AG Geschäftsbericht 1995, 13; ebd., Com 2/1, Presseinformationen Sartorius AG, Presseinformation 12. 3. 1995, Sartorius investiert in China; Presseinformation 13. 7. 1998, Weiterer Ausbau der Asienstrategie des Sartorius-Konzerns; Presseinformation 19. 9. 2001, Pekinger Werk der Sartorius AG wird ausgebaut; Presseinformation 31. 3. 2003, Kreuzburg weiht Erweiterungsbau der Sartorius-Tochter in Peking ein: „China ist für Sartorius einer der wichtigsten Wachstumsmärkte"; Christian Oldendorf/Eli-Josef Scheider, *Das Global Engineering Network der Sartorius AG. Das erfolgreiche Zusammenspiel deutscher, chinesischer und indischer Entwicklungsstandorte*, in: Holger Ernst u. a. (Hg.), Industrielle Entwicklung und Entwicklung in Emerging Markets. Motive, Erfolgsfaktoren, Best-Practice-Beispiele, Wiesbaden 2009, 76.

95 Sartorius-Archiv, Com 2/1 Presseinformationen Sartorius AG, Presseinformation 31. 3. 2003, Kreuzburg weiht Erweiterungsbau der Sartorius-Tochter in Peking ein: „China ist für Sartorius einer der wichtigsten Wachstumsmärkte".

96 Ebd., Int 4/2 A 1, Reisebericht von Herrn Dr. Schmeißer, 30. 4. 1985.

97 Ebd., Sartorius – Made in India??? Eine Analyse zum Thema Kollaboration in Indien, von M. Hornkohl, Mai 1986.

98 Siehe dazu ausführlich Julian F. Faust, *Spannungsfelder der Internationalisierung. Deutsche Unternehmen und Außenwirtschaftspolitik in Indien von 1947 bis zum Ende der 1980er Jahre*, Diss. Marburg 2020 (erscheint vorauss. im Jahr 2021), 339.

99 Sartorius-Archiv, Int 4/2 A 1, Vorstandsvorlage Sartorius AG zur Marktstrategie Indien, 14. 8. 1990.

100 Ebd., Boa 4/7 A 2, Reisebericht Dr. Karbachsch, 25. 1. 1995.

101 Corinna R. Unger, *Export und Entwicklung: Westliche Interessen in Indien im Kontext der Dekolonisation und des Kalten Krieges*, in: Jahrbuch für Wirtschaftsgeschichte 1 (2012), 73–79; Stefan Tetzlaff, *‚A new Passage to India'. Westdeutsche Außenwirtschaftspolitik und Wirtschaftsbeziehungen mit Indien, ca. 1950–1972*, in: Kleinschmidt/Ziegler (Hg.), Dekolonisierungsgewinner. Deutsche Außenpolitik und Außenwirtschaftsbeziehungen im Zeitalter des Kalten Krieges, Berlin 2018, 193–202. Christina Lubinski u. a., *Countering Political Risk in Colonial India: German Multinationals and the Challenge of Internment (1914–1947), in: (Harvard Business* School Working Paper, Bd. 18-090), Boston 2018.

102 Sartorius-Archiv, Boa 4/7 A 2, Reisebericht Dr. Karbachsch, 25. 1. 1995; Oldendorf/Scheider, *Global Engineering Network*, 79 f.

103 Sartorius-Archiv, Fin 2/1 A 68, Sartorius AG Geschäftsbericht 1993, 2.

104 Kleinschmidt, *Der produktive Blick*, 265–275.

105 Stefan A. Schirm, *Analytischer Überblick. Stand und Perspektiven der Globalisierungsforschung*, in: ders., Globalisierung. Forschungsstand und Perspektiven, Baden-Baden 2006, 13.

106 Richard Tilly, *Globalisierung aus historischer Sicht und das Lernen aus der Geschichte* (Kölner Vorträge zur Sozial- und Wirtschaftsgeschichte, Bd. 41), Köln 1999, 9.

107 Sartorius-Archiv, Fin 2/1 A 76, Sartorius AG Geschäftsbericht 1999, 44.

108 Ebd., 39 ff.

109 Ebd., Fin 2/1 A 72, Sartorius AG Geschäftsbericht 1995, 5, 18.

110 Ebd., 18.

111 Ebd., Com 2/1 Presseinformationen Sartorius AG, Pressemitteilung 9. 8. 1999, Sartorius übernimmt Denver Instrument Company; ebd., Pressemitteilung 3. 3. 2000, Sartorius komplettiert GWT-Akquisition mit zusätzlichen Ländervertriebsgesellschaften. Ein Teil dieser Unternehmen gehört inzwischen nicht mehr zu Sartorius.

112 Ebd., Fin 2/1 A 76, Sartorius AG Geschäftsbericht 1999, 42 ff.

113 Ebd., 52 f.; ebd., Com 2/1 Presseinformationen Sartorius AG, Pressemitteilung 24. 6. 1999, Sartorius-Konzern vollzieht weitere Akquisitionen.

114 Ebd., Fin 2/1 A 76, Sartorius AG Geschäftsbericht 1999, 82 f.

115 Ebd., Fin 2/1 A 77, Sartorius AG, Geschäftsbericht 2000, 32, 34.

116 Ebd., 36, 47.

117 Ebd., 49.

118 Ebd., Com 2/1 Presseinformationen Sartorius AG, Pressemitteilung 13. 7. 2007, Sartorius weiht neues Werk in China ein.

119 Oldendorf/Scheider, *Das Global Engineering Network der Sartorius AG*, 77–81.

120 Sartorius-Archiv, Com 2/2 Presseinformationen Sartorius Stedim Biotech S. A., Presseinformation 30. 9. 2014, Sartorius opens New Application Center in Shanghai.

121 Ebd., Fin 2/1 A 78, Sartorius AG Geschäftsbericht 2001, 72; ebd., Fin 2/1 A 87, Sartorius AG Geschäftsbericht 2005, 26 ff., 55.; ebd., Fin 2/1 A 95, Sartorius Konzern Geschäftsbericht 2008, o. S.; ebd., Fin 2/1 A 113, Sartorius Konzern Geschäftsbericht 2014, 26; ebd., Com 2/1 Presseinformationen Sartorius AG, Presseinformation 8. 3. 2002, Sartorius College nun auch in Bangalore, Indien; Pressemitteilung 29. 10. 2009, Sartorius eröffnet neues Werk in Indien.

122 Ebd., Com 2/1 Presseinformationen Sartorius AG, Pressemitteilung 28. 9. 2005, Sartorius kauft US-amerikanischen Anwendungsspezialisten Omnimark.

123 Ebd., Com 2/2 Presseinformationen Sartorius Stedim Biotech S. A., Presseinformation 22. 2. 2007, Sartorius AG führt seine Biotechnologie-Sparte mit Stedim Biosystems S. A. zusammen und wird Mehrheitsgesellschafter des kombinierten Unternehmens; ebd., Presseinformation 2. 7. 2007, Sartorius Stedim Biotech.

124 Ebd., Fin 2/1 A 87, Sartorius AG Geschäftsbericht 2005, 38; ebd., Fin 2/1 A 95, Sartorius Konzern Geschäftsbericht 2008, 22; ebd., Fin 2/1 A 107, Sartorius Konzern Geschäftsbericht 2012, 22; ebd., Fin 2/1 A 113, Sartorius Konzern Geschäftsbericht 2014, 22; ebd., Fin 2/1 A 119, Sartorius Konzern Geschäftsbericht 2016, 23.

125 Utz Claassen u. a., *Erfolgreiche Führungsmethoden und Technologiestrategien für den chinesischen Markt*, in: Michael Nippa (Hg.), Markterfolg in China. Erfahrungsberichte und Rahmenbedingungen, Heidelberg 2004, 204 ff.

126 Auf die Weltwirtschaftskrise soll an dieser Stelle nicht ausführlicher eingegangen werden; siehe dazu Johannes Bähr/Bernd Rudolph, *Finanzkrisen 1931/2008*, München 2011; Barry Eichengreen, *Die großen Crashs 1929 und 2008. Warum sich Geschichte wiederholt*, München 2015.

127 Sartorius-Archiv, Fin 2/1 A 95, Sartorius Konzern Geschäftsbericht 2008, 23–28.

128 Ebd., Com 2/1 Presseinformationen Sartorius AG, Pressemitteilung 6. 10. 2008, Sartorius stärkt Präsenz in Osteuropa; Presseinformation 18. 7. 2016, Sartorius erweitert Produktionsstandort in England; ebd., Fin 2/1 A 125, Sartorius AG Geschäftsbericht 2018, 46.

129 Ebd., Fin 2/1 A 113, Sartorius Konzern Geschäftsbericht 2014, 24; ebd., Fin 2/1 A 116, Sartorius Konzern Geschäftsbericht 2015, 41–47; ebd., Fin 2/1 A 119, Sartorius Konzern Geschäftsbericht 2016, 24 f.; ebd., Com 2/1 Presseinformationen Sartorius AG, Presseinformation 15. 7. 2016, Sartorius erwirbt US-Start-up ViroCyt; Pressemitteilung 3. 3. 2017, Sartorius erwirbt Zellanalytik-Innovationsführer Essen.

130 Ebd., Com 2/1 Presseinformationen Sartorius AG, Presseinformation 21. 10. 2019, Sartorius unterzeichnet Vereinbarung zur Übernahme

ausgewählter Geschäfte von Danaher Life Science; Presseinformation 20.3.2020, Europäische und U.S. Wettbewerbsbehörden genehmigen Übernahme ausgewählter Geschäfte von Danaher Life Science durch Sartorius; Fin 2/1 A 131, Sartorius Konzern Geschäftsbericht 2020, 28.

131 Ebd., Fin 2/1 A 101, Sartorius Konzern Geschäftsbericht 2010, 47, 53; ebd., Fin 2/1 A 116, Sartorius Konzern Geschäftsbericht 2015, 42; ebd., Fin 2/1 A 125, Sartorius Konzern Geschäftsbericht 2018, 24 ff., 32, 44, 49, 89 f.

132 Für wichtige Informationen bedanke ich mich bei Prof. Dr. Oscar-Werner Reif, CTO der Sartorius AG; Sartorius-Archiv, Boa 4/3 A 2, Strategische Allianz Fuji Filter Japan, 27.3.1996.

133 Sartorius-Archiv, Com 2/1 Presseinformationen Sartorius AG, Presseinformation 17.2.2017, Sartorius enters into a Corporate Partnership Program with European Molecular Biology Laboratory (EMBL).

134 Ebd., Fin 2/1 A 76, Sartorius AG Geschäftsbericht 1999, 41; ebd., Fin 2/1 A 131, Sartorius Konzern Geschäftsbericht 2020, [5].

135 Ebd., Fin 2/1 A 131, Sartorius Konzern Geschäftsbericht 2020, 30.

136 Ebd., 51, 130.

Zum Beitrag Luitgard Marschall/Stephan H. Lindner: Höchste Präzision. Waagen und Filter für Forschung und Industrie

1 Claudia Nachtwey, *Wie schwer ist ein Kilogramm? Wägetechnik von Sartorius soll helfen, die Maßeinheit neu zu definieren*, in: Göttinger Tageblatt, 14.11.2018, 1, 7.

2 Sartorius-Archiv, Fin 2/1 A 125, Sartorius Konzern Geschäftsbericht 2018, [2], *„Mission und Vision"; Sartorius AG, insight. Sartorius im Profil*, Göttingen 2019, [2].

3 Als Chronik vgl. Anna Elisabeth Schreier/Manuela Wex, *Chronik der Hoechst Aktiengesellschaft 1863–1988*, Frankfurt a. M. 1990. Die Produktvielfalt in Einzelkapiteln ist dargestellt beispielsweise in Walter Kaiser/Norbert Gilson, *Heraeus – Pioniere der Werkstofftechnologie. Von der Hanauer Platinschmelze zum internationalen Technologieunternehmen*, München 2001.

4 Vgl. dazu etwa Alfred D. Chandler, *Scale and Scope. The Dynamics of Industrial Capitalism*, Cambridge (MA) 1990, 34 ff., der sich aber auf Großunternehmen bezieht. Nach dessen Definition wäre Sartorius wohl in einigen Fällen „First Mover", in anderen „Challenger", aber eben meist nicht „Pioneer"

5 Zur Herausbildung der deutschen und insbesondere der Göttinger Präzisionsmechanik siehe Hans R. Jenemann, *Die Göttinger Präzisionsmechanik und die Fertigung feiner Waagen*, in: Göttinger Jahrbuch 36 (1988), 181–230, sowie Otto Behrendsen, *Die mechanischen Werkstätten der Stadt Göttingen. Ihre Geschichte und ihre gegenwärtige Einrichtung*, Melle 1900.

6 Zur Werkstatt von J. v. Utzschneider siehe Ivo Schneider, *Joseph von Utzschneider: Vision und Wirklichkeit eines neuen Bayern* (Beiträge zur Geschichte der Bayerischen Akademie der Wissenschaften), Regensburg 2014, 278–287.

7 Klaus Hentschel, *Gaußens unsichtbare Hand. Der Universitäts-Mechanicus und Maschinen-Inspector Moritz Meyerstein. Ein Instrumentenbauer im 19. Jahrhundert*, Göttingen 2005, 261. Informationen zum Wirtschaftsverband Measurement Valley und zur gegenwärtigen Göttinger Unternehmens- und Forschungslandschaft finden sich unter http://www.measurement-valley.de [Zugriff 9.9.2019].

8 Adelheid von Saldern, *Die Einwirkung der Göttinger Feinmechanik und Optik auf Universität und Wissenschaft im 19. Jahrhundert*, in: Wilhelm Treue/Kurt Mauel (Hg.), Naturwissenschaft, Technik und Wirtschaft im 19. Jahrhundert, Göttingen 1976, 363–370, hier 367.

9 Behrendsen, *Die mechanischen Werkstätten der Stadt Göttingen*, 8.

10 Hentschel, *Gaußens unsichtbare Hand*, 168 f.

11 Zur Ausbildung von Florenz Sartorius siehe Behrendsen, *Die mechanischen Werkstätten der Stadt Göttingen*, 32, sowie Alexander Engel, *Sartorius*, in: Neue Deutsche Biographie 22 (2005), 439 f.

12 Hans R. Jenemann, *Zur Geschichte der Präzisionsmechanik und der Herstellung feiner Waagen in Giessen*. Manuskript nach einem Vortrag, gehalten am 13. März 1981 in Gießen, http://geb.uni-giessen.de/geb/volltexte/2019/ 14092/pdf/MOHG_66_1981_S5_54.pdf [Zugriff 9.9.2019], 10, sowie ders., *Die Göttinger Präzisionsmechanik und die Fertigung feiner Waagen*, 203 ff.

13 Zwar wird darauf in verschiedenen Publikationen verwiesen, insb. Behrendsen, *Die mechanischen Werkstätten der Stadt Göttingen*, 32. Allerdings war er nicht im Matrikelverzeichnis der Universität Göttingen aufgeführt.

14 Für die Stadt Göttingen finden sich in Behrendsen, *Die mechanischen Werkstätten der Stadt Göttingen*, 23, folgende Angaben: Gegen Ende des 18. Jahrhunderts existierten in Göttingen sieben Werkstätten für feinmechanische Arbeiten, in denen allerdings nur zwei Gesellen und ein Lehrling angestellt waren. Ende der 1860er Jahre, also kurz vor der Reichsgründung, war die Anzahl der Werkstätten zwar gleich geblieben, jedoch beschäftigten diese inzwischen um die 50 Mitarbeiter. Weitere 40 Jahre später, zur Jahrhundertwende, gab es elf bis zwölf große Betriebe mit etwa 270 Gehilfen und Lehrlingen – eine, so Behrendsen, „für feinmechanische Betriebe ganz erhebliche Zahl".

15 Sartorius-Archiv, Peo 1/6 B 14, Jahresband des Chefsekretariats, Bd. 5 (1969–1970), Festrede Oberbürgermeister Rektor Lessner anlässlich des 100-jährigen Firmenjubiläums 1970.

16 Siehe dazu Joachim Radkau, *Technik in Deutschland. Vom 18. Jahrhundert bis heute*, Frankfurt a. M. 2008.

17 Peter Kramper, *The Battle of the Standards. Messen, Zählen und Wiegen in Westeuropa*, London 2019, 237 ff.; vgl. auch Dieter Hoffmann, *Normierung von Maß, Zeit und Gewicht. Vom deutschen Zollverein bis zur Physikalisch-Technischen Bundesanstalt*, in: Junius Hartwig/Kurt Kröger (Hg.), Europa wächst zusammen. 6. Symposium zur Vermessungsgeschichte in Dortmund am 12. Februar 1996 im Museum für Kunst und Kulturgeschichte (Vermessungswesen bei Konrad Wittwer, Bd. 30), Stuttgart 1996, 7–29.

18 Hans R. Jenemann, *Die Waage des Chemikers*, Frankfurt a. M. 1979, 45 f., sowie Erich Robens u. a., *Balances. Instruments, Manufacturers, History*, Heidelberg 2014, 612.

19 Hentschel, *Gaußens unsichtbare Hand*, 262.

20 United States Centennial Commission, *International Exhibition 1976. Reports and Awards*, Vol. VII: Groups XXI–XXVII, Washington 1880, 474.

21 Ebd., 329. Dort steht versehentlich T. Sartorius, Göttingen, geschrieben.

22 Siehe dazu die bislang publizierten Darstellungen zur Geschichte des Unternehmens Sartorius, die bezüglich des Firmengründers alle dem weitverbreiteten Erzählmuster der Heldengeschichte verhaftet sind. In Ermangelung von Originaldokumenten aus der Gründungsphase berufen sie sich auf die Angaben der Denkschrift zur Pariser Weltausstellung 1900 von Behrendsen, Die mechanischen Werkstätten der Stadt Göttingen. Behrendsens Denkschrift basiert auf den Selbstauskünften der Göttinger Werkstätteninhaber und hat dadurch nur begrenzten historischen Aussagewert. Für weiterführende Informationen über Gründungsmythen in der Unternehmensgeschichte siehe Ute Clement/Hannah Clement, *Alles begann in einer Garage. Gründungsmythen in der Unternehmenskultur*, in: Jacques Chlopczyk (Hg.), Beyond Storytelling, Berlin 2017, 44–56, hier 47–56.

23 Vgl. Joseph Schumpeter, *Theorie der wirtschaftlichen Entwicklung*, Berlin 1912.

24 Zur Entwicklungsgeschichte der kurzarmigen Analysenwaage siehe die weiterführenden Darstellungen von Jenemann, *Die Waage des Chemikers*, 28 ff.; ders., *Die Göttinger Präzisionsmechanik und die Fertigung*

feiner Waagen, 184 ff.; sowie ders., *Zur Geschichte der mechanischen Laboratoriuswaage*, in: Physikalische Blätter 10 (1982), 316–322.

25 Paul Bunge, *Neueste Construction der Bunge'schen Wagen*, in: Report für Experimental-Physik 6 (1870), 391–395.

26 Jenemann, *Die Göttinger Präzisionsmechanik und die Fertigung feiner Waagen*, 204; das „Allgemeine Adreß-Buch für Göttingen 1875" ist auf Anfrage im Stadtarchiv Göttingen (ohne Signatur) einsehbar.

27 Friedrich Frerichs, *Über eine verbesserte Waage mit Balken aus Aluminium*, in: Justus Liebig's Annalen der Chemie 178 (1875), 365–369.

28 Die Entdeckung von Aluminium geht auf den dänischen Wissenschaftler Hans Christian Ørsted zurück, der das Metall erstmals 1825 in geringer Menge darstellte. Auch Friedrich Wöhler, der Doktorvater Frerichs', beschäftigte sich damals intensiv mit dem Metall und entwickelte 1827 eine Methode, mit der es gelang, sehr kleine Mengen von sehr reinem Aluminium zu produzieren. 1846 verfeinerte der Franzose Henri E. Sainte-Claire Deville das Wöhler'sche Verfahren, wodurch die Ausbeute der Aluminiumherstellung stark anstieg und die Preise für das zuvor extrem teure Material fielen. In großtechnischem Umfang wird Aluminium aber erst seit der Entwicklung des Elektrolyseverfahrens durch Charles M. Hall und Paul Héroult im Jahr 1886 hergestellt. Zur Entdeckungs- und Kulturgeschichte des Leichtmetalls siehe Luitgard Marschall, *Aluminium. Metall der Moderne*, München 2008.

29 Jenemann, *Die Göttinger Präzisionsmechanik und die Fertigung feiner Waagen*, 205.

30 Frerichs, *Über eine verbesserte Waage mit Balken aus Aluminium*, 369.

31 Bezüglich der Verwendung von Aluminium als Waagebalkenmaterial merkte Florenz Sartorius 1886 in einer Produktpreisliste an, dass die Verwendung des Aluminiums „zuerst von mir um's Jahr 1873" geschah; vgl. „Illustrierte Preis-Liste über Waagen und Gewichte für wissenschaftl. und technische Zwecke von F. Sartorius", 5. Eine Kopie der Liste befindet sich im Stadtarchiv Göttingen (Stadtarchiv Göttingen, E 28). Sartorius beruft sich dabei auf eine Zusammenarbeit mit dem prominenten Friedrich Wöhler, der 1827 ein Reduktionsverfahren zur Darstellung von Aluminium entwickelt hatte: „Durch die damaligen wohlwollenden Ratschläge des Herrn Geheimen Hofrath Wöhler gelang es mir, den Guss des bis dahin in der Technik selten verwendeten Materials mit grösster Sicherheit und Vollendung auszuführen, welches hierdurch in dankbarer Erinnerung an den hingeschiedenen großen Gelehrten erwähnt sei." Weil reines Aluminium sehr schlecht zu gießen ist, kann davon ausgegangen werden, dass sich Sartorius an dieser Stelle auf die Aluminium-Silber-Legierung bezieht. Was die Kooperation mit F. Wöhler betrifft, können aufgrund fehlender Quellen keine näheren Angaben gemacht werden.

32 Bunge scheint grundsätzlich keinen Wert auf die patentrechtliche Absicherung seiner Konstruktionen gelegt zu haben; er meldete zeitlebens nur ein einziges Patent an (vgl. Jenemann, *Die Göttinger Präzisionsmechanik und die Fertigung feiner Waagen*, 209).

33 Eine Kopie des zweisprachigen Prospekts ist im Stadtarchiv Göttingen (Stadtarchiv Göttingen, E 417) einsehbar.

34 Jenemann, *Zur Geschichte der mechanischen Laboratoriumswaage*, 318.

35 Für eine genaue Beschreibung der veränderten Details siehe Behrendsen, *Die mechanischen Werkstätten der Stadt Göttingen*, 99 ff.

36 Vgl. Sartorius AG (Hg.), *Vom Universitäts-Mechanikus zum Global Player. Sartorius Chronik 1870 bis 2005*, Göttingen 2006, 29.

37 Behrendsen, *Die mechanischen Werkstätten der Stadt Göttingen*, 102 ff.

38 Zum Bedeutungswandel der Bezeichnung Präzisionswaage siehe Manfred Kochsiek/Michael Gläser (Hg.), *Massebestimmung*, Weinheim 1997, 147. Ursprünglich wurden Waagen mit hohem Leistungsvermögen als Präzisionswaagen bezeichnet. Die kurzarmige Präzisionswaage nach Bunge setzte sich nach ihrer Einführung in den 1870er Jahren innerhalb kürzester Zeit vor allem in den chemisch-analytischen Laboratorien von Universitäten und Industrie durch und wurde hier hauptsächlich im Rahmen chemischer Analysen eingesetzt. Deshalb wurden Waagen fortan mit dem hohem Auflösungsverhältnis der Wägung von etwa 1 : 10^6, d. h. einer Ablesbarkeit von 0,1 Milligramm bei einer Höchstlast von 100 bis 200 Gramm, als „Analysenwaage" bezeichnet. Zuvor war für derartige Waagen noch der Begriff „Präzisionswaage" üblich gewesen. Die Bezeichnung Präzisionswaage erlitt demnach einen Bedeutungsverlust und wurde seither für Waagen mit geringerem Leistungsvermögen verwendet, die zu weniger anspruchsvollen Wägungen benutzt wurden. Doch keine Regel ohne Ausnahme: Für die Aufgaben der genauen Massebestimmung durch Höchstleistungswaagen ist die Bezeichnung Präzisionswaage beibehalten worden; solche Waagen werden dann aber meist als Hochpräzisionswaagen bezeichnet.

39 Jenemann, *Zur Geschichte der mechanischen Laboratoriumswaage*, 51 ff., 214.

40 Für einen Überblick der damaligen Waagenszene siehe Robens u. a., *Balances*.

41 Jenemann, *Die Göttinger Präzisionsmechanik und die Fertigung feiner Waagen*, 214.

42 Sartorius-Werke AG (Hg.), *Die Geschichte der Sartorius-Werke Aktiengesellschaft 1870–1953*, Göttingen 1953, 8 (Sartorius-Archiv, Peo 1/6 B 5).

43 Ebd., 28.

44 Vgl. die Beschreibung in Behrendsen, *Die mechanischen Werkstätten der Stadt Göttingen*, 34, sowie Sartorius AG, *Vom Universitäts-Mechanikus zum Global Player*, 97 f. Zur Herausbildung des „American System of Manufacturing" siehe Wolfgang König, *Massenproduktion und Technikkonsum. Entwicklungen und Triebkräfte der Technik zwischen 1880 und 1914*, in: Wolfhard Weber/Wolfgang König (Hg.), Netzwerke Stahl und Strom. 1840–1914 (Propyläen Technikgeschichte, Bd. 4), Berlin 1997, 265–552, hier 427–441.

45 Sartorius-Werke AG, *Geschichte der Sartorius-Werke Aktiengesellschaft 1870–1953*, 22, 29.

46 König, *Massenproduktion und Technikkonsum*, 431; siehe auch David Hounshell, *From the American System to Mass Production. 1800–1932*, Baltimore 1984.

47 Sartorius-Werke AG, *Geschichte der Sartorius-Werke Aktiengesellschaft 1870–1953*, 29.

48 Ebd., 19.

49 Jenemann, *Die Göttinger Präzisionsmechanik und die Fertigung feiner Waagen*, 214 f.

50 Sartorius-Werke AG, *Geschichte der Sartorius-Werke Aktiengesellschaft 1870–1953*, 37.

51 Jenemann, *Die Göttinger Präzisionsmechanik und die Fertigung feiner Waagen*, 217.

52 Ebd.

53 Sartorius-Werke AG (Hg.), *50 Jahre Lehrlingswerkstatt 1907–1957*, Göttingen 1957, 7 (Sartorius-Archiv, Peo 1/6 B 6).

54 Sartorius AG, *Vom Universitäts-Mechanikus zum Global Player*, 37. Auch Horst Sartorius unterstützte diese Version in seiner Festrede anlässlich des 100-jährigen Firmenjubiläums 1970 und berief sich dabei auf die wörtlichen Erinnerungen seiner Mutter; siehe Sartorius-Archiv, Peo 1/6 B 14, Jahresband des Chefsekretariats, Bd. 5 (1969–1970).

55 Behrendsen, *Die mechanischen Werkstätten der Stadt Göttingen*, 107.

56 Sartorius AG, *Vom Universitäts-Mechanikus zum Global Player*, 38.

57 Archiv Deutsches Museum München, Bestand Firmenschriften: Sartorius/Göttingen 1, Firmenbroschüre der Sartorius-Werke AG: „Brutapparate und Aufzuchtgeräte für künstliche Geflügelzucht", Göttingen 1932; vgl. auch Sartorius-Werke AG, *Geschichte der Sartorius-Werke Aktiengesellschaft 1870–1953*, 20 f.

58 Behrendsen, *Die mechanischen Werkstätten der Stadt Göttingen*, 34.

59 Ebd., 33.

60 Siehe dazu beispielhaft das Vorwort der Firmenbroschüre „Brutapparate und Aufzuchtgeräte für künstliche Geflügelzucht" von 1932

(Archiv Deutsches Museum München, Bestand Firmenschriften: Sartorius/Göttingen 1), das sowohl Theodor Siedler, Autor des 1896 erschienenen Handbuchs Leitfaden für die künstliche Geflügelzucht, als auch Burchard Blancke, Verfasser des 1913 erschienenen Buchs *Künstliche Brut und Aufzucht des Geflügels*, zitiert.

61 Sartorius-Werke AG, *Geschichte der Sartorius-Werke Aktiengesellschaft 1870–1953*, 21.

62 Sartorius-Archiv, Mar 3/1 K 15, Katalog „Brutapparate und Aufzuchtgeräte für künstliche Geflügelzucht". Ausgabe 1930 (Produktkatalog), Göttingen 1930, 8.

63 Ebd., 11 ff.

64 Ebd., bspw. 27 ff.

65 Sartorius-Werke AG, *Geschichte der Sartorius-Werke Aktiengesellschaft 1870–1953*, 41 f., sowie dies., *50 Jahre Lehrlingswerkstatt 1907–1957*, 22.

66 Sartorius-Werke AG, *Geschichte der Sartorius-Werke Aktiengesellschaft 1870–1953*, 41.

67 Ebd., 47.

68 Jenemann, *Die Göttinger Präzisionsmechanik und die Fertigung feiner Waagen*, 224.

69 Jenemann, *Die Waage des Chemikers*, 42–56.

70 Vgl. Kochsiek/Gläser, *Massebestimmung*, 148.

71 Jenemann, *Die Göttinger Präzisionsmechanik und die Fertigung feiner Waagen*, 225 f.

72 Ebd., 226.

73 Jenemann, *Die Waage des Chemikers*, 58 f.

74 Sartorius-Werke AG, *Geschichte der Sartorius-Werke Aktiengesellschaft 1870–1953*, 62.

75 Jenemann, *Die Göttinger Präzisionsmechanik und die Fertigung feiner Waagen*, 224 f., sowie ders., *Die Waage des Chemikers*, 66 ff.

76 Zur Vita Pregls siehe Wolfgang Göbel, *Pregl, Fritz*, in: Neue Deutsche Biographie 20 (2001), 685 f.; vgl. auch Fritz Pregl, *Die quantitative organische Mikroanalyse*, Berlin 1917.

77 Jenemann, *Die Waage des Chemikers*, 68, sowie ders., *Die Göttinger Präzisionsmechanik und die Fertigung feiner Waagen*, 224.

78 Sartorius-Archiv, Mar 1/1 K 4, Katalog „Waagen und Gewichte". Ausgabe 1922, Göttingen 1922, 24.

79 Jenemann, *Die Göttinger Präzisionsmechanik und die Fertigung feiner Waagen*, 224.

80 Ebd.

81 *Die 50 000. Analysenwaage fertiggestellt. Meisterleistungen der Feinmechanik*, in: Göttinger Tageblatt, 17. 5. 1938.

82 Vgl. dazu Manfred Grieger, *Sartorius im Nationalsozialismus. Generationswechsel im Familienunternehmen zwischen Weltwirtschaftskrise und Entnazifizierung*, Göttingen 2019, der sich in seiner Untersuchung dezidiert mit der der Rolle von Sartorius in der NS-Diktatur auseinandersetzt (hier 54–90).

83 Ebd., 126–131.

84 Michael Eckert, *Ludwig Prandtl – Strömungsforscher und Wissenschaftsmanager. Ein unverstellter Blick auf sein Leben*, Heidelberg 2017, 326–329; Eckart Henning/Marion Kazemi, *Handbuch zur Institutsgeschichte der Kaiser-Wilhelm-/Max-Planck-Gesellschaft zur Förderung der Wissenschaften 1911–2011. Daten und Quellen*, Bd. 1, o. O. 2016, 27–45, hier 28, 35 f., 38 ff

85 Eckert, *Ludwig Prandtl – Strömungsforscher und Wissenschaftsmanager*, 327.

86 Walter Tollmien, Max-Planck-Institut für Strömungsforschung in Göttingen, in: Jahrbuch der Max-Planck-Gesellschaft zur Förderung der Wissenschaften e. V., Teil II, 1961, 726–737, hier 737.

87 Sartorius-Archiv, Boa 2/5 A 6, Information-Memorandum „Geschäftsbereich Gleitlager" der Sartorius AG (Entwurf, streng vertraulich), Dezember 2003, 40; vgl. dazu auch u. a. Rolf Koring, *Gleitlagertechnik im Wandel. Praxis innovativer hydrodynamischer Gleitlager*, Renningen 2013.

88 Archiv Deutsches Museum München, Bestand Firmenschriften: Gleitlager Gesellschaft m. b. H. Göttingen, „Mehrgleitflächen-Lager nach Dr. Frössel" [Mai 1967].

89 Sartorius-Werke GmbH (Hg.), *Sartorius 1870–1970. Eine Dokumentation*, Göttingen 1970, 46; siehe auch Laudatio Prof. Ruge in: Sartorius-Archiv, Boa 1/5 A 3, Festakt Altes Rathaus. 11. September 1995; Sartorius AG, *Vom Universitäts-Mechanikus zum Global Player*, 72, 102; Sartorius AG, *50 Jahre Gleitlagertechnik in Göttingen*, Göttingen 1999, 10, und Vorwort Utz Claassen [6]. Aber weder im Archiv der Max-Planck-Gesellschaft in Berlin noch in den Akten von Sartorius findet sich ein klarer Beleg. In Sartorius-Werke AG, *Geschichte der Sartorius-Werke Aktiengesellschaft 1870–1953*, 76, heißt es nur kurz, dass die Fertigung der Gleitlager von der Max-Planck-Gesellschaft der Firma Sartorius übertragen wurde; von Otto Hahn ist nicht die Rede. Siehe jedoch auch Archiv der Max-Planck-Gesellschaft, Abteilung III, Rep. 14 A, Nr. 5630: Sartorius an Hahn, 6. 6. 1952; Hahn an Sartorius, 18. 6. 1952; Sartorius an Hahn, 6. 3. 1954; Sartorius an Hahn, 8. 3. 1957; Hahn an Sartorius, 11. 3. 1957; Sartorius an Hahn, 8. 3. 1959, zum 80. Geburtstag von Hahn: „Die enge Zusammenarbeit zwischen der Max-Planck-Gesellschaft und unserem Werk hat uns immer besonderen Anteil an Ihrem Schaffen nehmen lassen."

90 Sartorius AG, *50 Jahre Gleitlagertechnik in Göttingen*, 10.

91 Roland Hoff/Christian Graeber, *50 Jahre Sartorius Gleitlagertechnik*, in: Der gelbe Faden. Sartorius Mitarbeiterzeitung 1 (1999), 6–11, hier 7.

92 Sartorius-Archiv, Boa 1/4 A 3, Berichte Gleitlagergesellschaft, 1952–1960; Sartorius AG, 50 Jahre Gleitlagertechnik in Göttingen, 10–12. Zu A. Sermond siehe auch Archiv der Max-Planck-Gesellschaft, ZWG 21, III. Abt. Rep 83 Nr. 22, Gleitlager-Gesellschaft (A. Sermond) an Zentralwerkstatt Göttingen (K. Niederreither), 18. 10. 1956.

93 Sartorius-Archiv, Boa 1/1 A 1, Protokoll der Aufsichtsratssitzung vom 20. 9. 1952.

94 Hoff/Graeber, *50 Jahre Sartorius Gleitlagertechnik*, 7 f.

95 Sartorius-Archiv, Boa 2/5 A 6, Information-Memorandum „Geschäftsbereich Gleitlager" der Sartorius AG (Entwurf, streng vertraulich), Dez. 2003, 4.

96 Ebd., Boa 2/1 A 11, Aufsichtsratssitzung der Sartorius AG, 17. 12. 2004, TOP 5 – Präsentation Dr. Kreuzburg „Rechtliche Verselbständigung des Geschäftsbereiches Gleitlager".

97 *China boomt – größter Auftrag in der Geschichte der Gleitlagertechnik*, in: Sartorius-Archiv, Com 1/1 Z 39, Inside. Die Mitarbeiterzeitung der Sartorius AG 4 (2005); ebd., Fin 2/1, A 91, Sartorius AG Geschäftsbericht 2007, 6: Bericht des Vorstands (hieraus Zitat).

98 Siehe dazu Grieger, *Sartorius im Nationalsozialismus*.

99 Vgl. Sartorius AG, *Vom Universitäts-Mechanikus zum Global Player, 65 sowie Sartorius-Werke AG, Geschichte der Sartorius-Werke Aktiengesellschaft 1870–1953*, 68 f.

100 Sartorius-Archiv, Poo 1/2 A 25, B. I. O. S. Final Report No. 1416. ITEM No. 9: The German Fine Balance Industry. British Intelligence Objectives Sub-Committee, 31. 10. 1947 [Kopie]. Vom 10. bis 24. Januar 1946 besuchten die Experten der Nachrichtendiensteinheit folgende Firmen: Paul Bunge, Hamburg; Kaiser & Sievers, Hamburg; Sartorius, Göttingen; August Sauter, Ebingen; Gottlieb Haigis, Onstmettingen; Gottlieb Kern, Ebingen, sowie Gebr. Bosch, Jungingen.

101 Ebd., 1.

102 Ebd., 5 f.

103 Sartorius AG, *Vom Universitäts-Mechanikus zum Global Player*, 65.

104 Sartorius-Archiv, Boa 1/4 A 2, Bericht über die Verkaufsabteilung für das Jahr 1953 (18. 3. 1954), Ausblick für das 1. Halbjahr 1954.

105 Jenemann, *Die Göttinger Präzisionsmechanik und die Fertigung feiner Waagen*, 228.

106 Eine detaillierte Beschreibung der Waage findet sich in dem Firmenprospekt „Selecta – die neue ‚Original' Sartorius Analysenwaage" (Sartorius-Archiv, Mar 1/1 A 60); vgl. auch Sartorius-Werke AG, *Geschichte der Sartorius-Werke Aktiengesellschaft 1870–1953*, 72 f.

107 Vgl. Jenemann, *Die Waage des Chemikers*, 61, sowie ders., *Die Göttinger Präzisionsmechanik und die Fertigung feiner Waagen*, 228.

108 Sartorius-Archiv, Boa 1/4 A 2, Export-Abteilung. Bericht vom 7.5.1957.

109 Zur Frühgeschichte des heutigen Unternehmens Mettler-Toledo siehe Hans R. Jenemann, *Die frühe Geschichte der Mettler-Waage mit einem Anhang der Geschichte der Mikrowa-Waagenfabrik*, St. Katharinen 1992; Eduard F. Fueter, *Erhard Mettler. Gewagt – Gewogen – Gewonnen*, Zürich 2015; Lorenz Häflinger u.a., *Beiträge der Schweiz zur Technik. Schweizerische Erfindungen von internationaler Bedeutung*, Schaffhausen 1991.

110 Fueter, *Erhard Mettler*, 52.

111 Ebd., 76; vgl. auch Kochsiek/Gläser, *Massebestimmung*, 149.

112 Fueter, *Erhard Mettler*, 40.

113 Jenemann, *Die frühe Geschichte der Mettler-Waage mit einem Anhang der Geschichte der Mikrowa-Waagenfabrik*, 56.

114 Weil sich an dem einen Hebelarm nichts verändert, werden Waagen, die nach dem Substitutionsprinzip arbeiten, oft als „einarmige" Waagen bezeichnet. Diese Benennung ist jedoch falsch, da sie prinzipiell genau wie konventionelle Balkenwaagen zwei Hebelarme besitzen. Vgl. Jenemann, *Die frühe Geschichte der Mettler-Waage mit einem Anhang der Geschichte der Mikrowa-Waagenfabrik*, 27.

115 Sartorius-Archiv, Mar 1/2 A 1, „Original Sartorius Selecta" (Werbeprospekt).

116 Siehe beispielsweise: Sartorius-Archiv, Mar 1/1 A 60, „Selecta – die neue ‚Original' Sartorius Analysenwaage" (Werbeprospekt); ebd., Sartorius-Information Nr. 17. „Original Sartorius Analysen-Schnellwaagen" siehe auch Jenemann, *Die Waage des Chemikers*, 76.

117 Sartorius-Archiv, Boa 1/4 A 2, Bericht der Verkaufsabteilung für das Jahr 1954 (25.3.1955).

118 Ebd., Export-Abteilung, Bericht vom 15.11.1956.

119 Ebd., Überblick für die Aufsichtssratsitzung vom 10.5. 1957.

120 Vgl. Jenemann, *Die frühe Geschichte der Mettler-Waage mit einem Anhang der Geschichte der Mikrowa-Waagenfabrik*, 29 ff.

121 Sartorius-Archiv, Boa 1/4 A 2, Export-Abteilung. Bericht vom 7.5.1957.

122 Ebd., Peo 1/6 B 10, Jahresband des Chefsekretariats, Bd. 1 (1946–1957), Februar 1956, sowie ebd., Peo 1/6 B 11, Jahresband des Chefsekretariats, Bd. 2 (1958–1960), Juni 1960.

123 Robens u.a., *Balances*, 610. In späteren Jahren übernahm der Schweizer Konzern auch die süddeutschen Waagenhersteller Sauter und Bosch.

124 Sartorius-Archiv, Boa 1/4 A 2, Bericht der Verkaufsabteilung für die Monate Juli, August und September 1958.

125 Ebd.

126 Ebd., Bericht über die Arbeiten vom 1.7. bis 31.10.1958.

127 Ebd., Überblick für die Aufsichtsratssitzung (5.12.1960) sowie Kurzbericht für die Hauptversammlung am 2.7.1960.

128 Ebd., Bericht der Verkaufsabteilung Januar bis Oktober 1959.

129 Ebd., Bericht der Verkaufsabteilung vom 5.12.1960.

130 Ebd., Brief von O. Eikemeier an H. Sartorius, Garmisch-Partenkirchen, vom 15.3.1960.

131 Ebd., Peo 1/6 B 12, Jahresband des Chefsekretariats, Bd. 3 (1961–1964), Juni 1961.

132 Fueter, *Erhard Mettler*, 56 f.

133 Jenemann, *Die Göttinger Präzisionsmechanik und die Fertigung feiner Waagen*, 229.

134 Sartorius-Archiv, Peo 1/6 B 12, Jahresband des Chefsekretariats, Bd. 3 (1961–1964), Juni 1961.

135 Ebd., Vertreter-Mitteilung Nr. 38. Änderung des Lieferprogramms.

136 *Die Sartorius-Werke straffen die Produktion*, in: Frankfurter Allgemeine Zeitung, 2.11.1961.

137 Sartorius-Archiv, Boa 1/4 A 2, Bericht für die Aufsichtsratssitzung, 19.1.1961.

138 Unter anderem wurde ein Tonfilmbeitrag über Sartorius gedreht, der in Lichtspieltheatern als Kurzfilm vor dem Hauptfilm vorgeführt werden sollte. Eine andere werbliche Maßnahme, die wiederholt viel Aufsehen erregte und zahlreiche Pressebeiträge nach sich zog, war das wiederholte Auswiegen der Unterschriften prominenter Besucher der Messestände von Sartorius, darunter auch der von Bundeswirtschaftsminister Ludwig Erhard. Seine Unterschrift wurde auf einer MPR-5-Waage zur Eröffnung der Hannover-Messe im Frühjahr 1960 gewogen. Vgl. Sartorius-Archiv, Peo 1/6 B 11, Jahresband des Chefsekretariats, Bd. 2 (1958–1960), April 1960, sowie ebd., Peo 1/6 B12, Jahresband des Chefsekretariats, Bd. 3 (1961–1964). Die mit Abstand erfolgreichste Werbemaßnahme dürfte jedoch die Versendung des „Mondbriefes" zu Weihnachten 1969 an besonders gute Kunden des In- und Auslands gewesen sein. Das Schreiben war mit einer „Mondbriefmarke" frankiert, einem Abdruck jener Mondbriefmarke, die von Neil Armstrong und Edwin Aldrin an Bord von Apollo 11 abgestempelt wurde. Die Aktion brachte dem Unternehmen eine Fülle von Dankesbriefen ein. Vgl. ebd., Peo 1/6 B 14, Jahresband des Chefsekretariats, Bd. 5 (1969–1970), 4. Quartal 1969.

139 Vgl. Jenemann, *Die Göttinger Präzisionsmechanik und die Fertigung feiner Waagen*, 229.

140 Sartorius-Archiv, Peo 1/6 B 12, Jahresband des Chefsekretariats, Bd. 3 (1961–1964), Dezember 1963.

141 Ebd., Boa 1/4 A 3, Mitteilung vom 19.11.1963 an Herrn Horst Sartorius, Situation Export.

142 Ebd., Peo 1/6 B 12, Jahresband des Chefsekretariats, Bd. 3 (1961–1964), 4. Quartal 1964, sowie ebd., Peo 1/6 B 13, Jahresband des Chefsekretariats, Bd. 4 (1965–1968), 4. Quartal 1968.

143 Vgl. Jenemann, *Die Göttinger Präzisionsmechanik und die Fertigung feiner Waagen*, 228 f.

144 Angaben zur Vita von Theodor Gast (1916–2010) finden sich in dem Nachruf von Andreas Mehl, dem Schwiegersohn von Theodor Gast, unter http://www.yumpu.com/de/document/view/48019373/nachruf-prof-dr-ing-theodor-gast-profdr-ingahmet-can [Zugriff 23.10.2019]. Richard Vieweg war damals Direktor des Instituts für Technische Physik an der Technischen Hochschule Darmstadt. Ab 1943 leitete er dort das Vierjahresplaninstitut für technische Physik der Kunststoffe; darüber hinaus war er intensiv in die Forschungsarbeiten zur V2-Entwicklung in der Heeresversuchsanstalt in Peenemünde eingebunden. Theodor Gast wurde Ende 1942 bei Vieweg mit einer Arbeit über die „Feinmessung großer Durchflussmengen von Flüssigkeiten" promoviert; 1944 folgte die Habilitation mit einer ebenfalls messtechnischen Arbeit auf dem Gebiet der Kunststoffe im Fach Technische Physik. Zu Vierjahresplaninstituten siehe Sören Flachowsky, *Das Reichsamt für Wirtschaftsausbau als Forschungsbehörde im NS-System. Überlegungen zur neuen Staatlichkeit des Nationalsozialismus*, in: Technikgeschichte 82 (2015), 185–224.

145 Richard Vieweg/Theodor Gast, *Registrierende Mikrowaage für Diffusionsmessungen an Kunststoff-Membranen*, in: Kunststoffe 34 (1944), 117 ff.; vgl. auch Hans R. Jenemann, *Über die Grundlagen und die geschichtliche Entwicklung elektro-mechanischer Wägesysteme* (Serie, bestehend aus sieben Artikel), in: Chemie für Labor und Praxis (CLB) (1985), 393–386, 500–504, 629–632; CLB (1986), 169–172, 344 f., 631–633; und CLB (1987), 240–244.

146 Sartorius-Archiv, Boa 1/4 A 2, Konstruktionsbüro: Bericht über die im 1. Halbjahr 1951 im Konstruktionsbüro geleisteten Arbeiten.

147 Zur Abgrenzung der Begriffe „elektrisch" und „elektronisch": Die Bezeichnung „elektrisch" bezieht sich auf das ganze Gebiet der Elektrotechnik. Diese umfasst sämtliche Geräte und Apparaturen, deren Funktion zumindest anteilig auf der Verwendung elektrischer Energie beruht. Die Elektronik ist ein wichtiges Teilgebiet der Elektrotechnik und steht für die Steuerung des elektrischen Stromes durch elektronische Schaltungen wie Vakuum- oder Halbleiter-Bauelemente.

148 Jenemann, *Über die Grundlagen und die geschichtliche Entwicklung elektro-mechanischer Wägesysteme*, Teil 4, 171.

149 Sartorius-Archiv, Peo 1/6 B 10, Jahresband des Chefsekretariats, Bd. 1 (1946–1957), Mai 1955.

150 Jenemann, *Über die Grundlagen und die geschichtliche Entwicklung elektro-mechanischer Wägesysteme*, Teil 4, 171.

151 Sartorius-Archiv, Boa 1/4 A 2, Export-Abteilung: Bericht vom 9.11. 1959.

152 Stadtarchiv Göttingen, C 86 Amt für Wirtschafts- und Beschäftigungsförderung, Nr. 143, Brief der Geschäftsleitung der Sartorius-Werke AG Göttingen vom 26.1.1960 an die Stadt Göttingen, Wirtschaftsdezernat, z. Hd. Herrn Stadtwirtschaftsdirektor Hofmann.

153 Sartorius-Archiv, Peo 1/6 B 11, Jahresband des Chefsekretariats, Bd. 2 (1958–1960), Dezember 1960, sowie ebd., Peo 1/6 B 12, Jahresband des Chefsekretariats, Bd. 3 (1961–1964), Januar 1961.

154 Ebd., Boa 1/5 A 3, Laudatio Prof. Dr. Ingolf Ruge, Festakt „Altes Rathaus", 11.9.1995.

155 Ebd., Peo 1/6 B 14, Jahresband des Chefsekretariats, Bd. 5 (1969–1970), 4. Quartal 1969.

156 Ebd.

157 Siehe dazu ebd., Peo 1/6 B 11, Jahresband des Chefsekretariats, Bd. 2 (1958–1960), Juni 1958. Dort finden sich auch mehrere Beiträge aus der Presse, die über das „Automatische Laboratorium" auf dem Achema-Stand berichteten.

158 Kochsiek/Gläser, *Massebestimmung*, 150; siehe auch Sartorius AG, *Vom Universitäts-Mechanikus zum Global Player*, 107 f.

159 Jenemann, *Über die Grundlagen und die geschichtliche Entwicklung elektro-mechanischer Wägesysteme*, Teil 4, 172.

160 Ebd.

161 Sartorius-Archiv, Peo 1/6 B 15, Jahresband des Chefsekretariats, Bd. 6 (1971–1972), 4. Quartal 1971, sowie ebd., Fin 2/1 A 21, Sartorius-Werke GmbH Geschäftsbericht 1971.

162 Jenemann, *Über die Grundlagen und die geschichtliche Entwicklung elektro-mechanischer Wägesysteme*, Teil 6, 631.

163 Sartorius AG, *Vom Universitäts-Mechanikus zum Global Player*, 107.

164 Jenemann, *Über die Grundlagen und die geschichtliche Entwicklung elektro-mechanischer Wägesysteme*, Teil 6, 632.

165 *Die elektronischen Handelswaagen bekommen mehr Gewicht*, in: Handelsblatt, 5.5.1977.

166 Sartorius AG, *Vom Universitäts-Mechanikus zum Global Player*, 109.

167 Jenemann, *Über die Grundlagen und die geschichtliche Entwicklung elektro-mechanischer Wägesysteme*, Teil 6, 633.

168 Sartorius-Archiv, Boa 3/1 A 25, Allgem. Lagebericht der S-Gruppe vom 18.5.1976; siehe auch Sartorius AG, *Vom Universitäts-Mechanikus zum Global Player*, 109.

169 Ebd., Peo 1/1 A 5, Brief von H. Sartorius an die Geschäftsführung, 6.11.1989.

170 Ebd., Peo 1/6 B 17, Jahresband des Chefsekretariats, Bd. 8 (1976–1977), 1976. Technik.

171 Ebd.

172 Sartorius AG, *Vom Universitäts-Mechanikus zum Global Player*, 113 ff.

173 Sartorius-Archiv, Peo 2/1 A 1, Notiz vom 27.2.1996, Thema Monolith im ILA und Spartenkreis.

174 Ebd., Boa 4/5 A 1, Schreiben Dr. Schmeißer an die Herren Bornemann, Schmidt (21.6.1994).

175 Ebd., Boa 4/2 A 2, Protokoll Vorstandssitzung am 31.8.1994, Konzept für eine neue Teilefertigung (28.8. 1994).

176 Ebd., Interview mit Detlef Urban, 22.1.2019.

177 Ebd., Boa 4/5 A 1, Schreiben Dr. Schmeißer an Vorstand (26.8.1994).

178 Sartorius AG, *Vom Universitäts-Mechanikus zum Global Player*, 48. Für nähere Informationen zur Vita und Arbeit von Zsigmondy vgl. Universitätsarchiv Göttingen, Kur.Pers. 6030 u. 6031. Eine umfassende Biografie des Nobelpreisträgers liegt bislang nicht vor. Einzelne Bestandteile des wissenschaftlichen und künstlerischen Nachlasses finden sich im Museum der Göttinger Chemie an der Fakultät für Chemie der Universität Göttingen.

179 Richard Zsigmondy, *Über einen einfachen Ultrafiltrationsapparat*, in: Zeitschrift für angewandte Chemie 63 (1913), 447 f. sowie Richard Zsigmondy/Wilhelm Bachmann, *Über neue Filter*, in: Zeitschrift für anorganische und allgemeine Chemie 103 (1918), 119–128.

180 Zur Geschichte der Kolloidchemie und Membrantechnik siehe Imrich Daubner/Helmut Peter, *Membranfilter in der Mikrobiologie des Wassers*, Berlin West 1974; Gerhart Jander/Josef Zakowski, *Membranfilter, Cella- und Ultrafeinfilter*, Göttingen 1929; Alfred Lottermoser, *Zur Geschichte der Kolloidchemie*, in: Jürgen Steinkopff (Hg.), Konzepte der Kolloidchemie, Heidelberg 1975, 3–6; Harold K. Lonsdale, *The growth of membrane technology*, in: Journal of Membrane Science 10 (1982), 81–181; sowie Richard D. Noble/S. Alexander Stern, *Membrane Separations Technology – Principles and Applications*, Amsterdam 1995.

181 Zsigmondy/Bachmann, *Über neue Filter*, 119–128 sowie Jander/Zakowski, *Membranfilter, Cella- und Ultrafeinfilter*, 1 ff.

182 Unter Adsorption wird die Anlagerung von Stoffen an eine feste Oberfläche verstanden. Adsorptionsfilter enthalten Substanzen mit großer innerer Oberfläche wie Zellulose oder Aktivkohle. Bei einer Filtration halten sie selbst kleinste Partikel zurück. Zu den Adsorptionsfiltern zählen u.a. keramische Filter wie der Chamberlandfilter oder mit Tonerde gefüllte Filter wie der Berkefeld-Filter. Beide Typen verwendete man bereits Ende des 19. Jahrhunderts erfolgreich für Sterilfiltrationen. Der 1891 entwickelte Berkefeld-Filter wurde beispielsweise zur Wasserfiltration während der Cholera-Epidemie in Hamburg im Jahr 1892 eingesetzt. Ein Nachteil solcher Adsorptionsfilter ist, dass sie einen „Sättigungseffekt" aufweisen, was bedeutet, dass sie nach einer gewissen Zeit keine weiteren Stoffe mehr adsorbieren können.

183 Universitätsarchiv Göttingen, Kur. 1520, Schreiben vom 13.2.1928, Dr. E. Kratz an den Kurator der Universität Herrn Geh. Rat. Dr. jur. h. c. Valentiner, Göttingen.

184 Daubner/Peter, *Membranfilter in der Mikrobiologie des Wassers*, 7.

185 Richard Zsigmondy, *Über feinporige Filter und neue Ultrafilter*, in: Zeitschrift für angewandte Chemie 39 (1926), 399 ff., hier 399, Anm. 3.

186 Universitätsarchiv Göttingen, Kur. 1520, Erklärung vom 4.4.1928 von Dr. E. Kratz.

187 Ebd.

188 Ebd.; siehe auch Sartorius AG, *Vom Universitäts-Mechanikus zum Global Player*, 49, sowie Sartorius-Werke AG (Hg.), *Zum 25-jährigen Bestehen der Membranfiltergesellschaft Sartorius-Werke AG & Co. Göttingen*, Göttingen 1952, 9 (Sartorius-Archiv, Peo 1/6 B 1). Zu Thiessen siehe Dieter Hoffmann/Hubert Laitko, *Peter Adolf Thiessen (1899–1990). Diener vieler Herren*, in: Johannes Feichtinger u. a. (Hg.), Wandlungen und Brüche. Wissenschaftsgeschichte als politische Geschichte, Göttingen 2018, 265–284.

189 Sartorius-Archiv, Peo 1/2 A 20, Brief von W. Sartorius an die Direktion der Commerz- und Privatbank A. G. Göttingen vom 20.4.1932; siehe auch Universitätsarchiv Göttingen, Kur. 1520, Erklärung vom 4.4.1928 von Dr. E. Kratz.

190 Universitätsarchiv Göttingen, Kur. 1520, Erklärung vom 4.4.1928 von Dr. E. Kratz.

191 Sartorius-Archiv, Peo 1/2 A 20, Brief von W. Sartorius an die Direktion der Commerz- und Privatbank A. G. Göttingen vom 20.4.1932.

192 Universitätsarchiv Göttingen, Kur. 1520, Erklärung vom 4.4.1928 von Dr. E. Kratz.

193 Rede von Horst Sartorius zum 100. Jahrestag der Gründung der Sartorius-Werke, in: Sartorius-Archiv, Peo 1/6 B 14.

194 Sartorius-Werke AG, *Zum 25-jährigen Bestehen der Membranfiltergesellschaft Sartorius-Werke AG & Co. Göttingen*, 9 ff.

195 Sartorius-Archiv, Fin 1/2 B 3, Bericht der Aufsichtsratssitzung der Membranfiltergesellschaft (MFG) am 25.6. 1934.

196 Ebd., Bericht der Aufsichtsratssitzung der MFG am 10.10.1934.

197 Universitätsarchiv Göttingen, Kur. 1520, Schreiben des Preußischen Ministeriums für Wissenschaft, Kunst und Volksbildung (gez. Vahlen) vom 2.5.1933 an die Membranfiltergesellschaft. Angaben über die Höhe der Zuwendung finden sich in dem Schreiben nicht.

198 Sartorius-Archiv, Fin 1/2 B 3, Bericht der Aufsichtsratssitzung der MFG am 10.10.1934.

199 Ebd.

200 Ebd., Protokoll der Aufsichtsratssitzung der MFG am 29.10.1935. Zu Löwenstein vgl. Grieger, Sartorius im Nationalsozialismus, 34ff.

201 Sartorius-Werke AG, *Zum 25-jährigen Bestehen der Membranfiltergesellschaft Sartorius-Werke AG & Co. Göttingen*, 10ff. Zur Wissenschaftspolitik während der Zeit des Nationalsozialismus siehe Sören Flachowsky, *Von der Notgemeinschaft zum Reichsforschungsrat. Wissenschaftspolitik im Kontext von Autarkie, Aufrüstung und Krieg* (Studien zur Geschichte der Deutschen Forschungsgemeinschaft, Bd. 3), Stuttgart 2008.

202 Sartorius-Werke AG, *Zum 25-jährigen Bestehen der Membranfiltergesellschaft Sartorius-Werke AG & Co. Göttingen*, 23f., sowie Sartorius-Werke AG (Hg.), *30 Jahre im Dienste der Wissenschaft und Industrie*, Göttingen 1957, 33f. (Sartorius-Archiv, Peo 1/6 B 2).

203 Alexander Goetz, *Application of Molecular Filter Membranes to the Analyses of Aerosols*, in: American Journal of Public Health 43 (1953), 150–159.

204 Sartorius-Werke AG, *30 Jahre im Dienste der Wissenschaft und Industrie*, 33ff. Weitere, wenngleich spärliche Angaben zur Person von Adelaide Beling (geb. Grooteen) finden sich über: Stadtarchiv Göttingen, Alte Meldekartei [schriftliche Auskunft von S. Dahmen, 28.11.2018]. Einige Informationen entstammen der E-Mail-Korrespondenz mit Victor Minakhin vom 22.11.2018, dessen Großvater einer der Brüder von Adelaide Beling war. Ein Familienstammbaum sowie einige Informationen über Adelaide Beling sind zudem im Internet einsehbar unter: http://cantrell.cc/2009/05/12/family-history/ sowie http://cantrell.cc/2010/05/28/olgas-family-tree [Zugriff 20.11.2018].

205 Sartorius-Werke AG, *30 Jahre im Dienste der Wissenschaft und Industrie*, 33.

206 Vgl. Jonathan Steinberg, *The Third Reich Reflected: German Civil Administration in the Occupied Soviet Union, 1941–4*, in: The English Historical Review 110, Nr. 437 (Juni 1995), 620–651.

207 Sartorius-Werke AG, *30 Jahre im Dienste der Wissenschaft und Industrie*, 33.

208 Sartorius-Werke AG, *Zum 25-jährigen Bestehen der Membranfiltergesellschaft Sartorius-Werke AG & Co. Göttingen*, 23.

209 Sartorius-Werke AG, *30 Jahre im Dienste der Wissenschaft und Industrie*, 33.

210 Zur Vita von Franz Schütz siehe Universitätsarchiv Göttingen, Kur. 11180 Bd. 1–4. Zu den Arbeitsgebieten von Schütz, der Anfang April 1933 in die NSDAP eingetreten war, gehörte auch die sog. „Rassenhygiene", mit der er sich ausgiebig beschäftigte. Bereits 1932 bot er eine Lehrveranstaltung mit dem Titel „Begründung und Ziele der Rassenhygiene in Erblehre, Familienforschung, Rassenpflege und Bevölkerungspolitik" an. Im August 1945 wurde er von der britischen Militärregierung mit sofortiger Wirkung aus dem Staatsdienst entlassen. Ein Jahr später stellte er einen Antrag, trotz seiner Entlassung weiter wissenschaftlich im Hygiene-Institut Göttingen arbeiten zu dürfen. 1950 erfolgte seine dortige Wiedereinsetzung als Direktor.

211 Franz Schütz/Heinrich Kruse, *Eine neue Methode zur Qualitativen und Quantitativen Bestimmung von Bakterien in Flüssigkeiten*, in: Klinische Wochenschrift 22 (1943), 520f.

212 Daubner/Peter, *Membranfilter in der Mikrobiologie des Wassers*, 8f.

213 Sartorius-Werke AG, *Zum 25-jährigen Bestehen der Membranfiltergesellschaft Sartorius-Werke AG & Co. Göttingen*, 62.

214 Caltech Archives, QR 86 C344 1951, Alexander Goetz, Final Report of Research carried out by The California Institute of Technology for The Biological Department, Chemical Corps, U.S. Army Camp. Detrick, Maryland in fulfillment of Contract W-18-064-CM-207, July 31, 1951 (nachfolgend: Goetz, *Final Report*).

215 Goetz, A.: Materials, Techniques, and Testing Methods for the Sanitation (Bacterial Decontamination) of Small-Scale Water Supplies in the Field used in Germany during and after the War. *FIAT FINAL REPORT* 1312, 8.12.1947. Joint Intelligence Objectives Agency, Washington, D.C. 1947.

216 Für bibliografische Angaben zu den Beiträgen von Adelaide Beling siehe Daubner/Peter, *Membranfilter in der Mikrobiologie des Wassers*, 186.

217 Siehe Helmut Schaller, *Die „Reichsuniversität Posen" 1941–1945. Vorgeschichte, nationalsozialistische Gründung, Widerstand und polnischer Neubeginn* (Symbolae Slavicae, Bd. 29), Frankfurt a.M. 2010.

218 Zur Vita von Dmitrij Beling siehe Universitätsarchiv Göttingen, Kur. Pers., 10000, Bd. 1, Kur.11619 sowie Kur.11635, sowie Stadtarchiv Göttingen, Alte Meldekartei. Aus den Unterlagen geht hervor, dass Dmitrij Beling zwar pensionsberechtigter Beamter an der Universität Kiew gewesen war, jedoch 1945 – nach seiner Emigration von Posen nach Göttingen – nicht entsprechend seiner früheren Rechtsstellung in den deutschen öffentlichen Dienst übernommen wurde. 1947 erhielt Dmitrij Beling einen Lehrauftrag für systematische Zoologie und Ökologie an der Universität Göttingen. Im Mai 1949 verstarb er im Alter von 68 Jahren an Magenkrebs.

219 Sartorius-Werke AG, *30 Jahre im Dienste der Wissenschaft und Industrie*, 35.

220 Ebd.

221 Caltech Archives, QR 86 C344 1951, Goetz, *Final Report*.

222 Das Kürzel „BIOS" steht für „British Intelligence Objectives Subcommittee"; „CIOS" für „Combined Intelligence Objectives Subcommittee" und „FIAT" für „Field Information Agency, Technical". Ausführlichere Informationen zu den Geheimdienstberichten finden sich in John Gimbel, *Science, Technology, and Reparations. Exploitation and Plunder in Postwar Germany*, Stanford 1990 sowie Douglas M. O'Reagan, *Taking Nazi Technology. Allied Exploitation of German Science after the Second World War*, Baltimore 2019.

223 Zur Vita von Alexander Goetz siehe Rudolph F. Pueschel, *Alexander Goetz (1897–1970)*, in: Gilmore J. Sem u.a. (Hg.), Proceedings of the Second Symposium on the History of Aerosol Science. American Association for Aerosol Research, Mt. Laurel (NJ) 2005, 81–111.

224 Ebd., 90.

225 Goetz, A.: Materials, Techniques, and Testing Methods for the Sanitation (Bacterial Decontamination) of Small-Scale Water Supplies in the Field used in Germany during and after the War. *FIAT FINAL REPORT* 1312, 8.12.1947. Joint Intelligence Objectives Agency, Washington, D.C. 1947.

226 Ebd.

227 Pueschel, *Alexander Goetz (1897–1970)*, 90.

228 Sartorius-Archiv, Boa 1/1 A 1, Schriftlicher Bericht Vorstand (1948); Ein Teil der Umsatzsumme wurde möglicherweise noch in Reichsmark abgewickelt. Die Angabe in der Quelle ist diesbezüglich nicht eindeutig.

229 Pueschel, *Alexander Goetz (1897–1970)*, 90.

230 Ebd.; leider fehlen konkrete Informationen über Details des Vertrages.

231 Siehe dazu den 176-seitigen Abschlussbericht von Alexander Goetz: Caltech Archives, QR 86 C344 1951, Goetz, *Final Report*.

232 Ebd., 23.

233 Ebd., 125 sowie Pueschel, *Alexander Goetz (1897–1970)*, 91.

234 Pueschel, *Alexander Goetz (1897–1970)*, 92.

235 Ebd., 92ff.

236 Siehe dazu den Abschlussbericht von Goetz vom 31.7.1951, der alle Forschungsaktivitäten von Goetz und seiner Forschungsgruppe verzeichnet; vgl. Caltech Archives, QR 86 C344 1951, Goetz, *Final Report*.

237 Die Zwischen- und Abschlussberichte der Forschungsarbeiten bis 1954 sind im historischen Archiv der Firma Merck KGaA in Darmstadt einsehbar (Merck-Archiv).

238 Allgemeine Informationen zur Geschichte von Millipore sowie ein Buchmanuskript des Firmengründers finden sich im Merck-Archiv, H 03/11, Millipore History, sowie ebd., H 03/10, Jack Bush: Millipore. Nurturing Creativity, undatiertes und unveröffentlichtes Buchmanuskript.

239 John Cookson/Judith Nottingham, *A Survey of Chemical and Biological Warfare*, New York 1969, 137. Demnach erhielt Millipore bis zu 50 Prozent seiner Aufträge vom Pentagon.

240 Merck-Archiv, H 03/4, Monthly Report of Research Contract DA-18-064-CML-2572, First Monthly Progress Report of Research Carried out by the Millipore Filter Corporation at Watertown for the period: July 1, to July 28, 1954.

241 Sartorius-Werke AG, *30 Jahre im Dienste der Wissenschaft und Industrie*, 48 f.

242 Sartorius-Archiv, Boa 1/4 A 3, Übersicht für die am 10.11.1951 stattfindende Aufsichtsratssitzung; ebd., Übersichtsbericht für die Zeit 21.6.1948 bis 31.12.1949 (6.3.1959).

243 Eine Auswahl wichtiger Publikationen aus der damaligen Zeit findet sich in Daubner/Peter, *Membranfilter in der Mikrobiologie des Wassers*, 182 ff.

244 Sartorius-Werke AG, *Zum 25-jährigen Bestehen der Membranfiltergesellschaft Sartorius-Werke AG & Co. Göttingen*, 24 ff.

245 Ein detaillierter Bericht über die Entwicklung der Nährkartonscheiben, die sich über zwei Jahre erstreckte und bei der zahlreiche unerwartete Schwierigkeiten auftraten, findet sich in Sartorius-Werke AG, *30 Jahre im Dienste der Wissenschaft und Industrie*, 62–68.

246 Sartorius-Archiv, Boa 1/4 A 3, Bericht für die Aufsichtsratssitzung am 25.6.1955 (22.6.1955); Malte Thießen (Hg.), *Infiziertes Europa. Seuchen im langen 20. Jahrhundert* (Historische Zeitschrift, Beihefte N.F. 64), München 2014.

247 Sartorius-Archiv, Boa 1/4 A 3, Bericht für die am 17.5.1957 stattfindende Aufsichtsratssitzung (10.5.1957).

248 Sartorius Werke AG, *Zum 25-jährigen Bestehen der Membranfiltergesellschaft Sartorius-Werke AG & Co. Göttingen*, 21.

249 Siehe dazu den Übersichtsbericht des damaligen Projektleiters der Entkeimungsschichten, vgl. Sartorius-Archiv, Boa 1/4 A 3, Membranfilter-Entkeimungsschicht „CM" von 1947–1950. Anlage zum Übersichtsbericht für 1950 im Anschluss an den Bericht vom 19.7.1950 (Dr. Neumann, 17.10.1950).

250 Ebd., Übersichtsbericht über CM-Schichten vom 6.3.1951 (Dr. Neumann).

251 Neues Licht auf die Rolle von Alexander Goetz könnte eine systematische Auswertung seines umfangreichen Nachlasses in den Caltech Archives werfen, die im Rahmen dieses Beitrags nur ansatzweise möglich war.

252 Vgl. etwa Sartorius AG, *Vom Universitäts-Mechanikus zum Global Player*, 51.

253 Siehe dazu die unveröffentlichten Erinnerungen von Jack Bush, dem Gründer von Millipore, im Merck-Archiv, H3/10, Millipore. Nurturing Creativity by Jack Bush, Founder. Undatiert. Bush war damals als Ingenieur bei Lovell angestellt und an den Entwicklungsarbeiten für das Chemical Corps beteiligt. Zu Goetz findet sich in dem Manuskript (Kapitel 2, S. 1) folgende Bemerkung: „It also became apparent that Dr. Goetz felt he was essential to the further development of membrane processes. Dr. Lovell did not agree and declined to offer Dr. Goetz a continuing contract."

254 Sartorius-Werke AG, *30 Jahre im Dienste der Wissenschaft und Industrie*, 38. Hier findet sich auch eine Abbildung von US-Filtern, jedoch ohne Angabe der Herstellerfirma.

255 Sartorius-Archiv, Boa 1/4 A 3, Übersichtsbericht für die im Juli 1953 stattfindende Aufsichtsratssitzung (1.7.1953).

256 Ebd., Bericht der Aufsichtsratssitzung am 26.3.1955 (25.3.1955).

257 Ebd., Peo 1/6 B 10, Jahresband des Chefsekretariats, Bd. 1 (1946–1957), November 1955.

258 Ebd., Boa 1/4 A 3, Übersichtsbericht für die Aufsichtsratssitzung am 20.11.1956 (15.11.1956).

259 Sartorius-Werke AG, *30 Jahre im Dienste der Wissenschaft und Industrie*, 69 ff.

260 Sartorius AG, *Vom Universitäts-Mechanikus zum Global Player*, 53 ff., 125 f.

261 Sartorius-Archiv, Boa 1/4 A 3, Ergänzung zu dem Bericht für die Aufsichtsratssitzung am 14.3.1958 (12.3.1958), Bericht über die Entwicklung der Herstellung 1957; zur Entwicklung und Membranfilter-Fertigung 1952–1957 siehe auch den Beitrag von Dr. K. H. Maier in Sartorius-Werke AG, *30 Jahre im Dienste der Wissenschaft und Industrie*, 48–61; Interview Marcel Stierand mit Klaus Fröse, 20.11.2019.

262 Sartorius AG, *Vom Universitäts-Mechanikus zum Global Player*, 125 f.; Interview Marcel Stierand mit Klaus Fröse, 20.11.2019.

263 Sartorius-Archiv, Peo 1/6 B 11, Jahresband des Chefsekretariats, Bd. 2 (1958–1960), Februar 1959.

264 Interview Marcel Stierand mit Klaus Fröse, 20.11.2019.

265 Sartorius-Archiv, Boa 1/4 A 3, Kurzer Bericht der MFG, 30.3.1961.

266 Sartorius AG, *Vom Universitäts-Mechanikus zum Global Player*, 55.

267 Sartorius-Archiv, Peo 1/6 B 13, Jahresband des Chefsekretariats, Bd. 4 (1965–1968), 4. Quartal 1968.

268 Sartorius AG, *Vom Universitäts-Mechanikus zum Global Player*, 128.

269 Sartorius-Archiv, Peo 1/6 B 14, Jahresband des Chefsekretariats, Bd. 5 (1969–1970), 1. Quartal 1969, sowie ebd., Peo 1/6 B 16, Jahresband des Chefsekretariats, Bd. 7 (1973–1975), 2. Quartal 1973 und 3. Quartal 1973.

270 Ebd., Peo 1/6 B 17, Jahresband des Chefsekretariats, Bd. 8 (1976–1977), 1976. Sartorius-Membranfilter GmbH.

271 Ebd., Fin 2/1 A 26, Sartorius GmbH Geschäftsbericht 1976.

272 Ebd., Boa 3/1 A 25, Lageberichte (1975–1985).

273 Ebd.

274 Ebd.

275 Ebd.

276 Telefonische Auskunft von Karl Bracht am 19.8.2019; siehe auch Sartorius AG, *Vom Universitäts-Mechanikus zum Global Player*, 142.

277 Hilmar Burchardi, *Wie es geschah. Die Entstehungsgeschichte der kontinuierlichen Nierenersatzverfahren*, in: DIVI 4 (2011), 166.

278 Sartorius AG, *Vom Universitäts-Mechanikus zum Global Player*, 142.

279 Sartorius-Archiv, Peo 1/1 A 2, SM Leistungsvergleich 1974–1978.

280 Ebd., Boa 3/1 A 25, Umsatzstatistiken und Vertriebsplanung und Entwicklungsübersicht (1969–1975).

281 Vgl. Sartorius AG, *Vom Universitäts-Mechanikus zum Global Player*, 126.

282 Sartorius Archiv, Boa 3/1 A 25, Umsatzstatistiken und Vertriebsplanung und Entwicklungsübersicht (1969–1975).

283 Ebd., Peo 1/6 B 17, Jahresband des Chefsekretariats, Bd. 8, 1977. Technik.

284 Ebd.

285 Sartorius AG, *Vom Universitäts-Mechanikus zum Global Player*, 129.

286 Sartorius-Archiv, Mar 2/2 B 1, Prospekte und Informationen 1973 Sartorius Membranfilter GmbH, Presseinformation Filterkerzen für Klar- und Sterilfiltration; ebd., Mar 2/2 B 4, Prospekte und Informationen 1976 Sartorius-Membranfilter, SM-Produktinformation Plissierte Filterkerze sowie Presse-Information ACHEMA 1976, Plissierte MF-Kerze mit neuartigen Vorteilen; ebd., Peo 1/6 B 17, Jahresband des Chefsekretariats, Bd. 8 (1976–1977), 1977, Technik.

287 Ebd., Boa 3/1 A 25, Lagebericht zur Aufsichtsratssitzung am 29.5.1984.

288 Ebd., Boa 2/1 A 4, Niederschrift über die Aufsichtsratssitzung am 8.6.1983.

289 Ebd.

290 Ebd., Peo 1/5 A 10, Unterlagen mit Protokoll zur Aufsichtsratssitzung am 4.7.1989.

291 Ebd., Unterlagen mit Protokoll zur Aufsichtsratssitzung am 7.3.1989.

292 Ebd.

293 Ebd.

294 Ebd., Peo 1/5 A 9, Unterlagen mit Protokoll zur Aufsichtsratssitzung am 31.5.1988.

295 Ebd., Fin 2/1 A 64, Sartorius AG Geschäftsbericht 1990.

296 Sartorius AG, *Vom Universitäts-Mechanikus zum Global Player*, 139.

297 Sartorius-Archiv, Fin 2/1 A 77, Sartorius AG Geschäftsbericht 2000, 47.

298 Ebd., Boa 2/1 A 6, Protokoll der außerordentlichen Sitzung des Aufsichtsrates der Sartorius AG am 16.2.2000.

299 Ebd., Fin 2/1 A 76, Sartorius AG Geschäftsbericht 1999, 57.

300 Ebd., Fin 2/1 A 77, Sartorius AG Geschäftsbericht 2000, 47.
301 Ebd., Fin 2/1 A 81, Sartorius AG Geschäftsbericht 2002, 38, 41.
302 Ebd., 41, 39.
303 Ebd., Fin 2/1 A 77, Sartorius AG Geschäftsbericht 2000, 15.
304 Ebd., Com 3/13 A 4, „Externer Querdenker gefragt. Sartorius benennt Chief Scientific Adviser", Pressebüro BITPRESS, Kurzinterview von „Process" mit Prof. Scheper: „Stehen die ‚Processomics' vor der Tür?" [o. D., wohl 2000].
305 Ebd., Boa 2/1 A 7, Protokoll der ordentlichen Sitzung des Aufsichtsrats der Sartorius AG am 29. 3. 2000.
306 Ebd., Boa 2/1 A 5, Tischvorlage zur außerordentlichen Aufsichtsratssitzung am 16. 2. 2000, Ergänzung zum Punkt Akquisition B. Braun Biotech International GmbH (BBI), Melsungen.
307 Ebd., Vorlage zur außerordentlichen Aufsichtsratssitzung am 16. 2. 2000 zu Akquisition B. Braun Biotech International GmbH BBI, Melsungen, und zu Joint Venture SET (Sartorius Environmental Technology). Zustimmung zum Erwerb: ebd., Boa 2/1 A 6, Protokoll der außerordentlichen Sitzung des Aufsichtsrats der Sartorius AG am 16. 2. 2000.
308 Ebd., Com 1/1 Z 29, *Feierliche Grundsteinlegung für unser „Werk 2001" am 3. Mai 2000*, in: Der gelbe Faden. Sartorius-Mitarbeiterzeitung 2 (2000), 10–13; *Produktinterview – oder Wat is'n Genius?*, ebd., 16 f.; ebd., Com 1/1 Z 32, *Genius – geniale Akzeptanz am Markt sowie Genial! Sartorius gewinnt den deutschen Innovationspreis*, in: Der gelbe Faden. Sartorius-Mitarbeiterzeitung 1 (2001), 6–9; siehe zum Werk auch ebd., Com 1/1 Z 35, *Mit der Separationstechnik in die Biotechnologie*, in: Inside. Die Mitarbeiterzeitung der Sartorius AG 2 (2003), 26 f.: Hier hieß es, das „Werk 2001 und die dort von unseren Mitarbeitern geleistete Qualitätsarbeit ist für unsere Kunden ein entscheidender Beitrag zur Vertrauensbildung".
309 Ebd., Com 1/1 Z 24, Der gelbe Faden. Sartorius-Mitarbeiterzeitung 3 (1999), 26; ebd., Fin 2/1 A 84, Sartorius AG Jahresabschluss 2003, 26.
310 Ebd., Boa 2/1 A 9, Präsentation Dr. Joachim Kreuzburg, Aufsichtsratssitzung am 1. 10. 2003: Ausgangslage und Ausrichtung der Konzernstrategie; vgl. ebd., Protokoll der ordentlichen Sitzung des Aufsichtsrats der Sartorius AG vom 1. 10. 2003.
311 Ebd., Fin 2/1 A 91, Sartorius Konzern Geschäftsbericht 2007, „Unsere Mission"; ebd., Fin 2/1 A 119, Sartorius Konzern Geschäftsbericht 2016, „Unsere Mission".
312 Schriftliche Auskunft Sartorius AG Investor Relations, 5. 3. 2021.
313 Thomas Öchsner, *Im Schatten der Großen*, in: Süddeutsche Zeitung, 9. 8. 2019, 19.
314 Sartorius AG (Hg.), *insight. Sartorius im Profil*, Göttingen 2019, 6; ebd., Com 2/1 Presseinformationen Sartorius AG, Presseinformation 18. 2. 2021, Sartorius blickt auf ein sehr erfolgreiches Jahr 2020 zurück und erwartet weiteres starkes Wachstum.

Literaturverzeichnis

Literatur

Abelshauser, Werner: Die BASF. Eine Unternehmensgeschichte, München 2002.

Abelshauser, Werner: Deutsche Wirtschaftsgeschichte seit 1945, München 2004.

Almeida, Heitor/Wolfenzon, Daniel: Theory of Pyramidal Ownership and Family Business Groups, in: Journal of Finance 6 (2006), 2637–2680.

Bähr, Johannes/Erker, Paul: Bosch. Geschichte eines Weltunternehmens, München 2013.

Bähr, Johannes/Rudolph, Bernd: Finanzkrisen 1931/2008, München 2011.

Banken, Ralf: Hitlers Steuerstaat. Die Steuerpolitik im Dritten Reich, München 2018.

Beckmann, Uwe: Gewerbeausstellungen in Westeuropa vor 1851, Berlin 1991.

Behrendsen, Otto: Die mechanischen Werkstätten der Stadt Göttingen. Ihre Geschichte und ihre gegenwärtige Einrichtung, Melle 1900.

Bellers, Jürgen/Porsche-Ludwig, Markus: Außenwirtschaftspolitik der Bundesrepublik Deutschland 1950–2011, Berlin 2011.

Berghoff, Hartmut: Moderne Unternehmensgeschichte. Eine themen- und theorieorientierte Einführung, Berlin ^{2}2016.

Berghoff, Hartmut: The End of Family Business? The Mittelstand and German Capitalism in Transition, 1949–2000, in: Business History Review 2 (2006), 263–295.

Berghoff, Hartmut: Varieties of Financialization? Evidence from German Industry in the 1990s, in: Business History Review 1 (2016), 81–108.

Berghoff, Hartmut: Die 1990er Jahre als Epochenschwelle? Der Umbau der Deutschland AG zwischen Traditionsbruch und Kontinuitätswahrung, in: Historische Zeitschrift 2 (2019), 364–400.

Berghoff, Hartmut: Blending Personal and Managerial Capitalism. Bertelsmann's Rise from a Medium-sized Publisher to a Global Media Corporation, 1950–2010, in: Business History 6 (2013), 855–874.

Berghoff, Hartmut/Köhler, Ingo: Familienunternehmen in Deutschland und den USA seit der Industrialisierung. Eine historische Langzeitstudie, München 2018.

Berghoff, Hartmut/Rauh-Kühne, Cornelia: Fritz K. Ein deutsches Leben im zwanzigsten Jahrhundert, Stuttgart 2000.

Bock, Gisela: Zwangssterilisation im Nationalsozialismus. Studien zur Rassenpolitik und Frauenpolitik, Opladen 1986.

Boelcke, Willi: Die deutsche Wirtschaft 1930–1945, Düsseldorf 1983.

Braun, Hans-Joachim: Billig und schlecht. Franz Reuleaux' Kritik an der deutschen Industrie und seine wirtschaftspolitischen Vorschläge 1876/77, in: Kultur & Technik 2 (1985).

Brunner, Bernhard: Der Frankreich-Komplex. Die nationalsozialistischen Verbrechen in Frankreich und die Justiz der Bundesrepublik Deutschland, Göttingen 2004.

Buchheim, Christoph: Die Wiedereingliederung Westdeutschlands in die Weltwirtschaft 1945–1958, München 1990.

Budraß, Lutz: Flugzeugindustrie und Luftrüstung in Deutschland 1918–1945, Düsseldorf 1998.

Bunge, Paul: Neueste Construction der Bunge'schen Wagen, in: Report für Experimental-Physik 6 (1870), 391–395.

Burchardi, Hilmar: Wie es geschah. Die Entstehungsgeschichte der kontinuierlichen Nierenersatzverfahren, in: DIVI 4 (2011).

Burhop, Carsten: Wirtschaftsgeschichte des Kaiserreichs 1871–1918, Göttingen 2011.

Chandler, Alfred D.: The Visible Hand. The Managerial Revolution in American Business, Cambridge (MA), 1977.

Chandler, Alfred D.: Scale and Scope. The Dynamics of Industrial Capitalism, Cambridge (MA), 1990.

Claassen, Utz u. a.: Erfolgreiche Führungsmethoden und Technologiestrategien für den chinesischen Markt, in: Michael Nippa (Hg.), Markterfolg in China. Erfahrungsberichte und Rahmenbedingungen, Heidelberg 2004.

Clement, Ute/Clement, Hannah: Alles begann in einer Garage. Gründungsmythen in der Unternehmenskultur, in: Jacques Chlopczyk (Hg.), Beyond Storytelling, Berlin 2017, 44–56.

Cookson, John/Nottingham Judith: A Survey of Chemical and Biological Warfare, New York 1969.

Daubner, Imrich/Peter, Helmut: Membranfilter in der Mikrobiologie des Wassers, Berlin 1974.

Dietz, Bernhard/Neuheiser, Jörg (Hg.): Wertewandel in der Wirtschaft und Arbeitswelt. Arbeit, Leistung und Führung in den 1970er und 1980er Jahren in der Bundesrepublik Deutschland, Berlin 2016.

Eckert, Michael: Ludwig Prandtl – Strömungsforscher und Wissenschaftsmanager. Ein unverstellter Blick auf sein Leben, Heidelberg 2017.

Eichengreen, Barry: Die großen Crashs 1929 und 2008. Warum sich Geschichte wiederholt, München 2015.

Engel, Alexander: Sartorius, in: Hans Günter Hockerts (Hg.), Neue Deutsche Biographie 22 (2005).

Faust, Julian F.: Spannungsfelder der Internationalisierung. Deutsche Unternehmen und Außenwirtschaftspolitik in Indien von 1947 bis zum Ende der 1980er Jahre, Diss. Marburg, Manuskript 2020 (Veröffentlichung vrs. 2021).

Findling, John E.: Historical Dictionary of World's Fairs and Exhibitions. 1851–1988, New York 1990.

Flachowsky, Sören: Das Reichsamt für Wirtschaftsausbau als Forschungsbehörde im NS-System. Überlegungen zur neuen Staatlichkeit des Nationalsozialismus, in: Technikgeschichte 82 (2015), 185–224.

Flachowsky, Sören: Von der Notgemeinschaft zum Reichsforschungsgrat. Wissenschaftspolitik im Kontext von Autarkie, Aufrüstung und Krieg, Studien zur Geschichte der Deutschen Forschungsgemeinschaft, Bd. 3, Stuttgart 2008.

Frerichs, Friedrich: Über eine verbesserte Waage mit Balken aus Aluminium, in: Justus Liebig's Annalen der Chemie 178 (1875), 365–369.
Fueter, Eduard F.: Erhard Mettler. Gewagt – Gewogen – Gewonnen, Zürich 2015.
Gimbel, John: Science, Technology, and Reparations. Exploitation and Plunder in Postwar Germany, Stanford 1990.
Göbel, Wolfgang: Pregl, Fritz, in: Hans Günter Hockerts (Hg.), Neue Deutsche Biographie 20 (2001).
Goetz, Alexander: Application of Molecular Filter Membranes to the Analyses of Aerosols, in: American Journal of Public Health 43 (1953), 150–159.
Grieger, Manfred: Sartorius im Nationalsozialismus: Generationswechsel im Familienunternehmen zwischen Weltwirtschaftskrise und Entnazifizierung, Göttingen 2019.
Großbölting, Thomas: „Im Reich der Arbeit". Die Repräsentation gesellschaftlicher Ordnung in den deutschen Industrie- und Gewerbeausstellungen 1790–1914, Berlin 2008.
Guo, Yi: Primat des Wirtschaftsinteresses im pragmatischen Handeln. Die Beziehungen zwischen der Bundesrepublik Deutschland und der Volksrepublik China von 1949 bis 1990, in: Christian Kleinschmidt/Dieter Ziegler (Hg.), Dekolonisierungsgewinner, 265–285.
Häflinger, Lorenz u.a.: Beiträge der Schweiz zur Technik. Schweizerische Erfindungen von internationaler Bedeutung, Schaffhausen 1991.
Harrie, Ralf: Zur Relevanz des Wertewandels in deutschen Familienunternehmen, in: Gernot Barth u.a. (Hg.), Wirtschaftsmediation – Konflikte in Unternehmen und Organisationen, Stuttgart 2016, 47–58.
Hayes, Peter: Die Degussa im Dritten Reich. Von der Zusammenarbeit zur Mittäterschaft, München 2004.
He, Fei: Die Handelsbeziehungen zwischen der BRD und der Volksrepublik China im Zeitraum von 1949 bis 1957, in: Christian Kleinschmidt/Dieter Ziegler (Hg.), Dekolonisierungsgewinner. Deutsche Außenpolitik und Außenwirtschaftsbeziehungen im Zeitalter des Kalten Krieges, Berlin 2018.
Hellmann, Kai-Uwe: Soziologie der Marke, Frankfurt a. M. 2003.
Henning, Eckart/Kazemi, Marion: Handbuch zur Institutsgeschichte der Kaiser-Wilhelm-/Max-Planck-Gesellschaft zur Förderung der Wissenschaften 1911–2011. Daten und Quellen, Bd. 1, o.O. 2016, 27–45.
Hentschel, Klaus: Gaußens unsichtbare Hand. Der Universitäts-Mechanicus und Maschinen-Inspector Moritz Meyerstein. Ein Instrumentenbauer im 19. Jahrhundert, Göttingen 2005.
Herbert, Ulrich: Fremdarbeiter. Politik und Praxis des „Ausländer-Einsatzes" in der Kriegswirtschaft des Dritten Reiches, Bonn ^{2}1999.
Herbert, Ulrich: Best. Biographische Studien über Radikalismus, Weltanschauung und Vernunft, 1903–1989, Bonn 1996.
Hesse, Jan-Otmar u.a.: Die große Depression. Die Weltwirtschaftskrise 1929–1939, Frankfurt a. M. 2014.
Hoff, Roland/Graeber, Christian: 50 Jahre Sartorius Gleitlagertechnik, in: Der gelbe Faden. Sartorius Mitarbeiterzeitung 1 (1999), 6–11.
Hoffmann, Dieter: Normierung von Maß, Zeit und Gewicht. Vom deutschen Zollverein bis zur Physikalisch-Technischen Bundesanstalt, in: Junius Hartwig/Kurt Kröger (Hg.), Europa wächst zusammen. 6. Symposium zur Vermessungsgeschichte in Dortmund am 12. Februar 1996 im Museum für Kunst und Kulturgeschichte (Vermessungswesen bei Konrad Wittwer Bd. 30), Stuttgart 1996, 7–29.
Hoffmann, Dieter/Laitko, Hubert: Peter Adolf Thiessen (1899–1990). Diener vieler Herren, in: Johannes Feichtinger u.a. (Hg.), Wandlungen und Brüche. Wissenschaftsgeschichte als politische Geschichte, Göttingen 2018, 265–284.
Hounshell, David: From the American System to Mass Production. 1800–1932, Baltimore 1984.
Iriye, Akira: Die Entstehung einer transnationalen Welt, in: ders./Jürgen Osterhammel (Hg.), Geschichte der Welt. 1945 bis heute. Die globalisierte Welt, München 2013, 757–795.
James, Harold: Rambouillet, 15. November 1975. Die Globalisierung der Wirtschaft, München 1997.
James, Harold: Deutschland in der Weltwirtschaftskrise 1924–1936, Stuttgart 1988.
Jander, Gerhart/Zakowski, Josef: Membranfilter, Cella- und Ultrafeinfilter, Göttingen 1929.
Jenemann, Hans R.: Die Göttinger Präzisionsmechanik und die Fertigung feiner Waagen, in: Göttinger Jahrbuch 36 (1988), 181–230.
Jenemann, Hans R.: Zur Geschichte der Präzisionsmechanik und der Herstellung feiner Waagen in Giessen. Manuskript nach einem Vortrag, gehalten am 13. März 1981 in Gießen, http://geb.uni-giessen.de/geb/volltexte/2019/14092/pdf/MOHG_66_1981_S5_54.pdf [Zugriff 9.9.2019], 10.
Jenemann, Hans R.: Die Waage des Chemikers, Frankfurt a. M. 1979.
Jenemann, Hans R.: Zur Geschichte der mechanischen Laboratoriuswaage, in: Physikalische Blätter 10 (1982), 316–322.
Jenemann, Hans R.: Die frühe Geschichte der Mettler-Waage mit einem Anhang der Geschichte der Mikrowa-Waagenfabrik, St. Katharinen 1992.
Jenemann, Hans R.: Über die Grundlagen und die geschichtliche Entwicklung elektro-mechanischer Wägesysteme (Serie, bestehend aus sieben Artikel), in: CLB Chemie für Labor und Praxis 1985, 393–386, 500–504, 629–632, CLB 1986, 169–172, 344–345, 631–633 und CLB 1987, 240–244.
Johanson, Jan/Vahlne, Jan-Erik: The Internationalization Process of the Firm. A Model of Knowledge Development and Increasing Foreign Market Commitments, in: Journal of International Business Studies 1 (1977), 23–32.
Juhl, Paulgeorg: Deutsche Direktinvestitionen in Lateinamerka, Tübingen 1979.
Jungius, Martin: Der verwaltete Raub. Die „Arisierung" der Wirtschaft in Frankreich in den Jahren 1940 bis 1944, Ostfildern 2008.
Kaiser, Walter/Gilson, Norbert: Heraeus – Pioniere der Werkstofftechnologie. Von der Hanauer Platinschmelze zum internationalen Technologieunternehmen, München 2001.
Kaufhold, Karl Heinrich u.a.: Wachstumsphase – die Sparkassen in Stadt und Land 1866 bis 1914, in: Karl Heinrich Kaufhold (Hg.), 200 Jahre Sparkasse Göttingen. 1801–2001. Älteste deutsche kommunale Sparkasse, Stuttgart 2001, 69–157.
Kershaw, Ian: Das Ende. Kampf bis in den Untergang. NS-Deutschland 1944–45, München 2011.
Kleedehn, Patrick: Die Rückkehr auf den Weltmarkt. Die Internationalisierung der Bayer AG Leverkusen nach dem Zweiten Weltkrieg bis zum Jahre 1961, Stuttgart 2007.
Kleinschmidt, Christian: Der produktive Blick. Wahrnehmung amerikanischer und japanischer Management- und Produktionsmethoden durch deutsche Unternehmer 1950–1985, in: Jahrbuch für Wirtschaftsgeschichte 1 (2002), 221–259.
Kleinschmidt, Christian: Von der Autarkie zur Weltwirtschaft. „Werbung um öffentliches Vertrauen" am Beispiel der I.G. Farben-Nachfolgeunternehmen, in: Werner Abelshauser u.a. (Hg.), Wirtschaftsordnung, Staat und Unternehmen, Essen 2003, 205–219.
Knortz, Heike: Wirtschaftsgeschichte der Weimarer Republik, Göttingen 2010.
Kochsiek, Manfred/Gläser, Michael (Hg.): Massebestimmung, Weinheim 1997.
König, Wolfgang: Massenproduktion und Technikkonsum. Entwicklungen und Triebkräfte der Technik zwischen 1880 und 1914, in: Wolfhard Weber/Wolfgang König (Hg.), Netzwerke Stahl und Strom. 1840–1914 (Propyläen Technikgeschichte, Bd. 4), Berlin 1997, 265–552.
Koring, Rolf: Gleitlagertechnik im Wandel. Praxis innovativer hydrodynamischer Gleitlager, Renningen 2013.
Kramper, Peter: The Battle of the Standards. Messen, Zählen und Wiegen in Westeuropa, London 2019.
Kretschmer, Winfried: Geschichte der Weltausstellungen, Frankfurt a. M. 1999.
Kreutzmüller, Christoph/Kucera, Jaroslav: Die Commerzbank in den böhmischen Ländern und den Niederlanden, in: Ludolf Herbst/Thomas Weihe (Hg.), Die Commerzbank und die Juden 1933–1945, München 2004, 174–223.

Krutisch, Petra: Aus aller Herren Länder. Weltausstellungen seit 1851, Nürnberg 2001.

Kühl, Stefan: Die Internationale der Rassisten. Aufstieg und Niedergang der internationalen eugenischen Bewegung im 20. Jahrhundert, Frankfurt a. M. ²2014.

La Porta, Rafael u.a.: Corporate Ownership around the World, in: Journal of Finance 2 (1999), 471–517.

Lonsdale, Harold K.: The growth of membrane technology, in: Journal of Membrane Science 10 (1982), 81–181.

Lottermoser, Alfred: Zur Geschichte der Kolloidchemie, in: Jürgen Steinkopff (Hg.), Konzepte der Kolloidchemie, Heidelberg 1975, 3–6.

Lubinski, Christina: Familienunternehmen in Westdeutschland. Corporate Governance und Gesellschafterkultur seit den 1960er Jahren, in: Schriftenreihe zur Zeitschrift für Unterehmensgeschichte, Bd. 21 (2010).

Lubinski, Christina u.a.: Countering Political Risk in Colonial India: German Multinationals and the Challenge of Internment (1914–1947), in: Harvard Business School Working Paper, Bd. 18-090, Boston 2018.

Ludwig, Corinna: Amerikanische Herausforderungen. Deutsche Großunternehmen in den USA nach dem Zweiten Weltkrieg, Frankfurt a. M. 2015.

Margairaz, Michel: Die französischen (und deutschen) Unternehmen während des Zweiten Weltkrieges, in: Hartmut Berghoff u.a. (Hg.) Zeitschrift für Unternehmensgeschichte 50 (2005), 131–138.

Marschall, Luitgard: Aluminium. Metall der Moderne, München 2008.

Mehl, Andreas: Angaben zur Vita von Theodor Gast (1916–2010) finden sich in dem Nachruf von Andreas Mehl, dem Schwiegersohn von Theodor Gast, unter http://www.yumpu.com/de/document/view/48019373/nachruf-prof-dr-ing-theodor-gast-profdr-ingahmet-can [Zugriff: 23. 10. 2019]

Meissner, Hans Günther: Musterbücher als Instrumente der Werbung, in: Ottfried Dascher (Hg.), „Mein Feld ist die Welt“. Musterbücher und Kataloge 1784–1914, Dortmund 1984, 47–51.

Morck, Randall (Hg.): A History of Corporate Governance Around the World. Family Business Groups to Professional Managers, Chicago 2007.

Müller, Christian Th.: Der Erdgas-Röhren-Konflikt 1981/82, in: Bernd Greiner u. a. (Hg.), Ökonomie im Kalten Krieg, Hamburg 2010.

Nachtwey, Claudia: Wie schwer ist ein Kilogramm? Wägetechnik von Sartorius soll helfen, die Maßeinheit neu zu definieren, in: Göttinger Tageblatt, 14. 11. 2018, 1, 7.

Neebe, Reinhard: Weichenstellung für die Globalisierung. Deutsche Weltmarktpolitik, Europa und Amerika in der Ära Ludwig Erhard, Köln 2004, 229–247.

Neebe, Reinhard: Optionen westdeutscher Außenwirtschaftspolitik 1949–1953, in: Ludolf Herbst u.a. (Hg.), Vom Marshallplan zur EWG. Die Eingliederung der Bundesrepublik Deutschland in die westliche Welt, München 1990.

Niethammer, Lutz: Die Mitläuferfabrik. Die Entnazifizierung am Beispiel Bayerns, Bonn 1982.

Noble, Richard D./Stern, S. Alexander: Membrane Separations Technology – Principles and Applications, Amsterdam 1995.

O Reagan, Douglas M.: Taking Nazi Technology. Allied Exploitation of German Science after the Second World War, Baltimore 2019.

Öchsner, Thomas: Im Schatten der Großen, in: Süddeutsche Zeitung, 9. 8. 2019, 19.

Oldendorf, Christian/Schneider, Eli-Josef: Das Global Engineering Network der Sartorius AG. Das erfolgreiche Zusammenspiel deutscher, chinesischer und indischer Entwicklungsstandorte, in: Holger Ernst u.a. (Hg.), Industrielle Entwicklung und Entwicklung in Emerging Markets. Motive, Erfolgsfaktoren, Best-Practice-Beispiele, Wiesbaden 2009.

Pfingsten, Florian: Shareholder-Value im Lebenszyklus. Methoden einer marktwertorientierten Unternehmensführung, Wiesbaden 1998.

Pfister, Ulrich: Globalisierung und Weltwirtschaft, in: Hans-Ulrich Thamer (Hg.), WBG Weltgeschichte. Eine globale Geschichte von den Anfängen bis ins 21. Jahrhundert, Bd. 4, Darmstadt 2010, 277–336.

Plate, Markus, u.a.: Große deutsche Familienunternehmen. Generationenfolge, Familienstrategie und Unternehmensentwicklung, Göttingen 2011.

Plumpe, Werner: Carl Duisberg. 1861–1935. Anatomie eines Industriellen, München 2016.

Plumpe, Werner: Die Logik des modernen Krieges und die Unternehmen. Überlegungen zum Ersten Weltkrieg, in: Jahrbuch für Wirtschaftsgeschichte 2 (2015).

Pregel, Fritz: Die quantitative organische Mikroanalyse, Berlin 1917.

Pueschel, Rudolph F.: Alexander Goetz (1897–1970), in: Gilmore J. Sem u. a. (Hg.), Proceedings of the Second Symposium on the History of Aerosol Science. American Association for Aerosol Research, Mt. Laurel, NJ, 2005, 81–111.

Pytlik, Georg: Biotechnologie mit langer Tradition, in: Investieren in Russland – Chancen für den Mittelstand 2009. Sonderpublikation zur 3. Deutsch-Russischen Mittelstandskonferenz, Berlin 2009.

Radkau, Joachim: Technik in Deutschland. Vom 18. Jahrhundert bis heute, Frankfurt a. M. 2008.

Rapp, Matthias/Lührmann, Melanie: Die EWS-Krise, in: Axel Börsch-Supan/Reinhold Schnabel (Hg.), Volkswirtschaft in fünfzehn Fällen, Wiesbaden 1998, 243–264.

Rappaport, Alfred: Creating Shareholder Value. The New Standard for Business Performance, New York 1986.

Rauh-Kühne, Cornelia: Die Entnazifizierung und die deutsche Gesellschaft, in: Archiv für Sozialgeschichte 35 (1995), 35–70.

Reichskommission für die Weltausstellung in Philadelphia (Hg.) Eintragung im amtlichen Katalog der deutschen Eintragung Abteilung der Weltausstellung in Philadelphia 1876, in: Reichskommission für die Weltausstellung in Philadelphia (Hg.), Deutsche Abtheilung, Amtlicher Katalog, Berlin 1876, Eintragung unter „Klasse 322, Nr. 569“ auf 84, digitalisierte Fassung: https://babel.hathitrust.org/cgi/pt?id=osu.32435066801432&view=1up&seq=96 [Zugriff 9. 9. 2019].

Robens, Erich u.a.: Balances. Instruments, Manufacturers, History, Heidelberg 2014.

Rudolph, Karsten: Wirtschaftsdiplomatie im Kalten Krieg. Die Ostpolitik der westdeutschen Großindustrie 1945–1991, Frankfurt a. M. 2004.

Sartorius AG: Insight. Sartorius im Profil, Göttingen 2019.

Sartorius AG: 50 Jahre Gleitlagertechnik in Göttingen, Göttingen 1999.

Sartorius AG (Hg.): Vom Universitäts-Mechanikus zum Global Player. Sartorius Chronik 1870–2005, Göttingen 2006.

Sartorius-Werke AG (Hg.): 50 Jahre Lehrlingswerkstatt, 1907–1957, Göttingen 1957, 6 (Sartorius-Archiv, Peo 1/6 B 6).

Sartorius-Werke AG (Hg.): Die Geschichte der Sartorius-Aktiengesellschaft 1870–1953, Göttingen 1953 (Sartorius-Archiv, Peo 1/6 B 5).

Sartorius-Werke AG (Hg.): Zum 25-jährigen Bestehen der Membranfiltergesellschaft Sartorius-Werke AG & Co. Göttingen, Göttingen 1952, 9 (Sartorius-Archiv, Peo 1/6 B 1).

Sartorius-Werke AG (Hg.): 30 Jahre im Dienste der Wissenschaft und Industrie, Göttingen 1957, 33 f. (Sartorius-Archiv, Peo 1/6 B 2).

Sartorius-Werke AG (Hg.): Sartorius 1870–1970. Eine Dokumentation, Göttingen 1970.

Schaller, Helmut: Die „Reichsuniversität Posen“ 1941–1945. Vorgeschichte, nationalsozialistische Gründung, Widerstand und polnischer Neubeginn (Symbolae Slavicae, Bd. 29), Frankfurt a. M. 2010.

Schirm, Stefan A.: Analytischer Überblick. Stand und Perspektiven der Globalisierungsforschung, in: ders., Globalisierung. Forschungsstand und Perspektiven, Baden Baden 2006.

Schmuhl, Hans-Walter: Rassenhygiene, Nationalsozialismus, Euthanasie. Von der Verhütung zur Vernichtung „lebensunwerten Lebens“, 1890–1945, Göttingen 1987.

Schneider, Ivo: Joseph von Utzschneider: Vison und Wirklichkeit eines neuen Bayern (Beiträge zur Geschichte der Bayerischen Akademie der Wissenschaften), Regensburg 2014.

Schreier, Anna Elisabeth/Wex, Manuela: Chronik der Hoechst Aktiengesellschaft 1863–1988, Frankfurt a. M. 1990.

Schumpeter, Joseph: Theorie der wirtschaftlichen Entwicklung, Berlin 1912.
Schütz, Franz/Kruse, Heinrich: Eine neue Methode zur Qualitativen und Quantitativen Bestimmung von Bakterien in Flüssigkeiten, in: Klinische Wochenschrift 22 (1943).
Spoerer, Mark: Vom Scheingewinn zum Rüstungsboom. Die Eigenkapitalrendite der deutschen Industrieaktiengesellschaften 1925–1941, Stuttgart 1996.
Spoerer, Mark: Zwangsarbeit unter dem Hakenkreuz. Ausländische Zivilarbeiter, Kriegsgefangene und Häftlinge im Deutschen Reich und im besetzten Europa 1939–1945, Stuttgart 2001.
Steinberg, Jonathan: The Third Reich Reflected: German Civil Administration in the Occupied Soviet Union, 1941–4, in: The English Historical Review, Bd. 110, Nr. 437 (Juni 1995), 620–651.
Stiftung Familienunternehmen (Hg.): Das neue Erbschaft- und Schenkungssteuerrecht. Was verändert sich für Familienunternehmen?, München 2016.
Ten Brink, Tobias: China's Capitalism. A Paradoxical Route to Economic Prosperity, Philadelphia 2019.
Tetzlaff, Stefan: ‚A new Passage to India'. Westdeutsche Außenwirtschaftspolitik und Wirtschaftsbeziehungen mit Indien, ca. 1950–1972, in: Christian Kleinschmidt/Dieter Ziegler (Hg.), Dekolonisierungsgewinner. Deutsche Außenpolitik und Außenwirtschaftsbeziehungen im Zeitalter des Kalten Krieges, Berlin 2018, 193–202.
Ther, Philipp: Die neue Ordnung auf dem alten Kontinent. Eine Geschichte des neoliberalen Europa, Berlin 2016.
Thießen, Malte (Hg.): Infiziertes Europa. Seuchen im langen 20. Jahrhundert (Historische Zeitschrift, Beihefte N.F. 64), München 2014.
Tilly, Richard: Globalisierung aus historischer Sicht und das Lernen aus der Geschichte (Kölner Vorträge zur Sozial- und Wirtschaftsgeschichte, Bd. 41), Köln 1999.
Tollmien, Cordula: „Feind bleibt Feind" – französische (und belgische) Kriegsgefangene, unveröffentl. Ms., Göttingen 2004, http://www.zwangsarbeit-in-goettingen.de/bibliothek/tollmienfranzkgf2004.pdf [Zugriff 14. 8. 2019].
Tollmien, Walter: Max-Planck-Institut für Strömungsforschung in Göttingen, in: Jahrbuch der Max-Planck-Gesellschaft zur Förderung der Wissenschaften e.V., 1961, Teil II, 726–737.
Tooze, Adam: Ökonomie der Zerstörung. Die Geschichte der Wirtschaft im Nationalsozialismus, München 2007.
Ullmann, Hans Peter: Kriegswirtschaft, in: Gerhard Hirschfeld u.a. (Hg.), Enzyklopädie Erster Weltkrieg, Paderborn 2003, 220–232.
Unger, Corinna R.: Export und Entwicklung: Westliche Interessen in Indien im Kontext der Dekolonisation und des Kalten Krieges, in: Jahrbuch für Wirtschaftsgeschichte 1 (2012).
United States Centennial Commission: International Exhibition 1976. Reports and Awards, Vol VII. Groups XXI-XXVII, Washington 1880.
Unverferth, Gabriele: Kommunikation und Selbstdarstellung: Frühe Briefköpfe aus Westfalen und England, in: Karl-Peter Ellerbrock/Ralf Stremmel (Hg.), Westfalen und die Welt, Münster 2002.
Verheyde, Philippe: Vichy, die deutsche Besatzungsmacht und ihre wirtschaftlichen Beziehungen im Rahmen der „Arisierung" der großen jüdischen Unternehmen, in: Zeitschrift für Unternehmensgeschichte 2 (2005), 218–231.
Vieweg, Richard/Gast, Theodor: Registrierende Mikrowaage für Diffusionsmessungen an Kunststoff-Membranen, in: Kunststoffe 34 (1944).
Von Delhaes-Guenther, Linda: Erfolgsfaktoren des westdeutschen Exports in den 1950er und 1960er Jahren, Dortmund 2003.
Von Saldern, Adelhaid: Die Einwirkung der Göttinger Feinmechanik und Optik auf Universität und Wissenschaft im 19. Jahrhundert, in: Wilhelm Treue/Kurt Mauel (Hg.), Naturwissenschaft, Technik und Wirtschaft im 19. Jahrhundert, Göttingen 1976, 363–370.
Von Saldern, Adelhaid: Göttingen im Kaiserreich, in: Rudolf von Thadden/Günter J. Trittel (Hg.), Göttingen. Geschichte einer Universitätsstadt, Bd. 3, Göttingen 1999, 5–63.
Von Schlippe, Arist, u.a.: Die beiden Seiten der Unternehmerfamilie. Familienstrategie über Generationen. Auf dem Weg zu einer Theorie der Unternehmerfamilie, Göttingen 2017.
Wehler, Hans Ulrich: Deutsche Gesellschaftsgeschichte, Bd. 3: Von der „Deutschen Doppelrevolution" bis zum Beginn des Ersten Weltkrieges, 1849–1914, München 1995.
Winkler, Clemens: Das Aluminium auf der Pariser Weltausstellung 1878, in: Polytechnisches Journal, Nr. 230 (1878), 159–162, digitalisierte Fassung: http://dingler.culture.hu-berlin.de/article/pj230/ar230043 [Zugriff: 9. 9. 2019].
Ziegler, Dieter: Die Industrielle Revolution, Darmstadt 2005.
Zsigmondy, Richard: Über einen einfachen Ultrafiltrationsapparat, in: Zeitschrift für angewandte Chemie 63 (1913).
Zsigmondy, Richard: Über feinporige Filter und neue Ultrafilter, in: Zeitschrift für angewandte Chemie 39 (1926).
Zsigmondy, Richard/Bachmann, Wilhelm: Über neue Filter, in: Zeitschrift für anorganische und allgemeine Chemie 103 (1918).
Leipziger A. Schumann Verlag (Hg): Handbuch der deutschen Aktiengesellschaften, verschiedene Jahrgänge.
Verlag für Börsen- und Finanzliteratur in Leipzig (Hg.): Handbuch der deutschen Aktiengesellschaften, verschiedene Jahrgänge.
Verlag Hoppenstedt (Hg.): Handbuch der deutschen Aktiengesellschaften, verschiedene Jahrgänge.

Zeitungen/Zeitschriften

Bio-Rad: Annual Report 2018.
Börsen-Zeitung: 31. 8. 1999.
Computerwoche: 6. 8. 1999.
Die Welt: 10. 8. 1999.
Frankfurter Allgemeine Zeitung: 27. 11. 2019.
Frankfurter Allgemeine Zeitung: Die Sartorius-Werke straffen die Produktion, 2. 11. 1961.
Göttinger Tageblatt: 7. 7. 1889.
Göttinger Tageblatt: 15. 7. 1999.
Göttinger Tageblatt: 24. 8. 1999.
Göttinger Tageblatt: 31. 8. 1999.
Göttinger Tageblatt: Die 50.000 Analysenwaage fertiggestellt. Meisterleistungen der Feinmechanik, 17. 5. 1938.
Handelsblatt: 27. 12. 2001.
Handelsblatt: Die elektronischen Handelswaagen bekommen mehr Gewicht, 5. 5. 1977.
Hannoversche Allgemeine Zeitung: 16. 7. 1999.
Hannoversche Allgemeine Zeitung: 31. 8. 1999.
Produktion. Technik und Wirtschaft für die deutsche Industrie: 11. 7. 2017.
Süddeutsche Zeitung: 8. 8. 2019.
Wirtschaftsmagazin: Bilanz, 12. 9. 2019.

Internetquellen

http://www.bio-rad.com/en-us/corporate/our-history?ID=MR8ISY4VY [Zugriff: 1. 10. 2019].
Pharma+ Food, 16. 1. 2004, http://www.pharma-food.de/sartorius-biotechnologie-sparte-kooperiert-mit-tc-tech-inc/ [Zugriff: 1. 11. 2019].
Pharma+Food, 23. 10. 2019, http://www.pharma-food.de/sartorius-uebernimmt-teile-von-danaher-fuer-750-mio-dollar/ [Zugriff: 3. 11. 2019].
http://www.hannovermesse.de/de/ueber-uns/ueber-die-messe/geschichte-der-hannover-messe/ [Zugriff: 2. 3. 2020].
http://www.achema.de/de/presse/pressemitteilungen/artikel/abschlussbericht-achema-2018/ [Zugriff: 27. 3. 2020].
http://www.measurement-valley.de [Zugriff: 9. 9. 2019].
http://cantrell.cc/2009/05/12/family-history/ sowie https://cantrell.cc/2010/05/28/olgas-family-tree/ [Zugriff: 20. 11. 2018].

Personenregister

Firmenregister

Archivalienverzeichnis

Amtsgericht Göttingen
Akten bzgl. Anfechtung Testamentsvollstrecker, Testament Horst Sartorius

Archiv der Max-Planck-Gesellschaft
ZWG 21, III. Abt. Rep 83 Nr. 22
Abteilung III, Rep. 14 A, Nr. 5630

Archiv Deutsches Museum München
Bestand Firmenschriften: Sartorius/Göttingen 1
Bestand Firmenschriften: Gleitlager Gesellschaft m.b.H. Göttingen

Bundesarchiv Berlin
R 9361 II/812675, 1122, 1124, 1126
R 9361 II/872715

Bundesarchiv Militärarchiv Freiburg
RL 3/832
RW 21/27-4

Caltech Archives
QR 86 C344 1951, Alexander Goetz

Landgericht Göttingen
Nachlasssache Sartorius, Geschäftsnummer 12 T 25/99
Akten bzgl. Anfechtung Testamentsvollstrecker, Testament Horst Sartorius

Les Archives Nationales de Paris
AJ/40/515

Merck-Archiv
H 03/4, 03/10, 03/11

Niedersächsisches Landesarchiv Hannover
Hann. 138 Göttingen Acc. 31/96 Nr. 529
Hann. 155 Göttingen Acc. 2004/008 Nr. 00988
Nds. 171 Hildesheim Nr. 8067, Nr. 9063, Nr. 15550, Nr. 15551
Nds. 210, Nr. 951/2 Bd. 2
Nds. 500, Acc. 82/91 Nr. 1
Nds. 725 Göttingen, Acc. 17/62 Nr. 92

Privatarchiv Dr. Schmeißer
Bezirksregierung Braunschweig, Schreiben vom 3.8.1993 an die Sartorius AG wg. Änderung der Zuwendungsbescheide von 25.8.1989 u. 10.11.1990
Bundesminister für Wirtschaft, Förderbescheid vom 21.8.1991, Geschäftszeichen I C 7 – 859 547
Interne Mitteilung Dr. Laleike vom 16.8.1993

Privatarchiv Familie Sartorius
Brief der Geschäftsleitung der Sartorius-Werke GmbH an Hans Sartorius vom 16.2.1977

Sartorius Historisches Unternehmensarchiv (Sartorius-Archiv)
Boa 1/1 A 1, 1/1 A 2, 1/1 A 3, 1/3 A 12, 1/4 A 2, 1/4 A 3, 1/5 A 3, 1/7 Br 12, 1/7 FO 8, 1/7 FO 16, 1/7 FO 55, 2/1 A 1, 2/1 A 4, 2/1 A 5, 2/1 A 6, 2/1 A 7, 2/1 A 9, 2/1 A 11, 2/3 A 1, 2/3 A 2, 2/5 A 6, 3/1 A 25, 4/2 A 2, 4/3 A 2, 4/5 A 1, 4/7 A 2, 4/19 A 1
Com 1/1 B 1, 1/1 Z 24, 1/1 Z 29, 1/1 Z 32, 1/1 Z 35, 1/1 Z 39, 2/1, 2/2, 3/1 FO 3, 3/13 A 4
Fin 1/1 A 1, 1/1 A 2, 1/1 A 3, 1/1 A 4, 1/1 A 5, 1/1 A 6, 1/1 A 7, 1/1 A 9, 1/1 A 11, 1/1 A 13, 1/1 A 14, 1/1 A 15, 1/1 A 16, 1/1 A 17, 1/1 A 18, 1/1 A 19, 1/1 A 20, 1/1 A 21, 1/1 A 22, 1/1 A 23, 1/1 A 24, 1/1 A 25, 1/1 A 26, 1/1 A 27, 1/1 A 28, 1/1 A 29, 1/1 A 30, 1/1 A 31, 1/1 A 32, 1/1 A 33, 1/1 A 34, 1/1 A 35, 1/1 A 36, 1/1 A 39, 1/1 A 43, 1/1 A 47, 1/2 B 3, 2/1 A 13, 2/1 A 15, 2/1 A 18, 2/1 A 19, 2/1 A 20, 2/1 A 21, 2/1 A 22, 2/1 A 23, 2/1 A 24, 2/1 A 25, 2/1 A 26, 2/1 A 29, 2/1 A 32, 2/1 A 34, 2/1 A 35, 2/1 A 37, 2/1 A 38, 2/1 A 39, 2/1 A 40, 2/1 A 41, 2/1 A 42, 2/1 A 43, 2/1 A 44, 2/1 A 46, 2/1 A 48, 2/1 A 50, 2/1 A 51, 2/1 A 54, 2/1 A 60, 2/1 A 62, 2/1 A 63, 2/1 A 64, 2/1 A 66, 2/1 A 67, 2/1 A 68, 2/1 A 69, 2/1 A 70, 2/1 A 71, 2/1 A 72, 2/1 A 73, 2/1 A 74, 2/1 A 75, 2/1 A 76, 2/1 A 77, 2/1 A 78, 2/1 A 81, 2/1 A 83, 2/1 A 84, 2/1 A 85, 2/1 A 86, 2/1 A 87, 2/1 A 89, 2/1 A 91, 2/1 A 95, 2/1 A 98, 2/1 A 101, 2/1 A 104, 2/1 A 107, 2/1 A 110, 2/1 A 113, 2/1 A 116, 2/1 A 119, 2/1 A 122, 2/1 A 125, 2/1 A 128, 2/1 A 131, 2/1 Ko 1, 2/1 Ko 2, 2/1 Ko 6, 2/1 Ko 10, 2/1 Ko 11, 2/1 Ko 12, 2/1 Ko 14, 2/1 Ko 16, 2/1 Ko 17, 2/1 Ko 53, 2/1 Ko 57, 2/1 Ko 58, 2/1 Ko 65, 2/2 A 2, 2/2 A 7, 2/2 A 8, 2/2 A 10, 2/2 A 12, 2/2 A 21, 2/2 A 24
Int 1/1 FO 7, 2/1 A 7, 2/1 A 8, 2/1 A 9, 2/2 A 1, 2/4 A 1, 2/4 A 2, 3/1 A 3, 3/1 A 10, 3/1 A 13, 3/1 A 14, 3/1 A 15, 3/1 A 17, 3/1 A 19, 4/2 A 1, 5/1 A 1, 5/1 A 4, 5/1 A 5, 5/1 A 6, 5/2 A 1

Mar 1/1 A 60, 1/1 K 4, 1/2 A 1, 1/2 B 11, 1/2 B 19, 1/2 B 26, 2/1 B 1, 2/2 B 1, 2/2 B 6, 2/2 B 10, 2/2 B 12, 2/2 B 47, 3/1 K 1, 3/1 K 12, 3/1 K 15, 3/1 K 16

Pat 1/1 A 1

Peo 1/1 A 1, 1/1 A 2, 1/1 A 3, 1/1 A 5, 1/2 A 2, 1/2 A 20, 1/2 A 25, 1/3 S 8, 1/4 A 1, 1/4 A 3, 1/4 B 6, 1/4 FA 4, 1/4 FA 6, 1/5 A 9, 1/5 A 10, 1/6 B 1, 1/6 B 2, 1/6 B 4, 1/6 B 5, 1/6 B 6, 1/6 B 10, 1/6 B 11, 1/6 B 12, 1/6 B 13, 1/6 B 14, 1/6 B 15, 1/6 B 16, 1/6 B 17, 1/6 FA 3, 1/6 FA 4, 1/7 F 336, 2/1 A 1, 3/15 F 1

Pic 1/6 FO 1, 2/1 S 4, 2/6 S 4, 5/1 S 1, 6/2 S 1

Stadtarchiv Göttingen

Allgemeines Adreß-Buch 1875

Alte Meldekartei

E 28

E 417

C 86 Amt für Wirtschafts- und Beschäftigungsförderung, Nr. 143

Universitätsarchiv Göttingen

Kur. Pers. 6030, 6031, 10000 Bd. 1

Kur. 1520, 11180 Bd. 1–4, 11619, 11635

Bildnachweis

Adobe Stock
Abb. 8 (25)

Bibliothek des Zentrums für Militärgeschichte und Sozialwissenschaften der Bundeswehr
Abb. 17 (37)

Caltech Archives
Abb. 35 (217), Abb. 36 (218)

Christina Hinzmann / Göttinger Tageblatt
Abb. 38 (91)

Dickinsons' Comprehensive Pictures of The Great Exhibition of 1851, London 1851
Abb. 1 (118/119)

Friedrich Besemann, um 1837 / Wikimedia Commons
Abb. 2 (167)

Library of Congress
Abb. 3 (121)

Sartorius AG
Vorsatz, 5, 6/7, 8, Abb. 30 (66; Henry Leutwyler / Courtesy Sartorius, 2020), Abb. 43 (101), Abb. 44 (108), Abb. 45 (110), Abb. 46 (111), Abb. 47 (112), Abb. 17 (145), Abb. 18 (146), Abb. 19 (147), Abb. 23 (153), Abb. 25 (157), 158/159, Abb. 1 (165; Frank Stefan Kimmel), Abb. 4 (171; Henry Leutwyler / Courtesy Sartorius, 2020), Abb. 6 (174; Henry Leutwyler / Courtesy Sartorius, 2020), Abb. 8 (176; Henry Leutwyler / Courtesy Sartorius, 2020), Abb. 9 (178; Henry Leutwyler / Courtesy Sartorius, 2020), Abb. 14 (185; Frank Stefan Kimmel), Abb. 16 (189; Henry Leutwyler / Courtesy Sartorius, 2020), Abb. 29 (207), Abb. 53 (240; Timm Rautert / Courtesy Sartorius, 2020), Abb. 54 (243), Abb. 55 (244/245)

Sartorius Historisches Unternehmensarchiv (Sartorius-Archiv)
12/13, Abb. 2 (18), Abb. 3 (20), Abb. 4 (21), Abb. 5 (22), Abb. 6 (23), Abb. 7 (24), Abb. 9 (26), Abb. 10 (28), Abb. 11 (29), Abb. 12 (30), Abb. 13 (31), Abb. 14 (32), Abb. 15 (34/35), Abb. 16 (36), Abb. 17 (38), Abb. 18 (39), Abb. 19 (44), Abb. 20 (49), Abb. 21 (51), Abb. 22 (53), Abb. 23 (54), Abb. 24 (55), Abb. 25 (56), Abb. 26 (57), Abb. 27 (59), Abb. 28 (62), Abb. 29 (63), Abb. 31 (70), Abb. 32 (71), Abb. 33 (72) Abb. 34 (74), Abb. 35 (79), Abb. 36 (80), Abb. 37 (84), Abb. 39 (92), Abb. 40 (95), Abb. 41 (96). Abb. 42 (99), 114/115, Abb. 2 (120), Abb. 4 (122), Abb. 5 (125), Abb. 6 (126), Abb. 7 (129), Abb. 8 (131), Abb. 9 (133), Abb. 10 (135), Abb. 11 (136), Abb. 12 (137), Abb. 13 (139), Abb. 14 (141), Abb. 15 (143), Abb. 16 (144), Abb. 20 (148), Abb. 21 (149), Abb. 22 (151), Abb. 24 (154), 160/161, Abb. 7 (175), Abb. 10 (179), Abb. 11 (180), Abb. 12 (181), Abb. 13 (183), Abb. 15 (187), Abb. 17 (194), Abb. 18 (194), Abb. 19 (195), Abb. 20 (196), Abb. 21 (198), Abb. 22 (199), Abb. 23 (199), Abb. 24 (200), Abb. 25 (201), Abb. 26 (202), Abb. 27 (204), Abb. 28 (206), Abb. 30 (210), Abb. 31 (211), Abb. 32 (213), Abb. 33 (214), Abb. 34 (215), Abb. 37 (221), Abb. 38 (222), Abb. 39 (223), Abb. 40 (224), Abb. 41 (226), Abb. 42 (227), Abb. 43 (228), Abb. 44 (229), Abb. 45 (230), Abb. 46 (231), Abb. 47 (232), Abb. 48 (235), Abb. 49 (236), Abb. 50 (236), Abb. 51 (237), Abb. 52 (239)

Stadtarchiv Göttingen
Abb. 3 (168), Abb. 5 (172)

Städtisches Museum Göttingen
Abb. 1 (17)

Curricula Vitae der Autoren

Prof Dr. Hartmut Berghoff ist Direktor des Instituts für Wirtschafts- und Sozialgeschichte an der Universität Göttingen. Von 2008 bis 2015 hat er das Deutsche Historische Institut in Washington D.C. geleitet.
Er ist u.a. Autor des Lehrwerks *Moderne Unternehmensgeschichte. Eine themen- und theorieorientierte Einführung*, Berlin u. Boston 2016, Co-Autor (zusammen mit Ingo Köhler) von *Verdienst und Vermächtnis. Familienunternehmen in Deutschland und den USA seit 1800*, Frankfurt/Main u. New York 2020 und Mitherausgeber von *Big Business and Dictatorships in Latin America. A Transnational History of Profits and Repression*, New York 2021.

Prof. Dr. Stephan H. Lindner ist Professor für Wirtschafts-, Sozial- und Technikgeschichte an der Universität der Bundeswehr München. Seine Forschungsschwerpunkte sind die Geschichte des „Dritten Reichs" sowie die Geschichte der Textilindustrie und der chemisch-pharmazeutischen Industrie im 20. Jahrhundert.
Veröffentlichungen sind u.a.: *Den Faden verloren. Die westdeutsche und die französische Textilindustrie auf dem Rückzug (1930/45–1990)*, München 2001; *Hoechst. Ein I.G. Farben Werk im Dritten Reich*, München 2005 (auch in amerikanischer und französischer Übersetzung erschienen); *Aufrüstung – Ausbeutung – Auschwitz. Eine Geschichte des I.G.-Farben-Prozesses*, Göttingen 2020.

Prof. Dr. Christian Kleinschmidt ist Professor für Wirtschafts- und Sozialgeschichte an der Philipps-Universität Marburg mit den Forschungsschwerpunkten Wirtschafts- und Unternehmensgeschichte, Geschichte der internationalen Wirtschaftsbeziehungen, sowie Konsumgeschichte.
Publikationen sind u.a.: mit Jan Logemann (Hg.): *Konsum im 19. und 20. Jahrhundert* (Handbücher zur Wirtschaftsgeschichte), Berlin 2021; zusammen mit Mark Jakob und Nina Kleinöder: *Security and Insecurity in Business History. Case Studies in the Perception and Negotiation of Threats*, Baden-Baden 2021; *Wirtschaftsgeschichte der Neuzeit. Die Weltwirtschaft 1500–1850*, München 2017.

Dr. Luitgard Marschall studierte Pharmazie und promovierte im Fachbereich Technikgeschichte. Als Autorin und Publizistin befasst sie sich schwerpunktmäßig mit den Wechselwirkungen von Technik, Umwelt, Medizin und Gesellschaft.
Sie ist u.a. Mitherausgeberin des 2013 erschienenen Lehrbuchs *Ressourcenstrategien. Eine Einführung in den nachhaltigen Umgang mit Ressourcen* (zusammen mit Armin Reller, Simon Meißner und Claudia Schmidt). 2017 hat sie gemeinsam mit Christine Wolfrum *Das übertherapierte Geschlecht. Ein kritischer Leitfaden für die Frauenmedizin* verfasst.

Mehr über unsere Autoren und Bücher:
www.piper.de

In Zusammenarbeit mit der Gesellschaft für Unternehmensgeschichte

Mehr zur Gesellschaft für Unternehmensgeschichte
www.unternehmensgeschichte.de

MIX
Papier aus verantwortungsvollen Quellen
FSC® C013736

ISBN 978-3-492-07130-7

Herausgeber: Sartorius AG
Artdirektion: Tanja Pfaff
Gesetzt aus der TT Norms Pro
Vorsatzmotiv: Stammzellkultur, eingefärbt
Druck und Bindung. Eberl & Kösel, Krugzell
Printed in Germany

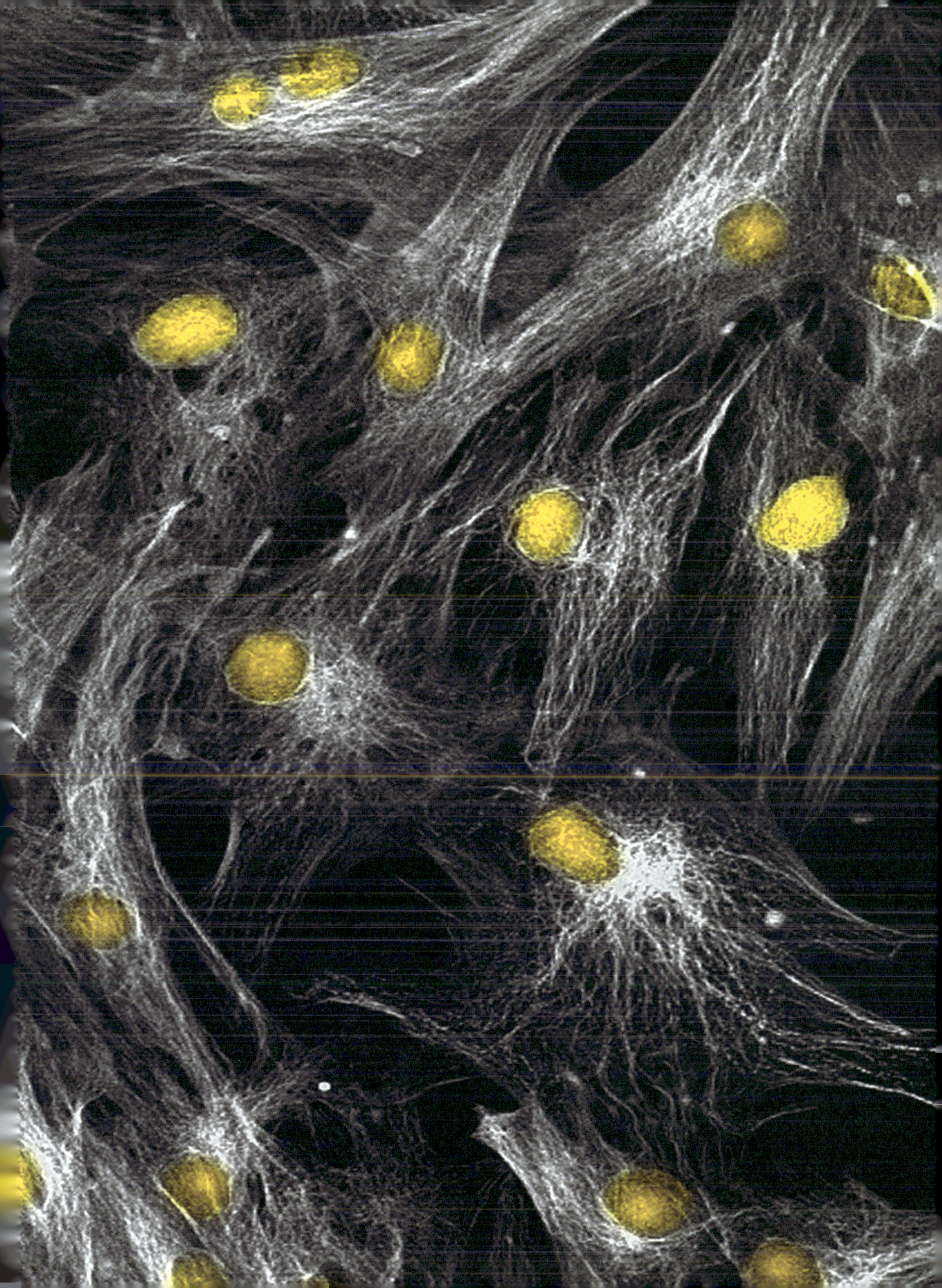

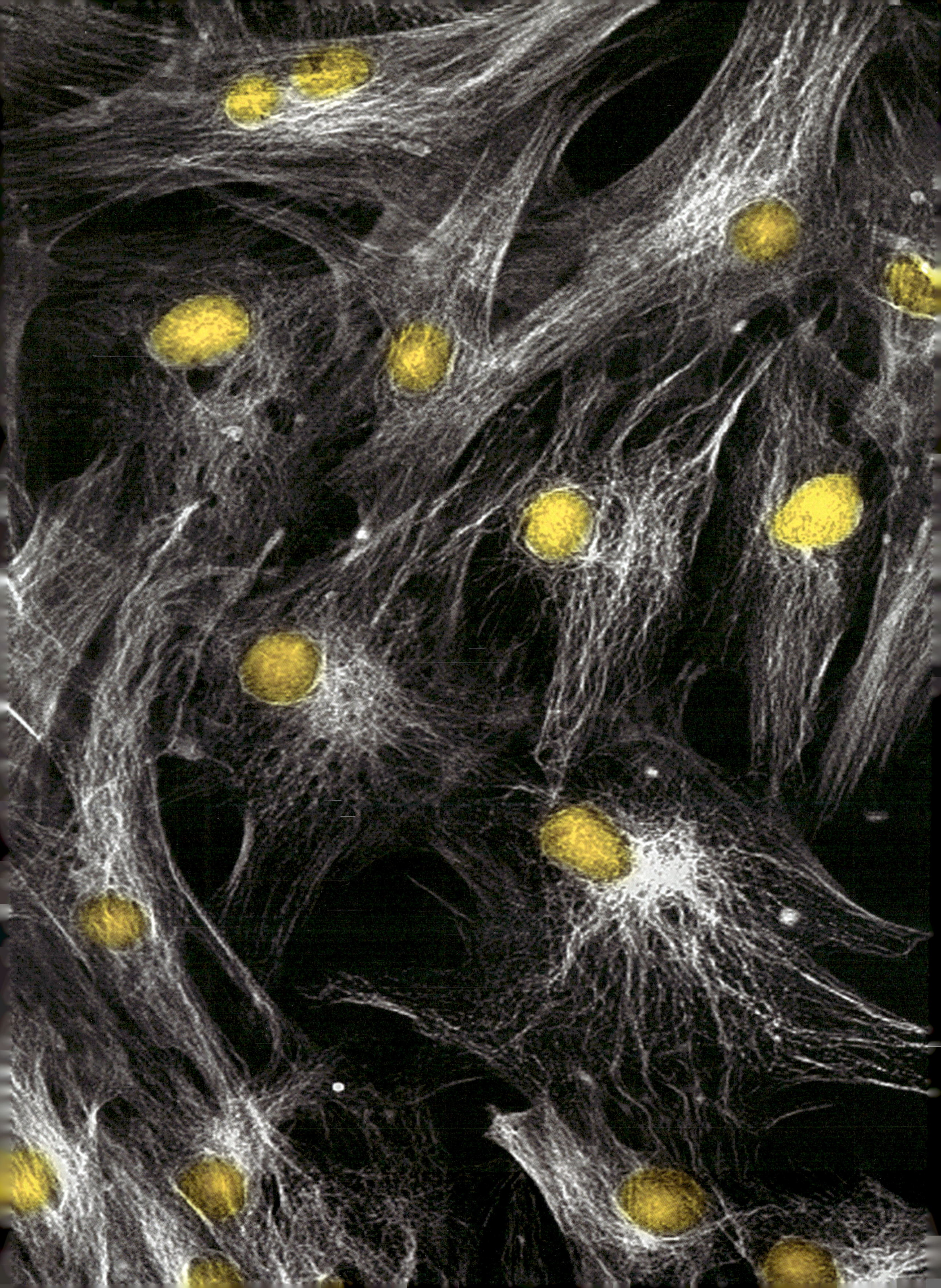